F4P2

Les Éditions du Boréal
4447, rue Saint-Denis
Montréal (Québec) H2J 2L2
www.editionsboreal.qc.ca

Camille Laurin

Jean-Claude Picard

Camille Laurin

L'homme debout

Boréal

Les Éditions du Boréal remercient le Conseil des Arts du Canada
ainsi que le ministère du Patrimoine canadien et la SODEC
pour leur soutien financier.

Les Éditions du Boréal bénéficient également du Programme
de crédit d'impôt pour l'édition de livres du gouvernement du Québec.

Photo de la couverture : Jacques Nadeau

Imprimé au Canada.

Diffusion au Canada : Dimedia
Diffusion et distribution en Europe : Les Éditions du Seuil

Données de catalogage avant publication (Canada)
Picard, Jean-Claude

    Camille Laurin : l'homme debout

    Comprend des réf. bibliogr. et un index

    ISBN 2-7646-0261-8

    1. Laurin, Camille, 1922-1999. 2. Québec (Province) – Politique et gouvernement
– 1976-1985. 3. Politique linguistique – Québec (Province). 4. Psychiatrie – Québec
(Province) – Histoire. 5. Québec (Province) – Histoire – Autonomie et mouvements
indépendantistes. 6. Ministres – Québec (Province) – Biographies. I. Titre.

FC2926.1.L38P52   2003   971.4'04   C2003-941698-4

À Micheline, mon amour de toute éternité,
qui a eu l'idée de ce livre et qui n'a cessé
de m'encourager tout au long de sa réalisation.

CHAPITRE PREMIER

Ce cher pouce

La détonation réveille brusquement Éloi Laurin et l'arrache à sa traditionnelle sieste dominicale. Non, il n'a pas rêvé : on vient bel et bien de tirer un coup de feu dans sa maison, au beau milieu de l'après-midi. Le bruit provient de la pièce située tout juste au-dessous de sa chambre, là où il a installé le bureau de la succursale locale de la Banque provinciale du Canada, dont il vient d'être nommé directeur. Sur le coup, il ne comprend rien. Il a passé tout l'avant-midi dans ce bureau à faire ses comptes et à classer ses papiers. Tout lui semblait en ordre lorsqu'il a quitté pour le dîner, mais se pourrait-il qu'il ait mal fermé le coffre-fort où, conformément aux exigences des services de sécurité de la banque, il conserve un petit revolver, toujours chargé ? Et si un enfant était allé fouiller dans ce coin-là et s'en était emparé…

Appréhendant le pire, Éloi se précipite au rez-de-chaussée sans même prendre le temps d'enfiler un pantalon et se dirige en courant vers l'endroit suspect. Il y découvre son jeune fils Camille, alors âgé de sept ou huit ans, qui, tout éberlué, se tient droit comme un piquet devant le coffre-fort entrouvert, l'arme encore fumante à la main. Sans dire un mot, il l'arrache promptement des mains de l'imprudent, qu'il confine à sa chambre pour le reste de la journée. Il le grondera sévèrement quelques heures plus tard, lorsque sa peur sera disparue et qu'il aura lui-même retrouvé tous ses esprits.

L'enfant, d'un naturel plutôt placide mais qui n'en est pas à sa première incartade, écoute son père avec respect mais ne reconnaît aucune faute, se contentant de lui expliquer calmement que ce revolver l'intriguait et qu'il voulait tout simplement en connaître le fonctionnement. C'est en le manipulant, dit-il, qu'il a appuyé par mégarde sur la détente, pendant qu'il pointait l'arme vers le plafond pour mieux l'examiner.

Soixante-dix ans plus tard, Camille Laurin se souvient avec amusement de cet incident qui aurait pu avoir des conséquences tragiques : « Mes parents dormaient et j'étais seul dans la maison. Je suis allé dans le bureau de mon père. Le coffre-fort était ouvert et j'y ai trouvé un revolver. Je ne connaissais pas ça ; personne ne m'avait jamais parlé d'armes à feu. Ça a suscité ma curiosité d'enfant, il fallait que je comprenne comment ça marche. C'est tout[1]. »

Cet enfant curieux, avide de tout connaître, qui passe ses journées à poser des questions à son entourage et qui sait déjà lire à l'âge de quatre ans, naît modestement à Charlemagne, le 6 mai 1922. Fils de Mary Morin et d'Éloi Laurin, il est le quatrième enfant d'une famille qui en comptera treize. Sa naissance précède de quelques mois celle de René Lévesque, qui viendra au monde le 24 août de la même année à l'hôpital de Campbelton, au Nouveau-Brunswick. Ayant emprunté des parcours personnels et professionnels très différents avant que l'action politique ne les réunisse, les deux hommes mettront au-delà de quarante ans avant de se rencontrer.

Si René Lévesque naît à l'hôpital parce que sa mère souhaite éviter cette fois-ci les complications qui ont causé la mort de son premier-né[2], Camille Laurin voit le jour à la maison, selon la coutume de l'époque. Un médecin est présent à l'accouchement, mais comme il souffre affreusement de rhumatismes et qu'il n'est guère utile, c'est la sage-femme du village qui mettra le bébé au monde. Sa mère raconte ainsi son arrivée :

Ce cher Pouce, il a fait son entrée en ce monde en nous éveillant à cinq heures du matin. Mon mari s'endormait. Mon bébé pesait 10 livres, il était très beau, mon Pouce chéri… Une figure bien ronde, un nez légèrement retroussé, l'œil noir déjà très intelligent, quelques cheveux noirs bien raides plantés sur le front, des joues remplies, une belle bouche et, l'apothéose, le menton en galoche qui s'annonçait comme conquérant[3].

Chez les Laurin, chaque naissance est l'occasion de réjouissances familiales. Le nouveau-né est un cadeau du Bon Dieu dont il faut célébrer dignement l'arrivée, et celle de Camille ne fait pas exception. Éliane Laurin, sa sœur aînée, se rappelle que sa mère préparait chaque accouchement comme une grande fête, qu'elle astiquait sa chambre, mettait des rideaux neufs et dépoussiérait toute la maison. « Elle considérait chaque naissance comme une sorte de vacances où elle pouvait passer une dizaine de jours au lit à se reposer et à se consacrer entièrement à son dernier-né[4] », dira-t-elle.

Le poupon est baptisé dès le lendemain, le 7 mai, à l'église de Charlemagne par le curé de la paroisse, l'abbé Alphonse Lefebvre, sous le nom de Joseph Éloi Camille. Ce prénom de Camille lui vient de son oncle et parrain, Camille Laurin, un boulanger tenant commerce à Montréal, dont l'épouse, Albine Delongchamp, est la marraine du petit Camille.

Ce surnom de Pouce, qu'il conservera toute sa vie à l'intérieur de la famille, lui est donné dès l'enfance parce que le jeune Camille est plutôt court et grassouillet. Il conservera d'ailleurs cette apparence jusqu'au milieu de l'adolescence, ce qui lui vaudra bon nombre de railleries, y compris parmi les siens puisque plusieurs de ses oncles et de ses tantes ne se gênent pas pour l'appeler le « gros Camille ». Il en gardera d'ailleurs toute sa vie un souvenir plutôt amer : « J'étais joufflu, bien portant. Jusqu'à l'âge de douze ans, j'étais une boule. Les remarques sur ma taille et mon poids me blessaient[5]. »

Au moment de la naissance de Camille, Éloi Laurin est propriétaire d'une petite maison sise rue Notre-Dame, à Charlemagne. C'est une modeste demeure de bois de deux étages, qu'il a achetée quelques années plus tôt et qu'il agrandira lui-même au fur et à mesure qu'évolueront ses affaires et les besoins de sa famille. En général, chaque naissance ou chaque nouveau commerce donne lieu à un ajout. Au fil des ans, la maison familiale est ainsi devenue une enfilade plutôt hétéroclite de rallonges de toutes sortes, que les enfants ont dérisoirement surnommée le Vieux-Château. Bien que considérablement modifiée, cette maison, qui n'a de château que le nom, existe encore aujourd'hui ; on peut la voir à l'entrée de Charlemagne, près d'un petit bout de rue qui porte maintenant le nom de Laurin. Elle est la propriété de Marc Laurin, l'un des fils d'Éloi et le jeune frère de Camille. Elle est située à deux pas de la maison natale de la célèbre chanteuse Céline Dion.

C'est à cet endroit qu'Éloi et Mary élèveront toute leur famille, vivant de mille et un petits commerces, jamais riches mais jamais vraiment pauvres non plus, et entourant leur nombreuse progéniture d'un amour et d'une tendresse qui marqueront profondément les enfants Laurin toute leur vie durant et dont ces derniers seront à jamais redevables à leurs parents.

Éloi et Mary

Mariés le 29 mai 1917 en l'église Saint-Paul de Grand-Mère, Éloi et Mary s'étaient connus une dizaine d'années plus tôt, après que le premier eut quitté son village natal pour aller étudier les sciences commerciales au collège de Grand-Mère et qu'il s'y fut lié d'amitié avec un collégien de son âge, Alexandre Morin, le frère aîné de Mary.

Né à Charlemagne le 11 février 1894 de Toussaint Laurin et de Célina Dufort, le frêle et délicat Éloi est l'un des rares enfants de la famille à se faire instruire. Sa mère, une femme forte, volontaire, qui dirige sa tribu d'une main de fer, l'a expédié au collège parce qu'elle estimait que sa santé était trop fragile pour les rudes travaux manuels. Même si l'endroit est situé à 150 kilomètres de Charlemagne, elle a choisi le collège de Grand-Mère parce qu'Éloi pourra loger chez son frère aîné, qui y tient un hôtel. Elle se dit qu'on pourra ainsi économiser les frais de pension.

Les ancêtres paternels de Camille Laurin sont en effet loin d'être riches et doivent compter chaque sou qu'ils dépensent. Descendant de pêcheurs et d'agriculteurs bretons ayant d'abord émigré en Acadie au XVIIe siècle puis s'étant réfugiés plus tard au Québec au moment de la Déportation de 1755, Antoine Laurin, l'arrière-grand-père de Camille, s'est finalement établi à Saint-Paul-de-Joliette au début du XIXe siècle où, à l'instar de beaucoup de ses concitoyens, il est devenu un modeste cultivateur pendant que ses fils se faisaient coureurs des bois ou journaliers, lorsqu'ils ne partaient pas carrément travailler aux États-Unis.

En fait, les Laurin de l'époque vivent d'expédients, au jour le jour, sans trop savoir de quoi demain sera fait. Toussaint Laurin, le grand-père de Camille, ne connaîtra un peu de stabilité financière et familiale que vers la fin du XIXe siècle, lorsque le petit village de Charlemagne vivra une expansion économique importante à la faveur de l'agrandissement de la scierie locale, la Charlemagne Lumber Company. Toussaint, d'abord homme de chantier et draveur pendant plusieurs années, s'établira définitivement dans le village, où il ouvrira une meunerie qu'il vendra plus tard à ses fils Raoul et Éloi.

Si le destin des Laurin apparaît plutôt chaotique et parsemé d'embûches de toutes sortes, celui des Morin, ancêtres maternels de Camille Laurin, se présente nettement sous de meilleurs auspices. Mary Morin, la mère de Camille, est née à Montréal le 31 mars 1896. Elle devait au départ s'appeler Marie, mais sa marraine, une anglophone du nom de Fleurette Fush, a insisté pour qu'on la prénomme Mary. Et c'est ainsi que le père de la Charte de la langue française a eu une mère au prénom anglais.

Au moment de la naissance de Mary, son père, Élisée Morin, dont les ancêtres sont de la région de Madawaska, à la frontière du Maine et du Nouveau-Brunswick, est un jeune et ambitieux entrepreneur en construction qui réussit déjà très bien dans les nombreux chantiers de Montréal. Sa vraie chance, il l'obtient cependant lorsque la papetière Laurentide, aujourd'hui connue sous le nom d'Abitibi Consolidated, se lance dans de vastes projets d'expansion à ses usines de Grand-Mère, ce qui donne lieu à la construction d'un grand nombre de maisons pour les cadres et les employés de l'entreprise.

Mary a environ un an lorsque son père s'installe à Grand-Mère. Il bâtit ce qu'on appelle le quartier des Anglais, qui longe les berges de la rivière Saint-Maurice. Encore aujourd'hui, on peut admirer plusieurs de ces spacieuses maisons de bois, toutes peintes de vert et de blanc, aux couleurs de la papetière. Il érige également le couvent et l'hôtel de ville. Devenu un prospère entrepreneur, il tâte de la politique municipale en devenant échevin et par la suite maire suppléant de la petite ville.

Par rapport à la majorité de ses concitoyens francophones, Élisée Morin est un homme relativement riche qui vit très à l'aise dans sa grande résidence de la rue principale de Grand-Mère avec sa femme Anne Petit, originaire de Deschambault, et leurs enfants, dont Mary. La famille a plusieurs employés dont une bonne, une femme de ménage et un homme d'entretien. Si bien que, contrairement à Éloi Laurin, Mary Morin vit une enfance passablement ouatée. Dès l'âge de cinq ans, ses parents l'inscrivent au collège local des Ursulines, qu'elle fréquentera jusqu'à ses quinze ans, lorsqu'elle aura terminé le cours d'économie familiale traditionnellement destiné à faire des jeunes Canadiennes françaises de l'époque de bonnes et chrétiennes épouses.

Intelligente et volontaire, Mary réussit plutôt bien ses études, mais elle a un tempérament frondeur qui lui vaut passablement de remontrances et de punitions. Par contre, c'est également une enfant très pieuse, qui va à la messe tous les jours. Cette grande piété la suivra toute sa vie de sorte que, bien plus tard, à Charlemagne, elle trouvera le moyen d'aller se recueillir quotidiennement à l'église, en dépit de toute sa besogne familiale.

Elle fait la connaissance du jeune Éloi lorsqu'elle a une douzaine d'années. Elle raconte ainsi cet épisode de sa jeunesse : « J'ai connu celui qui devait devenir mon mari, mon cher petit Éloi, lorsque j'avais douze ans. À cet âge, j'étais insupportable, et mon frère, qui amenait chez nous des amis de collège pour jouer au croquet, ne voulait pas me voir là ; mais moi je voulais les faire choquer. Je dérangeais leurs boules, et Éloi, qui ne pouvait pas me regarder, en ce temps-là, parce qu'il me trouvait achalante, n'aurait jamais pensé, à cette époque, que ce serait moi qui deviendrais sa femme chérie[6]. »

C'est vrai qu'au départ Éloi est plutôt agacé par Mary, qu'il trouve fatigante et dérangeante, et qu'il lui préfère sa sœur aînée, Rose, à la fois plus jolie et plus calme. Mais, les mois et les années passant, il s'attache à Mary, dont il découvre progressivement la chaleur, la spontanéité et la joie de vivre. Si bien qu'à la fin de ses études à Grand-Mère, alors qu'ils sont tous les deux autour de la vingtaine, Éloi et Mary décident de garder le contact et entreprennent une longue correspondance, qui se poursuivra jusqu'à leur mariage et même au-delà. Cet échange de lettres, dont une bonne partie subsiste encore aujourd'hui grâce à la vigilance de leurs enfants, révèle deux jeunes êtres délicatement amoureux l'un de l'autre, qui, au fil de leurs péripéties quotidiennes, se confient leurs doutes, leurs espoirs et leurs projets d'avenir.

À Charlemagne, Éloi a commencé à gagner sa vie. D'abord commis à la Charlemagne Lumber Company, il a par la suite racheté la meunerie de son père. C'est un jeune homme élégant, au visage raffiné et aux yeux noirs perçants. C'est également un être sensible qui aime la musique. Il chante et joue de la flûte. Souvent, il va à Montréal pour participer à des soirées avec des amis, ce qui, à l'occasion, inquiète Mary, qui ne manque pas de s'en ouvrir dans ses lettres.

Confinée au domicile familial de Grand-Mère, celle-ci est plutôt loin de la grande ville, ce qui ne l'empêche quand même pas de mener une jeunesse plutôt gaie et insouciante et de se laisser courtiser par quelques garçons de son entourage. Mais son cœur ne bat que pour son bel Éloi qu'elle rêve d'épouser, et, à la fin de 1916, exaspérée d'attendre et craignant que son amoureux ne lui échappe au profit de quelque rivale, elle lui écrit une longue lettre où elle l'incite, à mots à peine couverts, à faire le grand saut :

C'est avec plaisir que je vous dirai ces mots qui sont dans mon cœur et que je gardais pour vous seul, petit. Ce sont les plus petits mots qui existent et je crois que vous les entendrez avec plaisir, si vous gardez bien votre cœur pour moi seule. Car je tiens à l'avoir tout entier. Je suis faite ainsi et ma devise est « Tout ou rien ». Moi, quand je donne, c'est de grand cœur. Et je désirerais que ce sentiment soit le même chez les autres[7].

Commentant vers la fin de sa vie la teneur et le ton de cette lettre, Camille Laurin n'est nullement surpris de l'initiative de sa mère, chez qui il a toujours reconnu une forte détermination doublée à l'occasion d'une certaine témérité : « Ma mère était une femme décidée, qui savait ce qu'elle voulait. Elle était entière. Quand elle se donnait, elle se donnait entièrement. Elle ne regardait pas en arrière, n'avait pas de réserve ; c'était le don total. Elle savait trancher; elle n'aimait pas souffrir inutilement et trop longtemps. Elle pousse un peu mon père à l'eau[8]. »

Quoi qu'il en soit, la lettre de Mary produit l'effet escompté et Éloi entreprend alors toutes les démarches en vue de leur union, fixée au mois de mai suivant, et de l'installation du jeune couple à Charlemagne, dans un petit logement aménagé à même le domicile familial des Laurin. Une décision et des préparatifs qui, certes, constituent une suite logique à leurs amours des dernières années, mais qui ont sans doute également été accélérés par la décision du gouvernement canadien de décréter la conscription, à laquelle Éloi ne peut échapper que s'il est marié. « Il faut se dépêcher de se marier. As-tu vu *La Presse* à propos de l'enrôlement des célibataires de 18 à 30 ans[9] ? », écrit-il à Mary le 27 janvier 1917.

Un petit village à proximité de Montréal

Lorsque Camille Laurin voit le jour, Charlemagne est un petit village canadien-français comptant un peu moins de mille habitants. Il est situé à l'extrême est de Montréal, tout juste de l'autre côté de l'île, sur une pointe de terre où se rejoignent les rivières des Prairies, des Mille Îles et L'Assomption avant de se jeter dans le fleuve Saint-Laurent. Même si ses origines remontent au régime français, la municipalité n'a été créée officiellement qu'en 1906, après que son territoire eut été arpenté par Carolus Laurier, le père de Sir Wilfrid Laurier. Charlemagne doit son nom à ses fondateurs, Antoine Champagne et Félix Seguin, qui vouaient une admiration particulière à cet empereur français, précurseur de l'école publique. Leur premier geste fut d'ailleurs de bâtir une école pour les enfants du village[10].

Au début du XXe siècle, la municipalité est déjà habitée par quelques ouvriers des raffineries de l'est de Montréal, qui font déjà de Charlemagne une banlieue-dortoir, mais l'essentiel de ses résidants est constitué de travailleurs forestiers employés à la coupe du bois dans les forêts au nord de Joliette, à son flottage sur la rivière L'Assomption et à la scierie locale. Comme tous les villages canadiens-français de l'époque, Charlemagne abrite quelques familles extrêmement nombreuses : outre les Laurin, la famille Quintal, qui est apparentée à celle des Laurin, ainsi que les familles Desjardins, Dubois et Dumais comptent toutes plus de douze enfants.

Les liens sociaux se tissent principalement autour de l'église et des nombreuses fêtes religieuses qui marquent l'année. *Chez Toussaint,* nom du restaurant récemment ouvert par Éloi Laurin, qui a ainsi délaissé son premier métier de meunier, est également un lieu de rassemblement passablement achalandé. Des villageois de tous âges s'y rendent régulièrement pour y acheter du tabac, du chocolat ou d'autres friandises, ou pour y jouer quelques parties de billard sur la table installée au fond de l'établissement. C'est aussi pour plusieurs l'occasion d'échanger les dernières nouvelles avec Éloi, qui fait également office de barbier local, ce qui lui permet d'être rapidement informé de tous les derniers potins de la communauté. Et les enfants Laurin sont aux premières loges de ce va-et-vient puisque les petits commerces de leur père sont tous adjacents au logis familial.

La vie économique du Charlemagne de l'époque tourne largement autour de la scierie, qui est, de très loin, la principale source d'emplois dans la municipalité et qui restera ouverte jusqu'en 1930, année où elle sera emportée par la crise économique. Même s'il avait alors moins de dix ans, Camille Laurin garde un souvenir assez cuisant du rôle que cette scierie et ses dirigeants jouaient à Charlemagne : « Le moulin était la seule grosse entreprise du village ; il était au cœur de celui-ci et il était évidemment contrôlé par des Anglais qui y faisaient la loi, dira-t-il. Tout le monde se demandait s'il se trouverait de l'emploi au moulin et tous étaient sans cesse à la merci des patrons qui imposaient leur volonté et leur langue. Le gérant du moulin, Archibald Duff, pourtant le seul Anglais du village, a occupé la mairie de Charlemagne de 1919 à 1927 ; c'est dire jusqu'à quel point les gens étaient serviles. Dans les rues, les affiches des commerces étaient toutes bilingues[11]. »

Ce souvenir sera encore très vivace dans son esprit lorsque, bien des décennies plus tard, il sera appelé à concevoir les composantes fondamentales de la loi 101. « Je me rappelle très bien que, quand M. Lévesque m'a confié la responsabilité du développement culturel et qu'il m'a dit de refaire la loi 22, […] je me suis dit que le temps était venu pour moi de réparer toutes les injustices, toutes les humiliations que les miens dans mon village, mais aussi partout au Québec, ont subies[12]. »

Tout minuscule qu'il soit, Charlemagne a cependant un gros atout par rapport à bien d'autres villages du Québec : il est situé à quelques kilomètres de Montréal et, en ce début de siècle, les moyens de transport sont suffisamment développés pour permettre de gagner facilement le cœur de la métropole. Et les Laurin ne s'en privent pas, surtout Mary, qui aime bien aller magasiner en ville et qui, à chaque occasion, en profite pour y amener sa marmaille. Entourée de quelques-uns de ses enfants, dont bien souvent Camille, elle fait des courses dans les grands magasins, pique-nique sur un banc de parc et finit généralement la journée dans quelque chapelle où toute la famille va faire ses dévotions. Il arrive même à l'occasion, lorsque les affaires d'Éloi prennent du mieux, que maman Laurin conduise la troupe au restaurant ou au cinéma.

Tout un souvenir pour le jeune Camille qui, en bas âge, n'avait pas souvent l'occasion de sortir de chez lui : « C'était toute une expédition que d'aller à Montréal. Mon père venait nous reconduire en voiture de l'autre côté du pont et là on prenait le tramway pour se rendre au centre-ville, où maman faisait son magasinage. Ma mère aimait beaucoup le cinéma et elle nous a déjà amenés au Théâtre Arcade, rue Sainte-Catherine. Plus tard, j'y ai vu des artistes comme Lili Saint-Cyr et Aurane de Masy. Dans mes yeux d'enfant, Montréal était une ville fascinante, mais j'aimais bien revenir le soir à Charlemagne parce que mon village était entouré d'eau[13]. »

Au Québec et ailleurs

Lorsque ce « cher Pouce » vient au monde, la famille Laurin ne roule pas sur l'or, mais les différents commerces du paternel lui permettent de vivre relativement à l'aise et de jouir de la prospérité générale qui a accompagné la fin de la Grande Guerre. Depuis le début du XXe siècle, le Québec est entré dans une phase de forte expansion économique, caractérisée par une importante poussée industrielle qui s'appuie en particulier sur l'exploitation des ressources naturelles et la production d'électricité. À l'instar des autres sociétés occidentales, quoiqu'à un degré moindre, la province connaît une accélération de l'urbanisation et, parallèlement, une réduction sensible de l'importance du monde rural[14].

En dépit d'une forte croissance démographique, le Québec de 1922 compte un peu moins de 2,5 millions d'habitants, ce qui représente environ 27 % de la population canadienne. C'est une société tricotée serrée où l'Église et ses institutions occupent une place dominante. À elle seule, cette statistique donne la juste mesure de l'influence religieuse sur l'ensemble de la population : le Québec compte, en 1931, un homme ou une femme d'Église pour 97 habitants, ce qui est sans doute un record mondial en la matière.

Grâce au nombre très élevé de diocèses et de paroisses, l'Église catholique romaine quadrille littéralement le territoire québécois et étend ses tentacules partout en contrôlant non seulement les lieux de culte mais aussi la plupart des établissements d'enseignement, de santé et de services sociaux ainsi que bon nombre de revues et de journaux, comme, à Québec, *L'Action catholique*. Elle s'infiltre également dans tous les recoins de la société civile par le recours obligé à l'incontournable aumônier de la moindre organisation sociale ou communautaire.

C'est aussi une société économiquement dominée par les capitaux canadiens-anglais et américains qui, déjà présents dans l'exploitation des ressources naturelles, ont étendu leur empire à la faveur du développement accéléré de l'industrie manufacturière. Pour l'essentiel, les « boss » et les profits sont anglais, tandis que le travail manuel et les miettes qui en résultent sont le lot des Canadiens français. Mais un vent de changement commence cependant à souffler : le Mouvement des caisses populaires Desjardins, fondé vingt ans plus tôt pour aider financièrement les francophones, s'enracine aux quatre coins du territoire, le syndicalisme devient plus vigoureux et les moyens de communication, en particulier la radio, gagnent de plus en plus les foyers et informent une population jusque-là largement coupée du monde extérieur.

Au point de vue politique, le Québec est sous la gouverne du Parti libéral depuis 1897. Au moment de la naissance de Camille Laurin, le gouvernement est dirigé par Louis-Alexandre Taschereau, qui demeurera premier ministre jusqu'en 1936. La grande préoccupation de son gouvernement consiste à exploiter les ressources naturelles de la province et il n'hésitera pas à recourir massivement au capital étranger, principalement américain, pour y parvenir. Ses mesures sociales sont plutôt timides et il est un farouche partisan de la bonne entente avec le gouvernement fédéral, nouvellement dirigé par William Lyon Mackenzie King. Ce dernier est d'ailleurs devenu un héros au Québec en 1917 en s'opposant à la conscription imposée par le gouvernement conservateur. Les Québécois francophones, déjà ulcérés par l'affaire Louis Riel et la crise des écoles françaises en Ontario, lui renverront l'ascenseur lors des élections de 1921 en votant massivement pour son parti[15].

À l'époque, le nationalisme canadien-français est principalement incarné par Henri Bourassa et s'exprime surtout en opposition à l'impérialisme britannique, identifié au Parti conservateur. Certes, un jeune prêtre historien du nom de Lionel Groulx a fondé, en 1917, la revue *L'Action française* dans laquelle il préconise vigoureusement un nationalisme canadien-français plus dynamique, mais, pour l'heure, son influence demeure plutôt limitée.

Au début des années 1920, le Canada entre dans une grande période de réorientation politique et économique destinée à réduire sa dépendance vis-à-vis de la Grande-Bretagne mais aussi, en contrepartie, à l'accroître à l'endroit des États-Unis. C'est l'époque de la création de grandes institutions pancanadiennes, dont le Canadien National est le plus bel exemple. C'est également l'époque où Ottawa se dote du puissant outil politique et économique que constitue l'impôt sur le revenu. En somme, sur les plans tant politique qu'économique, le Canada vit une période plutôt heureuse de son histoire. Ses citoyens s'enrichissent et profitent de la vie sans se douter qu'ils sombreront bientôt à leur tour dans la terrible crise des années 1930.

Sur la scène internationale, le début des années 1920 marque un très net recul de la puissance européenne en faveur de l'émergence des États-Unis. Considérablement affaiblis par la Grande Guerre, qui a laissé plus de huit millions de morts sur les champs de bataille et a causé des dégâts matériels importants, les pays européens, vainqueurs comme vaincus, sont ruinés. Ils font face à une inflation galopante, qui provoque de nombreux remous sociaux et politiques. De plus, ils ont collectivement contracté une dette de douze milliards de dollars auprès des Américains pour soutenir à la fois l'effort de guerre et celui, non moins grand, de la reconstruction[16].

Cette période de frustration et de turbulence qui afflige la société européenne favorise la montée du fascisme et l'émergence de dictatures militaires : Mussolini et ses chemises noires prennent le pouvoir en Italie en 1922 tout juste un an après qu'Adolf Hitler a accédé à la tête du Parti national-socialiste et entrepris sa longue marche vers Berlin. Un régime militaire s'installe par ailleurs en Espagne en 1923 et au Portugal en 1926. À l'Est, le début des années 1920 marque également la montée de la puissance soviétique lorsqu'en 1922, Lénine crée officiellement l'URSS. À son décès, deux ans plus tard, celle-ci tombera, et pour longtemps, sous la coupe de Staline.

Loin de tout ce brouhaha et grisés par leur nouvelle puissance, les Américains profitent de cette période pour s'enrichir. On observe dans tout le pays une abondance de capitaux et une forte poussée industrielle favorisée par l'introduction massive du crédit à la consommation. C'est une époque où, en dépit d'importantes poches de pauvreté et de luttes raciales favorisant l'émergence de mouvements extrémistes dont notamment le KuKluxKlan, la fébrilité et l'insouciance règnent en maîtres au pays de l'Oncle Sam. Pas pour longtemps, cependant, puisque la spéculation boursière et la production débridée de biens et de services plongeront la société américaine dans le krach de 1929.

Les affaires tournent

Pour l'heure, cependant, la débandade est encore assez loin et les Laurin commenceront d'abord par profiter de la prospérité relative qui a cours en Amérique du Nord tout au long des années 1920. C'est une période heureuse et facile où l'argent circule en abondance et où le commerce tourne rondement, à Charlemagne comme ailleurs.

Éloi, dont la famille s'agrandit presque chaque année, déborde d'imagination et d'ingéniosité pour ajouter toujours plus de pain sur la table. Aussi, il jouxte de nouveaux commerces au restaurant et au salon de barbier déjà existants. Ce sera d'abord une voiture-taxi, qui servira également aux déplacements familiaux, puis un petit garage installé dans une rallonge adjacente à la maison pour entretenir les quelques automobiles qui commencent à sillonner les rues poussiéreuses de la municipalité, et, un peu plus tard, dans un coin du rez-de-chaussée, le bureau de la succursale bancaire dont il a été nommé directeur. Par ailleurs, la famille est suffisamment à l'aise pour engager une aide domestique afin d'épauler Mary qui, en plus de devoir s'occuper des siens, accueille à l'occasion quelques pensionnaires parmi les travailleurs de la scierie.

Aussi, Camille Laurin se souvient des premières années de sa vie comme d'une période où tout allait relativement bien.

« Avant la crise, on était plutôt à l'aise. Tout le monde est allé à l'école, il y avait assez d'argent et on n'a jamais manqué de rien, dira-t-il. Mais par contre, il n'y avait rien d'excessif ; il n'y avait ni luxe ni voyages. Au total, cependant, on était mieux que la plupart des autres familles du village[17]. »

Durant toute cette période, le temps est au beau fixe et la marmaille Laurin s'ébroue gaiement dans la maison familiale, qui a commencé à être agrandie puisqu'en 1926, seulement quatre ans après sa naissance, le jeune Camille compte trois frères et sœurs de plus, ce qui porte à sept le nombre d'enfants en moins de onze ans de mariage. Encore aujourd'hui, Éliane Laurin sourit en pensant aux nombreuses maternités de sa mère et à sa façon bien à elle de les expliquer: « Maman disait : "Dans la chambre à coucher, le crucifix est au mur et le diable est au pied du lit. Quand le bonhomme arrive avec son programme, qu'est-ce que tu veux que je fasse ?"[18]. »

Une mère exubérante

Cette gaieté et cette bonne humeur qui rayonnent dans la grande maison de la rue Notre-Dame, il semble bien que les enfants les doivent surtout à leur mère Mary, que ni les nombreux accouchements ni les tracas de la vie quotidienne ne semblent vouloir arrêter. « Ma mère était une femme qui chantait tout le temps ; c'était une femme joyeuse, active, qui menait de front trois ou quatre activités. Elle parlait beaucoup, exprimant facilement ses idées et ses émotions, sans aucune censure, qu'il s'agisse de religion ou d'amour conjugal[19] », se remémore Camille. Chaleureuse, conviviale, extrêmement accueillante, Mary Laurin ne compte plus ses amies à Charlemagne et fait partie d'à peu près toutes les associations paroissiales. De plus, en dépit de ses propres obligations, elle se porte souvent volontaire pour aider les femmes du village au moment de leurs relevailles.

Ce dévouement, cette gratuité envers autrui ont fortement marqué son fils : « L'apprentissage le plus important que j'ai fait avec ma mère, c'est l'apprentissage de l'amour et surtout de la compréhension de l'amour véritable, c'est-à-dire qu'on aime pour les autres. On aime dans le respect des autres. Donner à l'autre ce dont il a besoin, avoir le courage et la force du don de soi. Ma mère nous a préparés à donner et à aimer[20]. »

Mary a également conservé les habitudes de piété de sa jeunesse et tous les jours, vers le milieu de l'après-midi, peu importe ses autres tâches, elle se rend prier à l'église paroissiale, située à moins d'un kilomètre de la maison. Elle y passe une bonne demi-heure et revient chez elle toute ragaillardie. Mais toute pieuse qu'elle soit, elle n'en garde pas moins ses distances avec l'Église et les prêtres, pouvant même à l'occasion se montrer très critique : « Ma mère avait une foi très personnelle, se souvient Camille. Ce n'était pas une buveuse d'eau bénite. Elle était souvent en dehors des cadres établis de l'époque. Elle critiquait souvent le curé, particulièrement sur l'amour conjugal, en disant que les prêtres ne connaissaient rien là-dedans et qu'ils auraient avantage à se marier[21]. »

Bien sûr, la famille Laurin est profondément chrétienne et observe scrupuleusement les préceptes de la religion catholique. Les Laurin ont été consacrés au Sacré-Cœur et une niche en son honneur, devant laquelle un lampion est allumé en permanence, figure en bonne place sur l'un des murs de la cuisine. Parents et enfants s'y agenouillent fréquemment pour réciter, les bras en croix, quelques dizaines de chapelet. Et tout le monde assiste régulièrement aux nombreux offices religieux, en particulier pendant le carême, alors que chaque membre de la famille va à la messe tous les matins. Mais il s'agit davantage d'une foi vivante, joyeuse, libérée des contraintes imposées par le carcan de l'époque que d'une obéissance aveugle et mécanique à l'institution et à ses représentants, comme l'invoquera d'ailleurs le jeune Camille, en renonçant quelques années plus tard à un sacerdoce auquel il se destinait depuis son adolescence.

Dotée d'un tempérament aussi vif que généreux, Mary répand la joie dans toute la maison et il lui est souvent arrivé de sécher les pleurs de ses enfants que son mari, à la fois plus distant et plus sévère, avait grondés, pour une raison ou une autre. « Mon père ne se mettait pas souvent en colère, mais ce qu'il n'aimait pas, c'est lorsqu'on désobéissait à ses ordres, ou quand il constatait une paresse à l'école, ou quand quelqu'un faisait des mensonges ou se montrait déloyal », de rappeler Camille Laurin[22].

Un père plus austère

Occupé à ses nombreux commerces et constamment soucieux de trouver le moyen de faire vivre toute la maisonnée, Éloi Laurin est évidemment moins présent auprès de ses enfants, quoiqu'il ait travaillé toute sa vie autour de la maison familiale et qu'il ait retrouvé les siens à tous les repas. Chez les Laurin, la coutume veut que le p'tit dernier mange sur les genoux de son père jusqu'à l'arrivée du suivant. Le jeune Camille, comme tous ses frères et sœurs, aura ainsi droit pendant un an ou deux aux genoux paternels.

Ces repas sont souvent l'occasion, pour Éloi, de commenter l'actualité avec les plus âgés de ses enfants. Même si la famille ne reçoit pas régulièrement le journal, on y écoute beaucoup la radio et papa Laurin commente d'abondance l'actualité politique et sociale. Camille Laurin s'en souvient comme d'une période où on parlait beaucoup de politique. Son père était alors un militant libéral qui participait régulièrement aux activités du parti et qui vouait une grande admiration à Ernest Lapointe, un leader rouge de l'époque. Il a par la suite délaissé les libéraux pour suivre Paul Gouin à l'Action libérale nationale.

Laurin estime également que son père, qui a longtemps fait de l'organisation électorale, est à la source de ses propres convictions politiques. « Mon père était très fier, très indépendant. Il détestait Duplessis, qu'il trouvait patroneux et cynique. Il n'a jamais rien demandé à la politique. Pour lui, l'action politique, c'était le service aux autres à des fins de justice et de redistribution des richesses. Il m'a transmis cette conception de la politique[23] », dira-t-il.

Éloi Laurin croit également au nationalisme économique et il pratique, dans ses affaires, une politique d'achat chez nous, privilégiant systématiquement tous les fournisseurs canadiens-français. Soixante-dix ans plus tard, Éliane Laurin se souvient très bien des convictions politiques de son père : « Il était très nationaliste. Il était fier de la langue française et nous reprenait lorsque nous faisions des fautes. La fierté des Laurin, on tient ça de notre père. C'était un homme instruit, un être profond qui aimait les belles choses[24]. »

Éloi Laurin est effectivement l'un des rares hommes instruits de Charlemagne et, entre deux coupes de cheveux, il accueille souvent à la maison des villageois plus ou moins analphabètes qui ont des problèmes avec le gouvernement et qui viennent à la fois demander conseil et faire remplir divers formulaires.

Et il continue aussi d'assouvir sa passion pour la musique. En plus des concerts maison qu'il organise régulièrement avec sa femme et ses enfants, il occupe pendant cinquante ans la fonction de maître de chapelle de l'église de Charlemagne, où il dirige la chorale paroissiale, y entraînant tous ses enfants dès que ceux-ci atteignent les cinq ou six ans. Comme tous ses frères et sœurs qui partagent cette passion pour le chant, le jeune Camille, qui acquerra à l'âge adulte une jolie voix de baryton et qui chantera des airs d'opéra toute sa vie, fait partie de cette chorale. À la messe de Noël, c'est lui qui entonne l'*Adeste Fideles*. Jusqu'à la fin de sa vie, il interprétera cette pièce à l'occasion des réunions familiales, mais à la manière de Bing Crosby, ce qui, chaque fois, suscitera l'hilarité générale.

C'est dans cette atmosphère d'amour familial, de partage et de piété que Camille Laurin grandit, entre une mère passionnée, exubérante et sanguine, toujours prête à serrer ses enfants sur sa généreuse poitrine, et un père plus sévère, plus réservé mais qui, par ailleurs, incarne plusieurs valeurs culturelles et intellectuelles propres à la classe un peu plus instruite du Canada français de l'époque.

Un enfant curieux, sensible et plutôt renfermé

Le jeune Laurin passe ses premières années à jouer avec ses sœurs Éliane et Gabrielle. La plupart du temps, ces jeux d'enfants prennent place dans le petit parc situé tout juste devant la maison familiale et aujourd'hui transformé en stationnement. Camille forme un véritable trio avec ses deux sœurs aînées. On les voit toujours ensemble. Ils jouent tantôt à la cachette, tantôt au ballon, tantôt au drapeau. Assez curieusement, le jeune homme entretient peu de rapports avec son frère Léo, que son tempérament d'artiste rend passablement solitaire. Il ne recherche pas non plus la compagnie de ses frères plus jeunes. Élevé principalement par sa mère, jouant avec ses sœurs, le jeune Laurin grandit paisiblement dans un univers surtout féminin où il est plutôt surprotégé.

Contrairement à la plupart des enfants du voisinage, les Laurin ne peuvent cependant pas jouer derrière la maison ; celle-ci ne dispose en effet d'aucune cour arrière puisqu'elle est située sur un petit promontoire, tout juste aux abords de la rivière L'Assomption. L'hiver, cependant, cette proximité de la rivière est commode pour aller glisser et patiner, ce dont Camille profite abondamment. « Vite, tu sortais ton traîneau et tu rentrais avec de belles joues rouges et aussi en appétit. Les biscuits étaient en honneur[25] », se rappelle sa mère dans une lettre qu'elle lui fera parvenir plusieurs années plus tard.

Cette rivière glacée sert aussi à organiser quelques parties de hockey auxquelles le jeune homme participe à l'occasion, comme il lui arrive, l'été, de jouer à la balle molle avec d'autres jeunes du village. Bien qu'il n'ait jamais été reconnu comme un grand sportif, Camille aime les jeux d'équipe. Les archives du Collège de l'Assomption, qu'il fréquentera à partir de l'âge de douze ans, indiquent d'ailleurs qu'il a fait partie d'une équipe de hockey pendant plusieurs années.

Mais même s'il pratique ainsi quelques sports qui le mettent épisodiquement en contact avec des jeunes garçons de son âge, Camille Laurin reste un enfant assez discret et réservé, qui ne s'éloigne guère du giron familial. Éliane s'en souvient comme d'un enfant plutôt renfermé qui jouait un peu mais qui était somme toute passablement tranquille. Selon elle, cette réserve vient du fait qu'il souffrait d'être gros.

Non seulement le jeune Camille est renfermé et, à l'occasion, ombrageux lorsqu'on le taquine sur son tour de taille, mais il fait preuve, dès son enfance, de l'obstination qui sera l'un de ses principaux traits de caractère tout au long de sa vie. « Chez nous, on l'appelait le Pouce mais aussi la Tête dure parce qu'il était très têtu », rappelle Renée, l'une de ses sœurs cadettes, qui raconte cette anecdote révélatrice du caractère de son frère : « Il arrivait que maman nous serve du poisson parce que papa aimait ça. Un jour, alors qu'il avait environ dix ans, Camille a refusé d'en manger au dîner. Maman a voulu le dompter en lui servant de nouveau du poisson pour souper. Et il a refusé une deuxième fois, préférant sauter deux repas d'affilée plutôt que de manger quelque chose qu'il n'aimait pas[26]. »

Pour sa part, Camille Laurin se souvient plutôt d'avoir été d'une sensibilité à fleur de peau, ce qui, reconnaît-il, a peut-être contribué à l'isoler et à l'empêcher de nouer des relations approfondies avec les autres. « J'étais un enfant très sensible, qui pleurait pour un rien, dira-t-il. Il ne fallait pas me regarder ou me gronder trop fort, je partais à pleurer. Je ne me souviens pas avoir eu de vrais amis quand j'étais jeune, comme à l'école primaire, par exemple. Mes amis, c'étaient plutôt les gens du village que je rencontrais lorsqu'ils venaient au restaurant[27]. »

Les enfants Laurin doivent en effet mettre très tôt la main à la pâte et sont obligés, dès qu'ils ont l'âge de compter, d'assumer à tour de rôle la garde du restaurant pendant que leur père fait du taxi ou joue les figaros. Une tâche dont le jeune Camille s'est bien sûr acquitté mais avec un succès discutable, selon les souvenirs de sa sœur Gabrielle : « Camille était très brillant ; il lisait tout le temps, même lorsqu'il gardait le restaurant, rappellera-t-elle. Il avait toujours un livre et des biscuits dans ses poches. Les clients se servaient seuls et ils laissaient l'argent sur le comptoir, une pratique que mon père n'approuvait évidemment pas. Camille ne vérifiait même pas si le compte y était parce qu'il ne levait pas les yeux de son livre[28]. »

Très tôt dans la vie, Camille Laurin utilise en effet la lecture pour satisfaire son insatiable besoin de savoir. « Camille était très curieux, d'ajouter Gabrielle. Il voulait tout connaître et il passait son temps à nous questionner. Je me souviens qu'il nous posait même des questions à propos de réclames de serviettes hygiéniques qu'il voyait dans les journaux. Nous, ses grandes sœurs, on était trop gênées de lui dire à quoi cela pouvait bien servir[29]. »

Lire devient en fait une véritable passion qui ne le quittera plus jamais par la suite. Sa mère et ses sœurs aînées lui apprennent les rudiments de la lecture dès l'âge de quatre ans à l'aide des revues et des quelques livres qui garnissent la bibliothèque familiale, si bien qu'il pourra facilement se débrouiller lorsqu'il commencera l'école un an plus tard. « Plus je lisais, plus je voulais en lire, se souviendra-t-il. J'ai dévasté la petite bibliothèque de l'école, j'ai lu tout ce qu'il y avait là et, quand mon frère Léo a commencé son cours classique, j'ai lu tous les livres dont il n'avait plus besoin et ceux qu'il rapportait à la maison à la suite des prix qu'il remportait. Je dévorais littéralement tout ce qui me tombait sous la main, livres et autres imprimés qui aboutissaient à la maison. Je me rappelle que j'aimais particulièrement les livres d'histoire[30]. »

Sous la houlette des bonnes sœurs

À cinq ans, le jeune Camille est inscrit à l'école du village, alors dirigée par les sœurs du Sacré-Cœur-de-Jésus. Il y rejoint ses sœurs Éliane et Gabrielle qui fréquentent déjà l'établissement depuis quelques années. En septembre 1927, il commence le cours préparatoire mais, comme il est passablement avancé pour son âge, il passe en première année dès Noël.

Camille Laurin aime l'école, où il excelle en tout, sauf en dessin, où il est nul. On aime raconter dans sa famille qu'il fut un jour gardé en retenue par les religieuses et obligé, en guise de punition, de reproduire un objet. Intelligent et rusé, il s'en est sorti avec une pirouette en dessinant sur sa feuille un morceau de glace carré, pour lequel il n'a tracé que quatre lignes droites.

Mais même s'il aime fréquenter l'école, le jeune élève estime que les choses ne vont pas assez vite pour lui, si bien que, tout en étant un premier de classe, c'est un écolier plutôt distrait qui lit en cachette pendant les cours. Aussi, il est souvent puni par les enseignantes, qui se demandent bien comment un élève à l'allure aussi désinvolte peut réussir si facilement. « Je me rappelle que les sœurs me trouvaient distrait ; je partais souvent dans la lune et je n'écoutais pas tout le temps, expliquera-t-il. Au lieu d'écouter, souvent je lisais des livres que j'apportais de la maison. Elles n'aimaient pas ça. J'ai été souvent puni, ce qui ne dérangeait pas vraiment mes parents. J'ai été mis debout dans le coin, j'ai connu les retenues et même la "strappe". Ça chauffait un peu mais, dans le fond, ça ne me dérangeait pas tellement. L'école n'allait pas assez vite pour moi, et perdre mon temps, je n'ai jamais aimé ça[31]. »

Mais il n'y pas qu'à l'école où le jeune Camille se fait attraper et punir. À la maison, il lui arrive souvent d'être le seul à payer pour les mauvais coups de toute la marmaille. Sa sœur Éliane raconte avec délice cette anecdote où son jeune frère, moins rapide ou plus bonasse que les autres, se fait attraper et disputer par son père alors qu'il était loin d'être le plus turbulent du groupe :

> À tous les soirs, maman nous couchait tôt. On menait le diable en haut. On se battait à coups d'oreillers dans nos chambres, on sautait sur nos lits et on menait un train d'enfer. Papa finissait par monter pour nous gronder ; nous, on entendait toujours la petite monnaie tinter dans ses poches lorsqu'il grimpait les escaliers et on avait le temps de se sauver. Mais pas Camille, qui se faisait toujours prendre. Il n'était pas très malin, Camille ; c'était une bonne nature ; je suppose qu'il ne devait pas se sentir coupable[32].

Mais qu'il ait été occasionnellement puni n'a guère d'importance, car Camille Laurin a vécu au total une enfance très heureuse. Constamment enveloppé dans le doux cocon tissé par sa mère et ses sœurs, il s'est complètement abandonné à ses jeux et à ses rêveries alimentées par les livres, qui sont rapidement devenus ses meilleurs amis. Enfant prodige à qui tout réussissait, il a grandi dans un univers certes marqué par la rigueur et la droiture paternelles, mais fait encore davantage d'amour, de chaleur et de tendresse. Sa propre douceur, qui sera l'un de ses principaux traits marquants tout au long de sa vie, découle sans doute des premières années de son existence.

CHAPITRE 2

Dis à ta mère de faire tes valises

Camille Laurin vient tout juste d'avoir douze ans lorsqu'il termine ses études primaires. Il n'a qu'une idée en tête : entreprendre au plus tôt des études plus avancées et en particulier ce fameux cours classique dont lui a parlé son frère Léo, qui fréquente le Collège de l'Assomption depuis déjà deux ans. Littéralement avide de savoir, nullement effrayé à l'idée de quitter sa famille et de devenir pensionnaire, il demande à ses parents de l'inscrire à ce collège en prévision de la session d'automne. Mais en cet été 1934, les nuages s'amoncellent sur la tête de la famille Laurin, dont les différents petits commerces fonctionnent plutôt mal. La Grande Crise est encore très présente et ses effets se font ressentir dans tous les secteurs d'activité ; les villageois de Charlemagne ont très peu de liquidités et les affaires d'Éloi tournent au ralenti, même s'il continue de besogner du matin au soir et qu'il essaie de tirer parti de tout ce qui bouge.

« Mon père devait sans cesse trouver de l'argent pour les besoins courants de la famille, de rappeler Laurin. Ses commerces fluctuaient selon les richesses de la communauté, qui n'étaient pas très fortes. Il a multiplié les façons de faire de l'argent en ajoutant un poste d'essence à son garage et en achetant quelques camions pour faire du transport. Mais tout ça était à peine suffisant pour arriver. Souvent, il n'arrivait pas à rencontrer ses paiements et il devait aller voir ses frères pour emprunter de l'argent mais, la plupart du temps, un emprunt ne servait qu'à en couvrir un autre[1]. » Sa sœur Éliane se souvient également à quel point cette période a été difficile. « Durant la crise, on était très à l'étroit et on a souvent mangé du gruau et de la mélasse. J'ai vu mon père ne pas dormir la nuit, tellement il ne savait pas quoi faire pour arriver[2] », dira-t-elle.

Dans ce contexte, la requête du jeune garçon tombe bien mal et son père, assumant déjà le coût des études de Léo et d'Éliane, qui a commencé à fréquenter le couvent des sœurs grises de Montréal, refuse tout net d'en envoyer un deuxième au Collège de l'Assomption. Malheureux comme les pierres, Camille passe une bonne partie de l'été à errer dans les rues de Charlemagne en se demandant bien ce qu'il va faire l'automne venu. À l'occasion, il croise son cousin David Quintal à qui il confie son désarroi. Ce dernier lui suggère alors d'en parler à son père, Ernest, qui est alors préfet du comté de L'Assomption et qui pourra peut-être l'aider.

— Oncle Ernest, finit-il par lui dire en prenant son courage à deux mains, je trouve mes cousins bien chanceux de faire leur cours classique pensionnaires à L'Assomption. Chez nous, mon père dit que nous sommes trop nombreux pour aller au collège.

— Tu veux t'instruire, de rétorquer son oncle. C'est bien, mais pour faire quoi exactement ?

— Je veux être premier ministre de la province de Québec, de reprendre le jeune Camille, que la gêne a maintenant complètement abandonné.

— Ça, c'est très bien, de poursuivre l'oncle, qui est un fervent de l'action politique. Je te félicite. Tu peux dire à ta mère de préparer tes valises pour le mois de septembre. Je vais m'arranger pour que tu puisses aller au collège en compagnie de tes cousins[3].

Dans l'esprit de l'oncle Ernest, s'arranger voulait dire en parler au député libéral du comté, Paul Gouin, dont il savait que la fortune familiale lui permettait d'aider financièrement plusieurs de ses jeunes compatriotes prometteurs.

Fils de Lomer Gouin et petit-fils d'Honoré Mercier, deux anciens premiers ministres du Québec, Paul Gouin fait partie de la grande bourgeoisie canadienne-française de l'époque. À l'abri du besoin, il se livre à son activité préférée, l'action politique. En 1934, il s'apprête à rompre les ponts avec le Parti libéral pour fonder l'Action libérale nationale, un rassemblement de jeunes idéalistes amèrement déçus par le régime corrompu d'Alexandre Taschereau et qui défendent plusieurs idées avant-gardistes, dont celle de la nationalisation de l'électricité.

Paul Gouin souscrit de bonne grâce à la demande de son préfet de comté et accepte de prendre Camille Laurin sous son aile. Au cours des cinq années suivantes, il paiera ses frais de pension et de scolarité au Collège de l'Assomption, qui sont d'environ 250 dollars par année. En retour, le jeune élève lui écrira régulièrement, ainsi qu'à son oncle, pour leur faire part de ses résultats scolaires et manifester sa reconnaissance. Pierre Mercier-Gouin, le fils de Paul Gouin, se souvient très bien de ces lettres que Camille Laurin faisait parvenir à son père. Lui-même élève au Collège Brébeuf, à Montréal, il se rappelle encore aujourd'hui avec amusement que son père aimait bien comparer les notes du jeune Laurin aux siennes, nettement moins bonnes. « Il recevait régulièrement les bulletins de Camille et il m'indiquait qu'il était un premier de classe, ce qui n'était pas mon cas. Mon père ajoutait cependant que Laurin n'était pas irréprochable au chapitre de la discipline, ce qui me consolait[4] », dira-t-il.

Le parrainage de Paul Gouin donne également à Camille Laurin l'occasion de s'initier à l'action politique puisque, en dépit de son jeune âge, il est invité à prononcer quelques discours en faveur des thèmes défendus par l'Action libérale nationale. L'un de ces discours survient à Charlemagne pendant la campagne électorale de 1939, où Gouin est à nouveau candidat dans le comté de L'Assomption. Cette allocution, que Laurin se souvient avoir totalement improvisée, traitait de la nécessité d'écouter le peuple. « Je l'ai fait en présence de Gouin et de tous les membres de ma famille. Les genoux m'en tremblaient, mais mon père était bien fier de moi[5] », rappellera-t-il.

Cette première expérience politique tourne cependant plutôt court puisque Paul Gouin n'est pas élu et que l'Action libérale nationale est rapidement avalée par le roublard Maurice Duplessis, qui, après s'en être habilement servi pour arriver au pouvoir, l'a par la suite tout simplement balayée de son chemin et rayée de la carte politique du Québec.

Une grosse bâtisse en pierres

Le jeune Camille débarque au Collège de l'Assomption en septembre 1934, où il est inscrit en éléments latins. Comme tous les nouveaux venus, il est d'abord frappé par la taille du bâtiment où il va vivre au cours des huit prochaines années. Ce collège, qui accueille essentiellement des pensionnaires, est une grosse et grande bâtisse de pierres grises qui fait au moins quatre étages de haut, avec un immense terrain tout autour où sont dispersées plusieurs dépendances. On y compte plus d'une dizaine de salles de cours pouvant recevoir environ trente élèves chacune, quelques laboratoires, une grande cafétéria, quelques dortoirs de plus de cent lits, une chapelle avec de grandes colonnes presque aussi vaste que l'église de Charlemagne et un plafond tout en fresques illustrant des scènes de la Bible. Le jeune homme est franchement intimidé ; il n'a jamais rien vu de si imposant. Et il est tout aussi impressionné par le décorum et les traditions qui règnent à l'intérieur des murs. Tous ces prêtres en soutane qui arpentent les corridors, le plus souvent un livre à la main, frappent son imagination. Laurin est dès lors persuadé d'avoir pénétré dans l'antre du savoir[6].

Le Collège de l'Assomption, qui est situé à environ 20 kilomètres à l'est de Charlemagne, a été fondé en 1832 par un médecin du village, Jean-Baptiste Meilleur, un homme vivement préoccupé par l'éducation des jeunes Canadiens français et qui allait devenir par la suite le premier surintendant de l'Instruction publique du Bas-Canada. Bâti sur les terrains de la seigneurie

Saint-Sulpice, il est situé en plein cœur du village, près de l'église et de la rivière L'Assomption. Sa devise, qu'on peut toujours lire sur le fronton de la porte principale de l'établissement, est pour le moins ambitieuse : *Prepare Domino Plebem Perfectam* (Préparer au Seigneur un peuple parfait).

Au moment de l'inscription de Camille Laurin, l'enseignement y est dispensé par une quarantaine de prêtres séculiers rattachés au diocèse de Montréal. Au Collège de l'Assomption, comme dans les autres collèges classiques de l'époque, l'essentiel de l'instruction et de l'éducation des jeunes garçons est assuré exclusivement par des prêtres ; seules des disciplines qualifiées de mineures et un peu païennes, telles que le chant ou le théâtre, peuvent être laissées à des enseignants laïques. Comme l'indique le prospectus du collège, le programme d'étude, d'une durée de huit ans, « comprend l'enseignement des langues et des littératures latines, grecques, françaises et anglaises, de l'histoire et de la géographie, de la philosophie, des mathématiques et des sciences naturelles, en un mot, de tout ce qui est nécessaire pour préparer un jeune homme à l'état ecclésiastique, aux professions libérales, aux carrières de la haute industrie et du grand commerce[7]. »

En somme, le Collège de l'Assomption est un collège classique tout ce qu'il y a de plus traditionnel, à l'image de la dizaine d'autres qui existent alors à travers le Québec et qui sont tous contrôlés par l'Église. Les plus prestigieux, dirigés par les jésuites, reçoivent les fils des familles les plus fortunées, tandis que les rejetons des familles modestes, ouvrières, commerçantes ou paysannes, sont inscrits dans des collèges plus humbles et y font leurs études sous la houlette de prêtres de caste plus roturière. C'est le cas de l'établissement que fréquente Camille Laurin et dont le seul véritable titre de gloire est d'avoir accueilli, plusieurs années auparavant, le jeune Wilfrid Laurier, originaire de Saint-Lin sur l'Achigan, pas très loin de L'Assomption, qui deviendra le premier Canadien français à diriger le Canada.

À l'automne 1934, le collège reçoit environ 325 élèves dont une bonne moitié viennent de Montréal. Les autres sont originaires des villages environnants, tandis que quelques-uns arrivent des États-Unis. Ces derniers sont en général des fils de familles canadiennes-françaises qui ont émigré là-bas et qui tiennent à ce que leurs enfants reçoivent leur instruction secondaire et collégiale au Québec.

Un ordinaire réglé au métronome

La vie quotidienne est réglée au quart de tour et laisse bien peu de place à l'imagination ou à la créativité des élèves. Le lever s'effectue tous les matins à 5 h 20. Dès l'appel de la sonnerie, suivie du traditionnel *Dominicanus domino* lancé à la ronde par le prêtre qui surveille le dortoir, les élèves sautent en bas de leur petit lit de fer-blanc et se précipitent devant leur bassine pour faire un brin de toilette. Les douches, communes et plus souvent qu'autrement à l'eau passablement fraîche, ne sont autorisées qu'une fois par semaine.

À 6 h, tout le monde prend le chemin de la chapelle pour la messe quotidienne à laquelle il est absolument obligatoire d'assister, à moins d'être malade et de séjourner à l'infirmerie ; la communion n'est pas formellement exigée, mais gare à celui qui s'en abstient puisqu'il est promptement repéré et sommé d'aller s'expliquer chez son directeur spirituel. « On était très encadré du point de vue religieux. On communiait tous les matins, chaque étudiant avait son directeur spirituel qu'il devait voir une fois par semaine. En début d'année, on devait participer à des retraites fermées. Le dimanche, en plus de la messe, on devait assister aux vêpres et au salut du saint sacrement. Il y avait aussi la récitation du chapelet tous les soirs[8] », se souvient le sociologue Guy Rocher, qui a fréquenté le Collège de l'Assomption à la même époque que Camille Laurin.

Après la messe, c'est la course à la cafétéria où gruau, rôties et mélasse composent le menu du petit déjeuner. Les jours de fête, on ajoutera des crêpes ou du pain doré. À l'exception des pommes, qu'on retrouve en abondance sur les tables, les fruits, trop chers, sont plutôt rares. Laurin, qui, en dépit de son jeune âge, manifeste déjà un certain penchant pour les plaisirs de la table, considère que la bouffe est plutôt quelconque et attend avec impatience les petites douceurs faites de gâteaux et de chocolat que sa mère lui fait régulièrement parvenir.

Les cours durent tout l'avant-midi. Après le dîner, fait de beaucoup de soupe et de viande généralement bouillie et accompagnée de pommes de terre et de carottes, les élèves disposent d'environ une heure pour se distraire. Beaucoup, dont occasionnellement Camille Laurin, en profitent pour pratiquer différents sports : la balle au mur et la balle molle au printemps et en automne, le patin et le hockey en hiver. À 13 h 30, c'est le retour en classe, sans que les sportifs aient eu la possibilité de prendre une douche, ce qui les rend facilement repérables au sein du groupe...

Le repas du soir est de la même farine que celui du midi. Il est suivi d'une récréation et d'une dernière période d'étude qui se prolonge jusqu'à 21 heures, après quoi les élèves sont invités à regagner le dortoir. C'est le moment préféré de Camille Laurin, qui se dépêche de se mettre au lit pour pouvoir lire tout à son aise puisque les lumières restent allumées jusqu'à 22 heures. « Au collège, Camille lisait tout le temps, raconte Guy Rocher. Il se couchait avec un livre et il se levait avec un livre qui ne le quittait pas jusqu'à ce qu'il parte pour la messe. Un jour, cette habitude a donné lieu à une situation très cocasse : un matin, alors qu'il se dirigeait vers la chapelle en compagnie des autres élèves, il a entendu tout le monde rire autour de lui. Abandonnant momentanément sa lecture, il s'est alors rendu compte qu'il avait quitté le dortoir en oubliant de mettre ses pantalons et qu'il s'apprêtait à assister à l'office livre à la main mais en sous-vêtements[9]. »

Cet horaire est immuable tout au long de l'année scolaire, qui s'étend de la fête du Travail à la Saint-Jean-Baptiste. La semaine est entrecoupée de quatre demi-journées de congé, les mardi, jeudi, samedi et dimanche. Ces congés se terminent toutefois à 16 heures et les élèves doivent alors abandonner leurs loisirs et retourner à la salle d'étude. À quelques reprises durant l'année, généralement à l'occasion d'un événement spécial ou du passage d'un visiteur de marque, la direction du collège décrète un congé durant toute une journée, appelé grand congé. Les élèves en profitent alors pour organiser des pique-niques et des excursions de tous ordres.

Des résultats scolaires éclatants

Camille Laurin est si heureux d'avoir mis les pieds dans ce collège qu'il n'a aucune difficulté à en accepter toutes les contraintes et à s'intégrer à son nouvel environnement. Dès ses éléments latins, il s'impose auprès de ses camarades par ses résultats scolaires. Il finit premier de sa classe tant pour la moyenne générale (88,9 %) que pour les examens de fin d'année, obtenant 93 %. Cette première année donne d'ailleurs le ton à tout le reste de son cours classique puisqu'au long des sept années subséquentes, il finira premier ou deuxième de sa classe dans toutes les disciplines, ce qui lui vaudra, chaque fin d'année, plusieurs distinctions et de très nombreux prix, en général des livres qui viendront meubler ses loisirs d'été[10].

En matière scolaire, rien ne lui résiste. Qu'il s'agisse, dans les toutes premières années, de l'étude de Virgile ou de Xénophon ou, plus tard, des grands classiques du roman et du théâtre français, Camille Laurin est toujours aux premiers rangs pour répondre aux questions avec une facilité déconcertante et éblouir ses camarades. Les choses sont peut-être un peu moins commodes du côté des mathématiques et des sciences en général, mais un effort supplémentaire suffit souvent à classer le jeune homme parmi les tout premiers de son groupe. « Je ne tolérais pas l'insuccès, dira-t-il. Il fallait que je sois premier ou tout près de premier. Pour ma propre satisfaction mais aussi pour celle de mes parents, qui trimaient dur pour me garder au collège. Ils passaient au travers de grosses difficultés économiques et financières. Je me devais de réussir, c'était un baume pour eux[11]. »

« Ce gars-là était plus fort que tout le monde. Sa lumière brillait à 300 tout le temps. Il avait l'admiration non seulement de ses confrères de classe mais aussi de ses professeurs, dont il devenait souvent le chouchou », rappellera Mgr Benjamin Tremblay, qui a fait tout son cours classique en sa compagnie. Un autre de ses confrères, Marcel Lafortune, raconte que l'élève Laurin était très ambitieux et n'acceptait pas l'échec. « Je me souviens qu'un jour, alors que nous étions vers la fin de notre cours et que Laurin avait environ 19 ans, il s'est mis à pleurer parce qu'il avait eu un problème dans un examen de chimie. Ça fait drôle de voir quelqu'un de cet âge-là pleurer pour des résultats scolaires », dira-t-il. Un troisième, Jacques-Yves Langlois, mettra l'accent sur la mémoire de son camarade de classe, qu'il qualifie de phénoménale : « C'est la plus belle mémoire que j'ai jamais vue. Je me souviens que, un soir au dortoir, j'étudiais un texte de philosophie rédigé en latin. Laurin est passé près de moi. Il a lu une page du texte, a refermé le livre et m'a immédiatement répété la même page par cœur[12]. »

Doté de pareilles facultés intellectuelles, Camille Laurin réussit très bien sans trop y mettre d'efforts, ce qu'il reconnaîtra d'ailleurs volontiers : « J'étudiais la moitié moins qu'un élève moyen. J'avais une bonne mémoire photographique, autant visuelle qu'auditive. Je n'avais presque pas besoin d'ouvrir mes livres ; lorsque j'avais entendu quelque chose, c'était enregistré. Ça me laissait donc beaucoup de temps libre[13]. » Ce temps libre lui permet de faire un peu de sport, principalement du hockey, et un peu de chant dans les différentes chorales du collège, mais il le consacre surtout à son activité préférée, la lecture.

Toujours la lecture

Le jeune élève, qui n'a connu jusque-là que les quelques livres qui garnissent l'étagère du salon familial, est fasciné par les collections de la riche bibliothèque du collège. Il n'a jamais vu autant de livres sur autant de sujets. Il trouve goût à tout et, avec l'éclectisme propre à son âge, passe indifféremment de l'histoire au roman, de la philosophie à la science. Il s'intéresse autant à saint Thomas qu'à Durkheim, à Rousseau qu'à Tocqueville. En littérature, outre les grands classiques du XVIIe siècle, il fréquente notamment Mauriac, Claudel, Hugo et Balzac. C'est au cours de ces années de collège que Camille Laurin jette les bases de la très vaste culture qui, tout au long de sa vie, suscitera l'admiration de tous, y compris ses plus farouches adversaires.

Quelques années après son arrivée, il réussit à se faire nommer bibliothécaire adjoint, ce qui lui permet de fureter à son aise sur tous les rayons et d'avoir accès avant tous les autres aux acquisitions les plus récentes. Peut-il lire tout ce qu'il veut ? « Il n'y avait pas vraiment de censure au collège. Bien sûr, il y avait un index, mais le bibliothécaire savait faire preuve de jugement. Moi, on ne m'a jamais refusé un livre ; tout au plus m'a-t-on à l'occasion fait quelques mises en garde », racontera-t-il en soulignant, en guise d'exemple, qu'on lui a permis de lire des livres sur le marxisme et le socialisme[14].

Un peu à l'instar de ce qui s'était passé à l'école primaire, cette passion de la lecture lui vaut cependant plusieurs remontrances, ses professeurs ayant bien remarqué qu'il s'arrangeait toujours pour s'asseoir à l'arrière de la classe, de façon à pouvoir lire en cachette lorsque les cours l'ennuyaient, ce qui était le cas la plupart du temps. Même s'il ne dit mot et fait tout pour passer inaperçu, l'élève Laurin n'aime pas beaucoup se conformer aux règles et saute sur chaque occasion pour n'en faire qu'à sa tête. Son indiscipline est d'ailleurs soulignée par les autorités puisque, si Camille Laurin a littéralement croulé sous les prix de tous ordres durant ses huit années passées au Collège de l'Assomption, ceux récompensant la politesse et la bonne conduite, pourtant décernés chaque année, lui ont toujours échappé.

St. Mary's English Academy

À partir de la versification (quatrième année du cours classique), le jeune homme, qui aime les défis, adhère au St. Mary's English Academy, un club littéraire et oratoire où les membres, une trentaine chaque année, discutent en langue anglaise de différents thèmes allant de la religion à la philosophie, de l'histoire à l'actualité. Son pendant francophone est l'Académie Saint-François-Xavier. « En versification, se souviendra-t-il, j'ai eu un très bon professeur d'anglais, l'abbé Armand Trottier. C'est lui qui m'a initié à la langue et à la civilisation anglaises. Il nous a appris que l'anglais était une grande civilisation. C'est lui qui m'a donné le goût de m'inscrire à cette académie, dont il était le responsable. J'y ai découvert l'histoire et la littérature anglaises. À cette époque, j'ai eu une vraie boulimie de livres anglais. J'ai lu entre autres les œuvres de Charles Dickens, de Shakespeare, de Graham Greene[15]. »

Camille Laurin est très actif au sein de cette académie jusqu'à la fin de ses études classiques. En plus de faire partie, à quelques occasions, du bureau de direction, il prononce, chaque année, une ou deux conférences qui donnent lieu à de vifs débats. Ses premières allocutions portent sur des thèmes plutôt moraux tels que « Chastity and Purity in Sports » ou encore « School and Immorality », alors que les dernières, « Immigration Is Detrimental to Us on a Religious Point of View » ou « Struggles for Our French Language », ont un caractère nettement plus sociopolitique.

Orgueilleux, voire vaniteux à l'occasion, craignant avant tout de perdre la face, le jeune homme prépare ses conférences avec grand soin et défend calmement mais fermement son point de vue. Comme ce sera le cas tout au long de sa vie, il écoute religieusement l'argumentation de l'adversaire, fait souvent mine d'y acquiescer mais ne recule jamais d'un pouce sur l'essentiel. Ainsi, en mars 1941, il participe à un débat houleux sur l'essence de la liberté. Son attitude donne lieu au commentaire suivant, tiré de l'annuaire 1940-1941 du collège : « Les objections pleuvent sur la tête de l'orateur… Camille, imperturbable, tient bon sous l'orage et triomphe facilement de ses adversaires[16]. »

Bien loin du monde

Si les études classiques de l'époque permettent aux élèves de faire leurs humanités, d'entrer en contact avec les grands courants de pensée de l'histoire et de débattre de vastes questions à caractère philosophique ou moral, elles négligent par contre la

réalité sociologique et politique dans laquelle baignent les étudiants. Et le Collège de l'Assomption ne fait pas exception à cette
règle. À l'instar de tous les autres collèges de la province, c'est
une sorte de dinosaure essentiellement tourné vers le passé où
l'étude et l'analyse du monde contemporain sont pratiquement
absentes. Les élèves n'ont pas accès à la radio ni aux journaux, à
moins de se les procurer eux-mêmes au village. Et les enseignants s'en tiennent, à quelques exceptions près, aux matières
qui leur sont assignées.

C'est ainsi que, de 1939 à 1942, Camille Laurin passe quatre
années au collège sans trop se rendre compte qu'une guerre
meurtrière sévit en Europe. « On était comme en serre chaude,
se souviendra-t-il. Nos professeurs ne nous parlaient presque
pas de la guerre ; en fait, c'était comme si l'événement n'existait
pas. Il y avait seulement l'abbé Pleau qui en traitait à l'occasion,
mais il le faisait seulement d'un point de vue nationaliste, pour
s'insurger contre l'envoi de troupes canadiennes-françaises sur
les champs de bataille[17]. »

Guy Rocher confirme qu'il n'était pas beaucoup question de
la guerre dans les cours et que c'était loin d'être une préoccupation, tant chez les élèves que chez les professeurs. Il précise
cependant que, à partir de 1941, un corps de réserve a été
constitué et que, deux après-midi par semaine, certains élèves
s'entraînaient en costume militaire dans la cour du collège. À sa
plus grande joie, Camille Laurin, tout comme son confrère
Rocher, a cependant été exempté de ce corps. « Je détestais l'armée. On devait subir un examen médical et j'ai tout fait pour me
faire refuser. J'avais déjà les pieds plats ; la journée de l'examen,
ils étaient encore plus plats qu'à l'accoutumée[18] », racontera-t-il,
sourire en coin.

C'est peut-être cette exemption qui a fait en sorte que le
jeune homme n'a pas vu passer la guerre, car il en fut tout autrement pour son camarade de classe Benjamin Tremblay. « La
guerre, on en parlait dans les cours et entre nous. Si Laurin ne l'a
pas vue, c'est qu'il était dans ses rêves[19] », rappellera-t-il avec un
certain agacement.

Mais, à défaut d'en faire un grand sujet de discussion ou de débat, les prêtres du collège se tiennent quand même informés de l'évolution du conflit et s'alignent principalement sur les grands courants de la droite catholique qui dominent alors au sein de l'élite canadienne-française. Et il leur arrive d'en glisser un mot aux élèves. « Au collège, on était franquiste ou pétainiste. Mais on n'est jamais allé jusqu'à appuyer Mussolini ou Hitler. Il n'y avait ni fascisme ni antisémitisme dans notre milieu. Je n'ai jamais rien senti de ça[20] », se souviendra Guy Rocher.

Un climat nationaliste

Si la plupart des professeurs du Collège de l'Assomption s'intéressent assez peu aux grandes questions d'actualité et estiment moins compromettant de scruter le passé que de débattre du présent, quelques-uns sont cependant préoccupés par le devenir de la nation canadienne-française. Nourris aux thèses nationalistes du chanoine Lionel Groulx, ils abordent ouvertement la question avec les élèves. La région baigne également dans un climat de fierté nationale où tout ce qui illustre un certain progrès des Canadiens français, que ce soit au Québec ou ailleurs, est valorisé. Ainsi, en 1937, les autorités du village organisent des funérailles civiques pour un fils du pays, Albert Longpré, qui a lutté pour les droits scolaires des Franco-Ontariens. L'année suivante, on lui élève un monument près de l'église. Tous les élèves du collège ont alors l'occasion d'entendre les discours patriotiques qui marquent la cérémonie, dont celui du chanoine Groulx.

Au collège, c'est l'abbé Blaise-Émile Pleau qui est le porte-étendard du nationalisme canadien-français. Professeur de belles-lettres et dirigeant de l'Académie Saint-François-Xavier, il ne rate jamais une occasion, ni dans ses cours ni ailleurs, de propager les idées du chanoine sur ce que devrait être le sort de la nation canadienne-française. Lorsqu'il se remémore toute cette époque, Camille Laurin se souvient de cet enseignant comme d'un patriote qui lui a vraiment fait découvrir le nationalisme et qui lui a ouvert de nouvelles perspectives sur l'histoire et le devenir du Québec.

Mais on ne fait pas que parler du chanoine Groulx et évoquer ses écrits, puisque les autorités du collège l'invitent également à prononcer des conférences devant les élèves, comme en novembre 1940, lorsque l'auguste chanoine propose sa version de l'histoire du Canada. L'annuaire du Collège de l'Assomption résume ainsi ses propos : « M. Groulx retrace en traits vigoureux la noblesse de nos origines, tout ce que nos ancêtres ont gagné et tout ce que nous avons perdu. Il indique les devoirs de ceux qui ne veulent pas mourir. Notre patriotisme, nous le puiserons dans l'amour véritable de notre patrie, dans l'amour convaincu de notre religion[21]. »

Même si sa correspondance et ses autres écrits de l'époque n'en font pas directement état, le jeune Camille, que son milieu familial avait déjà sensibilisé à la question nationale, vibre très certainement à ces élans. En 1940, il compose, à l'occasion d'une fête de famille, une chanson intitulée *L'Idéal*. L'un des couplets dit ceci :

Mes chers amis, gardons notre langage,
À l'oppresseur n'obéissons jamais
De nos aïeux, c'est le saint héritage,
Nos jeunes cœurs doivent rester français[22].

Cette petite touche de nationalisme vient compléter la formation générale que Camille Laurin tire de ses études classiques. Des études qu'il aura réussies avec brio et qui lui auront surtout permis de baigner pendant huit longues années dans un milieu intellectuel propre à satisfaire son immense soif de connaissances. Au-delà des cours auxquels il assistait presque par obligation, ce sont surtout les milliers de pages qu'il a lues sur toute espèce de sujets qui auront contribué à façonner sa pensée et à faire de lui le grand humaniste qu'il est devenu. Lorsqu'ils parlent de Laurin, ses compagnons de collège ont le souvenir ni d'un grand sportif, ni d'un boute-en-train dont on s'arrachait la présence, mais plutôt d'un élève discret, réservé, voire un peu à l'écart, son livre à la main… mais qui en savait toujours plus que tout le monde.

CHAPITRE 3

L'appel de Dieu

Au milieu de l'adolescence, alors qu'il en est encore à potasser ses classiques, Camille Laurin se sent attiré par la vie religieuse, qui lui semble porteuse des grandes valeurs humaines et spirituelles auxquelles ses lectures l'ont initié. « À partir de seize ans environ, je suis devenu un être beaucoup plus renfermé, méditatif, spéculatif, se souviendra-t-il. Je m'interrogeais sur le sens de la vie, le devenir de l'Homme et celui du monde. C'est là que j'ai commencé à penser à une vocation religieuse. Le message de Dieu m'attirait parce qu'il collait à moi, à ma soif de plénitude. Il donnait un sens suprême à la vie. Il portait des valeurs d'éternité, de rédemption[1]. »

Cette réflexion, le jeune collégien l'alimente essentiellement par la fréquentation d'ouvrages mystiques et par la prière qu'il pratique souvent seul, dans son coin, à l'abri des regards indiscrets. Guy Rocher rappellera d'ailleurs que la piété de son confrère, toute réelle fût-elle, n'était pas très manifeste. Ce n'est pas lui qu'on voyait le plus souvent à la chapelle, et s'il aimait débattre de questions à caractère religieux, il ne discutait jamais avec ses camarades de sa propre foi ou de son avenir. « Je détestais parler de mes émotions ou de mes sentiments, expliquera Laurin. Au collège, je me suis toujours arrangé pour avoir un directeur spirituel qui était le moins dérangeant possible et je n'ai jamais parlé directement de ma vocation avec lui. De toutes façons, je ne trouvais pas les prêtres tellement inspirants. Ceux que je côtoyais ne manifestaient pas beaucoup de spiritualité ; ils me semblaient mondains et superficiels. Ils me faisaient fuir plutôt que de m'attirer[2]. »

S'il se fait discret au collège, le jeune homme s'ouvre par contre sans retenue de sa vocation naissante dans l'abondante correspondance qu'il échange avec ses parents tout au long de ses huit années à L'Assomption. Cette correspondance, dont une bonne partie subsiste encore aujourd'hui, n'a rien de frivole. Elle traite de la santé des uns et des autres, des difficultés économiques de la famille, fort nombreuses à cette époque, mais surtout de ses propres projets d'avenir. À partir de l'automne 1938, ceux-ci ne portent plus qu'une seule étiquette : le service de Dieu et des autres.

« Maman, si votre Camille veut se rendre digne du grand honneur auquel il est appelé, écrit-il en décembre 1938 alors qu'il n'a que seize ans, il faut qu'il commence tout de suite à se préparer, à montrer plus de dévotion, à aimer plus et mieux mon bon Jésus… Ne croyez pas que je sois emballé par un feu de paille. Non, c'est sérieux ; les récents événements, la crise où je me débats actuellement depuis deux longs mois, la période de croissance, mes rêves d'apostolat, mon rêve d'avenir, vous le connaissez, tout cela ne peut laisser insensible un jeune homme[3]. »

Un brin calculateur, le jeune élève savoure à l'avance l'effet que cette lettre va produire chez sa mère, elle qui a toujours souhaité offrir un prêtre au Bon Dieu. Même s'il n'envisage pas la prêtrise pour lui plaire, il n'en demeure pas moins que, dans son cœur d'enfant, l'idée de faire ce grand plaisir à sa maman renforce ses intentions. Autre motif à caractère tout aussi laïque : Camille Laurin souhaite poursuivre des études bien au-delà de son cours classique. Or, ses parents sont toujours aussi pauvres et il se doute bien que l'aide financière de Paul Gouin, que la bonne fortune semble avoir abandonné depuis le sale tour que Duplessis lui a joué, tire à sa fin. Il s'imagine alors que l'Église pourrait prendre le relais et lui donner les moyens de réaliser ses rêves. Dans ceux-ci, il se voit prêtre enseignant, docteur en philosophie ou en littérature. Aussi, il s'informe auprès de certains de ses professeurs au sujet de la possibilité d'entreprendre des études supérieures s'il devient l'un des leurs et il est encouragé par la réponse positive qu'il reçoit.

Mais ces raisons demeurent secondaires en regard de l'objectif principal de Laurin, qui est alors de se donner entièrement à Dieu et de consacrer sa vie aux autres dans l'amour et le don de soi. Voilà le but qu'il poursuit et ce à quoi il se prépare intensivement à partir du mitan de ses années de collège. Cette longue marche vers le sacerdoce, qui s'étend sur quatre ans, est toutefois parsemée d'embûches. Le jeune homme, qui approche la vingtaine, n'est pas sans ressentir, dans sa chair et son cœur, l'attrait du monde et des plaisirs terrestres. « Je commençais à regarder les filles, se souviendra-t-il. Sans parler d'une antinomie, il y avait une tension dialectique. Comment réconcilier la contemplation des créatures et celle de Dieu ? Quand on lit beaucoup, ça nourrit le dilemme, ça alimente la tension[4]. »

Fidèle à ses habitudes, il se confie à ses parents, qui peuvent ainsi suivre, mois après mois, l'évolution plutôt sinueuse des sentiments de leur fils. « Depuis déjà deux mois, j'étais dans une mauvaise passe, leur écrit-il en mai 1940. Le grand combat des vingt ans venait de se déclencher en moi avec toute sa force… Deux genres de vie s'offraient à moi. D'un côté, la chair avec ses plaisirs apparents, ses passions voluptueuses, et de l'autre, la rude voie de Dieu, le renoncement continuel, le sacrifice, l'amour de Dieu et du prochain. Le démon avait préparé ses batteries. Deux fois, j'ai failli tomber au plus profond du ravin, deux fois une pensée bienfaisante m'a relevé. J'étais troublé, plein d'incertitude, de dégoût de moi-même. Je sentais que Dieu m'abandonnait. Et rien ne me plaisait plus. Et, tout à coup, la détente est venue. Jésus m'a fait sentir sa présence et les vents se sont calmés, les orages se sont apaisés[5]. »

En effet, la tempête semble vraiment s'être calmée au moment de la rentrée de septembre 1940, lorsque Camille Laurin entreprend son avant-dernière année de collège. Comme chaque automne, cette rentrée débute, pour les élèves les plus avancés, par une retraite fermée de quelques jours où d'habiles prédicateurs, la plupart du temps venus de l'extérieur, chauffent à bloc les élèves dans le but avoué de convaincre le plus grand nombre d'embrasser le sacerdoce. Souvent, la méditation, la prière et l'interprétation des textes sacrés cèdent le pas aux adjurations, aux menaces, à l'évocation du feu éternel. Certains prêcheurs, plus zélés et plus fougueux, versent carrément dans l'endoctrinement et le lavage de cerveau. « S'il y en a ici qui pensent qu'ils n'ont pas besoin de cette retraite, je demande à Dieu qui est dans le tabernacle de les maudire », clame un jour l'un d'entre eux à l'occasion d'un sermon particulièrement enflammé auquel l'élève Laurin assiste.

Au sortir de l'exercice et bien qu'il soit improbable que le prédicateur de service ait eu une grande influence sur lui, le jeune homme semble tout à fait déterminé à oublier ses tourments et à se conduire, tout au long de l'année à venir, comme s'il appartenait déjà à Dieu. Il note ceci dans son journal personnel : « La règle d'or de mes actions ? Le bon plaisir de Jésus ! Faire tout ce qui lui plaît. Éloigner tout ce qui ne lui plaît pas. Faire de mon être un temple de plus en plus propre, de plus en plus beau, de plus en plus brillant où Jésus et sa Mère trouvent les plus grands délices à habiter… Travailler sans cesse à me rendre digne de la vocation à laquelle Il me destine et des travaux auxquels Il me veut ou me voudra. Que sa Sainte Volonté soit faite[6]. » Mais une énorme tentation se cache sous cette apparente détermination. Elle prend les traits d'une ravissante jeune fille de Charlemagne qui, quelques mois plus tard, entrera avec fracas dans la vie de Camille Laurin et viendra bouleverser toutes ses belles certitudes.

La belle Bérangère

Chaque été, le collégien revient dans son village pour la période des vacances. Les premières années, il travaille dans les différentes entreprises de son père. Tantôt au restaurant, tantôt au garage, tantôt dans une manufacture de fourrure dont Éloi est devenu copropriétaire, mais qui fera faillite après seulement quelques années d'exploitation.

À partir de l'été 1939, il va s'engager comme journalier dans l'usine de munitions de Saint-Paul-l'Ermite, un village voisin de Charlemagne. Son premier vrai contact avec le monde du travail manuel est plutôt rude et rempli de leçons de toutes sortes. « J'ai travaillé trois étés d'affilée à cette usine, se rappellera-t-il. C'était une besogne physique à pelleter du sable et à casser de la pierre. Ça a été mon début d'ouverture sur le monde et à la condition ouvrière, sur la domination du capitalisme anglophone qui imposait ses lois et sa langue, sur les petits contremaîtres qui faisaient le jeu des patrons et qui étaient durs avec les ouvriers. Le Québec de l'époque était misérable. Les gens avaient beaucoup d'enfants et gagnaient des salaires de famine. Toute cette expérience sur le terrain à parler avec les travailleurs a constitué un véritable antidote à la serre chaude du collège[7]. »

Cet antidote n'arrive cependant pas tout seul puisqu'à l'été 1941, Camille Laurin, qui a alors 19 ans, tombe amoureux pour la première fois de sa vie. Jusque-là, il s'était assez peu intéressé aux filles, se limitant à les regarder de loin et à en rêver à l'occasion. Tout bascule lorsqu'il croise, dans une fête de village, Bérangère Hudon, une jeune fille de son âge, issue d'un milieu ouvrier et qui vit chez ses parents, à Charlemagne. Soixante ans plus tard, il en parlera encore avec du feu dans les yeux. « Dès que je l'ai vue, dira-t-il, je suis tombé amoureux d'elle ; j'ai eu le coup de foudre. Elle était petite mais très jolie, avec de grands yeux noirs. Sa démarche était féline et elle était très bien faite avec de très beaux seins. C'était une jeune fille enjouée, vive, avec un beau rire cristallin[8]. »

Les jeunes gens se fréquentent tout l'été. Ils bavardent de tout et de rien, font de longues promenades dans les rues du village en se tenant par la main et, le soir venu, vont danser à la plage Philippe, du nom du propriétaire d'une salle de danse située le long de la rivière L'Assomption. En revenant, il leur arrive d'échanger quelques chastes baisers, les mœurs de l'époque leur interdisant d'aller plus loin.

Même si leurs relations n'ont jamais été suffisamment

sérieuses pour que Bérangère franchisse le seuil de la maison de la rue Notre-Dame et soit officiellement présentée aux parents Laurin, ces derniers ont cependant connaissance, non sans une certaine inquiétude, de la nouvelle passion de leur fils. Surtout Mary, qui comprend très rapidement que cette passion pourrait mettre en péril sa vocation religieuse. Laurette Laurin, une jeune sœur de Camille, se souviendra notamment que sa mère appelait Bérangère « Le Diable tentateur » et qu'elle craignait que celle-ci ne détourne son fils de son projet de devenir prêtre.

Mais les craintes de Mary ne vont pas jusqu'à l'inciter à s'interposer entre les deux tourtereaux. Intuitive et connaissant bien son garçon, elle comprend rapidement que Camille est fou d'amour pour cette fille et que toute intervention de sa part ne fera que le braquer encore davantage. Elle se contente donc d'observer attentivement le comportement de son fils qui, amoureux jusqu'au plus profond de son être, passe son été à ensevelir sa belle sous les mots doux et les lettres enflammées qu'il va porter chez elle jusque tard en soirée. Peine perdue, cependant, parce que si Bérangère aime flirter et se laisse courtiser, elle est plus légère que le grave et sentencieux Camille, se permettant même à l'occasion de sortir avec d'autres garçons du village, au grand désespoir de son jeune amoureux. Aussi, elle ne répond pas à ses lettres et refuse, par son silence, de s'engager plus avant.

En fait, la réalité est simple, même si Laurin mettra plusieurs mois à s'en rendre compte : Bérangère est moins éprise que lui et le grand coup de foudre du jeune homme n'est pour elle qu'amourette de vacances et distraction d'un été. « Elle était dotée d'un gros bon sens. Elle a probablement senti que ça n'aboutirait jamais, compte tenu de mes tourments religieux et du fait que nous n'étions pas du même milieu. Alors, elle n'a pas beaucoup investi. Elle avait probablement peur d'un gars comme moi », reconnaîtra-t-il à la fin de sa vie[9].

Mais, sérieux ou pas, le passage de Bérangère Hudon dans la vie du jeune collégien laisse de profondes traces et ce dernier, qui jusque-là se destinait sereinement à la prêtrise, ne sera plus jamais le même après cet amour de l'été 1941. « Ce premier coup de cœur l'a bouleversé. C'est là qu'il s'est aperçu qu'il aimait les femmes et qu'il ne pourrait pas s'en passer. C'est sur la plage Philippe que sa vocation a foutu le camp[10] », estimera sa sœur Gabrielle. Un point de vue partagé par le principal intéressé qui, quelques mois avant sa mort, semblait encore troublé par cet amour de jeunesse et reconnaissait que cette jeune fille l'avait complètement chamboulé. « Si elle avait été plus ardente à mon endroit, j'aurais peut-être pu oublier la prêtrise et l'épouser. Si elle s'était jetée dans mes bras, je ne sais pas ce que j'aurais fait parce que je l'aimais vraiment beaucoup[11] », dira-t-il.

Une année difficile

Camille Laurin entreprend, en septembre 1941, sa dernière année de collège ; il a la tête en feu et le cœur en lambeaux. Sans cesse tourmenté par les événements des derniers mois, il se sent désormais écartelé entre une vocation qu'il caresse depuis déjà quelques années, mais dont il est de moins en moins certain, et un amour vissé au fond de lui-même, mais qui lui semble impossible parce que non partagé.

« Ce fut ma pire année de collège, se souviendra-t-il. J'étais pris entre cet amour et mon désir d'être prêtre. Pour la première fois, je trouvais ça difficile d'être pensionnaire. J'avais toujours l'image de Bérangère en tête. Je lui ai souvent écrit ; elle ne m'a jamais répondu. Elle n'est jamais venue me voir non plus[12]. » Dès la fin du mois de septembre, il rédige une longue lettre à sa mère pour lui faire part à la fois de sa confusion et de sa détermination à devenir prêtre :

> Mon âme a été cet été le théâtre du plus grand orage qui l'ait visitée. Avant cette année, cela avait été la crise de la religion, puis celle de la pureté ; ces vacances-ci, ce fut celle du monde… Pour les vacances, je ne pensai qu'à aimer et j'aimai follement comme on aime à vingt ans. À mesure que je découvrais mieux le trésor que je possédais, mon amour augmentait en profondeur et je puis vous le dire à vous, même Bérangère mariée, je continuerai à l'aimer où que je sois et à prier pour elle… J'aurais pu sortir bien

blessé de cette épreuve. Mais il y avait quelque chose qui me sou-
tenait : ma religion qui repose sur du roc que rien ne saurait
ébranler, ma vocation que je n'ai jamais cessé de vouloir la plus
belle et la plus grande possible[13].

Toutefois, ce roc est loin d'être aussi solide qu'il le prétend et,
tout l'hiver, le jeune homme continue d'osciller entre, d'une part,
ce sacerdoce vers lequel sa foi et son intense désir de servir Dieu
le conduisent tout naturellement et, d'autre part, l'amour
humain et les « plaisirs du monde » dont les événements des mois
précédents lui ont donné un puissant avant-goût. Aux vacances
de Noël, il est plutôt morose, refermé sur lui-même, perdu dans
ses pensées. Constamment aux prises avec son dilemme, il prend
moins plaisir qu'à l'accoutumée aux échanges de cadeaux et aux
veillées traditionnelles. Bérangère est toujours là, au fond de son
cœur, et il souffre terriblement de son absence.

Mary continue d'être régulièrement informée des tourments
de son fils, mais plus le temps passe, moins elle s'explique que ce
dernier puisse persévérer dans sa vocation alors qu'il est toujours
aussi amoureux de la jeune fille. Désireuse d'en avoir le cœur net,
et puisque le collégien n'a plus que quelques mois pour faire son
choix, elle lui pose carrément la question et lui suggère de
prendre conseil. « Je constate que ton cœur bat bien fort pour
elle, lui écrit-elle. Mon garçon, te serais-tu trompé ? Tu me fais
peur avec cet amour au cœur. Comment peux-tu l'aimer à ce
point et décider de faire un prêtre ?… Camille, ton état d'âme me
bouleverse, consulte un prêtre au plus tôt. Ouvre-lui ton cœur et
réfléchis. Ceux à qui Dieu fait l'honneur de les appeler ne doivent pas être tourmentés comme tu l'es[14]. »

Il est peu probable que Laurin ait suivi les conseils de sa
mère, mais, quoi qu'il en soit, il lui annonce à la fin d'avril que
sa décision est prise et qu'il va entrer au Grand Séminaire à la fin
de l'été suivant. « Depuis le mois de septembre, écrit-il, ma vie
a été un tourment perpétuel. L'angoisse devenait par moments
si forte que je me sentais incapable même de prier. Tous les
jours, le problème se posait devant moi… Maintenant, ma décision est prise… Je vous le demande encore, chère maman, ayez

confiance en ma vocation. J'ai un pressentiment intérieur qu'elle est de celles qui durent, qui résistent[15]. »

Comment en est-il arrivé finalement à cette décision? Camille Laurin expliquera simplement vers la fin de sa vie qu'il a alors cru que la poursuite de son idéal de plénitude et son désir de se mettre au service des autres seraient mieux servis par la prêtrise que par toute autre chose, qu'il voulait transmettre le message de Dieu parce qu'il le trouvait beau et stimulant.

Cependant, certains passages de la dernière lettre à ce sujet qu'il fait parvenir à sa mère laissent plutôt perplexe et indiquent à tout le moins que, quoi qu'il en ait pensé à l'époque, la période des grandes certitudes est bel et bien révolue. « Depuis longtemps, écrit-il, je sais que vous désirez un prêtre parmi vos enfants. C'est le rêve de toute mère chrétienne et je sais avec quelle ferveur vous avez demandé cette grâce au Ciel. Ce n'est pas pour cette raison que je me suis dirigé vers le sacerdoce, vous ne le voudriez pas, mais je comprends quelle souffrance je vous infligerais si maintenant je renversais la décision prise. Oui, je la comprends tellement la douleur qui est vôtre et elle m'effraie ; je ne voudrais pas être la cause d'une telle souffrance… Mais, pour ma vie, je dois envisager la volonté de Dieu, indépendamment de toute volonté humaine. Où me veut-il ? À son service d'une manière totale ou seulement partielle ? J'ai opiné pour la première, non avec certitude, mais avec probabilité. Me suis-je trompé, devrais-je changer ? J'espère de tout cœur que non[16]. »

Les adieux au collège

À la mi-juin 1942, Camille Laurin termine ses études classiques au Collège de l'Assomption. Il vient tout juste de fêter ses vingt ans. Le dernier soir de l'année scolaire, celui de la traditionnelle prise du ruban, le jeune homme arbore fièrement un ruban blanc sur son blazer bleu marine. Son choix de vie est maintenant public : il sera prêtre. Son discours d'adieu, déjà long, évoque avec érudition et lyrisme ses huit années passées au collège. Passant avec un égal bonheur de Virgile à Chateaubriand, il souligne l'immense plaisir intellectuel qu'il a éprouvé à apprendre, les joies que lui ont procurées ses camarades, et il rend un hommage bien senti à ses éducateurs :

« Maintenant, affirme-t-il, nous sommes de ces athlètes dont parle saint Paul ; tout prêts à nous élancer dans la carrière. Préparés, nous le sommes et nous devons l'être. Huit ans durant, des cœurs de prêtres se sont penchés sur nos âmes, s'efforçant d'y éveiller les purs enthousiasmes, d'en réprimer les moins nobles mouvements. Avec la légèreté particulière à notre âge, nous avons souvent méconnu leurs efforts. Avant notre dernier départ, cependant, nous voulons leur dire notre reconnaissance pour les bienfaits reçus et notre admiration pour leur rôle obscur mais combien fructueux[17]. »

En ce soir de juin 1942, l'atmosphère est aux réjouissances. Sous l'œil fier et attendri des parents, dont plusieurs se sont saignés à blanc pour envoyer le fiston au collège et qui voient tous leurs sacrifices enfin récompensés, les finissants courent de l'un à l'autre pour se féliciter du choix de chacun et se souhaiter bonne chance. On se regroupe à trois ou quatre pour se raconter les meilleurs coups des huit dernières années, se remémorer les anecdotes les plus savoureuses ou se promettre d'éternelles amitiés.

Secrétaire de sa promotion, la 102e du collège, et ayant probablement la meilleure plume du groupe, Camille Laurin a été chargé de composer la prière inscrite sur la mosaïque où figurent la trentaine de finissants. Bien qu'elle tienne en quatre courtes lignes, cette prière, rédigée en vers, va comme un gant au jeune séminariste qu'il deviendra dans quelques mois :

Nos fronts se sont levés vers ta niche de pierre
D'où souvent le soir Tu nous as vus prier
Sur notre long chemin fais briller la lumière
Jusqu'à l'ultime but daigne nous diriger[18]

Une aventure qui tourne court

Le jeune homme passe un autre été à travailler à l'usine de munitions de Saint-Paul-l'Ermite, que la Seconde Guerre mondiale oblige à produire à plein régime. Durant ces quelques mois, il tente bien d'éviter sa belle Bérangère, mais il ne peut pas s'empêcher de l'inviter à l'accompagner à l'occasion du mariage de sa sœur Éliane. Le feu couve toujours, du moins de son côté, mais il demeure décidé à devenir prêtre. Aussi, au début de septembre 1942, Camille Laurin fait officiellement son entrée au Grand Séminaire de Montréal, alors dirigé par les sulpiciens.

En réalité, cependant, ce n'est pas encore vraiment le Grand Séminaire puisque Laurin et les quelque soixante postulants qui y arrivent en même temps que lui entreprennent plutôt une année préparatoire aux études théologiques, année faite de philosophie, d'histoire, de sociologie. Mgr Paul-Émile Charbonneau, un camarade de classe de l'époque qui deviendra par la suite évêque de Hull, ne garde pas un très bon souvenir de cette année. « C'était une sorte de fourre-tout pas très bien structuré, une récapitulation de tout ce qu'on avait déjà vu auparavant, dira-t-il. Il y avait toutes sortes d'affaires là-dedans, même des cours de diction. Ça a été en quelque sorte une année perdue. Ni Camille ni moi n'étions très pris par nos études ; on pouvait lire tout notre saoul et échanger à satiété sur nos découvertes littéraires. Je me souviens qu'on est passé à travers toute l'œuvre de Claudel, de Péguy et de Georges Duhamel[19]. »

Le jugement de Camille Laurin est cependant beaucoup plus indulgent, puisqu'il se souviendra surtout qu'il a pu lire à satiété toute l'année. « J'ai adoré ça, se rappellera-t-il. Je me suis tapé la somme théologique de saint Thomas ainsi que l'ensemble des ouvrages sociologiques d'Émile Durkheim et d'Auguste Comte. C'était absolument passionnant. Les sulpiciens n'avaient pas de préjugés et faisaient preuve de beaucoup d'ouverture sur le monde[20]. »

Mais si l'ouverture intellectuelle semble plus grande qu'au Collège de l'Assomption, il en va tout autrement de la discipline et de l'encadrement sévères dans lesquels les jeunes séminaristes sont maintenus. Obligés de porter la longue soutane noire, même s'ils n'ont encore prononcé aucun vœu, les postulants sont suivis de très près, doivent respecter un horaire extrêmement strict fait essentiellement de périodes d'étude, de prières et de méditation et sont tenus de rencontrer régulièrement un directeur spirituel. Leurs courtes périodes de vacances ne coïncident pas avec celles du reste de la société, de façon à leur éviter les tentations du monde extérieur. Pour Noël, par exemple, ils ne sont autorisés à aller voir leur famille respective qu'au mois de janvier: on s'assure ainsi que, puisque leurs jolies cousines sont rentrées chez elles, ils ne s'amuseront pas trop.

Camille Laurin, qui fume depuis déjà quelques années et qui doit aller se cacher dans les toilettes pour en griller une, déteste souverainement ce genre de carcan. Préférant par ailleurs le contact direct avec Dieu et peu porté sur les manifestations de groupe, il abhorre le trop grand nombre d'offices religieux et refuse de se soumettre aveuglément à l'autorité de l'Église et particulièrement à celle des évêques, car il réprouve la vénération dont ils sont l'objet. Mgr Charbonneau confirme la résistance de son camarade en indiquant qu'ils ont beaucoup parlé de cette question au cours des quelques mois qu'ils ont passés ensemble. « Camille avait une grande foi et son désir d'être prêtre était très sincère, se souviendra-t-il. Mais, en même temps, il était mal à l'aise avec la rigueur et la discipline de la vie religieuse. Il avait beaucoup de difficulté à supporter l'autorité de l'Église, dont l'attitude était particulièrement triomphante à l'époque. Aussi, il critiquait beaucoup et répétait souvent qu'il se sentait incapable de vivre dans un cadre aussi rigide[21]. »

Cette discipline de fer aurait sans doute été plus supportable si le séminariste n'avait pas encore été aux prises avec les démons amoureux qui l'ont tant tourmenté au cours des douze derniers mois. Car rien n'a changé sur ce chapitre : la décision de se faire prêtre, prise *in extremis* à la fin du printemps, n'a d'aucune façon apaisé son esprit ni son cœur. L'habit n'a pas fait le moine, et à l'automne 1942, Camille Laurin est toujours aussi troublé et peu sûr de sa vocation. Quelques jours après son entrée au Grand Séminaire, il supplie d'ailleurs le Seigneur de lui venir en aide :

« J'ai peur, je ne sais comment m'y prendre pour réaliser le but rêvé, note-t-il dans son journal personnel. Je connais mes faiblesses, j'entrevois de durs jours. Mon Seigneur, il faut que vous me parliez, m'encouragiez, m'entraîniez. Ne vous éloignez jamais de moi, surtout aux heures noires. Que je sente votre présence comme une étoile qui me guide et m'empêche de m'égarer[22]. »

Il semble bien que son appel n'ait pas été entendu puisque, tout au long de l'automne, le séminariste multiplie les lettres à sa famille où il fait largement état de son désarroi. Au début d'octobre, il écrit ceci à son père : « J'ai beaucoup de misère actuellement... Quelquefois, il me semble que je me suis égaré au milieu de ces murs, que toutes ces soutanes noires autour de moi sont irréelles et que je vais me retrouver à la maison, occupé à mes travaux ordinaires[23]. » Quelques jours plus tard, c'est au tour de son jeune frère André de recevoir une lettre, dans laquelle Camille lui confie que le renoncement aux plaisirs terrestres lui brise le cœur et qu'il ne peut pas se résoudre à être éternellement privé de tout amour humain.

Enfin, une dernière lettre expédiée à sa mère à la mi-novembre indique clairement que le jeune homme est de moins en moins certain d'avoir fait le bon choix et qu'il envisage de plus en plus la possibilité de concrétiser son idéal d'amour et de justice sociale à l'extérieur du sacerdoce. « Bérangère n'a pas cessé de me tourmenter, écrit-il. Aux heures grises, sans cesse son image revient, personnifiant toutes les femmes du monde. Elle semble me dire : "Pourquoi un tel sacrifice ? Tu te sauveras quand même ailleurs. Dans le siècle, il y a tant à faire, tant de misère à soulager là où le prêtre ne peut aller. Et tu aurais près de toi une douce présence tandis que là-bas, tu poursuivras un but mystérieux, par des chemins arides, toujours seul, sans présence amie. Es-tu bien sûr de ne pas te tromper, de ne pas t'illusionner ?" Chère maman, imaginez quelle peine j'ai à repousser de pareilles tentations[24]. » Cette même lettre fait également état de sa difficulté à se soumettre à l'autorité épiscopale, qui, soutient-il, heurte « ses goûts, son intelligence et ses inclinaisons naturelles ».

Autrement dit, dès les premiers mois de son aventure au Grand Séminaire, Camille Laurin se rend compte qu'il manque terriblement d'air et que, pour toutes sortes de raisons, il n'est pas fait pour la vie ecclésiastique. À partir d'un tel constat, il ne lui manque plus qu'un léger coup de pouce pour sauter définitivement la clôture. Celui-ci lui viendra de son directeur spirituel, le père Clément Locas. Ce dernier a environ soixante ans lorsqu'il se charge de l'accompagnement spirituel du postulant Laurin. Homme d'expérience, fin psychologue, pas dogmatique pour deux sous, il comprend rapidement que son jeune protégé n'a pas véritablement l'étoffe d'un prêtre et qu'il vaudra mieux pour tout le monde qu'il aille exercer ses talents ailleurs. Aussi, tout au long de l'année, il le guide délicatement mais sûrement vers la sortie, se souvient Laurin :

> Le père Locas avait beaucoup vécu. Il m'a longtemps écouté, sans dire un mot. Et puis, finalement, il m'a dit que je n'étais pas à ma place, que la prêtrise ne me rendrait pas heureux. Il m'a déculpabilisé et m'a donné en quelque sorte la permission de partir. Il a ouvert le barrage et l'eau s'y est engouffrée. J'étais rendu au bout de ma démarche et j'aurais été un prêtre malheureux. J'ai décidé de quitter sans regret ni déchirement. Au contraire, ça a été comme une sorte de libération. Il m'a montré la sortie et je ne demandais pas mieux [25].

Cette grave décision, que Camille Laurin prend au printemps 1943, doit maintenant être annoncée aux parents qui, bien qu'ils s'en doutent un peu, compte tenu des turbulences des deux dernières années, ne peuvent être maintenus plus longtemps dans l'ignorance. Ratoureux et un brin couard, le jeune homme imagine alors de se servir de sa sœur Gabrielle pour amortir le choc auprès de sa famille. Gabrielle, qui a été la compagne de jeu de son enfance et qui restera près de lui tout au long de sa vie, se rend au Grand Séminaire toutes les deux semaines, notamment pour s'occuper de son linge et lui apporter des cigarettes. C'est lors d'une de ces visites que son grand frère lui demande de servir d'intermédiaire auprès de ses parents. « Camille m'a demandé de dire aux parents qu'il allait sortir, confirmera-t-elle. Ça le gênait de le dire lui-même et il préférait que je le fasse à sa place.

Je l'ai annoncé à ma mère, qui l'a par la suite dit à mon père. Sur le coup, maman n'a pas dit un mot. Elle n'a pas pleuré non plus mais je sais que ça lui a fait beaucoup de peine[26]. »

Et c'est ainsi que, le 11 avril 1943, Camille Laurin peut, dans une lettre adressée à son père, annoncer officiellement sa décision en lui donnant l'air banal d'une vieille nouvelle. « Gabrielle doit vous avoir déjà dit que je serai de retour à la maison au mois de mai. Mon directeur, après un long examen, me conseille, au nom de mon bonheur éternel, de ne plus penser au clergé séculier[27] », écrit-il à la toute fin d'une très longue missive où il traite abondamment de choses et d'autres.

Même si elle avait été prévenue quelques semaines plus tôt par sa fille, Mary éclate en sanglots à la lecture de cette lettre. Son rêve vient de s'évanouir : Camille ne sera pas prêtre. Laurette Laurin, qui a alors une dizaine d'années, se souviendra très bien de la scène. Elle la racontera ainsi : « J'ai vu ma mère qui pleurait à chaudes larmes, une lettre entre les mains. Elle m'a dit : "Il n'y aura pas de prêtre dans la famille." Dans la théologie du temps, avoir un enfant prêtre ou religieux, c'était très important, c'était un gage d'aller au Ciel[28]. » Plusieurs années plus tard, cette même Laurette, qui fut elle-même religieuse de nombreuses années chez les sœurs de la Charité de Montréal, demandera à brûle-pourpoint à son frère aîné pourquoi il n'était pas devenu prêtre. Elle se souviendra que Camille lui a répondu en souriant qu'il aimait bien trop les femmes pour rester au Grand Séminaire.

Cette mésaventure religieuse, à laquelle son goût du monde et son immense besoin de liberté auront rapidement mis un terme, n'entachera cependant en rien sa foi inébranlable en Dieu et son adhésion aux valeurs fondamentales du catholicisme. Bien qu'il n'en ait jamais fait étalage et que seuls ses proches aient pu en être conscients, du moins jusqu'au moment de ses funérailles, Camille Laurin demeurera un grand croyant et pratiquera sa religion toute sa vie.

CHAPITRE 4

Vivement la vie !

C amille Laurin quitte définitivement le Grand Séminaire à la mi-mai 1943. Le jour même, il court s'inscrire à la faculté de médecine de l'Université de Montréal, en prévision de la session d'automne suivante. Le jeune homme vient d'avoir 21 ans et c'est une toute nouvelle vie qui commence. Jusque-là couvé par sa famille et bien abrité sous le rassurant manteau des établissements qu'il a fréquentés, le collégien a vécu relativement coupé du monde extérieur, à l'exception de ses quelques expériences d'été. À partir de maintenant, tout va changer. Il est désormais en contact quotidien avec une grande ville qu'il connaît à peine et où il n'a ni ami ni véritable repère. Les préoccupations de son nouveau milieu sont essentiellement laïques et les médias, dont il était privé au Grand Séminaire, l'informent jour après jour de ce qui se passe chez lui et de la guerre qui sévit dans le monde.

Cependant, même si son univers extérieur bascule, Camille Laurin n'est nullement troublé puisque la carrière médicale, qu'il envisageait d'ailleurs comme deuxième choix lorsqu'il était au collège, est parfaitement compatible avec l'idéal de plénitude et de service qui l'avait auparavant orienté vers la prêtrise. « J'avais la même perspective que lorsque j'ai voulu devenir prêtre, mais cette fois-ci appliquée à un métier laïque, expliquera-t-il. Je voulais comprendre l'Homme tout entier, le corps et l'âme, la matière et l'esprit. Je voulais en avoir une vision totale pour l'aider à guérir physiquement et moralement. Je n'ai pas hésité une seconde à choisir la médecine[1]. »

En somme, c'est toujours le même rêve qui se prolonge, même s'il emprunte une voie différente : celui d'appréhender l'Homme et l'Univers dans leur globalité, non seulement d'un point de vue intellectuel mais également dans une perspective d'action pour contribuer à créer une Cité idéale où les individus, libres et égaux, seraient enfin en harmonie avec eux-mêmes et entre eux, sous l'œil bienveillant de Dieu.

L'étudiant connaît toutefois une première déception dès son inscription à l'université. Il apprend en effet qu'il ne peut entreprendre immédiatement des études de médecine et qu'il doit d'abord obtenir un certificat d'études en physique, en chimie et en biologie parce que les autorités de la faculté estiment que les finissants des collèges classiques ont une formation insuffisante en ces matières. Voilà qui va le retarder d'une année et l'obliger à étudier six ans plutôt que cinq pour obtenir un doctorat.

Ce contretemps dans la poursuite de ses études contribuera d'ailleurs à modifier relativement tôt son opinion des collèges classiques, dont il avait donné un aperçu plutôt favorable au moment de quitter le Collège de l'Assomption. Son journal personnel, qu'il tient jusqu'en 1949, recèle une critique sévère de ces collèges et du caractère très insuffisant de la formation qui y est dispensée, particulièrement en matière scientifique. « À force de s'hypnotiser sur une culture générale qui n'en est pas une, écrit-il, on confie l'enseignement à des hommes qui ne connaissent que l'abc de la matière qu'ils enseignent. À force de jeter le mépris sur les spécialistes, on accoutume les élèves à l'à-peu-près facile d'une culture en surface, on leur cache ce qu'est vraiment la science[2]. »

Mais cette déception ne dure que le temps des roses et, après avoir travaillé un autre été à l'usine de munitions de Saint-Paul-l'Ermite, le jeune Laurin entreprend l'automne en lion, se lançant à corps perdu dans des études scientifiques qu'il réussit

« avec grande distinction », ainsi que l'atteste le certificat d'études qui lui est remis le 26 mai 1944 par les autorités universitaires.

Durant cette première année et au cours des quelques années à venir, le jeune homme occupe un petit appartement dans une maison d'étudiants sise rue Maplewood, pas très loin de l'Université de Montréal. Cette maison appartient à un prêtre qu'il a connu au Grand Séminaire, l'abbé Roméo Caillé, et avec lequel il s'est lié d'amitié. Ce dernier sera en quelque sorte le mécène de Camille Laurin tout au long de ses études à Montréal ; il l'aidera d'innombrables manières et lui prêtera de l'argent à l'occasion. De plus, il hébergera par la suite plusieurs des frères de Camille et deviendra avec le temps un intime de la famille Laurin.

L'étudiant ne roule pas sur l'or mais réussit quand même à vivre très convenablement grâce aux revenus qu'il tire de son travail d'été, à ceux que lui procure un emploi à temps partiel dans un bureau de poste de Montréal et à de petites bourses reçues comme celle de la Société Saint-Jean-Baptiste. Sa famille, dont les différents commerces ont repris du poil de la bête au cours des années précédentes, l'aide également à l'occasion. Même si son budget est plutôt serré, il a suffisamment d'argent pour se payer de temps à autre quelques petites douceurs, comme un repas au restaurant, le cinéma ou un concert. La légende veut que Camille Laurin, déjà bon joueur de cartes, ait payé ses études universitaires en jouant au poker et au *black jack* avec ses confrères de classe et ait passé plus de temps aux tables de jeu que dans les salles de cours et les laboratoires. Ce n'est pas vrai. Certes, l'étudiant joue aux cartes assez souvent et gagne plutôt régulièrement, mais il n'en retire que de petites sommes, tout à fait insuffisantes pour payer ses études et assurer son ordinaire.

Pendant toutes ces années passées à l'Université de Montréal, ses études de médecine se déroulent selon le même modèle que celui de ses années de collège. Elles lui apparaissent tout aussi faciles que l'ont été ses études classiques et le succès lui vient tout aussi aisément. Le relevé de notes officiel émis par l'Université indique que Camille Laurin a terminé ses cinq années d'études, incluant l'internat en psychiatrie, avec une moyenne générale d'environ 87 %. On y observe de nombreuses notes dépassant 90 % et l'étudiant obtient même, en quatrième année, la note parfaite de 100 % en gynécologie, en matière médicale et thérapeutique, en neurologie, en psychiatrie et en urologie[3].

> Je trouvais que ces études étaient faciles, expliquera-t-il. Je me permettais même de sécher des cours lorsque je trouvais que les professeurs étaient ennuyeux. Je préférais m'acheter des volumes ; j'estimais que j'apprenais mieux en lisant chez moi qu'en perdant mon temps en classe. J'aimais la très grande majorité des matières et en particulier l'histologie et l'anatomie. Par contre, j'aimais moins la chirurgie et les expériences en laboratoire, où je ne manifestais aucune habileté manuelle[4].

Cette mauvaise habitude de sécher les cours lui joue cependant un vilain tour au cours de sa première année, où son professeur d'anatomie lui donne une bonne leçon en n'accordant que la note de passage (60 %) à l'étudiant invisible. Cette note sera la plus faible de toutes ses études de médecine. En revanche, Laurin se présente régulièrement en classe lorsque les cours sont donnés par des professeurs qu'il juge excellents, comme le Dr Wilbrod Bonin, qui deviendra doyen de la faculté de médecine quelques années plus tard et qui jouera un rôle déterminant dans sa carrière médicale, et le Dr Armand Frappier, qui fondera le célèbre institut portant aujourd'hui son nom.

Comme au Collège de l'Assomption, ses succès scolaires et surtout la facilité avec laquelle il les obtient font l'envie de ses camarades. Le Dr Pierre Lefebvre, dont l'amitié professionnelle et personnelle avec Camille Laurin remonte au tout début de leurs études de médecine, se rappellera jusqu'à quel point tout lui réussissait. « Laurin avait une capacité de tout assumer, de mener toutes les tâches de front, dira-t-il. C'était un très gros travaillant. Il n'était pas nécessairement le premier mais il réussissait partout[5]. » Un autre de ses très grands amis, le Dr Roger Lemieux, est resté fasciné par la désinvolture avec laquelle l'étudiant préparait ses examens, se comportant comme s'il savait

La maison natale de Camille Laurin, à Charlemagne, vers 1930. Cette maison, surnommée le Vieux-Château, abrite à l'époque un salon de barbier, un poste d'essence et le bureau de poste local (collection Louise Laurin).

Les enfants Laurin posent fièrement devant la flotte de taxis de leur père (collection Gabrielle Laurin).

Charlemagne 1931 : le groupe de quatrième année de l'école primaire autour de la religieuse enseignante. Camille Laurin, toupet en pointe, est le premier à gauche de la troisième rangée. Sa sœur Gabrielle est la première à gauche de la première rangée (collection Louise Laurin).

Eloy Laurin et Mary Morin, les parents de Camille Laurin (collection Louise Laurin).

La famille Laurin au grand complet. Devant, de gauche à droite, Marc, René, Lucie, Louise, Pierre, Lorette. À l'arrière, André, Denis, Éloi, Léo, Mary, Camille, Éliane, Gabrielle, Jean-Guy (collection Louise Laurin).

La façade du collège de l'Assomption où Camille Laurin a fait ses études classiques (Archives du collège de l'Assomption).

Camille Laurin à dix-sept ans, avec Rex, le chien de la famille (collection Louise Laurin).

Camille Laurin et son premier amour, Bérangère Hudon, tout juste à sa gauche. On retrouve, sur la même photo, Gabrielle Laurin et son cousin David Quintal. Ce cliché remonte à l'été 1942, moins de deux mois avant que Laurin n'entre au Grand Séminaire de Montréal (collection Camille Laurin).

Camille Laurin portant le col romain et la soutane du séminariste, photographié en compagnie de sa sœur Éliane à l'automne 1942 (collection Camille Laurin).

Rollande Lefebvre à l'époque où elle fréquentait Camille Laurin (collection Camille Laurin).

Camille Laurin et Rollande Lefebvre le jour de leur mariage, le 27 juin 1950 (collection Camille Laurin).

Camille et Rollande appuyés sur la petite Renault avec laquelle ils sillonneront l'Europe durant leurs années passées à Paris (collection Camille Laurin).

Rollande et Camille s'enlaçant tendrement au cours d'une promenade dans la campagne française (collection Monik Grenier).

Maryse et Marie-Pascale Laurin, alors âgées respectivement de un et six ans (collection Maryse Laurin).

Marie-Pascale et Maryse, en 1979, au cours d'un repas de famille (collection Maryse Laurin).

Camille Laurin et sa seconde épouse, Francine Castonguay, le jour de leur mariage, le 9 juillet 1983 (collection Camille Laurin).

En vacances, à Villefranche-sur-mer, à deux pas de Nice (collection Francine Castonguay).

Camille Laurin et sa famille ont vécu une vingtaine d'années dans cette maison d'un quartier chic d'Outremont (collection Monik Grenier).

Camille Laurin et Francine à l'occasion du mariage de Maryse Laurin en 1986 (collection Camille Laurin).

déjà tout. « La veille de l'examen de pathologie interne, le plus gros et le plus difficile de toutes nos études, rappellera-t-il, Camille n'étudiait pas et était plongé dans *Le Capital*, de Marx, plutôt que dans ses notes[6]. »

Premières armes au *Quartier latin*

Doté d'une pareille facilité à apprendre, Camille Laurin a évidemment beaucoup de temps libre.

Plutôt que de l'occuper à s'amuser et à courir les filles, ce qui n'est pas tout à fait son genre, il se lance dans une série d'activités parascolaires qui, au moins tout autant que ses études, marqueront ses années universitaires et contribueront puissamment à former l'homme qu'il est devenu. Dès sa première année en médecine, il se joint à un cercle de recherche dirigé par Roger Lemieux, qui en est à sa quatrième année d'études et qui a déjà décidé de se spécialiser en psychiatrie. Ce cercle de recherche, qui réunit régulièrement une quarantaine d'étudiants, s'intéresse à plusieurs sujets qui ne sont pas abordés dans le programme officiel des cours, comme l'éthique médicale, les dimensions philosophiques de la médecine et la psychanalyse. On y lit beaucoup et on échange ses observations lors de tables rondes organisées autour de thèmes précis.

De plus, le cercle présente chaque mois une conférence, appelée conférence Laennec, du nom du célèbre pneumologue français. Laurin, qui a rapidement succédé à Lemieux à la tête du cercle, se charge particulièrement de la préparation de ces conférences. Tantôt, il y invite un professeur de la faculté de médecine ou de philosophie, tantôt il met à profit le passage à Montréal d'un professeur étranger. Souvent cependant, il ne trouve personne à son goût et anime lui-même la soirée en présentant un sujet de son cru.

Mais l'intérêt du jeune homme ne se limite pas aux questions médicales et s'étend rapidement aux préoccupations de toute la communauté étudiante. Ainsi, il contribue à mettre sur pied une coopérative gérée par l'association étudiante universitaire et commence à envoyer quelques articles au *Quartier latin,* le journal de cette même association. Cette incursion dans le journalisme étudiant n'est pas tout à fait nouvelle puisque, à ses dernières années au Collège de l'Assomption, il avait participé avec quelques autres, dont Guy Rocher, à la fondation du journal *L'Essor,* un petit journal ronéotypé à caractère essentiellement littéraire qui était publié trois ou quatre fois par année.

Le *Quartier latin,* qui est une véritable institution sur le campus de l'Université de Montréal et qui se présente sous la forme d'un vrai journal, est cependant d'une tout autre mouture et Camille Laurin, qui a une bonne plume et qui aime écrire, vient s'y joindre aux Guy Frégault, Fernand Seguin, Jean-Louis Roux et Pierre de Bellefeuille, qui collaborent déjà depuis un certain temps à la publication étudiante. Son premier article est publié le 3 novembre 1944. Il définit l'esprit dans lequel seront présentées les conférences Laennec au cours de l'année à venir. « La conférence Laennec revient à la surface après deux années d'absence. Dans l'esprit de son fondateur de France, le grand médecin breton, et de ses fondateurs du Canada, elle devrait tendre à la formation du médecin complet, au développement, à l'épuration du sens chrétien dans le milieu médical[7] », écrit-il.

C'est Jacques Hébert, de quelques années son aîné, qui dirige le journal étudiant au moment où Laurin y soumet ses premiers articles. Même s'il reconnaît ne pas l'avoir beaucoup fréquenté à l'université en raison de leur différence d'âge, Hébert dira s'en souvenir comme « d'un jeune homme sympathique, à l'esprit très ouvert[8] ».

Camille Laurin publie une bonne dizaine d'articles au cours des deux ou trois années subséquentes. À l'époque, ses préoccupations demeurent éclectiques. Tantôt il s'intéresse à la culture et commente un livre ou un concert, tantôt il se fait philosophe et disserte avec élégance sur l'amour humain. En dépit de ses connaissances plutôt limitées du sujet, il se permet même ce panégyrique du corps de la femme : « Le corps féminin est la plus grande splendeur humaine, affirme-t-il. Au cours des siècles, les plus grands artistes se sont agenouillés devant lui. Le grain et la couleur d'un épiderme, le chaud et souple modelé des formes, le divin d'une attitude les ont jetés dans des extases lentement épuisées. La femme est lumière et la lumière n'a d'autre preuve que son éclat[9]. »

L'un de ses thèmes favoris demeure cependant la question de la gouverne des sociétés et du rôle de l'élite, à laquelle il est évidemment persuadé d'appartenir. Ainsi, en février 1947, il publie, à la une du journal, un long texte où il invite celui qui prétendra vouloir diriger la société à s'ouvrir aux idées nouvelles : « Têtes bien faites au service d'une charité dynamique, voilà ce qui est exigé de nous, écrit-il. Marx, Freud, Bergson, Dewey, Carnap ne sont pas pour nous des adversaires. Leurs œuvres étincellent d'aperçus nouveaux... Le chef ira prendre la vérité partout où elle éclôt. Et par un travail ardu d'émondage, de correction, de recherche bien conduite, il essaiera de donner à l'humanité qui l'attend cette doctrine souple et lumineuse que la charité orientera vers l'ordre et vers la paix[10]. »

À la défense de Franco

À l'automne 1946, l'Organisation des Nations Unies, née après la guerre à l'instigation du président américain Franklin D. Roosevelt, entreprend un long et difficile débat sur la légitimité politique de Franco, qui a remporté la guerre civile espagnole et qui, depuis, dirige le pays d'une main de fer. Ce débat, qui donne lieu à une très sévère dénonciation de la dictature franquiste et des sympathies fascistes du Caudillo, se conclut le 12 décembre par l'adoption d'une résolution demandant à tous les pays membres de retirer leurs ambassadeurs de Madrid. Le Canada, pourtant opposé lui aussi au régime de Franco, s'abstient cependant d'appuyer cette résolution.

Toute cette affaire suscite énormément de remous au Québec. Plusieurs membres éminents de l'Église catholique, inspirés par Rome, ainsi qu'une certaine élite censément bien-pensante prennent publiquement fait et cause pour Franco, comme ils l'avaient d'ailleurs fait pour Pétain et la collaboration du gouvernement de Vichy avec l'Allemagne nazie, sous prétexte que le vieux maréchal n'avait d'autre choix que de tenter de sauver les meubles.

C'est une période plutôt sombre de l'histoire québécoise, où bon nombre de nationalistes canadiens-français, qui n'ont toujours pas digéré la conscription, mettent dans le même sac leur opposition atavique au Canada anglais, la défense de la foi catholique et leur aversion du communisme. Quant à Franco, ils préfèrent oublier qu'il a gagné sa guerre grâce à l'aide des troupes d'Hitler. Ils louent plutôt son adhésion à l'Église, en font un rempart contre le communisme international et le félicitent d'avoir rétabli l'ordre dans une Espagne secouée par un siècle d'instabilité politique et économique[11].

Le Devoir de l'époque est au cœur de cette mêlée. Le journal défend âprement Franco en page éditoriale, en plus de publier intégralement certains discours du dictateur espagnol et des textes de religieux québécois vivant dans le pays. Ces textes, dont la publication s'étale sur plusieurs jours d'affilée, soutiennent essentiellement que la situation espagnole est tout à fait acceptable puisque l'ordre règne et que chacun peut y pratiquer librement sa religion. La question des prisonniers politiques, qui remplissent pourtant les prisons franquistes, et celle de l'absence de véritables libertés politiques et civiles sont minimisées pour ne pas dire passées sous silence[12].

C'est dans ce climat que baigne le jeune Laurin lorsqu'il décide, au début de 1947, d'ajouter son grain de sel au débat qui fait rage sur la scène internationale et de se porter à son tour à la défense du Caudillo. Sans que personne ait sollicité son opinion, il publie dans *Le Quartier latin* un long texte dans lequel il soutient le régime franquiste. Pour l'essentiel, sa prose n'ajoute rien à l'argumentation connue. Elle tient en quelques points principaux : d'abord, il souligne que l'Église appuie le dirigeant espagnol et que le régime ne doit donc pas être si mauvais ; ensuite, il affirme que c'est Dieu lui-même que les marxistes combattent à travers Franco ; enfin, il soutient que ce dernier a rétabli en Espagne un ordre politique et économique indispensable à la restauration du pays. Pour ce qui est des prisonniers politiques, l'auteur se montre sceptique et estime que leur nombre a été exagéré.

La conclusion de son article, qui, sortie de son contexte, apparaît aujourd'hui totalement sidérante, ne laisse cependant aucun doute sur ses préférences. « L'Église est là, contre qui les portes de l'enfer ne prévaudront jamais, et Franco est son homme lige, écrit-il. Dans un monde vacillant, il est un des seuls chefs à clamer sa foi, à prêcher l'ordre, à travailler au redressement spirituel de l'homme. Tant que ce roc sera debout, il y aura encore de l'espoir pour l'humanité[13]. »

Une pareille prise de position, issue inopinément puisque cette question n'avait aucunement été débattue dans le journal au cours des semaines et des mois précédents, ne pouvait évidemment rester sans réplique. Celle-ci vient quelques jours plus tard sous la plume de Jean-Marc Léger, qui indique poliment mais fermement à son ami Laurin qu'il erre totalement en identifiant ce régime à la cause de l'Église, car il serait plus juste, selon lui, de l'assimiler à l'Allemagne nazie ou à l'Italie de Mussolini.

Encore aujourd'hui, Léger ne parvient pas à comprendre quelle mouche a bien pu piquer Camille Laurin pour qu'il se porte aussi gratuitement à la défense du dictateur espagnol. Sa seule explication, c'est que le jeune homme était alors sous l'emprise d'une certaine mentalité de l'époque en vertu de laquelle les intérêts de l'Église devaient primer sur toute autre considération. « C'est ce qu'on nous enseignait dans les collèges classiques, c'est ce que l'élite intellectuelle et religieuse répétait dans les médias et sur toutes les tribunes. Camille a sans doute été pris dans ce tourbillon », affirmera-t-il, en ajoutant cependant que, dans les années qui ont suivi, Laurin a évolué vers des positions beaucoup plus progressistes[14].

De Montréal à Prague

Une telle évolution vers des positions plus libérales avait d'ailleurs commencé quelques années auparavant lorsque le jeune étudiant avait pu s'ouvrir au monde extérieur en participant, à titre de délégué de son association facultaire, à différents congrès tenus tant au Canada qu'à l'étranger. Les deux premiers

congrès en question avaient été organisés par l'association canadienne des étudiants en médecine et des internes. Ils s'étaient
successivement tenus à Toronto et à Halifax. Cette association
avait un caractère quasi syndical et les congressistes y débattaient
principalement des conditions d'étude et de travail des futurs
médecins. Pour Camille Laurin, ces voyages, dont il n'a gardé
aucun souvenir, ont surtout été l'occasion d'un premier contact
avec le Canada anglais.

Ses deux périples suivants sont passablement plus exotiques
puisqu'ils le conduisent successivement au Danemark, en 1945,
et à Prague, en 1946. Le premier de ces voyages est organisé par
l'International Student Service (ISS), un organisme fondé à la
fin de la guerre par les gouvernements américain et canadien
dans le but de permettre à des étudiants nord-américains de rencontrer leurs confrères d'Europe et d'Asie et de les aider à obtenir des secours financiers. Les dirigeants de l'ISS ont formé plusieurs sections sur les différents campus universitaires, et Laurin,
qui commence à s'ouvrir aux problèmes internationaux, fait partie de la section créée dans sa faculté. C'est ainsi que, à
l'été 1945, il est délégué à un congrès qui se tient à Copenhague,
la capitale du Danemark.

À l'époque, aller en Europe n'est pas une mince affaire et
l'étudiant, accompagné de quelques confrères, doit d'abord
prendre le train pour Halifax avant de s'embarquer sur un
bateau qui, en cinq ou six jours, le conduira en France. Le premier contact avec le sol des ancêtres a lieu au Havre, d'où les
voyageurs prennent le train pour Paris. C'est là, tout au long de
ce voyage vers la capitale, que Camille Laurin tombe amoureux
de la France : « Quel enchantement extraordinaire, quelle beauté,
dira-t-il. J'y ai retrouvé ma culture, mes auteurs. Je foulais la terre
où ils avaient vécu. C'est là que j'ai commencé à découvrir l'Europe, que je me suis éveillé à tout un continent[15]. »

Le congrès de Copenhague donne lieu à un premier
échange de vues entre étudiants au lendemain de la guerre. Dans
le cadre de conférences et de tables rondes, on y discute abondamment de la condition étudiante et on se livre à une analyse
critique du récent conflit mondial et de ses effets sur les popula-

tions. Ce congrès est suivi d'un autre dès l'été suivant, organisé celui-là par l'Union internationale des étudiants, organisme parasyndical constitué un peu à l'image de l'Union internationale du travail. Cette fois-ci, Camille Laurin y est délégué par l'association des étudiants de l'Université de Montréal. Cette réunion, qui sert à jeter les bases de l'organisation étudiante internationale, se tient à Prague, capitale de la Tchécoslovaquie. Elle rassemble des centaines d'étudiants provenant d'un peu partout dans le monde.

Ce congrès a un caractère politique encore plus prononcé que le précédent puisqu'il réunit des étudiants qui sont issus d'horizons très divers et dont plusieurs mènent, dans leur pays respectif, de farouches combats idéologiques. Le délégué Laurin, dont l'apprentissage du marxisme et du communisme est principalement livresque, voit apparaître devant lui des jeunes de son âge qui renient Dieu et qui considèrent que seul un État omnipuissant, presque totalitaire, pourra atteindre les objectifs de liberté, d'égalité et de fraternité entre les hommes.

Il est troublé, choqué par ce qu'il voit et ce qu'il entend. Ses convictions et ses certitudes, celles qu'on lui a enseignées dans sa famille et à l'école, s'en trouvent très fortement ébranlées. Alors qu'il a toujours pensé que l'amélioration de la condition humaine devait s'appuyer sur la croyance en Dieu et la pratique de la religion catholique, voilà que des gens de sa génération, qui ont connu les horreurs de la guerre et dont le vécu est passablement plus dense que le sien, viennent soutenir le contraire et même prétendre que l'homme doit nier Dieu s'il veut progresser. De retour à Montréal, il écrit un long texte où il tente de comprendre les fondements de la révolte de ses camarades européens et asiatiques et où il en appelle à la tolérance des étudiants nord-américains.

Il y affirme qu'il suffit d'assister à quelques congrès internationaux pour mesurer le fossé qui sépare les étudiants de l'Amérique du Nord de ceux de l'Europe et de l'Asie. D'après lui l'étudiant américain se retrouve là dans un monde qu'il ne comprend plus, aux prises avec des problèmes auxquels il n'a jamais songé à l'université. Cet étudiant découvre alors que sa conception de la démocratie, de l'enseignement universitaire et des mouvements

de jeunesse diffère profondément de celle de ses copains européens et asiatiques. Il lui semble qu'on voie partout du fascisme
et de l'impérialisme, et les explosions de haine que suscitent ces
deux horreurs le choquent et le troublent. La conscience politique avancée de ces jeunes de vingt ans et la violence de leurs
revendications sont incompréhensibles pour l'étudiant américain, qui a grand-peine à se mettre au pas. Laurin ajoute que
l'étudiant d'outre-Atlantique doit comprendre que l'Europe et
l'Asie ne sont pas l'Amérique et que, là où les rouleaux compres-
seurs du fascisme et de l'impérialisme ont passé, on ne saurait
plus envisager d'un même œil ses devoirs et son action. Une fois
ces prémisses acceptées et autant que possible revécues, conclut-
il, on pourra faire le deuxième pas, c'est-à-dire refaire sa conception de la personne humaine, de la liberté, de l'éducation, de la
démocratie[16].

Déjà plus réceptif que la plupart de ses contemporains à la
critique de l'éducation judéochrétienne qu'il a reçue et des institutions sociopolitiques qu'elle a engendrées, Camille Laurin n'en
est pas moins bouleversé par ces nouvelles expériences et, sans
adhérer au communisme dont il rejette absolument l'athéisme et
le totalitarisme, il est dès lors fasciné par l'idéal marxiste qui vise
à libérer la classe ouvrière de ses servitudes économiques. Il y
perçoit un puissant souffle de justice et de liberté pour tous les
hommes de la Terre.

À partir de là et jusqu'à la fin de sa vie, son discours deviendra plus social, plus proche des préoccupations des petites gens,
plus soucieux du citoyen moyen. Il tentera d'intégrer le meilleur
du communisme aux notions de liberté et de croyance en Dieu
qui sont déjà siennes. Bien qu'il faille se méfier des étiquettes, sa
nouvelle philosophie politique, alors en émergence, peut s'appa-
renter à un type de socialisme chrétien.

« Il faut instaurer un véritable socialisme : conserver les positions acquises, liberté de presse, liberté d'opinion, etc., les rendre
plus efficaces, concrètes par des réformes de structures qui
feront disparaître l'aliénation sous toutes ses formes. Il faut enfin
greffer le socialisme sur une révolution spirituelle qui le vivi-
fiera[17] », écrira-t-il à la même époque dans son journal.

L'horreur allemande

Au printemps 1948, alors qu'il achève sa quatrième année d'études et qu'il ne lui reste plus qu'un an d'internat à faire pour être reçu médecin, Camille Laurin reçoit une offre qu'il ne peut pas refuser. Celle-ci lui vient de son ami Gérard Pelletier, qui est depuis un an l'un des secrétaires de l'ISS, dont le siège social est maintenant à Genève, en Suisse. Laurin a connu Pelletier dès son arrivée à l'université et ils ont milité ensemble aux Jeunesses étudiantes catholiques (JEC) en compagnie des Pierre Juneau, Guy Rocher, Ambroise Lafortune, Jeanne et Maurice Sauvé, Jacques Hébert et Pierre Elliott Trudeau, qui, déjà anticonformiste, consentait à faire une apparition selon son bon vouloir.

Pelletier écrit à son ami pour lui suggérer de prendre sa place au secrétariat de l'organisation, étant donné que son propre mandat, d'une durée d'un an, arrive à échéance. Camille Laurin n'est pas long à convaincre : il n'est guère pressé de pratiquer la médecine, voulant d'abord accroître ses connaissances en matière sociale et politique, et l'idée de vivre à Genève, c'est-à-dire au cœur de l'Europe, l'enchante.

Avant de partir, il doit cependant livrer une rude bataille contre le doyen de sa faculté, le Dr Dubé, qui ne veut rien entendre des projets du jeune homme et qui le somme de rentrer dans le rang en faisant immédiatement son internat. Laurin, qui n'a jamais accepté qu'on lui dicte sa conduite, décide de partir malgré tout. Il réglera ses problèmes universitaires à son retour.

Et le voilà de nouveau, pour la troisième fois en quatre ans, sur un bateau à destination de la France. Cette fois-ci, il y retrouve par hasard Pierre Mercier-Gouin, le fils de son bienfaiteur, qui s'en va passer des vacances dorées dans les vieux pays. Il leur arrive de causer de choses et d'autres durant la traversée, mais la conversation ne dure jamais très longtemps car le nouveau secrétaire de l'ISS préfère s'isoler pour lire. À Paris, ils partagent pendant quelques jours une chambre dans un petit hôtel situé près de la porte Saint-Denis. Il leur arrive aussi, à l'occasion, de vivre des expériences cocasses, comme lorsque Camille Laurin, cabotin à ses heures, aborde un marchand de fraises dans la rue et lui demande le prix de sa marchandise. Le vendeur lui répond que plus on en achète, moins ça coûte cher le kilo. « Alors, donnez-m'en suffisamment pour que ça ne me coûte rien[18] », de rétorquer le jeune homme en pouffant de rire, tout fier de sa répartie.

Mais il n'a guère le temps de jouer davantage les fins finauds avec les marchands parisiens puisque, après une dizaine de jours dans la capitale française, il doit s'acquitter de ses fonctions à Genève et participer, avec les autres secrétaires, à l'organisation d'une importante conférence qui doit se tenir au début de juillet à Ploen, une petite ville du nord-ouest de l'Allemagne, pas très loin de Hambourg. Cette conférence, qui durera six semaines, réunit cinquante étudiants canadiens, autant d'étudiants allemands et trente étudiants en provenance d'autres pays d'Europe et a pour but de favoriser une reprise du dialogue entre les jeunes des camps allié et allemand. Les thèmes de discussion sont très vastes. On souhaite traiter de liberté, de démocratie, de communisme, de science, de morale, de religion, d'enseignement universitaire, etc. Des exposés sont présentés le matin, tandis que l'après-midi est consacré à des ateliers de libre discussion.

Parti de Genève en train, Laurin traverse une bonne partie de l'Allemagne pour se rendre à destination. C'est la première fois qu'il met vraiment les pieds en terre vaincue et, même si la guerre est terminée depuis trois ans, il ne voit que misère et désolation tout au long des 48 heures que dure le trajet. De retour à Genève à la mi-août, il en brosse un tableau saisissant dans une lettre qu'il fait parvenir à Gérard Pelletier, devenu journaliste au *Devoir* : « Je suis de retour de Ploen depuis lundi matin. Genève après l'Allemagne, c'est le septième jour après le cauchemar. Les gares crevées, les trains crasseux, les hommes aux vêtements élimés et au regard flasque ont cessé de me faire honte. Le Canadien que je suis se retrouve parmi les siens. Les yeux errent sur des buffets plantureux, des rues bordées de maisons cossues, des hommes au visage gras et terne. La Suisse est là, miracle de sagesse politique, disent les uns, de matérialisme égoïste, disent les autres[19]. »

Quelques semaines plus tard, il écrit, en langue anglaise, un long texte qui constitue probablement son rapport de voyage à l'intention de l'ISS. Ce texte va beaucoup plus loin que le précédent. Il dit (traduction libre de l'auteur) notamment ceci : « J'ai vu un pays ravagé, des cités détruites, un peuple qui erre dans les rues, les yeux vides, à la recherche du minimum vital. Un jour, pendant le séminaire, un étudiant allemand m'a demandé quelle était la chose la plus importante dans la vie. Pendant que je cherchais la réponse, il m'a dit : "MANGER, voilà ce qu'il y a de plus important." Le pays manque de tout ; les étudiants n'ont pas d'argent et doivent faire toutes sortes de travaux manuels pour survivre. Les conditions sont peu propices au travail intellectuel et il n'y a pas de place pour les arts, la musique, la littérature. L'Allemagne reste un mystère pour moi. La défaite a aigri les jeunes Allemands mais ne les a pas vraiment convertis à la démocratie. Ils sont romantiques, idéalistes et continuent de cultiver une secrète dévotion à Hitler. Quatre-vingt-dix-neuf pour cent d'entre eux croient que leur guerre était justifiée et semblent convaincus que les formes dictatoriales de gouvernement apportent davantage de prospérité[20]. »

Quant à la conférence elle-même, Laurin qualifie ses résultats de satisfaisants puisque les échanges de vues ont permis, selon lui, une meilleure compréhension réciproque et une prise de conscience du caractère universel des actions à entreprendre. « Les étudiants canadiens savent maintenant qu'un même cœur d'homme bat sous la capote nazie et l'uniforme canadien, écrit-il à Gérard Pelletier. L'homme se retrouve égal à lui-même sous toutes les latitudes avec ses aspirations, ses mesquineries et ses souffrances. L'ignorance, les préjugés et l'égoïsme demeurent encore les pires ennemis de la paix. Il n'y a plus de place dans un monde devenu trop petit pour une action isolée, mais tous les problèmes doivent être envisagés dans une perspective universelle[21]. »

Jean-Marc Léger a participé à cette conférence en compagnie de Camille Laurin et de plusieurs autres jeunes universitaires montréalais, dont Maurice Sauvé, Raymond David et Pierre Lefebvre. Il a pu constater que celle-ci a constitué un véritable choc politique et culturel pour Laurin, qui a pris une part très active aux discussions et s'est rapidement imposé par son ouverture d'esprit et son vif intérêt pour les questions sociales et politiques[22].

De retour à Genève, Laurin consacre le reste de son année aux activités plus directement reliées à l'objectif premier de l'ISS, qui est d'apporter une aide financière aux étudiants européens. Responsable d'une caisse de plusieurs centaines de milliers de dollars, soit une petite fortune pour l'époque, il voyage dans plusieurs pays d'Europe dans le but de fournir une aide technique et financière aux associations étudiantes en reconstruction. « Ce fut une année merveilleuse, rappellera-t-il. Je rencontrais plein d'étudiants mêlés aux mouvements d'idées de l'Europe d'après-guerre. On publiait régulièrement des bulletins d'information. J'ai même fondé une revue intitulée *University*. C'était une revue bilingue, à teneur philosophique, qui parlait de la situation des étudiants dans le monde et de leur participation à la vie démocratique[23]. »

En cours d'année, la revue publie un numéro spécial sur le thème de la démocratie. Camille Laurin, qui rentre tout juste d'un bref séjour en Pologne, est maintenant bien conscient que ce mot n'a pas la même signification partout sur la planète et que, si tous prétendent servir le peuple et la démocratie, ils ne se réclament pas moins d'idéologies complètement opposées. Au moment où l'Est et l'Ouest s'organisent en camps retranchés et où la guerre froide s'amorce, ce numéro vise à exposer les diverses conceptions de la démocratie et à débattre du point de vue de chacun. Le jeune éditeur se réserve le texte de présentation qui donne le ton à l'ensemble de l'ouvrage :

> Les brumes glorieuses de la Libération sont bien dissipées. Il fut un moment où l'on espérait que les amitiés forgées sur le champ de bataille survivraient à la victoire, que la haine de tous les peuples contre la guerre, que ce désir profond et universel de justice, de liberté et de paix rallieraient les anciens antagonismes, ouvriraient l'ère des concessions et rendraient possible une coopération basée sur une confiance et une compréhension réciproques. Mais il semble qu'on avait trop attendu de l'homme. La

fièvre du combat à peine dissipée, les mêmes intérêts et idéologies se sont retrouvés, face à face, plus irréductibles que jamais. La haine, la peur se sont de nouveau emparées des esprits. Il serait vain de se le cacher. Le problème de la démocratie est désormais au centre des préoccupations contemporaines. De la solution qu'on lui donnera dépendra l'orientation future du droit, de l'économie et surtout de l'éducation à tous ses degrés[24].

Enfin, Laurin convainc les dirigeants de l'ISS d'organiser deux grands colloques sur des thèmes qui lui apparaissent majeurs. Un premier se tient à Amsterdam et porte sur la santé des étudiants. Quant au second, il traite de la situation de la langue française dans le monde, qui lui apparaît en recul par rapport à l'anglais, il a lieu à Combloux, en Haute-Savoie, et réunit de grands conférenciers dont Jean-Marie Domenach, qui collabore alors à la revue *Esprit*, une publication catholique progressiste.

Le jeune homme, qui établit peu à peu un bon réseau de contacts sur le continent européen, écrit d'ailleurs quelques mois plus tard au directeur de cette revue, le philosophe Emmanuel Mounier, pour le féliciter d'un numéro consacré aux problèmes scolaires en France à la suite de la laïcisation de l'enseignement et pour lui faire part de sa vision de l'école québécoise. Les deux facteurs qui lui semblent les plus importants sont ceux de la langue et de l'énorme influence de l'Église à tous les échelons de l'enseignement. Laurin estime que la majeure partie des critiques faites à l'enseignement libre en France valent aussi pour l'école québécoise et il croit que le Québec, davantage que la France, a besoin de l'effort théologique dont parlent les correspondants d'*Esprit*. Langue et influence de l'Église : trente ans avant la loi 101 et la déconfessionnalisation des structures scolaires, le diagnostic est formulé[25]...

Camille Laurin rentre de Genève au début de l'été 1949. Toujours hanté par son désir de réconcilier les grandes valeurs du communisme et du christianisme, il publie, quelques semaines après son arrivée, un long article à ce sujet dans les *Cahiers* de l'Équipe de recherches sociales de l'Université de

Montréal, alors dirigée par Jean-Marc Léger. Dans cet article intitulé « Jeunesses chrétiennes et communistes », il se dit fortement encouragé par le renouveau de la pensée catholique en France : « Le communisme n'est maintenant plus le seul à prétendre au dynamisme et au progrès. Sûr de sa force, le catholicisme est en train d'assimiler de l'existentialisme, du marxisme, les vérités auxquelles ces philosophies ont accédé. Il ne fait pas d'ailleurs que les rejoindre, il les humanise et les achève. Au siècle de la science et de la démocratisation universelle, les laïcs catholiques verront leur rôle s'amplifier graduellement. L'Évangile se réalisera alors de façon plus parfaite, lui qui fait de chaque homme un corédempteur et le chantre de la Création[26]. »

CHAPITRE 5

Monsieur le directeur

« B ien faire et laisser braire », voilà la devise du *Quartier latin* au moment où Camille Laurin en prend la direction, à l'automne 1947, tout juste avant son séjour à Genève. Il en est alors à sa quatrième année de médecine. Déjà bien connu au sein des diverses associations étudiantes du campus et collaborant au journal depuis plusieurs années, le jeune homme n'a aucune difficulté à accéder au poste devenu vacant à la suite du départ du directeur précédent. Il se présente en compagnie d'un groupe de collaborateurs qui sont également ses amis.

Si ce groupe compte sur un réseau d'étudiants répartis un peu partout sur le campus, il repose principalement sur quelques piliers qui assurent la permanence du journal et qui signeront régulièrement des articles toute l'année. Il comprend notamment Pierre Lefebvre, qui en est le rédacteur en chef, Jean-Marc Léger, qui est déjà la conscience nationaliste du groupe, Maurice Blain et Raymond David.

Publié deux fois par semaine, *Le Quartier latin* que dirige Camille Laurin est un journal sérieux, exigeant, qui s'adresse à l'intelligence de ses lecteurs. Bien qu'on y trouve quelques articles traitant de la vie universitaire, ce n'est pas à proprement parler un journal d'information, mais plutôt un journal d'opinions et d'analyses où on examine, sur un ton grave et de façon souvent fort bien documentée, les grandes questions sociopolitiques de l'heure. Le rôle de l'Église dans la société, la laïcisation de l'enseignement, le sort réservé aux ouvriers, les législations sociales, l'avenir politique du Québec et du Canada et les grands débats internationaux, voilà autant de thèmes régulièrement abordés en éditorial ou sous forme de dossiers.

De plus, le journal accueille à l'occasion dans ses pages des collaborateurs de prestige tels François Hertel ou André Gide. On fait également appel, pour des numéros spéciaux, à des personnalités québécoises comme le chanoine Lionel Groulx, François-Albert Angers ou Esdras Minville. Bref, c'est une publication de haute tenue intellectuelle qui laisse très peu de place aux trivialités ou au cabotinage. *Le Quartier latin* est par ailleurs écrit dans une langue remarquable, certes un peu pompeuse au goût d'aujourd'hui, mais où le français est particulièrement châtié, tant dans le vocabulaire que dans le style.

On comprend que Laurin ne peut que se sentir à l'aise dans un milieu qui correspond si bien à ses propres valeurs. D'ailleurs, quelques mois avant de prendre la direction du journal, il publie un texte où il annonce très clairement ses couleurs : « Que sera notre journal ? L'expression du dynamisme étudiant ou de son individualisme irresponsable, le reflet de ce qu'il y a de meilleur en nous ou de ce qu'il y a de plus moche ? Traduira-t-il les aspirations d'une jeunesse inquiète, avide de vérité et de beauté, ou les compromissions, les démissions, les lâchetés d'une génération sénile qui se refuse à la lutte et se replie vers son moi décrépit ? Si le sel s'affadit, avec quoi salera-t-on la terre ? *Le Quartier latin* a une importance nationale. On le lit, on le discute partout, y cherchant les motifs d'espoir, craignant d'y retrouver le défaitisme ou la mort. Quand regorgera-t-il d'articles dignes de nous ? Quand retrouverons-nous la pensée drue, solide, universelle que réclament nos temps troublés[1] ? »

Mais un pareil programme ne fait pas que des heureux sur le campus et, dès les premiers mois de l'année universitaire, on grogne un peu partout contre l'intellectualisme de la nouvelle équipe de direction. Les mécontents considèrent qu'on y traite trop peu de la vie universitaire, et notamment des sports, qu'il y a trop de textes à caractère social et politique, qu'on s'occupe trop des ouvriers, que la langue est trop recherchée, etc.

Dans l'édition du 25 novembre 1947, Camille Laurin publie un long texte où il défend vigoureusement sa politique éditoriale. Tout en reconnaissant quelques petites faiblesses çà et là, question d'apaiser la meute, il ne cède rien sur l'essentiel. Selon lui, le journal doit demeurer ouvert sur le monde, continuer de s'intéresser de près aux grandes questions internationales et promouvoir ici la cause des gagne-petit. Quant à ce qui grouille et grenouille sur le campus, on repassera. *Le Quartier latin* a plus important à s'occuper.

Par ailleurs, le directeur se montre particulièrement exigeant en ce qui concerne l'écriture de la publication. Il tient à la haute tenue littéraire du journal, et cela dans toutes ses parties, nouvelles y compris. Il ajoute que si l'orthographe, la syntaxe et la correction française n'ont plus leur place dans la plus grande université française d'Amérique, il vaudrait décidément mieux regagner l'Europe, où, malgré beaucoup de tares, ces humbles choses sont encore respectées. Il s'étonne également que, après huit années de cours classique et deux ou trois ans d'université, on puisse encore ignorer jusqu'aux rudiments de l'art d'écrire. Et loin de se contenter de se défendre, Laurin ne se gêne pas pour en remettre : « La querelle de Turc qu'on nous a faite nous a revigorés, stimulés. Nous repartons de plus belle, décidés à nous en tenir à ce que nous croyons être des positions essentielles, non moins décidés à tirer profit de toutes les suggestions heureuses qu'on nous a faites[2]. »

Jean-Marc Léger, qui partage entièrement le point de vue de son directeur sur l'orientation du journal et qui n'est pas du tout surpris de pareille attitude, se souviendra de Laurin comme d'un patron extrêmement présent, exigeant, qui veillait à tout et qui n'acceptait pas n'importe quoi. « C'était un homme très ouvert et très chaleureux, un humaniste accueillant aux idées et aux personnes, mais qui était aussi très critique et qui n'hésitait pas à refuser un texte s'il n'était pas à son goût[3] », dira-t-il.

Même souvenir chez Raymond David, qui soulignera les

qualités spirituelles de son confrère : « Je l'admirais beaucoup. Il représentait l'honnête homme de Molière, un produit exemplaire de nos collèges classiques. Il était attachant et sensible ; il savait beaucoup écouter[4]. » Quant à Pierre Lefebvre, dont l'admiration et l'amitié pour Camille Laurin ne semblent pas connaître de limite, il publie, en novembre 1947, un portrait à la fois drôle et touchant de son directeur. Ce premier d'une longue série de portraits qu'il inspirera dans les années à venir est exceptionnel. Il permet de découvrir l'image physique et morale que Laurin projette alors au sein de la communauté étudiante, comme il laisse également entrevoir toute l'action future de l'homme :

Ce qui frappe chez lui, c'est avant tout la masse capillaire. À première vue, on en reste sidéré. Le directeur du *Quartier latin* porte en effet sur le chef une jungle obscure et drue, qui manifeste une telle puissance d'envahissement que tout le faciès en reste appesanti. Sous des bosquets sourciliers impressionnants, qui constituent une sorte de cinquième colonne capillaire en plein cœur du visage, s'élabore le regard de Camille. C'est un regard triste et brun, interrogateur et chargé tout à la fois de compassion et de reproches mystérieux. Au milieu de cette déroute se dessine une bouche lamentable, souffrante et presque crispée, d'où vous serez toujours surpris d'entendre perler un rire facile et enfantin. Et l'on voit se profiler un menton calme et proconsulaire qui affirme, non sans grâce, que la volonté est un élément essentiel de la psyché laurinienne. Avec un pareil extérieur, il est compréhensible que Camille ne soit pas un médiocre. Ce masque où affleurent tous les mouvements orageux d'un cerveau d'élite, Camille s'en sert, tantôt pour séduire, tantôt pour intimider, selon les besoins de l'heure.

Lorsqu'on saura qu'il y a à peine cinq ans, Camille a renoncé à l'espoir d'être pape, on pourra mesurer l'étendue de ses visées. Il m'arrive parfois de trouver, en entrant dans notre salle de rédaction, un Camille Laurin plongé dans la méditation. C'est le moment où mûrissent les projets d'avenir et où se dessine une Cité idéale, un peu floue, dont le potentat serait un Camille chevronné, vénéré, dispensateur de réformes sociales et de largesses magnanimes. Camille est un homme du juste milieu. Il doit tirer cet équilibre de ses origines vaguement terriennes. Religieux, mystique, il ne va pas pour autant rompre avec le monde et s'isoler. Sa devise pourrait être : « Je *prie* mais ne romps pas »[5].

Un fédéraliste aux revendications sociales

Laurin signe une quinzaine de textes importants au cours de l'année où il dirige *Le Quartier latin*. Ces textes portent en général sur deux thèmes : le rôle de l'Église dans la société québécoise et le sort réservé à la classe ouvrière.

Tout en reconnaissant la valeur de l'Église et sa contribution essentielle à l'évolution du Québec, il estime que les temps ont changé et qu'il faut maintenant faire une plus grande place aux laïcs, en particulier dans les établissements d'enseignement. « Ça ne doit plus durer », écrit-il dans un éditorial publié en octobre 1947. Selon lui, il faut de toute urgence ouvrir les portes de l'enseignement aux jeunes diplômés francophones qui sont dans l'obligation de s'exiler aux États-Unis ou en Europe parce que celles des collèges classiques et des écoles secondaires du Québec leur sont fermées. « Que fera-t-on de nos diplômés ? plaide-t-il. Continueront-ils de se casser le nez aux portes ? Devront-ils prendre, comme leurs aînés, le chemin du journalisme, du fonctionnarisme… ou de l'exil[6] ? »

Par ailleurs, Laurin publie plusieurs articles et éditoriaux où il prend carrément parti en faveur d'une amélioration sensible des conditions de vie de la classe ouvrière et de l'adoption de véritables législations sociales. Au moment où il écrit ces textes, le Québec vient de connaître deux grèves très dures dans le secteur du textile, à Valleyfield et à Lachute, et s'apprête à vivre celle, non moins importante, des mineurs d'Asbestos. C'est l'époque où le patronat, la plupart du temps canadien-anglais ou américain, fait la loi dans les grandes usines québécoises sous l'œil complaisant, sinon complice, de Maurice Duplessis. « Si *Le Quartier latin* s'intéresse tout particulièrement cette année à l'ouvrier et à ses problèmes, c'est qu'il y avait un fossé abyssal à combler, celui qui sépare le professionnel du gagne-petit, celui qui menace, s'il s'élargit, de faire crouler la société toute entière. Nous serons avec le peuple ou contre lui. Et malheur à nous dans ce dernier cas[7] », écrit-il dans un numéro de novembre 1947.

Cependant, Camille Laurin n'est pas un révolutionnaire. S'il désapprouve la violence et la duplicité patronales, il n'accepte pas pour autant les débordements sur les lignes de piquetage et la démagogie syndicale. C'est plutôt un réformiste qui croit à une intervention vigoureuse de l'État et qui réclame de nouvelles lois sociales pour mieux protéger les travailleurs et leur donner un meilleur accès à l'éducation, qui demeure, selon lui, la clé de tout. Ces deux thèmes sont d'ailleurs largement abordés dans le numéro du 16 mars 1948, le dernier publié sous la direction de Laurin. Maurice Sauvé y signe un long plaidoyer en faveur de la nécessité d'adopter un véritable code du travail québécois, tandis que Laurin propose deux textes suggérant la création d'une université ouvrière et populaire, de façon, écrit-il, à permettre au simple citoyen d'accéder au savoir et de mieux maîtriser son destin.

Si les problèmes sociaux le préoccupent vivement, il en va tout autrement de la question nationale et en particulier des rapports entre le Canada et le Québec, qui, à l'époque, l'intéressent assez peu, pour ne pas dire pas du tout. « J'ai fait le virage nationaliste beaucoup plus tard, rappellera-t-il vers la fin de sa vie. À l'université, ce qui me scandalisait, c'était l'exploitation des ouvriers, la recherche effrénée du profit. Mon travail d'été me mettait beaucoup en contact avec les ouvriers. Je lisais l'encyclique *Rerum Novarum*, je lisais également sur le marxisme. Tout ça alimentait ma réflexion en faveur de changements sociaux[8]. »

En fait, Camille Laurin ne publiera que deux textes sur les relations Québec-Canada au cours de toute son année passée à la direction du *Quartier latin*. Ces textes paraîtront dans le numéro spécial du 12 décembre 1947 consacré à l'avenir de la Confédération canadienne et publié à l'occasion du quatre-vingtième anniversaire de la naissance du Canada. Ce numéro est piloté par

Jean-Marc-Léger, dont la flamme indépendantiste brûle plus intensément de jour en jour. En plus d'y proposer lui-même un article où il fait un bilan passablement négatif de l'expérience canadienne, Léger invite deux ardents nationalistes, François-Albert Angers et le chanoine Lionel Groulx, à défendre longuement leurs points de vue.

Au sein d'un pareil orchestre, le violon de Camille Laurin paraît bien mal accordé puisqu'il signe, en compagnie de D'Iberville Fortier, un texte où il dénonce le séparatisme et où il soutient plutôt le renouvellement du fédéralisme à partir d'une décentralisation des pouvoirs vers les provinces, et notamment vers le Québec. Mais attention, les auteurs ne font guère confiance au gouvernement duplessiste, à qui ils reprochent de mal utiliser les prérogatives constitutionnelles dont la province dispose déjà. Aussi, préviennent-ils, toute décentralisation des pouvoirs devra se faire de façon prudente, mesurée, afin de s'assurer que la population en tire vraiment parti.

Quant au séparatisme, leur jugement est implacable : « Le séparatisme ne constitue pas, à notre avis, la réponse idéale à nos problèmes actuels. La séduction théorique qu'il peut exercer ne tient pas à l'examen des faits. Il constituerait une solution à rebours du bon sens et de l'histoire, qui ne pourrait que se solder par une aggravation des maux qu'il prétend guérir[9]. » On croirait presque lire Pierre Elliott Trudeau ou Stéphane Dion...

Quelques pages plus loin dans le même numéro, Laurin s'en prend cette fois-ci au nationalisme canadien-français, qu'il juge dépassé parce que trop largement fondé sur les valeurs traditionnelles de la langue et de la religion. Il estime que, pour être porteur d'avenir, ce nationalisme devra se recentrer sur les nouvelles valeurs sociales et le développement économique de la société : « Le nationalisme continuera de croire à notre mission culturelle et catholique. Mais pour travailler à sa réalisation, il devra maintenant parler surtout salaire, convention collective, législation ouvrière, logement, assurance sociale, impôts, loisirs, éducation populaire, etc. Plus que jamais, il devra se convaincre de la nécessité de l'économie[10]. »

C'est précisément ce genre de nationalisme que l'homme

pratiquera au cours de sa vie politique en proposant, notamment dans la Charte de la langue française, des mesures destinées non seulement à promouvoir le français, mais également à assurer la prédominance économique des francophones au sein de la société québécoise.

Mais Camille Laurin n'est pas qu'une bête sociale et politique. Durant toute cette période, il continue de s'intéresser aux arts, à la culture, aux écrivains d'ici et d'ailleurs, comme en témoigne un article publié en octobre 1947 où il fait état d'une rencontre à Paris avec le poète Éloi de Grandmont. Après avoir copieusement mangé et bu dans un restaurant du boulevard Saint-Michel, les deux compères marchèrent toute la nuit dans la ville, ce qui inspire à l'auteur quelques phrases remarquables sur la cité endormie : « Il me promena dans les vieilles rues, sur les boulevards en veilleuse, autour du Louvre et du Palais-Royal, m'indiquant avec ferveur au passage les demeures de Colette et de Cocteau. Il me révéla la Seine, miroir des siècles disparus mais remontant parfois la nuit pour qui les reconnaît. Il m'initia aux fièvres nocturnes de Paris, à ses bruits, à ses lueurs et à ses ombres, à ses ruelles aux noms prestigieux où les pas résonnent mystérieusement, ébranlant les fantômes. Nous nous arrêtâmes au Pont-Neuf, transformé en dortoir par cette nuit aux douceurs de femmes, puis sur un îlot que l'onde venait baiser[11]. »

Le rapport Ryan

L'année passée à la direction du *Quartier latin* augmente considérablement la notoriété de Camille Laurin sur le campus universitaire et auprès des différents regroupements étudiants. Laurin commence ainsi à se faire remarquer au sein de la jeune intelligentsia de l'époque, qui, pour l'essentiel, gravite autour des mouvements d'action catholique. On souligne son sens de la justice sociale, son aplomb, sa capacité de travail et ses grandes qualités intellectuelles. On note également que c'est un catholique engagé, aux vues plutôt modernes, et qu'il ne craint pas d'afficher sa foi.

Depuis déjà quelques années, Claude Ryan est le grand manitou des mouvements de la jeunesse catholique, dont il coordonne, sous la houlette de l'Assemblée des évêques, l'ensemble des activités. Soucieux de mieux comprendre la société qu'il veut transformer et d'inciter les organisations dont il est responsable à devenir de véritables moteurs de ce changement, Ryan souhaite organiser, au début de 1950, un grand colloque réunissant les principaux dirigeants des mouvements d'action catholique. L'objectif visé consiste à injecter un nouveau souffle à ces mouvements, au moment où le Québec est en pleine transformation sociale.

À l'automne 1949, Ryan embauche Camille Laurin pour rédiger le document préparatoire de ce colloque. Le texte doit à la fois présenter une analyse exhaustive de l'état de la société québécoise et indiquer de nouvelles voies à explorer à l'intention des différents mouvements d'action catholique. Son auteur viendra le présenter directement au moment de la rencontre. « Laurin avait un esprit de synthèse remarquable, de rappeler Ryan, et on cherchait quelqu'un capable de faire le tour des tendances observables dans la société. Je me souviens qu'il a montré beaucoup d'enthousiasme dans la réalisation de ce travail, même si la paie était plutôt symbolique[12]. »

Le jeune homme met quelques mois à rédiger son rapport, à partir de lectures, des nombreuses observations accumulées au cours des années précédentes et d'entrevues en profondeur menées auprès de plusieurs personnalités de l'époque, dont Gérard Filion et André Laurendeau, du *Devoir,* ainsi que les professeurs François-Albert Angers, Maurice Lamontagne et Esdras Minville.

Il en ressort un texte d'environ 25 pages où l'auteur brosse à grands traits l'évolution de la société québécoise depuis le début du siècle et témoigne du bouillonnement annonciateur de la Révolution tranquille, dont il voit alors apparaître les premiers germes. Laurin y énumère les énormes changements culturels et sociaux résultant de l'urbanisation massive, dont la montée du syndicalisme et l'émancipation des femmes, et il salue les progrès accomplis en éducation, mais il déplore aussi que les Canadiens français n'occupent toujours que les postes inférieurs et suggère que, à l'instar du Canada anglais, le Québec accorde plus d'importance à l'enseignement des sciences. Enfin, il estime nécessaire une redistribution des pouvoirs et des revenus fiscaux entre Ottawa et les provinces, mais il continue d'entretenir des doutes sur l'utilisation qu'en ferait le gouvernement duplessiste.

Mais puisque ce document doit servir d'inspiration aux militants des mouvements d'action catholique, c'est à eux que l'auteur réserve ses recommandations les plus directes, les invitant à mieux connaître la nouvelle société dans laquelle ils vivent et à édifier des organisations plus professionnelles, animées par des gens rompus aux sciences sociales, à la psychologie et aux méthodes scientifiques. Il en conclut que la conquête de la radio, l'union de toutes les forces en vue de la fondation de revues pour la jeunesse et la classe ouvrière qui dépasseraient en intérêt et en perfection les meilleures revues des États-Unis ainsi que la prise en charge de tous les loisirs de la jeunesse ne sont que quelques-unes des réalisations importantes dont de telles organisations assureraient le succès[13].

Le choix de la psychiatrie

Parallèlement à ce travail, Camille Laurin entreprend, en septembre 1949, sa cinquième et dernière année de médecine générale. En plus de faire de la clinique médicale, il s'initie notamment à la chirurgie et à l'obstétrique sous la supervision de médecins chevronnés. Cette année à courir d'un hôpital à l'autre lui apporte la confirmation que ces diverses disciplines ne lui plaisent pas. En fait, le jeune médecin s'intéresse bien davantage à l'âme qu'au corps, à l'esprit qu'à la matière. À l'instar de ses amis Roger Lemieux et Pierre Lefebvre, il choisit alors de se spécialiser en psychiatrie. Il expliquera à la fin de sa vie qu'il pensait à la psychiatrie depuis le début de ses études en médecine, qu'il ne voulait rien perdre de l'humain et connaître autant l'esprit que le corps. Il lui fallait donc acquérir la totalité de la formation psychiatrique, dont une partie concerne le corps et une autre, tout aussi importante, se rapporte à l'esprit, aux sentiments, à la vie affective.

En novembre 1949, il écrit au directeur des études psychiatriques de la faculté de médecine de l'Université de Montréal, M. Jean Saucier, pour lui faire part de son choix de carrière. Évoquant dans sa lettre la lecture de *L'Homme, cet inconnu*, d'Alexis Carrel, Laurin justifie ainsi sa décision : « J'y trouvai ce que j'y avais cherché mais quelque chose en plus. Ce quelque chose, c'était le malade et surtout le malade mental. Mon désir d'explorer cette région de l'être où se fait la jonction entre la cellule et l'esprit, d'en démontrer les mécanismes afin de pouvoir les rétablir en cas de brisure, s'en trouva exacerbé. Et cela d'autant plus que le malade mental me semblait parmi tous les autres le moins connu et le plus délaissé, que le poids qu'il faisait peser sur la société et la civilisation devenait chaque jour plus lourd et inquiétant[14]. »

Roger Lemieux, dont il a été très près tout au long de ces années universitaires, se montrera cependant un peu plus nuancé quant aux raisons qui ont pu motiver le jeune homme. Tout en admettant que le choix de la psychiatrie était sans doute sincère, il soulignera que Laurin aurait eu bien de la difficulté à pratiquer la médecine générale puisqu'il éprouvait une certaine gêne à traiter les corps, une sorte de pudeur qui le rendait très mal à l'aise en ce qui concerne l'examen et le traitement physiques des patients. Et il racontera une anecdote qui, à ses yeux, illustre bien cette gêne : « Alors que j'étais déjà médecin et que Camille était encore étudiant, j'ai passé un été en Abitibi à pratiquer la médecine générale. Je faisais des visites à domicile et je soignais les patients sur place. Laurin m'a accompagné pendant quelques semaines. Un jour, pendant qu'il était là, j'ai dû ouvrir au scalpel un abcès sur le sein d'une patiente. Il m'a regardé tout ébahi, comme s'il se sentait impuissant devant ce genre de situation. C'est là que j'ai compris qu'il n'aurait jamais pu faire ça lui-même[15]. »

Quoi qu'il en soit de ses motivations, Camille Laurin, qui a obtenu presque sans s'en rendre compte son diplôme de médecine au mois de mai 1950, entreprend, quelques semaines plus tard, une année de résidence en psychiatrie au Queen Mary Veteran's Hospital. Il choisit cet hôpital anglophone parce qu'il estime que la formation y est beaucoup plus avancée que dans les établissements francophones, qu'il s'agisse des hôpitaux Saint-Jean-de-Dieu, Notre-Dame ou Maisonneuve. « Les hôpitaux anglophones avaient commencé à s'éveiller aux courants modernes de la psychiatrie qui comprenaient notamment une formation plus poussée en psychologie, soulignera-t-il. Du côté francophone, on en était encore à l'école aliéniste qui expliquait la maladie mentale uniquement sous l'angle physique et physiologique. Dispensées par des neurologues, les leçons cliniques consistaient à nous montrer des aliénés et à nous décrire des symptômes d'aliénation. C'était plus un spectacle que de l'enseignement. J'avais assisté à cela durant mon année d'internat en médecine et je ne voulais pas faire un stage en psychiatrie dans des endroits où il y avait une telle pauvreté conceptuelle[16]. »

Laurin passe une dizaine de mois au Queen Mary Veteran's Hospital en compagnie d'une douzaine d'étudiants, dont une bonne moitié sont francophones. C'est là qu'il fait l'apprentissage du traitement clinique des patients, sous la supervision de ses patrons, les Drs Moll et Dancey dont il apprécie grandement le savoir et les qualités pédagogiques. Ces traitements cliniques lui permettent également de commencer à expérimenter les rudiments de la psychothérapie. Déjà initié aux travaux de Freud et de ses disciples, il ne sera pas long à se diriger vers la psychanalyse.

Une bien fragile pianiste

Ses nombreuses occupations laissent bien peu de temps à Camille Laurin pour fréquenter les filles. Certes, il lui arrive à l'occasion de sortir avec une étudiante rencontrée au *Quartier latin* ou dans quelque association où il milite et d'aller manger au restaurant, voir un film ou assister à un concert en sa compagnie. Mais, en général, la relation ne dépasse pas une ou deux sorties et le jeune homme reste toujours célibataire. À la longue, cette solitude lui pèse et il aimerait bien rencontrer l'âme sœur, une femme qui soit vraiment à son goût et avec qui il pourrait partager sa vie.

En fait, la femme qu'il fréquente le plus durant ses premières années universitaires, c'est Jeanne Lemieux, l'épouse de son ami Roger. Avec l'aide de Laurin, le couple Lemieux s'est déniché un appartement tout juste en face du sien, dans l'immeuble de l'abbé Caillé, et le trio se réunit de façon très régulière. À l'époque, Roger Lemieux pratique la médecine au sein des forces armées et s'absente fréquemment en soirée. Alors il arrive que, vers les 22 heures, Camille traverse le palier et aille faire un brin de causette à Jeanne tout en sirotant un café. Il s'y rend presque tous les soirs et les deux discutent des heures durant de musique, de religion, de politique, de la vie en général. Ils sont comme frère et sœur et parlent de tout sans aucune retenue.

Laurin apprécie cette jeune femme douce, sensible, à l'âme d'artiste. Jeanne, qui amorce alors une carrière de musicienne professionnelle, se met souvent au piano pour jouer les grands classiques ou accompagner son ami qui ne rate jamais l'occasion d'y aller de quelques airs d'opéra. Alors, d'une soirée à l'autre, il se dit qu'il aimerait bien rencontrer quelqu'une comme elle et, un soir qu'il a particulièrement le vague à l'âme, il lui demande carrément de lui présenter une jeune pianiste. Cette pianiste, ce sera Rollande Lefebvre, une jeune fille que Jeanne a connue quelque temps auparavant, lors d'un concert donné à l'école supérieure de musique d'Outremont — l'ancêtre de l'école de musique Vincent-d'Indy —, et qui est devenue son amie. « Il me semblait que ces deux êtres étaient faits l'un pour l'autre. Alors j'ai organisé une soirée chez moi pour qu'ils se rencontrent. Ça a cliqué tout de suite entre les deux[17] », se souviendra Jeanne Lemieux.

Née à La Sarre, en Abitibi, le 28 mai 1921, Rollande Lefebvre vit à Montréal depuis quelques années, où elle poursuit des études de piano. Son rêve, qu'elle ne réalisera malheureusement jamais, est de devenir pianiste de concert et d'être acclamée partout dans le monde. Laurin verra en elle une pianiste très douée, très sensible, au jeu extrêmement raffiné, avec déjà quelques concerts à son actif lorsqu'il a fait sa connaissance. Une opinion que ne partage cependant pas Jeanne Lemieux, qui a elle-même fait une carrière comme accompagnatrice des

Grands Ballets Canadiens. « Rollande était une très bonne pianiste mais elle n'avait ni le talent ni surtout le caractère pour pouvoir envisager sérieusement une carrière professionnelle. Elle était trop paresseuse[18] », dira-t-elle.

Rollande et Camille passent leur première soirée ensemble à faire de la musique et à chanter en compagnie des Lemieux. Les deux jeunes gens se plaisent immédiatement. À la fin de la soirée, il la raccompagne à l'appartement qu'elle partage avec deux de ses amies et ils se promettent de se revoir le plus tôt possible. Camille Laurin est littéralement séduit par cette jeune femme toute menue, aux cheveux et aux yeux noirs, au visage si délicat. « C'était une très belle fille, très gentille, une artiste à l'âme raffinée et sensible. Je l'ai aimée tout de suite[19] », affirmera-t-il.

De son côté, elle est charmée par le brio de ce médecin qui, en dépit de son jeune âge, a l'air si solide et dont la carrière semble bien prometteuse. « Laurin plaisait aux femmes. Il était sensible et intelligent ; il connaissait du succès dans plusieurs domaines. Elle était fragile, il était fort. Il avait tout pour plaire à Rollande[20] », se souviendra Pierre Lefebvre.

Entrecoupées par les nombreux séjours de Camille à l'étranger, leurs fréquentations s'étalent sur quelques années. Ils vont souvent au restaurant et courent les expositions et les concerts. Les fins de semaine, ils vont faire un tour à Charlemagne, où la famille Laurin adopte immédiatement la nouvelle flamme du jeune homme. « Maman l'a enveloppée de tout son amour et elle s'est sentie comme un poisson dans l'eau avec mes sœurs, soulignera Laurin. Elle jouait du piano sans cesse ; tout le monde chantait dans la maison ; Rollande était gaie, souriante, affable[21]. »

Aveuglé par un amour plus fort de jour en jour, le jeune homme ne prête guère d'attention au fait que sa bien-aimée connaît à l'occasion quelques moments dépressifs où elle doute de tout et broie du noir, plongeant sans avertissement dans des phases neurasthéniques qui l'amènent à remettre sa carrière en question, à angoisser devant la vie et à paniquer à l'idée de mourir jeune, comme ses frères et sœurs. Laurin met ces périodes d'anxiété sur le compte de son histoire familiale, de sa fragilité d'artiste, et il se persuade qu'il a la force nécessaire pour l'aider à surmonter ces petits problèmes. Plus encore, la perspective de lui apporter un soutien psychologique le stimule.

Son ami Pierre Lefebvre, qui a bien connu Rollande dès le début, est cependant plus lucide. « Cette fille était submergée par ses émotions, dira-t-il. Ses réactions affectives étaient imprévisibles et le plus souvent tempétueuses. C'était une handicapée émotive et ce trait de caractère était visible bien avant leur mariage[22]. »

Rollande Lefebvre vient d'une famille qui a connu plus que sa part de malheurs. Dix de ses onze frères et sœurs sont décédés en bas âge à la suite de maladies infectieuses. Il ne lui reste plus que son jeune frère Lorrain, mais il est lui-même gravement malade, souffrant d'hypertension artérielle sévère. De plus, au moment où elle fait la connaissance de Camille, son père, Henri Lefebvre, est décédé il y a à peine un an. Toutes ces mortalités sont le drame de sa vie. Elle se croit marquée par le destin, condamnée au malheur.

En fait, la seule chose qui a réussi à cette famille, c'est l'argent. Les Lefebvre sont très riches, beaucoup plus riches que les Laurin et que la plupart de leurs contemporains. À La Sarre, M. Lefebvre est un véritable notable. Il est propriétaire du magasin général, juge de paix et président de la Chambre de commerce. À son décès, sa fortune revient à son épouse, Marguerite Bordeleau, une maîtresse femme corpulente et au regard sévère, que tous ses malheurs ont aigrie. « Elle nous terrorisait », se souviendra Pierre Lefebvre.

Mme Bordeleau vient souvent à Montréal pour rendre visite à sa fille et surveiller ses fréquentations. Au début, elle ne voit pas d'un très bon œil cet amour naissant avec le jeune Laurin. À l'époque, Rollande a déjà un prétendant en Abitibi, un médecin bien établi et tout fin prêt à l'épouser, et leur mariage aurait évidemment l'avantage pour sa mère de ramener Rollande auprès d'elle. En comparaison, le nouveau soupirant fait figure de bien pâle débutant dont les allures intellectuelles et rêveuses l'inquiètent plus qu'elles ne la rassurent. Mais surtout, le jeune homme est raide pauvre. Sa famille n'a pas un sou et personne ne voit le jour où elle sera à l'aise. Aussi, Mme Bordeleau se demande bien comment il pourra réussir à faire vivre sa Rollande, qui est déjà habituée à un certain luxe.

Mais, petit à petit, le talent et l'aménité de Laurin font leur œuvre. Mme Bordeleau constate, lors de ses visites à Montréal ou des séjours de Laurin à La Sarre, qu'il aime profondément sa fille, qu'il s'en occupe bien et qu'ils ont l'air heureux ensemble. Et puis, se dit-elle, n'est-il pas médecin lui aussi et bientôt psychiatre, au surplus ? Il saura calmer ses peurs et apaiser ses angoisses. Quant à l'argent, elle en a suffisamment pour lancer le jeune couple sur la bonne voie. Elle finit donc par consentir au mariage.

Du côté des Laurin, où on a l'habitude de se marier plutôt jeune, il y a belle lurette qu'ils souhaitent cette union, tant ils sont persuadés que Camille a enfin déniché la perle rare, que Mary a déjà commencé à surnommer affectueusement Rollette et Étincelle. En avril 1950, Maman Laurin fait part de sa joie à son fils : « Dans deux mois tu seras marié et heureux, lui écrit-elle. Comme j'ai hâte de te savoir entre bonnes mains. Depuis si longtemps que tu voyages d'un côté et de l'autre sans jamais te fixer. Comme ta petite femme saura embellir ta vie ! Et j'espère que tu la paieras en tendresse profonde, en amour fidèle et constant[23]. »

Les deux amoureux se marient le 27 juin 1950 à la chapelle Sacré-Cœur de l'église Notre-Dame de Montréal. Camille vient tout juste d'avoir 28 ans tandis que Rollande en a 29. Le temps est magnifique et les mariés sont resplendissants. La jeune femme porte une superbe robe de soie blanche et son époux, qui arbore maintenant une fine moustache, est tout aussi élégant avec son « *coat* à queue » et son chapeau de castor. La réception a lieu au Club universitaire, un haut lieu du Montréal francophone maintenant connu sous le nom de Club Saint-Denis.

« Ce fut un grand mariage avec au-delà de deux cents parents, amis et collègues universitaires de Camille. Tout était très chic. Mme Bordeleau voulait faire les choses en grand et elle a tenu parole. C'est elle qui a tout payé[24] », se souvient Denise Laurin, une belle-sœur des mariés. La réception dure tout l'après-midi. On mange, on boit, on chante, l'atmosphère est à la fête. En dépit de ce bonheur, Rollande ne peut cependant s'empêcher de penser à Lorrain, son jeune frère qui, hospitalisé à l'Hôtel-Dieu, n'est pas en mesure de participer aux festivités.

En fin d'après-midi, les jeunes époux partent pour Burlington en voyage de noces. Quatre jours plus tard, ils reviennent précipitamment à Montréal. Lorrain est décédé. Désormais, Rollande n'a plus pour seule famille qu'une mère vieillissante et acariâtre et son tout nouveau mari, qui deviendra très rapidement la source de toutes ses attentes, de tous ses bonheurs comme de tous ses chagrins. « Camille a été son mari, son père, sa mère et son infirmière. Il a été tout pour elle[25] », résumera Pierre Lefebvre.

CHAPITRE 6

Sur la piste de Freud

Peu après les funérailles de Lorrain, les nouveaux mariés s'installent dans un logement que l'abbé Caillé leur a déniché boulevard Saint-Joseph. Le loyer est de 125 dollars par mois. C'est bien cher pour les modestes moyens de Camille, mais belle-maman, qui tient au confort de sa fille, est immédiatement disposée à puiser dans ses goussets. Le jeune couple y passera les douze mois suivants.

Même s'il est satisfait de son stage en psychiatrie à l'hôpital Queen Mary, le jeune médecin est très conscient que sa formation est tout à fait insuffisante et que, à l'instar des quelques Canadiens français qui l'ont précédé dans cette voie, il devra à son tour s'expatrier en Europe ou aux États-Unis s'il veut réaliser son rêve de devenir psychiatre et, à plus forte raison, psychanalyste. « En 1950, c'était assez lamentable à Montréal, surtout du côté francophone, rappellera-t-il. On y trouvait des aliénistes, des neuropsychiatres qui étaient restés figés, aux antipodes de toutes les tendances récentes. On traitait les gens avec des électrochocs et des drogues. Tous les psychiatres montréalais avaient dû aller se former ailleurs[1]. »

Le psychiatre Hubert-Antoine Wallot, qui publiera en 1998 une volumineuse histoire du traitement du malade mental au

Québec, partage complètement l'avis de Camille Laurin : « Les ressources professorales consacrées par les universités à l'enseignement de la psychiatrie dans les années 1950 étaient très pauvres, dira-t-il. La maladie mentale était stigmatisée. Il y avait très peu de connaissances médicales autour de ça[2]. »

Aussi, en janvier 1951, Laurin se rend à la Psychiatric Training Institute Faculty de Boston en vue d'une éventuelle inscription pour l'automne suivant. Cet établissement coordonne la formation psychiatrique dans un réseau d'hôpitaux qui couvre tout le Massachusetts. Le jeune homme a choisi cet établissement en raison de sa proximité de Montréal, où Rollande pourra revenir voir ses amies aussi souvent qu'elle le voudra, et de l'excellente réputation qu'il a acquise auprès de médecins québécois qui l'ont fréquenté.

Un mois plus tard, on l'informe qu'il est accepté et qu'il est affecté au Boston State Hospital, où il pourra commencer son stage à l'été 1951. Tout fier, il s'empresse de communiquer la bonne nouvelle au Dr Wilbrod Bonin, qui est alors le nouveau doyen de la faculté de médecine de l'Université de Montréal et qui sera son mentor tout au long de sa carrière médicale. « Je sais déjà, m'étant rendu à Boston récemment, que le cours couvre tous les aspects de la psychiatrie, psychoses, névroses, maladies psychosomatiques, psychiatrie infantile, et qu'il est donné par des maîtres en la matière, lui écrit-il. Je ne crois pas qu'on puisse trouver ailleurs aux États-Unis un programme mieux étoffé et mieux coordonné. J'espère y recevoir la formation complète et en profondeur que je cherche[3]. »

Sur la recommandation du Dr Bonin, le gouvernement québécois lui accorde, aux fins de ce stage, une bourse de 250 dollars par mois, renouvelable pendant trois ans. Cette somme est évidemment insuffisante, mais le couple Laurin pourra boucler les fins de mois grâce au salaire que l'hôpital verse à Camille en tant qu'interne et à l'aide ponctuelle et généreuse de la mère de Rollande. Mme Bordeleau a d'ailleurs vendu le magasin général de La Sarre peu après la mort de son fils et a déménagé ses pénates à Montréal. Elle habitera le logement du boulevard Saint-Joseph pendant que sa fille et son mari seront à Boston. De plus, elle leur a offert en cadeau une belle Desoto toute neuve pour que Rollande se sente moins loin et puisse lui rendre souvent visite.

Le jeune couple déménage à Boston en juin 1951. Il s'installe dans un immeuble qui jouxte l'hôpital et qui est réservé aux résidents en psychiatrie et à leurs professeurs. Même s'ils sont un peu loin des distractions du centre-ville et que l'adaptation est un peu difficile, surtout pour Rollande qui ne parle pratiquement pas l'anglais, les Laurin ne sont pas en terrain complètement inconnu puisqu'ils retrouvent le couple Lemieux, Roger terminant un stage au même hôpital, et Guy Rocher, qui poursuit des études en sociologie à l'université Harvard.

Envoyé en éclaireur

Aussitôt arrivé, Camille Laurin se met au travail. Sa nouvelle expérience l'enchante. Il vient de trouver exactement le type de formation qu'il recherchait. « Le programme d'études était exhaustif et varié, se souviendra-t-il à la fin de sa vie. Il mettait l'accent sur les nouvelles théories psychanalytiques et sur leurs implications cliniques. À l'hôpital, tous les étudiants traitaient des cas concrets sous la supervision de médecins chevronnés. De plus, il y avait beaucoup de séminaires et de colloques où les diverses techniques de thérapie étaient disséquées. J'étais totalement satisfait[4]. »

Mais l'intérêt de Laurin ne se limite pas à sa propre formation, puisque le doyen Bonin ainsi que le responsable de l'enseignement de la psychiatrie à la faculté de médecine de l'Université de Montréal, le Dr Fernand Côté, qui le considèrent comme un sujet très prometteur, lui ont demandé, avant son départ de la métropole, d'obtenir le plus de renseignements possible sur les modalités de l'enseignement de la psychiatrie à Boston ainsi que sur l'organisation des soins en hôpital psychiatrique, un domaine où le Québec souffre d'un terrible retard. « Bonin voulait absolument moderniser la faculté de médecine. Il a découvert que je m'intéressais à cette question, que j'étais prêt à y consacrer du temps et de l'énergie. Alors il s'est intéressé à moi et il m'a fait confiance[5] », se souvient Camille Laurin.

Aussi, tout au long de son séjour à Boston, et plus tard à Paris, Laurin écrira régulièrement à ses protecteurs montréalais pour leur faire part à la fois de l'avancement de ses études et de l'état de ses recherches et de ses découvertes en vue de moderniser, à son retour, l'enseignement de la psychiatrie et le traitement du malade mental au Québec. Dès ce moment, il commence à se percevoir non seulement comme un futur psychiatre mais aussi comme un enseignant, un administrateur, un réformateur de la psychiatrie québécoise.

En janvier 1952, après seulement six mois à Boston, il écrit une très longue lettre au Dr Côté pour lui faire part de quelques-unes de ses observations. Réitérant que le Boston State Hospital est beaucoup plus avancé en matière de traitement de la maladie mentale que tout établissement qu'il a connu à Montréal, Laurin attribue ce succès aux facteurs suivants : une direction éclairée, la présence d'une équipe jeune et homogène, l'apport coordonné et systématique de toutes les disciplines auxiliaires, la participation à un fonds commun de principes de base avec accent sur une expérimentation contrôlée à chaque pas, ainsi qu'un éclectisme à la fois ouvert et rigoureux. Toutes choses qu'il voudra lui-même mettre en œuvre quelques années plus tard, lors de son retour au Québec.

De plus, dès cette époque, le médecin est préoccupé par la réinsertion des malades mentaux dans la société. Sans aller jusqu'à parler de désinstitutionnalisation, il se dit effaré de constater que ces malades occupent plus de lits dans les hôpitaux que les patients atteints de toute autre affection et il soutient que le psychiatre a le devoir de tout mettre en œuvre pour favoriser le retour du patient dans la société. « Il faut viser une amélioration dans la condition du malade mental qui lui permettra de s'accommoder avec quelques-uns de ses symptômes tout en le débarrassant de ceux qui lui rendent impossible la vie en société. L'accent de la thérapeutique ne portera plus dès lors sur la catharsis et la rééducation intégrale du patient mais sur l'effort qu'il doit faire en vue de sa resocialisation[6] », écrit-il encore au Dr Côté.

Dans le Québec des années 1950, alors que des dizaines de milliers de malades mentaux, atteints à des degrés extrêmement divers, sont parqués à vie dans des asiles et bourrés de tranquillisants, sans aucun espoir de s'en sortir, de tels propos sont carrément révolutionnaires. Enfin, les remarques du médecin débordent largement le cadre d'un seul hôpital et embrassent toute l'organisation du traitement de la maladie mentale dans l'ensemble du Massachusetts. Très impressionné par la qualité de cette organisation, Laurin souligne que le département de la santé mentale y fonctionne à la façon d'un véritable ministère de la Santé, qu'il dirige les destinées de 17 établissements et qu'il veille à l'institution d'un programme d'hygiène mentale intensif en surveillant l'application et la constante révision des lois qui régissent l'admission ou l'examen des malades mentaux. Songeant aux responsabilités administratives qui pourraient être les siennes à son retour au Québec, Laurin note que la population du Massachusetts est à peu près équivalente à celle de la province et que la structure administrative adoptée par cet État pourrait être avantageusement reproduite ici.

À l'époque, les Drs Bonin et Côté caressent le projet de fonder un hôpital universitaire où le traitement des patients irait de pair avec les fonctions de recherche et d'enseignement. Ils y envisagent un rôle très important pour Laurin en ce qui a trait à tout le secteur de la psychiatrie et s'en entretiennent régulièrement avec lui. Ainsi, à la demande du Dr Bonin, le jeune homme fait une tournée, à l'automne 1952, de trois hôpitaux de Boston, le Massachusetts General Hospital, le Massachusetts Memorial Hospital et le Beth Israel Hospital, dans le but de recueillir toutes les informations nécessaires en vue de l'ouverture d'un véritable département de psychiatrie dans un hôpital francophone de Montréal. Il se rendra dans la métropole à la fin du mois de novembre pour faire un compte rendu oral de ses observations.

En mars 1953, il écrit à nouveau au Dr Bonin pour lui faire part de son enthousiasme au sujet de ce futur hôpital universitaire et lui dire que ce dernier devra être à la fois un centre d'enseignement, un lieu de stages pour tous les futurs psychiatres ainsi qu'un grand centre de recherches. Ce projet de centre hospitalier demeurera au cœur de leur correspondance pendant toutes les années où Camille Laurin étudiera à l'étranger. Cependant, faute de ressources financières suffisantes, il ne verra jamais le jour sous la forme imaginée par ses concepteurs.

Gare au suppôt de Satan

Si Laurin et les autorités de la faculté de médecine de l'Université de Montréal s'entendent à merveille au sujet de la réforme de l'enseignement et d'une pratique plus moderne de la psychiatrie, il en va tout autrement en ce qui a trait à l'intention du jeune médecin de devenir psychanalyste et d'entreprendre, sous la férule d'un maître, l'analyse didactique que Freud lui-même a prescrite.

À cet égard, les réticences sont doubles : d'abord, cette analyse didactique, exigée de tout futur psychanalyste, dure environ quatre ans et retardera d'autant le retour de Laurin dans la métropole, mais, surtout, le Québec de l'époque est encore sous la domination de l'Église catholique et même ses esprits les plus évolués ont peur de Freud et de ses théories qui ont pourtant cours en Europe et aux États-Unis depuis plusieurs décennies. « La psychanalyse faisait peur, rappellera Laurin. Freud était considéré comme un suppôt de Satan, un athée, un adversaire de la religion parce qu'il avait écrit que celle-ci était une névrose. Alors l'Église et les autorités médicales étaient contre ça. J'ai dû convaincre Bonin que la psychanalyse n'avait rien à voir avec la religion[7]. »

Pour l'heure, le jeune médecin n'a toutefois cure de ces réserves. À ses yeux, le grand maître est un génie et ses découvertes sont à l'origine de l'essentiel des progrès de la psychiatrie moderne. Laurin estime que, sans l'apport de la psychanalyse, la formation psychiatrique reste bancale pour quiconque a comme objectif de scruter, comprendre et guérir l'âme humaine. Aussi, en janvier 1953, il informe le Dr Côté qu'il vient d'être admis au Boston Psychoanalytical Institute et qu'il y entreprendra dans les mois suivants son analyse didactique avec Mme Beata Rank, l'épouse d'Otto Rank, un des tout premiers disciples de Freud.

Persuadé de la justesse de son choix, il lui explique ainsi sa décision : « Le grand maître et ses continuateurs depuis cinquante ans nous ont fait cadeau d'un ensemble doctrinal des plus solides mais aussi des plus complexes sur l'étiologie et la pathogenèse des névroses et des psychoses. Ils nous ont également mis en possession d'une méthode thérapeutique précise, rigoureuse et dont s'inspirent aujourd'hui toutes les méthodes psychothérapeutiques dignes de ce nom[8]. »

Quelques mois plus tard, il sent le besoin de justifier au Dr Bonin les raisons de cette longue analyse didactique à laquelle il va se soumettre. Il lui explique que Freud et ses successeurs demandent du futur thérapeute une sorte de purification préalable en vue de dépouiller le vieil homme, un effort soutenu visant la disparition des complexes qui rendent difficiles ses rapports avec certains membres de son entourage, provoquent chez lui une anxiété déraisonnable en certaines situations, empêchent son intelligence de reconnaître chez autrui, ses patients, les déformations qui l'affectent lui-même. Pour Laurin, c'est là tout le sens de cette analyse didactique dont on parle tant et qui est si mal comprise[9].

En somme, celui qui aspire à devenir psychanalyste doit d'abord être lui-même psychanalysé de façon à acquérir la plus grande virginité possible face à ses futurs patients. « L'analyse didactique nous apprend, expliquera Laurin à la fin de sa vie, à découvrir nos failles, nos vulnérabilités, nos inhibitions. C'est une ascèse, une quête de soi. C'est la façon dont nous sommes devenus avec les ratés, les déviances, les points aveugles. L'objectif est de se connaître soi-même de façon à pouvoir écouter de manière complète, impartiale et objective tout ce que le patient nous raconte[10]. »

Mais toutes ces explications ne parviennent pas à convaincre totalement le doyen de la faculté de médecine, qui, même s'il n'a d'autre choix que d'accepter la décision de son protégé, continue de le mettre en garde contre les égarements potentiels des théories freudiennes et lui conseille même de ne pas mentionner le coût de cette analyse dans ses demandes de bourse, de crainte d'effrayer les organismes subventionnaires.

« La psychanalyse aura provoqué beaucoup de tapage, lui écrit-il. Une revue allemande n'est-elle pas allée jusqu'à la qualifier de "closet psychology" ? Denis de Rougemont, qui d'ordinaire ne manque pourtant pas de sérieux, la définit comme une tentative de ramener le Péché et le Mal à des mécanismes subjectifs dont le médecin pourra se rendre maître. Nous essayons de dissoudre le Diable dans les eaux troubles du subconscient. Le Démon ne serait qu'une image de névrose, quelque chose qui se soigne, se guérit et s'évanouit au terme d'un traitement. N'a-t-on pas demandé dans un livre récent s'il ne fallait pas fusiller tous les psychanalystes[11] ? »

Rien ne va plus

Pour l'instant, cependant, les réticences du Dr Bonin au sujet de sa formation psychanalytique représentent le moindre des soucis de Camille Laurin. Au printemps 1953, il a un problème beaucoup plus important sur les bras puisqu'il vient d'apprendre que le gouvernement américain, alors plongé dans la guerre de Corée, veut l'obliger à faire son service militaire. Salarié du Boston State Hospital, il est considéré, aux fins de ce service, comme un citoyen américain et les autorités exigent qu'il s'engage pour deux ans dans les forces de réserve.

Même s'il pourra continuer à travailler dans un hôpital psychiatrique, que la paie est bonne et qu'on lui indique que ses risques d'être envoyé au front sont très faibles, Laurin refuse tout net. D'abord parce qu'il ne pourrait pas entreprendre avec Mme Rank l'analyse didactique prévue à l'automne, mais surtout parce qu'il est hors de question qu'il s'engage sous le drapeau américain. S'il a déjà pris les moyens, au Collège de l'Assomption, pour être écarté de l'armée canadienne, ce n'est certainement pas pour être enrôlé, quelques années plus tard, dans l'armée d'un pays étranger.

Il n'a donc d'autre choix que de quitter Boston. Mais pour aller où ? Il ne veut pas revenir tout de suite à Montréal puisqu'il n'est toujours pas psychanalyste. Il se tourne alors vers l'Europe et recueille des renseignements auprès de quelques pays en vue de l'inscription pour l'automne suivant. L'Institut de psychanalyse de Belgique lui répond poliment que sa candidature est intéressante mais que toutes les places sont déjà prises. La Suisse l'intéresse, mais l'enseignement s'y donne principalement en allemand, une langue qu'il ne maîtrise pas. Reste finalement la France, où le secrétaire de l'Institut de psychanalyse l'informe qu'il pourrait être accepté. Ce sera donc Paris.

Mais il y a une condition de taille. Il faudra qu'il obtienne des bourses suffisantes pour que Rollande et lui-même tiennent le coup au cours des trois ou quatre prochaines années, le temps qu'il complète son analyse didactique. Or la bourse qu'il a obtenue du gouvernement du Québec arrive à échéance et rien n'indique qu'elle sera renouvelée, surtout pour une période aussi longue.

Aussi, en mars 1953, il écrit une longue lettre au Dr Bonin pour lui faire part de sa situation financière et demande son intervention auprès des organismes subventionnaires. « Je consens aux sacrifices que nécessitera mon analyse, explique-t-il. Mais je ne voudrais pas soumettre mon épouse à un régime trop rigoureux. Je ne voudrais pas par ailleurs me couvrir de dettes au point qu'il me prendrait de longues années pour remonter la côte une fois revenu au Canada. Ce que l'État m'accordera, j'espère un jour lui remettre au centuple par la qualité de mes services, par une vie toute consacrée à la recherche et au rayonnement de la vérité[12]. »

Quelques jours plus tard, le doyen, qui n'est toujours pas convaincu des mérites de la psychanalyse, lui répond qu'il va faire tout ce qu'il peut pour l'aider à obtenir une bourse, mais il le prévient que le résultat pourrait être négatif en raison de la longue durée prévue du séjour à Paris. Cette missive plonge Laurin dans un profond désenchantement. Résidant toujours à Boston mais obligé de quitter le territoire américain s'il ne veut pas se retrouver dans les régiments de l'Oncle Sam, et estimant qu'il ne lui sert à rien de se rendre en France sans une garantie de financement à long terme, il croit alors que son avenir est bloqué et se voit déjà revenir piteusement à Montréal.

Sa déprime est cependant de courte durée puisque, quelques semaines plus tard, le Dr Côté lui apprend que le gouvernement fédéral a accepté sa demande de subvention et qu'il peut donc envisager un séjour à Paris. Camille et Rollande quittent Boston en avril 1953. Ils font d'abord un arrêt à Montréal pour rendre visite à la mère de celle-ci, hospitalisée depuis quelques semaines, et aller saluer leurs nombreux parents et amis. Ils ont convenu de partir en France au mois de juin.

Quarante-cinq ans plus tard, Camille Laurin gardera un excellent souvenir de son séjour en sol américain : « J'ai adoré mes deux années passées à Boston, dira-t-il. Le milieu était très stimulant. J'ai connu d'excellents médecins qui étaient de grands adeptes de la psychanalyse et que j'ai revus souvent par la suite. Je n'aurais pas voulu vivre en permanence aux États-Unis, mais j'estime que ce pays valorise beaucoup le savoir intellectuel et la recherche. J'ai également été intéressé par la vie politique américaine et j'ai suivi de près les élections présidentielles de 1952, où j'aurais souhaité l'élection du démocrate Stevenson, mais ce ne fut malheureusement pas le cas[13]. »

Quelques semaines avant de partir à Paris, Laurin écrit au Dr Bonin pour lui faire part à nouveau de l'inquiétude qui continue de le hanter à l'aube de cette autre expérience à l'étranger. Il lui confirme que, malgré sa conviction d'avoir choisi la meilleure et la seule avenue possible pour lui, il ne peut s'empêcher d'éprouver une certaine anxiété. Il a l'impression d'effectuer un vaste saut dans l'inconnu, de sacrifier à son idéal toute sécurité matérielle et un confort psychologique dont son épouse autant que lui-même avaient besoin autant que tout autre[14].

Quatre années dans la Ville lumière

Le couple s'embarque pour Paris le 10 juin 1953. Les premiers mois sont beaucoup plus difficiles qu'à Boston. Rollande et Camille n'ont pas d'appartement et doivent vivre chichement dans une chambre d'hôtel au milieu de leurs valises. Pendant que Laurin s'agite du matin au soir pour trouver un logis convenable et organiser son programme d'études qui doit commencer en septembre, sa femme s'ennuie, tourne en rond et pleure toute seule dans sa chambre. Elle perd l'appétit et sombre une fois de plus dans une période dépressive. Déjà à Boston, elle avait connu des crises d'humeur et avait dû être traitée en psychothérapie ; cette fois-ci, l'attaque est plus grave et elle doit être hospitalisée quelques jours, le temps de reprendre ses esprits. « À Paris, Rollande était déjà malade. Elle faisait des scènes à tout propos. Camille a dû l'hospitaliser à quelques reprises[15] », se souviendra leur ami Pierre Lefebvre.

C'est finalement un autre de leurs amis, le Dr Jean-Baptiste Boulanger, qui vient à leur rescousse en leur cédant l'appartement qu'il occupe à Neuilly-sur-Seine, à moins de dix kilomètres de la capitale. Boulanger termine alors une formation psychanalytique en France et doit rentrer au Québec dans les semaines qui suivent. Le couple emménage en septembre. Au cours des quatre années suivantes, il vivra au deuxième étage d'une petite maison plutôt modeste de cette banlieue parisienne. Laurin se souvient que ce n'était pas très confortable, que le chauffage était inadéquat et que le bain était dans la cuisine ; par contre, il dit avoir bien apprécié l'environnement, fait de beaucoup d'arbres et de plusieurs espaces verts.

Rollande reprend goût à la vie dans ce nouveau milieu. Même si c'est loin d'être le grand luxe, elle a au moins feu et lieu quelque part et peut utiliser la petite Renault qu'ils viennent d'acheter pour sortir en ville, aller au concert, visiter des expositions ou suivre les cours de piano auxquels elle s'est inscrite.

Quant à Camille, il plonge dans ses études et court en tous sens pour mener à bien les nombreuses activités qu'il s'est assignées. D'abord, il a entrepris depuis quelques semaines son analyse didactique avec la D^{re} Juliette Favez-Boutonnier, de l'Institut de psychanalyse de France, à raison de trois ou quatre séances par semaine. Ensuite, il suit des cours de psychologie à la Sorbonne sous la direction du grand maître Daniel Lagache, en plus de se mettre à l'étude systématique de Freud, dont il qualifie l'œuvre de « bréviaire de l'étudiant en psychanalyse ». Enfin, il passe plusieurs heures par semaine à l'hôpital Sainte-Anne où, à

titre d'interne, il participe au diagnostic de patients en psychiatrie. « J'étais très pris par mes études, rappellera-t-il. C'était très
différent de ce que j'avais connu à Boston, mais les colloques et
les conférences y étaient tout aussi intéressants. La formation y
était plus libre[16]. »

Quelques mois après son arrivée, Laurin envoie au Dr Bonin
une lettre pleine d'enthousiasme : « Il semble que ma vie ait
trouvé désormais son but. Je me sens habité par un idéal qui me
soulève d'émotion, me remplit de courage et inspire mon travail
quotidien. En moi, il n'y a plus de flottements, de tergiversations.
Je me sens le calme énergique du chef d'État qui a longuement
mûri son plan d'action dans les moindres détails et se tient sur le
seuil de l'action. En un mot, j'ai fait en moi l'unité[17]. »

Financièrement, les choses se présentent plutôt bien. En plus
de la bourse du gouvernement fédéral, le jeune homme a pu
obtenir une aide ponctuelle du gouvernement français ainsi que
celle de l'Université de Montréal. Par ailleurs, ses deux protecteurs montréalais, les Drs Bonin et Côté, ne ménagent aucun
effort pour que la Fondation McLaughlin, dédiée aux jeunes
gens de talent qui poursuivent des études à l'étranger, lui vienne
en aide. « *I consider him as an outstanding and most promising
young man* (Voilà un jeune homme remarquable qui promet
beaucoup)[18] », affirmera le Dr Côté dans une lettre de recommandation envoyée en 1956 aux responsables de la fondation.

Certes, toutes ces bourses, relativement modestes, ne sont
pas toujours concomitantes et, la plupart du temps, l'octroi
d'une nouvelle subvention ne vient que suppléer à l'épuisement
de la bourse précédente. Mais, au total, elles permettent au
couple de vivre très convenablement. De plus, Laurin entreprendra en 1955, contre rémunération, la traduction de l'ouvrage
d'Edward Glover, *The Technique of Psychoanalysis*, destinée à être
publiée aux Presses universitaires de France. Enfin, dans le cadre
de sa formation psychanalytique, il commencera, toujours
en 1955, à recevoir chez lui des patients qu'il traite selon les techniques freudiennes.

Le fruit de ces activités, combiné à la générosité de belle-
maman qui continue d'ouvrir son chéquier chaque fois que sa

fille lui en fait la demande, garnit la caisse familiale et permet à Camille et à Rollande de jouir des douceurs de la vie parisienne et de voyager régulièrement en France et en Italie à bord de leur Renault. C'est là que les Laurin acquièrent le goût de ces voyages qui, à leur retour au Québec, les ramèneront en Europe presque chaque année. Pierre Lefebvre, qui leur a souvent rendu visite au cours de cette période, se souviendra en particulier de plusieurs périples en leur compagnie sur la Côte d'Azur et en Italie. « Le dollar canadien était fort, ça ne nous coûtait pas cher, on prenait du bon temps et on vivait plutôt bien[19] », rappellera-t-il.

Une présidence fructueuse

En 1954, un an après son arrivée à Paris, Camille Laurin accepte la présidence de l'Association des médecins canadiens en France, qui regroupe alors une quarantaine de jeunes médecins canadiens-français étudiant ou réalisant des stages dans les hôpitaux français, principalement dans la capitale. Au départ, son rôle se limite à l'organisation de conférences avec des maîtres français et à la promotion d'un certain nombre d'activités sociales pour permettre à ces jeunes médecins, qui se sentent un peu isolés en terre étrangère, de se rencontrer et de fraterniser. Très tôt, cependant, il décide de s'attaquer au principal problème que connaît l'organisation depuis plusieurs années, soit celui de la reconnaissance, par les autorités québécoises et canadiennes, des stages en milieu hospitalier réalisés en France.

À l'époque, le Collège des médecins du Québec refuse en effet de reconnaître les années de résidence des jeunes médecins québécois dans les hôpitaux français, sous prétexte que ces derniers ne sont pas affectés à temps plein à un hôpital et surtout qu'ils n'ont pas la pleine responsabilité des malades confiés à leurs soins. Ce refus a pour conséquence directe d'empêcher ces médecins de venir se spécialiser en France à moins qu'ils n'aient auparavant achevé leurs années de résidence au Québec ou ailleurs.

Dès l'automne 1954, peu après avoir accédé à ses nouvelles fonctions, Camille Laurin écrit au président du comité conjoint des relations médicales France-Canada, le professeur Raoul Kourilsky, pour le sensibiliser à la question et l'informer que plusieurs jeunes médecins québécois sont privés de la possibilité de se spécialiser en France, alors qu'ils peuvent à loisir se rendre aux États-Unis où les règles sont les mêmes qu'au Québec. Le 30 avril 1955, il lui écrit à nouveau pour solliciter son intervention afin que les hôpitaux français modifient leur attitude et acceptent que les internes canadiens-français puissent y travailler à plein temps et avoir l'entière responsabilité de leurs patients, comme c'est déjà le cas au Québec et au Canada. En clair, ce que recherche Laurin, c'est l'instauration en France d'un statut d'interne-résident équivalent à celui que possèdent, au Québec, les jeunes médecins canadiens-français[20].

Toute l'année, le jeune homme multiplie les démarches de tous ordres, tant en France qu'au Québec, pour faire avancer le dossier et trouver un terrain d'entente entre le Collège des médecins et les responsables français. Il se démène tant et si bien que, au début de 1956, le gouvernement de l'époque invite officiellement les Drs Bonin et Jean-Baptiste Jobin, doyens des facultés de médecine de l'Université de Montréal et de l'Université Laval à venir discuter la question avec les autorités médicales françaises. Le voyage a lieu à la mi-avril.

Ne négligeant aucun détail, Camille Laurin veille personnellement à ce que tout soit au point pour assurer le succès de la réunion. Il participe à l'organisation des séances et des dîners de travail, écrit personnellement à tous les médecins québécois en résidence à Paris pour les inviter à assister aux réunions générales et propose à certains d'entre eux d'exposer leur situation devant tout le groupe. Il offre même à ses visiteurs québécois d'être leur cicérone dans la Ville lumière.

La rencontre, qui s'étale sur quelques jours à la Maison canadienne à Paris, porte des fruits puisqu'à son issue les autorités médicales françaises annoncent qu'elles acceptent de modifier leur programme d'études et de créer un statut d'interne-résident pour une vingtaine d'étudiants québécois, se rendant ainsi à la demande que les Drs Bonin et Jobin avaient formulée au nom du Collège des médecins. En retour, le Collège reconnaîtra cet internat comme s'il avait été réalisé au Québec.

Très heureux de ce dénouement, Camille Laurin écrit quelques semaines plus tard une longue lettre destinée à être publiée dans la revue québécoise *L'Union médicale*. Il y résume l'essentiel de ce qui vient de se produire et déborde d'enthousiasme pour les résultats éventuels de cette nouvelle entente. « Il s'agit d'une véritable révolution dans l'histoire des relations médicales franco-canadiennes, affirme-t-il. L'avenir en fera voir tous les fruits. Le Canada se trouve maintenant en mesure d'assurer pleinement sa double vocation américaine et française. Il continuera de profiter de son bon voisinage avec les États-Unis. Mais il pourra, avec la même facilité, bénéficier de l'immense apport français[21]. »

Le retour au Québec

Au début de l'été 1956, Laurin commence à envisager son retour au Québec. Voilà maintenant trois ans qu'il est en France, son analyse didactique tire à sa fin et il sent que sa formation est arrivée à son terme. À la mi-mai, il écrit au Dr Bonin pour lui signifier son intention de rentrer à l'automne. Il lui annonce que, d'ici là, il compte se rendre dans quelques hôpitaux européens afin de s'enquérir sur place de leurs méthodes thérapeutiques.

Un mois plus tôt, pendant que le Dr Bonin était à Paris, les deux hommes s'étaient à nouveau longuement entretenus de la nécessité de réformer en profondeur l'enseignement de la psychiatrie au Québec et d'y associer, pour ce faire, les ressources médicales et paramédicales d'un hôpital. Puisque le Dr Bonin est toujours aussi convaincu que son interlocuteur sera appelé à jouer un rôle essentiel dans une telle réforme, cette enquête sur le terrain européen peut s'avérer extrêmement utile et il accepte sa suggestion. « Il importe, écrit le jeune homme, de trouver une formule de plus en plus parfaite d'organisation hospitalière. Les objectifs sont ici très nombreux : sécurité et traitement optimum du patient, intégration des services de psychiatrie à l'hôpital général pour fins de recherche, enseignement aux étudiants et aux stagiaires poursuivant une formation post-universitaire[22]. »

Cette tournée d'hôpitaux, que Laurin effectue avec Rollande au cours de l'été 1956, est facilitée par une contribution supplémentaire de la Fondation McLaughlin. Elle le conduit notamment à Nice, Marseille, Strasbourg et Vienne. Partout, il examine l'organisation hospitalière des soins psychiatriques, se renseigne sur les différentes méthodes thérapeutiques et noue de précieux contacts en vue de ce qu'il compte faire à son retour au Québec. Il en profite aussi pour joindre l'utile à l'agréable et s'offrir un peu partout quelques jours de vacances. Comme il le fera tout au long de sa vie professionnelle, Camille Laurin cultive déjà l'art de combiner voyages d'affaires et vacances, ce qui évidemment diminue beaucoup ses frais.

Mais, au-delà de cette tournée, c'est une conférence prononcée en septembre au congrès de l'Association des neurologistes et aliénistes de langue française qui lui révèle l'ampleur du retard québécois en matière de traitements psychiatriques et la nature des réformes à mettre en œuvre. Ce congrès se tient à Bordeaux et réunit des spécialistes en provenance de plusieurs pays européens. Camille Laurin y est officiellement délégué pour représenter la faculté de médecine de l'Université de Montréal. Il est extrêmement impressionné par la communication d'un médecin français, le Dr Bouquerel, sur le devenir des hôpitaux psychiatriques et s'empresse de faire parvenir au Dr Bonin l'essentiel de cet exposé :

> Le plus révolutionnaire de tous les rapports, en ce qui nous concerne, fut celui que le Dr Bouquerel consacra à l'architecture des hôpitaux psychiatriques de demain. Chacune de ses phrases est en effet à méditer tellement elle fait honte à notre actuelle organisation asilaire. De ses remarques, il découle entre autres que l'univers concentrationnaire en matière de construction asilaire est impitoyablement condamné. On ne pourra humaniser et rendre plus efficace le traitement qu'en ramenant à un maximum de 400 lits la capacité totale de l'hôpital psychiatrique, qu'en divi-

sant cet espace total en unités de vingt à vingt-cinq lits, qu'en dotant les services du personnel médical et auxiliaire requis (service social, occupation thérapeutique, psychologie, etc.), qu'en adjoignant aux unités de soins proprement dites un centre social et récréatif qui fera du milieu hospitalier lui-même un instrument thérapeutique essentiel (refus de l'aliénation, normalisation des rapports sociaux, réhabilitation professionnelle et sociale, etc.). L'hôpital ainsi conçu devra s'intégrer dans la communauté à laquelle il appartient par une clinique externe ou dispensaire qui veillera au dépistage précoce, à la consolidation des résultats thérapeutiques et à la prophylaxie des troubles mentaux majeurs et mineurs[23].

Des établissements asilaires à l'échelle humaine, des traitements psychiatriques multidisciplinaires, l'intégration sociale et la réhabilitation du malade mental, des mesures de prévention et de dépistage précoce de la maladie : ces propositions, formulées en 1956, résument toute la philosophie de Camille Laurin en matière de soins psychiatriques et annoncent l'essentiel des recommandations du rapport de la commission Bédard sur la situation dans les hôpitaux psychiatriques québécois, qui sera remis au gouvernement de Jean Lesage six ans plus tard et dont il sera l'une des principales sources d'inspiration.

Au retour de ce congrès de Bordeaux, Rollande et Camille sont pratiquement prêts à revenir au Québec, mais voilà qu'un problème inattendu surgit et les oblige à repousser leur départ au début de 1957. L'Ordre des médecins de France vient en effet d'intenter une poursuite judiciaire contre Laurin parce que ce dernier a traité, contre rémunération, des patients à son domicile sans être membre de l'Ordre et sans avoir reçu son autorisation. En fait, il s'agit d'une poursuite pour pratique illégale de la médecine qui l'expose, s'il est reconnu coupable, à de fortes amendes, voire à l'emprisonnement.

Laurin, qui avait reçu ces patients dans le cadre de sa formation et à la suggestion de Mme Favez-Boutonnier, comprend immédiatement la gravité de l'accusation et sollicite aussitôt l'intervention de cette dernière auprès de l'Ordre. Multipliant les appels à l'aide, il fait de même auprès du professeur Lagache et du Dr Bonin. Partout, il clame sa bonne foi et soutient n'avoir agi que sur les conseils de ses maîtres. Ces interventions portent finalement des fruits puisque l'affaire s'étiole en paperasses de toutes sortes tout au long de l'automne pour s'éteindre dans les premiers mois de 1957, lorsque l'Ordre décide finalement de retirer sa poursuite.

Ces quelques mois de délai, qui ont grandement perturbé la vie du couple, permettent toutefois à Camille de mieux planifier son retour au Québec et, notamment, de dénicher l'établissement hospitalier qui l'accueillera. Encore une fois, c'est le Dr Bonin qui s'occupe de tout en s'enquérant à ce sujet auprès des services psychiatriques de quelques hôpitaux montréalais. Après avoir tâté le terrain à l'hôpital Maisonneuve et à l'hôpital Notre-Dame, où le département de psychiatrie est dirigé par le Dr François Cloutier, il propose finalement à Laurin l'Institut Albert-Prévost, un petit établissement haut de gamme situé dans l'ouest de l'île de Montréal, où on vient de créer deux postes supplémentaires de psychiatre. À la fin du mois de novembre, il écrit à son protégé pour lui annoncer que l'affaire est réglée et qu'il pourra commencer à y travailler le 1er avril suivant.

En février 1957, après un dernier Noël passé en sol français, Camille Laurin reçoit deux autres bonnes nouvelles. On l'informe d'abord officiellement que l'Ordre des médecins a définitivement abandonné sa poursuite et, enfin, il est reçu membre associé de la Société française de psychanalyse, ce qui signifie qu'il a achevé avec succès son analyse didactique ainsi que tous les autres éléments de son programme d'études. Il est maintenant psychanalyste et peut désormais ajouter les thérapies freudiennes, auxquelles il attache autant d'importance, à la batterie de traitements que sa formation médicale et psychiatrique lui a déjà fournis.

Avant de boucler ses valises en vue d'un départ, le 1er mars, qui le conduira, en bateau, de Liverpool à Halifax, il écrit une dernière lettre au Dr Bonin, dans laquelle il lui fait part de sa hâte de commencer enfin à travailler, après tant d'années d'études et de préparation : « J'ai connu mieux que d'autres les ivresses de la vie d'étudiant pour avoir prolongé cette dernière au-delà des limites accoutumées. J'ai également savouré les merveilles de cette vieille Europe où nous plongeons nos racines. Je sais que tout cela a été on ne peut plus nécessaire et profitable. Mais durant tout ce temps, je connaissais aussi l'impatience du coursier qui brûle de fouler la piste et que l'entraîneur tire en arrière par le mors. C'est une tristesse de la profession de psychiatre et de psychanalyste qu'il faille actuellement de si longues années pour acquérir une formation complète[24]. »

Et il conclut cette lettre en remerciant chaleureusement celui qui, au long de toutes ces années, aura été son bienfaiteur, son confident et son ami. « Mes derniers mots en cette terre de France seront pour vous remercier très profondément pour l'appui soutenu et affectueux que vous m'avez toujours accordé, affirme-t-il. Je crois avoir atteint ce tremplin d'où vous avez voulu que je m'élance. Je crois que vous partagez la joie grave que j'en éprouve. Merci de m'avoir poussé aux reins. Puisse mon action future mériter d'être un long acte de reconnaissance à votre endroit[25]. »

CHAPITRE 7

Les demoiselles de Prévost

Camille Laurin rentre définitivement à Montréal le 8 mars 1957. Ses études sont enfin terminées et sa vie professionnelle peut maintenant débuter. Dans quelques mois, il aura 35 ans, et il est grand temps qu'il occupe pour la première fois un véritable emploi rémunéré. Il arrive de France plus pauvre que jamais, avec moins de 2 dollars en poche, mais en ayant par contre réussi à passer à travers toutes ces années d'études et de perfectionnement sans accumuler de dettes.

Le couple se réinstalle dans l'appartement du boulevard Saint-Joseph que belle-maman leur a gardé bien au chaud durant ces longues années à l'étranger. Elle cohabitera avec eux pendant deux ans, jusqu'à ce qu'un grave accident cardiovasculaire la laisse complètement paralysée et qu'elle soit hospitalisée en permanence dans un établissement pour malades chroniques, où son unique gendre ira la voir scrupuleusement, trois fois par semaine, jusqu'à son décès en 1968.

Même si le Québec de 1957 est toujours formellement sous la coupe de Maurice Duplessis et de l'Église catholique, d'importantes transformations socioéconomiques se sont produites depuis la fin de la Seconde Guerre mondiale. Les Québécois francophones se sont urbanisés et modernisés. Bien qu'encore

relativement plus pauvres et moins scolarisés que leurs concitoyens de langue anglaise, les Canadiens français forment collectivement une société plus riche, plus instruite et de moins en
moins soumise à l'autorité religieuse et civile[1].

Un nombre croissant de laïcs œuvrent dans l'enseignement
et les services de santé, réduisant ainsi le poids relatif des communautés religieuses. La syndicalisation s'est accentuée et les
revendications ouvrières occupent une place grandissante dans
la société, à la faveur notamment de grèves importantes comme
celles des employés du magasin Dupuis Frères et des tra-
vailleuses du textile de Louiseville, en 1952, et des mineurs de
Murdochville, en 1957.

Surtout, un nombre de plus en plus élevé d'artistes et d'intellectuels prennent la parole et réclament l'avènement d'un temps
nouveau. De la publication du manifeste *Refus global*, en 1948, à
l'éclosion de la revue *Cité libre*, quelques années plus tard, créateurs et penseurs unissent de plus en plus ouvertement leurs voix
pour libérer le Québec des structures conservatrices et étouf-
fantes qui l'emprisonnent toujours et pour faire éclore un tout
nouvel ordre social et politique.

En somme, la société québécoise de la fin des années 1950,
qui vient par ailleurs de connaître une forte explosion démographique, est mûre pour un changement de cap fondamental.
Celui-ci surviendra dans la foulée de deux événements extrêmement importants. D'abord le décès de Duplessis en septembre 1959, puis l'arrivée au pouvoir du Parti libéral en
juin 1960, qui, sous la direction des Jean Lesage, René Lévesque
et Paul Gérin-Lajoie, marquera la fin du règne obscurantiste de
l'Union nationale et le début de la Révolution tranquille.

Camille Laurin, qui n'était pas souvent revenu au Québec au
cours des quatre années précédentes, a tout de même suivi cette
évolution au fil de ses lectures et de l'échange de correspondance
avec ses amis et collègues de l'Université de Montréal. Aussi, il
n'est guère surpris du climat sociopolitique qu'il perçoit dès qu'il
remet les pieds en sol québécois. « J'ai vu tout de suite que ça
bougeait de partout, rappellera-t-il. L'adolescent québécois avait
des vêtements trop petits. Il fallait qu'il se libère du cléricalisme et

du duplessisme. On sentait de l'impatience dans tous les milieux, un désir de modernisation, un frémissement qui s'approchait de la révolte. J'avais l'impression d'arriver dans le bon temps. Je n'avais que 35 ans, j'étais en pleine possession de mes moyens, j'étais prêt à travailler dans un Québec qui veut s'ouvrir au XXᵉ siècle[2]. »

Un hôpital aux allures de manoir

Sitôt arrivé à Montréal, Laurin commence son service à l'Institut Albert-Prévost, où il est engagé à titre de psychiatre à raison de 7 000 dollars par année, une rémunération relativement modeste mais que des consultations privées lui permettront d'arrondir. Son ami le Dʳ Pierre Lefebvre est embauché en même temps que lui, et un autre de ses amis, le Dʳ Roger Lemieux, quittera l'hôpital Saint-Jean-de-Dieu quelques mois plus tard pour venir les rejoindre.

Cet hôpital, qui sera son lieu de travail durant toute sa carrière médicale et qui lui servira de refuge pendant ses années d'infortune politique, a été fondé en 1919 dans le but de traiter en cure libre des névrosés, des intoxiqués ou d'autres individus souffrant d'une psychose légère. Il doit son nom à son fondateur, le Dʳ Albert Prévost, premier titulaire de la chaire de neurologie de l'Université de Montréal[3].

Au moment où Camille Laurin y fait son entrée, l'Institut a d'avantage l'allure d'un chic manoir de la campagne anglaise que d'un établissement hospitalier. Bien campé au milieu d'un immense parc situé au bord de la rivière des Prairies, le bâtiment de pierres et de bois, auquel on vient tout juste d'ajouter une aile à l'architecture plus moderne, respire le calme et la sérénité. Ici, on est à mille lieues des asiles surpeuplés et criards de Saint-Jean-de-Dieu ou de Saint-Michel-Archange. Il s'en faut de peu pour que le patient qui y est admis acquière l'impression de profiter d'une agréable petite cure de santé dans un centre de villégiature.

Au milieu des années 1950, l'Institut ne compte qu'environ

150 lits contre plus de 5 000 pour les établissements nommés ci-dessus. Une partie des patients, dont l'affection, plutôt légère, ne nécessite pas un transfert à l'asile, y ont été dirigés par les départements psychiatriques des hôpitaux de la métropole ; les autres proviennent de la bourgeoisie francophone montréalaise, qui a besoin de cet endroit retiré pour faire traiter ceux des siens qui souffrent d'alcoolisme ou de dépression passagère. Dans ses mémoires, publiés en 1995 sous le titre *Accueillir la folie*, le Dr Roger Lemieux décrira l'Institut Albert-Prévost comme « un lieu discret où, sous le couvert de l'anonymat, telle religieuse ou membre du clergé, femme de la grande bourgeoisie ou professionnel fatigué venaient se réfugier[4] ».

Les grandes patronnes de l'établissement sont les infirmières Charlotte Tassé et Bernadette Lépine, qui le dirigent depuis la mort du fondateur, en 1926. Célibataires endurcies, bonnes sœurs sans le voile, elles considèrent l'Institut comme leur bébé. Elles ont l'œil à tout et prennent toutes les décisions importantes. Elles ne se contentent pas de gérer l'établissement et s'ingèrent également dans le traitement des patients, en veillant par-dessus tout à la réputation et à la bonne moralité de la maison.

Dynamiques et entreprenantes, très liées avec la secrétaire du premier ministre Duplessis, Mme Aurea Cloutier, elles ont réussi, grâce à leurs contacts politiques, à agrandir considérablement l'établissement au cours des dix dernières années en lui obtenant les subventions nécessaires à cette fin. Mieux encore, elles se sont fait voter en 1955 une loi privée qui stipule que les membres de la Corporation de l'Institut doivent toutes être de sexe féminin, qu'elles-mêmes deviennent membres à vie du conseil d'administration et qu'elles pourront loger sur les lieux de l'hôpital jusqu'à leur mort. En somme, celles que les jeunes médecins et résidents désignent moqueusement par les surnoms de « Lolotte et Bedette » règnent alors en maîtresses absolues sur l'Institut Albert-Prévost, qu'elles dirigent en mères de famille charitables, travaillantes et dévouées, bien sûr soucieuses de la guérison de leurs fortunés patients, mais préoccupées avant tout de l'ordre et de la tranquillité des lieux.

Roger Lemieux, qui revient à Prévost après un séjour plutôt

houleux dans l'enfer de l'hôpital Saint-Jean-de-Dieu et qui avait déjà connu l'établissement une dizaine d'années plus tôt, en offre ce portrait à la fois saisissant et critique : « Il subsiste ici quelque chose de cet esprit familial que j'avais connu en 1949. Les règles non écrites de bienséance que la bourgeoisie du temps du sanatorium avait apportées sont respectées par l'élément le plus populaire des malades moins fortunés qui habitent les salles. On ne s'interpelle pas à distance dans les corridors, les voix s'y font chuchotantes, on ne court pas. Sans doute il y a un autre élément qui joue : la propreté méticuleuse des lieux et leur aspect cossu. On peut s'y sentir comme à l'hôtel. Rarement une crise éclate dans les endroits les plus fréquentés en dehors des salles. Les repas se prennent en commun dans une vaste salle à manger, largement éclairée par les nombreuses fenêtres qui donnent sur le parc et la rivière des Prairies. Tous y viennent ensemble, les demoiselles de l'administration, les médecins, les infirmières et les patients qui y mangent sans éclats. Sous des dehors civils, c'est l'étouffement de la réclamation psychotique au profit de l'ordre établi. Un conformisme silencieusement imposé qui gomme l'existence de la folie[5]. »

« The Smooth Operator »

Voilà l'atmosphère qui règne à l'Institut Albert-Prévost au moment où Camille Laurin y fait son entrée. Dès le début, on lui confie la responsabilité d'une vingtaine de patients. Au-delà du traitement de ceux-ci, le jeune médecin s'emploie principalement à se montrer aimable et à gagner la confiance des administratrices Tassé et Lépine. Il joue à fond la carte du jeune psychiatre catholique, brillant et bien élevé, formé aux meilleures écoles américaine et européenne et sur qui nul autre que l'homme le plus important dans le milieu médical du Montréal francophone, le Dr Wilbrod Bonin, fonde les plus grands espoirs.

Les patronnes sont immédiatement séduites par la prestance et le discours de leur nouvelle recrue. Enfin, se disent-elles, un psychiatre qui s'occupe d'elles et qui prend la peine de venir leur parler du traitement prodigué à leurs chers malades. Cela les change agréablement du directeur scientifique de l'établissement, le Dr Karl Stern, qui, au fil des ans, est devenu ombrageux, renfermé, voire agressif à l'occasion, surtout lorsqu'il les accuse de trop vouloir se mêler du type de soins à apporter aux patients, elles qui sont pourtant si bonnes et si attentionnées. Quel contraste avec ce Laurin qui est avenant, courtois et qui ne manque jamais une occasion de reconnaître leur importance et leur explique doucement la nécessité d'adopter les derniers progrès de la psychiatrie et de la psychanalyse, en prenant bien soin cependant de ne jamais mentionner le nom de Freud, de crainte de les effaroucher à tout jamais.

Déjà, à cette époque, Camille Laurin maîtrise à merveille l'art de promouvoir et même d'imposer, d'une voix onctueuse et apaisante, le changement, en le décrivant suavement comme un prolongement normal et quasi indolore du *statu quo*, ce que souligne d'ailleurs admirablement son ami Roger Lemieux : « Laurin est sereinement diplomate. Déjà à Boston, une consœur, par taquinerie, l'avait surnommé "The Smooth Operator". Il y a chez lui une vision à long terme étonnante, une manière d'annoncer la révolution en douceur, un souci de prévenir l'offuscation [*sic*][6] », écrira-t-il dans ses mémoires.

Aussi, lorsque le Dr Stern, las de toutes ses bagarres avec l'administration et constatant que son aura a pâli au profit du nouveau venu, décide de remettre sa démission, au début de l'année 1958, les gardes Tassé et Lépine l'acceptent avec empressement et pensent spontanément à Camille Laurin pour le remplacer. Et elles sont encore plus convaincues de leur choix lorsque le Dr Bonin entérine cette décision. Affilié à l'Université de Montréal, l'Institut Albert-Prévost aspire à devenir le premier centre d'enseignement de la psychiatrie à Montréal. Le fait d'y nommer au poste de directeur scientifique un jeune médecin considéré comme une étoile montante par les autorités universitaires ne pourra que faciliter les choses.

Tous les témoins de l'époque s'entendent pour dire que Laurin n'a pas vraiment intrigué pour déloger le Dr Stern et obtenir son poste. En revanche, il est certain qu'il n'a rien fait pour empêcher le cours des événements et qu'il s'est au contraire arrangé pour être à la bonne place au bon moment. « Je donnais plutôt raison au Dr Stern dans ses griefs contre l'administration, mais c'était un Allemand, il était raide et n'avait pas l'art de la communication ni celui de la séduction ; ce n'était pas le plus diplomate des hommes, expliquera-t-il quarante ans plus tard. Je crois que les administratrices m'ont offert le poste principalement à cause de mes nouvelles responsabilités à l'université en matière d'enseignement[7]. »

Les deux bouts de la corde

Cette nomination à l'Institut Albert-Prévost suit en effet de quelques mois son arrivée à la tête du département de psychiatrie de l'Université de Montréal où, à la demande du doyen Bonin, il a remplacé à l'automne 1957 le Dr Fernand Côté à titre de chargé d'enseignement. Même s'il ne sera jamais directeur de ce département, le poste n'étant officiellement créé que plusieurs années plus tard, sa nouvelle fonction en fait le grand responsable du programme d'enseignement de la psychiatrie et de la formation clinique des futurs psychiatres. Il pourra désormais se consacrer à l'ambitieuse réforme que le Dr Bonin et lui-même envisagent depuis si longtemps.

Plus concrètement encore, cette responsabilité au sein de la faculté de médecine lui accorde la gestion des subventions à l'hygiène mentale allouées par le gouvernement fédéral en vue du recrutement et de la formation de ressources compétentes dans le traitement des malades. Dans le cas de l'Université de Montréal, ces sommes s'élèvent à quelques centaines de milliers de dollars par année. Camille Laurin les utilisera à la fois pour octroyer des bourses à de jeunes médecins prometteurs ou, mieux encore, pour embaucher des professeurs et favoriser l'enseignement clinique dans des hôpitaux qui adoptent ses objectifs pédagogiques et thérapeutiques.

À cet égard, sa nomination au poste de directeur scientifique à l'Institut Albert-Prévost lui offre le terrain par excellence pour mettre en place sa réforme, cet hôpital étant dès lors appelé à devenir le lieu privilégié de l'enseignement clinique moderne et multidisciplinaire qu'il a connu aux États-Unis et en Europe. « Pendant quelques années, j'ai tenu les deux bouts de la corde en dirigeant en même temps le programme de formation à l'université et le lieu de formation à Prévost. Je ne détestais pas avoir tous ces pouvoirs[8] », expliquera-t-il.

Le Dr Denis Lazure, à l'époque jeune médecin spécialisé en psychiatrie infantile, est l'un de ceux qui a bénéficié de l'influence de Camille Laurin, qui l'a fait nommer, dès son retour de ses études à Philadelphie, directeur du département de pédopsychiatrie à l'hôpital Sainte-Justine. « À ce moment-là, Laurin était un petit caïd dans l'univers de la psychiatrie francophone, se souviendra-t-il. À cause de son poste à l'université, c'est lui qui détenait la bourse. Même s'il s'agissait de petits salaires, c'était la base. Il administrait environ 200 000 dollars par année qu'il répartissait entre les médecins et les hôpitaux. Ça lui donnait le pouvoir[9]. »

Au cours des deux ou trois années suivantes, Camille Laurin joue sur plusieurs tableaux à la fois. Il commence d'abord, au sein même de la faculté de médecine, par convaincre ses collègues d'enrichir considérablement le programme de formation en psychiatrie des étudiants de médecine générale, qui ne comporte alors que 65 heures pour toute la durée du cours de médecine. Multipliant les réunions et les comités de travail, il réussit graduellement à faire passer ce nombre d'heures à plus de deux cents.

Ces cours vont de la psychologie médicale au développement de l'enfant, des diverses maladies psychosomatiques aux déficiences mentales plus importantes. On y étudie également l'alcoolisme, les toxicomanies et même la gestion du stress. Bref, l'intention est d'offrir aux futurs médecins québécois une formation aussi complète que celle qui est proposée ailleurs dans le monde et de leur fournir une panoplie de connaissances et d'outils pour mieux comprendre l'interaction entre l'âme et le corps et ainsi mieux traiter les patients.

Proposant, quelques années plus tard, un bilan de cette

réforme pédagogique, Laurin affirmera « qu'il ne s'agissait pas de faire du futur médecin un psychiatre mais de l'aider à comprendre l'homme dans sa totalité et son dynamisme, dans son esprit comme dans son corps, dans son essence comme dans les multiples rôles qu'il assume, dans la santé comme dans la maladie. La psychologie médicale peut ainsi devenir le principal facteur d'humanisation de la médecine contemporaine, qui en a certes grand besoin[10] ».

Mais ces cours généraux ne sont qu'un début puisque le véritable objectif de Camille Laurin est de former ici un grand nombre de psychiatres francophones capables de traiter adéquatement les milliers de malades qui se retrouvent dans les hôpitaux de la province. « Le Québec a un urgent besoin de trois cents psychiatres », soutient-il en décembre 1958 dans une entrevue accordée au quotidien *La Presse*, au moment où la province en compte à peine une centaine. Voilà pourquoi il met sur pied, de concert avec les autorités universitaires, un certificat d'études supérieures en psychiatrie proposant notamment aux futurs spécialistes des cours plus avancés en psychopathologie, en neuropathologie et en psychothérapie. Ces cours, étalés sur trois ans, ainsi que d'autres traitant en profondeur des différentes névroses, psychoses et perversions feront désormais partie du programme d'internat de ces étudiants.

Pendant toute cette période qui va de 1958 à 1961, Camille Laurin travaille comme un déchaîné, ne prenant à peu près jamais de vacances. Tantôt à l'Institut Albert-Prévost, tantôt à l'Université de Montréal, il structure des programmes, organise des équipes de travail et œuvre à mettre le Québec à l'heure de la modernité psychiatrique, au moment où de nouveaux médicaments antipsychotiques et antidépresseurs font leur entrée sur le marché et permettent un traitement plus efficace et plus rapide des patients. « Laurin a apporté une contribution majeure à la réforme de l'enseignement à l'intérieur d'Albert-Prévost et de l'Université de Montréal. Il a été une sorte de bulldozer. Cette réforme serait arrivée tôt ou tard, mais il a été un leader exceptionnel[11] », commentera l'historien de la psychiatrie québécoise, Hubert-Antoine Wallot.

Même si les subventions fédérales lui permettent d'embaucher plusieurs jeunes collègues qui viennent prêter main-forte à des vétérans comme les Drs François Cloutier et Fernand Côté, les besoins sont si prononcés que Laurin doit mettre lui-même la main à la pâte et donner un certain nombre de cours. Il se concentre principalement sur le cours général de psychologie médicale, qui offre un enseignement de base à tous les étudiants en médecine, qu'ils décident ou non de se spécialiser plus tard en psychiatrie. Le cours propose notamment un survol de l'évolution de la psychiatrie et aborde plus spécifiquement les principales affections, telles l'hystérie, la névrose, la phobie, etc.

Le Dr Arthur Amyot, qui fut son élève au début des années 1960, s'en souvient comme d'un excellent pédagogue, d'un homme qui éblouissait ses étudiants par la profondeur et l'étendue de ses connaissances, capable de parler tout autant des sorciers du Moyen Âge que des théories de Freud. « Il m'a beaucoup impressionné, dira-t-il. Il arrivait en classe devant un auditoire de près de deux cents étudiants et donnait son cours sans aucune note ni papier devant lui. Il pouvait parler des heures durant, les gens l'écoutaient. On aurait pu entendre une mouche voler. Son contenu était vivant et intéressant. Il possédait sa matière sur le bout de ses doigts[12]. »

Sur le terrain

Mais si les cours théoriques sont importants, Laurin croit bien davantage à une formation sur le terrain où les futurs médecins, et, à plus forte raison, les futurs psychiatres, vont éprouver leurs connaissances en côtoyant quotidiennement les malades et en les traitant sous la supervision de médecins chevronnés, comme il l'a lui-même expérimenté dans les hôpitaux de Boston et de Paris.

Déjà, en 1954, alors qu'il était encore en France, il avait publié, en compagnie de Roger Lemieux, un texte dans la *Revue médicale* de l'Université de Montréal, où il affichait sans détour ses convictions. Les deux médecins y affirmaient que l'enseignement psychiatrique ne peut s'exercer que dans un hôpital où règne l'optimisme thérapeutique, car il apporte au personnel l'esprit de travail et de recherche, la collaboration dans l'étude commune des résultats individuels pour le bénéfice du malade, de l'hôpital et de ceux qui reçoivent l'enseignement psychiatrique. Selon eux, l'étudiant qui sort de cet enseignement n'aura pas acquis seulement de froides notions de nosologie et de thérapeutique, mais aussi, par le contact personnel et supervisé avec le malade dans un milieu qui s'intéresse à tous les aspects de la relation corps-esprit, individu-société, des attitudes qui lui serviront à rencontrer l'homme malade dans quelque milieu où s'exercera ensuite son activité thérapeutique[13].

Aussi, à partir de 1958, Laurin met en place un programme de formation postscolaire en milieu hospitalier qui permettra au futur psychiatre de réaliser toute sa résidence dans des établissements québécois. Pareil programme avait existé à l'état embryonnaire au début des années 1950 à l'hôpital Saint-Jean-de-Dieu mais avait été abandonné en 1955. De toutes façons, il ne comportait qu'une seule année d'internat, obligeant ainsi les aspirants psychiatres à compléter l'essentiel de leur résidence à l'étranger. Le projet de Camille Laurin est nettement plus ambitieux et propose une résidence complète de quatre ans, incluant une formation théorique et clinique. « C'était un programme très exigeant, calqué sur celui des meilleures universités, se souviendra-t-il. On voulait aller au fond des choses. J'avais une conception biopsychosociale de la maladie mentale qui incluait toutes les dimensions du comportement humain. On y favorisait l'analyse didactique pour que le psychiatre puisse mieux se connaître, mais on ne l'imposait pas. Par contre, il y avait beaucoup de cours obligatoires en sciences humaines connexes, comme la philosophie, la sociologie, la littérature. J'ai toujours cru que les grands écrivains ont une conception de l'homme et de la société plus profonde que celle des savants[14]. »

S'il est vrai que Laurin n'impose pas l'analyse didactique à laquelle il s'est lui-même astreint pendant de nombreuses années, il incite fortement ses étudiants à acquérir une connaissance approfondie d'eux-mêmes pour se libérer de leurs propres inhibitions et mieux traiter leurs futurs patients, comme en fait foi cet extrait d'un texte de bienvenue distribué en 1960 aux nouveaux résidents : « S'il faut connaître les textes, il est encore plus important de se connaître soi-même. S'il n'est ainsi doublé d'une aspiration à la lucidité, le savoir livresque revêt un caractère nocif et aliénant. Il asservit le malade au thérapeute et enferme celui-ci dans l'écho de ses propres paroles. Pour ne pas retraiter devant le malade, il importe donc de se connaître. Cette connaissance exacte et intime exigera du courage, de l'humilité et de la charité. Mais c'est là une discipline à laquelle il faut pouvoir s'astreindre si l'on veut accéder à la liberté intérieure et au dialogue authentique[15]. »

Bien qu'il soit destiné à moyen terme aux principaux hôpitaux francophones de la région de Montréal, ce programme de résidence est d'abord mis en œuvre à l'Institut Albert-Prévost, où Camille Laurin n'a aucune difficulté à le faire accepter par les administratrices Tassé et Lépine, qu'il rencontre au moins une heure chaque jour pour leur exposer en détail tous ses nombreux projets. Les trois premiers résidents arrivent à Prévost au début de juillet 1958. Parmi eux, on trouve le Dr Julien Bigras, père du chanteur Dan Bigras, qui deviendra plus tard un grand ami de Laurin. La date est à marquer d'une pierre blanche dans l'histoire de la psychiatrie québécoise puisqu'il s'agit du véritable début d'une formation entièrement québécoise.

Participant à l'accueil des nouveaux arrivants, le Dr Lemieux décrira ainsi l'événement : « Vint juillet et l'arrivée des premiers résidents. Jeunes médecins frais émoulus de la faculté qui choisissaient de se spécialiser en psychiatrie ! Il y avait à les recevoir un air de fête ! Pour la première fois, il y aurait une école montréalaise qui réunirait ce que nous avions, nous leurs aînés, trouvé en France et aux États-Unis. Tout ne serait pas rose mais nous serions lancés[16]. »

Malheureusement, les administratrices Tassé et Lépine, alors en voyage en Europe, ne sont pas de la cérémonie. Mais qu'importe, leur nouveau directeur scientifique, toujours aussi empressé, continue de les entretenir régulièrement de ce qui se passe même lorsqu'elles sont au loin, ce qui provoque cette réaction pour le moins enthousiaste de Charlotte Tassé lorsqu'elle apprend l'heureuse nouvelle : « Je ne puis vous dire assez l'émotion ressentie en lisant la description de ce 2 juillet au matin qui restera, comme vous le dites, une date historique dans l'histoire de l'Institut, écrit-elle, de Paris, à Camille Laurin. Vous nous avez causé une immense joie. Enfin, l'organisation scientifique est établie. Plus que jamais, nous sommes assurées que nous allons travailler en étroite collaboration à l'œuvre de l'Institut que nous aimons tant[17]. »

Un hôpital en plein développement

Les trois premières années que passe Camille Laurin à la tête des services médicaux de l'Institut Albert-Prévost donnent lieu à un développement considérable de cet hôpital, particulièrement en ce qui concerne la nature des traitements administrés et le caractère de plus en plus multidisciplinaire de la thérapie proposée aux malades. Pour l'essentiel, Laurin et ses collaborateurs bâtissent au fil des mois et des années un établissement psychiatrique qui accède à la modernité et dont les normes thérapeutiques se rapprochent et vont même au-delà, dans certains cas, de celles des hôpitaux anglophones de la métropole et du reste du Canada, comme le reconnaîtront d'ailleurs quelques années plus tard les membres de la commission Bédard chargée d'examiner la situation des hôpitaux psychiatriques québécois.

D'abord, Laurin introduit à l'Institut de nouveaux médicaments qu'il a découverts en Europe, dont des neuroleptiques qui s'attaquent avec succès aux principaux symptômes psychotiques que sont les grandes agitations, les délires et l'anxiété extrême. Cette médication permet à son équipe de réduire sensiblement la fréquence des traitements aux électrochocs ou encore à l'insuline. L'utilisation des nouvelles méthodes thérapeutiques permet également de faire évoluer la clientèle de l'Institut et d'accueillir des cas plus lourds jusque-là dirigés vers les asiles psychiatriques. On ouvre alors à leur intention un service de soins intensifs.

Soucieux par ailleurs de ne pas garder ses patients trop longtemps et toujours convaincu que le milieu naturel est plus propice à la thérapie que le cadre hospitalier, Laurin crée également un service externe pour assurer, à l'extérieur de l'hôpital, le suivi psychothérapeutique des malades. Il décide aussi de mettre au point un programme de cent cinquante heures de formation psychiatrique pour les infirmières, de façon qu'elles puissent intervenir plus efficacement auprès des malades. Il donnera lui-même une bonne partie des cours liés à cette formation.

Mais là où il innove le plus, c'est par l'introduction de sang neuf et la mise sur pied d'équipes multidisciplinaires au sein du personnel médical de l'Institut. Se servant habilement de son poste au département de psychiatrie de l'Université de Montréal et du budget sous sa responsabilité, il parvient à porter jusqu'à une dizaine le nombre de résidents en psychiatrie, ce qui est considérable pour un si petit hôpital, à augmenter le nombre d'infirmières et à recruter, en tant que stagiaires ou autrement, des psychologues, des travailleurs sociaux et des ergothérapeutes.

Reproduisant ce qu'il a connu au Boston State Hospital, il apprend à ces divers spécialistes à travailler ensemble et à envisager le traitement de la maladie mentale dans la totalité de l'être humain, autant dans ses attitudes corporelles que dans ses croyances, ses origines familiales ou son milieu social. Pour l'aider à y parvenir, il instaure une réunion obligatoire tous les matins où chacun fait part de ses observations de la veille et participe activement à la détermination des actes à accomplir au cours de la journée. « J'ai développé un concept de communauté thérapeutique, d'équipe interdisciplinaire où chacun contribue au diagnostic et au traitement. Au Québec, je me considère comme le père de ce concept en matière de traitement psychiatrique[18] », estimera-t-il à la fin de sa vie.

Au bord de la crise

Mais tous ces changements ne sont pas sans provoquer bien du brouhaha au sein de l'univers jusque-là paisible et douillet de l'Institut Albert-Prévost. Même si de tels changements s'effectuent progressivement sur quelques années, il n'en reste pas moins que, en bout de piste, l'établissement présente au début de l'année 1961 un visage radicalement transformé par rapport à celui qu'il affichait quelques années plus tôt, au moment de l'arrivée de Camille Laurin.

Si bien que les administratrices Tassé et Lépine, plutôt bien disposées au départ, ne s'y retrouvent plus et se sentent peu à peu dépouillées de leur rôle, alors que les religieuses de la Providence ou les sœurs de la Charité de Québec, à qui elles se confient régulièrement, leur font remarquer qu'elles ont toujours la main haute sur Saint-Jean-de-Dieu et Saint-Michel-Archange. Aussi, avec le temps, elles deviennent soupçonneuses et revêches. Certes, elles sont toujours les patronnes et ont approuvé toutes les modifications habilement suggérées par Laurin, mais elles sentent bien que leur autorité n'est plus la même, qu'on ne les considère plus de la même façon dans leur hôpital et que même le personnel subalterne rend compte de plus en plus au directeur scientifique plutôt qu'à elles.

Tous ces jeunes résidents hyperactifs qui courent en tous sens dans l'hôpital, toutes ces infirmières qui se prennent pour des médecins depuis qu'elles ont acquis quelques notions de psychologie et dont l'attitude frôle maintenant l'impertinence, tout ce personnel paramédical dont on ne comprend pas très bien l'utilité et surtout ces maudites réunions du matin qui n'en finissent plus, voilà qui indispose ces demoiselles au plus haut point et qui leur fait graduellement regretter l'embauche de Camille Laurin et l'ascendant que celui-ci a pris sur l'établissement qu'elles ont amoureusement protégé et dorloté au cours des trente dernières années.

Bien sûr, Laurin continue de les courtiser et de les entretenir régulièrement de ses projets et du traitement des malades mais, à partir de 1960, plus rien n'est pareil. Le courant ne passe plus. « Les vieilles filles ne reconnaissaient plus leur hôpital ; celui-ci leur avait échappé, se souviendra-t-il. J'avais beau leur expliquer, elles acceptaient en théorie, mais en pratique ce n'était plus leur hôpital. Elles se voyaient de plus en plus confinées à l'administration. Là, elles ont commencé à rouspéter de plus en plus fort[19]. »

Tous les éléments d'une crise grave, la première dans la vie professionnelle de Camille Laurin, sont maintenant réunis.

CHAPITRE 8

Au secours des fous

J uin 1961 : l'écrivain et éditeur Jacques Hébert débarque en
trombe dans le bureau de Camille Laurin, à l'Institut Albert-
Prévost. Il tient en mains le manuscrit d'un ex-patient de
Saint-Jean-de-Dieu, Jean-Charles Pagé, qui dénonce avec force
détails les conditions d'internement dans cet hôpital psychiatrique de l'est de Montréal.

Hébert est un homme droit et courageux, qui ne craint pas la
controverse et les débats musclés. Avec d'autres, comme Pierre
Elliott Trudeau, Gérard Pelletier, Jean Marchand et André Laurendeau, il a, notamment par ses écrits, farouchement combattu
le régime duplessiste et contribué à l'arrivée au pouvoir, en 1960,
des libéraux de Jean Lesage et René Lévesque. Humaniste et progressiste, il croit que la première sinon la seule tâche des intellectuels est d'améliorer le sort des humains, sous toutes ses formes.

Au moment où il reçoit le texte de Pagé, l'éditeur n'en est pas
à ses premiers démêlés avec le système québécois des hôpitaux
psychiatriques. Quelques années auparavant, il a lui-même écrit
un ouvrage intitulé *Scandale à Bordeaux*, dans lequel il critiquait
vigoureusement l'absence de traitements et les conditions de vie
infectes que subissaient le millier de prévenus et de détenus parqués dans l'aile psychiatrique de cette prison à sécurité maximale :

Ici, pas de silence au parfum d'éther, pas de bonnes sœurs trotti-
nantes, pas de jolies infirmières, seulement des centaines et des
centaines d'êtres humains, malades ou en santé, paranoïaques ou
sains d'esprit, jeunes ou vieux, criminels ou innocents, entassés
les uns sur les autres, dans la plus dégradante promiscuité, au
milieu d'un tintamarre effroyable, des hurlements inhumains de
fous furieux, des cris de désespoir, des blasphèmes insensés, des
vociférations des infirmiers et des gardes[1].

Publié en 1959, le texte d'Hébert avait fait long feu. À sa
manière cavalière, le premier ministre Maurice Duplessis l'avait
écarté du revers de la main en affirmant que le Québec disposait
du meilleur système d'hôpitaux psychiatriques du Canada. Mais
les temps ont changé, la Révolution tranquille a débuté et l'éditeur voit maintenant l'occasion de porter un grand coup.

Il se rend toutefois bien compte que le récit de Pagé va beaucoup plus loin que ce que lui-même a déjà publié, que ce texte
est une véritable bombe lancée contre l'établissement psychiatrique le plus important du Québec, dirigé par une puissante
communauté religieuse, les sœurs de la Providence. Une communauté qui a l'oreille de l'archevêché de Montréal et de son
prince, le cardinal Paul-Émile Léger. Persuadé par ailleurs que
ce témoignage n'illustre pas un cas d'exception mais reflète au
contraire fidèlement la situation vécue dans l'ensemble des hôpitaux psychiatriques québécois, il souhaite le faire postfacer d'un
texte plus général qui soit écrit par une autorité reconnue dans le
milieu psychiatrique et qui puisse élargir le débat, en donner une
juste perspective et, espère-t-il, provoquer les changements
nécessaires :

J'avais absolument besoin d'une caution médicale et scientifique.
Le sujet était très délicat. Il mettait en cause des personnes et des
institutions. Il fallait que je me montre responsable, m'assurer que
c'était valable et publiable. J'ai demandé à Laurin de regarder ça
et, s'il l'approuvait, d'écrire lui-même un texte qui viendrait en
quelque sorte cautionner le témoignage de Pagé[2].

À l'époque, Laurin et Hébert font partie de la même intelligentsia montréalaise. Ils fréquentent les mêmes clubs politiques, se voient aux réunions de l'Institut canadien des affaires publiques et partagent pour l'essentiel la même vision d'un Québec moderne, démocratique et social-démocrate. « Je lui ai demandé parce que je le connaissais relativement bien, expliquera l'éditeur. J'avais de l'estime pour lui et j'avais confiance en lui. Il n'était pas le dernier venu dans le domaine de la psychiatrie ; il avait des fonctions prestigieuses à Prévost[3]. »

Camille Laurin parcourt rapidement le manuscrit de Jean-Charles Pagé et y reconnaît maintes situations que lui a déjà décrites son ami Roger Lemieux, qui a travaillé quelques années à Saint-Jean-de-Dieu avant de venir le rejoindre. Il constate par ailleurs qu'il connaît ce Pagé, qu'il a déjà traité pour son alcoolisme quelques années auparavant. À ses yeux, celui-ci n'a rien d'un malade mental et n'aurait jamais dû être considéré comme un fou et interné dans les conditions inhumaines que décrit son texte. « Jean-Charles Pagé n'avait rien d'un fou, dira-t-il. Au contraire, c'était un type très intelligent. Mais il était alcoolique et balançait tout cul par-dessus tête lorsqu'il buvait. Il aurait dû être traité pour toxicomanie et non être interné dans un asile[4]. »

Comme Jacques Hébert, Laurin comprend tout de suite que ce témoignage est explosif, qu'il constitue une occasion en or d'ébranler les colonnes du temple et de déclencher une transformation en profondeur du traitement du malade mental. Il est persuadé que, si se manifeste une réelle volonté politique, les changements entrepris à Prévost au cours des deux dernières années pourront être étendus à l'ensemble des hôpitaux psychiatriques et que le traitement de la maladie mentale au Québec s'en trouvera profondément et durablement transformé.

Il y a d'ailleurs plusieurs mois que lui-même multiplie les interventions en faveur d'une pareille transformation, comme lors d'une récente conférence prononcée devant les membres du Club Richelieu de Montréal, où il a publiquement réclamé une profonde modification du système : « Il faut transformer au plus tôt ces hôpitaux en centres de traitement actif, a-t-il alors affirmé. Il faut les scinder en unités fonctionnelles, diversifiées et dotées chacune du personnel scientifique adéquat, réviser les procédures d'internement et de curatelle afin d'y admettre des malades en cure libre, enlever les barreaux, verrous, grilles et gardes dans les sections où sont traités les malades paisibles, rapprocher enfin par tous les moyens les malades de cette société à laquelle ils doivent éventuellement retourner pour y trouver leur place[5]. »

L'asile d'où l'on ne sort jamais

Le Québec du début des années 1960 compte un peu plus de vingt mille patients internés dans une quinzaine d'hôpitaux psychiatriques répartis un peu partout sur le territoire. Les deux plus grands établissements sont les hôpitaux Saint-Jean-de-Dieu, à Montréal, avec près de six mille patients, et Saint-Michel-Archange, à Québec, qui en compte un peu plus de cinq mille. Les autres établissements, situés en région, ont été construits dans leur foulée et leur servent principalement de déversoirs[6].

À l'époque, les personnes hospitalisées dans ces asiles sont à peu près aussi nombreuses que celles que l'on trouve dans tous les autres hôpitaux généraux du Québec, toutes maladies confondues. La très grande majorité de ces patients sont admis en vertu de la Loi de la curatelle publique et sont ainsi privés de tous leurs droits de citoyen, ceux-ci étant transférés au surintendant de l'hôpital, soit en général un psychiatre chargé de la bonne marche médicale de l'établissement.

Ces hôpitaux sont la propriété jalouse de communautés religieuses qui, sous le couvert de la charité et de l'amour de Dieu et à la suite de l'inertie de l'État, ont pris en charge le traitement du malade mental. À Montréal comme à Québec, leurs établissements ont été constitués en municipalités civiles et en paroisses catholiques. Ils sont devenus, au fil des ajouts et des agrandissements, de sinistres forteresses de pierres avec clôtures et grilles où l'on trouve des fermes, des jardins, des magasins généraux et même des cimetières. L'entrée est surveillée jour et nuit par des gardes. Ces gigantesques cités de fous, qui suscitent autant la curiosité que la pitié, sont beaucoup plus proches d'un établissement carcéral que d'une maison de santé.

À son arrivée, le malade est rapidement vu par un médecin qui formule un diagnostic et détermine le traitement à administrer. Il est ensuite remis aux bons soins des religieuses, qui l'expédient dans l'une des nombreuses salles communes de l'établissement, non pas en fonction de l'affection dont il souffre mais selon le degré de turbulence qu'il manifeste. Les moins agités vont dans les salles avant, les autres sont dirigés dans les salles arrière. Quant aux plus dérangeants, c'est le trou et, au besoin, la camisole de force. Comme en prison, le patient est dépouillé de toute identité. On l'oblige à porter le costume d'étoffe blanche de la maison et on lui remet un numéro.

Dans les salles, qui peuvent compter jusqu'à cinq ou six cents malades, c'est l'officière, une religieuse à poigne transformée en garde-chiourme, qui veille à tout. Constamment sur les lieux, elle a un rôle bien plus important que celui du médecin, dont les visites sont sporadiques et fugaces. Elle sait tout et intervient en tout. Ses règles de base sont la discipline, le sens moral et la propreté. Elle récompense les bons malades qui s'y conforment et punit les autres. C'est elle qui décide d'administrer ou non un calmant à tel patient trop agité ou à tel autre dont le langage ou les gestes sont obscènes.

La nourriture, préparée en énormes quantités, est très quelconque et les soins d'hygiène sont minimaux. Oisifs du matin au soir, à moins d'effectuer à peu près bénévolement divers travaux manuels, beaucoup de pensionnaires passent leurs journées à se bercer, alignés le long des murs de la salle. L'air hébété, le geste mécanique, le regard vide et absent, ils attendent la prochaine pilule ou la prochaine piqûre pour mieux oublier où ils sont et même qui ils sont. Loin d'améliorer leur état, cette médication les fera généralement s'enfoncer davantage dans l'abrutissement.

Faute de ressources adéquates, ces malades reçoivent très peu de soins et sont conséquemment très peu susceptibles de guérir. Par exemple, l'hôpital Saint-Jean-de-Dieu compte, en 1961, 17 psychiatres et 33 médecins à temps partiel pour traiter 5 600 patients. Pour un tel nombre de malades, les normes minimales de l'American Psychiatric Association stipulent qu'il doit y avoir 75 médecins à temps plein. Même chose pour les infirmières, qui ne sont que 137 alors qu'elles devraient être 456, et pour les aide-infirmières, qui sont 405 alors que les normes en fixent le nombre à 1 084. Et ce, sans compter toutes les ressources auxiliaires-psychologues, travailleurs sociaux, ergothérapeutes, techniciens en loisirs — qui font terriblement défaut.

Et la situation n'est pas meilleure à l'hôpital Saint-Michel-Archange ou dans tout autre établissement régional. Partout, on constate la même faiblesse des ressources médicales et paramédicales et la même insuffisance des traitements. Au surplus, la plupart des psychiatres et des autres médecins affectés à ces établissements sont de la vieille école, qui considère que la maladie mentale est une punition de Dieu, qu'elle est peu curable et qu'on doit aborder le patient non pas dans une perspective de traitement mais plutôt en bon chrétien, avec compassion et charité, dans le but de le soulager, d'atténuer ses symptômes et sa souffrance et de protéger la société contre ses comportements excessifs. Et lorsque le cas est trop lourd et que les calmants ne suffisent plus, on utilise la médecine de guerre comme les électrochocs, le traitement à l'insuline ou, pire encore, la répugnante lobotomie.

En somme, à cette époque pourtant pas si lointaine de l'histoire du Québec, tout concourt à ce que le malade mental soit davantage parqué que soigné. Mis à l'écart de la société, enfermé entre quatre murs, il est drogué jusqu'aux oreilles pour garder la paix et l'ordre. Il est malade, confus, souvent agité à son entrée à l'hôpital. Très fréquemment abandonné par les siens, il est alors placé en réclusion dans une salle surpeuplée. Littéralement bourré de médicaments, il deviendra encore plus absent et plus marginal qu'il l'était à son arrivée.

On entre à l'asile, on n'en sort pas autrement, sauf cas d'exception, que les pieds devant. C'est ce qui explique le nombre effarant de pensionnaires et le besoin sans cesse présent de bâtir de nouveaux établissements. En 1871, le taux d'internement des malades mentaux québécois est de 68 par 100 000 habitants ;

en 1961, il est passé à 383 par 100 000 habitants, soit une augmentation de près de 500 %. Ainsi, au début des années 1960, le Québec compte près de 4,5 lits affectés à des soins psychiatriques par 1 000 habitants, alors que la moyenne enregistrée au Canada est de moins de 4 lits par 1 000 habitants. Et ces lits sont tous occupés.

Quant à l'État, il s'en lave les mains, trop heureux que les communautés religieuses se chargent du problème et que le traitement du malade mental ne lui coûte à peu près rien. En 1961, le gouvernement québécois verse aux bonnes sœurs une indemnité de 2,75 dollars pour chaque patient interné, alors qu'il débourse en moyenne 15 dollars par jour pour tout malade alité dans un hôpital général. La loi sur l'assurance-hospitalisation que vient de voter le gouvernement Lesage exclut de son champ d'application les hôpitaux psychiatriques, à l'exception des établissements privés que sont l'Institut Albert-Prévost et la clinique Roy-Rousseau, à Québec, condamnant ainsi tous les autres à l'indigence. Dans de telles circonstances, il n'est pas étonnant que les ressources fassent terriblement défaut et que les malades ne soient pas bien soignés.

Manifestement, le malade mental n'est pas un patient comme les autres. Il est devenu au fil des années un citoyen de dernière zone qui n'a plus de droits et qu'on enferme jusqu'à sa mort à l'abri des regards indiscrets. Voilà la réalité qui se cache derrière le témoignage de Jean-Charles Pagé et c'est ce à quoi Jacques Hébert et Camille Laurin vont maintenant s'attaquer.

Un homme prudent

Dès le départ, Laurin sait qu'il risque gros s'il cautionne le récit de Pagé et que sa carrière à l'Institut Albert-Prévost ainsi que celle de ses collaborateurs peuvent en subir de lourdes conséquences. « Je savais que ça serait la bataille du siècle, qu'on allait avoir contre nous toute la féodalité ecclésiastique et médicale, se souviendra-t-il. Je savais qu'on enclenchait une grosse affaire et qu'on risquait notre tête. Nos deux vieilles filles étaient des grenouilles de bénitier très proches des communautés religieuses. On risquait donc notre emploi et tout ce qu'on avait bâti à Prévost[7]. »

Aussi, il décide, avant d'aller plus loin, de consulter son équipe et de débattre du contenu et des incidences de son texte. Après quelques rencontres, tenues en l'espace d'une semaine, ses collègues psychiatres lui donnent le feu vert. Selon Pierre Lefebvre, tout le monde dans l'équipe était d'accord. Aucune réserve n'a été exprimée et personne n'a contesté l'autorité de Camille Laurin. Tous nourrissaient une très grande admiration pour lui et avaient le sentiment que le progrès de la profession passait par lui. Même sentiment chez Roger Lemieux, qui ajoutera cependant que, à l'époque, les psychiatres de Prévost étaient loin de se douter de l'effet que l'affaire pourrait avoir sur le groupe[8].

Mais ce premier aval est loin de suffire et Laurin veut maintenant aller chercher tout de suite les appuis qui lui seront indispensables au moment de la parution de l'ouvrage. Il accourt d'abord chez son vieil allié, le Dr Wilbrod Bonin, qui, en dépit d'une santé déclinante, préside toujours aux destinées de la faculté de médecine de l'Université de Montréal. « J'ai été voir le doyen Bonin et je lui ai expliqué les enjeux, dira-t-il. Il a été estomaqué et m'a presque conseillé d'abandonner. Il voyait venir les problèmes et ne voulait pas mettre en péril l'Institut Albert-Prévost, qui était sa maison d'enseignement la plus prestigieuse. Par contre, c'était un homme d'une grande conscience sociale et d'une grande intégrité. Il m'a finalement assuré de son appui[9]. »

Il recherche également l'approbation de la communauté psychiatrique. Il rencontre confidentiellement les membres du conseil d'administration de l'Association des psychiatres du Québec et obtient l'appui de son président, le Dr Charles Roberts. Il reçoit également le soutien d'un membre important du conseil, qui est au surplus bien vu du nouveau gouvernement, le Dr Dominique Bédard. Il rencontre aussi le secrétaire du Collège des médecins et le convainc de la justesse de son intervention.

Mais Laurin estime que, au-delà de tels cercles importants mais relativement fermés, il doit recevoir un appui massif de la part de l'opinion publique et des éléments les plus progressistes de la société. Mettant à contribution toutes ses relations, y compris celles qu'il avait établies une dizaine d'années plus tôt lors de son enquête sur l'état de la société québécoise, il rencontre les chefs des deux grandes centrales syndicales, Jean Marchand, de la CSN, et Roger Provost, de la FTQ, et s'assure de leur soutien.

Il fait aussi le tour des salles de rédaction de Montréal et passe beaucoup de temps avec André Laurendeau, du *Devoir,* son ami Gérard Pelletier, de *La Presse,* et Jean-Louis Gagnon, alors occupé à lancer *Le Nouveau Journal.* « J'ai passé de nombreuses heures avec eux, racontera-t-il. Je leur ai montré le brouillon de mon texte. Ils posaient beaucoup de questions, étaient très pointus. Je les ai convaincus de la nécessité de moderniser le système[10]. »

Mais il reste le plus important : l'autorité religieuse. Le Québec de l'époque est encore une société largement cléricale, et, puisque les communautés religieuses seront prises à partie, il est impérieux d'assurer ses arrières auprès du grand patron de l'Église québécoise, le cardinal Léger lui-même. Camille Laurin avait déjà rencontré le cardinal à diverses reprises quelques années auparavant, lorsqu'il militait dans les mouvements d'action catholique, et il avait acquis une certaine crédibilité auprès de lui. Se rappelant à son bon souvenir, il sollicite donc une entrevue afin de lui exposer en détail la situation dans les hôpitaux psychiatriques et la nécessité de ne pas mêler la religion et la pratique médicale. Faisant état de ses profondes convictions catholiques, il lui explique que son but est de venir en aide aux malades et non de nuire aux communautés religieuses et surtout pas à l'Église, dont il reste un ardent défenseur. Se rendant aux arguments de son interlocuteur, le cardinal promet de rester neutre au moment du débat et de ne pas intervenir.

C'est tout ce dont Laurin a besoin. Il met alors la dernière main à son texte et, à la mi-juillet, le remet à Jacques Hébert qui le publie intégralement, sans même consulter Jean-Charles Pagé, lequel devra se contenter d'en prendre connaissance en même temps que tout le monde. Pagé se montrera, après coup, ravi de l'initiative de son éditeur.

Un coup de massue

Les fous crient au secours — c'est le titre-choc qu'Hébert a imaginé — paraît le 15 août 1961. Avec ses quarante mille exemplaires vendus, l'ouvrage secoue tout le Québec et devient très rapidement un énorme succès de librairie. Au témoignage accusateur de Jean-Charles Pagé, qui raconte par le menu ses onze mois d'internement à Saint-Jean-de-Dieu, succède la postface au langage plus sobre mais non moins accablant de Camille Laurin.

Sous le titre « La maladie mentale, un défi à notre conscience collective », ce dernier se livre à une charge sans pitié contre le système québécois des hôpitaux psychiatriques. Le texte *(voir annexe 1)* dénonce implacablement la surpopulation de ces établissements, la pénurie de personnel compétent, l'absence de soins adéquats et le sous-financement public du traitement de la maladie mentale. Il s'en prend également à la culture québécoise, qui ne reconnaît pas le malade mental et le traite comme un étranger dont il faut avant tout se protéger. « Il est maintenant prouvé, affirme-t-il, que la structure asilaire reflète une conception archaïque et dépassée de l'assistance[11]. »

Aussi, il en appelle à une réforme en profondeur du système qui mette véritablement l'accent sur le traitement efficace des malades. À cette fin, il suggère de réduire considérablement la taille des établissements existants et d'augmenter fortement les ressources médicales et paramédicales. « La véritable solution, écrit-il, réside dans l'instauration d'un système nouveau, qui redonne au malade sa dignité et la chance d'être traité comme il se doit[12]. »

Se comportant déjà en politicien plutôt adroit, Camille Laurin réussit à écrire sa postface d'une douzaine de pages sans critiquer directement le rôle des principales communautés religieuses concernées. Il a même l'habileté de citer en conclusion un extrait d'une récente conférence du cardinal Léger, lors de laquelle ce dernier a affirmé que l'hôpital est devenu un problème d'ordre social et que les catholiques doivent sortir de l'ornière des habitudes acquises et des idées préconçues. « Ce sont là, souligne Laurin, des paroles graves qui s'appliquent on ne peut mieux à la situation présente. Puissent-elles inspirer les actes qui s'imposent[13]. »

« Quel livre !, commentera 25 ans plus tard l'historien Hubert-Antoine Wallot. Son impact est dû en grande partie à la crédibilité que le docteur Laurin lui confère dans sa postface, sorte d'analyse réquisitoire[14]. » Les médias s'emparent immédiatement de l'ouvrage et en publient de longs comptes rendus à la une le jour même de sa parution. Ils attachent au moins autant d'importance au texte de Camille Laurin qu'au témoignage de Pagé.

Quelques jours plus tard, le rédacteur en chef du *Devoir*, André Laurendeau, signe un éditorial où il dénonce la situation dans les hôpitaux psychiatriques et salue la postface « dense et courageuse » de Laurin. « Nous avons, conclut-il, de graves retards à rattraper. Il importe de dépasser ses propres préjugés et d'y travailler sans relâche[15]. » L'éditorial de son collègue de *La Presse*, Gérard Pelletier, est encore plus vigoureux. « Il est temps d'avoir honte », écrit-il, en affirmant que le témoignage de Pagé et la postface de Laurin représentent un véritable coup de massue. Qualifiant l'hôpital psychiatrique de « compromis entre le pénitencier et le camp de concentration », Pelletier estime que les établissements francophones font figure de « sinistres plaisanteries » auprès des hôpitaux anglophones et espère que l'opinion publique exigera une action ferme et urgente des autorités[16].

Mais le rédacteur en chef de *La Presse* ne se contente pas d'écrire des éditoriaux. En pleine guerre de tirage avec son nouveau concurrent, *Le Nouveau Journal*, il décide de lancer son quotidien dans une vaste enquête sur la situation dans les hôpitaux psychiatriques et confie cette tâche à un jeune journaliste du nom de Jacques Pigeon. Fraîchement arrivé de Québec où il a fait ses premières armes à *L'Action catholique*, celui-ci ne demande pas mieux que de se faire un nom dans la communauté journalistique montréalaise. Voilà très précisément le genre de jeune loup dont Pelletier a besoin. « Gérard Pelletier est venu me voir et il m'a mis la main sur l'épaule en me disant : "Mon jeune, Pagé va sortir un livre ; il y a beaucoup de matière là-dedans. Tu vas aller au lancement et tu vas enquêter sur cette

situation. Je te donne carte blanche"[17] », racontera Pigeon quarante ans plus tard.

Le journaliste met dans cette enquête tout le feu et toute
l'énergie de ses vingt ans. Déjà sensibilisé par son père, l'avocat
et conseiller législatif Louis-Philippe Pigeon, aux mauvais traitements infligés aux malades internés dans les hôpitaux psychiatriques, il publie, dans les semaines qui suivent, une dizaine de
textes faisant état des situations vécues un peu partout, tant à
Montréal qu'en province. Sous des titres à faire frémir, tels
« Pour les malades mentaux, un système honteusement idiot » ou
encore « Un hôpital dont le nom même vous glace d'effroi :
Saint-Jean-de-Dieu », il décrit à son tour, mais cette fois-ci pour
un large public, l'horreur caractérisant ces établissements, leur
caractère fermé et secret, l'absence de traitement véritable pour
les malades. Beaucoup de ses articles sont rédigés sous le couvert
de l'anonymat, patients comme médecins craignant les représailles. Souvent, il est guidé par Laurin lui-même, qui lui sert de
source secrète[18].

Et *La Presse* n'est pas seule en piste. *Le Nouveau Journal* y va
aussi de sa série sur le système hospitalier, alors que *Le Devoir*
publie quelques articles assez percutants, comme celui où il
révèle, au grand étonnement de tout le monde, que l'hôpital
Saint-Jean-de-Dieu aurait, en 1959, réussi le tour de force de
dégager un profit d'un million de dollars, une somme évidemment accumulée à partir des très faibles contributions de l'État[19].

Au-delà de ces envolées journalistiques, une partie de la
société prend fait et cause pour les malades mentaux et réclame
une action immédiate et vigoureuse du gouvernement. C'est le
cas notamment de la Fédération des travailleurs du Québec, qui
accuse le gouvernement Lesage de « négligence grave » dans le
cas de l'hôpital Saint-Jean-de-Dieu et qui exige son intervention.
L'indignation est la même du côté de la Confédération des syndicats nationaux, où son président, Jean Marchand, met l'accent
sur la responsabilité du gouvernement mais aussi sur l'apathie du
public, tout en réclamant une action énergique des élus, maintenant que les faits ont été rendus publics.

Quant à la profession médicale, elle se range massivement

derrière Camille Laurin. Tant l'Association des psychiatres du Québec que le Collège des médecins prennent publiquement position en faveur d'une intervention de l'État. Au début de septembre, les dirigeants du Collège écrivent au ministre de la Santé, le Dr Alphonse Couturier, pour lui demander de créer une division de la santé mentale au sein de son ministère et de donner suite aux principales recommandations de l'Association des psychiatres en ce qui a trait à l'amélioration des soins à accorder aux malades mentaux (bénéfices analogues à ceux accordés aux autres malades, programmes d'éducation et de réhabilitation, recrutement d'un personnel qualifié, etc.).

La seule note discordante vient du directeur de la revue *L'Union médicale du Canada,* le Dr Paul Dumas, qui tout l'automne publie quelques articles contraires à l'opinion majoritaire, dont un qui dénonce en particulier les « impulsions verbales, les débordements de langage et les attitudes agressives » des jeunes psychiatres, ainsi que leur manque de solidarité envers l'ensemble de la profession médicale[20].

Pendant ce temps, les établissements mis en cause, saisis par l'ampleur et la sévérité de l'attaque, restent cois. Ainsi, les dirigeants de l'hôpital Saint-Jean-de-Dieu n'accepteront de rencontrer les journalistes que plusieurs semaines plus tard et affirmeront essentiellement que la situation dans les hôpitaux psychiatriques est loin d'être si dramatique et que la dénonciation dont ils sont l'objet est largement injustifiée[21].

Assailli de toutes parts, le gouvernement Lesage, qui en a déjà plein les bras en cette première année de Révolution tranquille et qui avait cru jusque-là pouvoir s'en tirer avec une petite enquête interne, n'a plus le choix. La dénonciation est trop ample et les pressions, qui viennent de partout, sont trop fortes. Le ministre Couturier annonce, le 8 septembre 1961, la création d'une commission chargée d'examiner la situation dans les hôpitaux psychiatriques. Camille Laurin a gagné son pari. « Jean Lesage était un homme bouillant, se souviendra-t-il ; il n'aimait pas qu'on lui dicte sa conduite. Il nous a fait des reproches sur notre façon de procéder et en particulier sur l'utilisation des médias. Il craignait également la réaction de l'Église, déjà échaudée par ses projets de réforme de l'éducation. Mais il a finalement cédé[22]. »

Cette commission d'étude est présidée par le Dr Dominique Bédard, psychiatre à la clinique Roy-Rousseau de Québec. Il est assisté de deux commissaires, le Dr Denis Lazure, pédopsychiatre à l'hôpital Sainte-Justine, et le Dr Charles Roberts, psychiatre au Verdun Protestant Hospital. Tous sont de bonnes connaissances sinon des amis de Laurin. Comme Lazure le racontera lui-même dans ses mémoires, il doit sa nomination à Camille Laurin, qui a suggéré son nom au Collège des médecins.

Un rapport accablant

Les trois hommes travaillent à la vitesse de l'éclair. Œuvrant en milieu asilaire depuis plusieurs années, ils sont déjà bien au fait de la situation sur laquelle on leur demande d'enquêter. En six mois, ils font le tour de tous les hôpitaux psychiatriques de la province, brossent un portrait détaillé de leur mode de fonctionnement et proposent au gouvernement une série de recommandations pour changer fondamentalement le cours des choses. « On a décrit une situation absolument intolérable, rappellera Bédard quarante ans après le dépôt de son rapport. Partout, on a constaté le financement inadéquat du système, l'absence criante de personnel adéquat, le peu de soins véritables accordés aux malades. On se demandait tous les trois comment la société québécoise avait pu accepter une affaire semblable[23]. »

Leur rapport, rendu public en mars 1962, est impitoyable. En cent cinquante pages bien tassées, les auteurs s'en prennent à la fois à l'incurie du gouvernement et à l'incompétence des communautés religieuses qui, selon eux, sont absolument inaptes à traiter la maladie mentale. Leurs descriptions du comportement de ces dernières sont parfois saisissantes : « Bien peu de religieuses, écrivent-ils, possèdent en fait les connaissances qu'exigerait le rôle extrêmement important qu'elles assument dans la salle. Certaines ne sont même pas infirmières. Ne pouvant prendre appui sur son savoir professionnel, la religieuse se réfère aux schèmes qui lui sont les plus familiers... Elle voit d'abord chez ses malades des âmes à sauver. Elle valorise les trois vertus qu'elle-même entend pratiquer pour accéder à la perfection : la chasteté, la pauvreté et l'obéissance. Elle cherche à faire de sa salle une extension de la communauté, où la prière et la méditation sont cultivées[24]. »

En fait, seuls les établissements psychiatriques anglophones, dont le mode de fonctionnement, largement financé par le gouvernement fédéral, est à mille lieues de celui observé dans la société francophone, ainsi que l'Institut Albert-Prévost échappent à leur courroux. Tous les autres hôpitaux sont sévèrement condamnés. Quant au gouvernement québécois, les commissaires l'accusent d'avoir laissé pourrir la situation pendant des décennies en négligeant d'avoir doté la province d'une politique cohérente en matière de traitement du malade mental et en refusant d'y consacrer les ressources financières nécessaires. « La Commission affirme que le niveau des soins psychiatriques offerts dans le Québec est inférieur à la moyenne rencontrée au Canada », écrivent-ils en soulignant que pour l'année 1961-1962, l'Ontario a dépensé 55 millions de dollars pour assumer les coûts de fonctionnement de ses hôpitaux psychiatriques, contre seulement 18 millions au Québec[25].

Aussi, la commission Bédard propose plusieurs dizaines de recommandations, qui vont d'une véritable prise en charge par l'État du traitement de la maladie mentale jusqu'à une réforme complète de la structure hospitalière qu'on veut régionaliser et humaniser, en passant par la formation d'un plus grand nombre de psychiatres et le financement adéquat du système.

Le rapport de la commission est immédiatement salué par l'Association des psychiatres du Québec comme une véritable délivrance. Quant à Camille Laurin, il est aux anges ; son diagnostic et ses solutions viennent d'être officiellement avalisés. « J'ai poussé un cri de victoire comme en juin 1960 lorsque Lesage a été élu. Pour moi, ce rapport représentait un triomphe au plan humain et social. Je n'en pouvais plus de voir les gens souffrir et demeurer des années dans les hôpitaux alors qu'on aurait pu les traiter, ça me révoltait dans tout mon être[26]. »

Dans les jours qui suivent, les médias accueillent favorablement la parution du rapport Bédard. « Est-ce la fin du cauchemar ? », se demande Gérard Pelletier dans *La Presse*, qui souligne le sombre tableau peint par les commissaires et qui met tous ses espoirs dans la prise en charge des services psychiatriques par le gouvernement[27]. « Une question de justice », affirme pour sa part l'éditorialiste Pierre Charbonneau dans *Le Nouveau Journal* en réclamant à son tour la mise en place de nouvelles structures gouvernementales[28]. Quant à André Laurendeau, il soutient dans *Le Devoir* que le rapport Bédard est un cri d'alarme. « On sort de ce rapport écrasé, irrité, humilié », écrit-il, en souhaitant lui aussi une action énergique du gouvernement Lesage[29].

Seule réserve au sein de ce concert d'approbations, les autorités de l'hôpital Saint-Jean-de-Dieu contestent la pertinence du document et affirment, en conférence de presse, que celui-ci n'est qu'un règlement de comptes entre psychiatres appartenant à différentes écoles. En outre, le directeur scientifique de cet hôpital, le Dr Marcel Berthiaume, se livre à une critique très sévère de ce rapport à l'occasion d'une réunion, en mai, de l'Association des psychiatres du Québec. Sa communication est publiée le mois suivant dans le journal *L'Information médicale*. Tout en reconnaissant la véracité de plusieurs situations décrites dans le document, il affirme que « la façon de rapporter est tendancieuse, fallacieuse et porte à des conclusions exagérées et fausses ». Quant à Camille Laurin, le Dr Berthiaume remet en question le caractère éthique de son intervention à la suite du témoignage de Pagé, même si, dit-il, l'intention pouvait être louable[30].

Mais cette protestation isolée et largement passéiste n'arrête pas le gouvernement Lesage, qui s'approprie le rapport et s'emploie à mettre en œuvre les recommandations de la commission. Le président de celle-ci, Dominique Bédard, est d'ailleurs nommé quelques mois plus tard directeur du nouveau service de psychiatrie du ministère de la Santé. Il deviendra un précieux allié de Camille Laurin dans ses démêlés à venir avec la direction de l'Institut Albert-Prévost.

En juillet 1962, le ministre québécois de la Santé, le

Dr Alphonse Couturier, annonce officiellement la volonté du gouvernement d'intervenir vigoureusement en faveur d'un meilleur traitement de la maladie mentale. « Nous nous attendons à ce que des changements transforment le statut des malades mentaux pour faire en sorte que le public et les malades eux-mêmes en viennent à réaliser que la maladie mentale est une maladie comme les autres, c'est-à-dire curable. En effet, nous voulons garantir tous les avantages de la médecine et de la psychiatrie moderne en ce domaine[31] », soutient-il. Cette déclaration est capitale puisqu'elle confirme publiquement l'intention du gouvernement québécois de transformer en profondeur le système des hôpitaux psychiatriques et de consacrer les ressources de l'État à la nécessaire modernisation des soins à apporter aux malades mentaux. Pour Camille Laurin, l'effort a finalement porté ses fruits et le gouvernement a enfin décidé d'assumer une responsabilité qu'il avait jusque-là cruellement négligée.

Tous ceux qui s'intéresseront à cet épisode de l'histoire de la psychiatrie québécoise s'entendront pour dire que Laurin a joué un rôle déterminant dans le déclenchement de la réforme du traitement du malade mental, tant par l'ascendant qu'il exerçait sur ses collègues que par ses interventions publiques auprès des autorités. « La réforme de la psychiatrie au Québec, c'est le groupe Bédard et Camille Laurin[32] », affirmera son collègue Denis Lazure.

Quant au principal concerné, il se souviendra d'avoir eu le sentiment du devoir accompli. « À l'été 1962, rappellera-t-il, j'étais passablement euphorique, j'avais l'impression d'avoir gagné sur tous les fronts. Je me suis alors payé un beau voyage en Europe avec ma femme. J'ai loué une voiture et on a passé six semaines en France, en Italie, en Belgique et en Hollande. Rollande allait très bien à ce moment-là ; elle m'avait beaucoup supporté au cours des mois précédents en dépit des quelques critiques que je subissais dans les journaux. Ça a été un très bel été[33]. »

Vers l'Institut Pinel

Même s'il en a été en grande partie l'inspiration et l'élément catalyseur, Laurin n'a cependant pas directement collaboré au rapport de la commission Bédard. Certes, il est arrivé que l'un ou l'autre des commissaires le consulte à l'occasion, comme il est vrai qu'il a largement aidé Denis Lazure à rédiger toute la partie relative à l'hôpital Saint-Jean-de-Dieu, mais sa participation s'est arrêtée là. En revanche, c'est lui qui, dans la foulée de ce rapport, a piloté le groupe de travail chargé d'élaborer le projet de construction d'un hôpital psychiatrique à sécurité maximale destiné à remplacer de façon permanente l'aile psychiatrique de la prison de Bordeaux.

En décembre 1961, à la suite de nouvelles émeutes qui s'y étaient produites, le ministre Couturier avait décidé de fermer cette aile et de répartir dans les hôpitaux psychiatriques existants le millier de prévenus et de détenus qui s'y trouvaient. Il avait également annoncé que le gouvernement ferait construire un hôpital moderne voué au traitement des criminels souffrant d'une maladie mentale. La commission Bédard a évidemment approuvé cette décision, qui précédait de quelques mois ses propres recommandations, et, aussitôt entré en fonction au ministère de la Santé, Dominique Bédard a confié à Laurin le soin d'élaborer le projet.

Revenu de ses vacances européennes à la fin d'août, Laurin se met au travail en compagnie de deux collègues déjà bien au fait de cette problématique, les Drs Bruno Cormier et Lucien Panacio. En avril 1963, le groupe remet au gouvernement un rapport suggérant la construction d'un hôpital d'environ trois cents lits qui serait réservé exclusivement aux criminels souffrant d'une affection mentale qui ne peut absolument pas être traitée dans les établissements psychiatriques ordinaires. Il faut, d'écrire alors Laurin, que « cet hôpital ne puisse admettre que des malades très particuliers et triés sur le volet, dont le comportement s'est avéré incontrôlable après épuisement des méthodes thérapeutiques en usage dans les institutions psychiatriques classiques[34] ».

S'il est soucieux de sécurité et qu'il prévoit enceintes et grillages pour éviter les évasions, le psychiatre est bien davantage préoccupé par les questions à caractère thérapeutique. À ses yeux, les futurs pensionnaires de cet établissement seront d'abord des malades bien avant d'être des prisonniers. Aussi, il conçoit un établissement d'allure architecturale moderne, fait de plusieurs petits pavillons semi-autonomes logeant chacun pas plus d'une cinquantaine de patients. Chaque pavillon comportera une salle à manger, une salle de séjour pour les thérapies de groupe et une salle de télévision. Il y aura également des ateliers, une bibliothèque, un amphithéâtre, un gymnase et une petite piscine. Pour ce qui est de l'organisation thérapeutique, elle sera multidisciplinaire et à la fine pointe des derniers développements de la psychiatrie, selon le modèle déjà instauré à Prévost. Au surplus, cet hôpital sera un lieu de recherche et d'enseignement, en liaison avec l'Institut de criminologie de l'Université de Montréal.

Le rapport propose enfin que cet établissement s'appelle Institut Louis-Philippe-Pinel, du nom du célèbre médecin français qui, à la fin du XVIIIe siècle, fut le premier à avoir le courage de libérer les malades mentaux de leurs chaînes. « J'ai mis beaucoup de soin à écrire ce document, se souviendra Laurin. Il y a eu des réticences au ministère de la Santé ; certains trouvaient qu'il était trop doux en faveur des malades, qu'on voulait les soigner comme dans un country-club, mais c'est Bédard qui avait le dernier mot. Il a accepté nos recommandations et a convaincu le gouvernement de réaliser le projet[35]. »

Situé à l'extrémité est de l'île de Montréal, l'Institut Louis-Philippe-Pinel a ouvert ses portes six ans plus tard, en 1969. Son premier directeur a été le Dr Lionel Béliveau, alors psychiatre à Prévost, qui en est resté le grand patron pendant près de trente ans. « L'Institut Pinel a fonctionné exactement comme je l'avais imaginé, dira Laurin à la fin de sa vie. On y a appliqué des méthodes thérapeutiques modernes, on y a accueilli des résidents en médecine, en criminologie et en service social, on a développé un service de recherche et une clinique externe en plus de créer une revue et un organisme international spécialisé en droit et en santé mentale. Je suis extrêmement fier d'avoir contribué à tout ça[36]. »

Mais cette fierté qu'il ressentira à la fin de sa vie, parce qu'il a été l'un des principaux artisans de la modernisation du traitement de la maladie mentale au Québec, masque une réalité passablement plus douloureuse, soit celle des graves problèmes professionnels que tout cet activisme du début des années 1960 lui a occasionnés. S'il est vrai que ces événements ont en quelque sorte marqué l'apogée de la carrière psychiatrique de Camille Laurin, il est tout aussi vrai qu'ils en ont aussi provoqué le déclin. Tout ce qui brille finit par aveugler et la jeune vedette de la psychiatrie québécoise s'est fait de puissants ennemis tant chez ses employeurs immédiats que chez ses collègues, dont plusieurs considèrent qu'il prend trop de place au sein de la profession. L'heure de payer la note est maintenant arrivée.

CHAPITRE 9

Un serpent dans mon sein

L a publication de la postface des *Fous crient au secours* scelle
la rupture des relations entre Camille Laurin et les dirigeantes de l'Institut Albert-Prévost. Déjà profondément
agacées depuis plusieurs mois par l'ascendant que Laurin a pris
sur le personnel de leur hôpital et par sa manière de s'y comporter comme s'il était le vrai patron, les administratrices Tassé et
Lépine sont ulcérées par ce texte qui dénonce si impitoyable-
ment les pratiques d'un milieu auquel elles s'identifient depuis
tant d'années.

Même si leur cher institut n'est pas directement mis en
cause, elles sont blessées par la charge de leur directeur scientifique et se sentent solidaires du personnel de tous les hôpitaux
attaqués. Au surplus, Laurin n'a pas pris le soin de les aviser au
préalable de sa participation au témoignage de Jean-Charles
Pagé, si bien qu'elles en prennent connaissance en même temps
que tout le monde lorsque l'ouvrage est lancé dans les médias.
Insultées, elles décident qu'elles en ont assez de cette prima
donna qui a mis leur établissement sens dessus dessous et
qu'elles vont le jeter dehors à la première occasion. « La publication des *Fous crient au secours* fut la goutte d'eau qui a fait renverser le verre. J'ai dès lors cessé de lui adresser la parole sauf lors-

qu'il sollicitait une rencontre officielle[1] », affirmera Charlotte Tassé quelques années plus tard, lors des travaux de la commission d'enquête sur l'administration de l'Institut Albert-Prévost.

« Dès le lendemain de la sortie du livre, garde Tassé m'a interdit sa porte, se souviendra pour sa part Camille Laurin. C'est là que les problèmes de Prévost ont officiellement commencé. Quelques semaines après la publication du témoignage de Pagé, je l'ai rencontrée dans le corridor et elle m'a dit qu'elle ne voulait plus me voir, que je l'avais humiliée publiquement et qu'elle avait l'impression d'avoir réchauffé un serpent dans son sein[2]. »

En réalité, les hostilités avaient débuté dès les premiers mois de 1961, lorsque Laurin et son équipe de jeunes psychiatres avaient établi leur emprise sur le bureau médical de Prévost, écartant ainsi les médecins plus âgés et davantage soumis à l'autorité des gardes Tassé et Lépine. Dès lors, celles-ci s'étaient éloignées de leur directeur scientifique et avaient commencé à songer à s'en débarrasser.

Par ailleurs, l'adoption par le gouvernement Lesage, au début de la même année, de la Loi sur l'assurance-hospitalisation avait créé un irritant supplémentaire puisque les médecins œuvrant en milieu hospitalier étaient désormais directement rétribués par l'État, ce qui réduisait d'autant les pouvoirs de l'administration de chaque établissement. À Prévost, où plusieurs psychiatres, dont Camille Laurin, consacraient plus de temps aux activités d'enseignement qu'aux soins donnés aux patients, les médecins avaient décidé de regrouper les rémunérations en provenance de l'État de façon à les répartir équitablement entre tout le monde. Cette décision avait déplu aux administratrices, qui acceptaient mal que leur personnel prenne pareille liberté.

Congédiement

Cette guérilla connaît son aboutissement en janvier 1962, lorsque la direction de Prévost décide de mettre un terme aux fonctions d'enseignement de l'établissement. Quelques mois plus tard, cette même direction s'appuiera sur cette décision pour justifier le non-renouvellement des contrats de quelques psychiatres enseignants, dont ceux de Camille Laurin, de Pierre Lefebvre et de Jean-Baptiste Boulanger. Prétextant que l'enseignement nuit au traitement des malades et que les médecins résidents se soumettent difficilement aux règlements de l'établissement, le conseil d'administration de l'Institut, contrôlé par les gardes Tassé et Lépine, adopte, à sa réunion du 25 janvier 1962, une résolution suspendant indéfiniment l'enseignement à partir de l'été suivant.

Le lendemain, la secrétaire du conseil, Mme Élizabeth Caillé, en informe officiellement le Dr Wilbrod Bonin, toujours doyen de la faculté de médecine de l'Université de Montréal. « Le conseil d'administration décide de suspendre l'enseignement à l'Institut Albert-Prévost à la fin de la présente année, de telle sorte que cet enseignement se termine en mai 1962 pour les résidents en médecine et au 1er juillet 1962 pour les résidents en post-scolaire[3] », lui écrit-elle.

Voilà la véritable réponse donnée à la publication des *Fous crient au secours*. Les deux infirmières ont imaginé ce moyen pour se débarrasser une fois pour toutes de la nouvelle équipe qui a envahi leur hôpital au cours des dernières années et en particulier de ce Camille Laurin par qui tous les malheurs sont arrivés. Elles croient qu'elles pourront ainsi reprendre le plein contrôle de leur établissement et revenir en toute quiétude aux bonnes vieilles méthodes des années antérieures.

Aussitôt connue, la décision prise par la direction de Prévost sème la consternation parmi les autorités médicales et politiques de la province. Dès le début de février, le Dr Bonin, qui considère cet hôpital comme le fer de lance de la nouvelle formation psychiatrique québécoise, écrit à la garde Tassé pour protester contre cette décision, qu'il considère comme absolument inacceptable. « Il n'est pas un autre centre canadien-français de la région de Montréal qui puisse actuellement se comparer au vôtre, aussi bien quant au nombre de résidents en formation que par la qualité du programme, soutient-il. Je ne comprends donc pas que vous désiriez mettre fin à une collaboration qui s'est avérée jusqu'ici aussi fructueuse. Les raisons que vous invoquez ne me semblent pas correspondre à la gravité du geste que vous posez[4]. » Le doyen conclut sa lettre en demandant une révision de la résolution du conseil d'administration et en affirmant que, dans le cas contraire, les jeunes psychiatres québécois n'auront plus d'autre choix que de retourner à l'étranger pour se former.

Bonin est loin d'être le seul à intervenir en faveur de Laurin et du maintien de l'enseignement à l'Institut Albert-Prévost. Toujours en février, les huit médecins résidents de l'établissement dénoncent formellement la décision de l'administration. « Du coup, écrivent-ils, s'écroule une école de formation psychiatrique fondée par une équipe de psychiatres dévoués à la chose psychiatrique. Point n'est besoin de souligner l'importance capitale d'un tel centre d'enseignement psychiatrique dans notre milieu[5]. » Et, quelques semaines plus tard, c'est au tour de l'Association des étudiants en médecine de l'Université de Montréal de prendre position en faveur de Laurin. Le Dr Arthur Amyot, qui est alors membre du comité exécutif de cette association, se souviendra avoir rencontré Laurin chez lui pour se faire expliquer la situation. « À ce moment-là, racontera-t-il, j'idéalisais mon professeur, j'étais certain qu'il avait raison. L'exécutif s'est réuni et on a donné une conférence de presse pour réclamer le maintien de l'enseignement de la psychiatrie à Prévost[6]. »

Le puissant Collège des médecins décide également de se mêler de l'affaire et exige lui aussi que la direction de l'Institut Albert-Prévost revienne sur sa décision. Estimant que celui-ci joue un rôle essentiel dans l'enseignement de la psychiatrie, le Collège affirme que la résolution de l'administration « cause un préjudice grave à la société et qu'elle est inacceptable[7] ». La position du Collège est communiquée au cardinal Paul-Émile Léger ainsi qu'au ministre québécois de la Santé, le Dr Alphonse Couturier.

Un beau bluff

Toutes ces interventions n'ébranlent cependant en rien la détermination des gardes Tassé et Lépine, qui, sûres de leur bon droit et déterminées à en découdre définitivement avec les trublions, maintiennent la ligne dure et tiennent la dragée haute à tous leurs opposants. L'enseignement sera bel et bien aboli, disent-elles, et les psychiatres qui en sont responsables, dont Laurin, seront congédiés à l'été.

Face à cette impasse, Camille Laurin et ses onze collègues psychiatres décident alors de porter un grand coup. Ils annoncent au début de mars leur démission collective de l'Institut Albert-Prévost et leur intention de fonder un nouvel hôpital psychiatrique à Montréal. « On avait tout ce qu'il faut, l'équipe, les compétences, les connaissances scientifiques, se souviendra Laurin. Tout ce qu'il nous manquait, c'était de l'argent et des locaux. On a pensé qu'on pourrait obtenir tout ça de Dominique Bédard et du gouvernement Lesage[8]. »

Pour les aider à y arriver, Laurin et son équipe engagent un jeune avocat de Montréal, Marc Lalonde, aussi réputé pour sa combativité que pour ses accointances libérales. « Laurin est venu me voir pour que je l'aide à régler le conflit à Prévost, se rappellera Lalonde. J'avais déjà conseillé René Lévesque quelques années auparavant au moment de la grève des réalisateurs de Radio-Canada. Il a sans doute pensé que j'avais mes entrées au gouvernement de Québec. » En bon avocat, Lalonde prend son mandat au sérieux même s'il entretient certains doutes sur la faisabilité du projet qu'on lui demande de promouvoir. Il prépare une tonne de documents et organise, durant tout le printemps, une série de rencontres avec les autorités gouvernementales. « On a multiplié les démarches auprès du sous-ministre de la Santé et du Dr Couturier, dira-t-il. L'hypothèse de fonder un hôpital était sérieuse mais peu réaliste dans les faits, étant donné que Prévost existait déjà. Le conflit était majeur et il était difficile de dénouer ce nœud de vipères[9]. »

Par ailleurs, il semble bien qu'un tel scepticisme soit partagé par le Dr Bonin, qui, en dépit de son appui public aux propositions de Camille Laurin, suggère discrètement au gouvernement de retenir plutôt comme solution l'apport d'un changement en profondeur à l'Institut Albert-Prévost. Ainsi, le 29 mars 1962, il envoie au ministre Couturier une lettre dans laquelle il condamne la gestion des gardes Tassé et Lépine et

plaide vigoureusement en faveur d'une transformation de cet
établissement plutôt que de la création d'un nouvel hôpital.

« Les erreurs actuelles de l'administration risquent de
détruire notre meilleur centre psychiatrique canadien-français et
de décapiter notre seule école de formation de cadres, à un
moment où nous en avons un urgent besoin, écrit-il. Il est déplorable et absurde que ce soit l'équipe professionnelle qui doive se
retirer et consentir à tous les sacrifices qu'exige la mise en train
d'une nouvelle structure institutionnelle. Il paraîtrait plus
logique, utile et économique de changer les cadres administratifs
actuels, qui ont fait la preuve de leur inaptitude à diriger un hôpital de cette importance selon les normes scientifiques et administratives communément acceptées[10]. »

Cette lettre du Dr Bonin trace la voie au gouvernement et
annonce la solution qu'il adoptera quelques mois plus tard pour
résoudre le conflit. Quant à Camille Laurin, qui n'a pas perdu
son goût du poker, il reconnaîtra, quarante ans plus tard, que son
projet de création d'un nouvel hôpital, bien que sérieux, n'était
en réalité qu'une sorte de bluff : « On y croyait à moitié, dira-t-il.
On savait que le gouvernement devait faire quelque chose mais
on savait aussi que c'était peut-être illusoire que de créer un nouvel institut. Au fond, notre affaire, c'était une menace publique,
un moyen de pression[11]. »

Tutelle et commission d'enquête

Les hostilités se poursuivent à Prévost durant tout le printemps de 1962. Même s'ils continuent de faire leur travail, les
psychiatres, toujours sous la houlette de Camille Laurin, sont à
couteaux tirés avec l'administration. L'abandon de l'enseignement et le congédiement de certains d'entre eux, prévu le
1er juillet, continuent de planer et alourdissent considérablement
le climat de travail.

En mai, la dispute, jusque-là tenue sous le boisseau, éclate
sur la place publique lorsque Laurin et son groupe donnent une
conférence de presse pour annoncer à la fois leur démission et

leur décision de fonder un nouvel hôpital. Ils sont appuyés par le doyen Bonin, qui participe à la rencontre avec les journalistes, et par les membres de la commission Bédard, dont le rapport, rendu public deux mois auparavant, loue la qualité de l'enseignement à l'Institut Albert-Prévost.

Aussitôt, journalistes et éditorialistes enchaînent dans la foulée de ce qu'ils avaient écrit l'automne précédent, au moment de la parution du livre de Jean-Charles Pagé, et soutiennent ouvertement les putschistes. « Qu'attend le gouvernement Lesage pour régler le problème ? », écrit Gérard Pelletier dans *La Presse*, qui affirme que l'État a en mains toutes les données pour régler la situation à Prévost, y compris les avis, très importants selon lui, du doyen de la faculté de médecine et du Collège des médecins[12]. De son côté, le rédacteur en chef du *Devoir*, André Laurendeau, presse également le gouvernement d'agir, tout en s'inclinant « devant les hommes qui ont consacré leur vie à l'art et à la science de guérir les maladies mentales[13] ». Même empressement du côté des centrales syndicales, où la CSN et la FTQ se portent publiquement à la défense des psychiatres de l'Institut Albert-Prévost et réclament une action énergique du gouvernement pour faire entendre raison aux gardes Tassé et Lépine et sauver le seul véritable centre d'enseignement de la psychiatrie au Québec.

Cette fronde contre les dirigeantes de l'Institut Albert-Prévost ne suscite pas de véritable contre-partie. Privées de leurs appuis politiques depuis la chute de l'Union nationale, les deux infirmières se retrouvent isolées et ne peuvent compter que sur la publication dans les médias de quelques lettres ouvertes qui vantent leur abnégation et dénoncent le carriérisme de Camille Laurin, comme celle de Mme Gertrude Paquin-Danuit, alors présidente de l'Association des infirmières diplômées de Prévost. « Grandes, dignes, stoïques, les directrices de l'Institution Albert-Prévost subissent les assauts acharnés, effrénés que conduit un seul psychiatre du bureau médical de leur propre institution, un homme qui avait un avenir prometteur mais que l'ambition finira par perdre, ce qu'il n'aura pas volé », soutient-elle en juin 1962 dans une lettre qu'elle fait parvenir au *Petit Journal*.

Quelques missives de même farine sont également envoyées au ministre de la Santé et au premier ministre Jean Lesage. Il s'agit pour l'essentiel de lettres plutôt geignardes qu'ont écrites une poignée de nostalgiques proches des deux administratrices de l'établissement.

Comme on pouvait s'y attendre, tout cela n'émeut guère le gouvernement, dont la réponse arrive en deux temps. D'abord, à la mi-mai, le ministre Couturier dépose à l'Assemblée législative un projet de loi habilitant l'État à exercer sa compétence sur tous les hôpitaux de la province, qui deviennent désormais assujettis à l'obtention d'un permis et à une réglementation élaborée par les fonctionnaires du ministère de la Santé. En clair, le gouvernement libéral rompt avec l'époque duplessiste et décide d'assumer totalement la responsabilité et la gestion du système de santé, largement laissé jusque-là aux bons soins des communautés religieuses et de l'entreprise privée.

Ensuite, en vertu des pouvoirs que lui octroie cette nouvelle législation, Québec annonce, à la mi-juillet, la mise en tutelle de l'Institut Albert-Prévost et, question de faire bonne mesure, la création d'une commission chargée d'enquêter sur l'administration de cet hôpital qui lui a causé tant de soucis au cours de la dernière année et qui a même suscité l'intervention personnelle du premier ministre Jean Lesage.

En fait, voilà déjà plusieurs mois que Lesage est directement exposé aux pressions des belligérants, et la moutarde a fini par lui monter au nez. Il estime que son gouvernement, qui en a déjà plein les bras avec la modernisation de plusieurs pans de la société québécoise et qui s'apprête au surplus à déclencher des élections générales sur le thème de la nationalisation de l'électricité, a plus important à s'occuper que de régler des chicanes de famille dans un petit hôpital de riches situé dans l'ouest de la métropole. « Lesage en avait plein son casque, racontera Dominique Bédard. Laurin lui envoyait des télégrammes tous les jours pour le tenir informé de l'état du conflit. Quant aux gardes Tassé et Lépine, elles se servaient de la députée Claire Kirkland-Casgrain, dont l'Institut était situé dans le comté, pour relayer leurs messages. Il était vraiment écœuré et voulait régler l'affaire à tout prix[14]. »

Quant à René Lévesque, alors ministre des Richesses naturelles, il est possible que Laurin l'ait croisé une première fois lors de l'une de ses rencontres avec le premier ministre, mais, si tel est le cas, il n'en gardera aucun souvenir particulier. Tout au plus dira-t-il à la fin de sa vie que Lévesque a probablement appuyé son projet mais sans se montrer vraiment intéressé, puisque c'était tout à fait en dehors de son champ de préoccupations.

De son côté, Jean Lesage aurait toutefois préféré éviter la tutelle. Aussi, en mai, il a tenu une série de rencontres à l'hôtel Windsor de Montréal, lors desquelles il a entendu séparément toutes les parties engagées dans le conflit, dont bien sûr Camille Laurin. À l'issue de ces entretiens, Lesage a élaboré ce qu'il croyait être une proposition de compromis. Celle-ci comportait essentiellement les éléments suivants : les gardes Tassé et Lépine demeureraient à la tête de l'Institut Albert-Prévost mais accepteraient la nomination d'un administrateur qui en assurerait la gestion courante ; l'enseignement y serait repris et la direction acceptait de réembaucher tous les psychiatres démissionnaires.

C'est Dominique Bédard, le tout nouveau directeur des services psychiatriques, qui est chargé de présenter la proposition du premier ministre aux deux infirmières. Sa démarche est un échec, celles-ci refusant tout net de reprendre les psychiatres Laurin, Lefebvre et Boulanger. « À la lumière des événements qui se sont déroulés, expliqueront les deux administratrices lors des travaux de la commission d'enquête, le conseil d'administration en est venu à la conclusion que ces trois médecins visent et ont visé, comme but, la mainmise sur l'Institut. C'est pourquoi la proposition est nettement inacceptable, compte tenu des buts poursuivis par l'Institut et aussi des meilleurs intérêts des patients hospitalisés. Le retour de ces trois médecins, d'ailleurs, maintiendrait l'existence de perturbations profondes causées par eux et préjudiciables à l'institution[15]. »

Après un tel refus, le gouvernement n'a d'autre choix que d'imposer la tutelle. Le tuteur désigné est Thomas-Jean Pogany. Il entre en fonction le jour même de sa nomination et dispose de tous les pouvoirs pour diriger l'Institut Albert-Prévost. Un de ses tout premiers gestes consiste à réintégrer Camille Laurin et son équipe au sein de l'établissement. L'enseignement pourra donc se poursuivre à Prévost. De plus, au printemps 1963, Pogany permet à Laurin d'accéder enfin au poste de directeur médical de l'Institut, une fonction qu'il visait depuis son arrivée à cet hôpital.

Quant aux gardes Tassé et Lépine, elles perdent dès lors toute autorité sur leur hôpital. Confinées à leurs chambres, elles n'en sortent que pour se plaindre du comportement du tuteur et contester la légalité de la décision prise par le gouvernement. Leur contestation ayant été rejetée par les tribunaux, elles démissionneront officiellement un an plus tard des postes qu'elles n'occupaient déjà plus de toutes façons. « Le jeu d'intrigues qui se joue actuellement par nos adversaires pourra donc continuer sans contrainte, les gens ambitieux seront satisfaits », écrivent-elles dans un communiqué envoyé aux médias en juin 1963. Elles ajoutent que si Laurin et son équipe peuvent se vanter d'avoir gagné la première manche, elles vont prendre leur revanche auprès de la commission d'enquête instaurée par le gouvernement[16].

Une lutte de pouvoir

L'enquête en question est confiée au juge André Régnier, qui est assisté des commissaires Aristide Cousineau et Roland Parenteau. La commission a pour mandat de démêler l'écheveau de toutes les luttes intestines qui ont miné l'Institut Albert-Prévost et de recommander au gouvernement un nouveau mode de fonctionnement pour cet hôpital.

Paralysée par les démarches judiciaires des gardes Tassé et Lépine, l'enquête ne débute vraiment qu'à l'automne 1963. C'est encore Marc Lalonde qui représente le groupe de Camille Laurin, alors que les intérêts de l'Institut et de ses propriétaires sont défendus par Me John Ahern. Le rapport de la commission est remis au gouvernement en mai 1964 et rendu public un mois plus tard. Les commissaires débordent largement le seul examen de la situation à l'Institut Albert-Prévost, puisque leur recommandation principale vise à étendre les bénéfices de l'assurance-hospitalisation à tous les déficients mentaux et à assurer une meilleure organisation de l'enseignement de la psychiatrie.

Pour ce qui est de la dispute ayant sévi à Prévost, la commission d'enquête conclut que toute l'affaire se résume à un conflit de personnalités entre Charlotte Tassé et Camille Laurin. Le rapport dit ceci : « Le conflit de l'Institut Albert-Prévost... a pour origine un conflit de personnalités entre le docteur C. Laurin, entreprenant et audacieux, et garde C. Tassé, femme digne mais avancée en âge, jalouse de son autorité, inquiète de l'ascendant que le Dr Camille Laurin exerçait sur le corps médical et de la puissance qu'il détenait par l'octroi de bourses généreusement distribuées, à même la caisse dont il tenait les cordons[17]. »

Le rapport Régnier est bien accueilli par la presse, le nouveau directeur du *Devoir*, Claude Ryan, le qualifiant « d'objectif, de serein et de constructif ». Ryan se réjouit en particulier que les commissaires aient su faire la part des choses entre les habitudes révolues d'une directrice et l'intransigeance de jeunes psychiatres trop pressés[18]. Réaction similaire du côté de Marc Lalonde, qui affirmera, quarante ans plus tard, que « lorsqu'on regarde ça après coup, on se rend compte que les torts n'étaient pas tous du même côté et que les gardes avaient raison de formuler certains griefs contre les médecins[19] ».

Mais si la commission Régnier parle prudemment d'un conflit de personnalités et renvoie les parties dos à dos en se disant incapable de désigner un seul coupable, Lalonde, comme d'autres, ne se gêne pas pour affirmer que le conflit à Prévost relève carrément d'une véritable lutte de pouvoir entre une administration vieillissante, dépassée par les nouvelles méthodes thérapeutiques, et un groupe de jeunes turcs, inspirés par Camille Laurin, qui avaient décidé d'utiliser cet établissement comme rampe de lancement pour la modernisation de la psychiatrie québécoise. « C'était vraiment une lutte de pouvoir, estimera Lalonde. Laurin m'a fait valoir qu'il lui était impossible de poursuivre son travail à Prévost sans écarter les deux infirmières. Dans toute cette affaire, Laurin m'est apparu comme très intelligent et très articulé. Mais il était également calculateur, toujours en train de manigancer pour arriver à ses fins. Il avait déjà l'âme d'un politicien[20]. » Denis Lazure, qui a suivi de près tout le conflit, se montrera lui aussi critique à l'endroit de son ami psychiatre : « Le docteur [Laurin] avait ses fans. La crise a été un peu provoquée par son goût du pouvoir, dira-t-il. Il aimait ça se mettre en avant, être le moteur du changement. Disons qu'il y a eu un peu plus de bisbille que nécessaire à Prévost[21]. »

En revanche, Jacques Pigeon, qui était encore journaliste à l'époque et qui a suivi tous ces événements pour le compte du quotidien *La Presse,* affirmera ne pas avoir vu les choses de la même façon. « Laurin ne m'est jamais apparu comme un ambitieux ou un manœuvrier assoiffé de pouvoir. Il représentait le changement dans le bon sens du terme. Il avait du courage et n'a jamais cherché à tirer des avantages personnels de la situation. Il a été mon héros dans cette affaire-là[22] », rappellera-t-il.

Laurin perd des plumes

Quoi qu'il en soit, plusieurs recommandations de la commission Régnier donnent à entendre que les graves tiraillements qui ont secoué l'Institut Albert-Prévost dépassent largement le simple conflit de personnalités, et, s'il est vrai que les commissaires relèguent la garde Tassé à un rôle plus ou moins honorifique au conseil d'administration — sa collègue Bernadette Lépine étant décédée entre-temps —, il est tout aussi vrai qu'ils prennent bien soin de rogner considérablement le pouvoir et l'influence qu'exerce Camille Laurin au sein de l'établissement.

Ainsi, ils entérinent la décision de Pogany de nommer un directeur médical à Prévost, mais ils affirment que celui-ci doit être choisi parmi les personnes qui n'ont pas été impliquées dans le conflit. Laurin n'est pas désigné nommément, mais il est clair que cette recommandation le vise directement. « Pour la bonne harmonie des relations futures entre l'administration et le personnel médical, nous recommandons fortement qu'on choisisse un directeur médical en dehors des personnes qui ont participé de quelque façon que ce soit au conflit qui a fait l'objet de cette enquête[23] », écrivent-ils.

De plus, les membres de la commission jugent inadmissible qu'une même personne soit à la fois responsable de l'enseignement de la psychiatrie à l'Université de Montréal, dispensateur des bourses fédérales pour la formation des psychiatres et directeur scientifique d'un établissement qui bénéficie largement de ces mêmes bourses. Encore ici, le nom de Camille Laurin n'est pas mentionné, mais il est évident que c'est de lui qu'on parle. En somme, sans le dire ouvertement, les commissaires soutiennent en fait que celui-ci a trop de pouvoirs et qu'il joue sur trop de tableaux à la fois, ce qui, selon eux, le place en conflit d'intérêts ou donne au moins l'apparence d'un conflit d'intérêts. Ils recommandent donc aux autorités universitaires de créer un véritable département de psychiatrie et de nommer une personne « neutre » à sa tête.

Dès la publication du rapport, Laurin est atterré. S'il a fait son deuil de la direction de l'enseignement au département de psychiatrie de l'Université de Montréal, où on s'apprête de toutes façons à nommer un premier directeur, il n'est pas prêt à abandonner la direction médicale de l'Institut Albert-Prévost, d'où il tire l'essentiel de son pouvoir. Espérant sauver son poste, il se précipite à Québec pour y rencontrer son ami Dominique Bédard et plaider sa cause. « J'ai vu Camille Laurin dans les jours qui ont suivi la publication du rapport Régnier, se souviendra Bédard. Il était désemparé ; cet hôpital, c'était toute sa vie. J'ai discuté avec lui dans ma voiture et je lui ai dit que j'essaierais d'intervenir. De toutes façons, tous les psychiatres de Prévost étaient derrière lui. Il était tellement brillant et avait tellement d'ascendant sur nous[24]. »

Bédard, qui, au-delà de ses fonctions administratives, a l'oreille des instances politiques, réussit à contrer certaines recommandations de la commission Régnier. Aussi, en dépit de celles-ci, le gouvernement décide finalement de maintenir Laurin à son poste de directeur médical de l'Institut Albert-Prévost.

Mais le répit ne dure pas très longtemps. Quinze mois plus tard, le conseil d'administration de l'établissement, alerté par l'apparition de tiraillements entre Pogany et Laurin qui ressemblent étrangement à ceux qui avaient opposé ce dernier aux gardes Tassé et Lépine, refuse de renouveler le mandat des deux hommes. Dans ce dernier cas, on abolit le poste de directeur médical et on le remplace par deux nouvelles fonctions, soit celle de contrôleur médical, confiée au Dr Gilles Lortie, et celle de psychiatre en chef, qu'on propose à Laurin.

En fait, pour Camille Laurin, il s'agit d'une véritable démotion puisque le Dr Lortie hérite désormais de la gestion quotidienne de l'ensemble des activités médicales de l'hôpital, alors que, de son côté, il est relégué à la seule coordination des soins psychiatriques. En 1966, à l'issue d'une lutte qui aura duré plus de cinq ans, il se rend compte qu'il a perdu, au moins partiellement, la partie. Son influence à Prévost, naguère déterminante, vient de se ratatiner comme une peau de chagrin. Certes, son autorité morale est toujours présente et il conserve certaines prérogatives concernant l'enseignement et le traitement des patients, mais son pouvoir de déterminer et d'orienter le travail de tout le personnel médical et paramédical est maintenant limité. Dorénavant, il ne sera plus ce grand patron qui a régné quelques années sur le petit univers de l'Institut.

Et cette fois-ci, il se retrouve fin seul puisque son ami Dominique Bédard ne peut plus rien faire pour lui. Par ailleurs, son protecteur Wilbrod Bonin est décédé et Laurin ne bénéficie plus des mêmes entrées à la faculté de médecine de l'Université de Montréal. Enfin, le département de psychiatrie est maintenant doté d'un premier véritable directeur, qui, après avoir décidé de revoir les politiques des années antérieures, ne se montrera plus aussi généreux envers l'Institut Albert-Prévost.

Bref, ses belles années de réformateur de l'enseignement et de la pratique de la psychiatrie québécoise sont maintenant derrière lui. De 1958 à 1966, il s'est dépensé en tous sens pour faire avancer les idées auxquelles il croit, mais il a aussi bousculé bien des institutions et heurté beaucoup de gens. L'essentiel des propositions et des réformes qu'il a avancées a été accepté, mais il en paie personnellement le prix. En somme, le message a été reçu, mais le messager, finalement trop dérangeant, est écarté. Il s'en souviendra à la fin de sa vie :

J'ai fini par être puni pour tout ce qui s'était passé. Ça m'a fait de la peine mais comme j'avais réussi l'essentiel, j'ai pris ça avec une certaine philosophie. Je suis resté à Prévost jusqu'en 1970 mais dès 1966, le gros du travail était fait. J'avais le sentiment d'avoir terminé, ce qui explique un peu ma transition vers la politique[25].

CHAPITRE 10

Enfin des enfants !

Voilà maintenant dix ans que Rollande et Camille sont mariés et le couple n'a toujours pas d'enfant. Au début des années 1960, ils se décident enfin à aller consulter et apprennent qu'il leur sera impossible d'en avoir, en raison de problèmes physiologiques diagnostiqués chez Rollande. Ils conviennent alors de se tourner vers l'adoption.

Lui-même issu d'une famille très nombreuse, Laurin aime profondément les enfants et estime que le temps est venu de fonder sa propre famille. Au surplus, le psychiatre croit que l'arrivée d'un poupon pourrait être bénéfique à sa femme et contribuer à la guérir des sautes d'humeur et des moments dépressifs dont elle est toujours affectée.

La santé psychologique de Rollande cause en effet bien des soucis à son mari et perturbe grandement leur vie quotidienne. Lorsqu'il rentre à la maison le soir, après sa journée de travail à Prévost, Camille Laurin ne sait jamais dans quel état il va trouver sa femme. Certains jours, elle est gaie, pimpante, pleine d'entrain, elle a revêtu une jolie robe et préparé un bon souper. D'autres jours, elle promène son mal de vivre dans une robe de chambre tout élimée, elle pleure, broie du noir et succombe à toutes les anxiétés. « Lorsqu'elle était de bonne humeur, tout était merveilleux, mais lorsqu'elle était en crise, c'était tout le contraire et elle n'était pas vivable. C'était toujours le jour et la nuit avec elle », se souviendra Gabrielle Laurin, la sœur aînée de Camille[1].

Les problèmes matrimoniaux de Laurin sont bien connus de toute sa famille. Aucun de ses frères et sœurs n'ignore les difficultés qu'il a rencontrées et tous acceptent d'en parler sans retenue. « Mon frère a eu une vie de famille très difficile, affirmera Louise Laurin, une autre de ses sœurs. À partir du milieu des années 1960, Rollande ne sortait plus ; elle ne venait même plus aux réunions de famille. Elle prétextait qu'elle avait la migraine. En fait, c'était une grande dépressive. Elle avait toujours peur de mourir, c'était devenu une véritable obsession[2]. »

Bien qu'elle suive régulièrement des thérapies et qu'elle doive même à l'occasion être hospitalisée, Rollande ne change pas vraiment. Littéralement accrochée à son Camille, elle ne vit que par lui. Elle estime avoir raté sa propre carrière et se sent complètement inutile dans la grande maison que le couple a achetée quelques années auparavant rue Pagnuelo, à Outremont, où elle passe plusieurs de ses journées à errer, l'âme en peine, en attendant que son homme revienne.

Pourtant, elle aurait dû être heureuse dans cette demeure à l'allure de petit château parfaitement accordé à ses rêves de grandeur. Elle avait d'ailleurs été la première à bondir de joie lorsque sa mère leur avait offert les quelque 70 000 dollars représentant son prix d'achat. On est alors en 1958 et Mme Bordeleau vient de subir le grave accident cérébrovasculaire qui nécessitera son hospitalisation jusqu'à son décès. C'est à ce moment qu'elle décide de donner tout de suite à Rollande une partie de son héritage.

Le couple quitte donc le logement du boulevard Saint-Joseph pour emménager dans le plus chic des quartiers de la grande bourgeoisie francophone de Montréal. Pour un « p'tit gars » de Charlemagne, qui était encore sans le sou quelques années auparavant et dont la propre famille continue de tirer le diable par la queue, l'ascension est remarquable. Bâtie sur deux étages avec tourelles, terrasses et jardins, la maison est franchement magnifique. C'est encore l'abbé Caillé, décidément aussi à l'aise dans l'immobilier que dans la liturgie, qui a déniché la bonne affaire et a fait les démarches pour son protégé.

La maison compte plus d'une dizaine de pièces dont un immense vestibule, une impressionnante bibliothèque et trois salles de bain. On y trouve des boiseries et du marbre à profusion. Le psychiatre, qui y demeurera jusqu'en 1983, aménage un bureau au sous-sol. C'est là qu'il recevra ses patients. Mais ce genre de maison n'est pas sans coûter très cher à entretenir et Camille Laurin devra s'assurer de gagner beaucoup d'argent pour maintenir le navire à flot. Ses archives personnelles débordent de factures et d'ordres de paiement établis pour des fournisseurs de tout type, sans arrêt mandés rue Pagnuelo pour effectuer quelques travaux sur la grosse bâtisse. « Cette maison, c'était un château plein de trous. Le vent passait à travers les murs. Je passais mon temps à m'occuper des factures des différents fournisseurs qui venaient faire des réparations[3] », rappellera Murielle Boucher, une des collaboratrices de Laurin durant les années 1970.

Marie-Pascale et Maryse

Au début des années 1960, adopter un enfant était chose encore relativement aisée. Il y avait beaucoup de poupons dans les crèches et les démarches administratives étaient bien plus simples qu'aujourd'hui. Les parents adoptifs n'avaient qu'à communiquer avec une travailleuse sociale qui, après une brève entrevue, les dirigeait vers la crèche la plus proche. Dans le cas des Laurin, il s'agit de la crèche d'Youville, tenue par les sœurs grises sur le chemin de la Côte-de-Liesse. « À l'époque, on avait toujours au moins deux cents enfants en attente d'adoption, expliquera sœur Rose Deshaies, alors responsable de la pouponnière de l'établissement. Une fois référés par la travailleuse sociale, les parents adoptifs n'avaient qu'à se présenter chez nous. On les faisait circuler dans les salles et ils choisissaient l'enfant de leur choix. Ils pouvaient repartir avec lui la journée même[4]. »

Même si elle dira en avoir gardé aucun souvenir, sœur Deshaies ajoutera qu'elle devait sûrement être là en mai 1961 lorsque Rollande et Camille se sont présentés à la crèche pour adopter une petite fille, qu'ils prénommeront Marie-Pascale. « Ma femme voulait absolument une fille. Ce bébé nous est tombé dans l'œil. Ça a été une joie extraordinaire ; on l'a tout de suite adorée[5] », se rappellera Camille Laurin.

Née le 18 février 1961, Marie-Pascale a environ quatre mois au moment de son adoption. Personne ne connaît l'identité de ses parents naturels, mais on raconte dans la famille qu'elle serait la fille d'un médecin et d'une ballerine. Cette adoption comble Rollande de joie, qui croit voir en sa fille une réplique d'elle-même. Elle la cajole, la gâte, l'ensevelit sous les vêtements et les jouets, tous plus beaux et plus coûteux les uns que les autres. « L'arrivée de Marie-Pascale a eu l'effet d'une véritable régénération pour ma femme, de rappeler Laurin. Elle est devenue mère de famille, c'est un rôle qu'elle a pris peut-être trop au sérieux, mais elle était enfin heureuse[6]. »

À l'époque, Marie-Pascale transpire elle aussi le bonheur, et elle se souviendra d'une enfance plutôt dorée en compagnie de ses parents. Une enfance de petite princesse faite de voyages en Europe, de visites dans les églises, les châteaux et les musées, de soirées au concert ou au théâtre. « Mes parents aimaient les belles choses. Mon père m'a donné le goût de la musique et des œuvres d'art. Il m'a montré les levers et les couchers du soleil, les feuilles à l'automne, les beautés de la nature. Il m'a aussi appris à connaître le vin[7] », se rappellera-t-elle.

Marie-Pascale, qui a toujours aimé, même plus vieille, coller amoureusement son père et se blottir dans ses bras, gardera toujours le souvenir de son odeur. « Il sentait bon le papa, dira-t-elle. Il était doux, il était patient. Il ne m'a jamais vraiment grondée, sauf une fois alors que j'avais quatorze ans et que j'étais rentrée au milieu de la nuit. Mais c'était plus de l'inquiétude que de la colère[8]. »

La deuxième adoption, celle de Maryse, survient en juillet 1966. En partie parce que les parents veulent un deuxième enfant, en partie parce que Marie-Pascale s'ennuie un peu, toute seule dans la grande maison, et qu'il serait bien de lui donner de la compagnie. « L'aînée se sentait seule. Elle était très vivante, pleine d'énergie : on l'appelait le spoutnik. On a alors décidé d'adopter un deuxième enfant[9] », de se souvenir Laurin.

Celui-ci souhaite adopter un petit garçon, mais Rollande préfère avoir une deuxième fille. Ce sera donc Maryse, un poupon né le 1er avril précédent et recueilli de nouveau à la crèche d'Youville. « Maryse m'a souri et m'a tendu les bras dans son berceau. J'ai été immédiatement séduit[10] », racontera le psychiatre, qui s'est cependant rendu seul à la crèche au moment de cette adoption, Rollande ne se sentant pas très bien cette journée-là.

Arrivée deuxième, dotée d'un tempérament beaucoup moins flamboyant, Maryse a du mal à souffrir la comparaison avec sa sœur aînée qui est la préférée de sa mère. Elle aura toute sa vie l'impression d'être la mal-aimée, le souffre-douleur de Rollande et de Marie-Pascale. Elle reportera tout son amour sur son père. « Papa s'occupait beaucoup de moi, rappellera-t-elle. Il jouait au ballon avec moi autour de la maison. Il était très compréhensif. Il m'a toujours défendue auprès de ma mère et de ma sœur. C'était mon idole, mon protecteur, mon sauveur. Je me souviens qu'il me prenait par le menton en m'appelant son tout p'tit. Il me disait que j'avais une peau de pêche et des yeux de velours. Moi aussi, j'aimais ça aller me coller sur lui[11]. »

En dépit de l'affection et de la tendresse de son père, Maryse vit une enfance beaucoup plus difficile que sa sœur. Rollande ne traite pas ses deux filles sur le même pied et donne très nettement la préférence à Marie-Pascale, qu'elle juge plus fine, plus belle, plus intelligente. Dans les mésaventures de tous les jours, c'est toujours l'aînée qui a raison et qui occupe la première place. De plus, Marie-Pascale accompagne souvent ses parents à l'étranger alors que Maryse reste piteusement à la maison avec la gardienne. Encore aujourd'hui, celle-ci en garde beaucoup de peine et de rancœur : « J'ai eu une enfance très pénible, dira-t-elle. Ma mère ne m'aimait pas beaucoup. Elle passait son temps à me dévaloriser, à me dire que je ne ferais rien de bon dans la vie. Ses dépressions, elle les a faites sur mon dos[12]. »

Une vedette en orbite

Durant toutes ces années, Camille Laurin a bien du mal à concilier sa vie de famille et sa vie professionnelle. Même s'il essaie de voir à tout et d'être le plus présent possible auprès de sa femme et de ses deux filles, la réalité est telle qu'il est fréquemment absent et que bien des choses lui échappent. Pris au cœur du débat sur le devenir de la psychiatrie québécoise, il est sollicité de toutes parts, souvent sept jours sur sept, et ne s'appartient plus. La plupart du temps, il quitte tôt le matin et rentre tard le soir, alors que les enfants sont généralement déjà couchées.

La médiatisation dont fait l'objet la publication des *Fous crient au secours* et le conflit à l'Institut Albert-Prévost non seulement le propulsent au premier rang des hostilités, mais en font aussi un personnage public de plus en plus recherché. Il est devenu un psychiatre vedette. Son opinion est sollicitée un peu partout et les journalistes font spontanément appel à lui dès qu'une question à caractère psychiatrique émerge dans l'opinion. On le lit dans les journaux, on l'entend à la radio et on le voit à la télévision. À Montréal et dans tout le Québec français, il est le psychiatre de l'heure.

À l'automne 1962, il compte parmi la vingtaine de personnalités religieuses et laïques invitées par le quotidien *La Presse* à commenter les défis que doit relever l'Église à l'aube de la première séance du concile Vatican II. Fidèle à ses convictions, il plaide en faveur d'une Église qui s'incarne dans le quotidien des hommes, où les laïcs occupent une plus grande place, qui soit davantage ouverte aux réalités contemporaines et qui soit plus au fait des derniers progrès de la science. « Faudrait-il accroître l'efficacité de la prédication et de l'action apostolique en les faisant bénéficier des acquisitions de la psychologie moderne, pousser l'étude de la problématique conjugale et de la limitation des naissances[13] ? », se demande-t-il.

Conférencier recherché, sollicité par des auditoires de toutes sortes, Laurin traite abondamment durant toutes ces années de l'importance de la psychiatrie, de la place de la femme dans la société ou de l'acuité de problèmes familiaux tels que les relations de couple et le rôle des parents dans l'éducation des enfants. Tantôt on le retrouve à Longueuil ou à Anjou où il affirme que l'équilibre psychique des enfants est directement rattaché à la bonne entente entre les parents, tantôt il est en Abitibi, où il réclame l'établissement de services locaux pour les malades mentaux, tantôt il court jusque dans le Bas-Saint-Laurent, où il a été invité par l'École des parents de Saint-Alexandre-de-Kamouraska. « On avait invité Camille Laurin parce que c'était un personnage connu, populaire. On voulait qu'il nous parle du rôle des parents dans l'éducation des enfants. Il ne s'est pas fait prier pour venir et on a été très satisfaites de sa conférence[14] », se souviendra Rosalyne Houde, alors présidente du groupe.

À l'occasion, il lui arrive de faire scandale, comme à Toronto où, traitant de la personnalité féminine, il ose évoquer les théories freudiennes et affirmer que, dès son jeune âge, la fillette est frustrée d'être privée du sexe masculin et acquiert ainsi un attachement particulier envers son père. Présente à cette conférence, Renaude Lapointe, journaliste à *La Presse*, rapporte que ces propos ont soulevé l'indignation de plusieurs auditrices du Canada anglais, qui ont fait remarquer qu'à leur âge elles n'avaient nul besoin d'entendre des insanités comme celles-là.

La popularité de Camille Laurin tient pour beaucoup à sa présence régulière dans les médias.

D'abord, dès 1958, il participe, en compagnie de son collègue le Dr Victorin Voyer, à une émission de télévision pour livrer des explications à caractère psychologique sur des problèmes de la vie courante. Intitulée *À cœur ouvert*, cette émission, diffusée tous les vendredis soirs à Radio-Canada, est animée par Jean Sarrazin et Madeleine Arbour ; le comédien Gilles Pellerin y ajoute également une touche d'humour. On discute des questions soulevées dans les lettres des téléspectateurs et les Drs Voyer et Laurin sont les sages qui viennent dénouer les impasses.

La collaboration de Laurin avec Radio-Canada se poursuit au début des années 1960, alors que la direction de la radio publique lui demande assez souvent de remplacer son collègue Théo Chentrier à la populaire émission *Pyschologie de la vie quotidienne*. Diffusée tous les jours de la semaine à midi, cette émission est une sorte de courrier du cœur sophistiqué. Ses fidèles, en général des auditrices, envoient des lettres faisant état de leurs problèmes, qui ont la plupart du temps un caractère conjugal et familial. Le rôle de Laurin consiste à commenter ces lettres et à donner des conseils. « On recevait jusqu'à cinq cents lettres par semaine, se souviendra-t-il. On faisait un tri et on choisissait celles qui nous apparaissaient les plus significatives, les plus représentatives des problèmes de tous les jours. J'ai fait ça pendant deux ans, je me sentais comme une sorte de guide spirituel. J'adorais ça[15]. »

Laurin connaît ensuite son heure de gloire à compter de 1966 grâce au rôle central qu'il tient dans une nouvelle série télévisée de Radio-Canada intitulée *Vivre*. Cette émission, nettement plus moderne qu'*À cœur ouvert*, présente, à la manière d'un téléroman, différentes scènes de la vie quotidienne. Les sketches, écrits par l'auteur Eugène Cloutier, traitent d'amour, de fidélité conjugale, de désir sexuel, de stress au travail, d'éducation des enfants, etc. Le comédien Gilles Pelletier, habillé tout en blanc, tient le rôle d'un *deus ex machina* qui vient accélérer la dramatique. Quant à Camille Laurin, il intervient durant les huit dernières minutes de l'émission pour expliquer les motivations psychologiques des uns et des autres et éclairer le drame qui vient d'être joué.

Selon Pelletier, qui travaillera trois ans avec Laurin et qui deviendra son ami, sa performance était tout simplement remarquable : « Alors que nous avions déjà répété nos textes quelques fois, Laurin ne venait en studio que le jour de l'émission, se souviendra-t-il. Il assistait à nos répétitions et prenait quelques notes. Ensuite, comme ça, sans texte écrit, il faisait son commentaire avec une limpidité exemplaire et dans un français impeccable. Il parlait avec beaucoup d'élégance et de volubilité. Nous étions tous très impressionnés par ses grandes qualités intellectuelles[16]. »

Cette émission, diffusée le jeudi soir, connaît une grande popularité. Les textes d'Eugène Cloutier sont très actuels et le jeu des comédiens est vivement apprécié par les téléspectateurs. Quant à Camille Laurin, ses prestations, particulièrement convaincantes, donnent du sérieux et de la crédibilité à l'ensemble. Elles lui confèrent la notoriété qui sera à l'origine du lancement de sa carrière politique, quelques années plus tard. « J'adorais faire cette émission, commentera-t-il à la fin de sa vie. J'avais l'impression d'être utile, de faire de la pédagogie sur une grande échelle. Le monde des médias était stressant mais passionnant. Je m'y sentais très à l'aise, mais pas au point de tout abandonner[17]. »

Le procès d'un monstre

Au début de l'automne 1963, un jeune avocat de Québec, Me Guy Bertrand, se présente en catastrophe au domicile de Camille Laurin. Bertrand est chargé de la défense de Léopold Dion, un dangereux psychopathe qui terrorise la Vieille Capitale depuis quelques mois, y ayant martyrisé et assassiné quatre jeunes garçons. L'avocat a besoin d'un psychiatre qui ira dire à la cour que son client est un aliéné mental, incapable de distinguer le bien du mal, et qu'on doit donc le soustraire à la peine de mort, encore en vigueur au Canada.

Dion est un prédateur sexuel qui a acquis une pédophilie homosexuelle durant ses années d'adolescence, alors qu'il était déjà derrière les barreaux pour divers crimes violents. En quelques semaines, au printemps 1963, il assassine quatre jeunes adolescents qu'il a attirés à lui en se faisant passer pour un photographe de mode. Ces meurtres sont horribles. Les jeunes garçons ont d'abord été conduits dans un chalet retiré de Pont-Rouge, à une trentaine de kilomètres de Québec. À la suite d'une brève séance de photographie qui sert essentiellement à exciter l'agresseur, ils ont été brutalisés, violés, mutilés et finalement tués et enterrés. L'affaire fait évidemment les manchettes des journaux à Québec. La population est scandalisée et a peur. Les mères interdisent à leurs jeunes fils de sortir de la maison. Lorsque Dion est finalement arrêté, au début de l'été, les bonnes gens crient vengeance et hurlent à la peine de mort.

Jeune avocat pratiquant à Montmagny, Guy Bertrand est

alors associé au cabinet de Lawrence Corriveau, réputé criminaliste de Québec. Ce dernier lui confie la défense de Léopold Dion. Bertrand, qui aime les causes spectaculaires et se sent déjà l'âme d'un croisé, accepte de relever le défi et d'aller à contre-courant. « J'avais 23 ou 24 ans à l'époque, se rappellera-t-il. Tout le monde me disait que cette cause allait briser ma carrière. Ma femme a dû quitter Québec parce qu'on recevait des menaces de mort à la maison[18]. »

Dès le départ, l'avocat est convaincu de la culpabilité de son client et se dit que sa tâche se résume à lui éviter la pendaison. La seule façon d'y parvenir est d'avoir recours à un psychiatre de grande réputation qui expliquera au juge que Dion est un fou et qu'il ne peut pas être tenu responsable de ses actes, si abominables aient-ils été.

Il essaie d'abord de trouver cet expert à Québec mais c'est peine perdue, car personne ne veut lui prêter assistance en raison du climat revanchard qui règne dans la Vieille Capitale. C'est alors que quelqu'un lui mentionne le nom de Camille Laurin, un psychiatre qu'il ne connaît pas et dont il n'a jamais entendu parler, mais qu'on lui décrit comme un être intelligent et crédible qui n'a peur de rien. « J'ai été voir Laurin à Montréal, se souviendra-t-il. J'ai été très impressionné par sa belle maison et sa bibliothèque. Je lui ai remis un texte que Dion avait écrit en prison et qui résumait sa vie de misère. Il a lu ce texte et m'a téléphoné quelques jours plus tard pour me dire que mon client était un très grand malade, l'un des plus grands qu'il ait jamais vus de toute sa vie[19]. »

Camille Laurin accepte rapidement la cause. Il se dit que Dion est certes un criminel, que ce qu'il a fait est horrible, mais qu'il a droit à une défense pleine et entière. Aussi, il consent à aller le rencontrer à la vieille prison de Québec, devenue depuis le Musée du Québec. Au départ, les gardiens s'y opposent. Ils refusent que le frêle Laurin se retrouve en tête-à-tête avec ce meurtrier, un solide gaillard de 1,82 mètre qui fait plus de 100 kilos. Mais ils finissent par se rendre à la détermination du psychiatre, et les entrevues, qui dureront une vingtaine d'heures au total, ont finalement lieu. Laurin en sort persuadé qu'il est en présence d'un véritable malade mental. « C'était une sorte de pervers polymorphe, dira-t-il. Il avait toutes les perversions sexuelles imaginables. Il était sadique, masochiste, exhibitionniste. C'était également un schizophrène qui, en crise, perdait la réalité de vue. C'était un très beau cas, un exemple à citer dans les livres scientifiques[20]. »

Le procès de Léopold Dion s'ouvre au palais de justice de Québec à la fin de novembre 1963. L'adversaire de Guy Bertrand est Me Jean Bienvenue, qui est déterminé à faire pendre l'accusé. L'interrogatoire et le contre-interrogatoire de Camille Laurin s'étirent sur trois jours. En bon psychiatre, celui-ci décrit l'enfance difficile de Dion, sa délinquance précoce et les diverses perversions auxquelles il a été initié en prison. « J'ai fait valoir qu'il était un bourreau, mais également une victime de la société, qu'il avait accumulé beaucoup de haine contre l'autorité qui l'avait exploité et que, conséquemment, il ne pouvait pas être tenu responsable de ses actes[21] », se souviendra-t-il.

Le témoignage de Laurin est toutefois contredit par celui de deux autres psychiatres, les Drs Paul Larivière et Louis-Charles Daoust, qui affirment de leur côté que l'accusé est parfaitement conscient de ses actes et qu'il n'est qu'un pervers sexuel et un meurtrier. La cour retient cette dernière opinion et, le 2 décembre 1963, Léopold Dion est reconnu coupable de meurtres et condamné à être pendu le 10 avril suivant.

Mais Guy Bertrand ne s'estime pas battu pour autant. Il se sert des mois et des années qui viennent pour multiplier les démarches judiciaires et obtient, à trois reprises, le report de la sentence. Finalement, le gouvernement fédéral accepte, en 1966, de commuer la peine de mort en une sentence d'emprisonnement à vie. Laurin collabore à la rédaction du mémoire que l'avocat fait parvenir au gouvernement. On y retrouve maints extraits des déclarations faites plusieurs mois auparavant devant le tribunal. Selon le psychiatre, « Dion ne juge pas de la qualité de ses actes et il obéit de façon automatique à ses instincts. Lorsque ceux-ci ont atteint le niveau d'excitation suffisante, il ne prend même pas la peine de juger ; il n'a pas de contrôle[22] ».

Léopold Dion sera détenu à la prison de Bordeaux

jusqu'en 1972, année où un autre prisonnier, qui s'imagine être Lawrence d'Arabie, l'assassine. Durant toutes ces années de détention, il écrira régulièrement à Camille Laurin pour lui faire part de son estime et de sa reconnaissance. De plus, il demandera au psychiatre de veiller à ce que, à sa mort, des spécialistes dissèquent son cerveau pour tenter de comprendre son comportement meurtrier. Un souhait que Laurin n'exaucera pas.

Tout au long de sa vie professionnelle, à l'exception des années où il a fait partie du gouvernement, Camille Laurin agira régulièrement à titre de témoin expert devant les tribunaux dans des procès de toute nature. Ainsi, on le retrouvera souvent au palais de justice de Baie-Comeau, où il viendra prêter main-forte à son ami Paul Sabourin, un redoutable plaideur de la Côte-Nord. « J'ai beaucoup fait appel à Camille Laurin, rappellera Sabourin. Il était très professionnel et ne chargeait pas très cher. Il faisait vraiment ce travail par amour pour son métier. Souvent, il venait à Baie-Comeau avec sa famille et en profitait pour prendre de petites vacances[23]. »

Refusant d'être confiné à son bureau, Laurin aime bien se rendre là où on estime avoir besoin de lui. Tantôt, ce sont des conférences prononcées aux quatre coins du Québec, tantôt c'est la radio ou la télévision, tantôt ce sont les tribunaux qui l'appellent. Jamais il ne se dérobe. À mesure que les années s'écoulent et en dépit de ses propres difficultés professionnelles à l'Institut Albert-Prévost, il prend davantage conscience qu'il est devenu un personnage important dans la vie sociale du Québec et il se sent de plus en plus appelé à une mission publique, qui est certes encore indéfinie mais qui n'attend que le moment propice pour prendre forme.

CHAPITRE 11

Choisir le Québec

C amille Laurin, élu. La voix puissante du président d'assemblée parvient, non sans peine, à dominer le brouhaha qui marque les trois jours du congrès de fondation du Parti québécois (PQ), à la mi-octobre 1968, au Petit Colisée de Québec. À l'image de cette toute nouvelle formation politique, issue d'un rassemblement assez hétéroclite de libéraux nationalistes, de jeunes militants du Rassemblement pour l'indépendance nationale que Pierre Bourgault chauffe à bloc depuis quelques années et d'indépendantistes de droite dirigés par Gilles Grégoire, c'est un congrès bigarré, animé, exubérant, du genre de ceux qui laissent entrevoir les espoirs les plus fous.

Contre toute attente, le psychiatre de Prévost, jusque-là à peu près inconnu dans le parti, vient d'accéder au premier conseil exécutif national du PQ. Il est le seul dont le nom ne figurait pas sur la liste méticuleusement préparée par le président fondateur René Lévesque et qui avait circulé tout au long de la fin de semaine parmi les délégués.

En fait, Laurin s'est présenté à ce congrès un peu comme un cheveu sur la soupe, après s'être fait tirer l'oreille par son ami le psychiatre Claude Saint-Laurent, alors président du Mouvement souveraineté-association du comté d'Outremont. « J'ai fortement insisté pour qu'il aille à ce congrès et se présente à l'exécutif, se souviendra ce dernier. J'avais eu de nombreuses discussions avec lui et je le sentais mûr pour qu'il fasse le saut en politique active. Je lui ai présenté ça comme un devoir auquel il ne pouvait échapper. Il a pris quelques jours de réflexion et a finalement accepté en croyant, de manière un peu narcissique, que sa réputation de psychiatre pourrait donner de la crédibilité au parti[1]. »

Camille Laurin est un peu déboussolé lorsqu'il arrive à Québec. Il ne connaît à peu près personne en dehors des membres de la délégation du comté d'Outremont, dont il a même refusé de faire officiellement partie, préférant s'inscrire au congrès à titre de simple observateur. Et puis, il est abasourdi par tout ce vacarme, cet incessant va-et-vient, ces discussions de corridor auxquelles il n'est pas habitué. De loin, il entrevoit René Lévesque, le chef adulé, entouré, qui suit à la trace chacune des résolutions adoptées par un parti dont il a désormais la responsabilité et dont il craint déjà les excès et les dérapages. Mais Laurin ne se sent pas autorisé à aller se présenter. Déjà, des amis l'ont prévenu qu'il ne figure pas sur la liste du patron. Il se tient donc prudemment à l'écart, tout en maintenant cependant sa candidature comme il l'a promis à son ami Saint-Laurent, mais sans véritable espoir d'être élu.

Comme tous les autres candidats, il dispose de cinq minutes pour se faire valoir. Il s'en sert principalement pour afficher ses convictions indépendantistes et sa foi dans un Québec souverain et social-démocrate. À sa grande surprise, il est choisi. Il se dira persuadé, à la fin de sa vie, d'avoir recueilli autant de votes à cause de la notoriété qu'il avait acquise à la télévision.

Assis aux premières rangées de l'assistance, la tête appuyée sur les mains, Lévesque est surpris de ce résultat, qu'il accepte cependant avec philosophie. Il ne connaît guère ce Camille Laurin, mais, se dit-il, ce n'est qu'un des quinze membres du conseil exécutif et il saura bien tirer profit de ses qualités de communicateur et de psychiatre. En fait, si Laurin s'inquiète du fait que son chef ne le connaît pas, qu'il ne l'a pas choisi, qu'il n'aime guère les médecins et encore moins ceux qui ont la prétention de scruter l'âme de leurs semblables, Lévesque pense déjà à la suite des choses. Selon lui, ce bon docteur à la démarche débonnaire et aux manières si onctueuses pourra s'avérer un précieux allié pour calmer le jeu au sein du parti et faire converger toutes les tendances vers un objectif commun.

Aussi, le chef péquiste réserve un accueil plutôt chaleureux à Laurin et lui propose sur-le-champ la présidence du conseil exécutif du parti en lui faisant valoir que sa notoriété acquise dans les médias lui donne toute la prestance nécessaire pour occuper ce poste, qui en fait immédiatement le numéro deux du PQ. Laurin, qui a toujours été un peu vaniteux et qui a déjà commencé à se teindre les cheveux d'un noir jais pour avoir l'air plus jeune, est flatté par cette proposition et l'accepte sans mot dire.

Encore aujourd'hui, le journaliste Pierre O'Neill, qui fut le premier attaché de presse du Parti québécois, se rappelle très bien le climat de l'époque et les calculs de René Lévesque. « Même s'il était méfiant à l'endroit des personnes qu'il ne connaissait pas, Lévesque a été agréablement surpris par l'élection de Laurin, affirmera-t-il. Il l'a nommé président de l'exécutif non pour le neutraliser mais pour qu'il joue les pacificateurs entre les diverses tendances du parti. Le côté psychiatre de Laurin l'arrangeait parce qu'aussitôt qu'il y avait un problème dans le parti, il demandait à Laurin de s'en occuper. Le docteur, c'était le pompier de service, il écoutait tout le monde, laissait les gens se défouler et travaillait ensuite en coulisses pour trouver des solutions[2]. »

Une aventure de longue main

Même si elle connaît son premier aboutissement officiel en 1968, l'aventure politique de Camille Laurin commence plusieurs années auparavant alors que, toujours à l'Institut Albert-Prévost, il s'intéresse de façon de plus en plus soutenue à l'évolution de la politique canadienne et québécoise.

En fait, il fréquente depuis le début des années 1960 un groupe d'intellectuels réformistes qui se croisent régulièrement au fil de leurs activités professionnelles et qui se réunissent plus formellement deux ou trois fois par année pour discuter de la situation du pays, notamment à l'occasion du congrès annuel, tenu dans un hôtel des Laurentides, de l'Institut canadien des affaires publiques. Quelques-uns de ces intellectuels ont pour nom Gérard Pelletier, Maurice et Jeanne Sauvé, Fernand Cadieux, Marc Lalonde, Pierre Elliott Trudeau et le syndicaliste Pierre Vadeboncœur. Tout ce beau monde se voit plusieurs fois par année, chez l'un ou chez l'autre, et discute librement de la nécessaire modernisation sociale et politique du Québec.

L'indépendance politique de la province n'est toutefois pas encore à l'ordre du jour. Il y a tant à faire dans tous les secteurs de la vie sociale et économique que personne ne songe sérieusement à débattre du statut politique du Québec. « On sortait du cléricalisme, de l'autoritarisme de Duplessis, du nationalisme frileux, de l'agriculturisme. On voulait bâtir un État moderne, libre, tolérant, à l'abri de la dictature de la pensée. Il n'était absolument pas question d'indépendance à ce moment-là[3] », précisera Laurin.

Pour l'heure, le psychiatre de Prévost est toujours un libéral fédéraliste. D'ailleurs, en novembre 1962, en plein cœur du conflit à l'Institut Albert-Prévost, il écrit une lettre au premier ministre Jean Lesage pour le féliciter de sa toute récente victoire électorale et l'appuyer dans « l'œuvre admirable » qu'il poursuit. « L'éclatante réélection du Parti libéral m'a causé une joie profonde, dit-il. Je fais maintenant plus que jamais confiance à notre peuple, à son évolution vers une véritable maturité politique et une assomption réfléchie de son destin. Je crois maintenant que nous pouvons nous libérer complètement de notre sentiment collectif d'humiliation et d'infériorité[4]. »

L'enthousiasme de Laurin à l'endroit des réalisations des libéraux québécois est remarqué par ses amis réformistes, qui l'invitent, à l'automne 1964, à rejoindre les Trudeau, Pelletier et Marchand au moment où ceux-ci s'apprêtent à adhérer au Parti libéral du Canada, en prévision des élections générales de 1965. Son nom est même évoqué dans les journaux de l'époque, en compagnie de ceux que la petite histoire a désignés sous le nom des trois colombes. C'est son ami Maurice Sauvé, lui-même député libéral fédéral, qui se charge de lui en faire officiellement la proposition, en faisant valoir que sa tâche à Prévost est terminée et qu'une belle carrière politique l'attend à Ottawa. Laurin refuse cette offre sans vraiment donner de raisons. Il confiera beaucoup plus tard qu'il se sentait probablement déjà attiré par les sirènes de l'indépendance.

En route vers l'indépendance

La genèse de l'adhésion de Camille Laurin au projet d'indépendance du Québec est longue et complexe. Elle s'étale sur plusieurs années et résulte tout à la fois de son opposition à la volonté centralisatrice et uniformisante de l'État fédéral, de sa déception à l'égard des ratés de la Révolution tranquille et d'une conception politicopsychiatrique du devenir de la société québécoise.

Loin de le rassurer, l'arrivée de ses amis Trudeau, Pelletier et Marchand sur la scène fédérale marque, selon lui, un retour à la centralisation, une volonté très nette de bâtir un État canadien fort qui s'ingère dans tous les domaines de l'activité humaine et qui banalise le Québec. « C'était la négation du statut particulier, la négation des deux nations. La notion des deux peuples fondateurs n'y trouvait plus sa place. L'élection de Trudeau en 1968 a sonné le glas de tous mes espoirs de renouvellement du fédéralisme[5] », estimera-t-il. Quant au gouvernement Lesage, il le sent usé, à bout de souffle, incapable d'aller plus loin et de mener à terme les nombreuses réformes encore en chantier.

Mais tout ça n'est pas suffisant pour adhérer à l'indépendance, un projet qui se maintient dans le paysage politique québécois depuis des décennies et auquel la fougue de Pierre Bourgault vient de redonner vie. Au-delà des péripéties de tous les jours, des reproches qu'il adresse aux uns et aux autres ou encore de ses convictions naissantes, Camille Laurin a besoin d'une motivation plus profonde, plus puissante, qui puise au cœur de sa connaissance scientifique et médicale de l'homme québécois.

Cette motivation, c'est son métier de psychiatre qui la lui procure, en lui faisant transposer sur le plan collectif les errances et lés déficiences qu'il perçoit à l'échelle individuelle chez ses patients. Ainsi, au fil de toutes ses consultations dans son cabinet de la rue Pagnuelo, c'est le Québec tout entier qu'il couche sur le divan du psychanalyste et chez qui il diagnostique une profonde impuissance personnelle et collective que seul le geste libérateur de l'indépendance pourra corriger. « Je voyais des gens résignés, tristes, passifs, découragés, expliquera-t-il à la fin de sa vie. La partie saine de leur personnalité était affectée par une importante perte de confiance en soi et la conviction d'être pour toujours né pour un p'tit pain. Notre histoire collective empêchait de développer des comportements individuels heureux. J'ai examiné les dimensions psychologiques de la vitalité de notre peuple. Lorsqu'on voit des défauts, des lacunes, il faut traiter. Pour moi, le remède ne pouvait être que politique en créant un État fort, puissant, qui corrige les effets négatifs de la Conquête[6]. »

Dès le début des années 1960, le psychiatre avait commencé à écrire, dans la revue *Le Médecin du Québec,* des textes qui, ensemble, rendent compte de l'évolution de sa pensée[7]. L'un de ceux-ci, également publié dans *Le Devoir* de l'époque, a pour titre « Le séparatisme est-il une maladie ? ». Il illustre à merveille la vision psychopolitique de Camille Laurin. On y lit notamment ceci : « Pour éviter l'angoisse que provoque en lui le choc de deux tendances inconscientes irréconciliables, le Canadien français peut ainsi déplacer ou transposer son conflit sur le plan national et tenter de le régler à ce niveau. Il est possible que son refus du séparatisme soit bien plus l'effet de mécanismes d'inhibition, de crainte, d'infériorité ou de dénégation que d'une conviction basée sur une preuve logique rigoureuse. Devant l'Anglais, qui peut représenter pour lui un substitut paternel envié et redouté, il peut ressentir toute l'étendue de sa faiblesse, de sa pauvreté, de son impuissance et de son dénouement. Il cherchera alors à s'identifier à lui, à apprendre sa langue, à épouser ses conceptions, à copier ses attitudes et son comportement, afin de communier à sa force et de ne pas s'exposer à des colères ou à des représailles qui signifieraient pour lui l'anéantissement[8]. »

Sa vision se précise au fil des ans, alors que Laurin devient de plus en plus persuadé que l'homme québécois est incomplet, coupé en deux, déchiré entre ses appartenances contradictoires. Dans un témoignage publié en 1972 aux Éditions du Parti québécois, il s'en explique ainsi : « L'homme dont la marche existentielle est depuis toujours pénible et gênée, dont les désirs s'accompagnent d'angoisse et de culpabilité, qui doit payer de demi-punitions les demi-satisfactions sur lesquelles il doit se rabattre, qui rêve d'impossibles terres promises et ne fait qu'intensifier ainsi sa frustration, qui tente de se masquer ses échecs par des sophismes et des rationalisations, ne peut que se sentir mal aimé, morcelé et incomplet, se dévaloriser et se détester, avoir mal à sa vie et brider sa créativité. C'est ce que j'ai finalement compris à observer mes patients, ma propre vie et les ambivalences de mes frères québécois. J'en ai conclu qu'une psychothérapie collective s'imposait, à laquelle éventuellement je ne saurais refuser mon apport[9]. »

En somme, Camille Laurin croit que le Québécois est un être profondément inachevé, un schizophrène politique que la défaite de 1760 a amputé d'une partie de lui-même. À son avis, c'est un individu malheureux, tourmenté, sans cesse partagé entre la révolte et la soumission, que son état de sujétion empêche de se réaliser. Souffrant d'un grave complexe d'infériorité, il cherche à s'identifier à l'Anglais, qui représente à ses yeux le pouvoir et la puissance. Aussi, Laurin estime que le Québécois a besoin d'un traitement de choc, d'une sorte d'électrothérapie qui l'extirpe de son hébétude et lui redonne enfin confiance en lui-même. Et il est persuadé que ce traitement réside dans l'acte d'indépendance, qui le fera accéder à la plénitude de ses moyens et le rendra enfin heureux et libre.

Du RIN au PQ

Sa nouvelle foi indépendantiste et sa déception à l'endroit du gouvernement Lesage le conduisent à abandonner le Parti libéral aux élections générales de 1966 et à voter pour le Rassemblement pour l'indépendance nationale (RIN) dirigé par Pierre Bourgault. Même s'il ne sera jamais membre de ce parti, Laurin est séduit par la fougue de son jeune chef et par le programme indépendantiste et social-démocrate que le RIN propose à l'électorat. Et, comme bien d'autres intellectuels de son époque, il souhaite que le vote riniste serve d'aiguillon à des libéraux qu'il considère comme passablement fatigués.

Mais la pique est plus forte que prévu et, à la surprise générale, le Parti libéral est défait par l'Union nationale. Laurin assiste alors, mais de loin, au schisme qui conduit à la fondation du Mouvement souveraineté-association (MSA) et, un an plus tard, à la création du Parti québécois. Chez lui, assis bien au chaud devant son téléviseur, il suit le congrès libéral de l'automne 1967 et voit René Lévesque et son groupe quitter avec fracas le parti, après que leur option souverainiste eut été violemment rejetée au profit de la thèse du statut particulier que défend Paul Gérin-Lajoie. « J'avais quelques amis dans ce groupe dont Rosaire Beaulé, Marc Brière et Réginald Savoie. Je les ai vus aller au congrès en compagnie de Lévesque et se faire écraser comme des souris malfaisantes. Ce spectacle disgracieux a fortifié mes convictions indépendantistes[10] », se souviendra-t-il.

Par ailleurs, Laurin adhère totalement au manifeste de 35 pages que Lévesque a conçu en vue de ce congrès pour expliquer l'essentiel de son projet de souveraineté-association. Intitulé *Un Québec souverain au sein d'une union économique canadienne*, ce manifeste a été publié un an plus tard sous le titre *Option Québec*. Il constitue le fondement idéologique des premières années du Parti québécois. « J'ai lu ce texte d'un couvert à l'autre et j'ai accepté d'emblée tout son contenu, qui me semblait nettement plus articulé que les textes issus du RIN, dira-t-il. Et puis, j'en avais assez de constater que le Canada anglais rejetait systématiquement toute idée de renouvellement en profondeur. J'étais devenu un fédéraliste rendu au bout de son rouleau[11]. »

Quelques semaines plus tard, à la mi-novembre, le groupe de René Lévesque tient une première grande réunion au sous-sol du monastère des pères dominicains, sur le chemin de la Côte-Sainte-Catherine, à Outremont. Camille Laurin s'y retrouve en compagnie d'un peu plus de quatre cents personnes, dont son ami Guy Rocher, qu'il est allé quérir chez lui pour l'emmener à la soirée. Rocher ne cache pas sa surprise devant la ferveur du psychiatre et le fait qu'il milite désormais avec René Lévesque. Le rassemblement politique se déroule dans un enthousiasme débordant. Depuis le congrès libéral, les appuis n'ont cessé d'affluer sous forme d'appels téléphoniques et de lettres d'encouragement souvent accompagnées de modestes contributions financières. Animés d'une passion peu commune, beaucoup sont pressés d'en découdre avec leurs amis d'hier et d'affronter directement le régime fédéral.

Se sentant loin d'être prêt pour la grande aventure, Lévesque choisit plutôt de calmer ses troupes en se contentant d'exposer à nouveau les grandes lignes de son projet politique et en soutenant qu'il préfère, dans un premier temps, fonder un mouvement plutôt qu'un parti politique. Il demande alors à l'assistance de l'aider à donner un nom à ce nouveau mouvement. Une vingtaine de suggestions fusent aussitôt à la volée, dont le nom de Mouvement souveraineté-association, qui sera finalement retenu. Camille Laurin avance timidement le nom de Parti québécois. Rejetée à ce moment-là, cette appellation sera finalement retenue moins d'un an plus tard, lors du congrès de fondation du parti.

La participation de Laurin à l'assemblée se limite à cette initiative. Il ne prend pas la parole, pas plus qu'il ne se donne la peine d'aller parler avec René Lévesque, qui lui apparaît encore bien inaccessible. Tout au plus en profite-t-il pour se confier à Guy Rocher au sujet de sa conversion indépendantiste et de sa décision de faire un jour de la politique active, quitte à devoir laisser complètement la pratique de la psychiatrie.

L'homme rentre chez lui tout de suite après l'assemblée et, encore sous le coup de l'émotion, annonce à sa femme qu'il est emballé par le projet de René Lévesque, qu'il veut promouvoir activement la cause de l'indépendance nationale et qu'il va probablement se lancer en politique à plus ou moins brève échéance. Rollande, dont la santé est toujours aussi chancelante et qui a maintenant deux jeunes enfants sur les bras, n'est guère enthousiaste. Mais elle ne s'oppose pas formellement aux ambitieux projets de son mari, se disant qu'il sera toujours temps d'y mettre le holà.

Pour l'heure, cependant, il ne se passe rien de bien concret et Laurin consacre les douze mois subséquents à suivre de loin les activités du MSA. Puis, à l'été 1968, il adhère officiellement au mouvement en achetant une carte de membre de son association locale d'Outremont. Et c'est à l'automne de la même année, au moment de son élection au conseil exécutif national du parti, que les choses débutent pour de bon.

Le paratonnerre

On démarre sur les chapeaux de roues. Tout est à faire dans ce nouveau parti : structurer la permanence, organiser des associations dans tous les comtés du Québec, assurer le financement, répondre aux nombreuses demandes qui affluent de partout, être constamment présent auprès des médias, dont cette nouvelle formation politique suscite la curiosité autant que la fascination, etc. La tâche de fonder un parti politique est proprement titanesque et Laurin, comme tous ses nouveaux collègues de la direction, s'y dépense sans compter, plusieurs heures par jour, sept jours sur sept.

Il préside d'abord, tous les quinze jours, une réunion régulière du conseil exécutif. Ainsi que l'a souhaité René Lévesque, le psychiatre a pour fonction principale de l'aider à dégager des compromis entre les différentes tendances qui animent ce parti, composé au départ d'anciens libéraux comme Jean-Roch Boivin ou Fernand Paré, de politiciens assez traditionnels et rompus aux méthodes électorales des vieux partis et de jeunes intellectuels soixante-huitards, regroupés autour d'André Larocque et de Claude Charron, qui rêvent de démocratie participative et de pouvoir populaire.

Lévesque lui-même est d'ailleurs constamment tiraillé entre ces deux groupes parce que, s'il se sent naturellement plus près de ses vieux camarades du Parti libéral, dont il apprécie l'expérience et le côté terre-à-terre, il n'en reconnaît pas moins la valeur des jeunes militants, dont l'idéal politique n'est pas sans lui rappeler au moins partiellement le sien et dont le travail acharné sur le terrain est absolument indispensable à la progression du parti. Et puis, le chef constate également que la dissolution du RIN, décrétée par Bourgault au lendemain de la fondation du PQ, jette un nombre toujours grandissant de ces jeunes zélotes dans les bras de sa formation politique et qu'il n'a pas d'autre choix que s'en accommoder, même s'il les trouve à l'occasion exaspérants et dérangeants.

Aussi, il compte sur la sagesse et l'aménité de Camille Laurin pour arrondir les angles et mettre du baume un peu partout, y compris lorsqu'il est lui-même la source de tiraillements. C'est un travail que le psychiatre remplira à merveille jusqu'à la victoire électorale de 1976, écoutant patiemment les uns et les autres et accomplissant le tour de force de donner l'impression d'être tout pour tout le monde. Il sera particulièrement apprécié par les éléments les plus turbulents du parti, qui en feront leur protecteur auprès de Lévesque, souvent d'humeur maussade, surtout durant les huit longues années d'opposition.

« Laurin, c'était notre paratonnerre face à Lévesque », racontera Louise Harel, qui est entrée à la permanence du PQ en 1970 et qui a eu plus que sa part de démêlés avec le chef. « Il nous écoutait beaucoup et prenait le temps de tenter de comprendre notre point de vue. Il agissait en modérateur sans jamais chercher à nous gronder. Au fond, le docteur nous protégeait contre les colères de Lévesque[12]. » Même impression chez Martine Tremblay, qui a fait partie du premier service de recherche parlementaire du Parti québécois. « Camille, c'était le papa de tout le monde. Il était beaucoup utilisé pour régler les conflits entre les diverses ailes du parti[13] », se souviendra-t-elle.

Jacques Parizeau, qui a fréquenté Camille Laurin à partir de 1969, soulignera également l'importance du rôle que celui-ci a joué au sein du Parti québécois. « Laurin en imposait par son autorité, dira-t-il. Ses conversations privées étaient célèbres. Quand quelqu'un commençait à causer un problème dans l'exécutif ou dans le fonctionnement ou dans l'organisation du parti,

Laurin le confessait. Ça ne se faisait pas en public mais en privé. Il y en a qui ressortaient de là tout transformés. Je crois que c'est sa formation de psychiatre qui lui permettait de faire tout ça[14]. »

Mais attention : si Camille Laurin a la patience et le talent nécessaires pour naviguer ainsi entre les uns et les autres sans jamais se faire de véritables ennemis et pour laisser croire à chacun qu'il partage son opinion, il demeurera en tout temps profondément lévesquiste et le restera jusqu'à sa démission en 1984. En toutes circonstances, il finira toujours par adopter les positions que défend René Lévesque et il aidera constamment ce dernier à les faire accepter par les militants du parti.

L'accoucheur de notre liberté

S'il en est ainsi, c'est que Laurin voue dès le départ une admiration sans borne à Lévesque, qu'il estime être le seul politicien capable de réaliser l'indépendance du Québec. Le psychiatre est littéralement fasciné par cet homme qui, autant dans ses défauts que dans ses qualités, représente à ses yeux la quintessence du Québécois et qui, seul parmi tous les autres, a la lucidité, la force et le charisme nécessaires pour conduire son peuple à la Terre promise.

Il en trace d'ailleurs un admirable portrait dans son témoignage intitulé *Pourquoi je suis souverainiste*. « Depuis que je travaille à ses côtés, écrira-t-il en 1972, René Lévesque me paraît comprendre et ressentir dans sa chair ces contradictions de l'homme québécois qui tout à la fois lui imposent de se libérer et l'empêchent d'y parvenir. C'est pourquoi il oscille lui-même entre la nuit et la lumière, l'impatience et la confiance, la tendresse et la sévérité, la mercuriale et l'appel au dépassement lorsqu'il se parle à lui-même ou aux autres… C'est pourquoi il est pour chacun un signe de contradiction, le lieu de la reconnaissance et de la méconnaissance, de la détestation et de l'amour. C'est pourquoi en somme le destin ne pouvait que le choisir comme accoucheur de notre liberté[15]. »

Toutefois, même s'ils feront route ensemble pendant plus de

quinze ans, Laurin et Lévesque ne seront jamais de grands amis. Leurs personnalités sont trop différentes et ils éprouvent tous les deux une sorte de gêne dans les rapports humains qui les tient à bonne distance et qui les empêchera toujours de se confier l'un à l'autre. Certes, il leur arrivera bien, au fil de toutes ces années, de partager quelques parties de cartes ou quelques soupers bien arrosés, mais leurs rapports non politiques s'arrêteront là. Ils seront davantage des partenaires et des alliés circonstanciels que des amis. S'il a beaucoup d'admiration pour Lévesque, Camille Laurin se sent nettement plus proche de Marc-André Bédard, dont il apprécie la chaleur et la spontanéité, ou de Jacques Parizeau, dont le brio intellectuel le séduit.

De son côté, René Lévesque restera toujours impressionné par la stature de Laurin, dont il connaît le parcours professionnel et le rôle fondamental dans l'évolution de la psychiatrie québécoise. Même s'il ne l'admet pas ouvertement, l'adhésion de Laurin au Parti québécois le flatte et il envisage dès le début la possibilité de lui attribuer un poste important dans un futur gouvernement péquiste.

En somme, à défaut de l'aimer et surtout de le lui dire, le chef péquiste voue un immense respect au grand humaniste et au réformateur qu'est Laurin. Ce respect, il le manifestera concrètement en acceptant de signer, en 1970, la préface de *Ma traversée du Québec*. Dans cette préface, qui souligne par ailleurs le travail inlassable de Laurin à la présidence du PQ, Lévesque dit ceci :

> Toute cette traversée du Québec n'est effectivement, en dernière analyse, qu'une incessante et (impitoyablement) amoureuse exploration de notre panorama intérieur, conduite par un homme qui s'y révèle lui-même frémissant de curiosité et de sympathie, rivé de toutes ses fibres à l'*homo quebecensis* et à ce petit morceau d'humanité qui est sa famille nationale, l'un et l'autre s'éclairant mutuellement sous une plume qui demeure chaleureuse même quand la formation professionnelle l'amène à se transformer en scalpel psychanalytique[16].

Une tournée du Québec

Comme toutes les autres figures de proue du parti, les Lévesque, Parizeau, Grégoire et Doris Lussier, Camille Laurin contribue puissamment à implanter le Parti québécois sur tout le territoire du Québec. De 1968 à 1970, il quadrille littéralement la province à titre d'orateur invité à des assemblées péquistes. Tantôt il y va seul, tantôt il est accompagné par l'un ou l'autre des dirigeants du parti. Il s'agit d'un véritable travail de défrichage pour lequel il n'est pas rare de faire quelques centaines de kilomètres avant de se retrouver dans un sous-sol d'église devant une vingtaine de personnes plus ou moins sceptiques, ou, pire encore, de se cogner le nez sur des portes closes parce que les édiles locaux, effrayés par les méchants séparatistes, ont refusé de leur donner accès à quelque salle que ce soit.

> C'était un travail de pionnier, se souviendra-t-il. Je suis allé un peu partout, de la Gaspésie à l'Abitibi. On conduisait nos propres voitures et on payait nos propres dépenses. Plusieurs fois, l'assistance était très faible mais je n'étais pas découragé. On sentait qu'il y avait du répondant dans la population et le membership du parti grossissait sans cesse[17].

Marc-André Bédard, qui a largement contribué à l'implantation du Parti québécois au Saguenay–Lac-Saint-Jean, soulignera l'importance du travail effectué par Laurin en région. Selon lui, celui-ci avait compris que le PQ ne pourrait jamais prendre le pouvoir s'il n'était pas solidement enraciné en dehors de Montréal et s'est dépensé sans compter pour y parvenir.

Camille Laurin, que son travail à Prévost accapare de moins en moins, consacre toutes ses fins de semaine aux tournées politiques. Bien sûr, sa pratique privée en souffre et sa situation financière en subit les contrecoups, ce que lui fait d'ailleurs remarquer Rollande, qui n'apprécie guère les absences de plus en plus fréquentes et de plus en plus prolongées de son mari à l'extérieur du foyer. Mais Laurin n'en a cure. Depuis qu'il en a terminé avec l'Institut Albert-Prévost, il s'est découvert une nouvelle cause et a l'impression de contribuer à édifier le projet politique le plus important de l'histoire du Québec. Aussi, il ne ménage rien, courant d'une réunion à l'autre et répondant à toutes les invitations qu'on lui adresse. Tantôt il discute au téléphone avec Parizeau ou Lévesque ou il peaufine un texte d'orientation en vue d'un prochain conseil national, tantôt il est à la permanence du parti et confesse l'un ou l'autre des jeunes trublions, tantôt il parcourt les campagnes pour faire la promotion de la souveraineté et recruter de nouveaux membres en prévision de la prochaine campagne électorale. On peut retrouver dans ses archives plusieurs notes manuscrites dont il s'est servi lors de ses nombreuses allocutions. Celles-ci illustrent les articulations essentielles de son discours.

D'abord, soutient-il, tous les sondages d'opinion de la dernière décennie démontrent qu'une majorité de Québécois sont insatisfaits du fonctionnement du système fédéral et souhaitent des changements en profondeur. Or, explique-t-il, ces changements ne peuvent survenir parce que les autorités canadiennes, surtout depuis l'arrivée au pouvoir de Trudeau, sont intransigeantes et agressives à l'endroit des Québécois. Laurin traite ensuite de la situation économique du Québec, qu'il qualifie de totalement déplorable. Il évoque le taux de chômage toujours plus élevé ici que dans le reste du Canada et le fait que, selon les derniers relevés statistiques, le niveau de vie des francophones se situe au treizième rang de l'échelle canadienne, tout juste devant celui des Italiens et des autochtones. Et il explique que cette situation d'infériorité perdurera tant et aussi longtemps que les Québécois ne deviendront pas maîtres de leur économie en l'arrachant à la mainmise des capitaux anglophones.

Il aborde également la question linguistique en soulignant que Montréal est en voie de s'angliciser, que l'anglais y est la langue des affaires et de l'affichage et que, faute d'une législation les en empêchant, la vaste majorité des immigrants s'y intègrent à la communauté anglophone. La souveraineté, conclut-il, est la seule solution à tous ces maux. Elle va permettre la création d'un État francophone, contrôlé à 100 % par la majorité francophone et disposant de tous les pouvoirs nécessaires pour assurer le mieux-être économique, social et culturel de l'ensemble des Québécois[18].

Une première crise linguistique

À l'automne 1969, le Québec vit sa première crise linguistique profonde. Celle-ci a pour théâtre le quartier Saint-Léonard, au nord-est de Montréal, où francophones et italophones s'affrontent violemment au sujet du droit d'accès à l'école anglaise. Depuis déjà quelques années, la communauté italienne, qui regroupe maintenant près de 50 % des 25 000 habitants de ce quartier, a pris l'habitude d'inscrire ses enfants à l'école anglaise, persuadée de maximiser ainsi leurs chances de réussite dans ce Canada à grande majorité anglophone où elle vient tout juste d'immigrer. Cette habitude est d'ailleurs encouragée par la direction de la Commission des écoles catholiques de Montréal (CECM), qui est tout heureuse de gonfler de cette manière les effectifs de ses classes anglophones de confession catholique et de pouvoir ainsi faire la nique à la communauté protestante[19].

En 1968, des francophones indignés par la situation créent, sous la direction de Raymond Lemieux, le Mouvement pour l'intégration scolaire et font élire à la CECM une majorité de commissaires. Ceux-ci décrètent que, dorénavant, les enfants des immigrants devront fréquenter l'école française et s'intégrer ainsi à la majorité francophone du Québec plutôt qu'aller grossir les rangs de la minorité anglophone. Le Mouvement pour l'intrégration scolaire appuie notamment son action sur la publication, depuis le début des années 1960, de nombreuses études statistiques, dont celles du démographe Jacques Henripin, montrant que la situation du français régresse à Montréal et qu'une telle régression résulte surtout de l'intégration massive des immigrants à la communauté anglophone. Si rien n'est fait, prévient-on, la métropole deviendra majoritairement anglophone au tournant du XXIe siècle.

Il n'en faut pas plus pour mettre le feu aux poudres, et la rentrée scolaire de l'automne 1969 à Saint-Léonard tourne presque à l'émeute lorsque manifestants francophones et italophones s'affrontent à coups d'injures et de pancartes. La police doit intervenir. À la fin de la manifestation, on compte une centaine de blessés, plus de cinquante arrestations, de nombreuses vitrines fracassées et une dizaine d'incendies criminels.

À Québec, le premier ministre unioniste Jean-Jacques Bertrand, qui réside dans les bucoliques « Eastern Townships » et qui aime gouverner dans le calme et la tranquillité, décide que toute cette agitation a assez duré. Défenseur à tous crins des libertés individuelles, « bon ententiste » jusqu'à la naïveté, il dépose, le 22 octobre à l'Assemblée nationale, le projet de loi 63 qui, bien qu'intitulé Loi pour promouvoir la langue française au Québec, confirme en réalité le libre choix des parents en matière de langue d'enseignement pour leurs enfants.

Loin de calmer le jeu, le dépôt de ce projet de loi enflamme le Québec tout entier, et François-Albert Angers, l'une des figures historiques de la cause nationaliste, reprend du service pour créer le Front du Québec français, qui regroupe tous les organismes syndicaux et populaires opposés à une loi qu'ils jugent inique et scandaleuse. Partout au Québec, les dénonciations et les manifestations se multiplient, rassemblant successivement un nombre toujours plus élevé de protestataires. À la fin d'octobre, plus de vingt mille manifestants, en grande partie des étudiants, se retrouvent devant l'Assemblée nationale pour réclamer le retrait de ce projet de loi et la démission de Bertrand, que le célèbre animateur de télévision Jacques Normand a entretemps affublé du surnom dérisoire de « Bébert le temporaire ».

À l'intérieur de l'enceinte parlementaire, René Lévesque a pris le relais de cette contestation. En compagnie de quelques autres députés, dont le libéral Yves Michaud et les unionistes Jérôme Proulx, Antonio Flamand et Gaston Tremblay, il forme une maigre mais bruyante opposition circonstancielle qui combattra jusqu'à la fin l'adoption de ce projet de loi. Même s'il se méfie comme de la peste des manifestations de rue, qu'il craint toujours de voir noyautées par des groupes extrémistes, Lévesque sent qu'il n'a pas d'autre choix que de lutter farouchement contre cette législation déshonorante qui affaiblit le Québec francophone. De plus, il se rend bien compte que ça bouillonne dans sa propre formation politique, où des éléments plus radicaux ont tenté, quelques mois auparavant, de l'amener à promouvoir l'abolition de toute subvention publique aux écoles anglaises.

Aussi, tout opposé soit-il au projet de loi 63, il prend bien soin que l'action de son jeune parti, dont des milliers de membres et de sympathisants se retrouvent dans la rue, pancartes à la main, ne dérape et que le PQ ne soit identifié à quelque geste violent ou terroriste. Il décrète donc que, à part lui-même, seul Camille Laurin est autorisé à traiter publiquement de cette question au nom du Parti québécois. Occupé en permanence à l'Assemblée nationale, Lévesque demande plus spécifiquement à Laurin de répondre aux nombreuses invitations des stations de radio et de télévision, qui font évidemment leurs choux gras de toute cette crise. En quelques semaines, ce dernier participe ainsi à plus d'une dizaine d'émissions, principalement à Montréal et dans les Cantons-de-l'Est. Partout, il défend la position parlementaire soutenue par son chef et s'emploie à démontrer que ce projet de loi est une trahison, une hypocrisie, et qu'il détruit la situation du français dans la métropole.

« Ce projet de loi constitue un acte de colonisé, un trompe-l'œil et une malhonnêteté intellectuelle », affirme-t-il notamment lors d'une émission de Télé-Métropole diffusée le 23 novembre 1969. « Il consacre pour la première fois les privilèges de la minorité anglophone et le pouvoir qu'elle détient, de par sa force économique, d'angliciser nos immigrants et un nombre toujours plus élevé de Québécois francophones. Messieurs Bertrand et Lesage ont cédé au chantage de la minorité anglophone qui les a fait danser en menaçant de ne plus souscrire à la caisse électorale et de ne plus investir au Québec. Nos chefs ont préféré obéir à leurs maîtres et à leurs pourvoyeurs plutôt qu'à la majorité québécoise[20]. »

Mais ni l'agitation de la rue, ni l'opposition parlementaire de René Lévesque et encore moins les prestations télévisées de Camille Laurin ne parviennent à faire reculer le premier ministre Bertrand. Le projet de loi 63 est finalement adopté à la fin de novembre 1969. Il contribuera largement à la défaite électorale du gouvernement unioniste le printemps suivant.

L'épisode de la loi 63 et de l'opposition farouche qu'elle a suscitée chez les francophones est capital dans l'histoire politique du Québec contemporain, puisque cette législation constitue la première partie d'une pièce en trois actes que joueront, sur moins de dix ans, trois partis politiques et trois gouvernements successifs. L'Union nationale s'étant chargée du premier acte, les libéraux de Robert Bourassa en écriront le deuxième en faisant adopter, en 1974, la loi 22, qui affirmera le statut officiel de la langue française mais qui demeurera extrêmement permissive en matière de langue d'affichage et de langue de travail. De plus, la controverse au sujet de l'accès à l'école anglaise restera entière puisque les enfants des immigrants pourront continuer de s'y inscrire à condition de démontrer une connaissance suffisante de l'anglais. Cette loi ne fera l'affaire de personne et sera encore plus contestée que la loi 63. Les francophones estimeront qu'elle est trop molle, tandis que les anglophones soutiendront le contraire. Bourassa y perdra à son tour beaucoup de plumes. Le dernier acte s'écrira sous l'inspiration et la responsabilité de Camille Laurin qui, répondant aux demandes de correction de la loi 22 que formulera René Lévesque, accouchera en 1977 de son grand œuvre politique, la Charte de la langue française.

CHAPITRE 12

Camomille

Miné par la maladie, affaibli par la crise linguistique de l'automne précédent et confronté aux dissensions internes qui secouent son gouvernement, le premier ministre Jean-Jacques Bertrand déclenche des élections générales le 12 mars 1970. Le scrutin aura lieu le 29 avril suivant.

Camille Laurin est candidat du Parti québécois dans le comté de Bourget. Il s'agit de sa première lutte électorale. Sa présence dans cette circonscription tient en bonne partie du hasard puisque, au départ, rien ne destinait ce psychiatre d'Outremont à ce comté ouvrier et populaire de l'est de Montréal, dans lequel il n'a d'ailleurs jamais mis les pieds et qu'il serait bien incapable de repérer sur une carte.

En fait, tout s'est joué quelques mois plus tôt lorsque les dirigeants péquistes du comté, forts d'une pétition de plusieurs dizaines de militants, sont allés le voir à l'Institut Albert-Prévost pour lui demander formellement d'être candidat. L'initiative revient en grande partie à Serge Guérin, un jeune homme dans la vingtaine déjà très actif au sein du PQ, qui a délaissé ses études de sciences politiques au Collège Sainte-Marie pour s'occuper d'organisation électorale dans le comté de Bourget, où il réside. « Camille Laurin était une des vedettes du parti. On a su qu'il était peut-être disponible. On a consulté plusieurs membres, on a fait signer une pétition et on l'a rencontré pour lui demander d'être notre candidat[1] », se souviendra celui qui deviendra au cours des années subséquentes l'un des principaux collaborateurs de Jacques Parizeau.

Laurin n'accepte pas tout de suite et demande à réfléchir. La proposition le flatte et il a vraiment pris goût à la politique, mais il veut d'abord en parler à sa femme. Rollande, qui voit la situation familiale battre de l'aile depuis que son Camille s'active au sein du Parti québécois, est franchement opposée à cette candidature. Elle fait valoir qu'il sera encore plus souvent absent de la maison s'il est élu, car il devra aller siéger à Québec, qu'elle-même et leurs deux filles, alors âgées de huit et quatre ans, ont grand besoin de lui et que leur situation financière va continuer de se détériorer puisqu'un député gagne passablement moins qu'un psychiatre. Mais son mari insiste tellement qu'elle finit par céder.

De son côté, il se sent appelé, conscrit à un devoir auquel il ne peut se dérober. Dans son esprit, il n'a jamais été question de refuser ce nouvel engagement : « Je trouvais ça parfaitement normal qu'on me demande d'être candidat puisque j'étais devenu la personne la plus visible dans le parti après René Lévesque. Il me fallait donc être conséquent avec mes choix[2] », expliquera-t-il à la fin de sa vie.

Quant aux problèmes familiaux et domestiques, ils lui semblent bien secondaires, sinon dérisoires, par rapport à l'ampleur du projet politique auquel on l'invite à contribuer. Certes, Laurin n'a pas du tout l'intention de négliger les siens et il croit sincèrement qu'il pourra continuer, même de loin, à veiller sur tout. Et puis, n'a-t-il pas embauché il y a quelque temps une excellente aide domestique qui seconde très bien sa femme dans sa tâche de tenir la maison et de s'occuper des enfants ? Alors comme ce sera le cas tout au long de sa carrière politique, le psychiatre se persuade sans grande difficulté que sa famille saura s'accommoder de son absence pendant qu'il s'adonnera à son grand dessein national.

Aussi, il accepte sans aucune réserve la proposition de se

porter candidat dans Bourget et l'emporte facilement lors de l'assemblée d'investiture qui l'oppose à deux militants nettement moins connus. Jacques Parizeau et René Lévesque participent tous les deux à cette assemblée d'investiture et se félicitent que le PQ puisse compter sur une candidature de cette qualité. La vraie bataille peut donc commencer.

Un candidat docile

Laurin, dont l'expérience politique se résume à faire des discours, ne connaît rien aux campagnes électorales et aux tactiques propres à séduire l'électorat. Il décide donc de jouer la carte de l'humilité et de se mettre totalement et aveuglément à la disposition de son organisation de comté. « Laurin s'est présenté à nous comme un simple militant. Il nous a dit qu'il ne connaissait pas ça et qu'il allait faire tout ce qu'on lui demanderait. Et, tout le long de la campagne, il a été très obéissant[3] », de rappeler Serge Guérin.

Le candidat doit cependant surmonter un premier obstacle de taille puisqu'il n'a pas de racines dans ce comté, ayant toujours habité le centre-ouest de Montréal et fréquentant depuis plusieurs années des gens issus de milieux plutôt bourgeois. En matière de classe sociale, la population de Bourget est à l'opposé du microcosme raffiné, bilingue et pluriethnique que forment ses amis médecins, artistes ou universitaires. Francophone à 81 %, cette population est majoritairement modeste, peu instruite et ouvrière. En 1970, le revenu annuel moyen des électeurs du comté est de 4 300 dollars, soit moins du dixième de ce que gagne alors Camille Laurin.

En fait, même si Bourget est moins pauvre que les comtés voisins de Sainte-Marie, Maisonneuve et Saint-Jacques, il n'en demeure pas moins une circonscription identifiée à la bande sud-est de l'île de Montréal. C'est une sorte de banlieue-dortoir pour familles à moyens ou faibles revenus. On y est un peu plus riche dans la partie nord du comté, en haut de la rue Sherbrooke, mais plus on descend vers le sud et on se rapproche des rives du fleuve Saint-Laurent, plus les rues sont sales, plus les maisons sont délabrées et plus les gens vivent de l'assistance publique. Laurin est bien loin des chics demeures d'Outremont et des réunions savantes tenues sur les campus universitaires ou dans les grands hôtels de la métropole.

De plus, le candidat péquiste doit affronter deux adversaires de taille. D'abord, le député sortant, l'unioniste Paul-Émile Sauvageau, qui a remporté les élections précédentes avec plus de 1 000 voix de majorité. Sauvageau est connu et respecté dans le comté, qu'il a sillonné en tous sens depuis quatre ans. Il a toutefois le désavantage de représenter un parti passablement discrédité auprès de l'opinion publique. Quant aux libéraux, ils présentent un candidat vedette, l'avocat Gérard Beaudry, qui vient tout juste de se donner une solide réputation de justicier en dénonçant la corruption municipale à Saint-Michel et à Anjou, au nord-est de Montréal. Par ailleurs, il a la chance de porter les couleurs d'un parti qui, avec son nouveau chef Robert Bourassa, a carrément le vent dans les voiles.

Après avoir obtenu un congé sans solde des autorités de l'Institut Albert-Prévost, qui ne sont pas mécontentes de le voir aller s'agiter ailleurs, Laurin se lance à fond de train dans la campagne électorale. Même si ses responsabilités à la direction du PQ l'obligent à participer à quelques assemblées politiques à caractère national, il consacre l'essentiel des six semaines de campagne à parcourir son comté et à rencontrer ses électeurs un à un, mettant alors à profit ses talents de psychiatre.

Contre toute attente, ses origines modestes et les préoccupations sociales qu'il a toujours affichées contribuent rapidement à le rendre à l'aise. Descendant dans la rue, il se met à la portée des gens et se montre sensible autant à leurs problèmes qu'à leurs espoirs. « On a fait une campagne d'assemblées de cuisine et de porte à porte, de se souvenir Guérin. Laurin était très bon dans le contact personnel ; il savait écouter les gens et leur parler. Les problèmes étaient surtout rattachés au chômage et au bien-être social. Souvent les gens parlaient autant au médecin qu'au candidat[4]. » Il participe également à quelques assemblées publiques, mais ses organisateurs en réduisent le nombre au strict minimum parce qu'ils estiment que les discours de leur candidat, généralement trop longs, deviennent rapidement académiques et ennuyeux.

À mesure que la campagne progresse, l'équipe de Laurin se montre de plus en plus optimiste. Bien sûr, les sondages prédisent unanimement une victoire du Parti libéral, mais ils accordent également plus de 20 % des voix au Parti québécois à l'échelle nationale. Ce pourcentage devient évidemment beaucoup plus élevé dans un certain nombre de comtés francophones situés principalement dans l'est de Montréal et composés d'électeurs de classe moyenne, où le RIN a obtenu un bon score au scrutin de 1966. Bourget fait partie de ces comtés. Une dizaine de jours avant le vote, le journaliste Jean-Claude Trait affirme, dans *La Presse,* que la lutte électorale est extrêmement vive dans plusieurs comtés de l'île de Montréal et désigne nommément le comté de Bourget, où, signale-t-il, le PQ tente de séduire les 35 % d'électeurs qui se sont abstenus de voter en 1966[5].

Le soir du 29 avril 1970, Camille Laurin est proclamé vainqueur. Il a obtenu près de 9 400 votes, contre un peu plus de 9 000 pour Gérard Beaudry et 4 350 pour Paul-Émile Sauvageau. C'est une victoire serrée avec seulement quelque 300 voix de majorité, obtenue au terme d'une campagne difficile, mais c'est tout de même une victoire.

Laurin, qui a douté de son élection jusqu'à la toute fin, jubile. Il a l'impression d'écrire une page d'histoire en faisant partie du premier peloton de députés indépendantistes du Québec moderne. Trois de ses nouveaux collègues péquistes ont été élus dans des comtés adjacents au sien. Ce sont Robert Burns, dans le comté de Maisonneuve, Claude Charron, dans le comté de Saint-Jacques, et Charles Tremblay, dans le comté de Sainte-Marie. Les trois autres élus sont Marcel Léger, dans le comté de Lafontaine, Guy Joron, dans le comté de Gouin, et Lucien Lessard qui, dans le comté de Saguenay, devient le premier péquiste élu à l'extérieur de l'île de Montréal. Ces sept députés formeront la première opposition parlementaire du Parti québécois à l'Assemblée nationale.

Certes, plusieurs têtes d'affiche du parti ont subi d'amères défaites, dont René Lévesque, Jacques Parizeau et Jacques-Yvan Morin, que Laurin lui-même avait fortement incité à se présenter. En revanche, le PQ est arrivé bon deuxième à l'échelle du Québec avec 23 % des voix, contre seulement 17 % pour l'Union nationale et 12 % pour le Ralliement des créditistes. Voilà donc environ 600 000 électeurs qui se sont prononcés pour l'indépendance. Pour une première fois, ce n'est pas mal, de se dire le nouveau député de Bourget. Après quelques moments passés avec les militants de son comté, Laurin accourt au Centre Paul-Sauvé pour consoler son chef et les autres candidats défaits, mais aussi pour retrouver dans la joie ceux qui viennent d'être élus. Dans quelques jours, il deviendra leur patron.

La controverse du serment

René Lévesque, qui a décidé de demeurer à la présidence du PQ malgré son échec personnel dans le comté de Laurier, doit désigner un chef parlementaire qui guidera les troupes à l'Assemblée nationale, en prévision de la session censée s'ouvrir dès le 9 juin. Normalement, cette tâche aurait dû lui revenir mais, puisqu'il a été défait, il doit confier les rênes à quelqu'un d'autre.

Lévesque porte rapidement son choix sur Camille Laurin, qui est le plus crédible de tous les nouveaux élus et le seul capable, à ses yeux, de diriger harmonieusement la jeune troupe et de maintenir ses interventions dans le cadre des grandes orientations du parti. Dès le départ, le chef appréhende que son absence du caucus parlementaire ne crée un certain nombre de problèmes et il compte sur Laurin pour arrondir les angles, comme il a su si bien le faire au conseil exécutif du parti.

Trente ans plus tard, Laurin gardera cependant le sentiment d'avoir été choisi un peu par défaut : « Lévesque trouvait que Charron était trop jeune et que Burns était trop imprévisible, dira-t-il. Quant à Joron, ses compétences se limitaient à l'économie. Alors il a opté pour moi parce qu'il n'avait pas beaucoup le choix[6]. »

Il accepte de jouer ce rôle mais fait remarquer à son chef qu'il n'a aucune expérience parlementaire et que, contrairement aux avocats, les joutes verbales ne lui sont pas familières. « "Vous apprendrez sur le tas", m'a-t-il répondu avec son petit sourire en coin qui le rendait si charmant à l'occasion[7]. »

L'occasion d'apprendre ne tardera d'ailleurs pas à se manifester puisque, dès la première journée de la session parlementaire, les sept députés péquistes brillent par leur absence. Leurs fauteuils sont vides parce que, drapés dans leur dignité indépendantiste, ces messieurs refusent de prêter le traditionnel serment d'allégeance à la reine, lui préférant un serment de fidélité au peuple du Québec. L'accès à l'enceinte parlementaire leur est donc interdit. Certes, leurs motifs correspondent au credo politique du groupe, mais le geste n'en est pas moins anticonstitutionnel, comme viendra d'ailleurs le leur expliquer Jacques-Yvan Morin, dont les convictions souverainistes n'ont pas embrouillé sa vaste connaissance du droit constitutionnel canadien. « Je suis venu à Québec expressément pour leur dire que leur refus de prêter serment ne tenait pas debout juridiquement et qu'ils n'avaient d'autre choix que de s'exécuter s'ils voulaient siéger[8] », se souviendra Morin.

Au surplus, les députés péquistes ont un assez gros caillou dans leurs chaussures puisque l'un des leurs, Charles Tremblay, s'est rendu quelques jours plus tôt dans la Vieille Capitale et, ignorant tout de la consigne à venir, a tout bonnement prêté serment en allant prendre possession de son bureau. La situation, un peu loufoque, n'est pas sans provoquer les railleries des adversaires politiques et le courroux de René Lévesque, qui n'est guère heureux de voir sa jeune députation trébucher aussi rapidement sur les fleurs du tapis. « Je me souviens que Lévesque était en beau crisse. Pour lui, toute cette affaire-là, ce n'étaient que des chinoiseries. Il nous a demandé de sauver la face au plus coupant et d'aller siéger[9] », rappellera Robert Burns, l'un des nouveaux élus à l'époque.

Et c'est ainsi que le 16 juin 1970, alors que la session parlementaire est en cours depuis déjà une semaine, Camille Laurin accepte de prêter allégeance à Élisabeth II de façon à pouvoir aller expliquer à l'ensemble des députés pourquoi il ne voulait pas prononcer ce serment. Seul à son siège, pendant que ses six collègues péquistes l'écoutent du haut de la galerie des visiteurs, le député de Bourget, dont c'est le premier discours à titre de parlementaire, se vide le cœur. « Ce serment, dans sa formule actuelle, est vide de sens, il est désuet, il est périmé, il constitue un vestige de colonialisme, il a une saveur de domination que l'on voudrait dépasser et surtout il est sans correspondance avec l'évolution de notre régime démocratique et avec l'état de l'opinion québécoise[10] », affirme-t-il, en promettant qu'un gouvernement péquiste verra à en modifier la formulation.

Ce baroud d'honneur est suffisant pour permettre à tout le monde de rentrer dans le rang, et le groupe péquiste, logé à une extrémité de l'enceinte parlementaire, tout juste à la gauche du président de l'Assemblée nationale, peut enfin participer pleinement aux travaux se déroulant dans le « salon de la race ». Mais cette affaire du serment a laissé des traces et a notamment illustré l'amateurisme qui règne au sein d'une aile parlementaire pleine d'allant et de bonne volonté mais totalement inexpérimentée en matière politique. Même s'il fait tout son possible pour colmater les brèches à droite et à gauche, Camille Laurin n'est guère mieux loti que les autres. Lui aussi a tout à apprendre dans un milieu dont les mœurs lui sont complètement étrangères et où les erreurs, rapidement amplifiées par les journalistes, ne pardonnent pas. En ce mois de juin 1970, alors qu'il siège depuis seulement quelques semaines, il a désespérément besoin d'aide.

Un don du Ciel

Cette aide aura pour nom Louis Bernard, un jeune sous-ministre adjoint aux Affaires fédérales-provinciales, qui, sur les entrefaites, vient offrir ses services aux parlementaires péquistes. Haut fonctionnaire dont la carrière semblait pourtant prometteuse sous le gouvernement Bourassa, Bernard décide, par conviction, de tout laisser tomber et de se mettre au service de la cause souverainiste. « L'élection de Trudeau à l'été 1968 avait mis fin au fédéralisme coopératif auquel j'avais cru. Et Bourassa n'avait pas la base politique pour vraiment faire avancer le Québec. Alors j'ai pensé que la voie la plus prometteuse était celle de la souveraineté-association[11] », expliquera-t-il avec l'économie de mots qui l'a toujours caractérisé.

À la mi-juin, il rencontre par hasard René Lévesque, qui est venu faire un petit tour à Québec, et lui fait part de ses intentions. Vivement intéressé, ce dernier lui conseille d'en parler avec Camille Laurin. Bernard appelle aussitôt Robert Burns, qu'il a connu au Collège Sainte-Marie, et prend rendez-vous avec les deux hommes. Il leur explique alors que les règlements de l'Assemblée nationale leur donnent droit aux services d'un chef de cabinet et propose sa candidature. Bernard se souviendra que Laurin lui avait fait une excellente impression et qu'il s'était montré particulièrement chaleureux à son endroit.

De son côté, Camille Laurin est tout aussi impressionné par ce jeune technocrate qui semble en savoir si long sur le fonctionnement du parlementarisme et l'ensemble des affaires de l'État. Après une brève consultation avec Lévesque et Parizeau, il accepte la proposition de Louis Bernard, qui deviendra son chef de cabinet à compter du 1er août suivant. C'est alors que commence entre les deux hommes une longue et riche collaboration, faite de respect, d'estime et de complicité, qui explique en très large partie le succès parlementaire et médiatique que l'opposition péquiste connaîtra au cours des trois années subséquentes.

À son arrivée, Louis Bernard constate sur-le-champ que l'équipe parlementaire, toute fougueuse et travaillante qu'elle soit, manque totalement de préparation et d'organisation. Les députés s'agitent, tirent dans toutes les directions et, plus souvent qu'autrement, ratent la cible. « Je sentais que tout était à faire, rappellera-t-il. Ils ne connaissaient rien. Ils s'étaient barré les pieds dans l'affaire du serment. Pour eux, j'étais une sorte de don du Ciel[12]. »

Il commence d'abord par organiser convenablement les bureaux et rapatrier, dans l'édifice de l'Assemblée nationale, l'équipe de jeunes recherchistes que Jacques Parizeau avait d'abord cru bon de loger dans un appartement de la rue Sainte-

Ursule, dans le Vieux-Québec. C'est ainsi que les André Larocque, Robert Mackay, Denyse Malouin, Denis Blais, Claude Dumas, Claude Plante, Michel Leguerrier, Martine Tremblay, Michel Lemieux et quelques autres viendront graduellement prêter main-forte aux députés péquistes. Ces jeunes gens brillants, hypermotivés et totalement dévoués à la cause souverainiste formeront une équipe de recherche hors du commun, sans cesse aux barricades, prête à sauter sur tout ce qui peut faire trébucher le gouvernement. Ils parviendront rapidement à semer la terreur chez leurs adversaires. Plus tard, lorsque le Parti québécois prendra le pouvoir, ils jouiront de la confiance absolue de René Lévesque et occuperont tous des postes-clés dans l'appareil politique ou administratif. Bien plus qu'un réseau, ils formeront alors, avec les élus de la première heure, une sorte de famille souche tricotée on ne peut plus serrée, à laquelle seuls les ignorants ou les téméraires oseront s'attaquer.

Pour sa part, Camille Laurin est ravi. Il a trouvé dans son chef de cabinet le maître qui l'initiera à son nouvel univers. « Bernard nous a donné des cours sur le parlementarisme, se souviendra-t-il. Il nous a expliqué la mécanique et le jeu parlementaires. Il a fait le tour de chacun des secteurs et nous a organisés en répartissant les tâches entre tous les députés. On était littéralement suspendu à ses lèvres[13]. »

Le bon Camille

Fort de l'appui logistique et tactique de Louis Bernard, le député de Bourget peut maintenant donner sa pleine mesure comme chef parlementaire de l'opposition péquiste. Tous les témoignages des acteurs de l'époque iront dans le même sens : Laurin a été un leader aimé, écouté et admiré. Contrairement à Lévesque, que les députés voient assez peu et qui, malheureux d'être à l'écart, bougonne plus souvent qu'à son tour dans sa chronique du *Journal de Montréal*, le chef parlementaire a le mérite d'être toujours là, présent auprès de ses troupes, sans cesse prêt à écouter et à consoler, toujours disponible pour donner un coup de main. « Notre aile parlementaire jouissait de beaucoup d'autonomie, se souviendra Claude Charron. Lévesque n'était pas là et nous avait pratiquement dit de nous arranger avec nos troubles. Alors, c'est ce qu'on a fait sous la direction de Camille[14]. »

« C'était un homme qui ralliait et qui apaisait », rappellera pour sa part Denyse Malouin, qui a été sa principale collaboratrice de 1970 à 1973 et qui est bien au fait de toutes les péripéties qu'a vécues l'opposition péquiste. « La première fois que je l'ai vu, il se promenait dans les corridors de l'Assemblée nationale en chantant des airs d'opéra. J'en ai immédiatement gardé l'image d'un homme doux et agréable[15]. »

Dès les premiers mois, députés et recherchistes le surnomment affectueusement « Camomille », en référence à cette plante aromatique aux vertus apaisantes, presque soporifiques, dont on fait des tisanes. Nul ne se souviendra si la trouvaille est de Guy Joron ou de Claude Charron, mais tous conviendront qu'elle lui allait comme un gant, tellement ses discours à l'Assemblée nationale étaient souvent endormants.

Quelques mois suffisent à Laurin pour qu'il se sente parfaitement à l'aise au sein de son jeune groupe de députés et de son équipe de recherchistes. Plus âgé et plus réfléchi que tout le monde, il est à la fois le chef politique incontesté et le père spirituel qui reçoit naturellement les confidences de tout un chacun et qui dispense ses conseils avec chaleur et bonté. « Il souriait tout le temps, il n'était jamais énervé, il n'exprimait jamais la moindre humeur désagréable[16] », se souviendra Martine Tremblay. « Il t'écoutait, il était tout à toi, il te donnait de l'importance. Le docteur était la véritable autorité morale du groupe[17] », de renchérir Claude Plante. Même son de cloche chez les députés, unanimes à souligner la très grande qualité du travail effectué par Camille Laurin. « Camille, c'était notre père, notre mère et notre psychiatre. Il a donné de la respectabilité, de la stature morale à notre groupe. Il nous a appris la force et la ténacité[18] », dira Robert Burns.

Burns sait ce dont il parle puisqu'il doit à Laurin de l'avoir intéressé à son nouveau métier de parlementaire. Féroce plaideur issu des milieux syndicaux, grande gueule que l'alcool rendait encore plus fringant, Robert Burns est un peu le mouton noir du groupe péquiste. Même si Lévesque l'a nommé leader parlementaire, donc numéro deux de l'équipe, il ne prend pas son rôle au sérieux. Il se sent isolé à Québec et s'ennuie de ses amis de la CSN et des soirées bien arrosées au Press Club de Montréal. Alors, il prend un coup et s'absente souvent de son travail. Il n'est pas rare que, en pleine session parlementaire, on doive se mettre à sa recherche aux quatre coins de la Vieille Capitale.

Laurin, que sa pratique professionnelle a habitué à ce genre de problèmes, décide de prendre son leader par la douceur. Sans jamais le gronder, il insiste plutôt sur son importance dans le groupe. « Camille n'a jamais disputé Burns. Il se contentait de lui dire : "Robert, lorsque vous n'êtes pas là, ce n'est pas pareil, il nous manque quelque chose"[19] », de rappeler Denyse Malouin. Et la thérapie porte des fruits. Au bout de quelques mois, Robert Burns rentre dans le rang et accepte d'assumer pleinement son rôle. « Laurin m'a pris en douceur et m'a convaincu que j'étais important dans l'équipe. C'était un homme bon et chaleureux qui a fini par me faire sentir coupable de ne pas faire ma job[20] », se souviendra-t-il.

De son côté, Claude Charron soulignera la très grande capacité d'adaptation de son chef parlementaire et son art d'improviser en tout temps sur toutes sortes de sujets. « Laurin avait une culture gigantesque. Il était capable de parler de tout avec un minimum de préparation. Dans notre groupe, il était le lanceur de relève de tout le monde. Lorsque quelqu'un s'absentait ou n'était pas prêt, on savait que Camille serait là, parfaitement capable de le remplacer à pied levé[21] », dira-t-il.

Quiconque a suivi les travaux parlementaires de l'époque se souviendra que Laurin est monté au front lors de tous les grands débats. Qu'il s'agisse de la création du régime d'assurance-maladie, de la grève des médecins spécialistes, du projet de construction hydroélectrique à la baie James ou encore de l'enquête sur le crime organisé, le député de Bourget est utilisé à toutes les sauces. « Heureusement, j'apprenais très vite, expliquera ce dernier en se remémorant cette époque de sa vie.

C'était un monde tout nouveau mais qui était fascinant. Je lisais avec avidité pour comprendre le fonctionnement de l'État. Ça a été une période de travail très intense, on s'est souvent couché à quatre heures du matin, mais tout ça se faisait dans la bonne humeur[22]. »

Il a en effet la réputation d'être le hibou de l'équipe et de passer ses nuits à lire et à potasser ses dossiers. Alors que tout le monde est parti se coucher depuis longtemps, Laurin est toujours à son bureau pour écrire et peaufiner ses interventions du lendemain. Il a cependant la mauvaise habitude de profiter de ses nuits d'insomnie pour se promener d'un bureau à l'autre et aller mettre son nez un peu partout. Un jour, peu après la Crise d'octobre, Denyse Malouin et Louis Bernard se rendent compte qu'on a fouillé dans les classeurs de l'équipe de recherche et que les dossiers sont sens dessus dessous. Ils supputent d'abord que c'est l'œuvre d'adversaires politiques, mais ils découvrent, après une brève enquête, que le coupable n'est nul autre que leur chef.

Néanmoins, toute cette activité nocturne n'empêche aucunement Laurin d'être fin prêt lorsque les travaux de l'Assemblée nationale reprennent et de monter jour après jour à l'assaut du gouvernement. Dans tous les cas, ses interventions s'inspirent de la même logique : d'abord, une analyse rigoureuse des faits, assortie au besoin de rappels historiques et sociologiques ; ensuite, une critique implacable de l'action du gouvernement ; enfin, une démonstration que l'accession du Québec à la souveraineté serait de nature à améliorer la situation. Tous ses discours, débités sur un ton monocorde et sans aucun effet oratoire, sont longs, très longs. Il utilise toujours tout le temps mis à sa disposition, émaillant ses interventions de références savantes, de citations latines ou grecques qui, à tout coup, font rager ses adversaires. « Ah non, pas encore lui ! », s'exclament les députés libéraux lorsqu'ils voient leur collègue péquiste se lever de son siège et prendre la parole.

Même s'ils ne sont que sept à l'Assemblée nationale, Laurin et son groupe s'agitent comme s'ils étaient trente et s'imposent rapidement comme la véritable opposition au gouvernement libéral. En seulement quelques mois de session parlementaire, ils parviennent, grâce à leur combativité et au sérieux de leurs interventions, à devancer leurs collègues unionistes et créditistes, pourtant plus nombreux qu'eux sur le parquet de l'Assemblée, et à s'attirer la sympathie des médias. La bataille politique est devenue une joute à deux : libéraux contre péquistes.

S'il ennuie et exaspère la piétaille libérale, Camille Laurin n'en gagne pas moins le respect et l'estime de plusieurs membres du gouvernement, dont, au premier chef, ceux du premier ministre Robert Bourassa. « Robert appréciait beaucoup Laurin, dont il reconnaissait la culture et l'érudition. Sans être un ami, il lui arrivait souvent de jaser avec lui, dans son bureau ou ailleurs[23] », rappellera Jean-Claude Rivest, à l'époque chef de cabinet du leader libéral.

Ses rapports privilégiés avec le premier ministre permettent d'ailleurs au leader péquiste d'obtenir assez facilement de Bourassa qu'il intervienne auprès de ses troupes pour que cessent les quolibets de « fifi» et de « tapette » qui fusent systématiquement des banquettes libérales dès que les députés Charron et Joron prennent la parole. « Il y avait des homosexuels dans notre équipe, ce qui n'était pas courant à cette époque-là, expliquera Louis Bernard. Camille a joué un rôle important pour que ça soit accepté et compris. Il saisissait bien ce genre de problèmes et l'impact que ça pouvait avoir[24]. »

Laurin entretient également d'excellents rapports avec le ministre de la Santé, Claude Castonguay, dont il apprécie le sérieux et la compétence. Castonguay et Laurin ont tout pour s'entendre. Ce sont deux hommes de dossiers, qui aiment aller au fond des choses et qui sont peu portés sur les considérations partisanes. Aussi, le député de Bourget lui apporte toute sa collaboration au moment des débats relatifs aux projets de loi sur l'assurance-maladie et sur la protection du malade mental. « Mes rapports avec Laurin étaient très cordiaux, se rappellera Castonguay. On divergeait d'opinion sur la question constitutionnelle mais on était passablement sur la même longueur d'ondes à propos des grands dossiers que j'ai pilotés à l'Assemblée nationale. Nous n'avions pas de rapports partisans et j'ai toujours senti chez lui le désir de collaborer et d'améliorer les projets de loi[25]. »

Claude Castonguay se souviendra en particulier du difficile épisode de l'intégration, en 1973, de l'Institut Albert-Prévost à l'hôpital Sacré-Cœur, où Camille Laurin a joué un rôle majeur. Selon lui, le chef parlementaire du PQ, qui pouvait toujours compter sur le respect du personnel de cet hôpital, l'a grandement sorti d'embarras en acceptant ce projet d'intégration et en prenant la peine d'en convaincre ses anciens collègues.

« Un peu de hasch, docteur »

Montréalais jusqu'à la moelle, Camille Laurin ne connaît rien de Québec au moment où il devient député. Les premiers mois, il loge dans une chambre d'étudiant que lui a dénichée l'un de ses amis. Puis, Denyse Malouin, qui a pris ses problèmes domestiques en mains, lui loue, à l'automne 1970, un appartement situé dans une rue qui donne sur la terrasse adjacente au Château Frontenac, tout près du consulat américain. Il y habitera jusqu'en 1973.

Même s'il offre une vue magnifique sur le Saint-Laurent et qu'il est relativement spacieux, cet appartement n'est, pour le leader péquiste, qu'un banal pied-à-terre où il ne rentre que pour dormir. Complètement absorbé par son travail, Laurin néglige les contingences de la vie courante. Son réfrigérateur est constamment vide et il ne porte aucune attention aux différents comptes qui s'accumulent dans sa boîte aux lettres. C'est sa secrétaire qui doit ramasser les factures et téléphoner aux différents fournisseurs pour s'excuser des retards de son patron et les convaincre de ne pas couper l'électricité ou le téléphone. En fait, Laurin ne vit que dans sa tête. Il est dans une sorte de bulle que le monde extérieur n'atteint pas.

Ses extravagances et ses distractions sont célèbres. Tantôt il décide d'aller magasiner et achète, sans s'en rendre compte, trois complets en tous points semblables, tantôt il sort, en plein hiver, en oubliant de mettre son manteau et ses gants, tantôt on doit lui coudre le foulard au col de son paletot pour qu'il cesse de l'égarer partout, tantôt, ses couvre-chaussures à la main, il traverse en coup de vent le parquet de l'Assemblée nationale alors en pleine session et, s'apercevant de sa méprise, se met à chanter « Je ne fais que passer... », soulevant l'hilarité générale des députés. Camille Laurin est ailleurs, dans un monde inaccessible que lui seul connaît. « C'était un crisse de beau fou, un passionné[26] », dira Claude Charron, qui l'a aimé comme un fils aime son père.

Mais il sait aussi s'amuser et accompagne de temps à autre le groupe de joyeux fêtards qui l'entoure. Aussi, il lui arrive, en période de session parlementaire, de se retrouver en fin de soirée au *Biarritz,* un petit restaurant sans prétention du Vieux-Québec où les péquistes ont établi leur quartier général. On boit un gin-tonic, une bière ou un verre de vin, on mange un sandwich au fromage ou au jambon et on refait le monde. Là comme ailleurs, le docteur parle peu ; il écoute, soupèse et conseille si on le lui demande. C'est le sage au milieu de l'agitation générale.

À l'occasion, les soirées sont plus organisées et prennent l'allure d'une véritable fiesta. Si l'équipe parlementaire du PQ travaille fort, elle s'amuse tout aussi fort. Tous ces jeunes gens, nourris à la culture du « flower power », trouvent important de s'éclater et ne ratent aucune occasion de faire la fête. Laurin participe à ces événements et y fait toutes sortes de nouvelles expériences, comme lorsqu'il goûte au haschisch pour la première et peut-être la seule fois de sa vie. On est au printemps de 1972 et le groupe péquiste a décidé de fêter en grand l'anniversaire de plusieurs des leurs, dont celui de leur chef parlementaire bien-aimé. Députés et recherchistes se retrouvent alors dans un appartement du Vieux-Québec où logent quelques membres de l'équipe. À la fin d'un repas bien arrosé, on fait circuler un énorme gâteau de fête sur lequel trône un bon carré de haschisch. À tour de rôle, chacun prend du gâteau et l'accompagne d'un petit morceau de drogue.

Denyse Malouin est assise pas très loin de Camille Laurin lorsque la chose lui tombe entre les mains. « Il n'avait manifestement jamais vu ça, se souviendra-t-elle. Alors, il a examiné le haschisch assez longtemps et a finalement décidé de faire comme les autres et d'en prendre un peu. Quelques minutes plus tard, il s'est levé sans dire un mot à personne, a relevé le bas de son pantalon et est allé danser sur le trottoir. Le lendemain, il nous a dit, l'œil malicieux et le sourire en coin, qu'il avait passé une excellente soirée[27]. » Robert Burns se rappellera également avec délectation cette mémorable soirée où son vertueux chef a goûté aux plaisirs défendus : « Vous auriez dû le voir danser avec son habit noir, le pantalon relevé aux genoux, sa chemise blanche et sa cravate noire qui battait au vent. C'était tellement drôle[28]. »

Rollande et les enfants

Même absent de la maison, Camille Laurin essaie de s'occuper du mieux qu'il peut de Rollande et des enfants. Il leur téléphone tous les jours pour obtenir de leurs nouvelles et régler les détails de la vie quotidienne. Lorsqu'il sent sa femme particulièrement agitée et malheureuse, il demande à son ami Pierre Lefebvre d'aller faire un tour rue Pagnuelo et de pallier son absence. « Je suis souvent allé chez Camille pour prendre soin de Rollande, reconnaîtra Lefebvre. Je la trouvais souvent en état de crise, mais, la plupart du temps, il me suffisait de l'écouter et de la consoler. Au bout de quelques heures, la situation revenait à la normale et je pouvais rentrer chez moi. Jusqu'à la prochaine fois[29]. »

Et lorsque Laurin ne téléphone pas, c'est sa femme qui appelle. Souvent, c'est Denyse Malouin qui répond et qui s'en occupe. « Il m'arrivait de jaser avec elle pendant des heures, se souviendra-t-elle. Elle me parlait de la maison et des problèmes qu'elle rencontrait avec les enfants, surtout la deuxième, qui connaissait alors des difficultés d'adaptation. C'était une femme malade, angoissée, qui avait toujours besoin d'être bercée. Elle aimait son Camille à la folie et se désespérait de son absence[30]. »

Deux ou trois fois par année, sa famille vient le voir à Québec et passe quelques jours avec lui. Laurin vit toujours ces retrouvailles dans la joie. Il se promène avec Rollande dans les rues de la vieille ville et achète des petits cadeaux à Marie-Pascale et à Maryse. Il les emmène à l'Assemblée nationale, leur fait visiter son bureau et les initie à la vie parlementaire. Alors sa femme rayonne. Marchant au bras de son mari, elle est gaie, souriante, aimable avec tout le monde. Mais dès qu'elle repart à Montréal, l'angoisse et la dépression reprennent le dessus. De plus, elle a commencé à tromper son ennui dans l'alcool, ce qui n'arrange rien.

Tout au long de sa vie politique, Laurin sera très discret au sujet des difficultés de sa femme. Il en parle peu, et lorsqu'il le fait, il préfère dire qu'elle a des problèmes physiques, des maux de tête, des troubles gastriques ou autre chose du genre. Sauf à ses amis psychiatres de la première heure, les Roger Lemieux, Pierre Lefebvre et, plus tard, Arthur Amyot, il ne se confiera à personne. Mais son entourage n'est pas dupe de toutes ces cachotteries. Souvent, un collègue député ou un recherchiste l'accompagne à la maison et constate que ça ne tourne pas rond. Alors l'équipe s'en parle et plaint son chef de devoir subir cette pression supplémentaire. Mais ça s'arrête là et, si tout le monde est au courant, personne n'ose aborder le sujet avec le principal intéressé.

Octobre 1970

Camille Laurin n'a que quelques mois d'expérience parlementaire dans le corps lorsque survient la Crise d'octobre, l'un des moments les plus dramatiques de l'histoire politique du Québec. Au départ, l'enlèvement du diplomate britannique James Richard Cross, aux premiers jours d'octobre 1970, ne l'émeut guère. Le terrorisme politique est devenu une mode internationale et il s'est habitué aux nombreux actes de violence que le Front de libération du Québec (FLQ) a commis sur l'île de Montréal depuis le début des années 1960.

À l'instar de René Lévesque, il condamne ce type d'action et notamment les pertes de vie résultant de l'explosion de colis piégés devant des édifices de l'ouest de la ville, mais il comprend l'exaspération qu'engendre chez les felquistes l'état de sujétion des Québécois francophones. Sans rien approuver, il n'est pas de ceux qui ferment les yeux devant les conditions objectives qui sont à l'origine de cette violence.

Le 11 octobre, son collègue libéral Pierre Laporte, député de Chambly et leader parlementaire du gouvernement, est enlevé à son tour. Camille Laurin est ébranlé. Il connaît bien Laporte, qui a, comme lui, fréquenté le Collège de l'Assomption et qui a été son ami au début des années 1960. Il se souvient même lui avoir écrit un petit mot de félicitations lors de son élection en 1961.

Laurin se sent alors plus directement concerné mais s'abrite derrière René Lévesque, qui, pour la première fois depuis avril 1970, sort vraiment de sa tanière et prend le contrôle des opérations. Lévesque est horrifié par la situation. Il dénonce cette violence inutile et stupide, constate l'effondrement du gouvernement québécois devant Ottawa et craint que toute cette affaire ne nuise considérablement à son propre parti, assimilé dès le début aux auteurs des actions terroristes. « À partir du moment où Laporte a été enlevé, Lévesque a pris le devant de la scène. C'est lui qui a fait les interventions publiques. Nous les députés, on ne faisait que suivre ce qui se passait. Ce n'est pas nous qui avions les commandes[31] », de se rappeler Laurin.

Cependant, le député de Bourget signe, avec une quinzaine d'autres personnalités québécoises, une déclaration invitant Robert Bourassa à négocier une solution pacifique à la crise et à faire respecter les compétences du gouvernement du Québec, alors menacées par l'intervention de plus en plus intempestive d'Ottawa. C'est cette déclaration que les hystériques de l'époque ont interprétée comme une tentative de mettre sur pied un gouvernement parallèle.

Le 15 octobre 1970, au plus fort de la crise, le premier ministre Bourassa convoque l'Assemblée nationale non pas pour traiter de la situation, mais bien pour faire adopter une loi imposant le retour au travail des médecins spécialistes, en grève depuis une dizaine de jours parce qu'ils s'opposent à l'entrée en vigueur du nouveau régime d'assurance-maladie. Camille Laurin, dont le groupe parlementaire appuie le gouvernement sur la question des médecins, saute sur l'occasion pour débattre de la crise et, en particulier, de l'enlèvement du ministre Laporte.

Dans une Assemblée en pleine effervescence où les péquistes se font traiter de bandits, de traîtres et de terroristes, il propose à travers le tumulte général une motion visant la création d'un comité spécial chargé d'examiner l'ensemble de la conjoncture et de définir la position du Québec. Comme d'autres, il sait que Marc Lalonde, chef de cabinet du premier ministre canadien Pierre Elliott Trudeau, a passé une partie de la journée dans les bureaux de Bourassa et il s'inquiète du déclin de l'autonomie du gouvernement québécois.

Le président de l'Assemblée, Jean-Noël Lavoie, suspend alors les travaux pour étudier la recevabilité de la motion. Pendant cette suspension, Guy Leduc, député libéral de Taillon et cousin de Pierre Laporte, se précipite sur Laurin pour lui demander de faire marche arrière. « Au nom de Françoise (la femme de Laporte) et de ses enfants, je te supplie de retirer ta motion. Si le gouvernement doit donner publiquement des informations sur les opérations policières en cours, ça va mettre la vie de notre collègue en danger[32] », lui dit-il en substance.

Laurin n'aura pas à se rendre à cette requête puisque le président Lavoie déclare la motion irrecevable et que les travaux de l'Assemblée nationale sont ajournés au 10 novembre suivant. Il rentre alors en voiture à Montréal en compagnie de Burns, Charron et Joron. En arrivant dans la métropole, aux petites heures du matin, ils apprennent qu'Ottawa a fait adopter la Loi sur les mesures de guerre. C'est alors qu'ils comprennent ce que Lalonde était venu faire à Québec. C'est aussi à ce moment-là qu'on les informe de l'arrestation arbitraire, en pleine nuit, de plusieurs centaines de leurs amis et sympathisants dont les poètes Gérald Godin et Gaston Miron, la chanteuse Pauline Julien et le syndicaliste Michel Chartrand.

Moins de 48 heures plus tard, le corps de Pierre Laporte est retrouvé sans vie, dans le coffre arrière d'une voiture garée sur le stationnement de la base militaire de Saint-Hubert, au sud de Montréal. Le FLQ l'a assassiné. Comme tous les autres, Camille Laurin est atterré par la nouvelle. Jamais il n'a cru qu'on en arriverait là. « Camille était catastrophé », de se souvenir Serge Guérin, toujours dans l'entourage du Parti québécois. « Il avait très peur pour lui-même et sa famille. Il craignait la réaction d'extré-mistes anglophones qui voudraient se venger sur lui. Sa femme paniquait énormément et il devait s'en occuper sans arrêt[33]. »

Chef de parti à l'Assemblée nationale, Laurin a droit aux attentions de l'armée canadienne. À partir de la mi-octobre, des soldats armés campent plusieurs semaines autour de son domi-cile. Il se souviendra de les avoir fait entrer dans sa maison et de leur avoir offert du café. Mais il se rappellera aussi que sa femme et ses filles étaient terrorisées par la présence des militaires et de leurs fusils et ne souhaitaient que leur départ.

À la reprise des travaux parlementaires, au milieu du mois de novembre 1970, Camille Laurin livre un discours enflammé sur la Crise d'octobre. À travers les quolibets, les sarcasmes et les injures des députés libéraux, il dénonce vivement l'assassinat de Pierre Laporte, qu'il qualifie d'injuste, d'inutile et de stupide, mais il déplore tout autant l'action des autorités politiques, et en particulier celle d'Ottawa, qu'il accuse de s'être servi des événe-ments pour tenter d'anéantir les forces indépendantistes. « L'in-tervention de l'armée et la Loi sur les mesures de guerre appa-raissent comme un masque, comme une mesure non pas dirigée contre une organisation terroriste aux faibles effectifs, mais contre une opposition qui revendique avec un succès toujours grandissant la souveraineté du Québec et la disparition des inégalités sociales[34] », affirme-t-il.

Quant au gouvernement de Québec, Laurin le presse d'adopter au plus tôt des mesures qui vont permettre à la majo-rité francophone de se sentir chez elle sur son propre territoire. Pour une bonne part, son discours reprend presque mot à mot les principales revendications du FLQ. « Il n'est plus suffisant, dit-il, que le français devienne la langue de travail. Il faut désor-mais qu'au Québec la minorité anglophone cesse de se considé-rer comme l'avant-poste ou le chargé de pouvoir de la majorité anglophone du Canada. Il faut que l'« establishment » cesse de contrôler la vie politique de ce pays par le moyen des caisses électorales, du cartel financier et des groupes de pression. Il faut que l'entreprise se francise rapidement et dans tous les secteurs. Il faut que le français devienne la langue officielle à l'usine, à l'école, dans les médias, dans les cours de justice pour faire droit à la dignité et à la maturité du Québec. Il faut que l'on corrige au plus tôt les inégalités sociales[35].

L'école anglaise aux Anglais

En accédant au pouvoir, Robert Bourassa a hérité du cadeau empoisonné de la loi 63 qui autorise la pleine liberté de choix en matière de langue d'enseignement. Bourassa, qui ne jure que par l'économie et qui s'est fait élire en promettant la création de cent mille emplois, se méfie comme de la peste des questions linguistiques, car elles suscitent des réactions beaucoup trop émotives à ses yeux. Il dirige un parti composé d'un bon nombre d'anglophones et il voudrait bien pouvoir gouverner en paix, sans devoir ouvrir cette boîte de Pandore. Aussi, dès le début de son mandat, il est bien aise de pouvoir s'appuyer sur l'existence de la commission Gendron, créée par le gouvernement précédent pour examiner la situation du français. À la bonne heure pour Bourassa, le groupe tarde à remettre son rapport. Voilà qui va lui permettre de souffler un peu et de repousser à plus tard, de préférence lors d'un second mandat, toute intervention au sujet de cet épineux problème.

Mais le premier ministre est un politicien extrêmement rusé qui aime bien que les autres aillent à la pêche à sa place et viennent ensuite l'informer de la température de l'eau et du comportement des poissons. Voilà pourquoi, à l'automne 1972, il permet, de façon exceptionnelle, à Camille Laurin de présenter un projet de loi sur la langue d'enseignement. Jean-Claude Rivest se souviendra très bien de cet épisode, lors duquel son chef a décidé de se servir du leader péquiste pour prendre le pouls de la société québécoise concernant l'épineuse question linguistique. Encore aujourd'hui, l'astuce de Bourassa le fait bien rigoler.

C'est ainsi que, à la mi-novembre 1972, Laurin se lève de son siège et, fier comme Artaban, propose l'adoption du projet de loi 91 modifiant la Loi de l'instruction publique. Pour l'essentiel, ce projet de loi abolit les dispositions de la loi 63 et réserve l'accès à l'école anglaise uniquement aux enfants qui ont déjà suivi au Québec des cours en langue anglaise ou dont l'anglais est la langue maternelle. En somme, ceux qui allaient déjà à l'école anglaise pourraient continuer d'y aller, mais, à l'avenir, seuls les enfants de parents anglophones y auraient accès, ce qui exclurait tous les enfants d'immigrants autres qu'anglophones. On est encore loin des dispositions de la Charte de la langue française, qui seront bien plus strictes, mais la présentation de ce projet de loi et les débats qui l'ont entourée donnent, cinq ans à l'avance, un bon aperçu de la philosophie et de l'argumentation du père de la loi 101.

Le 22 novembre 1972, alors que le projet de loi 91 est examiné en deuxième lecture, Laurin prononce un discours substantiel où il affirme d'abord que les Québécois francophones sont des locataires dans leur propre pays, qu'ils sont en situation d'infériorité économique et politique et que le statut du français s'en trouve gravement menacé tant à l'école qu'en milieu de travail. Selon lui, la minorité anglophone du Québec est une fausse minorité puisqu'elle est riche, puissante et qu'elle s'appuie sur la majorité canadienne, dont elle constitue ici une sorte d'avant-garde arrogante.

En pareilles circonstances, poursuit-il, il est normal que les immigrants et même bon nombre de francophones choisissent d'inscrire leurs enfants à l'école anglaise, dans l'espoir de les voir accéder au monde des dirigeants. C'est cette tendance qu'il faut absolument renverser. Et il conclut ainsi son intervention : « Ce que nous proposons est limité mais constitue un premier pas essentiel, un premier pas urgent que nous avons la possibilité autant que le devoir d'accomplir. Je voudrais que nous agissions en tant que membres d'un peuple entier qui est en marche enfin vers son identité, et non pas d'un peuple dont l'âme collective est divisée, remplie d'hésitations, qui doute de lui-même et de son avenir. Je voudrais que nous réagissions comme des citoyens d'un pays normal[36]. »

La réplique gouvernementale vient du ministre de l'Éducation, le Dr François Cloutier, tout aussi psychiatre que Laurin mais nettement moins porté sur la thérapie collective. Il rejette

d'emblée le projet de loi, qu'il estime « mal conçu, discriminatoire et démagogique ». Sans nier que la loi 63 pose problème, il
affirme que le gouvernement s'y attaquera au moment opportun
lorsqu'il aura en mains toutes les données nécessaires, compte
tenu du contexte particulier du Québec en Amérique du
Nord[37].

Le projet de loi 91 n'est évidemment pas adopté et sombre
dans les limbes des travaux parlementaires. Qu'à cela ne tienne,
Camille Laurin a pu annoncer clairement ses couleurs et il aura
sa revanche quelques années plus tard.

CHAPITRE 13

Le repli

J e me suis fait voler mon élection », lance Camille Laurin le
« soir du 29 octobre 1973, alors qu'il vient d'être battu par un
obscur candidat libéral du nom de Jean Boudreault. Défait
par seulement 300 voix, le chef parlementaire du PQ est certain
d'avoir été spolié. Les libéraux ont fait voter les morts, ils ont
passé des télégraphes à la dizaine, dit-il à ses militants avant d'aller se jeter en pleurs dans les bras de René Lévesque, lui aussi
défait par environ 300 votes dans le comté montréalais de
Dorion.

Le Québec vit alors les contrecoups de la Crise d'octobre.
Trente-six mois après les événements, l'organisation péquiste est
encore en état de choc et plusieurs de ses candidats ont été assimilés aux poseurs de bombes, aux terroristes et aux assassins
d'octobre 1970. Un Québec séparé sera la Roumanie de l'Amérique, d'ironiser, entre deux verres de gin, le fantaisiste et futur
sénateur libéral Jean Lapointe, engagé par le PLQ pour la durée
de la campagne électorale. Toute cette propagande produit son
effet et le Parti québécois, par ailleurs fortement désavantagé par
le système électoral, n'a fait élire que six députés, soit un de
moins que la dernière fois, même s'il a obtenu 30 % des voix, soit
sept points de plus qu'en 1970.

Camille Laurin est battu dans son comté de Bourget, tout comme Charles Tremblay dans le comté voisin de Sainte-Marie et Guy Joron dans Gouin. En revanche, le constitutionnaliste Jacques-Yvan Morin est élu dans Sauvé, de même que l'avocat Marc-André Bédard dans son fief de Chicoutimi. Pour leur part, les libéraux de Robert Bourassa font élire 102 députés dans une Assemblée nationale en comptant un total de 110. Toute une récolte.

Amer, Laurin estime que le redécoupage électoral de son comté lui a fait perdre des appuis et il en rejette la faute sur les méthodes douteuses de ses adversaires, se reprochant d'avoir manqué d'expérience et de ne pas s'être montré suffisamment vigilant. Tout cela n'est qu'en partie vrai, de rétorquer son collègue Robert Burns, réélu dans Maisonneuve, qui estime plutôt que Camille Laurin a été battu parce qu'il ne s'est pas suffisamment occupé de ses électeurs.

« Laurin a perdu son comté parce qu'il n'a pas été suffisamment présent, dira-t-il. Je me souviens d'avoir reçu régulièrement plusieurs de ses électeurs qui se plaignaient de son absence. Tout le monde savait que Camille n'était pas très fort sur le bureau de comté. Charron et moi avions développé un style très proche des gens. Laurin ne marchait pas là-dedans. S'il l'avait fait, il aurait été réélu. » Burns ajoutera même qu'il lui en a fait la remarque à quelques reprises entre 1970 et 1973 et que chaque fois le député de Bourget a refusé de réagir. « Il me répondait plutôt en souriant : "Robert, vous faites ça tellement mieux que moi"[1]. »

Camille Laurin n'a cependant cure de cette explication, beaucoup trop terre-à-terre à ses yeux, et il préfère croire avoir perdu son élection non seulement à cause des tactiques de ses opposants, mais aussi parce que les Québécois ont eu peur une fois de plus et qu'ils se sont écrasés devant le pouvoir des Anglais et du gouvernement fédéral. En décembre 1973, il publie, dans la revue *Maintenant*, sa propre analyse des résultats électoraux. Une analyse qui, personne ne s'en surprendra, s'appuie essentiellement sur l'asservissement séculaire des Québécois francophones au Canada anglais. « Le peuple québécois n'est pas encore prêt à rompre le lien fédéral et à partir à son compte, affirme-t-il. Il n'a pas encore complété ses prises de conscience et achevé la quête de son identité, il ne s'est pas encore débarrassé de ses conditionnements et servitudes historiques. Il ne fait pas encore assez confiance à ses forces vives et à son jaillissement créateur. Il craint encore l'air du large, il n'est pas mûr pour la liberté[2]. »

Mais Laurin, dont la patience est légendaire, reste tout de même confiant et souligne dans le même texte que près d'un million d'électeurs, soit quatre cent mille de plus que la dernière fois, ont résisté au lavage de cerveau et ont gardé le goût d'un Québec libre et neuf. Voilà qui lui redonne espoir et qui l'incite à poursuivre la lutte.

Pour l'heure, l'ex-député est cependant au chômage. Il se précipite à l'Institut Albert-Prévost dans l'espoir d'y trouver du travail. Il y retrouve un de ses alliés, le Dr Arthur Amyot, devenu responsable des services psychiatriques. « Camille est venu me voir et m'a demandé si j'avais du travail pour lui, se souviendra Amyot. Le directeur de l'enseignement a aimablement laissé sa place et j'ai alors pu l'engager. Laurin était à son meilleur dans l'enseignement ; il a mis en place toutes sortes de projets pédagogiques[3]. »

Le pacificateur

Même s'il est retourné à Prévost et qu'il a repris ses activités de psychiatre, tant en enseignement qu'en clinique privée, Camille Laurin conserve la passion de la politique et ne rêve que de prendre sa revanche. De 1973 à 1976, il reste donc très actif au sein de l'organisation péquiste du comté de Bourget et n'attend qu'une seule chose : la date de la prochaine élection. Durant cette même période, il retrouve également un poste de vice-président au sein du conseil exécutif du PQ et demeure près des troupes, où il joue une fois de plus les modérateurs et les pacificateurs, et, d'abord, auprès de l'aile parlementaire, qui connaît des temps plutôt agités depuis que Jacques-Yvan Morin en a pris la direction.

Désigné d'autorité par René Lévesque, au grand déplaisir de la moitié du caucus qui aurait préféré avoir Robert Burns comme chef, Morin est loin d'être aussi chaleureux que Laurin. Même s'il est tout aussi affable et bien intentionné que son prédécesseur, ses manières plus intellectuelles et plus distantes l'empêchent d'établir un contact aussi cordial avec ses collègues péquistes. Aussi, la grogne et le mécontentement se manifestent. Même le placide Louis Bernard ne parvient pas à réprimer la révolte qui couve. « Ça brassait dans la cabane, de rappeler Denyse Malouin. Jacques-Yvan Morin n'avait pas du tout la même autorité que Laurin et les tensions avec des gars comme Burns et Charron étaient très fortes. Tout ce monde-là n'était pas sur la même longueur d'ondes et ça allait plutôt mal[4]. »

« C'est vrai qu'il y avait des tensions dans le groupe de députés, reconnaîtra Morin trente ans plus tard. Certains étaient plus à gauche que d'autres ; je ne voulais pas que le parti s'éloigne de Lévesque et s'aligne sur des positions plus radicales. Alors, je téléphonais souvent au chef pour le consulter et lui demander conseil. Il se peut que certains n'aient pas aimé ça[5]. »

Lorsque les choses empirent davantage, Denyse Malouin, qui a gardé un contact étroit avec Camille Laurin en continuant notamment de s'occuper de sa gestion financière personnelle, téléphone au bon docteur et lui demande de venir faire un tour à Québec pour tranquilliser les esprits. Laurin s'amène alors sur la pointe des pieds, confesse tranquillement les uns et les autres, convainc chacun de mettre un peu d'eau dans son vin pour le bien du parti, et, par une sorte de magie, le calme revient, au moins pendant quelques semaines. Jacques-Yvan Morin se souviendra des visites impromptues de son collègue et de ses tête-à-tête avec plusieurs députés, mais précisera qu'il ne s'est jamais douté qu'ils aient pu avoir lieu sur commande.

Et puis, il y a René Lévesque qui pose également problème parce que, depuis sa défaite personnelle de 1973, la deuxième en autant d'élections, le chef ne cesse de remettre en question son avenir et de répandre ses angoisses existentielles aux quatre coins du parti. Tantôt il reste, tantôt il part. Tantôt il déborde d'énergie, tantôt il peste contre l'univers, rage contre ses propres députés et rêve à une toute nouvelle vie en compagnie de sa dernière flamme, Corinne Côté.

Camille Laurin est au cœur de cette tourmente. À plusieurs reprises, on fait appel à lui pour rassurer Lévesque et le convaincre de rester à la tête des péquistes. Une tâche à laquelle le psychiatre de Prévost s'adonne avec empressement puisqu'il demeure convaincu que son chef est toujours l'homme de la situation et que lui seul pourra conduire les Québécois à la souveraineté politique. « Entre 1973 et 1976, Lévesque était aigri, se souviendra-t-il. Il se posait toutes sortes de questions sur son avenir. Il était financièrement ruiné et il savait qu'il pourrait facilement refaire sa vie dans le monde des communications. Alors, il avait envie de tout lâcher. Moi, je suis intervenu pour le convaincre de rester là, pour lui dire qu'on avait besoin de lui[6]. »

Au début de 1974, il participe, en compagnie de quelques dirigeants du parti, à une soirée plutôt pénible chez la sœur de René Lévesque, Alice Lévesque-Amyot. Ce soir-là, le chef péquiste est particulièrement déprimé et veut vraiment tout laisser tomber. C'est alors que Pierre Marois, membre du conseil exécutif du PQ et futur ministre du premier gouvernement Lévesque, a la mauvaise idée de le comparer à Ho Chi Minh et à d'autres grands libérateurs de l'Histoire. Il n'en faut pas plus pour braquer le chef et l'inciter à claquer la porte pour de bon. Plus subtil dans l'art de flatter, Camille Laurin parvient cependant à le raisonner et à le convaincre d'attendre encore un peu avant de se décider[7].

Quelques mois plus tard, il soupe en compagnie de Lévesque et de Parizeau dans un hôtel de la métropole. Encore là, Laurin intervient avec succès pour persuader son chef de rester. Selon Pierre Godin, le biographe de René Lévesque, le bon Camille sait s'y prendre. Sans trop en mettre et risquer ainsi de blesser sa modestie, il sait trouver les mots pour montrer à son chef que celui-ci joue un rôle indispensable non seulement au sein des forces indépendantistes, mais aussi auprès de toute la société québécoise[8].

Le putsch avorté

Durant ces trois années d'opposition, la tempête gronde de partout, et lorsque Lévesque ne menace pas de partir, ce sont ses propres députés qui continuent de ruer dans les brancards. De plus en plus insatisfaits du leadersphip de Jacques-Yvan Morin, mécontents de l'attitude du chef qu'ils estiment être plus absent que jamais, Robert Burns et Claude Charron passent à l'attaque à l'été 1976. Appuyés par Guy Bisaillon, un membre du conseil exécutif péquiste qui deviendra député quelques mois plus tard, ils s'en prennent publiquement à Lévesque, qu'ils somment littéralement de s'engager à fond ou de démissionner.

Plusieurs événements marquants, comme la grève des employés de *La Presse*, le conflit des Gens de l'air ou la fermeture du journal indépendantiste *Le Jour*, sont survenus au cours des derniers mois. Chaque fois, René Lévesque s'est opposé à l'aile plus radicale de son parti et a exigé la modération de ses troupes. En voilà trop pour Burns et Charron, qui en ont assez de se soumettre à ce vieux leader qu'ils estiment mou et dépassé. Appuyés par les militants de Montréal-Centre, qui font tant rager Lévesque, ils orchestrent une fronde qui culmine lors d'une réunion du conseil exécutif tenue en septembre 1976 à l'Auberge Handfield, sur les bords de la rivière Richelieu.

Vice-président du conseil exécutif du parti, Camille Laurin est bien au fait de la crise et il est à nouveau sollicité de toutes parts, tantôt pour calmer les esprits, tantôt pour appuyer les mutins dont il partage une partie des griefs. Cette fois-ci, cependant, la rencontre tombe plutôt mal puisqu'il vient tout juste de perdre sa mère, décédée à Charlemagne le 31 août précédent. Cardiaque, Mary Morin s'est éteinte tout doucement dans son lit à l'âge de 80 ans. Il n'a désormais plus de parents puisque son père, Éloi, est mort trois ans auparavant, le 15 août 1973, d'un cancer de la gorge. Il avait 79 ans. Même s'il est affligé par le décès de sa mère et qu'il passe plus de temps que d'habitude auprès de ses frères et sœurs, Laurin participe aux rencontres préparatoires en vue de cette réunion capitale. L'air est devenu irrespirable dans le parti et tous sentent que quelque chose doit être fait pour y remédier.

Bien plus que des alliés politiques et des amis, Burns et Charron sont un peu les fils qu'il n'a pas eus. De 1970 à 1973, Camille Laurin n'a pas cessé de les couver et de les materner. Il a admiré leur jeunesse et la ferveur de leur engagement politique et il a pardonné toutes leurs frasques. De plus, il a beaucoup de respect pour Bisaillon, en qui il reconnaît un être vrai et généreux. Alors, il est de tous les conciliabules et de toutes les confidences, au point de laisser croire à certains putschistes qu'il est à leurs côtés.

Mais ce n'est encore une fois qu'illusion psychiatrique et, 25 ans plus tard, Robert Burns affirmera n'avoir jamais été dupe des manières onctueuses de son ancien chef parlementaire. « Je savais que Camille ne nous serait d'aucune utilité dans ce genre de débat et qu'il allait pencher du côté de Lévesque, rappellera-t-il. Il avait une admiration sans borne pour lui. Mais ce qu'il y a de plus extraordinaire, c'est qu'en dépit de son appui au chef, personne de notre groupe ne lui en voulait. On continuait de l'aimer en dépit de tout[9]. »

En réalité, Laurin n'intervient pas lors de la réunion à l'Auberge Handfield, se contentant de présider les débats. Sans mot dire, il laisse les rebelles monter seuls au front et se faire littéralement écraser par René Lévesque qui, le poing sur la table, somme ses adversaires de venir chercher sa tête au prochain congrès du parti. « C'est là qu'on a vu le saule pleureur vaciller. Il a basculé dans le camp de Lévesque[10] », commentera un peu méchamment Pierre Marois.

Bernard Landry, également présent à cette rencontre, estimera pour sa part que Camille Laurin a, comme à l'accoutumée, joué un rôle très important en coulisses. « Camille était un admirateur loyal de Lévesque. Mais il avait également tressé des liens d'amitié exceptionnels avec Burns et Charron. Alors, tout en se montrant critique à l'endroit du chef, il leur a sûrement dit qu'ils allaient trop loin et que Lévesque restait le meilleur homme pour gagner les élections[11] », rappellera-t-il.

Une deuxième bataille linguistique

Le 21 mai 1974, le ministre François Cloutier dépose à l'Assemblée nationale le projet de loi 22 appelé « Loi sur les langues officielles ». Ce projet de loi est la réponse du gouvernement Bourassa à la loi 63 et au rapport de la commission Gendron rendu public quelques mois auparavant. Pour l'essentiel, il fait du français la langue officielle du Québec, mais il stipule que l'anglais continuera d'avoir un statut officiel dans les textes législatifs et devant les tribunaux. Pour ce qui est de la langue de travail et de la langue d'affichage, il prévoit un train de mesures incitatives pour les employeurs et les commerces, de façon que le français devienne prépondérant. Enfin, il abolit le libre choix en matière de langue d'enseignement et réserve l'accès à l'école anglaise aux enfants nés de parents anglophones et aux enfants d'immigrants qui démontrent une connaissance suffisante de l'anglais. Cette connaissance sera mesurée par des tests linguistiques.

Le Parti québécois, qui est devenu l'opposition officielle à l'Assemblée nationale, monte aux barricades dès le dépôt du projet de loi. « Une fraude, une trahison, un sabotage accéléré de l'identité française du Québec », affirme René Lévesque qui multiplie les qualificatifs pour dénoncer ce projet de loi et annonce une mobilisation sans précédent de son parti. Flanqué en conférence de presse de Jacques-Yvan Morin et de Claude Charron, le chef péquiste rend publique une déclaration qui ne laisse aucun doute sur l'aversion que ce projet de loi lui inspire. « Quelque chose de mou et d'édenté, avec des façades verbales et des astuces bureaucratiques qui ajoutent à ce fond invertébré un climat de confusion qui peut mener uniquement à des affrontements stériles, à des tentatives de fraude et à beaucoup d'hypocrisie[12] », soutient-il.

Mais le Parti québécois ne se contente pas de demander à ses députés de se battre avec acharnement sur le parquet de l'Assemblée et d'utiliser toutes les astuces de la procédure parlementaire pour bloquer l'adoption de cette loi. Il y va également de ses propres propositions. Le 20 juin, Lévesque, alors accompagné de Jacques-Yvan Morin et de Camille Laurin, rend public un contre-projet de loi qui indique ce qu'un gouvernement péquiste ferait en matière linguistique. Ce texte est capital parce qu'il annonce, presque trois ans à l'avance, plusieurs des éléments fondamentaux de la Charte de la langue française. Aussi, quoi qu'on ait pu en dire par la suite, l'examen approfondi de cette contre-proposition législative indique clairement que la loi 101 ne sera pas le fait d'un seul homme ni d'une génération spontanée et que, au contraire, elle s'enracine profondément dans l'histoire du Parti québécois et de ses dirigeants. Il montre aussi que, en dépit du malaise que les questions linguistiques suscitent chez lui, René Lévesque n'a pas hésité à participer pleinement au débat et à soutenir fermement l'aile nationaliste de son parti.

Ce contre-projet de loi péquiste affirme d'abord que le français est la seule langue officielle du Québec et de son État. Le français y est également désigné comme la seule langue des institutions publiques relevant du gouvernement québécois, telles les sociétés d'État, les municipalités et les commissions scolaires. Les jugements des tribunaux et les règles de pratique devraient aussi être rédigés en français. La francisation des entreprises, à commencer par les plus grandes, deviendrait obligatoire à l'intérieur de délais qui ne seraient plus laissés à leur discrétion. Les raisons sociales seraient francisées et l'affichage public, à des fins tant commerciales que publicitaires, se ferait uniquement en français. Quant à la langue d'enseignement, la contre-proposition péquiste interdit aux immigrants l'accès à l'école anglaise et réserve celui-ci à la seule minorité anglophone, selon un nombre de places proportionnel à son poids démographique[13].

Ce contre-projet ne sera jamais adopté, mais il peut être considéré comme l'ancêtre de la Charte de la langue française, dont il contient trois ans à l'avance les articulations essentielles. Quant au projet de loi 22, il sera officiellement sanctionné le 30 juillet 1974. À cause notamment des difficultés d'application des fameux tests linguistiques et du tollé qu'elle soulèvera au sein de la minorité anglophone, cette loi deviendra le cauchemar de Robert Bourassa et contribuera largement à sa défaite électorale en 1976, alors que plusieurs comtés du West Island quitteront le giron libéral au profit de l'Union nationale.

Une patiente amoureuse

« Quand je l'ai vu pour la première fois, il m'a fait un effet effrayant. J'ai eu un choc ; ça a été le coup de foudre dès la première heure. Il avait toutes les qualités de mon père. C'était un homme patient, tendre, qui n'élevait jamais la voix. Camille Laurin ressemblait comme deux gouttes d'eau à l'acteur français Daniel Gélin, l'idole de mon adolescence. Je l'ai aimé tout de suite[14]. »

Francine Castonguay a 33 ans lorsque sa vie croise celle de Laurin, alors âgé d'un peu plus de 50 ans. Cette jeune enseignante, une jolie brunette aux yeux bleus originaire de Vaudreuil et mère de deux enfants, vient de connaître deux mariages difficiles et est alors passablement désemparée. Elle s'en ouvre à sa famille, qui la convainc de consulter pour mettre de l'ordre dans sa vie. Son frère Pierre, réalisateur à Radio-Canada, s'enquiert du nom d'un bon psychiatre auprès de son ami Yves Michaud. Ce dernier lui recommande alors Camille Laurin, que sa récente défaite électorale a replongé dans la consultation privée.

C'est ainsi que, par un vendredi après-midi de la fin de novembre 1973, la jeune femme se retrouve à la maison de la rue Pagnuelo. Elle a un premier rendez-vous avec le Dr Camille Laurin. Comme tout le monde, elle est d'abord impressionnée par la richesse du quartier et par l'allure somptueuse de la demeure. Même si le psychiatre reçoit au sous-sol, la patiente peut entrevoir tout le reste de la maison. L'immense vestibule, les escaliers de bois ou de marbre, les meubles d'époque que Rollande a dispersés un peu partout, tout cela intimide Francine au plus haut point. Mais son trouble sentimental est encore plus fort. Elle devient spontanément amoureuse de l'homme qui est devant elle. « Dès le début, je n'ai vécu que pour lui. Cet homme n'avait pas de défaut à mes yeux. Je voulais l'aimer et je voulais qu'il m'aime. J'avais un désir fou pour lui[15] », rappellera-t-elle.

Francine Castonguay poursuit sa thérapie pendant environ un an. Officiellement, elle consulte pour parler d'elle et de sa vie plutôt agitée, mais en réalité c'est Laurin qui l'intéresse. Elle ne vient là que pour être auprès de lui. À l'occasion, elle entend, à l'étage supérieur, les cris de Rollande qui dispute les enfants et elle se dit que cet homme-là serait beaucoup plus heureux avec elle, qu'elle saurait s'en occuper, l'habiller convenablement, l'envelopper de tout son amour.

Au début de 1975, Francine décide de mettre un terme aux consultations. Elle a en assez de ces prétendus traitements et de ce quiproquo avec son psychiatre. La patiente n'a plus rien à lui dire et c'est plutôt la femme amoureuse qui veut poursuivre la relation. Sitôt partie, elle l'inonde de lettres et de coups de téléphone pour lui faire part de ses sentiments amoureux. Sur le coup, Camille Laurin résiste à ses avances. Il agit comme s'il n'avait absolument rien reçu et comme si cette femme n'existait pas. Il ne répond pas à ses lettres ni à ses messages téléphoniques. Après tout, il est marié, il a des responsabilités et il sait bien que le code d'éthique de sa profession lui interdit d'entretenir des rapports amoureux avec une patiente. Mais, petit à petit, l'acharnement de Francine vient à bout de ses objections et ils se donnent un premier rendez-vous.

À l'époque, Laurin est particulièrement fragile. L'état de santé de sa femme, dont la consommation d'alcool et de médicaments n'a cessé d'augmenter, est plus problématique que jamais et son mariage bat carrément de l'aile. « Rollande était de plus en plus souvent en dépression. Ce n'était pas drôle ni pour les enfants ni pour moi, se souviendra-t-il. Lorsque Marie-Pascale et Maryse sont parties pour l'école, elle a vécu une sorte de perte, de séparation qui m'a obligé à l'hospitaliser. Elle ne trouvait plus goût à rien. Ma présence à la maison ne changeait rien. Ce furent des années très difficiles sur le plan conjugal[16]. »

Laurette Laurin, la jeune sœur de Camille, se rend régulièrement chez lui à ce moment-là. Une fois par semaine, après ses cours de musique, elle va souper rue Pagnuelo. « J'allais là-bas pour donner un coup de main à mon frère et m'occuper des enfants, rappellera-t-elle. Souvent, Rollande était affalée sur le divan du salon, aux prises avec ses problèmes de médicaments et d'alcool. Camille montait entre deux entrevues pour mettre de la soupe et un rosbif au feu. Il n'avait pas l'air très heureux[17]. »

Francine Castonguay et Camille Laurin commencent à se fréquenter à l'été 1975. Ils se voient chez elle, dans son appartement de Saint-Léonard, au petit bonheur des occasions fugaces, entre deux activités officielles. « Je suis devenue sa maîtresse, sa complice. Camille se sentait bien coupable dans cette relation. Il pensait à sa femme et à sa famille. Je comprenais qu'il fallait que je sois bien prudente et bien discrète[18] », se souviendra-t-elle.

Un changement de régime

Le premier ministre Robert Bourassa déclenche des élections générales le 18 octobre 1976. Le scrutin aura lieu le 15 novembre suivant. Le gouvernement libéral est alors aux abois. Les Jeux olympiques de Montréal, tenus quelques mois plus tôt, ont été un gouffre financier, les scandales minent ce gouvernement de partout et la loi 22 ne cesse de le hanter. Les nationalistes francophones l'accusent d'avoir accouché d'un avorton qui ne protège pas vraiment la langue française, alors que la communauté anglophone, traditionnellement fidèle à son parti, hurle à la trahison et dénonce l'horreur des tests linguistiques.

Bien qu'il puisse encore compter sur plus de quatre-vingt-dix députés à l'Assemblée nationale, sa position est fragilisée et les électeurs ne lui font plus confiance. C'est un gouvernement arrivé à la fin de son deuxième mandat, complètement à bout de souffle. Le Parti québécois est alors la seule formation politique à pouvoir vraiment lui tenir tête. De plus en plus enraciné dans tous les coins du Québec, dirigé par un chef que les Québécois ont appris à connaître et à aimer, le PQ apparaît comme la seule solution de rechange à un régime usé et délictueux.

Camille Laurin est de nouveau candidat dans le comté de Bourget et, cette-fois, il ne doute pas de son élection. Dès le 28 octobre, alors que la campagne électorale vient tout juste de commencer, le politicologue André Bernard affirme que Bourget est l'une des dix meilleures circonscriptions pour le Parti québécois[19]. Quelques jours plus tard, le journaliste Pierre Saint-Germain fait état, dans *La Presse,* du succès de la campagne de Camille Laurin et de sa capacité de profiter du ras-le-bol à l'endroit du gouvernement libéral[20].

Porté par la vague de désenchantement envers Bourassa, Laurin mène une campagne relativement facile. Il passe ses journées à faire du porte à porte et, en fin de soirée, il retrouve les bras de sa Francine qui, pour être plus près de son homme, est venue militer dans le comté. « J'étais là sept jours sur sept ; je voulais être proche de Camille, expliquera-t-elle. Durant la campagne, on se voyait tous les soirs. On vivait dans une sorte de fièvre[21]. »

Le soir du 15 novembre 1976, Camille Laurin est élu député de Bourget, avec une majorité de près de 7 000 voix sur son adversaire libéral, le député sortant Jean Boudreault. Qui plus est, le Parti québécois fait élire 71 députés à l'Assemblée nationale, dont, cette fois-ci, René Lévesque et toutes les principales têtes d'affiche du parti. Les Jacques Parizeau, Jacques-Yvan Morin, Robert Burns, Marc-André Bédard, Pierre Marois, Bernard Landry, Lise Payette, Claude Morin et plusieurs autres sont là. Ils formeront dans quelques semaines le prochain gouvernement du Québec.

Pendant que, dans le West Island, plusieurs ont déjà commencé à faire leurs valises, la fête gagne les rues du Montréal francophone. À l'est du centre-ville, on chante et on danse. Dans les rues, les voitures klaxonnent et font des clins d'œil aux milliers de piétons qui, telle une bande de joyeux fêtards, déferlent vers le Centre Paul-Sauvé, où les troupes péquistes sont rassemblées.

Le nouveau député de Bourget ne rate rien des festivités. Recevant les félicitations des uns et des autres, il se joint promptement à la foule et a même l'occasion de lui adresser quelques mots avant que René Lévesque, le nouveau premier ministre, ne vienne prendre la parole. « L'histoire vient de changer au Québec, d'affirmer Laurin dans l'euphorie générale. Nous avons vaincu la peur et le manque de confiance en nous-mêmes. Nous danserons dans les rues ce soir et nous formerons le gouvernement que les Québécois attendent depuis deux cent cinquante ans[22]. »

Inquiète et malheureuse, Rollande se tient à l'écart de l'estrade officielle et sanglote. Elle sait qu'elle vient de perdre définitivement son mari.

CHAPITRE 14

Docteur, vous allez me corriger ça

C amille Laurin passe les jours qui suivent à savourer cette victoire électorale et à se préparer à sa nouvelle vie. Encore grisé par les clameurs qu'il a entendues au Centre Paul-Sauvé, il se sent aspiré par un courant qui, il en est persuadé, ne peut conduire qu'à la réalisation de son rêve, soit l'accession du Québec à l'indépendance politique. « Cette victoire a été ressentie comme une véritable ferveur, un cri de joie, une libération. Le couvercle de la marmite venait de sauter ; on aurait dit que l'indépendance venait d'être déclarée[1] », se souviendra-t-il.

Il sait qu'il va être nommé ministre et il n'attend que le coup de téléphone de René Lévesque pour le lui confirmer. En fait, c'est Louis Bernard qui l'appelle quelques jours après l'élection pour le convoquer à North Hatley, un lieu de villégiature en Estrie où le premier ministre élu s'est retranché en compagnie de quelques conseillers pour former son gouvernement. Pressé de quitter un Québec qui vient de le rejeter, Robert Bourassa a fixé la passation des pouvoirs au 25 novembre et Lévesque n'a pas une minute à perdre.

Le trajet entre Montréal et North Hatley prend plus d'une heure et Laurin en profite pour songer à ce qu'on va lui proposer.

Médecin, homme de lettres et de culture, il pourrait tout aussi bien être ministre de la Santé, de l'Éducation, des Communications, ou quoi encore. Mais au fond, tout cela lui importe assez peu. Il lui suffit de faire partie de l'équipe et de pouvoir contribuer au grand projet collectif qui s'amorce. Bien avant d'arriver à destination, il est disposé à accepter ce qu'on lui offrira.

Le tête-à-tête avec René Lévesque, que ce type de rencontre met mal à l'aise, est expéditif : à peine une petite demi-heure. Lévesque a dessiné, sur un grand tableau accroché au fond de la salle, les principaux éléments de la structure gouvernementale que lui a proposée Louis Bernard. À travers les carrés et les flèches qui courent en tous sens, on devine cinq grands ministères d'État qui viendront chapeauter et coordonner l'action des différents ministères sectoriels. Bernard s'est inspiré d'une réforme déjà appliquée en Ontario, mais il y a ajouté un élément de son cru : les ministres d'État pourront piloter eux-mêmes les grands projets gouvernementaux et obtenir ainsi la visibilité politique qui sied à leurs fonctions.

Lévesque offre à Camille Laurin le ministère d'État au développement culturel. À ce titre, il orientera et coordonnera les activités des ministères de l'Éducation, des Affaires culturelles, des Communications, de l'Immigration ainsi que celles du ministère des Sports et Loisirs, confié à Claude Charron.

Contrairement à ses collègues Jacques Parizeau et Marc-André Bédard, qui ont refusé ce type de ministère horizontal parce qu'ils sont persuadés de disposer de pouvoirs plus amples dans des ministères sectoriels, Laurin accepte sans mot dire la proposition de son chef. « J'ai trouvé que ses propositions étaient très correctes. Ça me convenait parce que j'avais un projet global, une vision d'ensemble de la politique. Je n'étais pas intéressé par la routine d'un ministère. Alors je n'ai rien négocié avec Lévesque. J'étais très heureux de ce qu'il m'offrait[2] », rappellera-t-il.

Selon Louis Bernard, le premier ministre aurait demandé dès ce moment-là à Camille Laurin de revoir la controversée loi 22, mais ce dernier ne s'en souviendra pas ainsi et situera plutôt cette demande au moment de l'assermentation du cabinet, le 26 novembre suivant : « "Docteur, vous allez me corriger ça", m'a-t-il dit en faisant principalement référence aux tests linguistiques que devaient subir les enfants pour entrer à l'école anglaise[3]. » Mais, peu importe le moment où elle a été faite, cette demande de René Lévesque n'a rien d'étonnant et s'inscrit dans la suite logique de tout ce que le premier ministre a soutenu au cours de la campagne électorale, ayant alors dénoncé à maintes reprises le caractère inhumain et discriminatoire de ces tests et promis qu'un gouvernement du Parti québécois y mettrait bon ordre et verrait à faire du Québec une province aussi française que l'Ontario est anglaise.

Si cette requête semble un peu courte et peut donner à entendre que le chef du gouvernement n'a alors que les tests linguistiques en tête, il en va tout autrement du mandat que le Conseil des ministres confie à Camille Laurin, le 15 décembre 1976, tout juste un mois après l'élection du PQ. Ce mandat, qui est à l'origine de la Charte de la langue française, est ample et généreux. Il donne pleine liberté au ministre pour revoir de fond en comble toutes les dispositions de la loi 22 de façon à améliorer substantiellement le statut du français au Québec. Il stipule ceci : « Préparer une révision en profondeur de l'ensemble de la Loi sur la langue officielle de façon à donner au français la place qui lui revient dans la société québécoise, notamment en ce qui concerne la langue officielle, l'administration publique, la langue de travail et la francophonisation des entreprises, le commerce et l'affichage. En ce qui touche la langue de l'enseignement, le ministre d'État au développement culturel devra prévoir notamment l'inscription de tous les nouveaux immigrants à l'école française, l'abolition des tests linguistiques et l'élaboration de mesures à prendre pour s'assurer que les écoles anglaises ne soient accessibles qu'aux Québécois de langue maternelle anglaise[4]. »

Ce mandat reprend, dans son intention générale, l'essentiel des éléments déjà contenus dans le contre-projet de loi élaboré par le Parti québécois en 1974, au moment des débats relatifs à l'adoption de la loi 22. Il se fonde aussi, tout en étant moins explicite et moins radical, sur les résolutions votées par les militants péquistes à l'occasion de leur congrès de l'automne 1974 et ayant servi de programme électoral au parti.

En somme, on constate que le gouvernement péquiste et René Lévesque au premier chef demeurent fidèles à eux-mêmes et que, dès le départ, ils sont bien conscients, puisqu'ils lui en ont confié la tâche, que Camille Laurin va accoucher d'une pièce importante et proposer une réforme fondamentale de la politique linguistique. « Le remaniement de la loi 22 se veut à long terme une solution aux problèmes de la langue au Québec. Tous les chapitres de la loi seront révisés[5] », affirme d'ailleurs le premier ministre en rendant publique, au cours d'une conférence de presse, la mission confiée à son ministre d'État.

Une équipe de choc

Les bureaux de Camille Laurin, situés tout juste un étage sous de ceux de René Lévesque, sont désespérément vides lorsqu'il en prend possession au lendemain de son assermentation. Patron d'un ministère à créer, il n'a ni sous-ministre, ni fonctionnaires, ni personnel de cabinet pour l'entourer, le cajoler, lui soumettre une première liste de dossiers prioritaires et un horaire d'activités pour la semaine à venir. Tout est à faire. À North Hatley, Lévesque et Louis Bernard lui ont indiqué qu'il pourra embaucher six ou sept personnes dans son cabinet, en plus d'une douzaine de fonctionnaires. Tout cela est bien joli, mais encore faut-il commencer quelque part...

Dieu merci, il reçoit dès les premiers jours un coup de téléphone de son ami Henri Laberge, qui lui propose ses services. Enseignant de profession, ancien militant du RIN qui s'est présenté aux élections de 1966 contre Jean Lesage dans le comté de Louis-Hébert, Laberge se considère comme un spécialiste des questions linguistiques. Au moment où il souhaite travailler avec Camille Laurin, il est permanent syndical à la Centrale de l'enseignement du Québec (CEQ) où il est particulièrement chargé du dossier linguistique. C'est un farouche partisan de l'unilinguisme français qui s'active depuis plusieurs années tant au sein de sa centrale syndicale qu'à l'intérieur du Mouvement du Québec français (MQF), une organisation alors reconnue pour son radicalisme. « Je pressentais que Laurin voyait grand sur la langue. On a discuté de la législation à venir et j'ai senti que la position du MQF allait lui servir d'inspiration[6] », se souviendra-t-il.

Pour Laurin, ce coup de téléphone est providentiel. Il connaît Henri Laberge depuis plusieurs années et ils ont travaillé ensemble à quelques reprises dans différents comités du Parti québécois. La discussion entre les deux hommes est de courte durée : ils sont sur la même longueur d'ondes. Sur-le-champ, le nouveau ministre fait de Laberge son chef de cabinet.

Il communique ensuite avec David Payne, un Britannique qui a récemment émigré au Québec et qui a travaillé pour le Parti québécois au cours de la dernière campagne électorale. Camille Laurin connaît Payne depuis plusieurs années ; en fait, ils ont fraternisé à Rome chez une amie commune, à la fin des années 1960, lorsque celui-ci était un jeune séminariste. Au début des années 1970, Payne laisse tomber la soutane et décide de venir enseigner l'anglais au Québec, où Laurin lui sert de parrain et de protecteur. Aussi, le ministre trouve tout naturel de lui offrir un poste de conseiller politique au sein de son cabinet pour qu'il devienne son éclaireur et son guide au sein de la minorité anglophone. « Payne et moi étions des amis intimes. Il m'avait aidé au moment de mon élection. C'était un être convaincu qui avait fondé une association d'anglophones pour la souveraineté. Alors je lui ai offert de venir travailler avec moi[7] », rappellera-t-il.

Camille Laurin propose le poste d'attaché de presse à Michael MacAndrew, ancien journaliste de Radio-Canada, ex-permanent du Parti québécois et précédemment relationniste à Radio-Québec. MacAndrew est un grand ami de Robert Mac-Kay, l'attaché de presse de René Lévesque, et il a bien connu Camille Laurin au début des années 1970. Il en gardera un souvenir rempli d'admiration et d'affection : « Laurin avait un grand ascendant moral sur tout le monde. Il dominait par sa culture, sa connaissance des dossiers. Il n'avait l'air de rien mais il savait tout[8] », dira MacAndrew. Quant au ministre, il estime que ce dernier est un esprit à la fois pondéré et critique, un bon journaliste qui saura le piloter au sein de la faune médiatique.

Reste à régler la candidature de Francine Castonguay, qui lui a fait savoir, dès le soir de son élection, qu'elle aimerait bien le suivre à Québec et faire partie de son cabinet. Laurin, qui est tout à fait capable de faire la sourde oreille lorsque ça l'arrange, fait mine de n'avoir rien entendu et ne lui offre aucun poste. À son grand déplaisir, la jeune amoureuse devra demeurer à Montréal et se contenter de rencontres occasionnelles avec son Camille. C'est plutôt Pauline Véronneau, une militante souverainiste de longue date, qui se joint à l'équipe à titre d'attachée politique.

Pour ce qui est de la fonction publique, le ministre voit grand et veut recruter rien de moins que deux universitaires prestigieux, Guy Rocher et Fernand Dumont, à qui il projette d'offrir les postes de sous-ministre et de sous-ministre adjoint. « Je voulais des gens qui avaient de la vision, qui sortaient des schèmes établis. Je leur ai parlé du défi de la politique linguistique et du développement culturel du Québec. Je leur ai dit que seulement des penseurs pouvaient parvenir à bâtir quelque chose de solide. Ils avaient beaucoup d'objections au départ, mais ils ont fini par accepter[9] », se souviendra-t-il.

Guy Rocher, éminent professeur de sociologie à l'Université de Montréal et souverainiste de la première heure, reçoit l'offre dès les premiers jours de décembre 1976. Il se rend rue Pagnuelo pour discuter les détails de la proposition et se faire expliquer les grandes lignes du grand œuvre linguistique que Laurin a déjà en tête. Sur le coup, on lui fait miroiter, pour mieux l'attirer, la possibilité de travailler à partir de Montréal. Erreur, lui expliquera quelques jours plus tard Guy Coulombe, le secrétaire général du gouvernement, ce travail s'accomplit à Québec, où se trouve le siège de l'État. « Oui, mais Camille m'a dit… », d'argumenter Rocher. « Laurin connaît rien là-dedans[10] », de rétorquer sèchement Coulombe, qui a toujours eu la réputation de ne pas faire dans la dentelle.

Quoi qu'il en soit de ces problèmes logistiques, Guy Rocher accepte de travailler avec Camille Laurin, qu'il rejoindra dans les derniers jours de 1976. Il sera l'un des grands artisans de la Charte de la langue française. Même chose pour le réputé sociologue de l'Université Laval, Fernand Dumont, qui accepte lui aussi de faire partie de l'équipe du ministre d'État au développement culturel. Tout aussi souverainiste que Rocher, Dumont s'est opposé à la loi 22 de Robert Bourassa et croit que le Québec peut définir une politique linguistique qui satisfasse davantage les besoins fondamentaux de la majorité francophone.

Guy Rocher et Fernand Dumont sont absolument complémentaires et forment une équipe hors pair. Plus administrateur et législateur, Rocher dirige l'intendance et pioche d'arrache-pied sur tous les articles de la loi 101, tandis que Dumont, davantage porté sur les grandes articulations philosophiques et sociologiques, est le principal rédacteur du livre blanc intitulé *La Politique québécoise de la langue française* qui, en avril 1977, précédera de quelques semaines le dépôt du projet de loi 1. Bien que tous deux soient essentiellement des hommes de recherche et de réflexion, ils ne croient pas moins en l'efficacité de l'action politique. Maintenant qu'on leur offre l'occasion d'agir dans un domaine qu'ils estiment vital pour l'avenir du Québec, ils ne vont pas rater leur chance.

Une loi qui répare l'histoire

Camille Laurin passe les derniers jours de décembre 1976 à réfléchir, en compagnie d'Henri Laberge, au contenu du projet de loi qu'il proposera au Conseil des ministres. Dès le départ, le ministre sait très bien ce qu'il veut et où il va. Voilà déjà plusieurs années qu'il examine les rapports entre la langue et le développement d'une société et qu'il est persuadé que la régénération du français est la clé de voûte de la résurgence du Québec tout entier. « Il est inconcevable que la priorité du français ne soit pas encore inscrite dans un projet de loi, écrivait-il dès le milieu des années 1960 dans un texte destiné à la revue *Le Médecin du Québec*, qui sera plus tard repris dans *Ma traversée du Québec*. Il y a belle lurette que les autres provinces ont fait de l'anglais la langue officielle du Parlement, des gouvernements municipaux, des tribunaux, de l'école à tous ses niveaux, des relations de travail, du commerce et de l'industrie. Le Québec se devrait de les imiter plutôt que de les critiquer. Lorsque le visage de nos villes sera francisé, que les cadres supérieurs de l'industrie et du commerce seront devenus francophones, que les immigrants seront obligés de parler français pour améliorer leur sort, le citoyen pourra se promener avec fierté dans sa patrie[11]. »

Voilà donc, dans l'esprit du nouveau ministre, ce qui est l'objectif final : faire en sorte que les Québécois francophones puissent prendre possession de leur territoire, qu'ils n'aient plus honte de ce qu'ils sont et de la place qu'ils occupent dans la société, qu'ils redressent la tête et qu'ils assument enfin le pouvoir politique et économique. Toute la philosophie politique et toute l'action de Laurin en matière linguistique tiennent dans ces quelques lignes.

Au moment d'entreprendre sa réflexion, Camille Laurin dispose de plusieurs études statistiques et démographiques sur l'état du français et des francophones au Québec. Quelques-unes de ces études sont issues du recensement canadien de 1971, d'autres ont été produites dans la foulée des travaux de la commission fédérale Laurendeau-Dunton et de la commission Gendron, tandis que certaines émanent du ministère québécois de l'Éducation. Il en retient les grands éléments suivants :

- D'abord, le français est une langue qui perd graduellement sa pertinence en sol québécois. Certes, elle est encore utilisée tous les jours par la vaste majorité des citoyens mais elle devient de moins en moins nécessaire à mesure qu'on s'éloigne des cuisines ou des campagnes et qu'on s'approche des lieux d'exercice du pouvoir économique et financier.
- En deuxième lieu, les immigrants, de plus en plus nombreux, trouvent toutes sortes de moyens pour envoyer leurs enfants à l'école anglaise et s'intègrent ainsi tout naturellement à la minorité anglophone du Québec, ce qui fait que le poids relatif de la majorité francophone est en constante diminution.
- Enfin, les francophones, malgré les progrès réels enregistrés depuis la Révolution tranquille, continuent d'être les parents pauvres de l'économie québécoise. Plus on monte dans l'échelle des salaires, plus on est anglophone ou plus on utilise l'anglais, et plus on descend dans la même échelle, plus on est unilingue

francophone. Autrement dit, le fait de parler uniquement le français sur son propre territoire est davantage un gage de pauvreté que de richesse.

Ces constatations, qui ne font que confirmer ce qu'il pressentait déjà depuis plusieurs années, le conduisent à porter un grand coup, du genre de ceux qui redressent de façon radicale et permanente une situation jugée totalement inacceptable. « Je ne voulais pas une loi ordinaire mais une loi qui s'inscrive dans l'Histoire, qui en reprenne le fil pour réparer toutes les blessures, toutes les pertes subies par suite de l'occupation militaire, économique et politique, affirmera-t-il à la fin de sa vie. Je voulais faire une loi qui répare, qui redresse et qui redonne confiance, fierté et estime de soi à un peuple qui tenait à sa langue mais qui était devenu résigné et passif[12]. »

En somme, dans son esprit, la Charte de la langue française aura un profond objectif thérapeutique. Elle guérira les Québécois de tous les traumatismes issus de la Conquête et leur redonnera foi en un avenir où ils contrôleront enfin tous les outils de leur développement en tant qu'individus et que peuple. Sa perspective est autant médicale que politique. Puisque les Québécois sont collectivement malades, le psychiatre a l'obligation de les soigner.

Par ailleurs, Laurin conçoit que cette législation est une étape essentielle vers la souveraineté du Québec. Aussi, dès le départ, il la rédige comme si le Québec était déjà souverain et qu'il exerçait tous les attributs de cette souveraineté, en faisant fi, par exemple, de plusieurs prescriptions de la Constitution canadienne, en ce qui a trait notamment aux protections juridiques relatives à la langue de l'Assemblée nationale et à celle des tribunaux. « Une fois qu'un peuple a reconquis son identité, qu'il a réparé les injustices économiques et les aliénations culturelles, il est normal qu'il veuille mener ses propres affaires. Dans ce projet de loi, on se comportait déjà en pays souverain[13] », expliquera-t-il.

Pour Laurin, qui revit à l'échelle du Québec la bataille qu'il a menée à l'Institut Albert-Prévost, tout n'est que lutte de pouvoir. À ses yeux, les Québécois francophones doivent reconquérir ce qu'ils ont historiquement perdu aux mains de la minorité anglophone. Bien au-delà de l'intégration des immigrants à l'école française ou de la question largement symbolique de l'affichage en français, il est avant tout préoccupé par la place des francophones dans le monde des affaires et de l'industrie. C'est là qu'il veut principalement agir. Selon lui, le français s'imposera de soi dans la société québécoise le jour où les Québécois francophones contrôleront leur économie et où leur langue sera l'outil de travail normal et quotidien de tout le monde. « Le but ultime de la Charte de la langue française, c'était que de plus en plus de francophones prennent le pouvoir dans les entreprises, qu'ils en deviennent les cadres et les dirigeants et que l'économie québécoise soit enfin contrôlée par eux[14] », soutiendra-t-il quelques mois avant sa mort. Dans cette perspective, Camille Laurin peut être considéré comme le véritable précurseur de ce qu'on appellera bien plus tard le Québec inc.

Les premiers jours de janvier 1977 marquent la fin des cogitations et le début du vrai travail. Il y a d'abord une rencontre déterminante entre Laurin, Guy Rocher et Maurice Forget, le président de la Régie de la langue française. Vingt-cinq ans plus tard, Rocher se souviendra que cette rencontre a permis de démontrer que les dispositions de la loi 22 sur la langue de travail étaient inapplicables parce que de nature seulement incitative. Selon lui, c'est là que le ministre a compris qu'il fallait mettre de côté toute la loi 22 et rédiger un projet de loi complètement nouveau.

À partir de cet entretien, Laurin, Rocher et Laberge conviennent de former plusieurs groupes de travail qui auront pour tâche de formuler rapidement des propositions concernant les différents aspects de la législation à venir. Composés essentiellement de fonctionnaires en provenance de tous les coins du gouvernement, les comités de travail plancheront tout autant sur la langue de l'État et de l'administration, la langue de l'enseignement, la langue du commerce et de l'affichage, que sur la langue du travail et des affaires.

Partout, les fonctionnaires ont reçu la même consigne : mettre au point des textes législatifs clairs qui assurent une nette prédominance, sinon une domination, du français. On n'est plus à l'époque du régime libéral où il s'agissait de ménager la chèvre et le chou ; il faut au contraire affirmer sans équivoque la primauté de la langue française et des francophones. Le délai imparti est relativement court puisque le Conseil des ministres a demandé qu'un premier rapport lui soit soumis au plus tard le 15 février. « Au départ, les fonctionnaires nous ont présenté un échéancier sur cinq ans. On leur a dit qu'ils n'avaient rien compris et qu'il nous fallait un projet de loi avant l'été. Ils ont dû repartir à zéro[15] », se rappellera en rigolant Michael MacAndrew.

Une première consultation

Camille Laurin ne se contente pas de réunions avec son personnel. Dès le début de janvier, il décide d'effectuer en parallèle une première tournée sur le terrain, en particulier auprès des anglophones et des allophones, dont il prévoit une réaction plutôt vive, pour ne pas dire hostile. Il devient ainsi l'un des tout premiers membres du nouveau gouvernement à rencontrer les membres de ces communautés. Ce sont David Payne et Michael MacAndrew qui sont chargés d'organiser de telles séances de consultation. Celles-ci se tiennent autant auprès d'instances institutionnelles, comme les organisations d'affaires ou les conseils éducatifs, que d'individus comme Sam Steinberg, ce Juif montréalais ayant fondé la chaîne de supermarchés qui a longtemps porté son nom, ou l'écrivain italien Marco Micone.

Laurin agit en tout temps de la même façon. Il se présente avec un ou deux collaborateurs, sans aucun papier entre les mains. Il explique, sans cependant donner de détails, que le nouveau gouvernement est fermement décidé à corriger de fond en comble la loi 22 et à assurer la primauté du français dans le respect des droits de tous les Québécois. « Je me souviens d'avoir participé à une douzaine de rencontres avant le dépôt du livre blanc. Le ministre était toujours gentil, cordial. Il écoutait tout le monde lui faire part de ses doléances par rapport à la loi 22 mais restait très vague sur ses propres intentions[16] », dira MacAndrew.

Pour sa part, David Payne conservera néanmoins le sentiment que ces rencontres, toutes bien intentionnées fussent-elles, ont peut-être fait plus de tort que de bien parce qu'elles ont pu engendrer une sorte de quiproquo entre Laurin et la communauté anglophone. Selon lui, les allures douces et compréhensives du ministre ont pu laisser croire à ses interlocuteurs qu'il souscrivait à leur point de vue et que la loi à venir pourrait les accommoder. « Camille ne disait jamais qu'il était en désaccord, se souviendra-t-il. Il était toujours en mode d'écoute, comme un psychiatre. Il y avait une sorte de sympathie entre les anglophones et lui. Le docteur expliquait qu'on allait se débarrasser des tests linguistiques, et les anglophones et les allophones étaient bien contents. Tout ça a peut-être créé un énorme malentendu qui explique la hargne qui est survenue par la suite[17]. »

En général, les réunions se déroulent de façon courtoise et civilisée, mais il y a des exceptions, comme lors de l'entretien particulièrement musclé avec le président du Montreal Board of Trade, Bernard Finestone, où ce dernier, loin d'être dupe des manières doucereuses du ministre, fait preuve d'une rare arrogance et lui rappelle que le vrai pouvoir est ailleurs. *« Don't forget, mister minister, that you are only the elected government »* (N'oubliez pas, monsieur le ministre, que vous êtes seulement le gouvernement élu), lui dit-il, en soulignant que des gens votent avec leurs pieds et vont tout bonnement quitter le Québec en apportant leurs capitaux avec eux[18]. Selon Michael MacAndrew, Bernard Finestone est le vrai père de la loi 101 parce que c'est à ce moment-là que Laurin a compris qu'il était inutile de composer avec l'opposition des anglophones et qu'il valait mieux procéder comme si elle n'existait pas.

Laurin organise également quelques rencontres privées avec des commerçants et des industriels de Montréal, tant francophones qu'anglophones, un milieu qu'il ne connaît à peu près pas. Par bonheur, il peut compter sur l'aide de son jeune frère Pierre, alors directeur de l'École des hautes études commerciales (HEC) de Montréal. Cadet de la famille, Pierre Laurin n'a suivi que de très loin le cheminement social et politique de son grand frère. Même si Camille est son parrain et qu'il l'a déjà encouragé dans la poursuite de ses études, leurs relations n'ont toujours été que très occasionnelles, se limitant à peu près aux traditionnelles réunions de famille. Cette fois-ci, cependant, le directeur des HEC sent le besoin d'intervenir, non pas parce qu'il est devenu péquiste et encore moins séparatiste, mais parce qu'il veut nouer des liens entre le monde des affaires et le nouveau gouvernement. « Les gens d'affaires ne connaissaient pas le Parti québécois et s'en méfiaient. Il y avait une répulsion réciproque assez importante. Alors, j'en ai parlé à mon frère et j'ai pensé que les réunir pouvait être de nature à améliorer les choses[19] », expliquera-t-il.

Les échanges de vues ont lieu au Mount Royal Club ou au Club Saint-Denis. Ils regroupent chaque fois une dizaine d'hommes d'affaires venus entendre ce que le gouvernement du Parti québécois a en tête. Camille Laurin y présente les objectifs généraux des nouveaux élus et ses intentions en matière linguistique. Pierre Laurin, qui se dépense en tous sens pour que l'harmonie règne, organise également des rencontres en tête-à-tête comme celle entre son frère et Thomas Galt, le président de la Sun Life, qui est le symbole de l'establishment anglophone de Montréal. Mal lui en prend car la réunion tourne au vinaigre.

M. Galt, qui a déjà planifié le déménagement de son entreprise en Ontario, ne veut rien entendre des prétentions nationalistes du PQ et rabroue sans ménagement Camille Laurin. Son frère Pierre s'en souviendra comme d'un véritable dialogue de sourds, d'une rencontre totalement improductive. La Sun Life déménagera effectivement son siège social de Montréal à Toronto quelques mois plus tard. Jacques Parizeau, alors ministre des Finances, réagira en poussant le plus retentissant « Bon débarras » que le Québec ait jamais entendu.

Un projet plutôt radical

Les équipes mises en place par Camille Laurin ne chôment pas. Elles accouchent en six semaines d'un premier projet de loi qui contient tous les éléments essentiels de la nouvelle politique linguistique. Sans être vraiment secret, leur travail s'effectue dans la plus grande discrétion. En aucun moment, Camille Laurin n'en parle à ses collègues du comité ministériel du développement culturel et encore moins au Conseil des ministres. «Lévesque donnait beaucoup de corde à ses ministres. Alors, je me suis senti autorisé à procéder sans en parler à personne, même pas au premier ministre[20] », se souviendra-t-il.

Ce premier projet, élaboré en vase clos, est très radical. Alors que la loi 22 conférait sans le dire un certain statut à la langue anglaise, le texte conçu par les équipes de Camille Laurin stipule que le français sera la seule langue officielle du Québec. Aussi, seule cette langue aura un statut officiel à l'Assemblée nationale, devant les tribunaux et au sein de l'administration publique. Les traductions en anglais seront permises, mais ce ne seront que des traductions sans véritable valeur juridique.

L'unilinguisme français sera la règle en matière d'affichage et les entreprises québécoises devront obligatoirement, et non plus sur une base volontaire, adopter un programme de francisation pour leurs communications internes et externes. Autrement dit, qu'il le veuille ou non, le monde de l'industrie, de la finance et du commerce deviendra francophone. Enfin, pour ce qui est de la langue d'enseignement, les tests linguistiques, qui ont causé tant de maux de tête au gouvernement précédent, sont abolis et seuls les enfants de parents ayant reçu au Québec une éducation en anglais pourront dorénavant envoyer leurs enfants à l'école anglaise. Dans l'esprit des auteurs, l'adoption d'un tel critère, qui est relativement simple, permettra à la fois de respecter les droits acquis des parents anglophones et d'exclure des écoles anglaises tous les enfants des immigrants.

Bien que certains soutiendront que ce critère se trouvait déjà dans les cartons du ministère de l'Éducation, la petite histoire veut que l'on doive cette trouvaille à Geneviève Rocher, la fille de Guy Rocher, qui a lancé tout bonnement cette proposition au cours d'un repas familial, sans se douter le moindre instant qu'elle allait se retrouver dans les textes gouvernementaux. « On se cassait la tête pour établir un critère d'admissibilité à l'école anglaise et on ne trouvait pas, racontera Rocher. Un soir, en soupant avec ma famille, ma fille Geneviève, qui était alors âgée d'une vingtaine d'années, a dit tout simplement que les gens qui avaient des droits acquis étaient ceux qui avaient déjà étudié en anglais au Québec. Elle a présenté ça de façon très ordinaire, comme une règle de gros bon sens[21]. » De retour à Québec le lundi suivant, Rocher soumet cette proposition à ses collègues et fait vérifier si les archives des commissions scolaires permettent de retracer les personnes qui ont reçu leur éducation en langue anglaise. La recherche s'avère positive et le critère est alors adopté.

À la mi-février, Laurin est prêt. Il soumet d'abord l'ensemble de son projet à ses collègues du comité ministériel du développement culturel, où il reçoit un accueil enthousiaste. Qu'il s'agisse de Jacques-Yvan Morin, de Louis O'Neill, de Jacques Couture ou de Claude Charron, tous approuvent chaudement le projet de Charte de la langue française et en recommandent la présentation immédiate au Conseil des ministres.

Laurin en transmet ensuite une copie à Louis Bernard pour qu'il en prenne connaissance et qu'il en fasse part à René Lévesque, quelques jours avant la séance du cabinet. Selon Guy Rocher, qui a rappelé maintes fois cet épisode, Bernard est devenu blême en voyant l'ampleur des changements suggérés par le ministre et il a aussitôt couru en informer son patron.

La vraie bagarre va maintenant commencer.

CHAPITRE 15

Je ne vous en demandais pas tant

Le projet de Charte de la langue française atterrit comme une tonne de briques sur la table du Conseil des ministres qui l'examine pour la première fois à sa séance du 16 février 1977. Le sujet reviendra à l'ordre du jour plus d'une dizaine de fois avant que cette charte, baptisée d'abord loi 1 puis loi 101, soit finalement adoptée à la fin d'août par l'Assemblée nationale. Ce projet constitue la toute première pièce législative d'importance soumise au nouveau gouvernement; les autres réformes promises par l'équipe péquiste au moment de la campagne électorale, dont celles portant sur le financement des partis politiques et sur l'assurance-automobile, viendront un peu plus tard.

Contrairement à ce qu'il avait fait pendant ses affrontements à l'Institut Albert-Prévost, Camille Laurin ne s'est livré à aucun lobbying particulier auprès de ses collègues avant de présenter formellement sa proposition linguistique. Trop occupé à la mettre au point, il n'a pas véritablement eu le temps d'en informer les autres ministres ou encore de causer avec les députés les plus influents du caucus. Seuls les quelques ministres membres du comité ministériel du développement culturel ont pu en prendre connaissance, et encore, de façon relativement succincte. Il n'a pas non plus mobilisé au préalable les journalistes de façon à s'assurer une couverture médiatique favorable. En somme, et même s'il peut s'appuyer sur un mandat clair du Conseil des ministres et sur les positions fermes qu'a adoptées précédemment son parti, Camille Laurin monte au front relativement seul. Il devra compter essentiellement sur la valeur intrinsèque de son projet et sur sa propre détermination à le faire accepter.

Même s'il a déjà plusieurs alliés naturels au sein du cabinet, dont notamment Jacques Parizeau, Bernard Landry, Jacques-Yvan Morin, Louis O'Neill et Denis Lazure, rien ne lui est totalement assuré au moment où il se présente à la ligne de départ. Laurin n'a jamais fait partie de quelque coterie, pas plus maintenant que tout au long des huit années où il aura occupé des fonctions ministérielles. Il n'a jamais été un habitué du cercle des joueurs de cartes, où se retrouvaient à tout coup René Lévesque, Marc-André Bédard et Yves Duhaime, tout comme on ne l'a pas vu très souvent en fin de soirée au restaurant *L'Aquarium,* dans le Vieux-Québec, où plusieurs de ses collègues avaient l'habitude d'aller terminer leur journée en discutant de stratégie politique. Certes, pendant les premiers mois du gouvernement péquiste, il prend régulièrement le petit déjeuner au restaurant de l'hôtel Clarendon en compagnie des Jacques Couture, Lise Payette, Denis Lazure et Robert Burns, ministres alors associés à l'aile gauche du cabinet. Mais, chacun devenant de plus en plus occupé, cette habitude se perdra assez rapidement et ne sera jamais reprise par la suite.

L'exercice du pouvoir isole et la chaude camaraderie des années d'opposition est maintenant chose du passé. Au moment de présenter sa Charte de la langue française, Camille Laurin est devenu un ministre relativement solitaire, comme il le restera d'ailleurs tout au long de sa carrière politique. Toujours aussi aimable et prévenant avec tout le monde, toujours aussi bien disposé à écouter et à conseiller, il continue d'être bien reçu dans toutes les officines gouvernementales et il n'a pas de véritable ennemi au sein du Conseil des ministres, mais il ne peut pas non plus compter sur un solide réseau d'alliés indéfectibles.

Camille Laurin sur le parvis de la Maison canadienne à Paris, en 1956, participant aux discussions visant à faire reconnaître le statut des médecins québécois étudiant en France. À sa droite, le Dr Wilbrod Bonin, doyen de la faculté de médecine de l'Université de Montréal (collection Louise Laurin).

Vue aérienne de l'Institut Albert-Prévost en 1957, au moment où Camille Laurin y est engagé comme psychiatre (Institut Albert-Prévost — Fonds Charlotte Tassé, P307).

De gauche à droite : Camille Laurin, Mlle Charlotte Tassé, Mme Yves Prévost, Mlle Bernadette Lépine et Mlle Thérèse Bélanger, lors de l'accréditation de l'Institut Albert-Prévost auprès de l'American Psychiatric Association (Institut Albert-Prévost — Fonds Charlotte Tassé, P307).

De gauche à droite, l'éditeur Jacques Hébert, l'auteur Jean-Charles Pagé et Camille Laurin, à l'occasion de la publication des Fous crient au secours *(Archives* La Presse*).*

Camille Laurin, accompagné, à sa droite, de Marc Lalonde, et, à sa gauche, des Drs Wilbrod Bonin et Roger Lemieux, annonce le projet de création d'un nouvel hôpital psychiatrique à Montréal (Archives La Presse*).*

Les sept premiers députés du Parti québécois à l'Assemblée nationale. De gauche à droite, Lucien Lessard, Marcel Léger, Camille Laurin, Robert Burns et Claude Charron. Debout, à l'arrière, Guy Joron et Charles Tremblay (collection Denyse Malouin).

Camille Laurin dans les bras de René Lévesque au soir de la défaite de 1973 (CPimages).

Camille Laurin est reçu par le pape Jean-Paul II pendant l'été 1980 à l'occasion de la béatification de mère Marguerite-Bourgeoys, de Mgr de Laval et de Kateri Tekatwita. Le ministre fédéral Marc Lalonde au centre de la photo surveille attentivement la scène (photographie de l'office pontifical – collection Louise Laurin).

Camille Laurin en pleine envolée oratoire. On peut entrevoir, à sa gauche, le comédien Gilles Pelletier (collection Louise Laurin).

*Camille Laurin en compagnie de son jeune frère Pierre à l'occasion d'une confé-
rence sur l'avenir du Québec, prononcée en mars 1981 à l'École des Hautes
Études commerciales de Montréal (gouvernement du Québec – collection
Robert Filion).*

*Camille Laurin et son vis-à-vis syndical Robert Bisaillon à l'occasion des
négociations sur la tâche des enseignants, en février 1983. Debout, à l'extrême
droite, Jacques Girard, sous-ministre de l'Éducation (photo Jean-Marie Ville-
neuve – Le Soleil).*

Camille Laurin semble plutôt excédé par les propos de son vis-à-vis libéral Claude Ryan à l'occasion d'une séance de la Commission parlementaire sur la réforme de l'éducation (gouvernement du Québec – collection Micheline Paradis).

Camille Laurin au milieu d'un groupe de Québécois célébrant, à Paris, la fête du 24 juin 1984 (photo Marthe Blackburn – collection Robert Filion).

Monsieur le premier ministre,

Pour la première fois, après un cheminement commun de seize ans, je ne ~~sarais~~ puis souscrire aux orientations [et] à l'option que vous proposez au gouvernement, au Parti Québécois et au Québec.

Dans votre déclaration du 19 novembre, vous vous exprimez en tant que chef du gouvernement et premier ministre. A ce titre, vous avez le droit d'exiger, et vous le faites, que vos ministres mettent fin dans les tout prochains jours à un déficit devenu intolérable et adoptent officiellement votre point de vue, s'ils veulent continuer à diriger le ministère que vous leur avez confié ~~leur ministère et diriger avec vous au Conseil des Ministres~~. Mon engagement passé et ma conscience m'interdisent de me plier à cette exigence et j'ai donc décidé de quitter le Conseil des Ministres.

Dans votre déclaration du 19 novembre, vous vous exprimez également comme chef du Parti Québécois. A ce titre, vos opinions ~~sont celles d'un militant et d'un élu du peuple. J'ai le droit de ne pas les partager et de défendre les miennes propres, dans les~~

672-9100

Fac-similé de la lettre de Camille Laurin annonçant sa démission au premier ministre Lévesque, le 22 novembre 1984 (archives de Camille Laurin).

Camille Laurin s'adressant aux journalistes au moment de sa démission comme député le 21 janvier 1985 (Archives La Presse).

Camille Laurin retrouve avec plaisir Jacques Parizeau et Denis Lazure au congrès spécial du Parti québécois qui suit de quelques semaines leur démission du gouvernement Lévesque (Archives La Presse).

31 août 1987. Camille Laurin retrouve René Lévesque à l'occasion du 10ᵉ anniversaire de l'adoption de la loi 101. Lévesque décédera 2 mois plus tard (Archives La Presse).

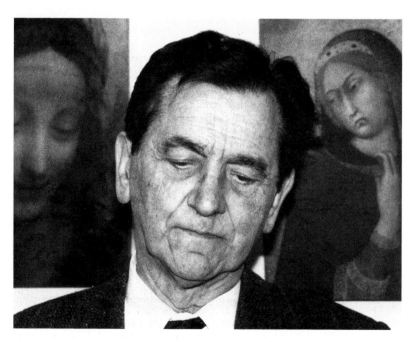

« He's back ! » titre le quotidien anglophone The Gazette *pour annoncer le retour de Camille Laurin en politique en novembre 1991 (The Gazette).*

Le caricaturiste Serge Chapleau commente à sa manière la nomination de Camille Laurin au poste de délégué régional de Montréal (© Serge Chapleau).

André Boisclair, cadet des députés de l'Assemblée nationale, pose fièrement aux côtés de Camille Laurin, doyen des parlementaires en 1997 (collection Claude Lachance).

16 mars 1999, les funérailles ont lieu à la basilique Notre-Dame de Montréal.
À l'avant-plan, Francine Castonguay, Maryse Laurin, son époux Martial
Pagé, et leurs deux enfants, Frédérick et Mireille-Maude. À l'arrière-plan, Ber-
nard Landry et son épouse Lorraine, aujourd'hui décédée. Au fond, à gauche,
Denyse Malouin qui fut sa première collaboratrice à l'Assemblée nationale
(photo Jacques Nadeau – *Le Devoir*).

Un cabinet partagé

Dès son dépôt, tous les ministres restent saisis par l'ampleur et la fermeté du texte soumis par leur collègue. Camille Laurin fait flèche de tout bois et propose une politique linguistique qui dépasse tout ce qu'ils avaient pu imaginer ; non seulement le ministre a rempli son mandat, mais il est allé bien au-delà de ce qu'on lui demandait. Sa proposition n'a finalement rien à voir avec une révision, même en profondeur, de la loi 22. Alors que cette dernière avait un caractère largement incitatif, le projet de Laurin est nettement plus coercitif. C'est une politique complètement nouvelle et originale, où l'usage du français devient une règle obligatoire dans tous les secteurs d'activité et où l'anglais n'est toléré que lorsque les droits acquis de la minorité ne permettent pas de faire autrement.

Fidèle à l'habitude qu'il a prise depuis les quelques mois qu'il dirige le gouvernement, René Lévesque se garde bien de donner immédiatement son opinion. Il préside plutôt les débats en invitant chacun des ministres à réfléchir aux grands enjeux que ce projet met en relief et à examiner avec attention l'ensemble des textes, parce que, prévient-il dès le départ, « l'avenir du gouvernement y est directement relié[1] ».

Aussitôt les camps se forment. D'un côté, plusieurs ministres, principalement en provenance de Montréal, approuvent sans grande réserve la proposition de Camille Laurin. C'est le cas, par exemple, de Jacques Couture, qui se déclare « très satisfait » tout en craignant un « violent débat » avec les anglophones. C'est également le point de vue de Jacques-Yvan Morin, de Robert Burns et de Claude Charron, lequel met cependant ses collègues en garde contre une possible intervention d'Ottawa dans le dossier.

Les ministres économiques Jacques Parizeau, Bernard Landry et Guy Joron sont aussi d'accord. Le premier s'inquiète cependant des dispositions en matière de langue d'enseignement et de langue de travail pour les cadres des grandes entreprises, tandis que les deux autres préviennent que cette loi va créer énormément de turbulence. Même s'il demeurera jusqu'à la fin un farouche défenseur de ce projet de loi, Joron, qui est bien branché sur les milieux financiers de la métropole, va jusqu'à prédire une fuite des capitaux et des sièges sociaux et affirme que cette législation créera plus de remous qu'une éventuelle déclaration d'indépendance.

Parizeau est l'un des plus fidèles alliés de Laurin tout au long des discussions, s'alignant à tout coup sur les positions que défend son collègue. De plus, le ministre des Finances est un homme qui se plaît à assurer une intendance de qualité ; aussi, bien avant que le texte de loi ne soit rendu public, il prend les dispositions nécessaires pour parer à d'éventuels orages sur les marchés financiers. « Je me suis dit qu'il ne serait pas mauvais de constituer une ligne de crédit de trois à quatre milliards de dollars au cas où la loi aurait un effet négatif sur les marchés, rappellera-t-il. Alors j'ai demandé une quinzaine de jours au docteur, et quelques semaines avant le dépôt du livre blanc, je lui ait dit : "Vous pouvez y aller, j'ai le pognon"[2]. »

Denis Lazure, l'autre psychiatre du gouvernement, ainsi que Guy Tardif et Lise Payette se disent aussi en accord avec la proposition Laurin, mais tous trois souhaitent des éclaircissements en matière de langue d'enseignement. Quelques ministres hors Montréal sont également favorables au projet, dont Jean Garon, Denis de Belleval, Louis O'Neill et Yves Bérubé, lequel propose cependant d'éliminer certaines dispositions particulièrement agressives, comme celle obligeant les commissions scolaires anglophones à communiquer en français avec les universités anglophones de Montréal. Bérubé partage également les craintes de son collègue Joron en ce qui a trait à un éventuel exode des sièges sociaux.

En milieu de terrain, on trouve un certain nombre de ministres qui hésitent et qui surveillent du coin de l'œil l'attitude de leur chef. C'est le cas, par exemple, de Pierre Marois, qui insiste sur la nécessité d'une loi claire et juste et qui affirme que le gouvernement doit prendre son temps. C'est également la position qu'adopte le prudent Yves Duhaime, qui estime que son gouvernement va trop vite et que la population ne pourra pas suivre. Même raisonnement chez Marcel Léger, qui croit que la loi ne doit pas être trop radicale si le Parti québécois veut gagner le référendum sur la souveraineté. Quant à Rodrigue Tremblay, ses hésitations sont encore plus prononcées. Il considère qu'il faut respecter davantage les droits acquis des anglophones plutôt que de donner l'impression d'agir avec « rancœur et hostilité » à leur endroit. Selon lui, le gouvernement ne doit pas se comporter « comme s'il prenait le contrôle politique du territoire et assimilait les anglophones ».

De tous les ministres, c'est cependant Claude Morin qui est l'opposant le plus ouvertement déclaré à ce projet de loi. Dans une charge passablement violente, il affirme que le texte soumis par Camille Laurin bafoue les droits acquis de la minorité anglophone et qu'il est inutilement provocateur et agressif. « Ce projet constitue en fait une éviction des anglophones du Québec », soutient-il. Pour l'essentiel, le ministre des Affaires intergouvernementales estime que le gouvernement va trop vite, que la Charte de la langue française va susciter la colère du Canada anglais et déclencher de nouvelles querelles fédérales-provinciales. Il ajoute que la population est fatiguée de ce genre de chicane et que le gouvernement péquiste devrait s'en tenir à l'administration courante au cours de son premier mandat et remettre à plus tard les réformes fondamentales. Toutes ces imprécations laissent Laurin de glace. Il n'a jamais cru que son collègue de Louis-Hébert était un véritable indépendantiste et il n'est pas très étonné de son intervention.

Lors d'une réunion subséquente du Conseil des ministres, alors qu'il est vraiment exaspéré par le cumul des dispositions coercitives du projet de loi, Morin décide de faire image et de se servir de la vaisselle qui traîne sur la table. Il empile du papier sur une tasse et une soucoupe et se met à les frapper avec une cuillère en criant : « Tiens, voilà un Anglais, boum, je l'élimine. Tiens, je viens d'en découvrir un autre, et boum encore. Et boum une troisième fois, il en restait un caché juste là[3]. » Sa mise en scène provoque l'hilarité générale. Les ministres se tordent de rire et René Lévesque s'en essuie les yeux tellement il rigole. Seul Camille Laurin ne trouve pas ça drôle et garde un air stoïque pendant que ses collègues se tiennent les côtes. Cette fois, il aura bien de la difficulté à pardonner à Morin d'avoir ridiculisé sa proposition et de s'être ainsi moqué de lui.

Vingt-cinq ans plus tard, Claude Morin, que la divulgation de ses rapports pour le moins troubles avec les services secrets de la Gendarmerie royale du Canada continue de hanter et qui semble très préoccupé du sort que l'Histoire va finalement lui réserver, affirmera qu'il n'était pas vraiment opposé à la Charte de la langue française, mais qu'il estimait que le projet de Laurin allait trop loin. « La version originale de la loi était outrancière. J'avais peur qu'on se casse la gueule et qu'on se fasse retrousser par les tribunaux. Je n'ai jamais été un partisan de la politique du pire[4] », expliquera-t-il.

Au surplus, Morin prétendra s'être fait l'avocat du diable au nom de René Lévesque lui-même, qui ne pouvait pas intervenir trop directement compte tenu de sa fonction de premier ministre. Cette prétention sera corroborée par Louis Bernard et Jean-Roch Boivin, qui confirmeront que les objections exprimées par le ministre correspondaient à bien des égards aux propres réserves de leur chef. « Les interventions de Morin faisaient l'affaire du premier ministre, qui ne pouvait pas toujours intervenir lui-même[5] », d'indiquer Louis Bernard.

Lévesque marche sur des œufs

Fils de New Carlisle, élevé dans un milieu autant anglophone que francophone, René Lévesque est pour le moins indisposé par les questions linguistiques. Il a joué avec des anglophones. Alors qu'il était enfant, il a travaillé en anglais pour l'armée américaine au cours de la Seconde Guerre mondiale, et durant ses années de journalisme à Radio-Canada, la langue de Shakespeare lui était aussi familière que celle de Molière. Alors que Laurin est un amoureux de la France, Lévesque se sent plus d'affinités avec les milieux anglophones, et en particulier avec les États-Unis, où il passe pratiquement toutes ses vacances d'été.

En somme, l'anglais lui est aussi naturel que le français et il accepte mal la nécessité d'établir des règles pour ce genre de questions. Aussi, il reçoit avec une certaine fraîcheur le projet de Camille Laurin. Même s'il lui a commandé une révision de la loi 22 et qu'il est prêt à accepter certains changements, il est surpris par la portée si ample et la rigueur du texte que lui soumet son ministre. « M. Lévesque a d'abord eu une réaction d'étonnement. Il ne s'attendait pas à un projet aussi radical et aussi exhaustif. Ma première impression fut qu'il n'en voyait pas la nécessité. "Je ne vous en demandais pas tant", m'a-t-il d'abord lancé », se souviendra le ministre[6].

À l'aube de 1977, René Lévesque vient d'entreprendre son premier mandat à la direction du gouvernement du Québec et il a plusieurs grandes réformes en tête, dont au premier chef celle portant sur le financement des partis politiques qu'il a confiée à Robert Burns. Il fonde également beaucoup d'espoirs sur la mise en œuvre d'un nouveau régime d'assurance-automobile, à laquelle travaille Lise Payette, et sur une loi de protection des terres agricoles, dont s'occupe Jean Garon entre deux siestes au Conseil des ministres. Et surtout, Lévesque a les yeux rivés sur le référendum qu'il a promis de tenir avant la fin de ce premier mandat ; il craint de diviser irrémédiablement la société québécoise en allumant les passions autour de la question de la langue.

En revanche, il sait très bien que son gouvernement doit absolument légiférer. La loi 22 a été décriée dans tous les milieux et son parti a formellement promis de la modifier. De plus, il se rend compte que, en dépit de quelques réserves, la majorité de ses ministres adhèrent à l'essentiel du projet de Camille Laurin et qu'il court le risque d'être mis en minorité s'il commet l'imprudence de réclamer un vote à la table du Conseil. Il constate enfin que ce projet reprend les principales propositions linguistiques du Parti québécois et que, là encore, il ne saurait s'y opposer sans déclencher une crise grave au sein de ses propres troupes. Bref, René Lévesque est loin de déborder d'enthousiasme pour le grand œuvre de son ministre, mais son réalisme politique lui indique qu'il n'a d'autre choix que d'aller de l'avant.

Alors, il décide d'abord de gagner du temps, dans l'espoir d'adoucir le texte et de le rendre plus conforme à sa propre vision des choses. À la séance du Conseil des ministres du 17 février, il souligne que le consensus est loin d'être atteint et il annonce que le projet de Charte de la langue française ne pourra pas être rendu public au début de mars, contrairement à ce qui était initialement prévu. Il demande également à quelques ministres de former, avec lui, un comité ministériel spécial chargé d'en examiner tous les aspects litigieux.

Ce comité comprend, outre Camille Laurin et Claude Charron, Pierre Marois, Yves Duhaime et Marc-André Bédard, trois ministres fidèles à Lévesque et associés à l'aile modérée du cabinet. C'est de ce comité que proviendront bon nombre d'amendements apportés à la proposition originale. « Le texte proposé devrait être éclairci et approfondi de façon à respecter les droits de l'homme et ne pas contenir d'arbitraire ni de discrétionnaire comme la loi actuelle[7] », de prévenir le premier ministre, en indiquant à nouveau qu'il faudra étudier de façon extrêmement précise le contenu de tout ce projet de loi.

Comme il s'en expliquera lui-même quelques semaines plus tard, René Lévesque se sent humilié par l'obligation de légiférer au sujet de la langue. Selon lui, un peuple normal doté d'un vrai pays n'a pas besoin d'imposer sa langue ; celle-ci se répand dans tous les recoins de la société, comme l'anglais aux États-Unis ou l'allemand en Allemagne. À ses yeux, même si cette loi linguistique a pour objectif de corriger l'état d'infériorité des Québécois francophones, elle n'en confirme pas moins de façon éclatante l'existence de cet état. Pour un homme qui a fondé toute sa carrière politique sur la maturité des Québécois et sur leur capacité de se prendre en mains, la situation est plutôt gênante.

Alors chef de cabinet de Lévesque, Louis Bernard est plongé jusqu'au cou dans le débat. De façon exceptionnelle, il intervient même à la séance du 17 février pour presser le Conseil des ministres d'adopter le projet de Laurin tout en se montrant respectueux des droits des minorités. Il est aux premières loges pour constater le malaise de son patron. « Lévesque était profondément convaincu que le problème de la langue se réglerait par lui-même, au moment où le Québec serait souverain, tandis que Laurin croyait au contraire que la Charte de la langue française était nécessaire maintenant et qu'elle favoriserait l'accession à la souveraineté. Voilà ce qui séparait les deux hommes[8] », expliquera-t-il.

Pour sa part, Henri Laberge, à l'époque chef de cabinet de Laurin, sera nettement plus sévère et estimera que le premier ministre se serait bien contenté de quelques aménagements à la loi 22 : « Ce qu'il aurait aimé, c'est qu'on prenne la loi 22 et qu'on regarde ça article par article pour enlever quelques irritants, dira-t-il. Quand il a vu que ce qu'on envisageait, c'était une loi fondamentale, une loi qui redéfinissait l'esprit de la politique linguistique, il a été un peu décontenancé[9]. »

Quoi qu'il en soit, l'Assemblée nationale inaugure ses travaux le 8 mars sans que le Conseil des ministres ait statué sur le projet de Charte de la langue française. Il n'est guère étonnant, dans les circonstances, que le discours d'ouverture de René Lévesque baigne dans les généralités. « Nous aurons à étudier très bientôt une nouvelle loi générale qui sera accompagnée d'un livre blanc, aussi explicite que possible, et dont nous espérons qu'elle pourra vraiment mériter de s'appeler la Charte du français au Québec, déclare-t-il. Cette loi devra être une affirmation claire, vigoureuse et sans détour de la primauté absolument normale de la langue française, mais elle devra en même temps refléter la confiance en soi et l'esprit de tolérance d'une nation qui sait aujourd'hui qu'elle n'a pas besoin de former un ghetto pour s'affirmer et s'épanouir[10]. »

Têtu comme un bœuf

Durant toutes ces semaines de flottement, Camille Laurin fait le gros dos et reste absolument impassible. D'une séance à l'autre, il se présente au Conseil des ministres avec ses dossiers sous le bras et reprend *ad nauseam* les mêmes démonstrations. Tantôt il dépose de nouvelles études démographiques démontrant que le français est en grave péril, tantôt il invoque le programme du parti, tantôt il se livre à un exposé psychopolitique sur le devenir de la société québécoise. Penché sur ses papiers étalés sur la table du Conseil, ses lunettes sur le bout du nez, enveloppé par la fumée des Buckingham qu'il grille à la chaîne, il est en tout temps imperturbable et fait preuve d'un calme et d'une sérénité qui en agacent plusieurs mais que tous lui envient.

Lorsque certains lui objectent que plusieurs articles du projet de loi sont trop coercitifs, il se fait rassurant et promet une réglementation qui va arrondir les angles. Lorsque d'autres souhaitent tel ou tel amendement, il assure qu'il va faire le nécessaire. Lorsque d'autres enfin s'inquiètent de l'effet de la Charte sur l'opinion publique, il indique être prêt à essuyer tous les coups. Mais, comme il l'a toujours fait dans le passé, Laurin ne cède rien sur l'essentiel de son projet. S'il se montre accommodant pour ce qu'il considère être des détails, il est totalement inflexible sur les principes fondamentaux de la Charte, présentant chaque semaine les mêmes textes, les mêmes explications et les mêmes justifications. « Je serai têtu comme un bœuf dans un champ[11] », confie-t-il à Denyse Malouin, sa fidèle collaboratrice des années d'opposition, alors que, en plein milieu des discussions, il la croise au bureau du premier ministre.

La plus belle illustration de son entêtement réside très certainement dans sa détermination à faire du français la langue officielle de l'Assemblée nationale et des tribunaux, même après que tous les juristes consultés par le gouvernement lui eurent expliqué que cette disposition contrevenait à l'article 133 de la Constitution canadienne et qu'elle serait à coup sûr invalidée par la Cour suprême du Canada.

Alors sous-ministre de la Justice, Robert Normand se souviendra avoir participé, en compagnie de René Lévesque, Camille Laurin, Marc-André Bédard et Louis Bernard, à une très longue réunion lors de laquelle tous les articles du projet de loi 1 ont été épluchés et analysés un à un. « Laurin se montrait souple sur les modalités mais extrêmement ferme sur les principes et les questions fondamentales, dira-t-il. Je lui ai souligné, après bien d'autres, que les articles relatifs à la langue des tribunaux et de l'Assemblée nationale étaient inconstitutionnels, mais il a tenu son bout jusqu'à la fin et a réussi à convaincre tout le monde de les maintenir quand même dans son projet[12]. »

Vingt ans plus tard, Camille Laurin reconnaîtra qu'il savait très bien que ces dispositions étaient anticonstitutionnelles et qu'elles seraient renversées par les tribunaux à la première occasion, mais il expliquera qu'il voulait faire œuvre pédagogique et montrer aux Québécois que la Constitution canadienne allait à l'encontre de leurs intérêts. « On a fait exprès pour mettre ces articles, dira-t-il. Ça nous a donné l'occasion de déchirer nos chemises en public, de démontrer aux Québécois qu'ils constituent un peuple dominé et d'affirmer que seule l'accession à la souveraineté permettra de rétablir la loi dans son intégralité[13]. »

« Il était absolument inusable. Je n'aurais jamais cru que Laurin puisse être aussi ferme[14] », se souviendra pour sa part Louis O'Neill, qui ne sera pas loin de penser que le ministre a eu René Lévesque et ses collègues à l'usure, comme dans un phénomène d'érosion lente mais inexorable. Claude Charron restera également fortement impressionné par le comportement de Laurin au Conseil des ministres. « Les séances étaient très longues. Camille écoutait patiemment en mâchouillant ses lunettes. Il essayait tout le temps de temporiser et de calmer les craintes. Et par-dessus tout, on sentait qu'il essayait de trouver ce qui serait vendable à Lévesque[15] », se rappellera-t-il. « Camille Laurin était imperturbable », ajoutera Denis de Belleval, alors ministre de la Fonction publique. « Sa souplesse apparente cachait une volonté inébranlable. Il voulait corriger les effets psychologiques de la Conquête, élever l'esclave au niveau du maître et le faire agir en majoritaire dans sa propre maison. Je dois dire que Lévesque n'aimait pas beaucoup ce genre de discours[16]. »

Après chaque séance du Conseil des ministres, Camille Laurin retourne dans son quartier général et fait rapport à ses principaux collaborateurs. Henri Laberge se souviendra bien de ces réunions où certains, tel Fernand Dumont, faisaient nerveusement les cent pas dans la pièce en s'inquiétant de ce qu'il adviendrait de leur projet. « Dumont demandait sans cesse au ministre ce qu'il allait faire et celui-ci répondait toujours de se montrer patient et de ne pas se tourmenter puisqu'il allait présenter à nouveau le texte à la séance suivante. Il ne manifestait ni colère ni anxiété. Il croyait tout bonnement que le temps allait faire son œuvre[17] », se rappellera-t-il.

Mais si Camille Laurin croit aux vertus du temps, il n'est pas non plus complètement candide. Il est tout à fait capable de stratégie et il sait que la personne à convaincre, c'est René Lévesque. Aussi, il profite de la proximité de leurs bureaux pour le rencontrer quotidiennement et faire valoir son point de vue. « Camille arrivait tous les matins au cabinet avec sa pile de journaux sous le bras, se souviendra Denyse Malouin. Il venait discuter d'actualité politique avec M. Lévesque. Celui-ci le recevait, lui offrait un café et ils passaient toujours plusieurs minutes ensemble[18]. »

Laurin ne se gêne pas non plus pour écrire au premier ministre et tenter de raffermir ses convictions. Ainsi, pendant que le débat fait toujours rage au sein du Conseil des ministres et que les intentions du gouvernement ont commencé à filtrer dans les médias, il prend prétexte d'une déclaration qu'a faite son chef à une émission d'affaires publiques de Radio-Canada pour le semoncer poliment et lui dire de tenir bon malgré l'adversité. « Vous avez dit qu'il était peut-être prématuré de s'attaquer immédiatement et globalement au problème de la langue, lui écrit-il. Ce n'est pas mon opinion. Et j'estime qu'il ne faut pas regretter les actes déjà posés. Il fallait assainir au plus tôt le climat empoisonné qu'ont créé les lois 63 et 22. Il y a nécessité d'agir dès le début en ces matières où les ambivalences, résistances et mauvaises habitudes ne peuvent que s'aiguiser ou se renforcer avec le temps. Il y a utilité de montrer aux Québécois ce qu'un vrai pouvoir peut accomplir et de créer chez eux une confiance, une fierté dont nous bénéficierons au moment du référendum[19]. »

Québec ou Canada ?

Lorsqu'il se présente à la séance du Conseil des ministres du 23 mars 1977, Camille Laurin sait qu'il a largement gagné la partie et qu'il a vaincu la résistance de ses collègues, y compris celle de René Lévesque. Certes, au cours des dernières semaines, il a consenti à quelques accommodements çà et là, mais l'essentiel de son projet initial est demeuré intact. Ainsi, il a accepté de biffer le mot « seule » dans l'article 1 du projet de loi, qui stipulait que « Le français est la seule langue officielle du Québec », mais, pour le reste, il a globalement obtenu tout ce qu'il souhaitait. Le français sera la langue officielle de la législation et des tribunaux ; l'affichage public et les raisons sociales seront uniquement en français et les entreprises seront contraintes d'adopter un vigoureux programme de francisation. « J'ai eu beaucoup de difficultés à convaincre M. Lévesque, qui estimait que plusieurs éléments du projet étaient excessifs, comme l'affichage unilingue. J'ai dû argumenter pendant très longtemps mais j'ai finalement réussi[20] », se souviendra le ministre à la fin de sa vie.

Il reste cependant un problème de fond au sujet de la langue d'enseignement. Si le Conseil des ministres s'est rapidement entendu sur la mise au rancart des tests linguistiques, c'est la foire d'empoigne en ce qui concerne le critère proposé par Laurin. Doit-on réserver l'accès à l'école anglaise aux enfants dont les parents ont reçu leur éducation en anglais au Québec ou à ceux dont les parents l'ont reçue au Canada ?

Au départ, le ministre avait proposé la clause dite Québec, mais il est vite apparu que plusieurs de ses collègues, y compris René Lévesque, manifestent une nette préférence pour la clause dite Canada. C'est pourquoi le cabinet valse d'une clause à l'autre sans jamais pouvoir s'entendre. De semaine en semaine, les alliances se font et se défont au rythme des réunions officielles et des conciliabules plus officieux. Impossible d'atteindre le consensus recherché par le premier ministre, même si les membres du comité ministériel spécial formé par Lévesque recommandent majoritairement l'adoption de la clause Canada.

Même le premier ministre ne sait plus très bien sur quel pied danser, surtout depuis que Laurin et Guy Rocher lui ont soumis, au cours d'une réunion privée, de nouvelles statistiques démontrant que, au cours des 25 dernières années, les anglophones d'autres provinces ayant émigré vers le Québec ont été plus nombreux que les immigrants en provenance d'un peu partout dans le monde. De telles données, essentiellement tirées d'études démographiques, tendent à indiquer que le flux migratoire originaire du Canada anglais constitue une menace réelle pour le poids des francophones au sein de la société québécoise, surtout sur l'île de Montréal, et qu'il y a lieu de l'endiguer par l'adoption de la clause Québec. « Cette réunion avec Lévesque a été très importante, se rappellera Rocher. Je crois que c'est là que nous avons réussi à lui faire valoir la pertinence de la clause Québec[21]. »

Même s'il est ébranlé par ces prévisions démographiques, Lévesque demeure néanmoins partisan de la clause Canada, plus conforme à ses propres convictions, et cette clause est toujours sur la table du Conseil des ministres lorsque s'ouvre la séance du 23 mars. Une importante portion de cette séance restera cependant bien mystérieuse puisque, selon le compte rendu officiel des discussions, Laurin lui-même se rallie à la clause Canada et la propose à ses collègues, entraînant dans son sillage Jacques Parizeau, jusque-là un farouche partisan de la clause Québec[22].

Vingt-cinq ans plus tard, personne n'est capable d'expliquer ce qui s'est passé autour de la table du Conseil des ministres. Pourquoi Laurin, qui avait défendu bec et ongles la clause Québec depuis l'élaboration de son projet et qui avait pris le soin de rencontrer privément son chef pour le convaincre de son point de vue, a-t-il soudainement changé d'idée ? A-t-il fait cette proposition pour se montrer solidaire du comité spécial où il siégeait en compagnie du premier ministre ? A-t-il voulu, au contraire, secouer ses alliés au sein du cabinet ? Nul ne le sait. Guy Rocher, pourtant au cœur de toutes ces discussions, admettra, un peu penaud, n'avoir jamais eu vent que son patron avait proposé l'adoption de la clause Canada. Quant à Louis Bernard, il soutiendra ne pas se souvenir de cet épisode pour le moins énigmatique. Pour ce qui est de Jacques Parizeau, tout ce qu'il se rappellera, c'est de s'être montré en tout temps solidaire de Laurin, « y compris dans ses virages ».

La volte-face de Camille Laurin, qui demeurera malheureusement inexpliquée, ne change toutefois rien à la tournure du débat. Le Conseil des ministres reste tout aussi divisé. Les Claude Charron, Guy Joron, Jacques Couture et Lise Payette continuent de défendre ardemment la clause Québec, alors que les Claude Morin, Yves Duhaime et Rodrigue Tremblay plaident toujours en faveur de la clause Canada. Après plusieurs heures de débats assez acrimonieux, l'impasse persiste[23].

Excédé par ces interminables palabres, René Lévesque sort de son mutisme et prévient ses ministres que le gouvernement va devoir « assouplir son attitude du côté de l'école anglophone ». Il souligne que « la minorité anglophone du Québec compte environ un million de citoyens que le gouvernement se doit de traiter de façon civilisée. Le gouvernement ne doit pas aller aux extrêmes avec ce projet de loi et il ne doit pas se comporter en agresseur vis-à-vis la minorité[24] », tonne-t-il.

La porte de sortie

Alors que les discussions s'enlisent, Denis de Belleval soumet à cette même séance une proposition susceptible de sortir de ce cul-de-sac. Connue sous le nom d'« accords de réciprocité », cette proposition permettrait l'adoption de la clause Québec, mais en l'assortissant d'une disposition qui offre aux Canadiens anglais émigrant au Québec les mêmes avantages scolaires que ceux accordés aux francophones hors Québec. En fait, il s'agit d'un troc : si une province anglophone se montre généreuse à l'endroit de sa minorité francophone et lui accorde des droits spécifiques en matière scolaire, le Québec fera de même envers les ressortissants de cette province. Dans le cas contraire, on maintiendra la ligne dure.

De Belleval expliquera qu'il a imaginé ces accords de réciprocité à la suite d'une rencontre avec Jean-Roch Boivin, alors conseiller spécial du premier ministre. Boivin, qui sera par la suite chef de cabinet de René Lévesque, considère alors qu'une partie essentielle de sa tâche consiste à circuler discrètement d'un ministre à l'autre et à tenter de trouver des solutions qui vont dans le sens des opinions de son patron et qui favorisent la cohésion du gouvernement. C'est une sorte de lobbyiste à l'usage exclusif de René Lévesque, à qui il voue une fidélité abyssale. Manœuvrier extrêmement habile, doté d'un gros bon sens absolument désarmant, il sait jouer tout autant de la flatterie que de la menace, de la carotte que du bâton. Il est, avec Louis Bernard, l'un des deux personnages les plus influents de l'entourage du premier ministre.

Boivin, qui est bien au fait des déchirements au sein du Conseil des ministres sur la question linguistique, veut aider Lévesque à établir un compromis satisfaisant. Alors, il court sans relâche d'un groupe à l'autre en tentant désespérément de dénicher une porte de sortie. Au plus fort des discussions, sa démarche le conduit chez Denis de Belleval. « Je suis allé prendre une bière avec Jean-Roch, rappellera ce dernier. Il m'a expliqué jusqu'à quel point M. Lévesque était mal à l'aise avec le projet de Laurin et qu'il ne pouvait pas vraiment s'exprimer au Conseil des ministres. Et il m'a fait sentir que je pourrais peut-être faire quelque chose pour le tirer d'embarras[25]. »

Connaissant très bien le Canada anglais, où il a travaillé de nombreuses années, il lui vient alors cette idée que le Québec pourrait offrir aux autres provinces canadiennes un accord de réciprocité en matière de langue d'enseignement. Selon lui, ce type de proposition a le double avantage de donner un coup de main aux francophones hors Québec et d'illustrer la doctrine de son parti et de son gouvernement en offrant un partenariat concret aux autres provinces. En plus, évidemment, d'adoucir considérablement les dispositions de la Charte de la langue française en matière d'accès à l'école anglaise.

Bref, il n'y voit que du bon et s'empresse d'aller faire part de sa trouvaille à Louis Bernard et à Camille Laurin, qui se disent tous les deux d'accord. Il se souviendra qu'ils ont qualifié sa proposition de « très bonne idée » et qu'ils lui ont suggéré de la soumettre au Conseil des ministres.

Plusieurs de ses collègues du cabinet voient toutefois l'affaire autrement, et si certains, tels Claude Morin, Marc-André Bédard ou Marcel Léger, y sont plutôt favorables, d'autres, tels Robert Burns, Lise Payette, Jacques Couture, Claude Charron et Guy Joron, rejettent carrément sa proposition. Ce dernier y voit même une possibilité « d'assimilation de la majorité francophone du Québec en cas d'immigration massive de la majorité anglophone du Canada[26] ».

Mais, à ce stade du débat, toutes ces opinions ont une importance secondaire puisque René Lévesque vient d'entrevoir la
petite porte par laquelle lui-même et son gouvernement pourront
enfin quitter cette cuisine surchauffée. Les accords de réciprocité
apaisent sa conscience et deviendront le gage de sa bonne foi
auprès du Canada anglais. Aussi, le soir du 23 mars 1977, il
convoque une nouvelle réunion du Conseil des ministres, lors de
laquelle il abandonne la clause Canada et propose l'adoption de
la clause Québec. Quant aux accords proposés par de Belleval, il
se contente de constater qu'il n'y a pas unanimité et qu'il y a lieu
de les écarter « pour le moment ». Leur mise au rancart est en
effet bien temporaire puisque, quelques mois plus tard, René
Lévesque les fait approuver officiellement par l'ensemble des
ministres et en impose l'inscription dans la version finale de la
Charte de la langue française.

Ces accords de réciprocité seront finalement présentés à tous
les premiers ministres des provinces à la fin d'août, à l'occasion
d'une rencontre tenue à St. Andrews, au Nouveau-Brunswick.
Mais Lévesque a beau plaider, rien n'y fait. Le gouvernement
fédéral est passé par là et le premier ministre Pierre Elliott Trudeau a décrété, du haut de son Olympe, que le sort des minorités
francophones hors Québec ne doit pas être l'objet d'un marchandage, surtout pas avec un gouvernement séparatiste. Dans
l'esprit de Trudeau, il serait politiquement suicidaire de favoriser
la signature d'ententes interprovinciales qui viendraient alimenter la rhétorique péquiste au moment du référendum. Il n'en faut
pas plus aux premiers ministres provinciaux pour rejeter la proposition du Québec et adopter un texte où ils affirment, dans une
prose lénifiante, qu'ils vont tout mettre en œuvre pour améliorer
l'enseignement en français dans leurs provinces respectives.

On peut y aller

Quoi qu'il en soit des mésaventures ultérieures des accords
de réciprocité, il n'en demeure pas moins que la proposition de
Denis de Belleval a permis de rallier René Lévesque à la clause

Québec et de clore le débat au sein du Conseil des ministres. À la fin de mars, le cabinet autorise Camille Laurin à rendre public le livre blanc sur la politique linguistique et à déposer le projet de Charte de la langue française à l'Assemblée nationale.

En clair, le gouvernement vient de permettre à son ministre de se jeter à l'eau et de tenter de faire accepter son projet par la population. Une toute nouvelle aventure commence.

CHAPITRE 16

Un Québec français

L e 1er avril 1977, Camille Laurin se lance tête première dans la fosse aux lions et rend public le livre blanc sur la politique linguistique. Cette politique, qu'il qualifie de virage à 90 degrés par rapport à la loi 22, propose une francisation massive du Québec. Après en avoir déposé le texte à l'Assemblée nationale, le ministre donne une conférence de presse où il apparaît à la fois grave et ému. Il est convaincu d'accomplir un geste historique. « Je me sens habité par une fierté profonde qui sera partagée par la majorité francophone car cette loi est faite pour elle et il y a longtemps qu'elle l'attend », confie-t-il à la cinquantaine de journalistes qui assistent à cet événement capital dans la vie du nouveau gouvernement péquiste[1].

Intitulé *La Politique québécoise de la langue française*, ce livre blanc prend la forme d'un livret d'une soixantaine de pages où le gouvernement trace le portrait de l'état du français et de la situation socioéconomique des Québécois francophones et annonce les grandes lignes de la loi à venir. S'il a été principalement rédigé par Fernand Dumont, le texte a reçu l'aval de Camille Laurin, qui en a scruté chacune des phrases et qui en a approuvé chaque affirmation. C'est le document originel et fondamental qui résume toute sa pensée et toute la philosophie de son intervention linguistique. Ce qu'il croit profondément et ce dont il rêve depuis au moins dix ans pour ses compatriotes se retrouve maintenant noir sur blanc dans la prose, parfois lyrique, du sociologue.

Bien qu'il reconnaisse l'existence de minorités culturelles dont il faut protéger la langue et la culture, ce livre blanc est d'abord et avant tout une vigoureuse affirmation du fait français et de la place que doit occuper la majorité francophone au sein de la société québécoise.

Le texte débute en proposant un état des lieux plutôt sombre qui reprend pour l'essentiel les observations antérieures de Laurin. S'appuyant sur diverses études démographiques ainsi que sur maintes analyses tirées des rapports de la commission Gendron et de la commission fédérale Laurendeau-Dunton, qui a examiné dix ans plus tôt la situation des francophones au Québec et au Canada, le livre blanc affirme que le poids et l'influence des Québécois francophones vont diminuer graduellement, notamment à cause de la tendance naturelle de la majorité des immigrants à s'intégrer au groupe anglophone.

Il établit également que, dans le monde de l'industrie et du commerce, le français est la langue des petits emplois et des faibles revenus. Plus on grimpe dans l'échelle sociale et économique, plus l'anglais devient la langue courante, celle qui est utilisée lorsque vient le temps de faire de vraies affaires et de s'enrichir. À quelques exceptions près, les francophones y sont décrits comme d'éternels porteurs d'eau, victimes de la Conquête et de la domination économique et financière de la société canadienne-anglaise.

Enfin, le livre blanc soutient que la politique de bilinguisme du gouvernement fédéral est un leurre qui endort les Québécois, les enveloppe d'une fausse sécurité et les empêche d'adopter les mesures susceptibles d'assurer leur véritable développement.

Pour redresser cette situation, la politique annoncée par Laurin propose de faire du Québec une véritable société française qui, notamment par la langue de travail, viendra remettre le pouvoir politique et économique entre les mains des francophones. « Le Québec que nous voulons construire sera essentiellement français, affirme-t-on. Le fait que la majorité de sa population est française y sera nettement visible : dans le travail, dans les communications, dans le paysage. C'est aussi un pays où sera modifié l'équilibre traditionnel des pouvoirs, particulièrement pour ce qui concerne l'économie : l'usage du français ne sera pas simplement généralisé pour masquer la prédominance des puissances étrangères aux francophones ; cet usage accompagnera, symbolisera, favorisera une reconquête par la majorité francophone du Québec de l'emprise qui lui revient sur les leviers de l'économie. Il ne sera plus question d'un Québec bilingue[2]. »

Cet énoncé de principe, qui contient à lui seul toute l'intention du ministre, se traduit concrètement de la manière suivante. D'abord, l'État québécois sera officiellement unilingue francophone. Les individus pourront continuer de s'adresser à lui en anglais, mais tous les documents officiels seront rédigés uniquement en français. Les lois et les jugements des tribunaux seront tous écrits en français. Une traduction anglaise sera disponible, mais seul le texte français sera réputé officiel et authentique. Toute la documentation administrative sera en français, à l'exception de certains imprimés relatifs à la santé ou à la sécurité des citoyens.

Pour ce qui est des entreprises, les programmes de francisation mis en œuvre en vertu de la loi 22 ne seront plus facultatifs mais obligatoires pour toutes les entreprises de cinquante employés ou plus. Celles-ci devront, au plus tard en 1983, avoir obtenu de l'Office de la langue française un certificat de francisation attestant que les dirigeants et le personnel ont une connaissance suffisante du français pour que son usage en soit généralisé, dans les communications tant internes qu'externes. Autrement dit, on devra travailler en français.

Par ailleurs, l'affichage public et les raisons sociales devront être uniquement en français. Cette langue devra également prédominer sur les étiquettes, dans les catalogues et les dépliants accompagnant les produits commercialisés. De plus, chaque citoyen pourra exiger que tous les documents commerciaux, factures, bons de commande et autres, soient rédigés en français. Seules les marques de commerce, qui sont de compétence fédérale, échappent à cette politique.

Quant à la délicate question de l'enseignement, le livre blanc stipule que, tout en préservant les droits déjà acquis et en garantissant à la minorité anglophone l'accès à l'école anglaise, le Québec ne permettra plus à cette minorité d'assimiler les immigrants. Si tous les enfants qui fréquentent déjà l'école anglaise, ainsi que leurs frères et sœurs, pourront continuer de le faire, seuls les enfants dont l'un des parents a fréquenté l'école primaire anglaise au Québec auront dorénavant accès au réseau scolaire anglophone. Et, concession de dernière minute que René Lévesque a fait adopter par le Conseil des ministres et qui peut être interprétée comme un début de clause Canada, on accordera également cet accès aux enfants dont l'un des parents a fréquenté l'école primaire anglaise hors Québec et est domicilié au Québec au moment de l'adoption de la loi.

Le livre blanc propose enfin la création d'un certain nombre d'organismes chargés de faire appliquer la nouvelle loi, soit l'Office de la langue française, qui viendra remplacer l'actuelle Régie et qui sera chargé de la promotion générale du français, une commission de surveillance, qui recevra les plaintes et enquêtera sur toute infraction à la loi, et un conseil de la langue, qui conseillera le ministre au sujet de toute disposition à venir.

Le texte se conclut par cette envolée qui résume tout le sens de l'ouvrage : « Le temps est venu de cesser de penser notre avenir en termes de timide survivance, de retrouver le sens de notre vraie grandeur : celle de participer de plein droit à l'une des grandes expressions linguistiques et culturelles de ce vaste monde, dont à partir du Québec nous sommes les citoyens[3]. » En somme, et comme Camille Laurin l'a toujours voulu, la politique linguistique annoncée dans ce livre blanc déborde largement la protection ou même l'affirmation de la langue française et propose en fait d'effacer les traces politiques, économiques et psychologiques de la Conquête de 1760 et de redonner le Québec aux descendants des premiers colons français établis en terre d'Amérique. Au-delà de toutes ses dispositions particulières, c'est en réalité une politique de reconquête du territoire et des pouvoirs perdus aux mains des Anglais. Laurin veut réussir là où Montcalm a échoué.

Même si cette politique est attendue depuis plusieurs semaines et que plusieurs de ses éléments ont fait l'objet de fuites, son annonce a l'effet d'un coup de tonnerre dans le ciel politique québécois. Tous les médias du Québec et du Canada anglais en font de larges manchettes et plusieurs offrent de longs extraits du texte à leurs lecteurs, en promettant de suivre attentivement tous les débats que cette politique va susciter.

Sur la route

Le jour même du dépôt du livre blanc, Camille Laurin entreprend une tournée d'information qui, en quelques semaines, le conduit aux quatre coins du Québec. « J'avais compris de l'attitude de René Lévesque que j'avais absolument besoin d'aller vendre cette politique à la population, se souviendra-t-il. Je savais que je devais obtenir l'appui du public pour faire accepter mon projet par le gouvernement et l'Assemblée nationale. Je voulais que les Québécois s'approprient le texte, qu'ils en deviennent eux-mêmes les principaux défenseurs[4]. »

« Il s'agissait essentiellement de vendre notre salade », renchérira son attaché de presse, Michael MacAndrew, qui a accompagné le ministre tout au long de cette tournée. « On n'en était plus à l'étape de la consultation. Les camps se formaient de part et d'autre et il fallait convaincre le public de la justesse de notre point de vue[5]. »

MacAndrew et les autres membres du cabinet de Laurin ont organisé le périple sur un modèle relativement simple mais éprouvé. Les journées sont largement réservées à des entrevues avec les médias locaux et à la participation à des émissions de tribunes téléphoniques à la radio. À l'occasion s'ajoutent un discours devant la chambre de commerce locale ou une rencontre privée avec une association, souvent anglophone, qui en a fait la demande. En soirée, Laurin est assuré d'avoir la partie plus facile puisqu'il prend la parole dans des assemblées publiques généralement organisées par des militants du Parti québécois, où se regroupent quelques centaines de sympathisants déjà acquis à la politique gouvernementale. La stratégie de l'équipe n'a rien de bien complexe : il s'agit d'abord de quadriller le Québec et d'amasser un maximum d'appuis en région, là où la question linguistique s'avère assez peu problématique, avant d'attaquer Montréal, qu'on réserve pour la toute fin.

Les premiers jours sont consacrés à répondre aux nombreuses demandes d'entrevue provenant des médias nationaux et à rassurer les militants péquistes réunis en conseil national à Québec. Tout en se disant convaincu que sa politique va recevoir un appui massif des Québécois francophones, Laurin prévient cependant que la mise en œuvre en sera « délicate et difficile » et demande à ses troupes de ne pas se laisser intimider par les nombreux détracteurs qui ne manqueront pas de se manifester, y compris parmi les francophones[6].

Quant à la tournée elle-même, elle débute symboliquement à Hull, où Laurin a décidé d'aller défier le pouvoir fédéral. À un jet de pierre du siège du gouvernement canadien, il accuse Ottawa d'exercer son « impérialisme politique et culturel » sur tout l'Outaouais[7]. Le lendemain, il est à Trois-Rivières, où il met cette fois l'accent sur la langue d'enseignement et affirme que l'un des principaux objectifs de son projet est « d'empêcher la minorité dominante de s'engraisser avec les enfants des nouveaux immigrants assimilés à plus de 90 % dans les écoles anglaises[8] ».

À Sherbrooke, confronté à un auditoire partiellement anglophone, le ministre se fait psychiatre et explique que le sentiment de frustration est normal puisque la Charte de la langue française vise essentiellement à accroître le pouvoir et la place des francophones dans la société québécoise. « Mais la position des anglophones restera meilleure que celle de toute autre minorité, qu'elle vive au Québec, au Canada ou ailleurs dans le monde[9] », s'empresse-t-il d'ajouter.

Et ainsi de suite à travers toutes les régions du Québec, du Saguenay–Lac-Saint-Jean à la Côte-Nord, de la Beauce à la Gaspésie. Partout, le ministre reçoit un accueil passablement enthousiaste. Certes, les habitants de ces régions, très largement unilingues francophones, ne se sentent pas menacés par la présence anglophone, mais ils savent qu'il en est tout autrement à

Montréal et ils comprennent que leur propre avenir est lié à celui de la métropole.

De façon générale, le projet de Laurin est reçu avec une certaine sérénité, même chez les opposants, qui écoutent avec patience, sinon avec résignation, les longues explications du ministre. Les choses sont évidemment plus compliquées du côté des communautés anglophone et allophones de Montréal, qui sont littéralement aux abois parce qu'elles sont persuadées que la Charte de la langue française vient supprimer de nombreux droits acquis en matière de langue d'enseignement, d'affichage ou de travail.

Même s'il sait qu'il a peu à gagner, Laurin inscrit à sa tournée plusieurs rencontres avec des représentants de ces communautés, soit une dizaine au total entre la mi-avril et la mi-mai 1977. Il participe également à plusieurs tribunes téléphoniques dans des stations radiophoniques anglophones. Partout il reçoit les mêmes reproches de gens qui se sentent spoliés et partout il réplique que leur colère est compréhensible mais qu'elle disparaîtra avec le temps, lorsque le plein redressement politique et économique des Québécois francophones, qu'il considère comme inéluctable, sera finalement accepté.

Il tient notamment ce discours à l'occasion d'une assemblée publique qui a lieu à l'Université McGill, à la mi-avril, à l'initiative de Participation-Québec, une organisation vouée à la défense des droits des minorités. Si Laurin et son attaché de presse Michael MacAndrew garderont un souvenir plutôt mauvais de cette soirée et des questions « hargneuses » qui fusent des quelque quatre cents participants à la rencontre, les médias de l'époque n'en font guère état sinon pour signaler que le ministre a fait preuve d'un calme et d'une fermeté imperturbables. Seul sur l'estrade, il répond pendant trois heures à toutes les questions qui lui sont posées, sans jamais se laisser démonter ni reculer d'un iota. En fait, ce que les journalistes retiennent, c'est que le ministre a promis que personne ne perdra son emploi pour la seule raison qu'il ne parle pas français[10].

Vingt ans plus tard, Camille Laurin conservera une bonne impression de cette tournée qui, étalée sur plus d'un mois, s'est poursuivie même après le dépôt de la loi 1 à l'Assemblée nationale. « Je ne refusais aucune invitation. Je voulais convaincre. Je me sentais comme un ouvreur de porte, comme le porteur d'un projet qui libérait quelque chose dans la société. Plein de gens venaient me voir pour me remercier et me serrer la main[11] », se souviendra-t-il en soulignant, les larmes aux yeux, qu'encore aujourd'hui de parfaits inconnus l'abordent dans la rue pour lui dire merci.

Pour sa part, Michel Simard, qui fut son chauffeur et son garde du corps tout au long de ce périple, ne se rappellera pas d'incidents qui auraient pu mettre en danger la sécurité de son patron. « Bien sûr, il y a eu quelques engueulades, quelques manifestations, quelques lettres de menaces contre lui et sa famille, mais rien de vraiment très sérieux, affirmera-t-il. Il est arrivé qu'au sortir d'une réunion, les pneus de la voiture soient crevés ou que la peinture soit égratignée, mais rien de plus. Ça a été beaucoup plus grave, quelques années plus tard, au moment de la réforme scolaire. » Quant à Laurin, Simard estime qu'il réagissait avec beaucoup de placidité : « Le ministre n'était pas du genre peureux. Il était plutôt bonasse ; il restait calme et suivait docilement les consignes qu'on lui donnait. Il ne réagissait pas, même lorsqu'il voyait de la haine dans les yeux des gens[12]. »

Des réactions prévisibles

Cette tournée de Camille Laurin est cependant loin d'épuiser toute l'agitation qui s'est emparée de la société québécoise depuis le dépôt du livre blanc. Les journaux de l'époque, tant anglophones que francophones, tant de Montréal que du reste de la province, amplifient quotidiennement les déclarations et les prises de position de tout ce que le Québec compte d'acteurs sociopolitiques. Pour l'essentiel, ceux-ci peuvent être répartis en deux grandes catégories. Il y a d'abord les associations nationalistes telles que le Mouvement national des Québécois ou que les différentes sociétés Saint-Jean-Baptiste (SSJB) qui approuvent sans réserve le projet du ministre, la SSJB de Montréal y voyant même une question de justice sociale.

Même approbation du côté des grandes centrales syndicales et en particulier de la Fédération des travailleurs du Québec. « Le nouveau projet de politique linguistique prépare la voie à une francisation authentique des milieux de travail. Le projet de reprise en mains de l'économie québécoise par les Québécois forme le cadre général de cette entreprise[13] », affirme son secrétaire général, Fernand Daoust.

Il y a ensuite les opposants qui se font aussi largement entendre. Ils proviennent de trois sources : d'abord les communautés culturelles, et en particulier la communauté italienne, où on s'inquiète surtout des restrictions relatives à la langue d'enseignement. Puis la minorité anglophone comme telle, qui prédit rien de moins que sa propre disparition, et enfin les milieux d'affaires, tant francophones qu'anglophones, qui s'opposent aux mesures coercitives en matière de francisation des entreprises.

Si Laurin accueille avec un certain fatalisme les réactions des anglophones et des allophones et réagit comme s'il ne s'agissait que d'un mauvais moment à passer, les propos de ses compatriotes francophones issus du milieu des affaires le mettent hors de lui et lui font perdre son calme. Ainsi, il qualifie de « rois nègres à la solde de leurs patrons anglophones » les dirigeants du Conseil du patronat et ceux du Centre des dirigeants d'entreprises qui rejettent son projet de Charte de la langue française en l'assimilant à une politique « étroitement nationaliste et discriminatoire ». Selon lui, cette attitude est humiliante et n'est pas digne d'organismes qui prétendent représenter les francophones[14].

La position du monde des affaires est évidemment relayée par la Chambre de commerce de Montréal, qui déplore que le gouvernement Lévesque s'occupe de la langue plutôt que de l'économie et qui écrit au premier ministre pour dénoncer les dispositions du livre blanc et faire appel « à son ouverture d'esprit » avant le dépôt du projet de loi[15].

Et puis, il y a aussi l'intervention tonitruante du président de la Banque royale, M. Earle McLaughlin, qui affirme que la Charte de la langue française brime les droits individuels et qui, se souvenant opportunément de ses cours d'histoire, demande aux Québécois de retrouver les valeurs fondamentales de liberté, d'égalité et de fraternité héritées de leur mère patrie[16].

L'opposition se retrouve également de l'autre côté de la rivière Outaouais, où le gouvernement Trudeau, qui ne s'est pas encore remis de l'élection du Parti québécois, ne peut pas accepter un projet qui contredit à ce point sa propre politique des langues officielles et qui constitue un premier pas vers la souveraineté politique du Québec. Quelques jours après la publication du livre blanc, le premier ministre Pierre Elliott Trudeau y va d'une charge à fond de train contre la politique québécoise. « La Charte québécoise de la langue française ramène le Québec des siècles en arrière, sinon à l'âge des ténèbres, affirme-t-il. C'est un projet étriqué et rétrograde qui mène à l'établissement d'une société ethnique[17]. »

Enfin, Laurin, qui est déjà aux prises avec les hésitations plus ou moins publiques de son premier ministre, subit le désaveu de son collègue Gérald Godin, qui estime que la Charte de la langue française manque de souplesse à l'endroit de la minorité anglophone[18]. Le ministre ne fait cependant aucun cas de cette intervention et laisse plutôt le caucus péquiste calmer les angoisses du député de Mercier. Il n'empêche qu'il s'en souviendra quelques années plus tard, lorsque Lévesque fera de Gérald Godin le responsable de l'application de la Charte de la langue française et que celui-ci proposera divers adoucissements à la loi.

L'opinion éditoriale

Appelés à commenter la Charte de la langue française et à éclairer leurs lecteurs sur son bien-fondé, les quotidiens québécois adoptent une position éditoriale qui correspond pour l'essentiel aux préoccupations et aux intérêts de leur clientèle respective. Les journaux francophones, à l'exception du *Devoir*, adoptent une attitude prudente, sinon positive, tandis que les médias anglophones y vont d'une charge sans retenue contre le projet de Camille Laurin.

Ces derniers ne ménagent rien. Ils hurlent au massacre et à la trahison en laissant entendre que le génocide n'est pas très loin. « La Charte constitue un geste totalitaire. C'est une attaque du Parti québécois contre les libertés fondamentales[19] », peut-on lire dans *The Montreal Star*. Même s'ils se montrent un peu moins agressifs, les éditorialistes de *The Gazette* n'en estiment pas moins que cette politique linguistique représente « la revanche de la défaite des Plaines d'Abraham et constitue un manifeste d'intolérance[20] ».

Ces opinions trouvent évidemment leur écho hors Québec, alors que le plus important quotidien canadien-anglais, *The Globe and Mail*, affirme que le projet de Laurin est discriminatoire et conduira à la disparition du système scolaire anglophone au Québec. « Le PQ a fait le pari d'attiser la haine et de polariser les Québécois en vue d'un éventuel référendum[21] », écrivent les éditoralistes de ce journal.

Le correspondant québécois du *Globe and Mail* est William Johnson, qui sera affublé du surnom de « Pit-Bill » lorsqu'il prendra, plusieurs années plus tard, la direction d'Alliance-Québec, l'organisme qui défend les droits des anglophones. Au bord de l'hystérie, Johnson est absolument atterré par le contenu de cette politique. La journée de sa publication, il écrit un texte où il prédit rien de moins que la disparition de la communauté anglophone québécoise. Debout sur la barricade tout au long du débat, il multiplie les articles pour crier au loup et dénoncer violemment le projet.

Du côté francophone, on se montre généralement beaucoup plus réservé. Sans aller jusqu'à appuyer tous les éléments de la politique de Laurin, les éditorialistes se font prudents et avancent à pas extrêmement mesurés. S'ils n'aiment guère les aspects coercitifs de la Charte, ils n'en reconnaissent pas moins que le français a besoin d'une vigoureuse protection et que le projet se situe dans la suite logique des lois 63 et 22.

Tout en soulignant le ton « conciliant et modéré » du livre blanc, l'éditorialiste en chef du quotidien *La Presse*, Marcel Adam, souhaite que les choses tournent au mieux pour la société québécoise. « S'il est inévitable de légiférer pour régler notre problème linguistique, qui est depuis deux siècles la cause de notre mal de vivre, il faudra tenter de le faire le mieux et le plus honnêtement possible[22] », affirme-t-il.

Pour sa part, *Le Soleil* de Québec se fait plus mordant. Selon son rédacteur en chef, Claude Beauchamp, la Charte de la langue française, toute légitime soit-elle, bafoue les droits de la minorité anglophone et fait preuve d'angélisme quant au devenir de la société québécoise. « Il apparaît illusoire et dangereux de croire qu'une loi de la langue pourrait renverser du jour au lendemain une situation de fait uniquement parce qu'on ignore les droits légitimes d'une minorité[23] », écrit-il.

En région, on se montre beaucoup moins sévère. Tout en critiquant certains éléments de la Charte, on semble davantage prêt à en admettre les constituants fondamentaux. « À première vue, la politique du français paraît réaliste et, en autant qu'elle n'ait pas pour effet d'opprimer les anciens conquérants, elle pourrait annoncer, sans malice, un retour de l'histoire[24] », peut-on lire dans *Le Droit*.

De son côté, l'éditorialiste du *Nouvelliste* de Trois-Rivières, Sylvio Saint-Amand, souligne la clarté et l'aplomb du livre blanc. Il estime que la proposition de Laurin conduit à la francisation massive du Québec et ouvre la voie au référendum. « Nous avons l'impression que cette nouvelle bataille contribuera à activer et à précipiter une autre bataille, peut-être plus importante et décisive, celle du référendum qui déterminera l'avenir du Québec[25] », affirme-t-il.

En Estrie, où vit une importante communauté anglophone, on se montre prudent et on cherche d'abord et avant tout à préserver la bonne entente qui règne déjà dans la région, ce qui se reflète dans les pages éditoriales de *La Tribune* de Sherbrooke, où on fait essentiellement appel à la modération. Déplorant certaines dispositions excessives de la Charte, comme celles interdisant l'accès à l'école anglaise aux Canadiens vivant à l'extérieur du Québec, l'éditorialiste Jean Vigneault se montre résigné par rapport à l'avenir des francophones. « Il faudra du temps et assez d'ouverture d'esprit pour admettre que six millions de Québécois francophones n'imposeront pas leur loi à 250 millions d'anglophones. Le respect, oui, mais pas leur loi[26] », écrit-il.

Le cas Ryan

Reste enfin le quotidien montréalais *Le Devoir* qui, sur cette question, constitue littéralement un cas à part. Au moment du débat, le journal est sous la férule de Claude Ryan, qui en assume la direction depuis plus de dix ans. Surnommé « le pape de la rue Saint-Sacrement », du nom de la ruelle du Vieux-Montréal où loge le quotidien, Ryan est un homme exceptionnel. Travailleur acharné, doté d'une grande intelligence et d'une rigueur intellectuelle implacable, il mène son journal d'une main de fer.

Même si tous le craignent et que bien peu partagent ses opinions politiques, beaucoup de journalistes du quotidien reconnaissent son sens de l'éthique et de l'équité. Situé un peu à l'écart de la salle de rédaction, son bureau, qui empeste l'odeur du cigare, est encombré de livres et de documents de toutes sortes. C'est là que Ryan rédige ses éditoriaux et reçoit en audience les nombreux politiciens qui viennent lui demander conseil.

Le directeur du *Devoir* est un homme qui n'a pas froid aux yeux et qui n'admet pas qu'un gouvernement, quel qu'il soit, vienne lui dicter sa conduite et encore moins priver ses concitoyens et lui-même de leur liberté. En 1970, au plus fort de la Crise d'octobre, il a été le seul éditorialiste québécois à dénoncer vigoureusement la Loi sur les mesures de guerre et l'attitude dominatrice du gouvernement fédéral. Pendant que ses confrères des autres quotidiens tremblaient de peur, voyaient des terroristes jusque dans leurs chambres à coucher et s'effondraient devant Pierre Elliott Trudeau, Ryan s'est tenu debout et a réclamé du gouvernement Bourassa qu'il prenne ses responsabilités et négocie avec les felquistes. À ce moment-là, il était aux côtés de René Lévesque et de Camille Laurin.

Comme il a également été à leurs côtés lors des élections générales de 1976, ayant invité ses lecteurs à rejeter le régime libéral, qu'il estimait usé et corrompu, et à élire le Parti québécois, dont il louait les structures démocratiques et l'espoir de renouvellement qu'il représentait pour le Québec. La lune de miel est cependant de courte durée et la publication de la Charte de la langue française marque la rupture définitive entre Ryan et les dirigeants péquistes. Comme s'il s'agissait d'une véritable croisade, d'une guerre sainte à laquelle il ne peut se dérober, le directeur du *Devoir,* qui prendra la direction du Parti libéral un an plus tard, se lance dans une lutte sans merci contre le projet de Camille Laurin. D'avril à août 1977, il ne signe pas moins de 24 éditoriaux, soit plus que tous ses collègues francophones réunis, où il pourfend sans aucun ménagement tous les aspects de la politique linguistique.

De la Charte des droits à la langue des tribunaux, de l'accès à l'école anglaise à la francisation obligatoire des entreprises, de la langue d'affichage au statut des sièges sociaux de la métropole, Ryan prend systématiquement le contre-pied du projet gouvernemental, dont il conteste même les assises statistiques et démographiques. Rien n'échappe à sa vindicte. En fait, seuls les accords de réciprocité, qui constituent une perche tendue au Canada anglais, trouvent grâce à ses yeux.

Son premier éditorial, écrit dès le lendemain de la publication de la Charte, donne le ton à tout le reste. Le directeur du *Devoir* ne voit à peu près rien de bon dans ce document, qu'il qualifie de « scoutisme culturel ». Selon lui, la politique de Camille Laurin contrevient de façon arbitraire et abusive à la liberté d'expression et aux droits historiques de la minorité anglophone. S'il se dit favorable à ce que le français occupe une position prioritaire dans tous les secteurs de la société, Ryan n'en réclame pas moins le respect des traditions de tolérance et d'équité qui ont toujours caractérisé le Québec. « Les passages du livre blanc que nous avons évoqués traduisent une vision exagérément pessimiste du rapport actuel des forces linguistiques au Québec et une conception à la fois abusive et naïve du rôle qui incombe à l'État en cette matière. Le véritable intérêt du Québec ne saurait résider dans des politiques de cette nature[27] », conclut-il.

Vingt-cinq ans plus tard, Claude Ryan ne regrettera rien de ce qu'il a écrit à l'époque et affirmera qu'il réécrirait la même chose si c'était à recommencer. Selon lui, cette politique linguistique allait trop loin, restreignait trop les libertés individuelles et méritait d'être combattue. Ceux qui seraient tentés d'y voir une lutte fratricide entre Camille Laurin et lui se trompent. Bien qu'ils soient de la même génération et que leurs origines se ressemblent, bien qu'ils soient tous les deux d'ardents catholiques et qu'ils aient, dans le passé, œuvré dans des mouvements sociaux et politiques convergents, Ryan et Laurin n'ont jamais vraiment partagé les mêmes valeurs ni n'ont été des amis. « Il n'y avait pas d'animosité personnelle entre nous mais je n'aimais pas son tempérament, que je trouvais trop froid et trop analytique. C'était un homme d'une grande courtoisie et d'une grande dignité, mais il avait été déformé par la psychanalyse[28] », dira Ryan.

En fait, ce qui sépare les deux hommes, c'est une opposition idéologique fondamentale sur la conception de la nation et du rôle de l'État au sein de celle-ci. Si Laurin est plutôt dirigiste et croit que l'État a le devoir d'intervenir dans la société, Ryan est un libéral au sens philosophique du terme et il fait davantage confiance aux individus. Sans être nécessairement un partisan du laisser-faire, il estime que le gouvernement doit se limiter au rôle d'arbitre entre les forces sociopolitiques qui s'expriment naturellement dans la société.

Par ailleurs, alors que Laurin privilégie les droits collectifs, le directeur du *Devoir* est très porté sur les libertés individuelles. Selon lui, chaque Québécois, membre ou non d'une minorité culturelle, fait partie de la nation et a des droits égaux qui ne peuvent être restreints par une quelconque disposition législative. « Laurin représentait une idéologie collectiviste, plus raide, moins adaptée aux réalités du Québec. Il voulait que l'État trace les lignes de l'orientation de tout le monde. Je n'étais pas d'accord avec ça et je l'ai écrit[29] », affirmera-t-il.

De son côté, le ministre ne s'émeut guère des objections de Claude Ryan. Il a d'autres chats à fouetter, d'autant plus qu'il est persuadé que la majorité des lecteurs du *Devoir* sont favorables à son projet et restent peu sensibles aux sermons du directeur du journal. Certes, son cabinet prépare, dans les premiers jours du débat, une réplique par ailleurs passablement alambiquée aux premiers éditoriaux, mais la riposte n'ira pas plus loin. « Laurin n'a jamais essayé de parler à Ryan, de se souvenir Michael MacAndrew. De toutes façons, il n'en avait pas une très bonne opinion. Et puis, on avait déjà décidé de laisser jacasser Lévesque. Alors Ryan, ça ne nous empêchait pas de dormir[30]. »

Il faut cependant croire que les éditoriaux du directeur du *Devoir* ont produit davantage d'effets sur le chef du gouvernement et ont peut-être eu quelque influence sur les adoucissements apportés en dernière minute à la loi 101, puisque René Lévesque en dit ceci dans ses mémoires : « Dans *Le Devoir*, Claude Ryan nous asséna une volée de bois vert dont je devais admettre que nous la méritions bien un peu[31]. »

Quant à Camille Laurin, il considérera avoir franchi cette première étape publique comme il l'avait prévu. À l'exception des groupes nationalistes et des militants de son propre parti, ses concitoyens francophones, encore un peu timorés à l'idée d'affronter le pouvoir des Anglais, n'ont pas manifesté un enthousiasme délirant mais ont semblé disposés à tenter l'aventure. Du côté allophone et anglophone, c'est le refus, mais le psychiatre estimera que cette résistance farouche n'est que normale dans les circonstances, personne n'acceptant de bon gré de perdre des droits acquis. La raison n'y peut rien ; seule la contrainte peut en venir à bout. Au terme de cinq ou six semaines de consultations publiques, Laurin n'a maintenant plus qu'à légiférer.

CHAPITRE 17

Un été d'enfer

U n mois après la publication du livre blanc, Camille Laurin est maintenant prêt à amorcer l'étape législative de son grand dessein. Les juristes du gouvernement ont terminé la rédaction du projet de loi et les dernières hésitations du Conseil des ministres ont été levées.

Non sans mal, cependant, puisqu'à la dernière minute et alors que tout semblait bien ficelé, René Lévesque convoque Laurin et Guy Rocher à son bureau pour obtenir des explications supplémentaires sur les dispositions relatives à la langue d'affichage et à la langue de travail. Le premier ministre, qui s'était jusque-là surtout préoccupé de la langue d'enseignement et du sort réservé aux enfants en provenance du Canada anglais, craint maintenant que son gouvernement ne fasse des misères aux petits commerçants anglophones et allophones. « On s'est précipité à son bureau un dimanche matin, rappellera Guy Rocher, parce que M. Lévesque voulait s'assurer que le projet de loi ne causerait aucun préjudice à ces petits commerçants qui n'emploient que quelques personnes dans leurs établissements de quartier. Il a posé mille et une questions et on a été obligé de passer la matinée à le rassurer[1]. »

Cette dernière obligation remplie, Camille Laurin se présente à l'Assemblée nationale et y dépose, le 27 avril 1977, le projet de loi 1, tout bonnement intitulé « Charte de la langue française au Québec ». Emportés par l'émotion, ses collègues péquistes, y compris le chef du gouvernement, se lèvent spontanément de leurs sièges et l'ovationnent pendant de longues minutes.

Laurin déborde de fierté et d'enthousiasme à la conférence de presse qui suit le dépôt de son projet de loi, dont il souligne le caractère historique. « Ce projet de loi s'inscrit dans notre histoire, affirme-t-il. Il marque la fin d'un chapitre qui a trop longtemps duré et en inaugure un autre où, avec une sérénité tranquille, non seulement nous affirmerons notre existence mais nous prendrons tous les moyens d'assurer notre développement dans toutes les sphères et dimensions de notre vie collective[2]. »

L'exubérance des péquistes contraste cependant avec la mine d'enterrement qu'affichent les députés libéraux, qui doivent maintenant prendre le relais parlementaire de l'opposition à la Charte et qui comptent sur ce débat pour redonner un certain élan à un parti qui est encore sous le coup de la cuisante défaite subie au mois de novembre précédent. Dès le départ, ils marquent d'ailleurs leur désaccord de façon plutôt spectaculaire en votant contre le dépôt même du projet de loi, ce qui est tout à fait exceptionnel à cette étape des procédures parlementaires.

Fernand Lalonde est alors député libéral de Marguerite-Bourgeois et l'un des principaux porte-parole de l'opposition sur la question linguistique. Il se souvient très bien de cette période. « On venait d'être défait aux élections et on n'avait plus de chef parce que Bourassa avait démissionné. On n'était plus que 26 députés à se débattre à l'Assemblée nationale. On a alors décidé d'utiliser toutes les ressources du parlementarisme non seulement pour marquer notre opposition mais aussi dans l'espoir de cimenter notre groupe qui comptait un bon nombre de députés anglophones[3] », expliquera-t-il.

Au départ, ce projet de loi ne devait pas porter le numéro 1, plutôt attribué à la Loi sur le financement des partis politiques, prête à être déposée bien avant la Charte de la langue française. Mais Camille Laurin intervient auprès de Robert Burns et le convainc de donner priorité à sa Charte. Alors leader parlementaire du gouvernement et président du comité de législation, Burns a la main haute sur tous les travaux de l'Assemblée. Vingt-cinq ans après les événements, il aura encore en tête la demande de son collègue. « Camille est venu me voir et m'a demandé de lui céder le numéro 1, rappellera-t-il. J'étais peu porté sur les symboles, alors j'ai acquiescé et la Loi sur le financement des partis est devenue le numéro 2. J'ai su par la suite que René Lévesque était en beau maudit de ma décision[4]. »

Même si le premier ministre, toujours aussi tourmenté, avait affirmé quelques semaines plus tôt que le projet de loi 1 pourrait contenir des modifications importantes par rapport au livre blanc, il n'en est rien. Pour l'essentiel, ce projet de loi, qui ne contient pas moins de 177 articles, traduit en des termes juridiques toute la prose de Fernand Dumont, y compris en ce qui concerne la langue d'enseignement, pour laquelle Lévesque avait évoqué la possibilité d'adoucissements.

Claude Ryan en conclut dans *Le Devoir* que Camille Laurin a triomphé de son chef, tandis que l'opposition, principalement répercutée dans les médias anglophones, se fait encore plus virulente. « Les anglophones vont disparaître[5] », prédit Luc Larivée, le président de la Commission des écoles catholiques de Montréal. « Ce projet de loi met en danger des milliers d'emplois[6] », prophétise pour sa part le premier ministre Pierre Elliott Trudeau.

Mais ça vacille également à l'intérieur du gouvernement et jusque dans les entrailles du bunker puisque, dès le lendemain du dépôt du projet de loi, René Lévesque lui-même sent le besoin de prendre ses distances en évoquant publiquement l'humiliation qu'il ressent au sujet de cette loi. Ajoutant aux propos qu'il a déjà tenus privément au Conseil des ministres, il affirme que l'accession à la souveraineté éliminerait les neuf dixièmes de la loi 1 et qu'il a bien hâte que les Québécois sortent de leur sous-développement psychologique et économique. « J'ai déjà dit à certains membres du parti qui sont trop intensément préoccupés du moindre détail de la protection linguistique que c'était comme s'ils étaient résignés à rester provinciaux à jamais[7] », soutiendra-t-il.

Fidèle à son habitude, Camille Laurin reste de marbre et ne réplique à aucune de ces objections. Plus occupé à poursuivre

ses rencontres avec les représentants de divers groupes socioéconomiques et à préparer les travaux de la commission parlementaire qui doivent débuter en juin, il continue de croire que son
projet constitue une œuvre absolument indispensable au redressement du Québec et qu'il n'a qu'à se montrer tenace pour que
ledit projet s'impose de lui-même à la population francophone.

La Charte des droits

Le projet de loi 1 fait cependant apparaître dès le départ une
difficulté qui avait été occultée dans le livre blanc : celle de la
concordance entre la Charte québécoise des droits et libertés de
la personne et la Charte de la langue française. Laquelle des
deux chartes aura préséance sur l'autre ? Est-ce la Charte des
droits et libertés, qui récuse toute discrimination en fonction de
la langue, ou la Charte de la langue française, qui affirme les
droits et les privilèges des francophones, en particulier dans le
monde commercial et industriel ? Est-ce que, par exemple, un
travailleur unilingue anglophone pourrait perdre son emploi
parce qu'il est incapable de s'exprimer en français ? Laurin a
déjà répondu par la négative à cette question, mais le texte du
projet de loi est loin d'être aussi clair.

En fait, il affirme, à l'article 172, que les deux chartes sont en
quelque sorte sur un pied d'égalité et que l'une ne peut avoir
vraiment préséance sur l'autre. Dans l'esprit du ministre, les
deux textes sont complémentaires, la Charte des droits affirmant
des droits individuels et la Charte de la langue française établis-
sant les droits collectifs de la majorité francophone. Il n'en faut
pas plus pour allumer un brasier supplémentaire et expédier au
front le président de la Commission des droits de la personne,
Maurice Champagne. Dès le dépôt du projet de loi, ce dernier
qualifie de « catastrophique » l'article en question et promet une
intervention vigoureuse pour en obtenir le retrait[8].

C'est ce qu'il fait quelques semaines plus tard en commission parlementaire lorsqu'il invite Camille Laurin à mieux cir-
conscrire la portée des droits linguistiques des francophones et à

mieux définir les droits des minorités. La controverse alimente évidemment le débat et donne des arguments supplémentaires à tous les adversaires qui prétendent que le projet de loi 1 restreint les libertés individuelles, qu'il est abusif et discriminatoire.

Laurin, qui a en tête des choses plus importantes qu'une dispute à caractère juridique sur l'interprétation de deux textes de loi, ne se laisse pas entraîner très loin sur cette pelure de banane et annonce, après quelques semaines de débat, que le gouvernement pourrait se raviser sur cette question. À ses yeux, les dispositions en matière de langue de travail visent davantage la promotion des francophones que la restriction des droits des anglophones, et il ne souhaite pas du tout partir en guerre contre la Commission des droits et libertés de la personne.

En fait, l'article 172 sera complètement rayé de la version finale de la loi, le ministre se contentant d'expliquer que cet article n'a finalement pas sa raison d'être « puisqu'après une relecture approfondie, le projet de loi ne porte en rien atteinte à la Charte des droits de la personne[9] ». Les acteurs de l'époque s'entendront toutefois pour dire que Camille Laurin n'a accepté de retirer cet article qu'in extremis et à la demande expresse de René Lévesque, qui s'est montré sensible aux arguments de Maurice Champagne et a exigé que l'on expurge du projet de loi cet irritant potentiel.

Les hommes en affaires

Tout au long du débat, Laurin a maille à partir avec le milieu des affaires et en particulier avec celui de la grande entreprise. Qu'il s'agisse des banquiers, des assureurs ou des grands industriels, tout ce beau monde bien cravaté fait consensus contre un projet de politique linguistique qu'il juge contraignant et menaçant. Ce milieu dispose évidemment des ressources nécessaires pour faire valoir bruyamment son point de vue.

Alimentée par ses médias qui multiplient les articles à caractère apocalyptique, la communauté anglophone de Montréal est particulièrement sur les dents. Un jour ce sont les écoles anglophones qui vont disparaître, le lendemain ce sont les petits commerçants qui devront suivre des cours de français pour continuer de faire des affaires, le surlendemain ce sont des francophones mal dégrossis et incapables de compter qui vont s'emparer du pouvoir économique. Bref, tout l'univers colonial s'écroule et le mépris prend le dessus. « Ils ne seront même pas capables de faire arriver les trains à l'heure », peut-on entendre chez certains anglophones qui aiment bien reprendre à leur compte ce qui se colportait dans les clubs privés de Pretoria ou de Johannesbourg au moment de l'accession de l'Afrique du Sud à l'indépendance. *Nègres blancs d'Amérique,* écrivait quelques années plus tôt le felquiste Pierre Vallières en parlant de ses compatriotes francophones. Il ne croyait pas si bien dire.

C'est donc dans une atmosphère pour le moins surchauffée que Camille Laurin se présente, au début de mai, au chic Canadian Club de Montréal, réuni pour la circonstance à l'hôtel Windsor, un établissement situé au centre-ville de la métropole dont l'architecture symbolise à elle seule la puissance impériale britannique. Il profite de l'occasion pour se vider le cœur.

Invité à s'exprimer en anglais devant un parterre d'hommes d'affaires pourtant installés au Québec depuis des années, le ministre souligne l'incongruité de la situation et y voit la preuve de la pertinence de la Charte de la langue française. Selon lui, il est absolument inadmissible que, en plein cœur de Montréal, son auditoire ne comprenne pas le français. « Vos activités vous mettent chaque jour en contact avec des francophones ; un bon nombre d'entre vous êtes même nés au Québec, tout comme moi. Pourtant, on me demande de vous adresser la parole en anglais parce que la plupart d'entre vous ne comprenez pas ma langue. Les futurs historiens du Québec ne pourront certes pas qualifier de normal un tel état de choses », affirme-t-il. Tout en récusant la crainte d'une disparition de la communauté anglophone québécoise, le ministre se montre par ailleurs très clair quant aux aspirations des francophones. Faisant référence à l'élection du Parti québécois, il ajoute « que la majorité des Québécois a voulu exprimer sa détermination de retrousser ses manches et de commencer à bâtir un Québec nouveau, un ordre social nouveau[10] ».

Voilà exactement le genre de choses que les anglophones ne veulent pas entendre. Parler d'un ordre nouveau, c'est signifier un renversement de pouvoir et l'établissement d'une société où les privilèges acquis depuis la Conquête sont menacés sinon abolis. L'auditoire se rebiffe et avale son café tout de travers. « L'atmosphère était irrespirable[11] », rapporte le journaliste François Barbeau qui assiste à cette rencontre et qui ne manque pas de noter, dans *Le Devoir*, que Camille Laurin y est reçu on ne peut plus froidement.

S'il se montre sévère à l'endroit de la minorité anglophone, Camille Laurin garde cependant ses commentaires les plus acerbes pour les francophones qui ont rejoint le camp des opposants à la Charte de la langue française. Il y voit une attitude à-plat-ventriste et colonisée. Même s'il est encouragé par les déclarations du président de Power Corporation, Paul Desmarais, qui invite les entreprises québécoises à participer au débat plutôt qu'à partir, Laurin n'accepte pas que l'élite francophone, et en particulier les hommes d'affaires, puisse épouser aussi servilement le point de vue de la minorité anglophone.

Au début de juin, 326 personnalités francophones reliées au milieu politique et au monde des affaires écrivent à René Lévesque pour qualifier d'intolérant le projet de loi 1 et affirmer qu'il nuira considérablement au développement économique du Québec. De Laurent Beaudoin, président de Bombardier, à Jean de Granpré, président de Bell Canada, de l'ex-ministre libéral Claude Castonguay à Wilbrod Bhérer, un important homme d'affaires de Québec, les signataires invitent le gouvernement à adopter une approche davantage incitative que coercitive de façon, disent-ils, à se montrer plus respectueux des droits et des libertés de chaque individu.

Jusque-là généralement serein et réservé, Camille Laurin perd son calme et dénonce vertement l'attitude de cet establishment qui lui paraît s'écraser devant la minorité anglophone. « Cela ne m'étonne pas venant de cet establishment politique et économique qui est inféodé à l'establishment anglophone. Ces derniers ont toujours imposé, notamment par leurs caisses électorales, leur libéralisme, l'immobilisme et le *statu quo* dont ils profitent[12] », déclare-t-il au lendemain de la publication de la lettre du groupe des 326.

Vingt ans plus tard, Laurin se souviendra encore de l'épisode et reconnaîtra que son flegme habituel l'avait abandonné. « C'est la seule fois que mon émotivité a pris le pas sur ma raison et que j'ai perdu mon sang-froid, dira-t-il. Je le regrette un peu mais je n'ai pas pu m'empêcher de considérer que les signataires de cette lettre représentaient une sorte de Québec inc. colonisé et qu'ils étaient à la solde du grand capital anglophone[13]. »

Une mission en Europe

Pierre Laurin, le jeune frère et filleul de Camille, fait partie de cette élite francophone qui fréquente assidûment le milieu anglophone de Montréal. Ses fonctions de directeur de l'École des hautes études commerciales le sensibilisent quotidiennement aux craintes et aux préoccupations de ce milieu. « La présentation de la Charte de la langue française a constitué tout un choc dans le monde des affaires, se souviendra-t-il. Plusieurs réagissaient comme si le ciel venait de leur tomber sur la tête et je rencontrais des gens qui s'arrachaient littéralement les cheveux en se demandant ce qui allait survenir. C'était effrayant de voir ça[14]. »

Quelques mois plus tôt, il avait déjà rendu service à son parrain en organisant plusieurs rencontres privées avec les leaders de la communauté des affaires. Le dépôt du projet de loi lui donne l'occasion d'aller encore plus loin, particulièrement en ce qui a trait aux dispositions prévues concernant les sièges sociaux, qu'il estime tout à fait inacceptables. « Là je me suis mêlé de politique, expliquera-t-il. J'ai appelé Camille et je lui ai dit que si la loi était appliquée comme telle, les sièges sociaux ne pourraient pas continuer de fonctionner à Montréal et qu'ils seraient obligés de partir[15]. »

À l'époque, Pierre Laurin a en tête les articles relatifs à l'exigence de travailler en français et à l'obligation, pour les enfants des cadres recrutés à l'étranger, de fréquenter l'école française. Selon lui, ces dispositions législatives n'ont aucun bon sens et sont de nature à isoler le Québec du reste du monde. Il estime donc que le projet de loi doit comporter des conditions plus accommodantes pour les sièges sociaux.

Selon une étude réalisée quelque temps auparavant par le groupe Secor, une firme montréalaise de conseillers en gestion qui est plutôt proche des milieux libéraux, le Québec compte alors près de deux cent cinquante sièges sociaux de grandes entreprises, presque tous dans la métropole, qui emploient en moyenne plus de deux cents personnes et où la langue de travail est très largement l'anglais[16]. Pour l'essentiel, le projet de loi met ces sièges sociaux à peu près sur le même pied que toutes les autres entreprises en matière de langue de travail et de langue d'enseignement pour les enfants de leur personnel respectif.

Camille Laurin, qui est bien conscient qu'il devra jeter du lest quelque part, est sensible aux arguments de son frère, mais il désire s'appuyer sur quelque chose de plus solide pour modifier éventuellement son projet de loi. Aussi, il invite son frère à constituer un groupe d'hommes d'affaires qui accepteront de faire le tour de plusieurs sièges sociaux situés en Europe et de préparer un rapport faisant état de leurs observations et de leurs suggestions.

Les nombreux contacts de Pierre Laurin lui permettent de convaincre rapidement plusieurs patrons d'entreprises et d'établissements financiers de faire partie de la mission. C'est ainsi qu'on y retrouvera notamment Brian Mulroney, vice-président d'Iron Ore, Maurice Sauvé, vice-président de Consolidated Bathurst, Daniel Johnson, secrétaire de Power Corporation, André Bisson, vice-président de la Banque de Nouvelle-Écosse, et Pierre Fréchette, vice-président de la Banque royale. Des fonctionnaires de la Régie de la langue française, dont Pierre-Étienne Laporte, et le président du Conseil du patronat, Pierre Desmarais fils, se joindront au groupe. S'appuyant sur le savoir-faire des délégations du Québec à l'étranger, le bureau du premier ministre organise le voyage, fixe les rendez-vous et assure la logistique nécessaire à ce genre d'opération. Cependant, chaque chef d'entreprise assume ses propres dépenses. Le rapport est écrit au fur et à mesure des rencontres.

En une dizaine de jours, le groupe visite plusieurs grands sièges sociaux européens, dont ceux de Philips aux Pays-Bas, de Nestlé en Suisse, de Petrofina en Belgique et de Renault en France. Partout, les Québécois s'informent des pratiques linguistiques de ces sociétés et des obligations imposées au personnel cadre, régulièrement appelé à se déplacer d'une filiale à une autre.

Les hommes d'affaires rentrent à Montréal à la mi-juin et soumettent à Camille Laurin un rapport où ils lui conseillent d'être patient, de ne pas se montrer tatillon et d'utiliser davantage l'incitation que la coercition pour arriver à ses fins. Tout en soulignant que la langue de la majorité linguistique locale occupe partout une place importante dans les communications internes des sièges sociaux, ils indiquent que les exigences des relations internationales font de l'anglais une langue couramment utilisée dans les communications externes. Ils demandent enfin au ministre de se montrer souple en ce qui a trait à l'accès à l'école anglaise pour les enfants de cadres séjournant temporairement au Québec[17].

Laurin accepte l'essentiel de ces recommandations, qu'il incorporera soit à la version finale du projet de loi, soit aux nombreux règlements qui l'accompagneront. « Camille a tenu compte de nos suggestions d'un bout à l'autre et a fait preuve de beaucoup plus de souplesse à l'endroit des sièges sociaux, rappellera Pierre Laurin. J'étais très fier de moi et de mon frère[18]. »

La fournaise parlementaire

Encouragé par l'appui qu'il a cru déceler au sein de la population francophone tout au long de sa tournée et commençant à apercevoir un peu de lumière au bout du tunnel, Camille Laurin est en pleine forme lorsqu'il entreprend en commission parlementaire, le 7 juin, les audiences publiques relatives à son projet de loi, alors que près de deux cents individus et organismes ont demandé à être entendus. Ces audiences se tiennent dans le décor solennel du Salon rouge de l'Assemblée nationale.

La tension qui a caractérisé les débats au sein du Conseil des ministres est tombée, les grands arbitrages sont maintenant derrière lui et il a une bonne idée de ce que sera la version finale de sa Charte. De plus, le caucus des députés péquistes est solidement à ses côtés et il croit sentir, même chez ses plus farouches adversaires, une adhésion quasi unanime à l'idée que le français doit être protégé, d'une façon ou d'une autre.

Quelques jours avant l'ouverture de la commission parlementaire, les médias lui donnent un solide coup de main en publiant coup sur coup deux sondages qui indiquent que les francophones appuient les grands principes de sa politique linguistique. Un premier sondage, réalisé par le Parti québécois, montre que 65 % des francophones soutiennent la Charte de la langue française[19], tandis qu'un second, mené pour le compte de la station de télévision anglophone CFCF, situe ce niveau d'approbation à 50 % pour les francophones de la région de Montréal et à 57 % pour les autres[20].

Par ailleurs, près de cent soixante personnalités québécoises, issues de tous les horizons et parmi lesquelles on retrouve les figures légendaires de Félix Leclerc et de Maurice Richard, rendent publique une pétition où ils appuient sans réserve le projet de Laurin. « Ce projet de loi met fin à l'humiliation et à l'inquiétude séculaires de notre peuple en lui permettant d'affirmer son identité et de répondre avec lucidité, courage et dignité à l'énorme défi que constitue son destin en terre d'Amérique[21] », affirme notamment le texte des pétitionnaires. Cette déclaration se veut évidemment une réplique à l'intervention du groupe d'hommes d'affaires que le ministre a qualifiés d'inféodés quelques semaines plus tôt.

Enfin, à cette étape de la procédure parlementaire, ce sont le gouvernement et, en l'occurrence, le cabinet de Laurin qui contrôlent le jeu. Michael MacAndrew est chargé de cette délicate opération. C'est lui qui choisit les mémoires finalement retenus et qui établit l'ordre dans lequel ils seront présentés aux députés et à l'opinion publique. Ainsi, un mémoire défavorable pourra se retrouver coincé entre deux présentations plus positives, tandis qu'un mémoire franchement hostile pourra même être présenté en fin de soirée, lorsque les journalistes sont déjà partis se coucher ou festoyer quelque part.

Camille Laurin met cartes sur table dès l'ouverture de la commission parlementaire. S'il se dit ouvert aux suggestions qui vont lui être faites, il prévient « qu'il distinguera entre ce qui est contrainte réelle et résistance au changement ». Et il ajoute que l'État va jouer pleinement son rôle pour redresser la situation linguistique et économique des francophones. « Il ne faudrait pas avoir une peur maladive du changement, dit-il. Surtout quand il s'agit du peuple français du Québec qui a connu une existence, une évolution difficile, qui n'a pu compter et qui ne peut encore compter aujourd'hui que sur cette incarnation de la volonté collective que constitue l'État[22]. »

Porte-parole de l'opposition libérale, la députée d'Acadie, Thérèse Lavoie-Roux, affirme pour sa part que tout ce débat est oiseux et que le gouvernement péquiste aurait dû se contenter de corriger la loi 22 au chapitre de la langue d'enseignement. « Il était inutile d'exposer de nouveau la population du Québec à ce choc linguistique, qui laisse en veilleuse des priorités sociales et économiques qui sont encore plus fondamentales[23] », soutient-elle.

L'Union nationale, dont l'élection de douze députés au scrutin du mois de novembre précédent a contribué à la défaite des libéraux, adopte une attitude mi-chair mi-poisson. Son chef, Rodrigue Biron, qui rejoindra le Parti québécois peu avant le référendum de 1980, soutient que sa formation politique défend la prééminence du français mais dans le respect des droits de la minorité anglophone. Bref, il ne recherche rien de moins que la quadrature du cercle.

Restent enfin les députés indépendants Camil Samson et Fabien Roy, deux reliques folkloriques de l'aventure créditiste du début des années 1970 qui ne représentent plus qu'eux-mêmes. Le premier recommande la prudence et la circonspection, soutenant, sans toutefois les préciser, qu'il y a d'autres moyens de faire progresser le français, tandis que le second approuve les grands axes de la législation tout en s'opposant à l'existence d'organismes réglementaires chargés de la faire respecter.

La commission parlementaire s'ouvre dans cette cacophonie. Pendant les cinq semaines qui suivent, elle reçoit une soixantaine de mémoires lui disant tantôt que le projet de loi ne va pas assez loin, tantôt que les propositions sont odieuses et signifient la disparition de la communauté anglophone. Pour l'essentiel, ces mémoires reprennent des positions déjà affichées publiquement au cours des semaines précédentes et font peu avancer le débat.

Du côté de la communauté anglophone, on s'en tient au credo élaboré depuis le dépôt de la Charte de la langue française et on clame que celle-ci constitue une atteinte grave, sinon mortelle, aux droits historiques de cette communauté. Des organisations scolaires, comme le Richelieu Valley School Committee, réclament le retour au libre choix en matière de langue d'enseignement[24], tandis que d'autres, plus modérées, exigent à tout le moins que les anglophones de toute provenance puissent avoir accès l'école anglaise québécoise. Une position que défend par ailleurs le Conseil supérieur de l'Éducation dans un avis transmis au gouvernement[25]. En tout état de cause, l'ensemble des commissions scolaires anglophones préviennent qu'elles refuseront, lors de la prochaine rentrée, d'appliquer les critères d'admissibilité à l'école anglaise inscrits dans le projet de loi[26]. Elles se raviseront cependant à la fin de l'été, après l'adoption de la loi.

De façon générale, Laurin réagit assez peu à de telles interventions. Il écoute poliment, hoche la tête et prend quelques notes. Parfois, il se montre malicieux et demande aux groupes en question de décrire les efforts qu'ils déploient pour s'intégrer à la majorité francophone, ou encore il sollicite leur opinion sur le sort réservé aux minorités francophones hors Québec. Souvent pénibles, les réponses se perdent alors en vagues généralités.

Le ministre devient cependant beaucoup plus volubile lorsqu'il reçoit les représentants de grandes banques canadiennes comme ceux de la Banque royale ou de la Banque de Montréal, dont les présidents, anglophones unilingues, doivent se faire accompagner d'un vice-président qui comprend et parle le français. Il se fait alors mordant et pose mille et une questions sur la place et le rôle qu'occupent les francophones au siège social de ces banques. Laurin veut tout savoir, qu'il s'agisse du nombre de francophones présents au conseil d'administration et aux postes de direction ou de la langue de travail utilisée dans les communications courantes. À l'occasion, les échanges deviennent acrimonieux.

Pour faire bonne mesure, la commission reçoit également les dirigeants des trois grandes centrales syndicales CSN, CEQ et FTQ, qui viennent tous donner leur appui au projet de loi, de même que certaines organisations nationalistes plus radicales dont la présence a pour seul objectif de démontrer que la proposition gouvernementale est somme toute modérée. C'est le cas des Fils du Québec, dont font partie les pionniers de l'indépendance que sont Raymond Barbeau et Marcel Chaput et qui estiment que la Charte ne va pas assez loin. Quant à la Société Saint-Jean-Baptiste de Montréal, elle joue du bâton et prévient que « les privilèges accordés aux anglophones pourraient bien n'être que temporaires[27] ».

Au-delà de ces échanges plutôt prévisibles, Laurin est également à même d'entendre des points de vue qui lui permettent de faire cheminer son projet de loi sur des bases plus solides. D'abord celui des représentants de la plus importante minorité allophone du Québec, la communauté italienne, qui affirment que celle-ci accepterait d'envoyer ses enfants à l'école française à la condition qu'on lui garantisse un bon enseignement de l'anglais. Même s'ils demeurent dans l'ensemble opposés à la Charte de la langue française, les leaders de cette communauté n'en estiment pas moins qu'ils pourraient s'y rallier s'ils étaient assurés que les écoles françaises vont dispenser un enseignement adéquat de la langue anglaise, ce à quoi Laurin souscrit volontiers.

De son côté, la Chambre de commerce du Québec assouplit son attitude et accepte les principes généraux du projet en matière de francisation des entreprises. Mais elle estime que le gouvernement va trop vite et que la mise en œuvre immédiate du projet va créer d'importantes pertes d'emplois. Qu'à cela ne tienne, de répliquer le ministre, qui publie sur-le-champ une réglementation allongeant à trois ans la durée du certificat provisoire de francisation.

La commission parlementaire reçoit enfin l'Association des démographes du Québec, un groupe de jeunes professionnels spécialisés dans l'étude quantitative de l'évolution des populations humaines. La présence des dirigeants de cette association est loin d'être négligeable puisque, depuis le début du débat, on se dispute au sujet de la situation démographique réelle des Québécois francophones et de l'incidence des restrictions en matière de langue d'enseignement sur la survie de la minorité anglophone.

Plusieurs démographes ont déjà exprimé des avis divergents sur cette question et, quelques jours avant la tenue des audiences publiques, Réjean Lachapelle, le président sortant de cette association, a soutenu, dans un article publié par les journaux, que le projet de loi 1 pourrait entraîner la disparition de la communauté anglophone du Québec[28]. Ce point de vue est évidemment repris par tous les adversaires dudit projet, dont Claude Ryan, qui affirme en éditorial que Lachapelle est un démographe très respecté et que ses études démontrent que « la solution du livre blanc aboutirait à rabaisser les effectifs des écoles anglaises à un niveau inférieur à celui qu'occupe la population anglophone dans l'ensemble de la population[29] ».

À l'Association des démographes du Québec, très largement composée de souverainistes, pareils propos surprennent et choquent. « On s'est réunis et on a décidé de présenter un mémoire à la commission parlementaire de façon à mettre les choses au point[30] », se souviendra Robert Maheu, alors chef de la division des études démographiques au ministère des Affaires sociales et membre très actif au sein de son association. En 1977, Maheu est un jeune démographe fraîchement diplômé de l'Université de Montréal. Quelques années auparavant, il a effectué, pour le compte de la commission Gendron, diverses études sur la situation démographique des francophones du Québec et sur la nature des transferts linguistiques des francophones et des allophones vers la communauté anglophone. Il connaît cette question sur le bout de ses doigts ; c'est lui qui préparera le mémoire de l'association et qui ira le défendre auprès des députés.

Soulignant le caractère fragile de la situation des francophones, il affirme devant les parlementaires que la minorité anglophone du Québec bénéficie toujours d'un grand pouvoir

d'attraction économique qui draine tout naturellement la majorité des nouveaux arrivants et qu'elle n'est nullement menacée
de disparition, même après l'entrée en vigueur du projet de loi 1.
« Il nous semble tout à fait probable que le nombre d'anglophones continuera d'augmenter, de telle sorte que cette thèse
d'une éventuelle disparition des anglophones pour demain, avec
toutes les déformations qu'elle a subies, est devenue une thèse
que pourrait soutenir seulement le "bonhomme sept-heures"[31] »,
dit-il.

Camille Laurin jubile et voit dans cette intervention une
confirmation scientifique de ce qu'il a toujours soutenu, à savoir
que la situation économique des individus est intimement liée à
celle de la langue et qu'imposer la connaissance et l'utilisation du
français est la seule façon d'inverser la tendance, d'accroître le
poids démographique des francophones et de remettre le pouvoir économique entre leurs mains, ce qui a toujours été son
objectif ultime.

De 1 à 101

Après cinq longues semaines de commission parlementaire,
Laurin en a assez. Certes, il n'a entendu qu'une soixantaine
des deux cents mémoires qui ont été soumis, mais il a l'impression d'avoir fait le tour du jardin et que tout le reste ne sera que
des redites. De plus, l'opposition libérale et unioniste, bien décidée à empêcher à tout prix l'adoption de la loi, utilise toutes les
astuces de la procédure parlementaire pour paralyser les travaux,
les motions dilatoires se succédant indéfiniment les unes aux
autres et permettant aux députés de lire, qui la Bible, qui le dic-
tionnaire, pour étirer *ad nauseam* les discussions. À ce rythme, les
députés pourraient être encore là à Noël.

On est alors rendu à la mi-juillet. Le débat fait rage sur la
place publique depuis plus de trois mois et, dans l'état actuel des
choses, personne n'entrevoit très bien le moment où il pourra
prendre fin. Résolu à en terminer une fois pour toutes, le gouvernement décide de porter un grand coup. Il met un terme à la

commission parlementaire, abandonne le projet de loi 1 et propose une nouvelle loi qui porte le numéro 101. La manœuvre, essentiellement procédurière, qui a beaucoup fait ergoter à l'époque mais qui n'a pas une grande importance eu égard au fond de la question, permet à la fois de couper l'herbe sous les pieds de l'opposition et d'introduire d'un seul coup dans le nouveau projet de loi l'ensemble des amendements qui, autrement, auraient dû être amenés et débattus un à un devant la commission parlementaire.

Camille Laurin dépose ce nouveau projet de loi le 12 juillet 1977 dans le chahut le plus total, les députés d'opposition dénonçant la tactique gouvernementale de toutes leurs forces. « Il s'agit de strictes manigances, d'un court-circuitage du droit parlementaire[32] », soutient alors Jean-Noël Lavoie, le leader parlementaire des libéraux.

Mais, en dernière analyse, c'est le gouvernement qui, grâce à sa majorité de députés, reste maître du jeu et les barouds d'honneur de l'opposition ne servent guère qu'à gagner du temps et épater la galerie. Aussi, après quelques heures de débats procéduriers, Laurin est finalement autorisé à aller de l'avant avec sa législation.

Même s'il comporte une quarantaine d'amendements par rapport au texte précédent, le projet de loi 101 est fondamentalement semblable au projet de loi initial. Les grands axes en matière de langue officielle, de langue d'enseignement et de langue de travail restent les mêmes. Par contre, le ministre retranche de son nouveau projet de loi toute allusion à la Charte des droits et libertés et il affirme spécifiquement les droits des autochtones. De plus, il abolit les sanctions économiques prévues contre les entreprises qui refusent de se franciser et assouplit les dispositions relatives à l'affichage dans les petits établissements employant au plus quatre personnes. Mais tout cela reste relativement mineur par rapport à l'essentiel de la loi, qui consiste à rendre l'utilisation du français obligatoire sur tout le territoire québécois et à imposer, par le biais de l'école, l'intégration des immigrants à la majorité francophone[33].

Le 19 juillet 1977, en pleine canicule, Camille Laurin

amorce l'étude en deuxième lecture du projet de loi 101, lors de laquelle les parlementaires discutent des fondements et des principes de la législation. Il prononce un long discours qui constitue son intervention la plus substantielle sur la question. Ce discours est reproduit intégralement dans l'annexe 2.

Après avoir soutenu à nouveau que toute l'histoire du Canada français se résume en une longue et tragique dépossession résultant de la Conquête de 1760 et avoir défendu les éléments essentiels de son projet de loi, le ministre conclut en affirmant que le projet de loi représente l'espoir de tout un peuple et va insuffler à celui-ci la confiance nécessaire pour accéder à l'indépendance politique. « La majorité francophone, à l'exception des quelques notables qui ont perdu contact avec elle dans leur trop longue fréquentation du pouvoir anglophone, accorde son appui total à une politique libératrice qu'elle attend avec un espoir secret depuis deux siècles. Cette loi lui paraît juste aussi bien pour elle que pour les différentes minorités. Elle arrive à point nommé pour lui donner la fierté, la confiance en soi, la dignité, la maturité, le progrès dont elle a besoin et qu'elle mérite. Elle lui donnera le goût d'aller plus loin et d'assumer bientôt la maîtrise de son destin, après qu'elle lui aura prouvé que cela est possible et qu'elle en est capable[34] », affirme-t-il.

René Lévesque n'intervient pas au cours du débat. Pire encore, il s'absente de l'Assemblée au moment où Camille Laurin prononce son discours. Réfugié dans un bureau attenant à l'Assemblée nationale, il attend que son ministre ait terminé pour réapparaître. Laurin, qui comprend l'importance des symboles, est blessé par l'attitude de son chef. « C'est sûr qu'il l'a fait exprès. Il a tenu à ne pas être à son pupitre au moment où je faisais mon discours, comme s'il désapprouvait ce que j'étais en train de dire. Ça m'a fait beaucoup de peine[35] », rappellera-t-il avec tristesse quelques mois avant sa mort.

Mais si Lévesque n'est pas là et semble prendre les choses à la légère au point de s'octroyer, en plein débat, deux semaines de vacances sur les plages américaines d'Ogunquit, il en va tout autrement de l'opposition, qui reste tout aussi déterminée à combattre ce projet de loi jusqu'à la dernière minute. Chef intérimaire des libéraux, Gérard D. Lévesque, un astucieux commerçant gaspésien rompu à la fréquentation des anglophones, déchire sa chemise. Dans une intervention enflammée, il qualifie le projet de loi 101 d'inutile, d'excessif, d'hypocrite, de séparatiste, d'anticonstitutionnel et d'économiquement coûteux. Tout en se disant favorables à la promotion du français, les libéraux se montrent en réalité davantage inquiets des droits de la minorité anglophone et rejettent toute mesure coercitive à leur endroit[36].

Les unionistes et l'indépendant Camil Samson adoptent une attitude similaire. Oui à la promotion du français, mais non à toute disposition qui serait de nature à brimer les droits des minorités et à imposer la langue de la majorité. L'Union nationale se préoccupe en particulier de la question de la langue d'enseignement. Ayant fait campagne sur ce thème à l'élection du mois de novembre précédent, elle désire que l'école anglaise reste ouverte à tous les anglophones. Pour sa part, Fabien Roy met fin à ses tergiversations et décide finalement d'appuyer le projet de loi.

L'Assemblée nationale compte par ailleurs plusieurs députés anglophones et chacun d'eux tient absolument à intervenir dans le débat. Qu'il s'agisse de Bryce Mackasey, de John Ciaccia, de William Shaw ou de George Springate, tous dénoncent violemment le caractère séparatiste du projet de loi et ce qu'ils estiment être l'abolition des droits historiques de la minorité anglophone.

Rien de tout cela ne dérange Camille Laurin. Son projet de loi est maintenant en route vers l'adoption finale et il n'a plus qu'à se montrer patient. Au début d'août, le texte se retrouve à nouveau en commission parlementaire, où les députés doivent examiner chacun des 232 articles, soit la version initiale à laquelle se sont ajoutés les nombreux amendements apportés par le gouvernement. Alors ministre des Affaires culturelles, Denis Vaugeois se rappellera très bien le climat de l'époque : « On était en plein été, il faisait chaud, on enlevait nos cravates et on ouvrait les fenêtres de l'Assemblée nationale, tellement l'air était étouffant. Mais on était heureux d'être là et on ne se plaignait pas ; on avait l'impression de participer à une grande œuvre collective[37] », dira-t-il.

Après quelques semaines de discussions et alors que le travail est loin d'être terminé, la majorité péquiste met fin au débat sans que l'opposition ait gagné quoi que ce soit. « On n'a pas réussi à passer un seul amendement majeur, se souviendra Fernand Lalonde, alors député libéral. Laurin était comme dans une bulle et ne voulait pas changer un iota à son chef-d'œuvre. Il était poli mais n'écoutait rien de ce qu'on disait. C'était un mur. On est sortis de là passablement frustrés[38]. »

Sans que ce soit le fait de l'opposition, le projet de loi 101 subit toutefois en cours de route certaines modifications, dont la plus importante est certainement l'inclusion des accords de réciprocité. À l'article 86 de la version finale du projet, on indique que les personnes visées par une entente de réciprocité conclue avec une autre province canadienne pourront avoir accès à l'école anglaise au Québec. C'est la soupape que Lévesque s'est toujours réservée. Dans les faits, cependant, aucun premier ministre provincial ne signera un accord de ce genre, si bien que l'article ne sera jamais utilisé.

On y inclut également plusieurs assouplissements en ce qui a trait à la francisation des sièges sociaux, résultat de la mission effectuée en Europe quelques mois plus tôt par Pierre Laurin et le groupe d'hommes d'affaires québécois.

Au moment de l'adoption finale du projet de loi, René Lévesque sort enfin de sa tanière et prononce un discours pour soutenir la politique linguistique de Camille Laurin, défendre la bonne foi de son gouvernement et affirmer que la minorité anglophone du Québec restera, en tout état de cause, la mieux protégée du Canada. Et, presque suppliant, il demande aux Québécois de toute origine de soumettre la loi 101 à un essai loyal de quelques années[39].

Prenant la parole en dernier, Camille Laurin insiste particulièrement sur la portée économique de son projet. « Ce sera un geste décisif pour la libération et la promotion des travailleurs québécois. C'est d'abord et avant tout pour les travailleurs, les petits cultivateurs, pour les ménagères, pour les consommateurs, pour les locataires et les petits propriétaires, pour toutes les petites gens de chez nous que nous avons proposé ce projet de loi, beaucoup plus que pour les patrons et les riches[40] », affirme-t-il.

Le projet de loi 101 est finalement adopté le 26 août 1977 par 54 voix contre 32. De tous les députés de l'opposition, seul Fabien Roy vote avec les péquistes. Avec les disputes au Conseil des ministres, la bataille aura duré sept mois et occupé une large partie des travaux au cours de la première année du gouvernement Lévesque. Laurin et ses collaborateurs sortent épuisés de cette longue lutte et ne songent même pas à aller festoyer. « On n'a jamais pensé à fêter. On était beaucoup trop fatigués. Chacun est rentré chez lui et est allé se coucher[41] », racontera Michael MacAndrew.

D'ailleurs, même si la loi est maintenant en vigueur, le gouvernement n'en a pas complètement terminé avec elle puisqu'il est aux prises avec une nouvelle contestation, celle des Inuits de Fort-Chimo qui craignent l'extinction de leurs droits et qui occupent en masse les bureaux gouvernementaux de l'endroit, ce qui rend nécessaire l'intervention de la Sûreté du Québec. Lévesque et Laurin délèguent alors David Payne pour calmer le jeu et tenter de convaincre les Inuits que leurs craintes sont injustifiées. L'affaire, qui fait grand bruit dans les médias anglophones, s'éteint d'elle-même dans les semaines qui suivent.

Quelques mois plus tard, la Société Saint-Jean-Baptiste de Montréal honore officiellement Camille Laurin en le proclamant « Patriote de l'année » et en lui remettant la médaille *Bene merenti de patria*. Le discours de remerciement du ministre a des accents messianiques. « Je remercie le destin qui a fait de moi son instrument, qui a déposé entre mes mains ce cadeau précieux que j'ai remis à tous les miens qui m'ont précédé, m'accompagnent et me suivront[42] », affirme-t-il, la voix brisée par l'émotion.

Cette médaille n'est que le premier d'une longue liste d'honneurs, tous rattachés à l'adoption de la loi 101 : récompenses et décorations de tout ordre, prix et institutions qui portent son nom et honorent la mémoire de celui que l'Histoire reconnaît comme le père de la Charte de la langue française.

À l'automne 1978, soit quinze mois après l'adoption de la loi, le ministre se retrouvera avec Robert Filion, un de ses attachés politiques, à son bureau du quinzième étage de la tour de la Bourse, à Montréal. Soudain, il se dirige vers la fenêtre et voit des ouvriers en train de descendre les grosses lettres dorées de « The Bank of Montreal » pour les remplacer par celles de « Banque de Montréal ». Saisi d'un intense plaisir, il passe une bonne demi-heure à surveiller l'opération. « Tout mon projet est là, confiera-t-il alors à Filion. Tout ce que j'ai voulu faire, c'est éradiquer le bilinguisme et franciser le Québec[43]. »

Vingt ans plus tard, Camille Laurin estimera que l'adoption de la loi 101 a été le plus grand combat de sa vie : « Ça a été ma bataille la plus dure, tant du point de vue des enjeux collectifs que des émotions qu'elle a soulevées, dira-t-il en faisant le bilan de toute cette aventure. Mais je ne me suis jamais senti seul. J'incarnais la voix de tout un peuple qui était en marche avec moi[44]. »

CHAPITRE 18

L'homme global

L'encre de la loi 101 est à peine sèche que Camille Laurin est déjà rendu ailleurs. Pendant que son sous-ministre Guy Rocher veille à l'application de la loi et s'emploie notamment à mettre en place les nombreux organismes qui en sont issus, Laurin est passé à autre chose et désire maintenant s'attaquer à un projet encore plus vaste et plus ambitieux. Ce projet consiste à doter la société québécoise d'une politique de développement culturel qui embrasse tous les champs de l'activité humaine, des arts aux communications, de l'éducation à l'économie, en passant par l'habitat, le travail, les loisirs et la santé.

Toujours en mouvement, courant d'une réforme à l'autre, Laurin veut concevoir une politique qui à la fois consolide les assises de la société québécoise et trace des perspectives d'avenir dans tous les secteurs de son développement. À ses yeux, la culture ne se limite pas aux différents modes d'expression artistique mais inclut plutôt l'individu dans sa globalité et détermine la totalité de ses comportements. Voilà une nouvelle façon de se rapprocher de l'Être absolu auquel ses lectures le faisaient rêver, quarante ans plus tôt, au Collège de l'Assomption. « On a voulu faire l'inventaire de tout notre héritage et de notre façon de vivre. C'était un concept très englobant, une conception anthropologique de l'homme et de la culture. On s'intéressait à tous les aspects de la vie de l'homme d'ici[1] », se souviendra-t-il à la fin de sa vie.

Bien que l'essentiel de cette réflexion soit confié à Fernand Dumont, qui en rédigera le texte dans sa version définitive, Laurin lance ce nouveau chantier selon sa méthode habituelle et crée, pour chaque secteur concerné, des comités de travail chargés d'établir la problématique et de définir les pistes d'action. « Camille s'est lancé là-dedans avec beaucoup d'énergie et d'enthousiasme, rappellera Guy Rocher. Il n'y a pas eu de post-partum après la loi 101. On a tout de suite commencé la politique de développement culturel, un projet que le ministre trouvait encore plus emballant et plus important que celui de la politique linguistique[2]. »

Moins d'un an après les débats au sujet de la Charte de la langue française, Laurin soumet au Conseil des ministres ses premiers textes en vue de la publication d'un futur livre blanc, qu'il présente sous la forme d'un vaste projet de société. Ses collègues le voient arriver d'un œil soupçonneux. « Pas une autre fois », se disent plusieurs de ceux-ci qui commencent à peine à digérer les tourments de la loi 101 et qui ne souhaitent qu'un peu de tranquillité. De plus, tous constatent que le ministre, en plus de les bousculer à nouveau avec ses grandes réflexions, met son nez dans un ensemble de secteurs qui ne relèvent pas vraiment de sa responsabilité. Les arts et la culture appartiennent à Denis Vaugeois, la santé est le domaine de Denis Lazure, le travail et la main-d'œuvre sont du ressort de Pierre Marois, tandis que Bernard Landry garde un œil jaloux sur le développement économique. « Sa définition de la culture était très vaste et empiétait parfois sur les responsabilités des autres. Moi-même, je m'apprêtais à lancer un livre blanc sur le virage technologique au moment où il est arrivé avec ses propositions. Alors, on a voulu regarder ça de très près[3] », rappellera d'ailleurs Landry, 25 ans après les événements.

Denis Vaugeois, que René Lévesque vient tout juste de nommer à la tête des Affaires culturelles, en remplacement de Louis O'Neill, se souviendra également que ce nouveau livre blanc s'est élaboré sans que les ministères concernés soient vraiment mis dans le coup. Il rappellera en outre que Lévesque se sentait peu à l'aise avec ce genre de politique à portée globale et qu'il lui a expressément demandé d'examiner tout ça en priorité.

Bref, ce cher Camille ne se repose jamais et vient se mêler de toutes sortes de dossiers qui ne le regardent pas directement. Même si on l'aime bien et qu'on le respecte, plusieurs ministres ne se gênent pas pour lui faire sentir qu'il dérange et qu'il piétine des plates-bandes qui ne sont pas les siennes.

Conscient dès le départ des réactions que son projet suscite, Laurin entreprend alors une tournée de ses collègues pour les convaincre du bien-fondé de sa politique et surtout du fait que chacun d'entre eux demeurera responsable de son application. Le charme et le pouvoir de persuasion du psychiatre opèrent encore une fois. « J'ai vu chaque ministre un à un et je leur ai exposé qu'ils resteraient responsables de la mise en place des orientations du livre blanc. Les objections sont tombées et j'ai pu finalement faire adopter ma politique au Conseil des ministres[4] », se rappellera-t-il.

Ce livre blanc, intitulé *La Politique québécoise de développement culturel,* est rendu public le 6 juin 1978. Il s'agit d'un document de six cents pages que le gouvernement décide de publier en deux volumes distincts. Plus philosophique et plus sociologique, le premier volume fait l'historique de la culture québécoise de tradition française, traite de l'apport des différentes minorités et propose une vue d'ensemble du développement à venir. Quant au second, passablement plus concret, il propose plusieurs centaines de mesures touchant tous les aspects de la vie québécoise.

Rien n'échappe à l'examen méticuleux des escouades de Laurin. On y traite bien sûr du développement des arts et de l'amélioration de la situation socioéconomique des créateurs de tous ordres, mais on y parle aussi d'une nécessaire réforme de l'éducation et de la création d'un ministère de la Science. On se préoccupe par ailleurs de la qualité des logements et de l'état du marché du travail, où on note une forme de déshumanisation et de parcellisation inquiétantes, et on souhaite même que les Québécois changent leurs habitudes de vie, particulièrement en matière de consommation d'alcool, de médicaments et de tabac.

La version originale proposait également un certain nombre de mesures dans le domaine des communications, dont la création d'une agence de presse québécoise, mais le premier ministre, qui a toujours été chatouilleux pour ce genre de questions, a exigé qu'elles soient biffées[5].

Le ministre signe, en introduction, un court texte qui donne tout son sens à l'ouvrage et qui indique jusqu'à quel point il ambitionne de saisir la totalité de l'homme québécois. Il y dit notamment ceci : « Il ne faut rien laisser échapper du réel et les témoignages des citoyens en font tout autant partie que les œuvres des écrivains, artistes, philosophes, sociologues, économistes ou spécialistes du travail. Ce qui donnera à ce concert à plusieurs voix sa cohérence et son unité, c'est le but poursuivi, qui est de donner son plein sens à la vie de l'homme et de la femme d'ici. À cet égard, il n'est rien de plus nécessaire qu'une politique de développement collectif intégral[6]. »

Quelques jours plus tard, il affirme, dans une entrevue au *Devoir*, que « le livre blanc sur la politique culturelle constitue l'aboutissement de 15 ou 20 ans de [sa] vie, le fruit d'une réflexion qui transcende les préoccupations au jour le jour, les fades considérations de productivité et de standard de vie qui sont le lot de toutes les civilisations occidentales[7]. »

Dans son esprit, cette politique de développement culturel constitue également, après la Charte de la langue française, une étape indispensable vers la résurgence de l'âme québécoise et la réappropriation du moi collectif en vue de l'accession à la souveraineté politique. Présente à une assemblée publique tenue quelques jours après le dépôt du livre blanc, la journaliste Lysiane Gagnon dépeint ce tableau saisissant de l'attitude de Laurin : « Seul sur la scène, debout devant un micro, entre deux fleurdelysés, tranquille et posé, maîtrisant comme d'habitude sa langue, M. Laurin dressait du peuple québécois un portrait tendre et attachant, extrêmement respectueux des traditions et particularités régionales, des valeurs qui ont persisté à travers l'industrialisation, comme s'il tentait de redonner aux gens des parties de leur âme oubliée, masquée par tant de médiocrité, d'emprunts mal intégrés, de misères quotidiennes. Toute cette soirée était organisée de façon à transmettre une idée-force et une émotion directement liées à la campagne du référendum, car le Oui espéré par le PQ repose essentiellement sur un attachement émotionnel et viscéral au pays du Québec[8]. »

Cette politique est accueillie de façon plutôt diverse. Claude Ryan, que sa farouche opposition des douze derniers mois au gouvernement péquiste a conduit tout naturellement à la tête du Parti libéral, n'y voit qu'un texte fumeux, nationaliste et peu soucieux des cultures minoritaires[9], tandis qu'Alex Paterson, un des principaux leaders de la communauté anglophone, prévient, dans une déclaration publiée en manchette du *Montreal Star,* qu'avec une politique aussi englobante les citoyens pourront bientôt retrouver Laurin sous leur lit[10].

Du côté des médias francophones, la réaction est cependant beaucoup plus positive. Michel Roy, qui a remplacé de façon intérimaire Ryan à la direction du *Devoir,* salue la qualité intellectuelle du livre blanc et affirme n'y voir aucune trace de dirigisme culturel. « Il faut souligner avec insistance qu'on ne relève aucune trace d'impérialisme, nulle velléité de dirigisme, pas même la tentation de caporalisme culturel, écrit-il. Il est dit que les Québécois formeraient une collectivité plus dynamique, plus créatrice, plus imaginative s'ils consentaient un effort soutenu de dépassement dans divers domaines, au travail et au foyer, à l'école et dans leurs médias. Mais on ne tente pas de les embrigader[11]. » L'attitude est passablement similaire du côté de Marcel Adam, l'éditorialiste en chef de *La Presse,* qui souligne également l'idéalisme du livre blanc tout en mettant cependant en doute la portée réelle des mesures qu'il propose et en se demandant si elles sont vraiment réalisables.

Le développement des industries culturelles

Au-delà de tout ce scribouillage, le livre blanc de Camille Laurin débouche sur plusieurs mesures concrètes dont l'une des plus importantes est très certainement la création, en décembre 1978, de la Société de développement des industries culturelles.

Au moment où le gouvernement du Québec lance ce projet, la situation économique des créateurs québécois, tous champs d'activité confondus, est connue depuis belle lurette au ministère des Affaires culturelles, qui a fait effectuer plusieurs études sur la question. À quelques exceptions près, ces créateurs sont pauvres, tirent le diable par la queue et disposent très rarement des ressources nécessaires pour assurer une mise en marché adéquate de leurs produits. En règle générale, les maisons de production, qu'il s'agisse de livres, de disques ou de spectacles, sont elles aussi déficitaires et doivent sans arrêt compter sur des subventions ponctuelles et toujours insuffisantes pour ne pas disparaître. Elles sont condamnées, dans un régime de perpétuel quémandage, à se débattre avec un réseau de consommateurs très restreint et à faire face à la concurrence extrêmement forte de l'univers culturel anglo-américain.

Même si la culture québécoise explose de partout et que ses meilleurs artistes connaissent une audience internationale, le milieu ne dispose pas d'institutions fortes et solides pour assurer sa croissance. Le livre blanc sur le développement culturel analyse à son tour cette problématique et conclut que « l'État québécois devra définir un ensemble pertinent de conditions et de règles de fonctionnement sur son territoire et qu'il devra prendre des mesures de soutien appropriées au développement d'entreprises québécoises dont la production contribue à l'essor du Québec[12] ».

Dans les faits, cette déclaration d'intentions prend la forme d'un projet de loi que le ministre Denis Vaugeois, dont c'est la responsabilité en tant que titulaire des Affaires culturelles, dépose à l'Assemblée nationale le 22 novembre 1978 et qui prévoit la création de la Société de développement des industries culturelles.

À l'instar de plusieurs sociétés d'État rattachées aux secteurs industriel, minier, agroalimentaire ou forestier, celle-ci a pour mandat de promouvoir la création et le développement d'entreprises culturelles et d'assurer une meilleure commercialisation des produits de la culture. Elle est dotée dès le départ d'un fonds de 10 millions de dollars et pourra investir, faire des prêts, établir des partenariats et apporter toute forme de soutien financier qu'elle jugera nécessaire.

Le dépôt du projet de loi est suivi, quelques semaines plus tard à Québec, d'un grand sommet de la culture où quelque deux cents artistes et producteurs sont invités à débattre de la question. Tout le monde accepte dans l'enthousiasme le principe de la création de cette nouvelle société d'État.

Nouvellement engagé au ministère de Laurin, Yvon Leclerc est la cheville ouvrière de ce sommet. C'est lui qui coordonne la préparation des différents documents de travail soumis aux participants et qui manœuvre en coulisses pour qu'on en arrive à un consensus. Vingt ans plus tard, il se souviendra que le sommet s'est très bien déroulé, que René Lévesque était à ce point content du résultat final qu'il a tenu à présider la séance de clôture pour annoncer que le gouvernement ferait adopter le projet de loi avant Noël.

Leclerc deviendra par la suite le chef de cabinet de Camille Laurin et l'un de ses rares confidents. Il l'accompagnera dans ses diverses fonctions ministérielles jusqu'à la démission de Laurin en 1984. Durant toutes ces années, il vouera une admiration et une affection sans limites à son ministre, allant même jusqu'à donner le prénom de Camille à sa dernière-née.

De son côté, Laurin est évidemment enchanté du résultat de ce sommet, qu'il qualifiera de grand moment pour les artistes québécois. Tout heureux que le premier ministre se soit associé à sa démarche, il estime avoir réussi une démonstration éloquente du caractère pragmatique de sa politique de développement culturel.

Le sommet permet par ailleurs au ministre d'être sensibilisé à la difficile question des droits d'auteur, qui est de compétence fédérale mais au sujet de laquelle le Québec peut intervenir, ne serait-ce que par le biais des établissements scolaires, du prêt en bibliothèque et de différentes mesures fiscales et administratives. Laurin met aussitôt sur pied un groupe de travail chargé d'examiner cette question. Présidé par André Beaudoin, un de ses collaborateurs immédiats, le groupe accouche en 1980 d'un livre blanc intitulé *La Juste Part des créateurs*. Camille Laurin y publie un texte de présentation qui ne laisse aucun doute sur ses intentions : « Impuissant devant une société de consommation et devant certains promoteurs d'industries culturelles qui l'exploitent, le créateur voit souvent son droit d'auteur bafoué, piraté et, à la limite, nié. L'élimination de cette piraterie, la négociation juste et raisonnable des droits du créateur, de tous ses droits, avec les représentants des utilisateurs, la reconnaissance juridique de ses exigences légitimes constituent autant de réformes que la simple justice et le respect nous imposent. Elles procureront au moins au créateur les éléments premiers de sa sécurité économique[13] », écrit-il.

En attendant que le Québec dispose des pouvoirs constitutionnels nécessaires pour légiférer sur la question, le livre blanc propose au gouvernement de faire le ménage dans sa propre cour, en interdisant notamment la reprographie, sans droits compensatoires, des œuvres des écrivains utilisées dans les écoles et en adoptant, par voie fiscale ou réglementaire, différentes mesures visant à harmoniser les rapports entre les créateurs et ceux qui commercialisent leurs œuvres.

Toujours au chapitre de la culture, Camille Laurin convainc enfin le Conseil des ministres d'adopter une autre des suggestions figurant dans son livre blanc et de créer l'Institut québécois de recherche sur la culture. Comme son nom l'indique, cet institut sera appelé à faire la promotion de la culture québécoise et à financer au moins partiellement différents travaux de recherche universitaire, à caractère historique ou sociologique, sur son évolution depuis l'avènement de la Nouvelle-France.

Cette nouvelle initiative laisse le Conseil des ministres plutôt sceptique. Pour un, Jacques Parizeau, qui tient fermement les cordons de la bourse, fait part de ses réticences et hésite à allonger les 10 millions de dollars que réclame son collègue à titre de dot de lancement d'un tel institut. Mais il finit par céder. Fernand Dumont sera le premier président de ce nouvel organisme. « J'ai dû argumenter très fort au Conseil des ministres pour convaincre tout le monde qu'il était indispensable de faire l'inventaire de tous les éléments de notre culture. Cela faisait partie du grand projet de réappropriation par les Québécois de ce qu'ils sont et de ce qui leur appartient[14] », de se souvenir Laurin.

La recherche scientifique

Le livre blanc sur le développement culturel presse par ailleurs le gouvernement d'adopter une véritable politique de recherche scientifique. En 1978, le Québec en est à peu près à zéro sur cette question : il n'a ni politique ni ministère pour s'en occuper et la responsabilité est éparpillée, pour ne pas dire diluée, entre le ministère de l'Éducation et le ministère de l'Industrie et du Commerce. De plus, le Québec est terriblement en retard dans ce domaine par rapport à l'ensemble des provinces canadiennes. Pour illustrer l'ampleur de ce retard, le texte signale que, en 1976-1977, l'effort québécois en matière de recherche scientifique s'est élevé à 36 millions de dollars alors que, pendant la même période, le gouvernement central investissait 1 milliard de dollars sur tout le territoire canadien.

« J'avais constaté que plusieurs ministères accordaient très peu d'attention à la recherche scientifique, de se souvenir Laurin, alors que l'Ontario s'en occupait beaucoup et raflait le gros des subventions fédérales. Un peuple évolué, qui aspire à sa souveraineté, doit générer ses propres recherches et ne pas se contenter des transferts technologiques venus d'ailleurs. Alors j'ai voulu corriger ça[15]. » Aussi propose-t-il une politique d'ensemble qui redresserait la situation et doterait le Québec de mesures propres à assurer un réel développement scientifique, dont la principale est la création d'un ministère de la Science qui soutiendra et coordonnera les efforts des chercheurs.

Au début de 1979, il publie un livre vert où il réaffirme la nécessaire intervention de l'État. Ce document brosse le tableau des grands secteurs de recherche universitaire et industrielle et plaide en faveur d'une vigoureuse intervention du gouvernement pour mieux orienter l'ensemble des activités dans ces secteurs. Le cœur de cette politique réside évidemment dans la mise sur pied d'un ministère de la Science qui devienne le lieu de concertation et de coordination de toutes les activités de recherche.

Le projet est plutôt bien accueilli par la communauté scientifique, et René Lévesque finit par nommer un ministre responsable de la Science. Il faudra toutefois attendre jusqu'en 1980 et le premier titulaire ne sera pas Camille Laurin mais plutôt Jacques-Yvan Morin. Quant au ministère comme tel, il ne sera créé qu'en 1983 et le premier titulaire en sera Gilbert Paquette.

Une mission sur la Basse-Côte-Nord

En mai 1979, Camille Laurin se retrouve à Sept-Îles pour présider un colloque sur les minorités culturelles de la Basse-Côte-Nord. À l'époque, près de six mille personnes vivent dans une vingtaine de villages s'égrenant le long du golfe du Saint-Laurent. De Kegashka à Blanc-Sablon, ces Québécois, dont la grande majorité sont anglophones et descendent de pêcheurs terre-neuviens qui se sont établis au milieu du XIXe siècle sur ces côtes inhospitalières mais poissonneuses, se sentent non seulement isolés mais totalement négligés par le reste du Québec. Ils partagent leur infortune avec deux communautés amérindiennes présentes dans les réserves de La Romaine et de Saint-Augustin. Entre les nuées de mouches noires en été et le vent glacial en hiver, les habitants de ce territoire ne font que vivoter. Seul un bateau les relie, une fois par semaine, au reste de la planète. Pauvres comme Job, ils sont perdus tout au bout du Québec et sont convaincus que tout le monde les a oubliés.

Aussi, Laurin n'obtient aucun succès avec les beaux thèmes de son colloque. Peu intéressés à causer aimablement de questions à caractère culturel, les représentants de ces villages, qui n'ont pas souvent l'occasion de se mettre un ministre sous la dent, viennent plutôt parler de pain et de beurre. De l'éducation aux transports, des services sociaux aux pêcheries, des infrastructures municipales aux moyens de communication, tout y passe. Ils se disent délaissés, oubliés et ne font plus confiance aux divers gouvernements.

Camille Laurin est ébranlé par de tels propos auxquels nul ne l'a préparé. Il abandonne sur-le-champ son ordre du jour et annonce à ses interlocuteurs qu'un groupe de fonctionnaires, dirigé par son attaché politique David Payne, va faire le tour de tous les villages de la Basse-Côte-Nord pour établir un état de la situation et formuler les recommandations appropriées à l'intention du gouvernement. « Tous ensemble, nous arriverons à mettre en place des mécanismes et des ressources humaines qui redonneront vie à ce pays. Malgré son immense richesse, ses habitants vivent dans la pauvreté, comme un sous-peuple. Cela est scandaleux, de telles choses ne devraient pas arriver et nous allons essayer de corriger cet état de fait[16] », promet-il.

Payne et son groupe visitent tous les villages de la Basse-Côte-Nord durant les deux premières semaines d'août. En plus de constater *de visu* l'état délabré des routes locales et des équipements municipaux et scolaires, ils tiennent à chaque endroit une assemblée publique où tous les citoyens sont invités à venir exposer leurs griefs. Hébergés dans des familles, mangeant et couchant chez l'habitant, ils peuvent prolonger leurs recherches par des conversations à bâtons rompus qui leur en apprennent souvent plus long que les rencontres plus officielles.

Il en résulte, en novembre suivant, un rapport de près de cent cinquante pages comprenant plus d'une centaine de recommandations sur tous les aspects essentiels de la vie sociale, économique et culturelle de ces communautés. Ces recommandations concernent autant les services de santé que le transport routier ou maritime, autant l'éducation que l'industrie de la pêche, autant l'exploitation forestière que le tourisme et les communications. En conclusion, le document insiste sur la nécessité de faire preuve d'ouverture d'esprit et d'adapter l'action gouvernementale aux réalités toutes particulières de ce coin de pays. « Dans beaucoup de cas, affirme-t-on, des investissements nouveaux sont nécessaires, mais dans beaucoup d'autres, il s'agit de faire respecter ou d'adapter aux circonstances de la Basse-Côte-Nord des lois et des règlements qui, à l'heure actuelle, sont inopérants dans cette région. Les organismes centraux impliqués devront à tout prix se départir de leurs visions traditionnelles et normatives[17]. »

Dès qu'il le reçoit, Camille Laurin transmet ce texte au Conseil des ministres et fait adopter un décret qui confie la mise en œuvre de ces mesures à l'Office de planification et de développement du Québec. « C'était la première politique du genre sur la Basse-Côte-Nord. René Lévesque était très fier de ça et s'est personnellement assuré que les recommandations soient appliquées[18] », se souviendra David Payne.

Du hockey en français

Depuis le triste épisode du procès de Léopold Dion, l'avocat Guy Bertrand a toujours gardé le contact avec Camille Laurin. À l'automne 1969, celui-ci avait d'ailleurs signé la préface d'une petite brochure préparée par Bertrand pour convaincre ses compatriotes de la faisabilité de l'indépendance. Intitulé *Québec souverain, avons-nous les moyens ?*, ce texte est structuré comme le petit catéchisme. Il pose 106 questions et donne autant de réponses sur la capacité des Québécois à réaliser leur indépendance. « Il n'est plus permis en cette heure tragique de se fier à un pouvoir qui nous a ignorés ou trahis, d'écrire alors Laurin. Nous ne pouvons plus compter que sur nous-mêmes. Nous n'avons plus le droit de nous dérober à nos responsabilités. Il nous faudra donc récupérer toutes nos richesses, assumer tous les pouvoirs et gérer nos affaires avec toute la compétence dont nous sommes capables[19]. »

Guy Bertrand s'était servi de cette brochure au cours de la campagne électorale de 1970, lorsqu'il a été candidat du Parti québécois dans le comté de Dorchester. Défait, il était retourné à la pratique du droit mais avait néanmoins poursuivi ses activités politiques. Aussi entre 1970 et 1973, lorsque Laurin était chef parlementaire de l'opposition péquiste, les deux hommes s'étaient vus à maintes reprises dans des restaurants de Québec et avaient discuté sur la conjoncture politique. À partir de 1976, les occasions s'étaient faites plus rares, mais Bertrand se souvient qu'ils avaient parlé à quelques reprises de la loi 101 et de ses incidences constitutionnelles, et que le ministre avait alors manifesté en privé beaucoup plus de réalisme que dans ses interventions publiques.

En 1979, Guy Bertrand a de nouveau besoin de Camille Laurin. Il représente alors les intérêts de plusieurs hockeyeurs francophones faisant partie des Nordiques de Québec, dont Michel Goulet, Réal Cloutier et Pierre Lacroix. Pour jouer dans la Ligue nationale de hockey, ceux-ci ont dû signer un contrat rédigé uniquement en anglais. Choqué par cette situation, Bertrand cherche un moyen d'obliger les dirigeants de la ligue à offrir des contrats en français aux joueurs qui en feront la demande. « C'était humiliant et déshonorant de voir que 33 % des joueurs de la Ligue nationale étaient francophones et qu'ils devaient signer des contrats souvent très compliqués en anglais, une langue que plusieurs d'entre eux ne comprenaient même pas[20] », expliquera-t-il vingt ans plus tard dans un documentaire diffusé à Télé-Québec.

Il s'adresse donc à Camille Laurin pour que ce dernier déniche au sein du gouvernement des personnes capables de traduire en français le contrat type de la Ligue nationale de hockey. Le ministre répond favorablement à sa requête et la version française du contrat est par la suite utilisée par un certain nombre de joueurs francophones. Quelques-uns d'entre eux, dont Michel Goulet et Pierre Lacroix, s'en souviendront au moment du référendum de 1980 et s'afficheront publiquement pour le Oui dans des assemblées organisées par Guy Bertrand.

Une première trouée dans la loi 101

À peine adoptée, la loi 101 est l'objet de premières attaques devant les tribunaux. À l'été 1977, plusieurs citoyens, dirigés par l'avocat montréalais Peter Blaikie, déposent une requête en Cour supérieure pour faire invalider tout le chapitre 3 de la loi, soit celui qui affirme que le français sera dorénavant la seule langue officielle de l'Assemblée nationale et des tribunaux. Les requérants estiment que ce chapitre contrevient aux dispositions de l'article 133 de l'Acte de l'Amérique du Nord britannique, qui garantit un statut officiel à la langue anglaise.

Quelques mois plus tard, en janvier 1978, Jules Deschênes, le juge en chef de ce tribunal, donne raison aux plaignants et invalide cette partie de la loi. Le gouvernement québécois porte aussitôt la cause devant la Cour d'appel, mais celle-ci confirme, en novembre de la même année, le verdict du juge Deschênes. Nouvel appel du gouvernement devant la Cour suprême et nouvel échec : en décembre 1979, le plus haut tribunal du pays statue à son tour que les dispositions contestées de la loi 101 sont anticonstitutionnelles.

Camille Laurin et ses collègues du Conseil des ministres ont épuisé tous leurs recours. Ils n'ont d'autre choix que de faire adopter en toute vitesse par l'Assemblée nationale un projet de loi qui accorde rétroactivement un statut officiel à la version anglaise de tous les jugements prononcés et de toutes les lois adoptées depuis septembre 1977, y compris, ce qui est plutôt ironique, au texte anglais de la loi 101. Ce qu'ils font la journée même où la décision de la Cour suprême est rendue publique.

Auparavant, cependant, et comme la stratégie initiale le prévoyait, les péquistes, qui ne sont alors qu'à quelques mois du référendum, saisissent l'occasion pour casser du sucre sur le dos du régime fédéral et enflammer leurs concitoyens. « Ce jugement inflige objectivement une injure cruelle au Québec français et ses implications, en plus d'être proprement insultantes, sont aussi des plus inquiétantes pour l'avenir si nous devions demeurer dans le présent régime politique[21] », affirme René Lévesque en conférence de presse. Une déclaration qui sonne toutefois un peu faux si on se rappelle que le premier ministre n'avait accepté qu'à contrecœur ces dispositions de la loi 101, persuadé que celles-ci seraient invalidées à la première occasion.

Quant à Camille Laurin, c'est sur lui que retombe l'odieux de présenter le projet de loi qui défait une partie importante de son grand œuvre. Il choisit toutefois de faire contre mauvaise fortune bon cœur et y va d'une charge à fond de train contre le fédéralisme canadien et ses institutions, qualifiant la décision de la Cour suprême de « jour de deuil et de moment tragique » dans l'histoire collective du Québec. « Par ce jugement, le régime fédéral resserre encore son étreinte sur le Québec, soutient-il. Il est confirmé dans son statut d'héritier des conquérants de 1763 et de maître absolu de nos institutions. En plus de maintenir le Québec dans une sorte d'assujettissement antérieur, il nous confine à un statut de locataires et de chambreurs dans notre propre maison ». Emporté par son élan, le ministre ajoute que ce jugement « ramène le Québec à un statut de marginalité et d'inégalité », puisque toutes les provinces anglophones ont le pouvoir constitutionnel de légiférer uniquement en anglais et que la solution définitive réside « dans la volonté du peuple québécois lui-même, à laquelle aucun jugement de cour ne saurait faire obstacle[22] ».

Du côté libéral, Claude Ryan refuse de verser dans ce mélodrame et affirme que cette décision de la Cour suprême « est un premier pas vers le rétablissement d'une situation d'équité linguistique[23] » et va dans le sens du respect des droits de la minorité anglophone. Quant au chef de l'Union nationale, Rodrigue Biron, il continue de plaider pour l'harmonie et de croire qu'il est possible de promouvoir les droits des francophones sans atteinte à ceux de la minorité anglophone. Pas pour longtemps, cependant, puisque les sirènes référendaires le jetteront dans les bras du Parti québécois quelques mois plus tard.

Quoi qu'il en soit des barouds d'honneur des uns et des réjouissances intéressées des autres, le gouvernement Lévesque se voit dans l'obligation de retraiter et d'amputer la loi 101, moins de deux ans après son adoption, d'une de ses parties les plus symboliques.

Un député un peu plus présent

Comme beaucoup de ses collègues, Camille Laurin est à ce point envahi par ses activités ministérielles qu'il n'a guère le temps de s'occuper de ses électeurs de Bourget. « Le comté était un peu accessoire à ses yeux, c'était loin d'être sa priorité[24] », se souviendra Murielle Boucher, qui a été sa secrétaire de comté de 1976 à 1981 et qui s'est retrouvée bien souvent toute seule à tenir le fort.

Mais Laurin se rappelle quand même sa déconvenue de 1973 et tente, cette fois-ci, d'aller faire un tour tous les lundis pour recevoir ses concitoyens. « Il faisait ça comme un médecin, soulignera Murielle Boucher. Il recevait les gens un à un en fermant la porte de son bureau et nous donnait ensuite une feuille pour préciser le suivi à donner à l'entretien. Ce bout de papier avait le ton et l'allure d'une prescription médicale. »

Souvent, le député cède le pas au psychiatre, comme lorsqu'il reçoit le président d'un club de loisirs de son comté et sa femme qui viennent de perdre une jeune fille dans des circonstances tragiques. Laurin les écoute longuement et leur conseille d'adopter un enfant pour remplacer l'être cher. Bien plus, il saute lui-même sur le téléphone et appelle à droite et à gauche pour accélérer les procédures. Le jour de l'adoption, les parents reviennent au bureau de comté avec le poupon dans les bras et une bouteille de champagne à la main.

Mais, la plupart du temps, les cas sont loin d'être aussi dramatiques et les rencontres du lundi sont essentiellement consacrées à un dépannage temporaire pour des électeurs dans le besoin. « On avait un bon réseau d'aide dans le comté et on y faisait souvent appel pour des vêtements ou d'autres denrées de base », rappellera Johanne Jobin, qui a succédé à Murielle Boucher de 1981 à 1984, en précisant cependant que le comté de Bourget était loin d'être aussi miséreux que les circonscriptions de Maisonneuve ou de Saint-Jacques. Et elle met l'accent, elle aussi, sur la grande capacité d'écoute de Laurin : « Le docteur était d'une patience d'ange avec les gens. J'en ai vu plusieurs entrer en maudit dans son bureau et en ressortir le sourire aux lèvres ; leurs problèmes n'étaient peut-être pas réglés mais ils se sentaient écoutés et compris. »

Mais s'il est efficace lors des rencontres individuelles, où ses talents de psychiatre le servent bien, Camille Laurin est beaucoup moins fiable en d'autres occasions, ainsi qu'en fait foi cette anecdote savoureuse racontée par Murielle Boucher : des résidants de l'extrémité est du comté se plaignent depuis des années du bruit infernal que font les camions qui empruntent jour et nuit le pont-tunnel Louis-Hippolyte-Lafontaine. Ils alertent le bureau du député, dont le personnel prépare un dossier étoffé et organise une rencontre avec le maire de Montréal, Jean Drapeau, pour tenter de trouver une solution. Laurin part avec son dossier sous le bras et revient quelques heures plus tard, tout guilleret, en se disant enchanté de sa discussion avec le maire. Il raconte, sourire aux lèvres, qu'il s'est longuement entretenu avec Drapeau de la nécessité d'ouvrir des maisons de la culture dans les différents quartiers de la ville, un projet évoqué dans le livre blanc sur le développement culturel.

« Et le problème du bruit ? », lui demandent ses adjoints, sur un ton un peu inquiet. « Excusez-moi, j'ai oublié d'en parler », rétorque tout bonnement Laurin avant de tourner les talons et de s'engouffrer dans son bureau.

La famille à vau-l'eau

Pendant que Camille Laurin travaille 18 heures par jour à Québec et s'affaire à sauver la nation, les choses vont de mal en pis à la maison de la rue Pagnuelo. De plus en plus malade et déprimée, Rollande apaise quotidiennement ses angoisses et son chagrin dans les médicaments et l'alcool, confiant à la bonne le soin de tenir la maison et de s'occuper de l'ordinaire. Laissées plus souvent qu'autrement à elles-mêmes, leurs deux filles, Marie-Pascale et Maryse, naviguent plutôt péniblement entre un père célèbre mais absent et une mère que l'alcoolisme et l'état dépressif rendent agressive et incontrôlable.

En plus de subir l'éloignement à peu près permanent de son mari, la mère de famille a des difficultés avec ses enfants, dont elle ne supporte pas les insuccès scolaires. Marie-Pascale, âgée de 17 ans en 1978, a du talent mais n'aime pas les études, auxquelles elle préfère la compagnie de ses amis, dont certains, peu recommandables, l'initient à la drogue. Alors, elle est de plus en plus souvent absente du foyer et Rollande a de moins en moins prise sur elle. Quant à Maryse, qui a alors douze ans, elle est en pleine crise d'adolescence et se fiche pas mal de ce qui peut se passer à l'école. Lorsque, au terme d'une énième dispute, elle ne quitte pas la maison d'elle-même, elle se fait mettre à la porte par sa mère. Michel Simard, le chauffeur de Camille Laurin, se souviendra des nombreuses fois où Maryse, complètement perdue dans les rues d'Outremont, l'a appelé en pleurant pour qu'il vienne la chercher. « Je la retrouvais toute seule sur le coin d'une rue et je l'amenais coucher chez moi ou chez des amis[25] », rappellera-t-il.

Même s'il a feu et lieu à Québec, Laurin est évidemment au fait de cette situation, mais il se sent impuissant et ne sait que faire pour changer le cours des choses. Certes, il téléphone à la maison tous les jours et essaie de parer au plus urgent. Il lui arrive aussi, entre deux débats parlementaires, de faire un aller-retour chez lui pour calmer les esprits et tenter de remettre un peu d'ordre, mais ce n'est généralement pas suffisant.

À l'occasion, Rollande vient le rejoindre à son appartement des Jardins de Merici et passe plusieurs jours avec lui pendant que la bonne s'occupe des enfants. Marie-Pascale et Maryse font de même durant les vacances scolaires et la famille coule alors des jours plus heureux. Mais dès le retour à Montréal, les mêmes difficultés, qui durent depuis des années, refont surface. Laurin se confiera à la fin de sa vie :

> À partir de 1976, je n'étais plus là. Les conflits avec les filles se sont multipliés et la dépression de Rollande s'est accentuée. J'essayais de gérer ça à distance mais c'était plutôt difficile. Je l'ai envoyée plusieurs fois en psychothérapie mais ça ne donnait absolument rien. Il y avait encore beaucoup d'amour entre nous mais lorsqu'elle était déprimée, elle voyait tout en noir, moi y compris[26].

Alors la maison est la plupart du temps sens dessus dessous. Les filles vont et viennent au gré de leurs humeurs, tandis que Rollande, qui a complètement démissionné, passe ses journées à boire. Les bouteilles de vin et d'alcool traînent un peu partout. Désœuvrée, malheureuse comme les pierres, la femme de Camille Laurin erre dans cette grande demeure dans l'attente d'un mari qui n'arrive jamais et en compagnie de deux enfants indisciplinées qu'elle se sent incapable d'élever convenablement.

Et il lui arrive de dépasser la mesure, comme cette journée où son amie musicienne Monik Grenier est appelée d'urgence à la maison : « J'ai reçu un coup de téléphone de Camille qui s'inquiétait de ne pas avoir de réponse chez lui, se souviendra Monik Grenier. Je suis allée voir et j'ai trouvé Rollande agonisante dans son lit, à la suite d'une surconsommation d'alcool. Elle délirait et appelait son mari à son secours. J'ai fait venir sa nièce, la docteure Lise Lebrun, qui l'a aussitôt hospitalisée[27]. »

Francine Castonguay est aussi amenée à intervenir. Au fil de ses années de fréquentations plus ou moins clandestines avec Laurin, elle s'est rapprochée de la famille de celui-ci et sa fille Dominique s'est liée d'amitié avec Maryse. Il arrive alors que cette dernière l'appelle lorsque les crises de sa mère deviennent trop aiguës et qu'elle ne sait plus quoi faire. « Il m'est arrivé à quelques reprises d'aller ramasser Rollande qui gisait par terre, complètement ivre, et de m'en occuper[28] », confiera-t-elle.

À l'occasion, Camille Laurin rentre chez lui à l'improviste, sort de sa bulle, se met en colère et casse toutes les bouteilles qui lui tombent sous la main. Mais la plupart du temps, il est plutôt résigné et se réfugie dans la lecture des journaux en attendant que son chauffeur vienne le cueillir pour son prochain rendez-vous. « À la maison, papa passait son temps le nez dans ses journaux, rappellera Maryse Laurin. Il ne me parlait pas ; on aurait dit qu'il n'avait pas vraiment le temps de s'occuper de moi. De toute façon, il n'était jamais là très longtemps[29]. »

Quoi qu'il en soit, Laurin, qui en a déjà plein les bras avec les problèmes de sa femme, n'a guère l'occasion de converser avec ses filles puisque, à partir de 1976, il n'est plus là en semaine et que Marie-Pascale et Maryse vont passer toutes les fins de semaine à Charlemagne, chez leur tante Denise, qui a des enfants du même âge. « Le chauffeur venait les conduire le vendredi soir et les ramenait le dimanche soir, racontera celle-ci. J'essayais de leur donner un peu de vie de famille. Elles étaient heureuses chez moi et elles oubliaient les problèmes de la maison. J'ai été en quelque sorte leur deuxième mère[30]. »

Au fil des années, tante Denise s'attache aux jeunes filles au point de proposer de garder Maryse avec elle. Camille y consent mais Rollande s'y oppose, si bien que l'équilibre familial continuera d'être tout aussi perturbé. Pas pour longtemps, cependant, car les prochains mois vont être dramatiques et vont modifier complètement le cours de l'existence de Camille Laurin et de ses deux filles.

CHAPITRE 19

Le printemps de tous les malheurs

M inistre responsable de la campagne référendaire sur l'île de Montréal, Camille Laurin passe la soirée du 7 janvier 1980 avec les organisateurs du Parti québécois. Ils préparent la stratégie en vue du référendum prévu un peu plus tard au printemps. Au mois de décembre précédent, le premier ministre Lévesque a déposé à l'Assemblée nationale la question qui sera soumise à la population, et Laurin a été chargé d'obtenir un maximum d'appuis dans la métropole.

Le ministre n'est pas fâché de reprendre le collier. Il a passé les trois dernières semaines à s'occuper de Rollande, qui a vécu une sévère dépression durant tout le temps des Fêtes. Elle a peu participé aux habituelles réunions de famille et s'est montrée complètement indifférente aux nombreux cadeaux que son mari et ses enfants lui ont offerts. Plus inquiet que jamais, Laurin se rend bien compte qu'elle est incapable de reprendre le dessus et qu'il devra probablement la faire hospitaliser de nouveau au cours des prochaines semaines.

Il termine sa réunion politique vers les 22 heures et rentre chez lui. En entrant dans la maison, il fait comme à l'accoutumée et appelle sa femme. Une fois, deux fois, trois fois. Il n'obtient pas de réponse.

« Où est maman ? », lance-t-il à Maryse, qui, comme à l'habitude, est réfugiée dans sa chambre au premier étage et jase au téléphone avec l'une de ses amies. « Je ne sais pas », répond distraitement celle-ci, qui se replonge aussitôt dans son babillage[1].

Préoccupé par ce silence inhabituel, Laurin fait le tour de la demeure, de la cuisine au salon et jusque dans la chambre à coucher. Toujours rien. Il descend ensuite au sous-sol, ouvre la porte de la salle de bains et trouve sa femme étendue par terre en chemise de nuit. Il se penche sur elle, tente en vain de la ranimer, la prend dans ses bras et la porte finalement sur le lit. Rollande Lefebvre est morte. Elle n'a alors que 58 ans. « Je l'ai retrouvée par terre, les yeux vitreux. J'ai immédiatement appelé Télé-Médic. Un médecin est arrivé et a constaté le décès[2] », se souviendra-t-il.

En état de choc, Camille Laurin court en tout sens dans la maison. Il interroge Maryse pour apprendre ce qui s'est passé, mais cette dernière ne sait rien. Tout ce dont elle se souvient, c'est que sa mère l'a sortie de sa chambre en début de soirée pour lui dire qu'elle l'aimait. « J'étais au téléphone et ma mère, qui se trouvait au rez-de-chaussée, m'a demandé de venir, rappellera-t-elle. J'ai raccroché et je suis allée jusqu'à l'escalier pour savoir ce qu'elle voulait. Elle m'a répondu : "Niquette — c'était mon surnom dans la famille —, ta maman veut te dire qu'elle t'aime beaucoup". J'ai répliqué : "Moi aussi", et je suis retournée dans ma chambre. C'est la dernière fois que je l'ai vue vivante[3]. » Maryse ne restera pas longtemps à la maison cette nuit-là puisque, aussitôt informée du décès de sa mère, elle appelle sa tante Denise, qui vient la chercher et l'emmène à Charlemagne.

De son côté, Laurin téléphone à quelques amis et collaborateurs dont son chauffeur Michel Simard, à qui il demande de venir immédiatement à la maison. « Je suis arrivé chez lui en pleine nuit, se souviendra-t-il. Les policiers de la Ville de Montréal étaient déjà là et avaient commencé leur enquête. Le ministre était énervé au point que je l'ai assis de force sur une chaise pour le calmer. Il était complètement désemparé et se demandait pourquoi sa femme avait fait ça[4]. »

Conscient que ses fonctions politiques l'obligent à se protéger, Laurin requiert aussitôt une autopsie pour que soient établies officiellement les causes de ce décès aussi tragique que subit. Cette autopsie est pratiquée dans les jours qui suivent. Elle révèle que la mort violente de Rollande Lefebvre résulte d'« un éthylisme aigu, associé à la présence de médicaments dans l'organisme, ayant provoqué une dépression létale du système nerveux central ». Le rapport, signé par le coroner Maurice Laniel, ajoute que ce décès « n'est imputable à crime de qui que ce soit, ni à la négligence de personne[5] ». En clair, Rollande est décédée de complications consécutives à une surconsommation d'alcool et de médicaments. Même si les médias, alimentés par les services de presse du ministre, font benoîtement état d'une crise cardiaque, il n'en est rien. Certes, le cœur a flanché, mais là n'est pas la cause première de la mort.

À ce moment-là, le Dr André Lauzon est pathologiste au Laboratoire de science judiciaire et de médecine légale de Montréal. C'est lui qui pratique l'autopsie sur le corps de la femme de Camille Laurin, comme, 17 ans plus tard, sur celui de René Lévesque. Selon le Dr Lauzon, Rollande Lefebvre est décédée « d'une absorption aiguë d'alcool combinée à des médicaments du type barbiturique ou antidépresseur ». Il explique que, dans de pareilles circonstances, la personne tombe graduellement dans le coma et que ses fonctions respiratoires s'atrophient jusqu'à ce que le cœur cesse de battre[6]. Laurin ira voir ce pathologiste quelques semaines plus tard pour connaître les circonstances exactes du décès de sa femme.

En somme, ce qui s'est produit durant cette soirée dramatique du 7 janvier 1980 ressemble à s'y méprendre à des incidents similaires survenus à quelques reprises au cours des années antérieures, sauf que cette fois-ci personne n'est arrivé à temps pour venir en aide à sa femme. « Rollande ne m'a pas appelé. Cette fois-ci, elle ne m'a pas averti[7] », confiera d'ailleurs Laurin à son ami Guy Rocher quelques jours plus tard, comme s'il était persuadé qu'il aurait pu la réchapper une fois de plus.

Même si ce décès est accidentel d'un point de vue médico-légal et que rien ne permet d'affirmer avec certitude que Rollande Lefebvre s'est volontairement donné la mort, Camille Laurin ne se montre pas très étonné de ce qui s'est passé. Selon lui,

sa femme se sentait de plus en plus inutile et n'avait plus tellement envie de vivre. « Elle était déprimée et malheureuse depuis
longtemps, expliquera-t-il vingt ans plus tard. Elle ne voyait pas
son mari très souvent et vivait de graves problèmes avec ses
enfants. Elle avait l'impression de ne servir à rien et elle me disait
souvent : "Je perds graduellement le goût de vivre, je suis devenu
un poids pour toi et pour les enfants"[8]. »

La dépouille de Rollande est exposée pendant quelques
jours dans un salon funéraire de Côte-des-Neiges. Présent en
tout temps près du cercueil, Camille Laurin est inconsolable. En
dépit des nombreuses périodes difficiles que sa femme lui a fait
vivre, il n'a jamais cessé de l'aimer, de l'entourer, de la protéger
de son mieux. En recevant les condoléances des uns et des
autres, il se remémore toutes les belles années qu'ils ont parta-
gées, surtout au début de leur mariage lorsque, jeunes et insou-
ciants, ils sillonnaient l'Europe et que tout leur semblait permis.

Maintenant qu'elle est morte, Laurin se sent coupable de ne
pas en avoir fait assez pour elle. « Ce décès a été un choc épouvantable, se souviendra-t-il. Comme tout bon mari catholique,
j'avais l'impression d'avoir manqué à mon devoir et je me repro-
chais surtout de ne pas l'avoir hospitalisée alors qu'il en était
encore temps[9]. »

Sa sœur Laurette le surprend, seul dans un coin, à pleurer à
chaudes larmes. Elle s'en approche et tente de le consoler. Il lui
répond qu'il pleure « parce qu'il considère que son mariage a été
un échec, qu'il n'a su ni guérir sa femme ni la rendre
heureuse[10] ».

À la fin de sa vie, Camille Laurin se montrera toutefois plus
indulgent au sujet de son propre comportement. Il ne regrettera
en rien le genre d'existence qu'il a menée et estimera au contraire
qu'il a aidé sa femme à vivre plus longtemps. « Ses symptômes
maniacodépressifs existaient bien avant que je la connaisse, affirmera-t-il. Et elle m'a souvent dit qu'elle serait morte beaucoup
plus tôt si elle ne m'avait pas connu. Je suis persuadé que c'est
vrai[11]. »

Les funérailles de Rollande Lefebvre ont lieu le 11 janvier 1980 à l'église Saint-Germain d'Outremont. Toute la famille

Laurin ainsi que les nombreux amis du ministre assistent à la cérémonie. René Lévesque ainsi que plusieurs membres du gouvernement sont également présents.

Un petit ange s'éteint

Au moment du décès de sa mère, Marie-Pascale n'habite plus depuis déjà un certain temps la maison de la rue Pagnuelo. Au mois d'août précédent, elle a accouché d'une petite fille prénommée Maïa et elle partage désormais un appartement avec celle-ci et son père, un jeune homme du nom de Pierre Gauthier.

Dans les jours qui suivent la mort de Rollande, Camille Laurin demande à sa fille de revenir à la maison. Marie-Pascale acquiesce et emménage dans le domicile familial avec son conjoint et sa petite Maïa. Robert Filion, qui est alors l'attaché de presse du ministre, se souviendra qu'ils ont dépoussiéré la maison, ouvert les fenêtres et remis de la vie un peu partout. La présence de ce petit ange aide Laurin à oublier un peu le décès de sa femme et à reprendre pied. Littéralement amoureux de sa petite-fille, il a toujours hâte de revenir à la maison, où il passe plusieurs heures à la bercer, à la cajoler et à jouer avec elle. « Mon père était fou de ma fille, qu'il appelait son soleil. Il agissait comme s'il avait eu lui-même une autre fille[12] », rappellera Marie-Pascale.

Comme tous les bébés de son âge, Maïa fait la sieste tous les après-midi. Le samedi 31 mars 1980, sa mère va la coucher comme d'habitude dans un petit lit installé au premier étage. Ce lit d'enfant a été acheté quelques mois plus tôt chez un antiquaire. Il a fière allure mais ne satisfait malheureusement pas aux normes de sécurité contemporaines.

Au milieu de l'après-midi, inquiète de ne rien entendre, la maman monte à l'étage et découvre sa fille pendue à travers les barreaux de sa couchette. Maïa, qui a tout juste sept mois, est morte. Marie-Pascale pousse un cri d'horreur et appelle son père au secours. À ce moment-là, Camille Laurin se trouve dans la pièce voisine, en train de prendre un bain. Il sort en courant sans prendre la peine de se vêtir et tente de ranimer la petite fille, en vain. Maïa est toute bleue et a cessé de respirer depuis déjà un bon moment.

Même si Laurin estime que la démarche est superflue, Marie-Pascale se précipite à l'hôpital Sainte-Justine avec son enfant dans les bras. David Payne, qui est à la maison cette journée-là, l'accompagne. Au service d'urgence, on ne peut que confirmer le décès. Lorsqu'ils reviennent rue Pagnuelo, ils retrouvent le ministre en larmes, écrasé sur une chaise, complètement effondré et maudissant le mauvais sort qui s'acharne sur lui et sur sa famille. « Le docteur était complètement ébranlé et découragé. Pour la première fois, je l'ai vu remettre sa foi en question et se demander si Dieu existe vraiment », se souviendra Payne[13].

Encore plus que celui de sa femme, ce décès, le deuxième à survenir dans sa maison en moins de trois mois, secoue très profondément Camille Laurin. Aux funérailles de Maïa, également à l'église Saint-Germain d'Outremont, il pleure et est complètement absent. Il demeure indifférent à ses proches qui tentent de le réconforter. Il vient de perdre coup sur coup deux êtres chers et donne l'impression d'avoir perdu goût à tout ce qui l'entoure. « Il était encore bien plus triste qu'à la mort de sa femme, rappellera son chef de cabinet, Yvon Leclerc. Le décès de Maïa l'a complètement mis par terre. Il était affaissé et ne voulait plus voir personne. Cet événement l'a totalement terrassé[14]. »

Dans les jours qui suivent, Laurin a de longues conversations avec son ami le théologien Jean Martucci, qui, quelques mois plus tôt, est devenu son sous-ministre en remplacement de Guy Rocher, retourné à ses travaux universitaires. Les deux hommes se connaissent et s'apprécient depuis de très nombreuses années. Le prêtre réussit à apaiser Laurin, ne serait-ce que temporairement, et à le convaincre de participer à la bataille référendaire qui s'amorce.

La défaite du 20 mai

Même si la bataille référendaire constitue l'aboutissement de son engagement politique, Camille Laurin se sent étonnamment peu intéressé par les grandes manœuvres qui ont cours depuis quelques mois au bureau du premier ministre. Il ne prise ni le moment choisi par René Lévesque pour tenir le référendum, ni la question soumise à l'électorat, qui lui semble être le fruit empoisonné des stratégies fumeuses de Claude Morin, avec qui il entretient des relations plutôt difficiles depuis les débats internes qui ont marqué l'adoption de la Charte de la langue française.

Cette question a d'ailleurs été l'objet de discussions houleuses au sein du Conseil des ministres. Ainsi, Jacques Parizeau s'est vigoureusement opposé à l'idée d'organiser un deuxième référendum qui viendrait cautionner le résultat d'éventuelles négociations avec le gouvernement fédéral dans l'hypothèse d'une première victoire. Indépendantiste farouche, le ministre des Finances préconise alors un seul référendum à l'issue duquel le Québec rompra une fois pour toutes avec le Canada, quel que soit le résultat des négociations à venir.

Camille Laurin n'a pas vraiment pris part aux débats à ce sujet, qui se sont étalés sur plusieurs jours tout au long de décembre 1979. Retranché dans son coin, perdu dans ses pensées, il a peu parlé, sinon pour adhérer sans enthousiasme à l'opinion majoritaire. « Laurin n'a pas joué de rôle dans l'élaboration de la question, se souviendra Jacques Parizeau. Il n'était pas content mais il était plus réaliste que moi et il était capable de se rendre compte que quelque chose était irrécupérable[15]. »

Comme tous les autres, Laurin participe, à l'Assemblée nationale, au débat parlementaire sur la question référendaire. Le 13 mars 1980, il prononce un discours dans lequel il affirme à nouveau sa foi dans le devenir du peuple québécois. Même si elle reprend ses thèmes préférés sur le colonialisme et l'assujettissement des Québécois, son intervention n'a pas le mordant habituel. On a l'impression que le ministre se contente de jouer une partition imposée. « Le Québec votera Oui, affirme-t-il, car il préfère l'égalité à la subordination, la dignité à l'écrasement, la liberté aux tutelles, le bond en avant au recul, la fierté à l'humiliation, le statut de majorité au statut de minoritaire, l'épanouissement aux conflits épuisants qui diminuent son rendement, la prospérité aux pitances du fédéral, une place dans le peloton de tête des nations libres au ghetto où l'enferme depuis un siècle le régime fédéral[16]. »

La campagne référendaire se déroule de la mi-avril à la mi-mai 1980. Camille Laurin y prend part du mieux qu'il peut, mais sans grande ferveur. « J'étais dans une position très difficile, confiera-t-il à la fin de sa vie. J'ai donné le meilleur de moi-même mais le cœur n'y était pas. Je venais de vivre deux décès et je me sentais complètement en compote[17]. »

Ses collègues ne sont pas sans remarquer son état. « Je ne me souviens pas du rôle du docteur, de dire Claude Charron, ça n'a pas dû être très important. Il a dû faire des niaiseries comme nous autres[18] », ajoutera-t-il, en faisant référence à la trop grande insistance stratégique mise sur les comités formés d'électeurs déjà acquis à la cause. Quant à Bernard Landry, il se rappellera que Laurin n'était pas très motivant. « On a fait des discours ensemble et c'était plutôt ennuyeux. Camille était triste[19] », affirmera-t-il. « On l'a très peu vu dans le comté, affirmera enfin Murielle Boucher. Il était très déprimé. J'ai eu l'impression de faire la campagne référendaire toute seule avec les militants[20]. »

Les journaux de l'époque font d'ailleurs peu état de la participation du ministre à cette campagne. Ils ne relèvent que quelques interventions publiques auprès d'auditoires limités et sur des sujets relativement secondaires. Paradoxalement, Camille Laurin, pour des raisons liées à ses malheurs personnels, est passablement absent de ce qui devait être la plus importante bataille politique de sa vie. Il passe à côté d'elle, presque sans la voir.

Le soir du 20 mai 1980, le Non obtient 60 % des voix contre 40 % pour les forces du Oui. Les fédéralistes ont gagné la partie, principalement à cause de la promesse de transformer en profondeur le régime fédéral qu'a faite Pierre Elliott Trudeau. Le rêve indépendantiste de Laurin vient de s'écrouler. Maigre consolation, les électeurs de son comté de Bourget ont voté oui dans une proportion de 47 %, cinq points de mieux que la moyenne enregistrée dans les comtés de l'est de Montréal. « J'ai très mal vécu cette défaite, se souviendra-t-il vingt ans plus tard. J'étais atterré et je me disais que notre peuple n'était pas prêt. Mais je n'étais pas complètement découragé et je croyais qu'on pourrait se reprendre une prochaine fois. » Selon lui, ce résultat référendaire s'explique principalement par la peur des Québécois de subir les conséquences économiques de l'indépendance. « Les Québécois ont eu peur de perdre leur niveau de vie, ajoutera-t-il. Ils ont craint de perdre des investissements, de perdre des sièges sociaux, de perdre tous les paiements qui provenaient du gouvernement fédéral[21]. »

L'envie de tout lâcher

L'ensemble des ministres et des députés péquistes sortent de cette campagne complètement abattus. Non seulement les Québécois ont rejeté très majoritairement l'option souverainiste qui est la raison fondamentale de leur action politique, mais, pire encore, le projet de souveraineté-association a obtenu moins de 50 % des voix chez les francophones, et ce, avec une question molle, édulcorée, par laquelle le gouvernement a ajouté les bretelles à la ceinture et s'est engagé à tenir un second référendum. Plusieurs soutiennent qu'il ne leur reste plus qu'à oublier la question et à rentrer à la maison et ils font pression sur le premier ministre pour qu'il déclenche au plus tôt des élections générales de façon à remettre le pouvoir entre les mains de Claude Ryan qui, le soir du référendum, s'est de toutes façons comporté comme s'il l'avait déjà.

Même s'il est aussi triste et aussi amer que tout le monde, René Lévesque résiste aux appels des défaitistes. En l'espace de quelques semaines, il multiplie les réunions du caucus des députés et du Conseil des ministres pour laisser sortir la vapeur et tenter de dégager un consensus. À la fin de mai, le premier ministre décide de ne rien décider et de reporter toute la discussion au début de l'automne. Par ailleurs, il annonce que le Québec va participer au cycle de discussions constitutionnelles que le gouvernement fédéral a lancé dès le lendemain du référendum. Ces discussions sont placées sous la responsabilité du ministre Jean Chrétien, celui-là même qui, au cours de la campagne référendaire, a honteusement réduit l'idéal souverainiste au fantasme de

« planter un "flag" du Québec sur le "hood" du char ». Puisque Ottawa a promis de réformer le fédéralisme, les péquistes vont aller voir de quoi il en retourne.

Bien que présent aux réunions, Camille Laurin participe peu à tous ces débats qui agitent alors le sérail péquiste. Il a la tête ailleurs. Les derniers mois ont été terribles et il a de nouveau envie de tout abandonner. Son rêve politique vient de s'écrouler. Il a perdu sa femme et sa petite-fille. Marie-Pascale et Maryse sont, chacune à sa manière, deux têtes fortes qui ne lui causent que des soucis. Alors, il a envie de se retirer complètement et de se réfugier dans la religion.

Au début de l'été 1980, il confie à Marie-Pascale ainsi qu'à ses sœurs Éliane et Laurette son désir de quitter le monde et d'entrer au monastère. « Camille a alors renoué avec ses rêves d'adolescent. Il a vécu une sorte de retour aux sources. Dans ce rêve, ses responsabilités parentales ne constituaient pas un obstacle incontournable[22] », se souviendra Laurette Laurin. Ce n'est évidemment pas l'opinion de Marie-Pascale, qui, on le comprend, réagit extrêmement mal aux intentions de son père et le lui fait savoir sans détour. « C'est vrai que j'ai pensé à devenir prêtre, reconnaîtra Laurin quelques mois avant sa mort. Après le référendum, j'avais une impression de grand vide et je me suis tourné vers Dieu. J'avais le goût d'étudier la théologie et de faire éventuellement de la pastorale[23]. »

Alors qu'il est encore en plein tourment, Camille Laurin part pour l'Italie, où le gouvernement l'a délégué aux cérémonies entourant la béatification de Marguerite Bourgeoys, de Mgr de Laval et de Kateri Tekakwita. Une fois ces formalités accomplies, le ministre passe un bon mois chez une amie très proche, Faigie Kadish, une Juive anglophone de Montréal qu'il connaît depuis plus de quarante ans et qui vit avec son mari et ses deux filles dans une vieille ferme située à moins de 100 kilomètres de Rome.

Lorsqu'il n'écoute pas de la musique en buvant tranquillement un verre de vin, Laurin court d'une colline à l'autre, visitant systématiquement toutes les églises et tous les musées qui se trouvent sur son chemin. « Camille s'est refait une santé en Italie, rappellera Robert Filion, qui l'a accompagné au cours de ce voyage. Lorsqu'il est arrivé, il était complètement démoli par les décès survenus dans sa famille et par la perte du référendum. Lorsqu'on est revenu, à la fin de l'été, il était beaucoup plus serein[24]. »

Ministre de l'Éducation

Camille Laurin, qui a abandonné son idée de prêtrise au cours de ses vacances italiennes, retrouve des collègues tout ragaillardis lorsqu'il rentre au Québec. La morosité post-référendaire a disparu et plus personne n'a le goût de donner le pouvoir aux libéraux. René Lévesque lui-même se sent à nouveau d'attaque et garde un œil sur les sondages de façon à déterminer le meilleur moment pour déclencher des élections générales. Le Parti québécois termine la quatrième année de son mandat et il faudra bientôt retourner aux urnes.

Pour redonner du souffle à son gouvernement et mieux se préparer en vue du scrutin, le premier ministre concocte alors un remaniement qui touche une dizaine de ministres, dont Laurin, qui change de siège avec Jacques-Yvan Morin. C'est ce dernier qui a provoqué ce changement en invoquant auprès de Lévesque ses rapports difficiles avec les commissions scolaires, ulcérées par les dernières réformes fiscales. Et il estime que Camille Laurin serait un successeur tout désigné, ce à quoi acquiesce le premier ministre.

Le 6 novembre 1980, Camille Laurin devient ministre de l'Éducation. Ayant l'impression d'avoir terminé son travail au développement culturel, il est heureux de cette nouvelle affectation qui, espère-t-il, sera de nature à lui changer les idées et à lui faire du bien. Dans les heures qui suivent sa nomination, Laurin va souper avec son sous-ministre Jacques Girard. Les deux hommes ne se sont jamais vus auparavant, mais leurs rapports sont immédiatement francs et directs. Girard sait que son nouveau ministre a songé à le remplacer. Il le lui dit et ajoute qu'il souhaite rester. Laurin apprécie sa droiture et décide sur-le-champ de garder ce nouveau collaborateur.

Dès ce soir-là, le ministre le prévient qu'il a de grands projets en tête pour améliorer la qualité de l'éducation. « Laurin voyait le système globalement. Il m'a dit qu'il ne se contenterait pas de gérer le ministère à la petite semaine et qu'il était prêt à bousculer les structures pour arriver à ses fins[25] », se souviendra Girard.

Ces projets devront cependant attendre l'élection de 1981 avant de voir le jour.

CHAPITRE 20

L'école d'abord

René Lévesque déclenche des élections générales le 12 mars 1981. Le scrutin aura lieu le 13 avril suivant. Tout au long de l'automne et de l'hiver, les électeurs se sont remis de leurs tourments référendaires et semblent prêts à faire de nouveau confiance au Parti québécois, comme s'ils avaient envie de le consoler de l'amère défaite infligée au mois de mai précédent.

Le soir du vote, le PQ balaie le Québec au terme d'une campagne électorale sans histoire. Il obtient près de 50 % des suffrages et fait élire 80 députés, contre 42 pour le Parti libéral. Camille Laurin est évidemment du nombre des élus, bien que sa majorité dans Bourget soit réduite de près de 3 000 voix, passant de 7 000 qu'elle était en 1976 à 4 300 en 1981.

Le premier ministre forme son cabinet dans les jours qui suivent l'élection. Laurin est reconduit dans ses fonctions de ministre de l'Éducation. À l'exception des dispositions relatives à la langue d'enseignement, il perd cependant la responsabilité générale de l'application de la Charte de la langue française, que Lévesque confie à Gérald Godin, le nouveau ministre des Communautés culturelles et de l'Immigration, celui-là même qui avait publiquement exprimé de sérieuses réserves au moment de l'adoption de la loi.

Cette décision chagrine Camille Laurin, qui aurait souhaité continuer de veiller sur son grand œuvre, mais il l'accepte sans broncher. « J'aurais aimé continuer mais je ne l'ai pas dit à M. Lévesque. C'était lui le chef et il pouvait décider ce qu'il voulait, se rappellera-t-il à la fin de sa vie. Je sentais bien cependant que le fait de confier ça à Godin, un libéral dans l'âme, laissait présager des modifications à la loi. Lévesque ne faisait pas ça pour rien[1]. »

Le jour de l'assermentation, probablement un peu dépité par cette rebuffade du premier ministre, il ne participe pas aux habituelles festivités partisanes et se réfugie plutôt au ministère de l'Éducation, où son chef de cabinet, Yvon Leclerc, le retrouve en fin de journée derrière sa table de travail, en train de lire et d'écrire. « Dès qu'il m'a vu, le ministre m'a dit de m'asseoir et il s'est mis à me raconter tous les fondements de l'imposante réforme scolaire qu'il avait en tête, se souviendra-t-il. Les morceaux essentiels étaient déjà là. Il avait pensé à tout[2]. »

Cette réforme, Camille Laurin la conçoit comme un prolongement de la loi 101 et un autre pas dans la longue marche indépendantiste. À ses yeux, l'école est un outil d'affranchissement, une façon supplémentaire de se prendre en mains, un moyen privilégié de permettre aux Québécois de se libérer de leurs craintes et de leurs atavismes. Mais, pour y arriver, encore faut-il que cette école soit elle-même délivrée de la tutelle séculaire des forces conservatrices que sont les commissions scolaires et l'Église et qu'elle puisse élaborer, sous la direction des enseignants et des parents, un projet éducatif bien enraciné dans son milieu.

Bien au-delà des changements aux programmes scolaires que propose à répétition le ministère de l'Éducation, Laurin envisage une réforme des structures qui viendra modifier en profondeur l'équilibre des pouvoirs au sein des établissements d'enseignement. « Je voulais créer une nouvelle polarisation qui recentre tout le projet éducatif sur l'école elle-même, expliquera-t-il quelques mois avant sa mort. Je trouvais que les commissions scolaires étaient devenues de grosses machines administratives coûteuses et souvent nuisibles. Elles étaient un cancer qui étouffait le système et nous éloignait des buts fondamentaux de l'école[3]. »

En plus de s'attaquer de front au pouvoir des commissions

scolaires, qu'il rêve de transformer en simples centres de services, Laurin désire également, après bien d'autres, en abolir le caractère confessionnel, protégé par la Constitution canadienne. Non par souci de restreindre l'enseignement religieux ou moral, que les parents pourront toujours continuer de réclamer dans chacune des écoles, mais parce qu'il ne voit pas l'utilité d'accoler une étiquette confessionnelle à des structures administratives, alors que la séparation de l'Église et de l'État est depuis longtemps chose faite et acceptée par la très grande majorité des citoyens québécois.

Sa volonté de laïciser les établissements scolaires tient également aux dispositions de la loi 101 qui obligent les nouveaux arrivants à envoyer leurs enfants à l'école française. Plusieurs d'entre eux ne sont pas de foi catholique et inscrivent leurs enfants aux écoles françaises ouvertes par le réseau des commissions scolaires protestantes. Même si l'enseignement s'y donne en français, ces écoles baignent dans un environnement largement anglophone, et le ministre estime que c'est là un détournement insidieux de sa politique linguistique. « Les écoles étaient peut-être françaises mais les professeurs étaient choisis par des commissions scolaires anglophones, les directives étaient émises en anglais et toute l'atmosphère de l'école était anglophone. Je trouvais ça inacceptable[4] », se souviendra-t-il.

Par ailleurs, Laurin rêve d'une école décentralisée et enracinée dans son milieu, où les enseignants et les parents, assistés par le directeur de l'établissement, exerceront l'essentiel du pouvoir et pourront mettre au point un projet éducatif bien adapté aux réalités locales. En revoyant vingt ans plus tard tout le projet qu'il avait alors en tête, il se souviendra qu'il voulait revenir à l'esprit qui avait prévalu lors de la fondation de l'école québécoise, redonner du pouvoir aux communautés locales et différencier l'enseignement selon les milieux, les quartiers et les régions.

Le ministre estime enfin que chaque école doit devenir dans son milieu un pôle de développement culturel, que les gymnases et les bibliothèques doivent s'ouvrir à l'ensemble de la population et servir en soirée pour toutes sortes d'activités culturelles ou récréatives, d'où la nécessité d'en confier la gestion aux communautés locales.

Le ministère se mobilise

Camille Laurin explique l'ensemble de son ambitieux projet à son sous-ministre Jacques Girard dans les semaines qui suivent le scrutin. Le tête-à-tête entre les deux hommes dure sept heures. Habitué à diriger un ministère d'État qui compte très peu de fonctionnaires et à se concentrer sur des réformes de grande envergure comme la Charte de la langue française ou encore la politique de développement culturel, Laurin fait alors comprendre à son sous-ministre qu'il n'a pas du tout l'intention de s'embourber dans la gestion quotidienne de l'énorme machine administrative qu'est le ministère de l'Éducation et que seuls les arbitrages entre les grands équilibres politiques lui importent. Tous deux conviennent alors de se voir une fois par semaine pour passer en revue les grands dossiers du ministère et déterminer les orientations à prendre. Cette rencontre hebdomadaire, à laquelle assistera également Yvon Leclerc, le chef de cabinet, a généralement lieu le mercredi soir, à la sortie du Conseil des ministres. Elle prend la forme d'un long souper dans un restaurant de Québec.

Girard, qui est sous-ministre de l'Éducation depuis 1978, s'accommodera fort bien durant toutes les années à venir de la façon de faire de son nouveau patron. C'est un grand commis de l'État bien rompu à la gestion quotidienne des mille et un problèmes qui surgissent dans un réseau aussi complexe et aussi diversifié que celui de l'éducation, où les intérêts d'acteurs aussi puissants que les commissions scolaires ou les différents syndicats d'enseignants sont souvent opposés. Il considère donc parfaitement normal que son ministre ne veuille pas s'occuper de toute cette intendance, dont il fera très bien son affaire en compagnie des milliers de fonctionnaires qui l'entourent.

Quant au projet de réforme scolaire, il en saisit dès le départ toute l'ampleur ainsi que les nombreuses difficultés qui en découleront au sein du réseau scolaire, nullement habitué à être bousculé de façon aussi prononcée. « J'ai vu tout de suite que ça ne serait pas facile, que les structures allaient se rebiffer et manifester beaucoup d'opposition. Mais j'ai également pensé qu'on pourrait passer à travers si on mettait tout le monde à contribu-tion[5] », rappellera-t-il en se remémorant cet épisode.

Mais même s'il est conscient de ces difficultés, le sous-ministre souscrit à la philosophie générale qui sous-tend le projet de Camille Laurin. Il croit sincèrement qu'il est porteur d'avenir pour le système d'éducation québécois et que le débat mérite d'être engagé. « Cet assentiment allait bien au-delà d'une simple loyauté administrative, affirmera-t-il. Une des grandes qualités de Laurin était sa capacité de susciter l'adhésion. Il m'a convaincu de la justesse de ses objectifs[6]. » Cette capacité de convaincre ses collaborateurs immédiats est confirmée par Micheline Paradis, qui devient son attachée de presse à l'automne 1981 et qui racontera ainsi sa première rencontre avec son nouveau patron : « Le docteur était doux, affable mais très motivateur. Il venait nous chercher avec des projets en tête et nous convainquait du bien-fondé de ses intentions. Dès le départ, je savais qu'il n'allait pas au ministère de l'Éducation pour tenir le temps[7]. »

Dans les semaines qui suivent son entretien avec le ministre, Jacques Girard convoque, dans une auberge de North Hatley, une réunion spéciale de tous ses sous-ministres adjoints pour discuter en profondeur des grands axes du projet de réforme scolaire, mettre sur pied les différents groupes de travail qui vont en examiner chacun des éléments et prévoir dès à présent les principales réactions qu'il va susciter. Bref, il remplit son rôle et met la machine administrative au service des intentions politiques de Camille Laurin.

Sous-ministre adjoint à la planification, Pierre Lucier participe alors à cette rencontre. Il est déjà entendu que c'est lui qui rédigera les documents officiels traitant de la réforme. Lucier a connu Camille Laurin en 1978 au ministère d'État au développement culturel, lorsqu'il s'est chargé de la rédaction de la politique scientifique. Ancien jésuite aux manières onctueuses et au langage apaisant, parfaitement accordé au monde feutré de l'éducation, il est en totale communauté d'esprit avec le ministre, dont il semble deviner les moindres états d'âme.

Pierre Lucier se souviendra que cette réunion de l'ensemble

des sous-ministres a été longue et que plusieurs de ses collègues ont non seulement émis de fortes réserves mais également prédit que le projet allait se rompre sur les récifs des différents lobbies du monde de l'éducation. « Les sous-ministres se rendaient bien compte que ça serait très difficile, affirmera-t-il vingt ans plus tard, et ils en ont parlé avec Laurin en lui soulignant que le risque de se casser la gueule était réel. Mais il n'avait pas peur de ça et il était persuadé qu'il pourrait rééditer le coup de la loi 101[8]. »

Un premier obstacle

Le ministre pense effectivement pouvoir répéter l'expérience de la Charte de la langue française et veut procéder très rapidement avec la publication d'un livre blanc au début 1982 et le dépôt d'un projet de loi à l'Assemblée nationale dans les mois qui suivront. Dans ses rêves les plus audacieux, il croit même pouvoir faire adopter cette loi avant la fin de l'année. Alors, pendant que ses fonctionnaires travaillent à étoffer les grands éléments de sa réforme et à dénicher à droite et à gauche les dispositions qui vont permettre d'atténuer les résistances, ce qui provoque inévitablement quelques fuites dans les médias, Camille Laurin s'ouvre de ses intentions à ses collègues du Conseil des ministres.

Il en parle d'abord aux membres du comité ministériel du développement culturel, dont le nouveau président, Jacques-Yvan Morin, reçoit le projet plutôt fraîchement. Lui-même ancien titulaire du ministère de l'Éducation, Morin considère carrément que la réforme est beaucoup trop ambitieuse et que le milieu de l'éducation est trop complexe pour pouvoir digérer aussi rapidement une pareille révolution. « J'étais opposé à cette réforme qui enlevait trop de pouvoirs aux commissions scolaires et qui renforçait le contrôle du ministère sur les contenus éducatifs, se souviendra-t-il. Par ailleurs, le gouvernement en était à son deuxième mandat et le temps des grandes réformes était révolu. On devait plutôt gérer la crise économique qui s'annonçait[9]. »

Mais Laurin n'a que faire des réserves de son prédécesseur et revient à la charge jusqu'à ce qu'on l'autorise à soumettre son projet au Conseil des ministres. L'accueil qu'il y reçoit est au mieux poli. Tous ses collègues gardent la plus grande estime pour le père de la loi 101, mais personne ne comprend exactement le bien-fondé d'une réforme issue de nulle part, qui n'est pas réclamée par le milieu et qui ne peut que susciter de l'opposition à un moment où le gouvernement en a plein les bras avec la situation économique. On l'écoute patiemment livrer ses savantes analyses ; on est, comme à l'accoutumée, séduit par son charme et son brio intellectuel, mais, cette fois-ci, contrairement à ce qui s'est passé au moment de la présentation de la politique linguistique, on est loin d'être convaincu.

Les questions et les objections des collègues fusent de toutes parts. Pourquoi s'attaquer ainsi aux commissions scolaires ? Que vont dire les évêques ? Les enseignants sont-ils d'accord ? Pourquoi donner aux parents des pouvoirs qu'ils ne réclament pas ? Même si Laurin a encore une fois réponse à tout et qu'il promet d'aplanir les obstacles, tous les ministres demeurent profondément sceptiques et ne l'appuient que du bout des lèvres.

Bernard Landry, qui assiste à toutes ces discussions, se souviendra très bien du climat qui prévalait alors au Conseil des ministres : « Camille n'a pas trouvé de grands défenseurs autour de la table du conseil, expliquera-t-il. Sa réforme était difficile à comprendre et était passablement moins passionnante que celle de la langue. On ne sentait aucun enthousiasme chez nos militants, qui s'inquiétaient plutôt de l'agitation qu'elle commençait à provoquer sur le terrain. Dans ces circonstances, les collègues étaient au mieux indifférents[10]. »

Quant à René Lévesque, il parle peu, mais tous sentent bien qu'il n'est guère entiché de la dernière trouvaille de son infatigable ministre. Même s'il ne s'y oppose pas formellement, il est très sensible aux objections exprimées par l'ensemble du cabinet et se dit, de façon plutôt pragmatique, que tout le monde ne peut pas avoir tort en même temps. Alors, il reste sur ses gardes et demande à ses propres adjoints de suivre le dossier pas à pas et de l'informer régulièrement de son évolution.

« À partir de 1981, le courant passait beaucoup moins bien entre Lévesque et Laurin, se souviendra Louis Bernard, alors secrétaire général du gouvernement. En allant à l'Éducation, Camille n'était plus logé dans le même édifice que le premier ministre et les deux hommes se voyaient beaucoup moins souvent et avaient beaucoup moins l'occasion d'échanger. Laurin était devenu un ministre sectoriel comme les autres[11]. »

Même sentiment chez Martine Tremblay, qui est chef de cabinet adjointe au bureau de Lévesque et qui a, entre autres, la responsabilité du dossier de l'éducation. Elle se rappellera que, à l'époque, les conseillers politiques du premier ministre étaient très méfiants envers l'entourage immédiat de Camille Laurin, considéré comme une bande d'idéologues et de rêveurs. Quant à Lévesque lui-même, elle reconnaîtra que celui-ci s'accommodait plutôt mal de la réforme proposée par son ministre. « Ce qui lui causait le plus de problèmes, dira-t-elle, c'était la disparition des commissions scolaires. Lévesque était un étapiste qui se méfiait des projets globaux et radicaux. Il estimait que Laurin posait de bonnes questions mais que ses réponses étaient trop drastiques[12]. »

Deux vraies écoles

Les réticences du premier ministre s'expliquent peut-être également par le sort plutôt étrange réservé à une note sur le système scolaire québécois qu'il a fait parvenir à Camille Laurin au cours de l'automne 1981 et dont ce dernier semble s'être soucié comme s'il s'agissait de sa première chemise.

Dans un texte de quatre pages intitulé « Deux vraies écoles », le premier ministre souligne alors l'insatisfaction générale de la population à l'égard du système d'enseignement et suggère que, plutôt que de se lancer « dans une autre soi-disant révolution de programmes ou dans quelque autre néo-pédagogie pour cobayes », il y aurait lieu de songer à une réorganisation de ce système pour allonger le primaire de quelques années et jumeler les dernières années du secondaire à celles du cégep, de façon, dit-il, à créer deux solides réseaux d'établissements scolaires à l'intérieur desquels les élèves seraient plus susceptibles d'apprendre. « Non seulement y aurait-il là à boire et à manger pour tous nos enseignants, mais aussi la chance enfin, et l'obligation, de fournir un rendement plus continu et plus spécialisé dans leurs matières, ajoute-t-il. Pour les jeunes, deux institutions auxquelles ils pourraient sérieusement appartenir, sans se faire trimballer trop vite dans la vie, ni trop souvent. Pour les parents, la sainte paix et, peut-être, le sentiment un de ces jours d'en avoir pour leur argent[13]. » Voilà la réforme à laquelle songe alors René Lévesque, qui est bien éloignée de celle à laquelle Camille Laurin rêve.

C'est Yvon Leclerc qui découvre cette note en dépouillant, comme il le fait tous les jours, le courrier de son ministre. Il s'agit d'un texte dactylographié auquel le premier ministre a pris soin d'ajouter à la main : « Au docteur Laurin, des fois que... de René Lévesque ». Leclerc prend connaissance du document et s'empresse de le transmettre à son patron.

La suite des événements est plutôt nébuleuse. Alors que Leclerc affirmera avoir transmis les réflexions du premier ministre à Jacques Girard, ce dernier soutiendra qu'il n'en fut rien et qu'il n'a jamais vu le texte en question. « Si on me l'avait remis, il est certain que j'aurais demandé aux fonctionnaires d'y donner suite, de travailler là-dessus et, à tout le moins, de préparer une réponse pour la signature du ministre. Or, rien de cela n'a été fait », précisera-t-il. Même si l'affaire le déconcertera un peu, Girard ne se dira cependant guère surpris de l'attitude de Laurin, qui, ajoutera-t-il, « avait souvent tendance à ignorer ce qui ne lui convenait pas, à agir comme si les propositions contraires aux siennes n'existaient pas[14] ».

De son côté, Pierre Lucier sera plus chanceux que son patron et se souviendra que le docteur lui a remis une copie de cette note « de façon, dit-il, à ce que je prenne connaissance des préoccupations de M. Lévesque et tout en me demandant la plus grande discrétion ». Lucier, qui qualifiera cette proposition d'« insolite », se rappellera avoir lu le texte et en avoir principalement retenu que le premier ministre se posait des questions au sujet du trimballage des écoliers. Sans plus. Il précisera que

Laurin ne lui en a jamais reparlé et que, dans son esprit, ce n'était pas une véritable suggestion de René Lévesque[15].

Quant à Yvon Leclerc, il conclura l'épisode en affirmant que « ce genre de propositions a été vite évacué par les fonctionnaires du ministère et que, de toutes façons, le ministre avait sa propre réforme en tête. Lévesque et Laurin ne se sont jamais vraiment entretenus de cette question[16] », dira-t-il.

L'appui de l'Église

Dès la conception de son projet, Camille Laurin se préoccupe vivement du sort que l'Église du Québec va réserver à la réforme scolaire et, plus particulièrement, à son intention de déconfessionnaliser le système d'enseignement. Lorsqu'il fait le compte de ses appuis, il sait que les parents vont être de son côté et il a encore bon espoir de pouvoir convaincre les enseignants. En revanche, il est conscient que les commissions scolaires vont constituer de farouches adversaires. Il se dit alors que s'il peut obtenir l'appui de l'Église, ce sera du trois contre un et il pourra ainsi vaincre l'adversité.

Quelques mois plus tôt, il a embauché dans son cabinet Hélène Pelletier-Baillargeon, une journaliste montréalaise de grande réputation et une catholique engagée qui fréquente depuis longtemps les milieux ecclésiastiques. Déjà membre du Conseil supérieur de l'éducation, elle a ses entrées à l'Assemblée des évêques, où elle participe à plusieurs comités s'intéressant aux questions sociales et au rôle des femmes dans l'Église. Laurin compte sur sa renommée et sur ses nombreux contacts pour aplanir le terrain, amadouer les évêques et tenter d'en arriver à une entente avec les autorités religieuses. Elle sera la sherpa de la déconfessionnalisation. « Mon travail consistait à préparer les rencontres avec les évêques et avec les divers responsables de l'enseignement religieux dans les écoles, se souviendra-t-elle modestement. Partout, il fallait trouver les compromis nécessaires pour faire avancer le projet. Le fait que je sois déjà connue et bien acceptée dans ces milieux a sans doute facilité les choses[17]. »

Dès le départ, Hélène Pelletier-Baillargeon constate que la grande majorité de l'épiscopat accueille bien l'idée de laïciser les structures scolaires. À l'exception de quelques nostalgiques, l'ensemble des évêques québécois adhèrent aux grandes orientations pastorales issues du concile Vatican II et veulent participer activement à l'évolution de la société. Les évêques désirent cependant obtenir un certain nombre de garanties au sujet du maintien de l'enseignement religieux ou moral dans les écoles et de la poursuite des activités pastorales. Pour ce faire, ils souhaitent que le gouvernement s'engage fermement à doter les écoles des ressources humaines et financières nécessaires et consente à un moratoire de quelques années de façon à assurer une transition harmonieuse vers le nouveau régime. Camille Laurin semble tout à fait disposé à souscrire à ces deux requêtes.

Du côté de l'épiscopat, Mgr Louis-Albert Vachon est le personnage-clé de toute cette négociation. Archevêque de Québec, Mgr Vachon préside alors l'Assemblée des évêques du Québec. C'est un homme simple, direct, bien enraciné dans son milieu et désireux que l'Église soit au diapason des changements sociaux. Il jouit d'un ascendant certain sur tous ses collègues. Entre l'automne 1981 et le printemps 1982, Laurin le rencontre à quelques reprises pour lui exposer son projet et recevoir ses observations. Il lui fait également parvenir quelques textes explicatifs soigneusement préparés par ses services et rédigés sur un ton qui sied à un homme d'Église.

Lorsque son éclaireuse lui en donne le signal, le ministre revêt ses plus beaux habits et se déplace à l'archevêché. Même si l'époque duplessiste est révolue et que l'État, désormais laïque, a pris ses distances avec le clergé, un ministre québécois n'a toujours pas la stature pour convoquer un archevêque ; c'est plutôt lui qui doit prendre la route. Les rencontres entre les deux hommes sont franches et positives. « J'ai été reçu avec beaucoup de déférence et de courtoisie, se souviendra Laurin. Mgr Vachon était un homme moderne, un grand Québécois qui comprenait le sens général de la réforme que je proposais. Les résistances ont fondu graduellement[18]. »

Quant à Hélène Pelletier-Baillargeon, elle se rappellera que les deux hommes ont beaucoup sympathisé. « Mgr Vachon était issu d'une famille paysanne de la Beauce et il s'est très bien entendu avec le fils du commerçant de Charlemagne, affirmera-t-elle. C'était un évêque progressiste et nationaliste. Il s'est établi entre les deux une relation de confiance qui a permis de faire débloquer le dossier[19]. »

Ce déblocage devient officiel à la mi-mars 1982 lorsque Mgr Vachon rend publique une déclaration unanime des évêques du Québec acceptant la déconfessionnalisation des commissions scolaires sous réserve des garanties évoquées précédemment. Rappelant leur responsabilité de pasteurs envers l'éducation de la foi, les évêques affirment vouloir contribuer « à une évolution du système scolaire qui soit inspirée par l'esprit démocratique et un profond respect des droits individuels et collectifs[20] ». Enchanté par cette annonce, Camille Laurin donne la journée même une conférence de presse pour dire qu'il salue le geste des autorités religieuses et qu'il y voit un appui à l'ensemble de son projet, soulignant que les évêques estiment, tout comme lui, qu'il faut donner la priorité à l'école plutôt qu'aux structures.

Deux mois plus tard, le ministre représente le gouvernement québécois à Rome à l'occasion des cérémonies entourant notamment la béatification du frère André. Il y retrouve son grand ami Jean Martucci, devenu entre-temps délégué du Québec dans la capitale italienne. Ce dernier lui a ménagé un entretien privé avec les autorités vaticanes pour qu'il puisse se faire connaître et y exposer son projet. Même s'il a déjà l'appui des évêques d'ici, Laurin se précipite au rendez-vous. Deux précautions valent mieux qu'une. « Les affaires de religion au Québec, ça a toujours été très compliqué. Alors, je voulais compter sur l'appui ou à tout le moins la neutralité de Rome, rappellera-t-il vingt ans plus tard. Ma rencontre avec le cardinal de Chicago, alors responsable des dossiers de l'éducation, m'a permis de constater qu'on ne s'opposerait pas à ma réforme. C'était très important pour moi[21]. »

Le livre blanc

L'appui officiel de l'Église québécoise est probablement le coup de pouce dont Laurin avait besoin pour faire avancer son projet au Conseil des ministres et obtenir de ses collègues la permission de rendre public le livre blanc rédigé à ce sujet, dont l'essentiel repose sur les tablettes du ministère de l'Éducation depuis un bon bout de temps. Avant de donner son aval, René Lévesque demande toutefois à son fidèle chef de cabinet Jean-Roch Boivin de lui transmettre son opinion écrite sur l'ensemble du projet et, en particulier, sur l'incidence de la publication du livre blanc à quelques mois des négociations collectives avec les enseignants. Boivin porte un jugement plutôt positif sur la réforme. Quant aux négociations, il affirme : « […] si Laurin réussit à bien vendre sa réforme, son diagnostic pourra servir de base idéologique à certaines demandes importantes que nous ferons lors des négociations relativement à la tâche[22]. » Boivin fait alors surtout allusion à l'augmentation du nombre d'heures hebdomadaires d'enseignement qui sera exigée des enseignants.

Le livre blanc est lancé le 21 juin 1982. Intitulé *Une école communautaire et responsable,* le texte de près de cent pages présente de façon détaillée les intentions du ministre et inscrit celles-ci dans le prolongement de la réforme scolaire des années 1960. Comme prévu, l'école en tant qu'établissement d'enseignement est au cœur du projet de Camille Laurin. « Faire que l'école soit vraiment au centre du système scolaire et que sa vie et son développement commandent l'organisation, les règles de fonctionnement et les pratiques quotidiennes de tous les partenaires du système scolaire. En fait, tout est là[23] », affirme le ministre au moment de lancer sa réforme.

Ainsi, le document propose que chaque école du Québec devienne une corporation telle que la définit le Code civil, qu'elle soit dirigée par un conseil d'école majoritairement composé de parents et qu'elle dispose de tous les pouvoirs nécessaires, en matière de ressources tant humaines que financières, pour réaliser son projet éducatif.

Pour ce qui est des commissions scolaires, qui se voient

dépouillées d'une grande partie de leurs pouvoirs, on leur suggère d'abandonner leurs responsabilités pédagogiques immédiates et de devenir de grandes coopératives de services vouées à des fonctions de coordination et d'appui aux écoles. On propose également de diminuer sensiblement leur nombre et d'alléger leurs structures administratives. À la suite de l'entente intervenue avec les évêques québécois, la déconfessionnalisation du système scolaire est confirmée, mais on garantit que la possibilité d'obtenir un enseignement religieux ou moral sera offerte à tous ceux qui en feront la demande.

Quant au rôle du ministère de l'Éducation, il demeure certes central, mais le livre blanc promet d'alléger son intervention au maximum et de faire du développement pédagogique l'axe principal de son action auprès des écoles et des différents personnels de l'éducation. Assez curieusement, le texte gouvernemental traite cependant assez peu de la place des enseignants, sinon pour affirmer que celle-ci est fondamentale et que le fait d'accorder la priorité à l'école revalorise par le fait même la fonction pédagogique.

Les premières réactions ne se font pas attendre. Dans les jours qui suivent le dépôt du livre blanc, les commissions scolaires et les enseignants manifestent leur désaccord. Réunis en session d'étude à Québec, les présidents et directeurs généraux des deux cent cinquante commissions scolaires du Québec décident de lutter contre une réforme qui, selon eux, permettra au gouvernement de mettre directement la main sur l'ensemble du réseau de l'éducation. « Il est inacceptable que les commissions scolaires soient amputées de leurs pouvoirs et que l'école devienne isolée et étouffée sous les contrôles du ministère de l'Éducation[24] », affirme le président de la Fédération des commissions scolaires, Jacques Chagnon.

Chagnon, qui n'a que 29 ans, vient tout juste d'être élu à la tête de ce puissant lobby. C'est un homme d'appareil qui a fait ses classes au sein du Parti libéral du Québec, dont il a dirigé l'aile jeunesse dans les belles années du régime Bourassa. Cette nouvelle lutte servira de tremplin à sa propre carrière politique. Quelques semaines avant le dépôt du livre blanc, il a rencontré

Laurin pour que celui-ci lui expose les grandes lignes de sa réforme. Cette rencontre n'a rien donné. « L'échange a été courtois, mais on ne s'est pas compris. On ne parlait pas le même langage, rappellera-t-il vingt ans après les événements. Ce livre blanc représentait un cas d'extermination des commissions scolaires. On se sentait menacé de disparition. Dès le départ, on a envisagé une lutte à finir avec le gouvernement[25]. »

Du côté des enseignants, le président de la Centrale de l'enseignement du Québec, Robert Gaulin, alors en congrès général à Québec, se dit favorable à ce que l'école soit revalorisée, mais pas au détriment des autres centres de décisions. Selon lui, le projet de Laurin « constitue un recul au double plan de la démocratie scolaire et de la démocratie tout court[26] ». Cette déclaration sera la dernière intervention publique de Gaulin à ce sujet puisqu'il est remplacé dès le lendemain par Yvon Charbonneau, qui a décidé de faire un retour à la tête de la centrale syndicale. Héros du Front commun de 1972, socialiste radical au verbe sec et tranchant, champion de la lutte des classes qui ira finalement s'échouer sur les confortables banquettes libérales fédérales, Charbonneau reprend du service à l'aube d'un nouveau cycle de négociations avec le gouvernement.

L'opposition libérale n'est évidemment pas en reste et s'inquiète elle aussi du sort réservé aux commissions scolaires. Camille Laurin retrouve alors son vieil adversaire de la loi 101, Claude Ryan, qui n'a pas survécu à la dernière défaite électorale et qui, redevenu simple député d'opposition, s'occupe désormais des dossiers de l'éducation. Selon lui, le projet de réforme scolaire est carrément inacceptable. Seules les dispositions relatives à la confessionnalité trouvent grâce à ses yeux. « Cette réforme était centralisatrice, elle transformait les commissions scolaires en stations-service et donnait beaucoup trop d'autorité aux parents alors que ce sont les enseignants qui sont le cœur de l'école[27] », rappellera-t-il.

Charbonneau d'un côté, Chagnon et Ryan de l'autre, des collègues ministres pas très convaincus, les temps s'annoncent plutôt difficiles pour Camille Laurin.

L'infirmière venue du nord

Mais, en cet été 1982, ni l'adversité ni la perspective des rudes batailles à venir ne peuvent altérer la bonne humeur de Laurin. L'homme, qui vient tout juste d'atteindre la soixantaine, est amoureux. Il vit une passion aussi folle qu'intense avec une jeune infirmière qui exerce sa profession auprès des populations cries de la baie James. Cette infirmière se nomme Diane Cloutier. C'est une jolie femme de 31 ans, aux yeux rieurs et aux cheveux aussi noirs que ceux de Rollande. Elle dégage une énergie et une joie de vivre hors du commun.

Elle connaît le ministre depuis quelques années. Passionnée d'art lyrique, elle s'est présentée en quelques occasions à son bureau de comté pour que le groupe musical dont elle fait partie obtienne des subventions. Laurin a été immédiatement séduit par les connaissances musicales, le charme et la fraîcheur de son interlocutrice.

Au printemps 1982, Diane Cloutier communique de nouveau avec lui pour l'entretenir cette fois-ci des problèmes scolaires que connaissent les habitants du village de Nemaska, au nord-est de la baie James. Cette population d'environ deux cent cinquante Cris veut construire une nouvelle école, mais elle s'y est prise trop tard pour inscrire le projet à la programmation régulière du ministère de l'Éducation. Infirmière dans cette communauté, Diane Cloutier prend l'affaire à cœur et espère que ses relations avec le ministre vont permettre de dénouer l'impasse. Laurin ne demande pas mieux que de lui accorder un rendez-vous à Québec.

Quelques jours après leur rencontre aux bureaux du ministère, il prend prétexte du fait que leurs dates d'anniversaire coïncident pour l'inviter à souper à son appartement des Jardins de Mérici. Champagne et mets raffinés sont à l'honneur. Le ministre n'a rien ménagé pour impressionner la jeune femme. Ils passent plusieurs heures délicieuses à écouter de la musique et à parler de voyages. À la fin de la soirée, étourdie par tant d'attentions de la part d'un homme aussi important et un peu grisée par l'alcool, Diane regagne la maison des amis chez qui elle loge.

Cette nouvelle relation amoureuse pose cependant un grave problème à Camille Laurin puisqu'il fréquente toujours Francine Castonguay, son amante depuis le milieu des années 1970. Si leur relation a connu des hauts et des bas au cours des dernières années et s'est même considérablement refroidie à partir de 1978, leurs amours ont repris de plus belle à l'été 1980, après le décès de Rollande, et le ministre passe le plus clair de son temps libre à Dorion, dans la maison familiale dont Francine a hérité quelques années auparavant.

Prenant son courage à deux mains, il finit par avouer à celle-ci qu'il a rencontré une autre femme dont il est peut-être amoureux. Toujours aussi ardente, Francine se met alors en colère et le jette dehors. « Je lui ai dit de vider les lieux sur-le-champ et d'emporter ses disques et ses livres. Il est parti passablement piteux[28] », se souviendra-t-elle.

Libéré, Laurin peut alors plonger dans sa nouvelle aventure. Lui qui est d'habitude si raisonnable, il déserte ses fonctions ministérielles pour passer une dizaine de jours de vacances avec sa jeune flamme dans un chalet de la Beauce. En juillet, il prend l'avion pour la baie James. Officiellement, il part vérifier lui-même si le projet d'école à Nemaska est viable, mais, dans les faits, il rend visite à sa pétillante Diane. Même s'il est plus habitué aux douceurs de la campagne française ou italienne, il n'hésite pas un instant à affronter les mouches noires et à se taper 45 minutes de canot pour arriver sur les lieux, ses bagages et une caisse de vin solidement calés entre les jambes.

Malheureusement, son séjour n'est pas aussi agréable qu'il l'avait envisagé et les ardeurs du début de l'été se sont déjà dissipées. Son amoureuse réagit plutôt froidement à ses avances et ne semble pas du tout prête à s'engager davantage. « À la baie James, je lui ai dit que ça ne marcherait pas entre nous, se souviendra-t-elle. J'avais autour de trente ans et lui en avait soixante, c'était une grosse différence d'âge. Je n'étais pas vraiment amoureuse et notre relation manquait de passion[29]. »

Laurin revient donc plus vite que prévu à Montréal. Michel Simard, son chauffeur qui va le cueillir à l'aéroport, remarque que le ministre a le cœur gros et qu'il semble un peu découragé.

Il tente de le consoler en lui expliquant que cette femme n'était pas faite pour lui et que leur relation n'aurait jamais fonctionné. « Le docteur a été ébloui par l'âge de Diane, expliquera-t-il. Ça a été un coup de passion où il cherchait à retrouver sa propre jeunesse. Il a un peu perdu les pédales et il s'est lancé dans toutes sortes de folies. Il me semble que Francine était une bien meilleure compagne pour lui[30]. »

Le retour auprès de Francine

Quoi qu'il en soit, Camille Laurin retombe rapidement sur ses pieds et décide de retourner auprès de sa fidèle Francine. Celle-ci guérit alors sa peine en Europe et doit revenir au Québec au début d'août. Laurin lui fait savoir qu'il l'attendra à l'aéroport. Lorsqu'elle met les pieds en sol québécois, elle voit son Camille qui est là tout repenti, une gerbe de fleurs à la main. « Ce geste équivaut à une demande en mariage[31] », lui lance-t-elle tout de go, aussi entreprenante que joyeuse.

Francine Castonguay aime tellement cet homme et depuis tant d'années qu'elle est bien prête à lui pardonner son égarement passager et finalement sans conséquence fâcheuse. Elle veut cependant officialiser leurs rapports et vivre constamment auprès de lui. Elle n'en peut plus des coups de téléphone furtifs et des rencontres plus ou moins secrètes. Bref, elle veut devenir sa femme.

Vingt ans plus tard, Laurin se félicitera de ce mariage qui ne lui a apporté que du bonheur et de la sérénité. Il décrira sa nouvelle épouse comme « une compagne idéale, dotée d'une grande faculté d'émerveillement et d'une grande créativité, une femme qui mord dans la vie, qui est avide, curieuse et gourmande de tout[32] ».

Cette union se révèle cependant problématique puisque Francine a déjà contracté un mariage religieux et qu'elle est maintenant divorcée. Comme Laurin tient absolument à se marier devant l'Église, elle doit donc obtenir l'annulation de ce premier mariage. Elle fait appel à l'un de ses cousins qui est prêtre et celui-ci engage en son nom les procédures auprès des autorités religieuses. L'affaire est menée rondement et l'archevêché de Montréal accepte l'annulation.

« À partir de ce moment-là, je suis devenue son officielle, se rappellera Francine. Il m'a amenée partout avec lui. Il m'a présentée au caucus des députés et à ses collègues ministres. J'ai pu l'accompagner dans les événements publics et les réunions de famille[33]. » Il lui aura fallu neuf longues années pour en arriver là.

Camille Laurin et Francine Castonguay se marient le 9 juillet 1983 à la maison de Dorion. Laurin a alors 61 ans et sa nouvelle épouse, 43. La cérémonie est présidée par le même cousin qui a servi d'intermédiaire auprès de l'archevêché. C'est un mariage très sobre auquel ne sont invités que quelques parents et amis. Plusieurs des collaborateurs politiques du ministre ne sont même pas au courant de cette union. Un peu seules dans leur coin, Marie-Pascale et Maryse sont tristes. Elles ont l'impression, après avoir pleuré la mort de leur mère, qu'elles viennent maintenant de perdre leur père.

Après une semaine passée à Québec, ce mariage est suivi d'un voyage d'un mois en France, en Suisse et en Italie, où Camille initie sa nouvelle conjointe aux beautés des églises et des musées européens.

Une tournée difficile

Ses affaires de cœur réglées, Camille Laurin passe une partie de l'automne 1982 à tenter de faire accepter sa réforme scolaire. La tâche n'est pas facile. L'opposition est vive et les appuis sont relativement peu nombreux. De la mi-septembre à la mi-octobre, il sillonne le Québec et multiplie les rencontres et les entrevues avec les médias. Il voit sans relâche des commissaires d'école, des directeurs d'établissement, des enseignants ainsi que des parents. Partout, il tente d'expliquer que cette réforme est nécessaire et qu'elle va accroître considérablement la qualité du système d'éducation. Même chez les péquistes, il croise davantage de sceptiques que de convaincus. La magie de la Charte de la langue française a complètement disparu.

Micheline Paradis accompagne Laurin tout au long de ce périple. Avec quelques autres membres du cabinet du ministre, elle a largement contribué à l'élaboration de cette tournée et s'est assurée que son ministre est bien préparé pour chacune des rencontres. Vingt ans plus tard, elle gardera un souvenir très vivace des nombreuses difficultés qui ont surgi un peu partout. « Ça a été une tournée très difficile, en dépit du respect que les gens portaient au ministre. Le problème avec cette réforme, c'est que personne n'en voyait très bien la nécessité[34] », affirmera-t-elle.

La tournée se déroule dans un climat qui oscille de l'indifférence à l'hostilité. Les commissaires d'école, qui se voient dépouillés de leur autorité, et les enseignants, qui viennent de prendre connaissance des nouvelles offres patronales en vue du renouvellement de leurs conventions collectives, sont furieux, tandis que les directeurs d'école ne savent pas trop sur quel pied danser.

En fait, seuls les parents se montrent relativement satisfaits en raison des nouveaux pouvoirs qui leur sont octroyés, encore qu'ils ne croient pas nécessairement posséder la compétence voulue pour les exercer. Mais tout contents soient-ils, ces parents ne sont pas organisés pour pouvoir soutenir efficacement Laurin. Face aux autres lobbies du milieu de l'éducation, ils ne font pas le poids. « Au fond, seule la Fédération des comités de parents nous appuyait, analysera après coup Yvon Leclerc, mais ce groupe ne pesait pas lourd au chapitre des moyens pour influencer le processus politique. Les commissions scolaires et les enseignants avaient beaucoup plus d'argent et étaient beaucoup plus puissants[35]. »

Dans ces circonstances, le ministre est plutôt seul pour faire face à la musique. Comme à l'accoutumée, il affronte l'adversité avec courage et docilité. Il accepte sans broncher toutes les rencontres qu'on lui propose et il fait même quelques incursions en territoire anglophone, où il est fort mal reçu tant il est démonisé depuis l'adoption de la loi 101. Dans l'ouest de la métropole, Laurin est *persona non grata* et on ne se gêne pas pour le lui faire sentir. À l'occasion, les gardes du corps doivent faire appel à des forces de sécurité supplémentaires, tellement l'hostilité est vive, surtout chez les enseignants qui confondent la réforme scolaire avec leurs difficiles négociations collectives.

Laurin a beau être fort et tenace, cette tournée l'épuise. Micheline Paradis se souviendra l'avoir vu certains soirs, au terme d'une autre rencontre laborieuse, rentrer tout blême dans sa limousine et se recroqueviller comme un petit oiseau sur la banquette arrière, son manteau lui servant de couverture. « Il était fatigué, au bout du rouleau. Il récupérait. Je trouvais qu'il avait l'air tellement fragile dans ces circonstances-là[36] », se rappellera-t-elle avec un ton presque maternel.

Le ministre termine son périple en novembre sur une amère déception. Alors qu'il croyait pouvoir déposer un projet de loi avant la fin de l'année, des événements indépendants de sa volonté l'obligent en effet à tout reporter à l'été suivant. Le gouvernement est alors aux prises avec de graves problèmes financiers et les négociations avec les employés de l'État sont au plus mal. René Lévesque a bien d'autres chats à fouetter que de promouvoir une réforme qu'il a toujours considérée comme un peu fumeuse et qui a suscité si peu d'adhésion. Contrairement à ce qui s'était produit au moment de la présentation de la Charte de la langue française, Camille Laurin n'a pas vraiment réussi à faire accepter son projet. Il devra donc attendre une embellie avant d'être autorisé à le présenter de nouveau.

CHAPITRE 21

Tout s'écroule

À peine réélu, le gouvernement péquiste entreprend presque immédiatement une longue et pénible descente aux enfers, qui s'amorce dès l'automne 1981 avec une importante entente constitutionnelle dont le Québec est exclu et qui se termine cinq ans plus tard par une sévère défaite électorale, en passant par la démission spectaculaire d'une dizaine de ministres et de députés, dont Camille Laurin, et le départ forcé de René Lévesque.

L'année 1982 s'ouvre sur un fond de grave crise économique. Les coffres de l'État, que Jacques Parizeau avait généreusement ouverts à l'approche du référendum de 1980, sont vides. Le gouvernement est allé trop loin; la banqueroute guette le Québec, qui doit maintenant reculer. Les syndicats des secteurs public et parapublic, qui sont pourtant les alliés naturels du Parti québécois, sont les premiers à en faire les frais.

Tout débute par une grande conférence économique que le premier ministre convoque dans la Vieille Capitale au début d'avril. Dès le départ, Lévesque met cartes sur table : le budget québécois souffre d'un manque à gagner de 700 millions de dollars et il propose de compenser ce manque en ne versant pas aux syndiqués les hausses de salaires consenties lors des négociations précédentes[1].

Aussitôt, les centrales syndicales se rebiffent et refusent carrément que leurs membres se voient privés des augmentations salariales librement négociées dans les mois qui ont précédé le scrutin référendaire. Plus catholique que le pape, surtout lorsque son amour-propre est en cause, Parizeau leur donne raison en refusant que l'État renie sa signature. Il faudra donc payer.

Par ailleurs, le gouvernement ne peut absolument pas envisager de compenser ce débours par une hausse des impôts. Le Québec compte alors quatre cent mille sans-emploi et la crise sévit partout. Quant à d'éventuelles compressions budgétaires, elles ne seront jamais suffisantes pour rétablir l'équilibre financier. Bref, c'est l'impasse, et les prises de bec sont monnaie courante tout au long du printemps au sein du Conseil des ministres, pendant que les fonctionnaires du ministère des Finances s'arrachent les cheveux et multiplient en vain les calculs pour tenter de boucler le budget qui doit être présenté à la mi-mai.

C'est alors que surgit la prétendue trouvaille dite « de la piscine ». En utilisant une simple astuce comptable, dont la petite histoire attribue la paternité à Clément Richard, ancien avocat syndical et ministre des Affaires culturelles, le gouvernement va accorder, en 1982, les hausses salariales prévues, mais il va par la suite effectuer d'importantes baisses salariales qui vont lui permettre de récupérer toutes ces augmentations dans les trois premiers mois de 1983, de façon à retrouver avant la fin de l'exercice financier un certain équilibre budgétaire. Pour plusieurs dizaines de milliers d'employés, la chute salariale pourrait alors atteindre 20 %.

À bout de ressources, René Lévesque appuie finalement la proposition et en fait publiquement l'annonce à la mi-mai, en l'assortissant d'un certain nombre de mesures visant à rendre la récupération financière moins douloureuse pour les petits salariés. La décision du gouvernement provoque la colère des syndiqués, qui sont alors convaincus qu'on se moque littéralement d'eux en allant leur reprendre ce qu'on vient de leur donner. Retrouvant sur-le-champ l'esprit et la combativité du Front commun des années 1970, toutes les centrales syndicales promettent une lutte sans merci contre le régime et ce qu'elles appellent les lois « anti-ouvrières » de l'État. La bataille s'annonce féroce parce que, en plus de cette douloureuse récupération salariale, les conventions collectives sont maintenant échues et que les négociations en vue de leur renouvellement doivent débuter à l'automne.

C'est dans ce climat d'affrontement que Camille Laurin dépose, en septembre, les propositions gouvernementales en matière d'éducation, un des gros morceaux de la négociation. Laurin a lancé sa réforme scolaire quelques mois plus tôt et il est alors en pleine tournée pour la faire accepter, notamment par les enseignants. Au-delà des considérations strictement économiques, ces propositions lui semblent conformes aux visées que poursuit son livre blanc, soit une revalorisation de l'école et une amélioration de la qualité de l'enseignement. À ses yeux, ces deux objectifs passent obligatoirement par un accroissement de la tâche des enseignants.

Les offres du ministre sont sévères : hausse du ratio maître-élèves, augmentation du nombre d'heures en classe, resserrement des conditions de mise en disponibilité et réduction du nombre d'enseignants. « On a préparé un plan de négociations très dur, reconnaîtra-t-il à la fin de sa vie. Les finances publiques étaient mal en point et il fallait diminuer les dépenses tout en augmentant la productivité de nos employés. J'ai proposé une hausse du nombre d'heures d'enseignement et du nombre d'heures passées à l'école. La négociation a été épouvantable. J'ai été plus ciblé que les autres ministres du secteur public dont les demandes étaient beaucoup moins importantes[2]. »

Et, comme si la coupe ne débordait pas déjà, son collègue du Conseil du trésor, le cérébral Yves Bérubé, en a rajouté en déposant quelques jours plus tôt une proposition qui gèle les salaires pour 1983 et renvoie les augmentations aux années 1984 et 1985. Ces offres, relatives tant aux salaires qu'aux conditions de travail, sont immédiatement rejetées par la Centrale des enseignants du Québec, qui y voit un recul absolument inacceptable. S'adressant en novembre à neuf mille enseignants venus manifester devant l'Assemblée nationale, le président Yvon Charbonneau tire à boulets rouges sur le gouvernement et se meurt d'envie de faire revivre le feu d'artifice de la confrontation de 1972. « Nous demandons, tonne-t-il, d'arrêter d'avancer sur cette pente dangereuse de l'autoritarisme qui mène à la répression[3]. »

Le troc

Dans le cadre de ces négociations, le principal partenaire patronal du ministère de l'Éducation est la Fédération des commissions scolaires, qui s'oppose par ailleurs au sort que le livre blanc sur la réforme scolaire réserve à ses membres.

Habile politicien, Jacques Chagnon, le président de cette fédération, se rend compte rapidement qu'il a entre les mains tous les atouts nécessaires pour faire évoluer la situation en sa faveur. Déjà, il a eu l'occasion de s'entretenir privément avec le premier ministre au sujet des dangers de cette réforme. Chagnon a ses entrées au bureau de M. Lévesque. Son père, Paul-André Chagnon, a longtemps été réalisateur à Radio-Canada et il a bien connu l'homme lorsque celui-ci y était journaliste. S'autorisant de cette vieille amitié, le fiston obtient assez facilement un rendez-vous avec le chef du gouvernement pour faire valoir son point de vue. « À chaque fois que je le rencontrais, se souviendra-t-il, le premier ministre commençait par me demander des nouvelles de mon père. Quant à Camille Laurin, Lévesque était ni pour ni contre. Il se contentait de me dire que c'était un ministre un peu spécial. J'en profitais évidemment pour passer mes messages[4]. »

Au début de l'automne, Chagnon croise Yves Bérubé dans un avion revenant de Matane à Québec. Autour d'un cognac, les deux hommes devisent de la réforme scolaire et des difficiles négociations avec les enseignants. Alors que le ministre reproche à son interlocuteur sa tiédeur vis-à-vis des propositions patronales, celui-ci rétorque qu'il lui est impossible d'appuyer un gouvernement qui veut faire disparaître ses membres.

Rendus à Québec et après quelques cognacs supplémentaires derrière la cravate, les deux compères tombent d'accord. Chagnon va mettre l'épaule à la roue des négociations et, en retour, Bérubé va convaincre le premier ministre de reporter aux calendes grecques la réforme scolaire. « Yves Bérubé m'a rappelé au bout de quelques jours pour me dire que le gouvernement avait décidé que la négociation avec les enseignants était prioritaire. Nous avons accueilli cette décision comme une grande victoire[5] », se rappellera Chagnon.

C'est ainsi qu'à la fin d'octobre 1982, Camille Laurin, qui n'a probablement jamais été informé de l'échange de vues dont il a fait les frais, annonce à son corps défendant que le dépôt du projet de loi sur la réforme scolaire, d'abord promis pour avant la fin de l'année, est repoussé à plus tard. Son projet a été sacrifié sur l'autel des objectifs plus immédiats du gouvernement.

L'affrontement

Si le report de la réforme Laurin convient au moins temporairement à la Fédération des commissions scolaires, il ne fait avancer en rien les négociations avec les syndicats. Tout sépare le gouvernement de ses trois cent mille salariés. Les parties sont à mille lieues de s'entendre. Constatant l'impasse et faisant face à la possibilité d'une grève générale, René Lévesque menace de légiférer pour en finir une fois pour toutes. Quelques semaines plus tard, cette menace est mise à exécution et le gouvernement fait adopter, par l'Assemblée nationale, une flopée de lois et de décrets fixant d'autorité les conditions de travail des employés du secteur public, dont celles des enseignants.

Cette fois-ci, Camille Laurin n'est pas à l'écart des grandes manœuvres. Le 9 décembre 1982, il prononce devant les parlementaires un discours dans lequel il justifie l'action de son gouvernement. « Ce sont des raisons de justice économique et sociale qui nous incitent à une augmentation de la tâche des professionnels de l'éducation, affirme-t-il. Une telle augmentation permet en effet de réduire les coûts rattachés aux salaires et aux bénéfices consignés dans les conventions collectives. Cette réduction des coûts des conventions collectives permettra à son tour de maintenir des programmes essentiels en éducation[6]. »

Les explications de Laurin n'ont cependant aucun effet sur les enseignants, qui décident, après une ultime et infructueuse rencontre avec René Lévesque, de déclencher une grève générale illimitée. À la fin de janvier 1983, 95 % des enseignants québécois sont en grève illégale. Les écoles primaires, les écoles secondaires ainsi que les cégeps sont fermés pour une période illimitée. Pendant quelques jours, le gouvernement tente de réprimer cette grève en atténuant ses exigences. Aussi, Laurin suggère des adoucissements au chapitre de la sécurité d'emploi et une augmentation de la tâche étalée sur trois ans plutôt qu'un[7]. Mais rien n'y fait, si bien que, le 17 février, l'Assemblée nationale n'a d'autre choix que d'adopter une loi spéciale forçant le retour au travail des enseignants et fixant les conditions d'exercice de leur métier pour les trois années à venir. La loi est dure. Elle reprend l'essentiel des propositions gouvernementales tout en imposant des peines sévères aux contrevenants.

L'adoption de cette loi produit son effet et les enseignants acceptent de retourner au travail. En retour, les négociations reprennent sur la question de la tâche et de la sécurité d'emploi. Jusque-là absent de la table des négociations, Laurin va s'en mêler personnellement et rencontre en face-à-face les dirigeants syndicaux. Pour la circonstance, il est chaperonné par son sous-ministre, Jacques Girard, et par Lucien Bouchard, alors négociateur en chef du gouvernement. Les rencontres ont lieu dans une salle enfumée de l'hôtel Hilton, au centre-ville de Québec. Entre les séances, les négociateurs patronaux se retrouvent dans une suite de l'hôtel pour faire le point. Le ministre se fait monter quelques bouteilles de Château Maucaillou, un de ses vins préférés.

Merci pour la consultation

Camille Laurin n'est guère familier de ce genre de pourparlers. Il n'a jamais eu dans le passé à négocier directement avec des syndicats, et les chinoiseries des conventions collectives, où tout est codifié jusqu'à la huitième décimale, l'ennuient. C'est un homme qui préfère nettement discuter de principes et de grandes orientations en laissant à d'autres le soin de s'occuper des détails.

Son vis-à-vis est Robert Bisaillon, qui dirige alors l'ensemble des syndicats d'enseignants du Québec. Pendant qu'Yvon Charbonneau discute de gros sous avec le bureau du premier ministre, Bisaillon veille à l'ensemble des conditions de travail des soixante mille enseignants qu'il représente. Les questions relatives à la tâche et à la sécurité d'emploi sont de son ressort. « Le point central de cette négociation était l'augmentation de 25 % de la tâche des enseignants, qui se traduisait par une hausse du ratio maître-élèves et un plus grand nombre d'heures de présence en classe, se souviendra-t-il vingt ans après les événements. Les syndiqués étaient davantage préoccupés par cette question que par d'éventuelles réductions de salaires[8]. »

Les rencontres entre les deux hommes sont brèves et donnent assez peu de résultats, chacun demeurant sur ses positions. « J'avais l'impression que Laurin n'était pas à l'aise et qu'il avait les mains attachées derrière le dos. J'avais le sentiment qu'il ne se sentait pas vraiment concerné et que les vraies négociations se déroulaient de toutes façons avec Bouchard[9] », dira le leader syndical.

Alors que Bisaillon s'attendait à parler à un ministre ayant l'autorité politique nécessaire pour prendre des décisions, il a souvent l'impression de faire face au psychiatre qui veut plutôt guérir la société québécoise des maux dont il la croit atteinte. « À un moment donné, racontera-t-il, Laurin s'est mis à parler de mes frustrations syndicales et à m'expliquer en détail les raisons psychologiques de mon état. Je l'ai écouté patiemment et je l'ai ensuite remercié en lui tendant ma carte d'assurance-maladie pour qu'il puisse se faire payer cette consultation. Il ne m'a pas trouvé très drôle[10]. »

Au bout de quelques séances, tous les participants conviennent que les négociations ne mènent nulle part et ils décident de suspendre les pourparlers. Le gouvernement convoque alors une commission parlementaire pour que les parties puissent se faire entendre publiquement.

Il aurait pu se faire tuer

Pas plus que les négociations, cette commission parlementaire ne donne aucun résultat. L'impasse demeure totale. C'est alors qu'un incident, relativement banal en apparence, vient mettre le feu aux poudres et changer complètement le cours des événements.

Cet incident, c'est la publication, par le ministère de l'Éducation, d'un petit journal de huit pages qui fait le point sur l'état des pourparlers avec les enseignants et qui défend âprement les positions gouvernementales. Ce journal est l'œuvre de l'attachée de presse du ministre, Micheline Paradis, qui, elle-même ancienne journaliste, croit aux vertus pédagogiques de ce genre de document, à mi-chemin entre l'information et la propagande. « Je trouvais que la publicité diffusée jusque-là par le ministère utilisait une langue de bois et n'atteignait personne. J'ai voulu faire un journal qui frapperait fort et où on développerait des arguments de fond[11] », se souviendra-t-elle.

Elle fait approuver son idée par Yvon Leclerc mais frappe un nœud auprès de Jacques Girard, qui estime qu'il s'agit là d'une pure provocation. La dispute se retrouve au bureau du premier ministre, où Micheline Paradis a ses entrées auprès de Robert MacKay, l'attaché de presse de René Lévesque. Après une brève consultation avec Louis Bernard, l'attachée de presse obtient l'autorisation d'aller de l'avant.

Son journal, publié à des dizaines de milliers d'exemplaires, paraît la veille même de la fin de la commission parlementaire. Intitulé *As-tu 12 minutes ?*, le document, aux allures pamphlétaires, fustige vertement l'attitude des enseignants, étale tous leurs privilèges économiques et sociaux, dénonce leur manque de solidarité sociale en cette période de crise et fait valoir le bien-fondé des décisions gouvernementales. En plus d'une entrevue avec Camille Laurin, il offre notamment une comparaison entre les conditions plutôt avantageuses faites à un enseignant mis à pied et celles, nettement inférieures, imposées à un travailleur non syndiqué qui subit le même sort. En cette période de grandes difficultés économiques où des dizaines de milliers de Québécois perdent leur emploi, cette comparaison est particulièrement saisissante[12].

La publication, qui contrevient aux règles habituelles de la négociation, rend les militants syndicaux littéralement furieux. À lui seul, le titre, qui laisse entendre que les enseignants refusent de consacrer quelques minutes de plus par jour à l'éducation des élèves, les met hors d'eux-mêmes. Ils récupèrent le plus grand nombre d'exemplaires possible, les enfouissent dans des sacs à ordures et les font parvenir au bureau de Camille Laurin, tant au ministère de l'Éducation que dans le comté de Bourget.

Encore sous le coup de la colère, plusieurs centaines d'enseignants se retrouvent quelques jours plus tard aux portes de l'hôtel Le Concorde, à Québec. Pancartes et bouts de bois à la main, ils sont venus manifester à l'occasion de la tenue du conseil national du Parti québécois. Camille Laurin et son petit journal assassin constituent leur première cible.

Ce jour-là, Laurin est dans son appartement des Jardins de Mérici. Levé tôt le matin, il se prépare à se rendre à la réunion de son parti. Vers 9 heures, son chauffeur, Daniel Auclair, vient l'avertir que ça brasse passablement fort autour de l'hôtel et que les manifestants l'attendent de pied ferme. Il lui conseille de ne pas y aller et de rester bien tranquille chez lui. Présente dans l'appartement, Francine Castonguay abonde dans le même sens et exhorte son homme à ne pas s'exposer inutilement. Le ministre repousse ces mises en garde. Il refuse que quelques manifestants l'empêchent de faire ce qu'il considère être son devoir. « Laurin était fier; il ne voulait pas passer pour un peureux et il tenait absolument à aller au conseil national[13] », rappellera Auclair.

Devant l'insistance de son patron, le garde du corps fait appel à quelques collègues pour l'aider à accompagner le ministre. Ils s'engouffrent à cinq ou six dans l'auto et se dirigent vers l'hôtel où les péquistes sont réunis. Rendus sur place, ils se rendent compte que les entrées principales sont complètement bloquées. Ils décident alors de passer par les cuisines, situées à l'arrière de l'établissement.

Aussitôt arrivés, ils sont immédiatement entourés par une trentaine de manifestants particulièrement hargneux qui frappent la voiture à coups de pancartes. Les gardes du corps sortent à toute vitesse, empoignent Laurin sous les bras, forment une boîte protectrice autour de lui et, en le soulevant de terre, se forcent un passage dans l'hôtel. Les manifestants se précipitent sur eux et les coups pleuvent de partout. Le ministre est atteint au visage et saigne ; l'un des manifestants réussit à l'empoigner par la cravate et passe à deux cheveux de l'étouffer. Blême comme un drap, Camille Laurin, dont les pieds n'ont jamais touché le sol, est conduit *manu militari* sur le parquet du conseil national. Il aura besoin de plusieurs minutes pour reprendre ses esprits. « Ce fut mon pire comité de réception, se souviendra-t-il à quelques mois de sa mort. Même aux moments les plus difficiles de la loi 101, je n'avais jamais vécu une attaque aussi importante. J'ai été légèrement blessé mais ce n'était pas grave, j'étais profondément convaincu que j'avais raison[14]. »

Les journaux de l'époque font grand état de cette agression. Le sergent Pierre Voisard, qui dirigeait alors l'escouade de la vingtaine de policiers de la sûreté municipale de Québec chargés d'assurer la sécurité des lieux, affirmera notamment que Laurin aurait très bien pu se faire tuer. « Je me suis dit, en le voyant courir vers l'entrée du stationnement : s'il trébuche ou s'il se trompe de porte, il est fini. Les gens avaient l'air d'être là pour le lyncher[15]. »

Vingt ans plus tard, le sergent Voisard se souviendra encore très bien des événements et reconnaîtra que son service a bien mal évalué l'ampleur de la manifestation. « Camille Laurin, comme quelques autres de ses collègues qui ont été également bousculés, a couru un grave danger, dira-t-il. On s'est retrouvé devant plusieurs dizaines de manifestants enragés et armés de bâtons. Laurin et ses gardes du corps ont mangé plusieurs coups. C'était extrêmement dangereux pour lui[16]. »

Cette manifestation, à laquelle s'étaient probablement mêlés plusieurs fiers-à-bras, est grandement préjudiciable aux enseignants et suffit à retourner l'opinion publique contre eux. Dans les jours qui suivent, l'ensemble des médias québécois s'élèvent contre pareille violence et accusent la centrale syndicale d'accueillir des éléments indésirables dans ses rangs. Même Yvon

Charbonneau comprend ce qui se passe et engueule vertement les responsables de ce geste en les qualifiant de bande d'amateurs. « Charbonneau a piqué toute une colère au conseil syndical qui s'est tenu quelques jours plus tard. Il a souligné que l'image de la CEQ venait d'être détruite et qu'on venait d'obtenir le résultat contraire à celui recherché[17] », se souviendra Robert Bisaillon.

Quoi qu'il en soit, cette manifestation marque la fin du conflit avec les enseignants. D'abord déterminé à ordonner une enquête et à poursuivre les assaillants, le gouvernement change rapidement d'idée et propose plutôt la nomination d'un conciliateur pour rapprocher les parties. Cette conciliation est confiée à Raymond Désilets. À la mi-avril, celui-ci soumet un rapport, qui est accepté par tout le monde. L'augmentation de la tâche des enseignants sera moins lourde que prévu et leur sécurité d'emploi sera moins menacée. Mais, en dépit de cette acceptation, le mal est fait. Les enseignants restent amers et considèrent que Laurin n'est plus un interlocuteur valable. « Après la négociation, les enseignants n'avaient plus d'oreille pour la réforme scolaire. Tout ce qui venait de Laurin était perçu comme négatif. Il n'y avait plus aucune possibilité d'entente. Les gens avaient l'impression d'avoir été méprisés et étaient devenus extrêmement méfiants. Le momentum n'existait plus[18] », de rappeler Robert Bisaillon. Cette opinion est partagée par Jacques Girard, qui finira par reconnaître que l'initiative de l'attachée de presse du ministre a hâté la fin des négociations, mais qui estimera par ailleurs que le climat d'affrontement les ayant entourées a eu une incidence très négative sur la réforme scolaire et a passablement perturbé tout ce qui est survenu par la suite.

Sus à la loi 101

Pendant que Laurin en a plein les bras avec les enseignants, les tribunaux continuent de charcuter la Charte de la langue française. En septembre 1982, Jules Deschênes, alors juge en chef de la Cour supérieure du Québec, déclare que la clause Québec est inconstitutionnelle en vertu de la Charte canadienne des droits et libertés, adoptée l'automne précédent. Il statue que tous les individus nés au Canada, peu importe leur province d'origine, peuvent inscrire leurs enfants à l'école anglaise. Au départ, cette possibilité était uniquement réservée à ceux qui avaient reçu leur enseignement en anglais au Québec.

Pour Camille Laurin, c'est une rebuffade de taille. Un grand pan de sa loi vient de s'écrouler. Le jour même de la publication du jugement, il affirme que les tribunaux viennent de ramener le Québec à l'époque du libre choix en matière de langue d'enseignement et que la Charte canadienne des droits et libertés empêche les Québécois de s'épanouir totalement. « Il s'agit là de la première manifestation du coup de force constitutionnel perpétré par Ottawa », dit-il en conférence de presse. Et il souligne que la loi 101 doit être maintenue dans son intégralité pour assurer la sécurité culturelle du peuple québécois[19].

Le gouvernement porte cette décision en appel. Le 26 juillet 1984, la Cour suprême du Canada confirmera l'opinion du juge Deschênes. Neuf ans plus tard, le gouvernement libéral de Robert Bourassa modifiera la loi pour y inclure officiellement la clause Canada en matière de langue d'enseignement. La clause Québec, qui a suscité tant de débats autant au sein du gouvernement Lévesque que dans l'ensemble de la société québécoise, sera désormais morte et enterrée. Par contre, l'essentiel de ce qu'avait conçu Laurin demeurera, puisque les enfants des immigrants devront continuer de s'inscrire à l'école française.

Cette déception n'est pas la seule qui attend le ministre, puisque son collègue Gérald Godin annonce sur les entrefaites qu'il va modifier la Charte de la langue française de façon, dit-il, à en corriger certains « irritants », l'expression qui est alors à la mode dans les médias et les milieux prétendument branchés de Montréal dès que l'on aborde cette question.

Depuis son adoption, six ans plus tôt, la loi 101 n'a cessé de subir les attaques et les critiques de ceux-là mêmes qui l'avaient contestée dès le début, essentiellement les groupes anglophones de la métropole, maintenant réunis au sein d'Alliance-Québec, et les milieux de la grande entreprise, tant francophone qu'anglophone. Les premiers en ont principalement contre les dispositions relatives à la langue d'enseignement et à l'affichage, tandis que les seconds voudraient bien que les mesures imposant la francisation des entreprises soient adoucies.

À l'automne 1983, Godin convoque une commission parlementaire pour examiner le type d'assouplissements envisageables. Il s'intéresse alors principalement à la langue des communications entre les institutions anglophones et à l'affichage public. Quelques semaines avant le début des travaux de cette commission, le premier ministre Lévesque prévient les radicaux de son parti qu'il y a lieu « d'assouplir certaines choses et d'arrondir certains angles. Ce qui compte, en dernière analyse, c'est d'être des gens et un peuple civilisés[20] », affirme-t-il à l'occasion d'un conseil national du PQ tenu à Québec, ajoutant qu'il n'est cependant pas question de reculer sur l'essentiel de la loi 101.

S'il apprécie le poète, Camille Laurin n'aime pas beaucoup le ministre Gérald Godin, qu'il juge brouillon et dissipé. Il estime que son style un peu gavroche l'empêche d'adopter des positions claires et le conduit à tirer dans toutes les directions à la fois. Il croit au surplus que sa responsabilité de ministre de l'Immigration et des Communautés culturelles peut le placer en conflit d'intérêts lorsque vient le temps de défendre les droits de la majorité francophone.

Aussi, il n'est guère heureux des modifications que son collègue propose au Conseil des ministres, mais il décide de rester bien tranquille dans son coin et de faire le mort. Le débat sur la réforme scolaire requiert toute son énergie et toute la solidarité du cabinet, et il n'a surtout pas envie d'encourir, à ce moment-ci, la colère de René Lévesque pour des modifications qu'il juge somme toute assez bénignes. « J'étais opposé à ces amendements mais j'ai décidé de ne pas intervenir. Je ne voulais pas avoir l'air d'un mauvais perdant[21] », expliquera-t-il quinze ans plus tard. Tout au plus se permet-il alors d'écorcher légèrement son collègue en affirmant publiquement que la Charte de la langue française est toujours aussi nécessaire face au pouvoir d'attraction de l'anglais.

Gérald Godin dépose le projet de loi 57 à l'Assemblée nationale à la mi-novembre. Celui-ci, qui sera adopté avant l'ajournement des Fêtes, propose plusieurs amendements à la loi 101, dont le plus spectaculaire est certainement celui qui consiste à appliquer unilatéralement au Nouveau-Brunswick la clause de réciprocité jadis rejetée par toutes les provinces anglophones. En somme, Québec considère que les francophones de cette province reçoivent de bons services d'éducation dans leur langue et décide que, conséquemment, ses citoyens anglophones qui émigrent au Québec pourront inscrire leurs enfants à l'école anglaise. Ce qui est une façon comme une autre d'indiquer que ce n'est pas le cas dans les autres provinces canadiennes.

Les autres amendements sont plus superficiels. Certains touchent les institutions de la communauté anglophone, qui sont désormais considérées comme bilingues et qui pourront communiquer entre elles en anglais, tandis que d'autres permettent l'affichage bilingue au sujet des produits typiques d'une nation étrangère ou d'un groupe ethnique en particulier.

Ces amendements constituent la première modification que les parlementaires québécois apportent au grand dessein de Camille Laurin. D'autres modifications, beaucoup plus importantes, surviendront dans les années subséquentes.

En route vers l'abattoir

La tourmente des négociations avec les enseignants étant maintenant terminée, Camille Laurin est prêt à s'attaquer de nouveau à son projet de réforme scolaire. À la fin de mars 1983, il rend publiques un certain nombre de modifications qui sont de nature, espère-t-il, à calmer les ardeurs des opposants. Ces modifications, qui sont le fruit des innombrables consultations de la dernière année, redonnent un peu de pouvoir aux commissions scolaires, qui auront dorénavant un statut linguistique et qui retrouvent une partie de leur autorité sur les écoles. Elles réservent également une meilleure place aux enseignants dans l'ensemble du projet éducatif.

Les nouveaux arrangements proposés sont cependant relativement superficiels et ne changent en rien le cœur même du projet, qui consiste à faire de l'école le pivot central du système d'enseignement et à en confier l'orientation aux parents. « Avec Laurin, les modifications ne touchaient jamais l'essentiel. Dès qu'on voulait changer quelque chose de fondamental, c'était non, comme ça avait été non dans le cas de la loi 101[22] », rappellera Jacques Girard, qui a été au centre de tous les pourparlers.

Toujours aussi prompt à voir la vie en rose, Laurin déborde alors d'optimisme et confie aux journalistes que son projet de loi sera adopté rapidement et qu'on pourra amorcer sa mise en œuvre dès la fin de 1983. Quelques semaines plus tard, René Lévesque refroidit son enthousiasme en affirmant à l'Assemblée nationale, en réponse à une question de Claude Ryan, que le gouvernement est loin d'avoir fait son lit puisque le Conseil des ministres n'a pas encore vraiment étudié le projet.

La prudence du premier ministre s'explique en grande partie par les mises en garde répétées qu'il a reçues de son personnel politique au sujet d'un projet auquel bien peu de gens semblent vraiment croire. Dans une note très sévère qu'elle lui fait parvenir au début de juin, Martine Tremblay prévient son patron que cette réforme est critiquée de toutes parts et que, à moins d'y apporter des changements très importants, elle va être néfaste pour le gouvernement. Selon elle, « l'idée généreuse » du ministre a été très mal expliquée à la population et a été rapidement récupérée par les bureaucrates du ministère de l'Éducation, qui y ont vu une occasion d'augmenter leurs pouvoirs au détriment de ceux des commissions scolaires. Elle ajoute que le public a de lui une image très négative et elle estime que sa tournée de l'automne précédent a été ratée. « Il faut que le climat change, que la confiance revienne, que le débat puisse se faire de manière plus sereine et plus constructive, conclut-elle. Sinon, quels qu'en soient les mérites intrinsèques, ce projet de loi va continuer à nous causer un tort politique considérable[23]. »

En dépit de ses propres réserves et de celles de son entourage immédiat, Lévesque autorise néanmoins son ministre à déposer un projet de loi à l'Assemblée nationale. Ce sera fait à la fin de juin, quelques jours avant que les parlementaires ajournent leurs travaux pour les vacances d'été. Il est entendu que ce projet de loi, qui porte le numéro 40, sera d'abord soumis à une commission parlementaire chargée d'entendre tous les principaux intervenants du milieu de l'éducation. D'abord prévue pour octobre, la tenue de cette commission, dont les travaux seront télévisés, est repoussée en janvier 1984 parce que le gouvernement, dont la cote de popularité baisse sans arrêt, a décidé de jouer le tout pour le tout et de consacrer l'automne à un ambitieux projet de relance économique. Laurin, qui attend depuis déjà plus de deux ans pour réaliser sa réforme, devra patienter encore quelques mois supplémentaires.

Les audiences publiques de la commission parlementaire de l'éducation débutent le 10 janvier 1984. Près de deux cent cinquante individus et organismes ont rédigé des mémoires et manifesté le désir d'être entendus par les députés. Les principaux acteurs, tels que la Fédération des commissions scolaires, la Centrale des enseignants du Québec et la Fédération des parents du Québec, sont évidemment du nombre.

D'entrée de jeu, Camille Laurin prononce l'un de ses discours-fleuves dont il a le secret. Il reprend un à un les éléments centraux de son projet, se félicite des résultats qu'ont donnés les consultations des 24 derniers mois et pourfend ceux qui soutiennent que la réforme scolaire va conduire à une centralisation des pouvoirs entre les mains des fonctionnaires du ministère de l'Éducation. Depuis le dépôt du projet de loi, ce dernier argument est devenu le principal fer de lance des opposants. « Il est profondément erroné, affirme-t-il, de prétendre que le projet de loi 40 tend à affaiblir le rôle des commissions scolaires, de manière à livrer les écoles démunies à l'emprise gouvernementale dans un propos inavoué d'étatisation. Ceux qui exploitent cet argument manifestent plutôt leur incapacité de remettre le moindrement en cause le rôle des commissions scolaires... Leurs craintes non fondées leur bouchent les yeux[24]. »

Cette intervention ne convainc en rien le vis-à-vis libéral de Laurin, Claude Ryan, qui se lance dans une dénonciation en règle du projet du ministre. À l'exception de l'abolition du caractère confessionnel des commissions scolaires et de leur réorganisation sur une base linguistique, Ryan ne voit rien de bon dans cette réforme, qu'il estime ambiguë et mal conçue. Il prend en particulier la défense des commissaires d'école, dont il veut préserver les pouvoirs, et des enseignants, dont il affirme le rôle central. Le critique libéral conclut ainsi son intervention : « Dans sa teneur générale, le projet de restructuration scolaire était et demeure contraire aux vues de la grande majorité des intervenants du monde de l'éducation. Il ressemble beaucoup plus à une immense et coûteuse toile d'araignée tissée à la mesure du ministre de l'Éducation, qu'à une solution réaliste aux problèmes actuels de l'enseignement[25]. »

Cette commission parlementaire, qui s'étale sur environ cinq semaines, est bien plus difficile que celle qui a eu lieu lors de l'adoption de la loi 101. Le gouvernement Lévesque est alors au pouvoir depuis plus de sept ans ; il est usé, fatigué, et la dernière crise économique l'a rendu de jour en jour plus impopulaire. Quant à Camille Laurin, il a perdu son aura des années glorieuses, celles où il voguait à la défense des intérêts linguistiques de la majorité francophone. On le décrit de plus en plus comme un politicien froid et calculateur, comme un homme têtu qui n'écoute personne et que la poursuite de ses objectifs doctrinaires obsède.

En fait, les audiences de la commission reproduisent les réactions entendues au cours des deux années précédentes. Seule la Fédération des parents du Québec, dont les membres sont les grands gagnants de cette réforme scolaire, est véritablement favorable à ce projet. Elle réclame même plus de pouvoirs pour mieux orienter l'école. « La Fédération est d'accord avec l'idée d'une réforme majeure des structures du réseau d'enseignement primaire et secondaire public, d'affirmer son président Henri Gervais. Elle croit en particulier que le moment est venu de revaloriser l'école en accroissant ses responsabilités, y compris dans le domaine pédagogique… À peu près partout, dans les comités d'école et les comités de parents, il existe maintenant un désir de passer à l'action dans le sens d'une restructuration en profondeur[26]. »

L'essentiel de l'opposition au projet de loi 40 vient de la Fédération des commissions scolaires, qui sent son existence menacée. Pendant que l'un de ses alliés, le Conseil scolaire de l'île de Montréal, publie de pleines pages de publicité dans les journaux pour dénoncer la réforme, le président de la Fédération, Jacques Chagnon, se livre devant les députés à une analyse très dure des intentions de Laurin. Tout en se disant bien disposé envers une meilleure participation des parents au bon fonctionnement des écoles, il plaide en particulier pour le maintien d'une structure politique locale en matière scolaire et pour une véritable décentralisation des pouvoirs que détient le ministère de l'Éducation. « Dans sa forme actuelle, le projet de loi 40 est inacceptable pour les commissions scolaires, conclut-il. Il va à l'encontre de leurs réclamations et de celles de la population, qui demande une décentralisation du ministère de l'Éducation, un allègement de la bureaucratie et un accroissement de l'emprise des citoyens sur le système d'éducation[27]. »

Quant aux enseignants, le président de la CEQ, Yvon Charbonneau, ne réclame qu'une seule chose : que le projet de loi soit retiré purement et simplement. Encore sous le coup des pénibles négociations de l'année précédente, les enseignants estiment que le projet de réforme scolaire émiette le pouvoir entre toutes les écoles québécoises, donne aux parents des responsabilités qu'ils ne sont pas prêts à assumer, fait peu de place aux éducateurs et complique inutilement leur tâche. « On vous demande de nous éviter cela et de l'éviter à la population québécoise, affirme-t-il. On vous demande de nous laisser travailler en paix et de nous laisser expérimenter avec les co-éducateurs que sont les parents de nouvelles formules de coopération[28]. »

Et il n'y a pas qu'à l'Assemblée nationale où Camille Laurin passe un vilain quart d'heure, puisque quelques journalistes influents ont entrepris de lui faire la vie dure. C'est le cas notamment de Lise Bissonnette qui, dans *Le Devoir*, multiplie les éditoriaux hostiles au projet et à la personne même du ministre, qu'elle accuse de faire des « restrictions menteuses. Avec l'assurance que donne la révélation mystique, il a répété sa défense à l'aide des pires tactiques de manipulation verbale[29] », écrit-elle dès le lendemain de l'ouverture de la commission parlementaire.

Même propos chez sa collègue du quotidien *La Presse*,

Lysiane Gagnon, qui accumule les chroniques pour dénoncer la réforme scolaire. « Chambarder, sans en avoir le mandat et sans que le besoin s'en soit vraiment fait sentir dans la population, l'équilibre délicat du système scolaire au nom d'un projet utopique... c'est plus qu'une société ne peut tolérer[30] », soutient-elle.

Comme à l'accoutumée, toute cette opposition laisse Camille Laurin de marbre. Il passe des jours et des semaines assis dans son fauteuil, au Salon rouge, à subir, presque sans répliquer, les attaques de tous ses adversaires. Il lit ses documents, prend des notes, pose quelques questions de circonstance et promet çà et là de légers ajustements. En fait, il utilise la même tactique qu'au moment de l'adoption de la loi 101 et compte qu'il aura tout le monde à l'usure une nouvelle fois. Il estime que, comme par le passé, le temps demeure son meilleur allié et qu'il n'a qu'à se montrer patient.

À mesure que les semaines passent et que les appuis s'amenuisent, le personnel de son cabinet se fait cependant plus critique et se montre plus inquiet. On sent bien que le projet va à vau-l'eau, mais on continue d'espérer un revirement de situation. Et surtout, personne n'a le courage d'affronter directement le ministre et de lui suggérer un changement de cap. On le vénère trop pour oser le mettre carrément en face de la réalité. « On était dans une dynamique de combat, se souviendra Micheline Paradis. On luttait à tous les jours pour la survie du projet et on pensait sincèrement que de nouveaux aménagements permettraient de sauvegarder la réforme[31]. »

Même sentiment chez le chef de cabinet de Laurin, Yvon Leclerc, qui est persuadé que l'entêtement de son patron va lui permettre de gagner la partie. « La commission parlementaire a été une grosse opération défensive, affirmera-t-il en se remémorant cet épisode. Tout le monde était contre nous. Je ne crois pas qu'on ait réussi à convaincre beaucoup de gens. Mais j'étais persuadé que ça finirait par passer, compte tenu de l'acharnement de Laurin[32]. »

Cette opinion est également partagée par les hauts fonctionnaires du ministère de l'Éducation, qui hésitent entre la possibilité de recommander des changements de fond à la réforme et l'espoir que Laurin va passer au travers des difficultés, comme il l'a fait au moment de l'adoption de la Charte de la langue française. «Je me suis longtemps demandé, confiera Jacques Girard vingt ans après les événements, si on n'aurait pas dû modifier certaines choses pour sauver la réforme, mais j'ai finalement cru que Laurin emporterait le morceau, comme au moment de la loi 101[33]. »

Le signal raté

Ces quelques semaines de commission parlementaire permettent à René Lévesque de se faire une opinion. Il en a assez entendu. Le projet de réforme scolaire ne va nulle part et il est maintenant décidé à retirer cette épine du pied de son gouvernement. Mais arracher l'épine signifie peut-être devoir écarter le ministre. Lévesque, à qui ce genre de besogne répugne et qui a toujours beaucoup d'estime pour la personne de Camille Laurin, laisse d'abord ses collaborateurs immédiats tenter une dernière entreprise de sauvetage.

Dans les premiers jours de février 1984, Jean-Roch Boivin invite Yvon Leclerc à dîner dans un restaurant de la Grande-Allée. Son intention est on ne peut plus limpide : convaincre le ministre de retirer son projet de loi. Cette fois-ci, Boivin a laissé ses gants blancs au vestiaire et semonce vertement son interlocuteur. «Jean-Roch m'a dit, dans un langage plutôt coloré, que ça n'avait plus de bon sens, que tout le monde était contre nous et qu'il était temps de nous ouvrir les yeux une fois pour toutes[34] », racontera Leclerc.

Le même jour, dans une action manifestement concertée, Louis Bernard téléphone à son collègue Jacques Girard et lui tient à peu près les mêmes propos. «J'ai reçu un appel pour me demander si on était bien sûr de la nécessité de cette réforme. On voulait que je parle à Laurin pour voir si on ne pouvait pas jeter du lest quelque part, de façon à diminuer l'opposition[35] », se souviendra l'ancien sous-ministre.

Leclerc et Girard se précipitent à tour de rôle dans le bureau du ministre pour lui faire part de cette requête qui émane du saint des saints. Les deux sont accueillis avec le même sourire et la même placidité. « On continue », de répondre tout simplement Laurin. À partir de ce moment-là, les dés sont jetés. L'homme n'en a plus que pour quelques semaines au ministère de l'Éducation.

René Lévesque remanie son cabinet le 5 mars 1984. Pas moins de sept ministres changent de fauteuil, dont Camille Laurin, qui devient vice-premier ministre et ministre des Affaires sociales en remplacement de Pierre Marc Johnson, muté à la Justice et aux Affaires intergouvernementales canadiennes, un poste qui permettra à ce dernier de devenir quelques mois plus tard le chef de file des tenants de la reprise des négociations constitutionnelles avec Ottawa. Yves Bérubé hérite du ministère de l'Éducation, où il pourra mettre à profit ses bonnes relations avec Jacques Chagnon.

Laurin apprend sa mutation sur l'autoroute 20, quelque part entre Québec et Montréal. Lévesque lui annonce au téléphone qu'il est maintenant le ministre des Affaires sociales. Il n'est évidemment pas heureux de cette décision mais choisit de se comporter à nouveau en bon soldat et d'obéir docilement à son chef. « Je n'ai pas vu ça venir et il n'y a jamais eu de conversation en face-à-face avec le premier ministre, se souviendra-t-il quelques mois avant sa mort. Je présume que s'il m'a téléphoné, c'est qu'il n'avait pas envie de me voir. Il est probable que les réticences autour de la réforme scolaire l'ont incité à me changer. De toutes façons, je n'en ai jamais reparlé avec lui[36]. »

Alors que Louis Bernard et Jacques Parizeau estiment que la nouvelle affectation de Laurin a été rendue nécessaire par les difficultés que Johnson connaissait aux Affaires sociales, Martine Tremblay n'a aucun doute sur les véritables motifs de son chef. « Lévesque a choisi ce moyen pour régler le problème de la réforme scolaire. Il avait peur d'affronter directement Laurin. Le remaniement lui permettait de régler son problème[37] », affirmera-t-elle, tout en reconnaissant que le premier ministre a peut-être voulu faire d'une pierre deux coups et améliorer également la situation aux Affaires sociales.

Laurin annonce aussitôt ce changement au personnel de son cabinet et fait comprendre à tout le monde qu'il n'a surtout pas envie d'en discuter. Il tourne la page comme si de rien n'était et il se dirige, sans amertume ni ressentiment apparents, vers le ministère des Affaires sociales.

Au moment où Laurin quitte l'Éducation, ses services de presse émettent un communiqué qui fait état de ses diverses réalisations. On y met principalement l'accent sur l'élaboration de la politique d'éducation des adultes, dans la foulée du rapport de la commission Jean, constituée lorsqu'il était ministre du Développement culturel. On souligne la mise en place de cégeps spécialisés et l'adoption d'un projet de loi introduisant le principe des cotisations retenues à la source pour les associations étudiantes. On y parle enfin du développement de la dimension internationale du ministère de l'Éducation, confié à Jean-Marc Léger. Quant à la réforme scolaire, le communiqué se fait discret et se contente de dire que le dossier en est maintenant à un « point de maturation et de faisabilité encore jamais atteint[38] ».

Dans les mois qui suivent sa nomination à l'Éducation, Yves Bérubé fait la paix avec les commissions scolaires et propose l'adoption d'un nouveau projet de loi qui créerait des commissions scolaires linguistiques et accroîtrait le rôle des parents dans la gestion des écoles. Pauline Marois complétera la réforme Laurin au milieu des années 1990 au moyen de la création de conseils d'établissements et d'une plus grande décentralisation du pouvoir scolaire.

À la fin de sa vie, Camille Laurin dressera un bilan somme toute positif de cette aventure dans laquelle il a investi près de trois ans de sa carrière politique. Certes, il reconnaîtra avoir échoué, mais il estimera que les idées qu'il a défendues au début des années 1980 ont finalement triomphé. « Les éléments essentiels de cette réforme ont finalement été réalisés, affirmera-t-il. Le succès est arrivé avec bien des années de retard, mais il est finalement survenu. Je n'ai pas de sentiment d'échec. J'ai été un ouvreur de chemin[39]. »

CHAPITRE 22

La déchirure

N i l'ambitieux plan de relance économique de l'automne 1983 ni l'important remaniement ministériel du printemps 1984 n'apportent au gouvernement du Parti québécois le répit qu'il avait espéré. À l'aube de la quatrième année de son mandat, les sondages d'opinion affichent des résultats de plus en plus désastreux, l'équipe péquiste recueillant moins de 30 % des intentions de vote, contre près de 70 % pour les libéraux de Robert Bourassa, qui a remplacé Ryan à la tête du parti. Pire encore, de plus en plus d'électeurs mettent en doute le leadership de René Lévesque et souhaitent son remplacement par Pierre Marc Johnson, qui est désormais perçu comme l'étoile montante du cabinet[1].

Une telle incapacité de se ressaisir engendre au sein de l'équipe ministérielle un lourd climat d'impuissance et de morosité, qui contribue à son tour à ressusciter le vieux démon de la souveraineté et à faire renaître le débat sur la place à lui donner dans le programme péquiste. Alors que cette question avait été pratiquement occultée lors du scrutin de 1981, voilà que plusieurs ministres influents, dont Jacques Parizeau et Camille Laurin, estiment qu'elle doit maintenant revenir au devant de la scène. « L'indépendance est plus que jamais nécessaire et devra être au cœur de la prochaine élection », affirme Laurin dans une entrevue accordée à *La Presse* dès novembre 1983. Selon lui, les politiques centralisatrices du gouvernement fédéral empêchent le Québec de combattre efficacement la crise économique. Cette crise, ajoute-t-il, constitue elle-même une raison supplémentaire de convaincre les Québécois de devenir enfin maîtres de tous leurs outils de développement[2].

Faisant référence au scrutin de 1962, lorsque l'électorat avait plébiscité la nationalisation de l'électricité, il croit que la prochaine élection provinciale devrait être l'occasion de faire approuver le principe de l'indépendance. Sans le dire ouvertement, Laurin fait déjà campagne en faveur d'une élection référendaire.

Cette déclaration ne passe pas inaperçue et les ministres discutent une bonne partie de l'hiver du rôle que la question nationale jouera lors du prochain scrutin. D'aucuns, comme Laurin, désirent que l'article 1 du programme du PQ — qui stipule que le parti s'engage à réaliser la souveraineté du Québec — soit au cœur de cette élection, tandis que d'autres, comme Pierre Marc Johnson, Yves Bérubé ou Clément Richard, estiment que cette démarche est suicidaire et qu'il faut au contraire mettre l'option en veilleuse.

Au début de février, René Lévesque, que ces interminables palabres exaspèrent, tranche la question en indiquant publiquement que l'accession à la souveraineté sera l'enjeu central du prochain rendez-vous électoral. « On y croit, on va la pousser de notre mieux jusqu'à la prochaine élection et on espère que le parti exprimera le même avis lors du congrès[3] », affirme-t-il à l'issue d'une réunion spéciale du Conseil des ministres.

Cette annonce du premier ministre convient parfaitement à Laurin, qui estime dès lors que l'affaire est réglée. Prudent, il invite cependant Lévesque et sa femme, Corinne Côté, à souper chez lui à Dorion, de façon à clore définitivement le débat. Yves Michaud et son épouse Monique sont également de la partie. « Ce fut un magnifique souper, se souviendra Laurin. On a bu du bon vin et on a parlé de souveraineté durant tout le repas. À ce moment-là, il était clair que le prochain scrutin porterait sur cette question. On a même pensé écrire un manifeste qui renouvellerait tout l'argumentaire[4]. »

Nul ne sait si Laurin a été leurré par les effluves de Bacchus ou par les sirènes de son imaginaire, mais aucun des autres convives ne se souvient qu'il a été sérieusement question de souveraineté ce soir-là. Au contraire, Lévesque ne s'est montré intéressé que par une seule chose : flirter avec Dominique, la fille de Francine. À table, il a insisté pour s'asseoir à ses côtés et a passé tout le repas et toute la soirée à la dévorer des yeux et à la couvrir de ses prévenances. « Je n'avais que 18 ans à l'époque et je reconnais que j'étais très excitée par l'attention que le premier ministre me portait, se rappellera Dominique Castonguay. C'était un homme charmant et il me faisait beaucoup d'effet. Lévesque a passé tout son temps à discuter avec moi. Il s'est informé de mes études et de mes projets d'avenir. Nous avons écouté de la musique et dansé ensemble. J'étais complètement envoûtée. Je ne me souviens pas qu'il ait parlé une seule fois de souveraineté[5]. »

À la fin de la soirée, et même si Corinne, qui en a vu bien d'autres, ne rate rien de ce petit manège, le premier ministre donne son numéro de téléphone à la jeune fille en l'invitant à le joindre à ses bureaux dans l'édifice d'Hydro-Québec. Trop intimidée, elle n'osera jamais l'appeler.

Une résolution incendiaire

Le Parti québécois tient un important congrès général en juin suivant. Chauffés à blanc par Gilbert Paquette, alors ministre de la Science et de la Technologie et membre du conseil exécutif du parti, les délégués adoptent une résolution incendiaire : un vote pour un candidat du Parti québécois sera automatiquement un vote en faveur de la souveraineté du Québec. Finies les cachettes avec l'option souverainiste, finis les référendums à répétition, la prochaine élection sera carrément référendaire et les votes péquistes seront comptés comme des votes en faveur de l'indépendance. Autrement dit, une simple majorité électorale permettra l'amorce unilatérale du processus d'accession à la souveraineté du Québec. C'est une cassure fondamentale avec ce que défend le Parti québécois depuis 1973, soit que l'accession à la souveraineté est distincte du processus électoral et qu'elle doit intervenir strictement à la suite d'un référendum portant uniquement sur cette question.

Le feu allumé par Paquette fait rage toute la fin de semaine et marque, au moins temporairement, la victoire des purs et durs de l'indépendance. En dépit des objections de René Lévesque, qui est de moins en moins maître des orientations de son parti, neuf des vingt-six membres du gouvernement se prononcent en faveur de la résolution. Jacques Parizeau, Camille Laurin, Denis Lazure et Jacques Léonard sont du groupe.

Tout autant que son adoption, l'appui que cette résolution reçoit d'un nombre aussi élevé de ministres « séniors » créé une véritable commotion au sein du gouvernement. Dès lors, le cabinet péquiste se divise profondément entre ceux qu'on appelle les orthodoxes, déterminés à promouvoir l'option indépendantiste quel qu'en soit le prix électoral, et les révisionnistes, rassemblant surtout les ministres plus jeunes et regroupés autour de Lévesque et de Pierre Marc Johnson. L'un de ceux-ci, Clément Richard, va jusqu'à dire qu'il lui sera impossible d'être à nouveau candidat dans de pareilles circonstances et il compare les tenants de la ligne dure aux caribous qui, quelque temps auparavant, se sont noyés par milliers dans les eaux de la rivière Caniapiscau, dans le Grand Nord québécois[6].

Durant les semaines qui suivent, René Lévesque tente de minimiser la portée de cette division en affirmant que rien d'essentiel n'est changé et que tout cela n'est que sémantique et tempête dans un verre d'eau. Mais de tels atermoiements ne parviennent pas à masquer la réalité. Les camps ont déjà commencé à se former au Conseil des ministres et la scission s'accentue de jour en jour.

Une virée européenne

Pour l'heure, Camille Laurin est cependant loin de telles considérations. Il est persuadé d'avoir obtenu de Lévesque les assurances dont il avait besoin, et la résolution adoptée au congrès du PQ est venue sceller le couvercle sur la marmite. L'agitation des jeunes loups qui hurlent dans le sillage de Pierre Marc Johnson ne l'effraie pas. Laurin est maintenant certain que l'indépendance du Québec sera au cœur de la prochaine lutte électorale.

À la mi-juin, il quitte le pays l'âme en paix à destination de l'Europe. Nouveau ministre des Affaires sociales, il a été autorisé par le premier ministre à effectuer une mission officielle auprès de ses homologues d'Angleterre, d'Autriche, de Suède, de Finlande et de France. L'objectif de son voyage est de s'entretenir de l'organisation des services de santé et des services sociaux. Laurin doit également présider, à titre de vice-premier ministre, les célébrations entourant la Fête nationale des Québécois à la Délégation générale du Québec à Paris. Son chef de cabinet ainsi que quelques fonctionnaires sont de la mission.

Toujours en lune de miel avec Francine, qu'il a épousée l'été précédent et qui l'accompagne durant tout ce périple, Laurin termine son voyage officiel par de longues vacances en France et en Italie, où Jean Martucci lui a quand même organisé quelques rencontres avec des journalistes italiens, ce qui permet de justifier un peu mieux ce séjour aussi prolongé dans les vieux pays.

Cette virée européenne lui fait le plus grand bien et lui donne notamment l'occasion de digérer complètement sa mutation forcée du ministère de l'Éducation. Par ailleurs, son affectation aux Affaires sociales ne l'empêche pas de dormir. À l'aise dans les milieux médicaux et persuadé qu'il n'a plus le temps d'entreprendre quelque grande réforme que ce soit, il semble résigné à se contenter de gérer le quotidien et de mener à terme les mesures entreprises par son prédécesseur, en particulier la mise en place du réseau des CLSC amorcée quelques années auparavant. Et il compte sur un sous-ministre de longue expérience, Jean-Claude Deschênes, pour lui faciliter les choses. « Laurin n'avait pas de grandes idées sur le ministère au moment où il est

arrivé », se souviendra ce dernier, qui était alors patron administratif des Affaires sociales depuis 1978. « Le mandat du gouvernement était déjà pas mal avancé et ce n'était pas le temps de
partir de nouvelles entreprises. Alors, on a surtout géré les
affaires courantes[7]. »

Le beau risque

Le ministre rentre au Québec à la mi-août. Serein et reposé,
il se sent d'attaque pour entreprendre le dernier droit avant la
prochaine élection générale. Il est cependant loin de se douter
que d'autres n'ont pas pris de vacances et que la situation politique a passablement évolué au cours des dernières semaines.

C'est le cas notamment de l'entourage immédiat du premier
ministre, qui s'est activé tout l'été dans le but d'extirper
Lévesque et son équipe du guêpier où le dernier congrès du PQ
les a entraînés. On a multiplié les réunions et les conversations de
corridor pour se sortir du pétrin et on a surveillé du coin de l'œil
les élections fédérales qui approchent, alors que les libéraux,
maintenant dirigés par John Turner, semblent en sérieuse difficulté face aux troupes conservatrices de Brian Mulroney.

Claude Charron, qui a dû démissionner quelques années
auparavant à la suite d'une grave mésaventure personnelle, est
revenu en grâce et participe à l'une de ces rencontres. Celle-ci se
tient par une belle journée de juillet à la résidence de Robert
MacKay, à Saint-Basile, dans le comté de Portneuf. Tout le
monde est là. De Louis Bernard à Evelyn Dumas, de Gratia
O'Leary à André Marcil, la garde rapprochée du premier
ministre soupèse les effets dévastateurs du congrès de juin et
examine l'action à entreprendre. Lévesque est attendu en fin de
journée, juste à temps pour boire quelques verres de vin blanc et
déguster les homards que MacKay et sa conjointe, Nicole René,
ont mis à bouillir. « C'est là que l'hypothèse du beau risque a été
élaborée, rappellera Charron. On a convenu qu'il fallait voter
bleu à l'automne et tenter de tirer le maximum d'un changement
de régime à Ottawa[8]. »

René Lévesque est on ne peut plus favorable à ce nouveau virage. Il n'a jamais eu l'intention de transformer le prochain scrutin en élection référendaire et il souhaite que l'arrivée des conservateurs à la tête du Canada assainisse le climat, réduise considérablement les tensions fédérales-provinciales et provoque une remise en question au sein du Conseil des ministres. Toujours aussi joueur, il est persuadé que Mulroney va lui donner les cartes dont il a besoin pour renverser la vapeur. Et il n'attend que le moment propice pour les abattre et doubler les éléments les plus radicaux de son cabinet.

C'est dans cette atmosphère un peu trouble que le Conseil des ministres tient une réunion spéciale à la fin d'août à l'Auberge Fort-Prével, sur la pointe de la Gaspésie. Dehors, le temps est exécrable, et l'humeur n'est guère plus joyeuse à l'intérieur de l'hôtel. Camille Laurin, qui est à peine revenu de ses splendeurs européennes, s'inquiète de ce qu'il perçoit chez ses collègues.

« Ce fut un drôle de Conseil des ministres, se souviendra-t-il à la fin de sa vie. Je ne reconnaissais plus René Lévesque. Il était morose et ne nous a pas parlé de souveraineté ni de la prochaine élection. Et surtout, il nous a demandé de cesser de discuter publiquement de la question nationale. L'atmosphère était bizarre. Assez curieusement, des ministres "juniors" comme Clément Richard ou Jean-François Bertrand occupaient subitement beaucoup plus de terrain qu'à l'accoutumée[9]. »

En soirée, plusieurs ministres identifiés au clan des orthodoxes se réunissent en privé et essaient de comprendre ce qui se trame. Les Lazure, Léonard, Landry, Laurin et Parizeau discutent durant des heures de l'attitude de leur chef et de l'allure de plus en plus fuyante de son entourage. Ils ne parviennent pas à en tirer des conclusions. « Ce Conseil des ministres s'est déroulé dans une atmosphère bien particulière, rappellera à son tour Bernard Landry. On sentait que les choses avaient changé. Lévesque semblait distant et Johnson faisait monter les enchères de son côté ; il devenait de plus en plus influent auprès de plusieurs collègues. La mouvance du beau risque était commencée[10]. » Jacques Parizeau se souviendra lui aussi du climat extrêmement bizarre de cette réunion de deux jours. « Lévesque nous a interdit de parler en public de la question nationale alors qu'entre nous on ne parlait que de ça. C'était assez paradoxal[11] », affirmera-t-il près de vingt ans après les événements.

Le 4 septembre 1984, Brian Mulroney et les conservateurs remportent une victoire éclatante aux élections fédérales et font élire 57 députés au Québec sur une possibilité de 74. Cette victoire, qui a les allures d'une vague, marque, du moins en apparence, la fin de l'ère de Pierre Elliott Trudeau et une rupture avec le régime dominateur et arrogant du Parti libéral fédéral.

Quelques semaines avant le vote, Mulroney, que la prose de Lucien Bouchard avait subitement inspiré, avait affirmé qu'il voulait que le Québec réintègre la Constitution canadienne dans « l'honneur et l'enthousiasme ». Voilà la bouée de sauvetage que René Lévesque attendait. La petite histoire veut que Bouchard, qui est resté proche du gouvernement péquiste et qui sera plus tard ministre dans le gouvernement conservateur fédéral, ait servi d'intermédiaire entre les deux hommes. Mulroney avait absolument besoin des votes péquistes pour remporter l'élection et Lévesque réclamait de son côté un signe d'apaisement dont il espérait des retombées favorables pour son propre gouvernement. Ce fut du donnant, donnant.

La déclaration de Mulroney n'a pas échappé à Camille Laurin, qui y a vu tout de suite un risque que les Québécois veuillent s'accrocher à une énième dernière chance et rejettent une nouvelle fois le projet indépendantiste. « Le lendemain de cette déclaration, se souviendra Yvon Leclerc, Laurin est entré dans mon bureau en disant que Mulroney venait de prononcer un discours qui pourrait changer bien des choses et avoir un impact très important sur la suite des événements, non seulement à Ottawa mais aussi à Québec[12]. »

La première conséquence n'est pas longue à se produire. Quelques semaines après l'élection du nouveau gouvernement canadien, René Lévesque fait état publiquement de la théorie du beau risque et se dit favorable à une reprise des négociations constitutionnelles avec Ottawa, boudées depuis 1982 par son gouvernement. En conséquence, il repousse aux calendes grecques tout débat sur la souveraineté québécoise. « Il faut donner une chance au nouveau gouvernement fédéral avant de relancer le débat sur la souveraineté[13] », de dire le premier ministre aux délégués de son parti réunis en conseil national. Camille Laurin avait vu juste : l'illusion de la dernière chance refait surface et le projet indépendantiste est à nouveau repoussé.

Mais Lévesque, que l'exercice du pouvoir et l'indiscipline personnelle ont prématurément usé et vieilli, n'a plus le même ascendant sur ses troupes. Loin de mettre un terme au débat, l'annonce de sa décision ne fait que l'alimenter. Tout au long de l'automne, les ministres continuent de discuter des effets de la nouvelle attitude du gouvernement fédéral et de la pertinence, pour le PQ, de mettre ou non l'accent sur son projet souverainiste. Au grand déplaisir de Laurin, qui se rend maintenant bien compte que les belles assurances du printemps dernier se sont envolées et que tout est à recommencer. « J'étais complètement atterré par ces discussions, rappellera-t-il. J'avais cru sincèrement que l'affaire était réglée. Je ne reconnaissais plus M. Lévesque. Il laissait aller les débats comme si de rien n'était. Je l'interrogeais sur notre projet de manifeste indépendantiste et il me répondait de manière évasive. Bref, j'étais tout mêlé[14]. »

Johnson rompt le silence

La division s'accentue lorsque René Lévesque autorise le chef de file des révisionnistes, Pierre Marc Johnson, à faire connaître publiquement son opinion. Ministre responsable des Affaires intergouvernementales canadiennes, Johnson croit qu'il y a une possibilité de reprendre les négociations constitutionnelles avec le nouveau gouvernement fédéral et estime qu'il faut mettre de côté, du moins à court terme, toute velléité référendaire. En somme, il reprend, en les étoffant, les propos de son chef. « Ce qui importe pour le Québec, affirme-t-il dans une longue entrevue accordée au *Devoir*, c'est de réparer l'affront constitutionnel de 1982, de colmater la brèche de la formule d'amendement et de préserver l'avenir. Il faut prendre acte que l'objectif de la souveraineté est associé à des réalités négatives pour la majorité des Québécois et il ne faut pas les forcer à se dire non pour la deuxième fois en cinq ans[15]. »

Camille Laurin est bouleversé par la déclaration de son collègue. Certes, l'attitude de Johnson ne le surprend pas ; il connaît depuis longtemps la nature foncièrement ambivalente de ses positions et il l'a vu plus d'une fois faire cabale au Conseil des ministres et au caucus des députés. Par contre, le comportement de Lévesque le jette en bas de sa chaise. Il n'accepte pas que le premier ministre, qui se dit pourtant souverainiste, ait permis à l'un des adversaires au moins circonstanciels du camp indépendantiste de s'exprimer ainsi publiquement, alors que tous les autres sont tenus à la consigne du silence. Il estime que l'arbitre a faussé les règles du jeu au beau milieu de la partie. « Johnson avait commis un crime de lèse-majesté à l'endroit de la solidarité ministérielle, rappellera-t-il avec tristesse quelques mois avant sa mort. Je m'attendais à ce que Lévesque le condamne vertement à la séance suivante du Conseil des ministres. Or, il ne s'est rien passé et le premier ministre s'est contenté de demeurer silencieux[16]. »

Le calme apparent de Lévesque laisse cependant présager la pire des tempêtes, puisque le premier ministre a décidé en son for intérieur d'en finir une fois pour toutes avec les tensions entre radicaux et modérés qui minent depuis trop longtemps son parti et qui divisent maintenant son gouvernement. Il rumine de son côté une déclaration substantielle qui, espère-t-il, va mettre un terme définitif au débat.

Martine Tremblay, qui est auprès de lui depuis des années et qui est devenue sa chef de cabinet au printemps 1984, lors du départ de Jean-Roch Boivin, résume ainsi l'état d'esprit de son patron : « Lévesque était profondément écœuré de toutes ces chicanes. Il détestait le radicalisme ; c'était un réaliste et un étapiste qui aimait sauter sur toutes les occasions politiques qui s'offraient à lui. Il se disait que le Québec perdrait toute crédibilité s'il ne saisissait pas la main tendue par les conservateurs et il était bien déterminé à ne pas laisser passer cette chance[17]. »

Pendant que Johnson et ses alliés semblent prendre le dessus et que le premier ministre mijote sa prochaine intervention, le groupe des orthodoxes commence à s'agiter singulièrement. Les premiers jours de novembre voient se multiplier les réunions pour tenter de trouver un compromis acceptable. Aux combattants de la première heure que sont Camille Laurin, Jacques Parizeau, Bernard Landry, Gilbert Paquette, Jacques Léonard, Denise Leblanc-Banty, Louise Harel et Denis Lazure se sont ajoutés les noms de Robert Dean, Pauline Marois, Guy Tardif et Marcel Léger. Ils sont maintenant douze, soit pas loin de la moitié du Conseil des ministres, à se réunir tantôt chez l'un, tantôt chez l'autre, pour discuter, examiner des textes et voir comment ils pourraient bien éviter le schisme qui s'annonce.

Laurin se montre particulièrement actif au cours de ces réunions. Sans renier en rien ses convictions indépendantistes, il tente à de multiples reprises de réconcilier son idéal avec la volonté du premier ministre d'entreprendre des pourparlers constitutionnels avec Ottawa. « On voulait honnêtement trouver un compromis avec Lévesque, et Camille était de loin la personne la plus consensuelle de tout notre groupe », se souviendra pour sa part Louise Harel, qui raconte qu'à un moment donné Laurin s'est fait confier la tâche d'accueillir le premier ministre, qui rentrait de quelques jours de vacances, et de lui expliquer la position des douze. « Je suis allée le reconduire à l'aéroport, mais je ne crois pas qu'ils se soient vraiment parlé. Laurin a peut-être eu peur d'affronter directement son chef. Dommage, on mettait beaucoup d'espoir dans cet entretien[18]. »

Une telle volonté de compromis s'exprime publiquement dans une déclaration commune où le groupe des orthodoxes affirme la nécessaire souveraineté du Québec, mais accepte que la prochaine élection ne soit pas formellement référendaire. C'est un recul important par rapport à la résolution votée en juin précédent par le Parti québécois. Les orthodoxes se montrent également favorables à de futures négociations constitutionnelles avec le gouvernement fédéral. « Sans doute aussi serions-nous peu sages de ne pas reconnaître que l'ouverture du gouvernement nouvellement élu à Ottawa pourrait permettre de corriger ce que le précédent gouvernement a imposé aux Québécois contre leur gré. Il n'y a pas de raison de rechercher un climat de tension avec le reste du Canada[19] », écrivent-ils dans leur déclaration rendue publique le 10 novembre.

Quelques jours plus tard, Camille Laurin fait parvenir un long texte d'une dizaine de pages à tous les présidents d'association péquiste. Qualifiant ce texte de compromis, il affirme, dans sa lettre de présentation, qu'il faut « d'abord reconquérir le terrain perdu ou volé, réparer les injustices constitutionnelles, signer des accords de développement, dans le cadre d'un fédéralisme vraiment coopératif, et, pour l'avenir, demander à la population des mandats qui nous permettront de régler, avec des pouvoirs et des ressources accrus, les problèmes urgents avec lesquels elle se débat[20] ».

Autrement dit, Laurin suggère de tirer le meilleur parti possible de la nouvelle conjoncture politique issue de la victoire électorale des conservateurs fédéraux : d'une part, obtenir le maximum par la voie des négociations classiques avec Ottawa, d'autre part, aller chercher auprès de la population la caution nécessaire pour faire le reste du chemin, jusqu'à la souveraineté complète. Aussi, s'il abandonne l'idée d'une élection référendaire, le vice-premier ministre n'en affirme pas moins le caractère « indispensable » de la souveraineté et propose que celle-ci soit présentée non plus comme un concept abstrait, mais comme l'instrument essentiel d'un projet de société qui se concrétise dans des politiques précises pour tous les secteurs de la vie quotidienne.

Et il suggère que le Parti québécois obtienne, lors de l'élection à venir, le mandat de réaliser une sorte d'indépendance à la pièce en acquérant tous les pouvoirs indispensables au développement de la société québécoise. « Si l'électorat endosse les engagements précis et concrets du Parti québécois en matière de politique de plein-emploi, de sécurité du revenu, de sécurité sociale, plaide-t-il dans ce même texte, le gouvernement pourra se retourner vers Ottawa en faisant état de mandats précis qu'il a reçus de la population. Fort de cet appui, il pourra exiger au nom du Québec non seulement le transfert de ces responsabilités, mais aussi celui des ressources et pouvoirs qui seuls peuvent lui permettre de les assumer[21]. »

Deux jours plus tard, il va encore plus loin et propose publiquement, dans une entrevue au *Devoir*, que le Parti québécois tienne un nouveau congrès général pour revoir l'article 1 de son programme et y biffer toute référence à caractère stratégique relativement au mode d'accession à la souveraineté. Il ajoute que ce congrès devrait se concentrer sur des engagements concrets qui seraient de nature à accroître les pouvoirs et les compétences du Québec, quitte à en fixer plus tard le cadre constitutionnel.

Mais Camille Laurin ne se contente pas d'intervenir sur la place publique. Il multiplie les rencontres à droite et à gauche et discute du matin au soir avec les uns et les autres dans l'espoir de parvenir à un compromis. Lui qui a toujours joué les conciliateurs entre les diverses tendances au sein du Parti québécois, il se croit encore capable de sauver la mise. Il se déplace même à Chicoutimi pour y rencontrer son vieil ami Marc-André Bédard, alors hospitalisé depuis quelques semaines. Encore aujourd'hui, ce dernier garde un souvenir très vivace de cette rencontre, alors que Laurin, qui n'envisageait pas du tout à ce moment-là de démissionner, croyait sincèrement qu'un arrangement était toujours possible.

Louis Bernard, qui est au cœur de toute cette tourmente, se souviendra également des diverses tentatives de rapprochement effectuées par le ministre des Affaires sociales. « Laurin a tenté de résorber la crise, rappellera-t-il. Il a écrit de nombreux textes et a fait parvenir plusieurs lettres à Lévesque, où il essayait de concilier l'objectif de la souveraineté avec la situation politique de l'époque. Mais ce fut peine perdue. Le premier ministre n'entendait plus rien[22]. »

Le coup de tonnerre

En effet, Laurin a beau se démener en tous sens, il est déjà trop tard, car René Lévesque a finalement pris sa décision et s'apprête à trancher dans le vif. Dans la soirée du 19 novembre, Lévesque fait parvenir à ses ministres un texte de huit pages qui prend résolument parti en faveur de l'aile révisionniste de son cabinet et qui plonge son gouvernement dans l'une des pires crises politiques que le Québec ait jamais connues. Ce texte est également envoyé aux journaux, qui le publieront en entier dès le lendemain.

La déclaration du premier ministre, qui appelle à une reprise des négociations avec Ottawa, repose sur deux éléments fondamentaux. D'abord, la souveraineté n'a pas à être l'enjeu de la prochaine élection. « Ni en totalité, écrit Lévesque, ni en parties plus ou moins déguisées, ni directement, ni encore moins par une replongée dans la tentation de vouloir amorcer à la pièce quelque processus que ce soit, en recommençant à nouveau, dans une semaine ou dans un mois, à évoquer chacun sa ou ses tranches préférées de l'objectif[23]. » Cette affirmation peut être interprétée comme une réplique cinglante aux dernières propositions de Camille Laurin.

Ensuite, et c'est là le plus important, l'objectif de l'indépendance politique du Québec, qui est à l'origine même du Parti québécois, est non seulement mis en veilleuse, mais la souveraineté elle-même est désormais présentée comme un idéal lointain, une « suprême police d'assurance ». Tout en disant garder foi en l'option souverainiste, le premier ministre s'empresse de faire référence à la souveraineté des individus plutôt qu'à celle des peuples et il ne semble plus du tout certain que cette option se traduira par la création d'un véritable État québécois. « Le temps passe et, comme toutes les autres, la société québécoise en subit les effets… Au fur et à mesure que cette évolution se poursuivra, quelle forme sera-t-il appelé à prendre, cet État-nation que nous croyions si proche et totalement indispensable, tel que nous le dessinons depuis les années 1960 ? Je ne le sais pas plus que quiconque[24] », de soutenir Lévesque.

« C'était un texte très raide », reconnaîtra vingt ans plus tard Claude Charron, qui a eu l'occasion d'en prendre connaissance avant qu'il soit expédié aux membres du cabinet. « Je n'en croyais pas mes yeux lorsque je l'ai lu. Il était correct sur le fond mais très dur sur la forme. Dès ce moment-là, j'étais persuadé qu'il y aurait plusieurs démissions[25]. » De son côté, Louis Bernard rappellera qu'il a tenté en vain de modifier le contenu de cette déclaration, qu'il trouvait dévastatrice. « Lévesque refusait de changer une virgule. Si tu voulais modifier quoi que ce soit à sa position, il fallait faire un détour à n'en plus finir. Le premier ministre n'écoutait plus personne[26] », dira-t-il.

Encore aujourd'hui, les principaux acteurs de l'époque ne s'entendent pas sur les causes d'une pareille attitude. Pour certains, comme Louis Bernard, Jean-Roch Boivin ou Bernard Landry, René Lévesque était profondément malade et ne se possédait plus. Alors physiquement et moralement épuisé, abusant à l'occasion de l'alcool, le premier ministre se terre depuis plusieurs semaines dans son bunker. Au plus bas dans les sondages d'opinion, il croit que tout le monde veut sa tête et complote contre lui. Par ailleurs, il a perdu depuis longtemps le charisme et le leadership qui sont essentiels pour proposer les compromis nécessaires et rassembler toute la famille péquiste autour de lui.

« Lévesque était dépressif et malade. En temps normal, il tenait compte de l'opinion d'autrui et avait la force de trouver les ajustements nécessaires. Cette fois-ci, il en a été incapable. Personne ne pouvait lui faire entendre raison[27] », dira Louis Bernard. Bernard Landry, qui a lui aussi tenté quelques compromis, abondera dans le même sens. « Le premier ministre était affaibli. Il n'avait plus de combativité et de productivité. S'il avait été en forme, il aurait pu convaincre tout le monde de la justesse de son point de vue[28] », estimera-t-il. Corinne Côté soutiendra également que son mari était alors en pleine dépression. « Je ne suis pas sûre qu'il écrirait cette lettre à nouveau. Mais c'était pendant son *burn-out*... La lettre était raide en "mosus" ! Dans l'état d'esprit où il était, il a dû réagir plus fortement qu'il ne l'aurait fait en temps normal[29] », confiera-t-elle à Pierre Duchesne, le biographe de Jacques Parizeau.

En revanche, Martine Tremblay, Claude Charron, Jacques Parizeau et Marc-André Bédard ne croient pas du tout cette version des événements. « Je ne crois pas un seul instant que Lévesque était malade. Je le côtoyais presque à tous les jours et il me paraissait dans son état habituel. Il a peut-être fait une dépression, mais seulement après les démissions[30] », affirmera Parizeau. Pour sa part, Martine Tremblay reconnaîtra que le premier ministre était fatigué et qu'il avait de graves problèmes de dos qui l'empêchaient de dormir, mais sans plus. Selon elle, son geste était parfaitement réfléchi et doit être inscrit dans la continuité des rapports difficiles qu'il a toujours entretenus avec les éléments les plus radicaux de son parti. « À l'automne 1984, Lévesque avait décidé d'en finir une fois pour toutes et, même s'il ne le souhaitait pas, il était résigné à perdre plusieurs de ses ministres[31] », dira-t-elle.

Pour Marc-André Bédard, qui a eu l'occasion de parler avec René Lévesque dans les jours qui ont suivi la parution de son texte, le premier ministre a simplement voulu refléter le sentiment qu'il percevait alors dans la population. Même s'il estimera que certains passages de ce texte, et notamment celui qui présentait la souveraineté comme une police d'assurance, étaient particulièrement difficiles à avaler pour les indépendantistes, il croira que son chef était en pleine possession de ses moyens au moment où il l'a écrit et que, même s'il ne souhaitait pas la démission de plusieurs de ses ministres, il était conscient du prix politique qu'il aurait ensuite à payer[32].

À l'époque, Claude Plante est directeur des communications à la Délégation générale du Québec à Paris. Il connaît très bien le chef péquiste, qu'il côtoie depuis plus de vingt ans. De passage au Québec à l'occasion de la visite du premier ministre français Laurent Fabius, il constate que Lévesque est très préoccupé par la crise que vit son gouvernement, mais il ne décèle aucun changement fondamental dans son comportement. Selon lui, le premier ministre a tous ses esprits et ne lui semble pas du tout malade.

Quant à Camille Laurin, il refusera de se lancer dans ce genre de supputations et choisira de croire, à la fin de sa vie, que son chef, gravement affaibli par la défaite au référendum, le rapatriement unilatéral de la Constitution et les effets sociaux de la dernière crise économique, a été tout simplement envoûté par les sirènes conservatrices et entraîné dans un mouvement électoraliste qu'il s'est montré incapable de maîtriser. « J'ai su qu'il y avait eu beaucoup de conciliabules au cours de l'été, expliquera-t-il, et que les organisateurs péquistes se sont laissé convaincre de mettre notre machine électorale au service de Mulroney. Des ministres comme Pierre Marc Johnson, Marc-André Bédard, Clément Richard, Jean-François Bertrand se sont laissé prendre là-dedans. Rendu à l'automne, Lévesque n'avait plus le choix[33]. »

C'est terminé

Comme la plupart de ses collègues, Laurin est à la maison lorsqu'il prend connaissance, en fin de soirée, du texte énonçant la position définitive de René Lévesque. Il s'empresse de le lire et le considère sur-le-champ comme totalement inacceptable. « Le premier ministre mettait la souveraineté en veilleuse et défendait la collaboration avec le gouvernement fédéral. J'ai tout de suite dit à ma femme que je ne serais plus ministre ni député très long-temps[34] », se souviendra-t-il.

Les jours qui suivent tiennent un peu du délire, alors que tout le sérail péquiste est secoué par un incessant chassé-croisé de réunions, de conciliabules et d'appels téléphoniques pour savoir ce que chacun va faire. Tout le monde veut parler à tout le monde et tout le monde fait pression sur tout le monde, soit pour partir, soit pour rester.

Même s'il demeure déterminé à démissionner, Camille Laurin tente un dernier rapprochement avec René Lévesque. Il lui écrit une longue lettre, où il lui fait part de ses convictions et le prévient qu'il n'aura d'autre choix que de quitter si rien ne change ; il sollicite également une rencontre avec son chef. Le tête-à-tête, qui dure à peine dix minutes, ne mène nulle part. « Je lui ai demandé des explications, qu'il ne m'a pas données, se rappellera-t-il. Le premier ministre ne semblait pas très sûr de son affaire et refusait d'engager vraiment la conversation. Il s'est contenté de s'en référer à son texte en me disant que tout était là-dedans. Il s'était fait comme une espèce d'armure qu'on ne pouvait pas traverser. Je crois qu'il ne se sentait pas capable de nous convaincre[35]. »

Quelques jours plus tard, il voit à nouveau Lévesque, cette fois-ci en compagnie de son collègue Robert Dean. Encore une fois, chacun reste sur ses positions et la rencontre est infruc-tueuse. En revanche, le ministre subit maintenant les pressions de quelques membres du cabinet, dont Bernard Landry et Clément Richard, qui l'exhortent à demeurer au sein du gouvernement. Marcel Léger et Louis Bernard vont également le rencontrer pour tenter de le persuader de ne pas démissionner. Mais c'est peine perdue, car Laurin sent que les dés sont jetés et qu'il n'y a plus grand-chose à faire : « On m'a fait valoir que nos démissions porteraient un dur coup au gouvernement. J'en étais conscient, mais j'avais mes principes et j'étais persuadé que Lévesque ne changerait jamais d'idée. Le temps était venu de franchir le Rubicon[36]. »

Parallèlement à ses démarches auprès du premier ministre et de son entourage, Laurin maintient également le contact avec les ministres du groupe des douze, dans une tentative visant à élargir le cercle des démissionnaires et à augmenter ainsi la pression sur Lévesque. Mais cela ne donne aucun résultat.

Quoi qu'il en soit, ces quelques journées de grande fébrilité politique ne servent qu'à confirmer l'impossibilité de toute réconciliation entre les orthodoxes et les révisionnistes. Le matin du 22 novembre 1984, Camille Laurin arrive à son bureau avec sa lettre de démission entre les mains. La partie est terminée. « Le ministre est entré en brandissant les bouts de papier sur lesquels il avait griffonné sa lettre à Lévesque. Il avait l'air triste et déçu, mais semblait tout autant déterminé à partir[37] », rappellera Yvon Leclerc, qui précisera que son patron a pris sa décision seul, sans vraiment consulter son entourage. « Nous savions qu'il y avait des rencontres et des échanges de lettres avec M. Lévesque, mais sans plus, renchérira son attachée de presse, Micheline Paradis. Moi, il m'a tout simplement convoquée dans son bureau pour me dire : "C'est fini, je m'en vais"[38]. » De son côté, son sous-ministre Jean-Claude Deschênes se souviendra avoir tenté de le retenir en lui faisant valoir ce qu'il pourrait accomplir s'il demeurait à son poste. « Monsieur Deschênes, m'a-t-il simplement répondu, je ne suis pas venu en politique pour m'occuper des affaires sociales[39]. »

Cette démission est transmise en fin de matinée à René Lévesque et immédiatement annoncée à la presse parlementaire. Quatre autres ministres font de même, soit Jacques Parizeau, Jacques Léonard, Gilbert Paquette et Denise Leblanc-Bantey. Si

Parizeau et Léonard quittent immédiatement, les trois autres, dont Laurin, acceptent de suspendre momentanément leur geste dans l'espoir que la situation puisse encore évoluer en leur faveur. Cet espoir ne se concrétise pas et leur démission devient effective quelques jours plus tard. À l'exception de l'ex-ministre des Finances, tous demeurent cependant membres du caucus péquiste. Il n'est pas question de renverser le gouvernement, dont la majorité parlementaire n'est alors que de quelques sièges.

La saignée est profonde. La semaine suivante, Denis Lazure, ministre chargé des Relations avec les citoyens, et Louise Harel, ministre de l'Immigration, rejoignent leurs cinq collègues démissionnaires. De plus, trois députés, soit Pierre de Bellefeuille, Jérôme Proulx et Jules Boucher, quittent le caucus péquiste pour dénoncer la décision de leur chef. Au bout de quelques jours de réflexion, Denise Leblanc-Bantey prend finalement la même décision.

Retranché dans son bureau, Lévesque demeure impassible durant toute cette crise et ne manifeste aucune volonté de rapprochement, même envers ses vieux compagnons de route et les piliers de son gouvernement que sont Parizeau, Laurin et Léonard. Au contraire, il semble presque content de pouvoir enfin tourner la page. « Ces démissions ne dérangeaient pas du tout Lévesque. Excédé par le débat autour de la souveraineté, il avait plutôt tendance à dire "bon débarras"[40] », rappellera tristement Louis Bernard. Même souvenir chez Martine Tremblay qui, vingt ans plus tard, reverra encore son patron en train de compter et de recompter le nombre des démissionnaires. « Le premier ministre n'avait pas du tout envie de bouger, affirmera-t-elle. Tout ce qui lui importait, c'était de ne pas perdre sa majorité à l'Assemblée nationale[41]. »

Un échange musclé

La lettre de démission de Camille Laurin, reproduite intégralement à l'annexe 3, est très sévère à l'endroit de René Lévesque. Après avoir réaffirmé la nécessité de la souveraineté du Québec et fait état du compromis qu'il lui a soumis pour résorber la crise, Laurin reproche à son chef d'avoir tout simplement perdu la foi et d'avoir transformé l'idéal indépendantiste en un illusoire paratonnerre.

« Votre texte me donne l'impression que vous avez même cessé de croire à une souveraineté possible pour le Québec. Vous vous demandez quelle forme sera appelé à prendre cet État-nation et vous répondez immédiatement que vous ne le savez pas… Vous vous situez ainsi en deçà du programme du parti que vous dirigez[42] », écrit-il.

Quant à d'éventuelles négociations constitutionnelles avec le nouveau gouvernement Mulroney, le démissionnaire se dit persuadé qu'elles ne seraient encore une fois qu'un marché de dupes conduisant à d'autres désillusions et à d'autres humiliations. Et il affirme que, dans de pareilles circonstances, il n'a d'autre choix que de démissionner. « En mon âme et conscience, par fidélité jamais démentie au programme du Parti québécois, je ne saurais me satisfaire de l'option édulcorée et impuissante que vous nous proposez comme enjeu de la prochaine élection. C'est pourquoi j'ai le regret de vous présenter ma démission comme vice-premier ministre et ministre des Affaires sociales[43] », conclut Laurin.

La réplique de Lévesque, également publiée en entier à l'annexe 4, est aussi cinglante. Tout en disant regretter le départ de son ministre, le chef péquiste n'en écrit pas moins : « [votre] attitude n'aurait pu qu'entretenir l'insupportable ambiguïté qui risquait de paralyser à terme toute notre action politique, en nous invitant à jouer sur les mots, dans un clair-obscur carrément inadmissible pour nos concitoyens et nos concitoyennes. » Cette réplique, que le premier ministre fait parvenir à Laurin dans les jours qui suivent sa démission, qualifie l'élection référendaire ou quasi référendaire « d'oiseuse fuite en avant d'une pseudo-avant-garde. » Selon Lévesque, la souveraineté surviendra lorsqu'on aura réussi « à démontrer aux Québécois, preuves à l'appui, qu'elle se fera par eux et qu'elle se vivra par eux et non pas pour le plaisir quasi abstrait de leurs ministres, de leurs députés, de leurs technocrates et leurs politicologues[44] ».

Camille Laurin reçoit le coup en plein cœur. Voilà que l'homme qu'il a tant aimé et qu'il croit avoir si bien servi le renie, se moque de son idéal indépendantiste et le ravale au rang de pseudo-avant-gardiste qui veut réaliser la souveraineté pour son propre plaisir intellectuel. C'en est trop. Cette dernière lettre confirme leur rupture.

Le 12 décembre, il écrit de nouveau au premier ministre, qu'il accuse cette fois-ci de manipuler les instances du parti en n'acceptant les interventions du congrès que lorsque ça lui convient. Il lui reproche également à nouveau de lâcher la proie pour l'ombre en troquant la quête de la souveraineté contre de chimériques négociations avec Ottawa et la bienveillante neutralité des conservateurs fédéraux à l'occasion des prochaines élections québécoises. « Nous ne pouvons pas accepter un tête-à-queue, ni un détournement ou enterrement de notre programme... Bravo pour la foi, mais il faut aussi les œuvres. Bravo pour les principes, mais il faut aussi les actualiser, en fonction des vrais besoins, préoccupations et aspirations de la population[45] », écrit-il.

Cet échange épistolaire particulièrement rude marque la fin des rapports entre les deux hommes, qui ne se reverront qu'à la mi-janvier 1985, au moment du congrès spécial du Parti québécois convoqué par Lévesque pour faire avaliser sa position. Ce désaccord sur la souveraineté aura eu raison de plus de vingt années de collaboration et d'amitié. En dépit de cette profonde mésentente, Laurin, toujours député péquiste à l'Assemblée nationale, restera cependant loyal envers son parti et, jusqu'à son départ quelques mois plus tard, ne fera rien pour embarrasser le gouvernement dont il n'est plus membre.

Un bilan plutôt maigre

Camille Laurin n'aura été ministre des Affaires sociales que pendant huit mois, une période trop courte pour présenter un bilan le moindrement substantiel. En fait, si on excepte le règlement de quelques questions ponctuelles, comme celui de la grève illégale des employés de l'hôpital de Saint-Ferdinand-d'Halifax, qui est d'ailleurs davantage le fait de Jean-Roch Boivin[46], ce bilan peut se résumer aux trois éléments suivants :

• d'abord, l'ouverture de 46 nouveaux centres locaux de services communautaires (CLSC) sur le territoire québécois, complétant ainsi la réforme amorcée par son prédécesseur, Pierre Marc Johnson. Le dernier geste du ministre, avant de démissionner, sera d'ailleurs d'annoncer l'implantation de douze de ces CLSC, dont six dans la région de Montréal;

• en second lieu, l'implantation de 21 nouvelles maisons de jeunes et de 20 maisons d'accueil et d'hébergement pour des femmes en difficulté. Encore là, il s'agit de mesures qui avaient été entreprises avant son arrivée;

• enfin, la publication, sous la forme d'un livre vert, d'un important document de consultation sur la politique familiale. Intitulé *Pour les familles québécoises,* ce document, qui est daté d'octobre 1984, fait le point sur la situation socioéconomique de la famille québécoise, souligne la faiblesse du taux de natalité ainsi que l'augmentation importante du nombre de familles monoparentales et suggère diverses avenues, fiscales et autres, pour aider les parents à mieux concilier leurs responsabilités familiales et leurs autres obligations. Vingt ans avant que le Parti québécois fasse de la conciliation travail-famille le thème principal de sa plus récente campagne électorale, Camille Laurin fait une nouvelle fois figure de précurseur en écrivant ceci dans la préface de ce document : « Une politique familiale, qu'il y ait inquiétude démographique ou pas, cela est fait pour aider les parents d'aujourd'hui et les jeunes parents de demain à assumer la prise en charge d'enfants, de façon à ce que cette prise en charge ne soit pas ressentie comme une pénalité sociale[47]. »

Ce livre vert doit faire l'objet d'une consultation publique à compter du 15 décembre suivant. Au lieu de se préparer en vue de cette consultation, Laurin consacre plutôt les derniers jours de novembre à ramasser tous ses papiers au ministère des Affaires sociales et à faire ses boîtes. Le 29 novembre 1984, Guy Chevrette devient le nouveau titulaire de ce ministère. Camille Laurin est redevenu simple député.

Son départ se fait quasiment sur la pointe des pieds. Jean-Claude Deschênes organise une petite fête bien modeste au ministère, tandis que ses principaux collaborateurs politiques n'ont droit qu'à quelques salutations de convenance. Laurin n'est pas homme à s'épancher en pareilles circonstances ni à dégoter quelque niche dorée à ses adjoints immédiats. Seul Yvon Leclerc, son fidèle et dévoué chef de cabinet, reçoit un peu plus d'attention, son patron l'invitant à l'accompagner dans un magasin de musique de Québec. Laurin s'achète alors plusieurs disques et lui en offre un certain nombre. « On a passé plusieurs heures dans ce magasin sans parler de politique ni de quoi que ce soit qui avait trait à sa démission, se souviendra Leclerc. Laurin se promenait d'une allée à l'autre, examinait attentivement les disques et se libérait au fur et à mesure qu'il en achetait[48]. »

Quelques jours plus tard, son chauffeur Daniel Auclair l'accompagne chez un concessionnaire automobile de la région de Montréal, où il s'achète une Toyota Celica toute rutilante. Voilà huit ans qu'il n'a pas conduit de voiture. Il devra maintenant réapprendre.

Un dernier affrontement

Même s'il a quitté, Camille Laurin n'a pas encore complètement lâché prise et il compte sur le congrès spécial de janvier du Parti québécois pour ramener à la raison René Lévesque et le groupe des révisionnistes. Abandonné par Jacques Parizeau qui, tel un grand seigneur, a regagné ses terres pour ne pas alimenter une éventuelle contestation du leadership de René Lévesque et qui ne sera même pas délégué à ce congrès, il prend la tête des orthodoxes et accomplit un certain nombre de gestes.

Le 3 décembre, il signe, en compagnie d'une dizaine de députés et de militants péquistes influents, une première missive dans laquelle il informe l'ensemble des présidents des associations de comté de la nature de la proposition qu'il soumettra lors de ce congrès. Pour l'essentiel, celle-ci affirme que la prochaine élection doit s'inscrire dans une perspective souverainiste et que le PQ doit y réclamer « le rapatriement des pouvoirs et des points d'impôt essentiels à la réalisation d'une politique de plein-emploi[49] ».

Laurin récidive le 10 janvier 1985 en expédiant une longue lettre à tous les délégués à ce congrès spécial. Il y soutient qu'il faut rejeter la mise au rancart de la souveraineté proposée par René Lévesque et adopter une approche en vertu de laquelle, à défaut de pouvoir réaliser d'un seul coup l'indépendance, les pouvoirs seront réclamés secteur par secteur, dossier par dossier. « C'est en ces termes concrets et actuels, sous forme d'objectifs partiels, progressifs, axés vers un but accessible à court terme, que la souveraineté doit être présentée au peuple québécois[50] », écrit-il.

Ce congrès spécial s'ouvre le 18 janvier 1985 au Palais des congrès de Montréal. La veille, Lévesque a rencontré privément Camille Laurin, mais l'entretien, qui a duré moins de 30 minutes, n'a rien apporté de nouveau ; chacun est resté sur ses positions. Les orthodoxes se font battre sur le plancher du congrès, où les délégués votent dans une proportion de 65 % en faveur de la proposition défendue par le premier ministre. De son côté, Laurin, qui a disposé de 3 minutes pour défendre son point de vue, est appuyé par environ 500 délégués sur 1 400.

Aussitôt défaits, ces délégués quittent bruyamment le congrès pour se réunir dans les locaux de l'Union française. Même si les militants, surexcités, croient revivre ce que René Lévesque a réalisé en 1967 en quittant le Parti libéral et rêvent à un nouveau parti indépendantiste, Camille Laurin, qui fait toujours office de porte-parole, se montre passablement plus prudent et refuse de s'engager sur la forme que prendra la poursuite du combat en faveur de la souveraineté.

En fait, bien qu'il ait dévié de sa course, le Parti québécois est toujours son havre politique et l'homme continue de croire que le parti pourra ultérieurement revenir à son objectif originel. Par ailleurs, il ne connaît que trop bien les efforts et les sacrifices énormes qu'exige la création d'un nouveau parti politique. Il estime avoir déjà donné et n'a aucune envie de recommencer.

Camille Laurin aura bientôt 63 ans. Voilà près de vingt ans que l'action politique le submerge. Il aspire maintenant à un peu de recul et à beaucoup de repos.

CHAPITRE 23

Le repos du guerrier

Moins d'une semaine après sa défaite au congrès du Parti québécois, Camille Laurin quitte son poste de député à l'Assemblée nationale, mettant ainsi un terme à plus de huit années de vie parlementaire ininterrompues. « J'aurais mauvaise conscience de continuer à représenter mes électeurs et mes électrices au sein d'un parti qui ne leur présente plus, désormais, le même programme et le même défi pour lesquels ils m'ont élu[1] », écrit-il dans la lettre de démission qu'il fait parvenir, le 25 janvier 1985, au président de l'Assemblée nationale, Richard Guay.

Le même jour, il donne une conférence de presse pour annoncer sa décision et expliquer qu'il quitte son siège parce que le PQ a abandonné l'idéal souverainiste et est devenu un parti fédéraliste. Accompagné d'une quinzaine de militants venus lui dire au revoir, Laurin a l'air triste et abattu. Non seulement les dernières années ont été politiquement très pénibles, mais voilà qu'elles se terminent en queue de poisson par une démission qu'il n'aurait jamais crue possible, même six mois auparavant.

Son seul objet de véritable fierté est l'adoption de la loi 101, dont il se dit persuadé qu'elle a amélioré la situation du français au Québec, malgré les revers juridiques qu'elle a connus au cours des dernières années. Le jour même de sa démission, Statistique

Canada annonce d'ailleurs, à partir des données du recensement de 1981, que le français a reculé partout au Canada, sauf au Québec. Ces données indiquent que le groupe anglo-québécois a perdu plus de 10 % de ses effectifs au cours des années 1970, mais elles révèlent également que, en dépit des restrictions que comporte la loi, la langue anglaise continue d'attirer les allophones québécois, ce qui fait dire à l'ex-ministre que le gouvernement devra continuer à se montrer vigilant[2].

La conférence de presse est brève. L'heure n'est ni aux bilans approfondis ni aux grandes envolées politiques. Camille Laurin est fatigué et n'a plus qu'une seule envie : rentrer chez lui et panser les blessures des derniers mois. Il quitte la salle en emportant la gerbe de fleurs que son épouse Francine lui a remise. Absent, l'air complètement désemparé, il s'apprête à sortir dans la froidure de l'hiver, sans son manteau ni ses bottes. Lorsqu'on le lui fait remarquer, il ne sait même plus où il les a déposés en entrant, et c'est un journaliste qui, au bout de quelques minutes de recherche, finit par les retrouver.

Laurin salue une dernière fois ses militants et retourne à Dorion avec sa femme. Il vient de mettre un terme, au moins temporairement, à sa carrière politique. Il est redevenu un simple citoyen. Dans quelques semaines, il reprendra du service à l'Institut Albert-Prévost, où son bon ami, le Dr Arthur Amyot, alors directeur du département de psychiatrie de l'Université de Montréal, réussit à le faire embaucher, d'abord comme psychiatre et ensuite comme responsable des services psychiatriques.

Non sans peine, cependant, puisque plusieurs collègues médecins considèrent que leur confrère, qui ne pratique plus la psychiatrie depuis près de dix ans, est rouillé et peut-être même dépassé. Mais ce n'est pas tout, car le réformateur des années 1960 a été oublié. Laurin n'est plus qu'un politicien démissionnaire dont la figure est beaucoup moins populaire et dont le parti est passablement discrédité dans l'opinion publique. « L'opposition était également politique. Le Parti québécois n'avait plus beaucoup d'amis en 1985[3] », confirmera le Dr Amyot, qui réussit tout de même, à force de palabres et d'intrigues, à faire accepter son poulain.

Le RDI, non merci

Même s'il n'est plus député, Laurin n'en a toutefois pas complètement terminé avec la vie politique puisqu'il est devenu la principale figure de proue du Rassemblement démocratique pour l'indépendance (RDI), le mouvement fondé par les quelque cinq cents dissidents péquistes dans les semaines qui ont suivi le congrès du mois de janvier. Tout au long du début de 1985, il tente, en compagnie d'ex-péquistes tels que Gilbert Paquette, Denise Leblanc-Bantey et Pierre de Bellefeuille, de structurer ce mouvement et de recruter des membres en vue du congrès de fondation, fixé au 30 mars.

Il participe également à l'élaboration du document qui en constituera les assises idéologiques. Ce document, que Laurin présente lui-même aux journalistes quelques jours avant le congrès, affirme que le RDI veut « bâtir un pays maître de son avenir et ouvert sur le monde, appuyer son action politique sur l'idéal de la justice sociale et d'un meilleur partage des richesses[4] ». En somme, il s'agit d'un mouvement indépendantiste et social-démocrate, une réplique de ce qu'a été le Mouvement souveraineté-association à la fin des années 1960. À ce moment-là, l'intention n'est pas de supplanter le Parti québécois, qui demeure un parti beaucoup mieux organisé et enraciné, mais plutôt de lui nuire suffisamment pour qu'il perde les prochaines élections générales et revienne à son option souverainiste originelle.

« Je suis prêt à faire battre le PQ pour le ressusciter », d'affirmer Camille Laurin dans une longue entrevue accordée au *Soleil* de Québec. Il soutient que ce parti, dont il est pourtant toujours membre, a perdu son âme et que René Lévesque a été séduit par « la libido du pouvoir ». Il n'y a donc qu'une chose à faire : renvoyer le Parti québécois dans l'opposition et en reprendre ensuite le contrôle[5].

Le congrès de fondation du RDI rassemble un peu moins de six cents délégués, tous des indépendantistes convaincus qui ne se reconnaissent plus dans le PQ mais qui n'attendent que le moment propice pour le réintégrer. Comme prévu, le mouvement ne se transforme pas en parti politique, mais il reste disponible pour appuyer des candidats indépendantistes aux prochaines élections générales.

Évidemment présent à ces assises, Laurin résiste aux pressions et refuse de se porter candidat à la direction du groupe. C'est finalement Denise Leblanc-Bantey qui en est élue présidente. Le psychiatre accepte toutefois de faire partie du comité exécutif. Pas pour longtemps, cependant, puisqu'il abandonne la partie au bout de quelques mois. À l'instar de Jacques Parizeau, il préfère attendre un changement de direction au Parti québécois. « On a tenu deux ou trois réunions, mais je sentais que ça n'allait nulle part, expliquera-t-il à la fin de sa vie. J'ai décidé de quitter la politique et de retourner pour de bon à Prévost[6]. »

En fait, le Rassemblement démocratique pour l'indépendance poursuivra sa croisade tout au long de 1985 et appuiera la cinquantaine de candidats souverainistes qui se présenteront aux élections générales de décembre sous la bannière du Parti indépendantiste, dirigé par le politicologue Denis Monière. Entre-temps, René Lévesque aura démissionné et aura été remplacé par Pierre Marc Johnson à la tête du PQ.

Le Parti indépendantiste fait chou blanc lors de ces élections remportées haut la main par les libéraux de Robert Bourassa. Il recueille moins de 0,5 % des suffrages exprimés à l'échelle du Québec. Dans Bourget, le candidat du Parti indépendantiste obtient 274 votes, contre plus de 13 000 pour le candidat libéral Claude Trudel. Camille Laurin peut vraiment rentrer chez lui.

Une vraie vie de famille

Installé, depuis son mariage, dans la maison que Francine possède à Dorion, l'homme peut enfin goûter aux joies de la vie conjugale. Pour la première fois de son existence, il est vraiment disponible et il a à ses côtés une femme en bonne santé physique et mentale qui ne passe pas ses journées à se plaindre et à pleurnicher et qui se fend en quatre pour plaire à son nouveau mari.

Certes, sa nouvelle demeure, située sur les rives du lac des

Deux Montagnes, est passablement plus modeste que le château de la rue Pagnuelo. On n'y trouve ni mur de pierre, ni marbre, ni escalier d'apparat. C'est une simple maison de bois sur deux étages, peinte en blanc et en jaune, qui ne se distingue en rien des habitations du voisinage. Mais Laurin n'en a cure. Ses origines modestes font en sorte qu'il n'a jamais été très porté sur les apparences, et il n'est allé habiter Outremont que pour faire plaisir à Rollande. Ce qui compte, ce n'est pas le lieu où il réside, mais plutôt le fait qu'il a maintenant trouvé le bonheur et la sérénité auprès de sa nouvelle épouse.

Francine l'entoure, le protège et le gâte au-delà de toutes ses espérances. Mère monoparentale depuis des années, rompue depuis longtemps à toutes les contingences de la vie domestique, elle ne modifie pas ses habitudes parce qu'un homme est entré dans sa vie. Même si ses fonctions de directrice d'école la tiennent tout aussi occupée que son mari, elle a la maison bien en mains et s'occupe de tout. C'est une maîtresse femme vive et énergique qui a l'œil sur tout ce qui bouge et qui pourvoit aux moindres besoins de la vie à deux. Et c'est aussi une amoureuse qui veille à ce que son homme soit aussi heureux au lit qu'à table. « Camille était un bon époux, calme, aimant et rassurant, confiera-t-elle. De mon côté, j'ai senti qu'après toutes ces années de tourmente, il avait besoin d'amour, de paix et de soins. Je me suis organisée pour les lui donner[7]. »

Aussi, Laurin connaît pendant quinze ans auprès de Francine Castonguay ce qu'il n'avait jamais connu auparavant : un foyer propre et bien tenu, de bons repas toujours prêts à l'heure prévue et une femme joyeuse et attentionnée qui voit à ce qu'il ne manque de rien. Lorsqu'elle n'est pas aux fourneaux, Francine fait les courses ou règle quelque problème domestique. Le couple a par ailleurs embauché une femme de ménage qui vient une fois la semaine et qui, durant la belle saison, aide sa patronne à fleurir l'extérieur de la maison. Quant à Camille, il se laisse vivre. Il fait du neuf à cinq à l'Institut Albert-Prévost et lorsqu'il arrive chez lui, vers les 18 heures, son scotch et ses pantoufles l'attendent. Il se détend et écoute de la musique classique pendant que sa femme prépare le souper. Bref, c'est le bonheur total.

Laurin n'est pas un homme difficile à table. Il aime la nourriture simple, celle que lui préparait sa mère lorsqu'il était enfant. Ses mets préférés sont le ragoût de boulettes, le pâté chinois et le spaghetti à la viande. Et il raffole des patates, qu'il mange toutes seules avec un peu de beurre après avoir avalé sa viande et ses autres légumes. En revanche, il déteste toujours autant le poisson et il ne supporte pas l'ail, qu'il est incapable de digérer. À l'occasion, Francine va faire cuire un rosbif ou un gigot d'agneau, et sa belle-mère Géraldine lui cuisine son dessert favori, des biscuits à l'huile Mazola. Mais s'il ne recherche pas nécessairement les mets raffinés, Laurin est par contre plutôt capricieux et refuse de manger ce qu'il ne connaît pas. Il est inutile de lui présenter un plat nouveau puisqu'il refusera d'y toucher, de crainte de ne pas aimer cela ou d'être malade.

Même en semaine, les repas sont toujours longs et accompagnés d'une bouteille de vin. Camille aime s'attarder à table, prendre le temps de fumer une cigarette entre chaque plat et discuter tantôt de sa journée, tantôt des voyages à venir, puisque le couple passe quelques semaines en Europe chaque été.

Après souper, Laurin se porte rarement volontaire pour faire la vaisselle et se réfugie plutôt dans la lecture ou l'écriture d'un texte destiné à une revue médicale ou à un livre qu'il a accepté de préfacer. Il écoute religieusement les nouvelles de 22 heures puis monte rejoindre sa Francine qui, épuisée par sa journée, est déjà au lit depuis longtemps.

Les fins de semaine sont particulièrement agréables. L'homme passe sa matinée du samedi en robe de chambre à éplucher ses journaux et à boire du café, pendant que sa femme court chez le traiteur pour en rapporter les petits plats cuisinés dont ils feront leur dîner. Une fois par mois, Laurin se rend chez le coiffeur pour se faire teindre les cheveux, une habitude qui remonte à plus d'une vingtaine d'années et dont il n'a jamais voulu se départir, même après que Francine lui en eut fait la demande. «J'ai tenté en vain de lui faire comprendre qu'il n'y avait pas de honte à avoir les cheveux blancs lorsqu'on est âgé de plus de soixante ans. Il n'a rien voulu entendre», dira sa femme, qui racontera que, lors de leurs nombreuses visites dans les châteaux et les musées d'Europe, il refusait d'avoir l'air vieux et poussait la coquetterie jusqu'à rejeter systématiquement les réductions de prix et tarifs auxquelles son âge lui aurait donné droit[8].

Le reste du samedi se passe agréablement dans la lecture et l'écoute de la musique. En après-midi, c'est le rituel de la longue sieste que tous les couples amoureux connaissent bien. Souvent, des amis ou la famille leur rendent visite en soirée. On en profite alors pour jouer une partie de poker, et Camille est généralement aussi chanceux que durant ses années universitaires.

Toujours aussi religieux, Laurin va à la messe tous les dimanches. Francine l'accompagne après avoir mis au four le rosbif qu'elle servira à l'occasion du repas familial du dimanche midi. Chaque dimanche, toute la famille est conviée à dîner et, de façon générale, tous sont là. Maryse et Marie-Pascale sont toutes deux assises aux côtés de leur père, tandis que les deux filles de Francine, Dominique et sa sœur aînée Catherine, sont de l'autre côté de la table.

Camille Laurin goûte particulièrement ces retrouvailles hebdomadaires. Tous ses enfants, et plus tard ses petits-enfants, sont autour de lui. Même s'il cause avec tout le monde et prend des nouvelles de tout un chacun, tous remarquent qu'il s'intéresse surtout à Marie-Pascale, dont la beauté lui rappelle celle de Rollande et qui lui semble bien plus fragile que les autres. Au grand déplaisir de Maryse, qui, écrasée par la présence et le brio de sa sœur, ronge son frein en attendant que son père daigne bien s'occuper d'elle. Ce repas se prolonge tard en après-midi et il arrive souvent que les enfants soient encore là à rire et à s'amuser pendant que Francine et Camille sont retournés faire la sieste.

S'il apprécie la chaleur et la douceur du foyer, Laurin n'est cependant pas un homme d'intérieur, et sa femme ne peut pas compter sur lui pour l'aider dans les tâches ordinaires de la maison. « Camille était tout à fait incapable d'enfoncer un clou et il aurait préféré travailler à la noirceur plutôt que de changer une ampoule[9] », rappellera-t-elle. Et il n'est guère mieux à l'extérieur. Même si son terrain est minuscule, il n'aime pas faire le gazon et confie cette tâche à son gendre Martial. C'est également ce dernier qui se charge de déneiger l'entrée en hiver. Bref, Laurin reste ce qu'il a toujours été : un homme d'idées, de concepts, qui vit principalement dans ses livres et dans sa tête et que les contingences de la vie matérielle n'intéressent absolument pas.

Il y a cependant une exception : Camille Laurin aime faire de la soupe et il s'y emploie toutes les fins de semaine. Dans la famille, ses soupes sont légendaires. Après avoir préparé un fond de sauce, coupé méticuleusement ses légumes et ajouté les indispensables pâtes alimentaires, Laurin passe des heures devant la cuisinière à remuer sa soupe. On a beau lui dire que ce n'est pas nécessaire, qu'elle va mijoter sans lui, rien n'y fait. L'homme est persuadé que la confection d'une bonne soupe nécessite qu'on s'en occupe du début à la fin.

« Camille mettait de la musique et brassait sa soupe jusqu'à ce qu'elle soit cuite, racontera Dominique Castonguay, qui a vécu plusieurs années avec le couple. Il nous disait que le secret d'une bonne soupe, c'est de la surveiller, de lui parler, de l'observer. Il était là, en méditation devant le chaudron, la cigarette au bec. Nous, on trouvait ça bien drôle[10]. » « Il avait l'impression de nourrir toute sa famille. Il nous transmettait tout son amour dans sa soupe[11] », de renchérir Francine, qui reconnaîtra qu'elle était vraiment bonne et que tout le monde en redemandait.

Tout comme sa mère, Dominique garde de Camille Laurin le souvenir d'un homme aimant et présent. « Il a été un vrai père pour moi. J'aimais ça me confier à lui. Il ne prenait pas les devants mais il m'écoutait tout le temps. Il avait une attitude pleine de tendresse et d'affection. C'était un bain d'amour dont on sortait valorisée et grandie[12] », confiera-t-elle.

La dérive de Marie-Pascale

Pendant que Camille Laurin coule des jours heureux et paisibles à Dorion, Marie-Pascale et Maryse sont demeurées à Montréal, où elles se débrouillent du mieux qu'elles le peuvent. En novembre 1984, à la même époque où il démissionne du gouvernement Lévesque, Laurin vend la maison de la rue Pagnuelo. Lui-même n'y habitait plus depuis son mariage de l'année précédente, et Marie-Pascale, qui jouait les maîtresses de maison depuis le décès de sa mère tout en refilant allègrement les factures à son père, avait transformé les lieux en une sorte de commune débraillée où allaient et venaient, dans la pagaille et le désœuvrement, des dizaines de jeunes gens tout heureux d'avoir trouvé un refuge de cette qualité pour dormir, baiser et consommer à volonté. Les voisins se plaignaient régulièrement du tapage et la police devait souvent intervenir. Le désordre était si grand que même Laurin n'osait plus y mettre les pieds.

La vente de la maison lui rapporte environ 250 000 dollars. Il en retient 200 000 dollars pour créer deux fiducies à l'intention de chacune de ses filles et il en confie l'administration à Mme France Ferland-Barbeau, dont le cabinet de comptables gère les affaires de la famille depuis déjà plusieurs années. « Le docteur m'a dit qu'il n'avait pas besoin de cet argent et qu'il voulait voir ses filles heureuses de son vivant. Il m'a donné carte blanche en me demandant de les traiter comme si elles étaient mes propres filles[13] », indiquera Mme Ferland-Barbeau.

Sitôt la maison vendue, Maryse, qui n'a alors que 18 ans, emménage définitivement avec son copain Martial Pagé, un jeune machiniste qu'elle a rencontré quelques mois auparavant. Ils s'épouseront en 1986 et auront par la suite deux enfants, Frédérick et Mireille-Maude. Ce mariage réjouit son père, qui considère que son nouveau gendre est un homme de bon jugement qui a le cœur à la bonne place. Laurin aide le jeune couple à s'acheter une maison à Dorion, à quelques rues de son propre domicile. « Martial est un bon travaillant et un bon mari. Il a permis à Maryse de retrouver son équilibre[14] », estimera-t-il quelques mois avant sa mort.

Le parcours de Marie-Pascale est passablement plus sinueux. Au moment où elle doit abandonner la maison de la rue Pagnuelo, elle fréquente depuis quelques mois le chanteur Dan Bigras, un jeune artiste du milieu *underground* de Montréal qui travaille dans les bars et qui noie alors son mal de vivre dans l'alcool. Marie-Pascale et son amoureux prennent un appartement rue Saint-Laurent, un peu au sud du boulevard Saint-Joseph. Ils y vivent ensemble pendant environ un an. « Marie-Pascale était une très belle fille, très intelligente, très sexy, mais qui avait un immense chagrin intérieur. Sa vie avait été trop dure. Elle avait connu trop de malheurs et elle avait choisi une drogue qui est à la mesure de sa souffrance[15] », se souviendra Bigras.

En fait, après avoir un peu tout essayé, Marie-Pascale, qui est alors âgée de 23 ans, en est maintenant à l'héroïne et elle connaî-tra, dans les années subséquentes, toutes les misères que la dépendance à cette drogue, la plus dure et la plus dispendieuse de toutes, peut apporter. Sans cesse en manque d'argent en dépit des sommes qu'elle obtient des fruits de sa fiducie, elle en soutire régulièrement à son père en inventant mille et un faux besoins, et elle se prostitue à l'occasion dans les rues de Montréal. Même si elle est entrecoupée de périodes de sevrage lors desquelles la jeune femme tente un retour aux études ou sur le marché du tra-vail, sa vie n'est rien d'autre qu'un véritable calvaire.

À l'époque, Camille Laurin semble plus ou moins bien informé de la situation réelle de sa fille aînée. Il en devine peut-être beaucoup, mais il en laisse paraître bien peu. Plutôt bonasse et indulgent, il a tendance à lui faire confiance et à lui remettre les sommes qu'elle réclame. Par contre, il se met en colère lorsqu'il apprend qu'elle se prostitue et il tente alors de lui faire suivre une cure de désintoxication. Mais c'est peine perdue. Marie-Pascale quitte l'hôpital dès qu'il a le dos tourné et elle retombe dans sa dépendance. Elle recommence alors à errer d'un appartement à un autre, et son père peut demeurer des semaines sans en entendre parler. Jusqu'à ce que d'autres besoins financiers l'obli-gent à refaire surface.

Ses difficultés culmineront au milieu des années 1990 lorsque, rendue en Thaïlande, elle sera accusée d'avoir expé-dié de l'héroïne au Canada. Son procès n'a toutefois jamais eu lieu parce qu'elle a refusé de remettre les pieds au pays. Marie-Pascale Laurin vit actuellement en Europe ; elle n'a pas assisté aux funérailles de son père et n'aurait aucune intention de reve-nir au Canada.

À quelques mois de sa mort, Laurin, qui a tenté à maintes

reprises de ramener sa fille auprès de lui, évoque toute cette période avec beaucoup de tristesse. Il estime avoir eu une relation très profonde, très amoureuse avec son aînée, mais il reconnaît qu'il s'est montré incapable de la sortir de sa dépendance et du milieu sordide où elle a vécu. « Marie-Pascale n'a jamais pu digérer la mort de sa fille, expliquera-t-il avec résignation. J'ai dépensé plusieurs dizaines de milliers de dollars pour lui faire suivre des traitements, l'aider à vivre et à se trouver du travail. Mais ça n'a pas été suffisant. Elle est allée sans arrêt de rechute en rechute[16]. »

Sans vouloir porter de jugement, Dan Bigras se souviendra que son amoureuse de l'époque était profondément perturbée et aurait eu grand besoin d'une présence plus soutenue de son père. « Cette fille-là était en amour avec son père. Elle en aurait eu besoin bien davantage. Elle savait qu'il travaillait pour le peuple, mais elle se plaignait de son absence. Laurin avait beaucoup de difficultés à concilier toutes ses obligations[17] », affirmera-t-il en pesant soigneusement chacun de ses mots.

La vie à Prévost

Habitué à travailler 18 heures par jour lorsqu'il était ministre, Camille Laurin trouve la vie plutôt facile à l'Institut Albert-Prévost, maintenant rattaché à l'hôpital Sacré-Cœur. Directeur du département de psychiatrie, il est devenu un gestionnaire dont la responsabilité principale consiste à coordonner le travail des 45 psychiatres de l'Institut et à veiller à la bonne marche de l'établissement.

Son principal dossier est celui de la relance de l'Institut. À l'époque, Albert-Prévost est devenu un hôpital vétuste et surpeuplé. Aucune amélioration véritable n'y a été apportée au cours des 25 dernières années alors qu'il était le fleuron des établissements psychiatriques montréalais. La presque totalité de ses cent quarante lits sont occupés en permanence et les autorités ne parviennent plus à répondre à la demande.

Au départ, la direction de l'hôpital Sacré-Cœur projette de

carrément fermer l'Institut, de vendre son magnifique terrain et d'utiliser le profit de cette vente pour bâtir un nouveau pavillon psychiatrique derrière le centre hospitalier, situé environ 1 kilomètre plus à l'est. Laurin se bat farouchement contre ce projet ; il veut préserver l'établissement qui l'a accueilli aux tout débuts de sa carrière psychiatrique. Le 25 mars 1987, il écrit une longue lettre au directeur général de l'hôpital, Guy Saint-Onge, où il fait valoir la nécessité de préserver le site de l'Institut Albert-Prévost et d'apporter sur place les améliorations nécessaires. « Le cadre de Prévost constitue un instrument thérapeutique exceptionnel... Il est à la fois beau, isolé, vaste, naturel, apaisant, se prête on ne peut mieux aux ventilations et extériorisations nécessaires », affirme-t-il, en soutenant que la relocalisation derrière le pavillon principal de l'hôpital serait une source de dérangement et de perturbation pour tout le monde[18].

Il argumente tant et si bien qu'il finit par imposer son point de vue. L'Institut Albert-Prévost va rester là où il est et on va plutôt y ajouter un nouveau pavillon de cent quarante places pour accueillir des patients supplémentaires, particulièrement en psychiatrie infantile. La nouvelle aile verra le jour quelques années plus tard et portera le nom de Camille-Laurin.

Par ailleurs, le médecin s'intéresse vivement à la réforme du secteur de la santé lancée par le ministre libéral Marc-Yvan Côté. Membre très actif de l'Association des psychiatres du Québec, il participe à la rédaction d'un mémoire portant sur la révision de la politique de santé mentale. À l'heure de la désinstitutionnalisation, il plaide particulièrement en faveur d'une augmentation des ressources paramédicales et de la mise sur pied de cliniques externes et de centres de jour, qui permettraient à la fois le traitement du malade mental et sa réinsertion dans la société.

Cependant, il attaque très durement le projet de réforme du ministre, qu'il assimile à une charge en règle contre les médecins. Fustigeant la bureaucratie du ministère des Affaires sociales, où il a pourtant œuvré pendant près d'un an, Laurin estime que ce projet ne vise qu'à réduire le pouvoir des autorités médicales. « Menée au nom de la réduction des coûts, cette attaque sauvage contre la profession médicale remplit d'aise les technocrates qui l'ont toujours considérée comme une rivale qu'ils désiraient évincer[19] », écrit-il dans un article publié dans le quotidien *La Presse*.

Parallèlement, Laurin donne également quelques cours aux jeunes médecins résidents à l'Institut Albert-Prévost. Son cours favori porte sur les politiques sociales du gouvernement du Québec et lui permet de faire un large tour d'horizon de l'état de la société québécoise et de la place qu'y tient le malade mental. Du monde du travail jusqu'aux effets socioéconomiques du chômage et de l'aide sociale, de l'évolution de la famille et du féminisme jusqu'à l'immigration et au vieillissement de la population, tout y passe. Camille Laurin se sert de ce cours pour diffuser sa vision de l'évolution du Québec, instruire les futurs psychiatres des défis qui les attendent et les inviter à se mêler activement des affaires publiques. « Les psychiatres devraient s'intéresser de près et toujours à ce qui se passe dans le champ politique. Car toute orientation ou décision gouvernementale finira par rejoindre le statut existentiel de ceux qui les consultent ainsi que les conditions de leur pratique[20] », soutient-il.

Le médecin participe enfin à plusieurs colloques et autres réunions savantes, dont la plus importante est certainement le congrès d'épidémiologie psychiatrique qui se tient à Montréal en 1990. C'est la première fois que ce congrès, qui réunit les plus grands psychiatres de la planète, a lieu en Amérique du Nord. Organisateur de la rencontre, Laurin a la responsabilité d'accueillir les participants et de leur souhaiter la bienvenue. Il en profite pour vanter les vertus de la métropole québécoise. « Haut lieu de la science, tirant profit de son appartenance américaine et de sa culture française, au confluent de l'Amérique et de l'Europe, Montréal a de quoi enchanter tous ceux qui recherchent un climat de liberté, la soif de connaître et la joie de vivre[21] », affirme-t-il.

Toute cette activité professionnelle le fait remarquer par ses collègues, qui lui décernent, toujours en 1990, le prix d'excellence en psychiatrie. Ce prix lui est remis par le président de l'Association des médecins psychiatres du Québec, le Dr Yves Lamontagne, à l'occasion d'un banquet tenu à Montréal, au restaurant Hélène-de-Champlain.

La loi 101 fête ses dix ans

Le 26 août 1987 marque le dixième anniversaire de l'adoption de la Charte de la langue française, et le Mouvement du Québec français, que préside alors Guy Bouthillier, organise une grande fête pour célébrer l'événement. Camille Laurin en est évidemment l'invité d'honneur.

Certes, la loi 101 n'est plus tout à fait ce qu'elle était et les tribunaux en ont invalidé plusieurs éléments importants. Ainsi, le bilinguisme officiel a été rétabli à l'Assemblée nationale et devant les cours de justice, et les Canadiens des autres provinces qui viennent s'installer au Québec sont maintenant autorisés à envoyer leurs enfants à l'école anglaise, en vertu des dispositions de la nouvelle charte des droits et libertés. Par ailleurs, la Cour suprême décrétera dans quinze mois que l'unilinguisme français en matière d'affichage va à l'encontre de la liberté d'expression, mais elle se montrera favorable à ce que cette langue occupe une place prédominante sur les affiches.

En dépit de ces modifications importantes imposées à son projet initial, Camille Laurin se montre satisfait et estime que les principaux éléments de la Charte n'ont pas été touchés. « La loi a produit une bonne partie des résultats escomptés », affirme-t-il devant les trois cents personnes présentes à la cérémonie. Le français est véritablement devenu la seule langue officielle du Québec [...] et les immigrants s'intègrent désormais en grand nombre à l'école française [...]. L'affichage obligatoire en français a transformé le visage du Québec, non seulement à Montréal mais dans toutes les régions[22]. »

Et il se dit particulièrement fier des effets bénéfiques de cette loi sur l'ascension des francophones dans les milieux économiques, ce qui a toujours été son objectif le plus important. « La francisation a entraîné une francophonisation rapide de l'entreprise et fourni des milliers de postes décisionnels importants à nos diplômés universitaires dont la carrière était auparavant plafonnée. Cette garde montante manifeste un dynamisme et une créativité qui ont accru notablement la présence et l'emprise francophones dans le secteur privé de l'économie[23] », ajoute-t-il.

Cette fête donne l'occasion à l'ex-ministre de renouer avec plusieurs de ses anciens camarades de combat, dont René Lévesque lui-même, qu'il a peu vu depuis leur retrait respectif de la vie politique, Lévesque ayant quitté la direction du gouvernement en juin 1985 et repris la pratique du journalisme. Une photo publiée à la une du quotidien *La Presse* les montre face à face en grande conversation. Selon Laurin, c'est à ce moment-là que son chef lui a vraiment rendu justice. « Je l'ai rencontré en 1987, après sa démission, et il m'a donné raison en tout. Il m'a dit que j'avais vu plus clair que lui et il m'a approuvé d'avoir eu la tête aussi dure[24] », se souviendra-t-il avec satisfaction. Quoi qu'il en soit, cette photo les réunit probablement pour la dernière fois puisque Lévesque décède subitement deux mois plus tard, dans la soirée du 1er novembre 1987. L'ancien premier ministre n'a alors que 65 ans, le même âge que Laurin.

Comme tous les Québécois, le psychiatre est atterré par cette mort foudroyante. Même si leurs routes se sont séparées, il a toujours conservé un profond attachement pour cet homme rassembleur et charismatique, qui demeure à ses yeux l'une des grandes figures de l'histoire politique du Québec. Les lettres accusatrices rédigées au moment de la démission de 1984 sont oubliées. L'heure est à la tristesse et aux élans du cœur. « Nous sommes ébranlés, meurtris, orphelins. Un vent froid d'insécurité, d'effroi, de peine nous transit au plus intime et souffle sur notre âme collective », écrit-il deux jours plus tard dans *Le Devoir*, dans le cadre d'un texte qui rend hommage au défunt. « René Lévesque restera inscrit dans la mémoire collective et l'histoire comme un héros et comme un phare. On oubliera ses défauts ou ses échecs pour ne penser qu'à son éminente et immense contribution à l'effort du peuple québécois, dont il s'est toujours senti solidaire[25] », conclut-il.

Moins d'un an plus tard, c'est au tour d'une autre figure légendaire, Félix Leclerc, de disparaître. Camille Laurin reprend la plume pour témoigner toute son admiration envers ce grand poète et chansonnier qui symbolise, à ses yeux, l'indispensable engagement politique des artistes. « Défendre sa langue et sa culture, combattre toutes les formes d'oppression, libérer enfin le pays, une fois pour toutes et complètement, afin d'assurer son avenir. Ce combat proprement politique, il l'a mené jusqu'à la fin mais avec ses armes de poète, affirme-t-il dans un texte publié dans *La Presse*. « Nous ne verrons plus ses beaux yeux bleus et son visage solidement charpenté. Nous n'entendrons plus sa magnifique voix, chaleureuse, sonore, aux tendres inflexions. Mais l'essentiel nous reste : une œuvre, des chansons, des messages fraternels d'une extrême richesse qui nous parlent de nous, qui nous expriment, qui nous invitent à la vigilance et au dépassement[26] », ajoute-t-il.

Le PQ reprend vie

Le décès de René Lévesque marque le début de la fin du passage de Pierre Marc Johnson à la tête du Parti québécois. Tout au long des cérémonies qui entourent les funérailles du président fondateur, Johnson, qui a toujours été un fin politicien, se rend compte, à la seule façon dont les gens lui adressent la parole, qu'il n'a plus l'appui des troupes et que le temps est venu de partir. Gérald Godin lui donne la poussée finale en affirmant publiquement que le PQ doit se trouver un nouveau chef. Il démissionne avant la fin de 1987.

Laurin, qui est bien retranché dans son havre de Dorion, ne contribue pas vraiment à ce départ. Il se contente de le suivre de loin et de s'en féliciter. Il n'a jamais été un admirateur de Johnson, en qui il n'a jamais reconnu de solides convictions souverainistes. Par contre, il est de ceux qui invitent fortement Jacques Parizeau à prendre la relève. Il estime que son ancien collègue est un véritable indépendantiste et qu'il va remettre le PQ sur le chemin de la souveraineté.

Même s'il a toujours désiré succéder à Lévesque, Parizeau hésite et se fait tirer l'oreille. « Ça lui a pris un bon mois à se décider, racontera Serge Guérin, son fidèle collaborateur. Il y a eu plusieurs rencontres où Laurin est intervenu, en compagnie d'autres anciens ministres, pour le convaincre qu'il était maintenant l'homme de la situation[27]. »

L'ancien ministre des Finances finit par accepter et devient chef du Parti québécois le 16 mars 1988. Sa première priorité est de constituer une équipe de candidats en prévision des élections générales de 1989. Camille Laurin est évidemment dans sa mire. Ils sont de grands alliés politiques qui partagent depuis vingt ans les mêmes orientations souverainistes. Ils ont adhéré à peu près en même temps au Parti québécois et ils ont démissionné la même journée et pour les mêmes raisons. C'est donc un candidat tout désigné.

À la grande surprise de Parizeau, Laurin refuse cette candidature. Celui-ci est alors persuadé que Bourassa va remporter l'élection et il n'a aucune envie de se retrouver sur les banquettes de l'opposition. Seuls le pouvoir et ce qu'on peut en faire l'intéressent. Son collègue Denis Lazure est délégué pour tenter de le convaincre de changer d'idée, mais rien n'y fait, l'homme a décidé de passer son tour.

Mais ce refus n'est que circonstanciel. Camille Laurin n'a aucunement perdu le goût de la politique et brûle d'envie de tenter à nouveau sa chance lorsque la conjoncture politique sera plus favorable. D'autant plus qu'il est persuadé que Jacques Parizeau, s'il devient premier ministre, n'hésitera pas à tenir un nouveau référendum sur la souveraineté du Québec. « Camille se sentait encore jeune et plein de ressources, racontera sa femme. Parizeau le consultait régulièrement et il se voyait toujours au cœur de l'action. De mon côté, je ne l'ai pas incité à revenir en politique mais j'ai accepté sa décision. Il le voulait tellement[28]. »

À l'automne 1991, on le retrouve parmi ses militants du comté de Bourget, où il se dit prêt à reprendre le collier en vue des prochaines élections générales. L'assemblée d'investiture, qui n'est qu'une formalité, se tient en février 1992. Laurin entonne à nouveau son couplet sur la nécessaire souveraineté, mais il l'applique cette fois-ci au développement social et économique des Québécois plutôt qu'à la protection de la langue et de la culture, une affaire que la loi 101 a, selon lui, passablement réglée. « De toutes les priorités qui s'imposent à notre attention, celle du développement social demeure la plus pressante et la plus douloureuse [...]. Le Québec compte huit cent mille chômeurs et assistés sociaux. Des milliers de travailleurs vivotent au salaire minimum [...]. Les écarts de revenus se creusent. Près de 40 % des ménages vivent en deçà du seuil de pauvreté. Le Québec est cassé en deux. L'inégalité des chances s'accroît et frappe particulièrement certains quartiers urbains et certaines régions rurales[29] », affirme-t-il.

Se disant confronté, dans son travail de psychiatre, aux effets néfastes de la pauvreté et de la sous-scolarisation sur la santé mentale et physique des Québécois, il conclut que seule l'accession à la pleine souveraineté donnera au Québec les outils et les pouvoirs indispensables à la mise en œuvre d'une politique de plein-emploi et de développement social.

Non à Charlottetown

À la fin d'août 1992, le premier ministre canadien Brian Mulroney arrache à ses homologues provinciaux une entente constitutionnelle connue sous le nom d'accord de Charlottetown. Dans son esprit, cet accord vient corriger le rapatriement unilatéral de 1982 et permettre au Québec de faire à nouveau partie de la grande famille canadienne. Il survient après deux ans de difficiles négociations qui ont suivi l'échec de l'entente du lac Meech, alors jugée beaucoup plus généreuse pour la société québécoise. L'accord prévoit qu'Ottawa et l'ensemble des gouvernements provinciaux soumettront cette entente constitutionnelle à un référendum, qui sera tenu le 26 octobre.

Camille Laurin, que sa décision de revenir en politique a galvanisé et qui voit dans cette entente l'occasion inespérée de refaire surface dans l'opinion publique, se porte aux barricades en compagnie des principaux groupes nationalistes québécois. Il participe à de nombreuses assemblées où il affirme que la nouvelle clause Canada inscrite dans cet accord, qui enjoint spécifiquement au Québec de veiller à l'épanouissement de sa minorité anglophone, menace directement la Charte de la langue française. « Au nom de l'épanouissement des minorités, l'entente contribuera à faire éteindre toutes les dispositions de la législation, soutient-il, qu'il s'agisse du français langue de travail, des dispositions obligeant les enfants des immigrants à fréquenter l'école française ou des dispositions concernant l'affichage. Le Québec sera désormais confiné à un statut de réserve, d'où il ne pourra plus jamais s'échapper[30]. »

Laurin plaide sur toutes les tribunes qu'on veut bien lui offrir, en dépit des objections du premier ministre Robert Bourassa, qui estime que ses propos sont mensongers et qui semble avoir lui-même oublié que l'entente est bien en deçà des recommandations de la commission Bélanger-Campeau, qu'il a instituée en grande pompe à la suite de l'échec de Meech. On le retrouve même en Abitibi et dans d'autres régions du Québec, où il exhorte les francophones à sauvegarder ce qui reste de la loi 101 en venant contrebalancer le vote des anglophones de Montréal.

Mulroney et ses homologues provinciaux perdent leur pari. Le soir du référendum, près de 55 % des Canadiens rejettent l'accord de Charlottetown. Le Québec suit le mouvement avec un taux de refus équivalant à celui enregistré dans le reste du pays. Assez ironiquement, les Québécois ont rejeté l'entente parce qu'ils l'estimaient insuffisante, tandis que les Canadiens anglais, inspirés par un Pierre Elliott Trudeau qui a repris du service pour défendre sa vision du Canada, ont fait de même parce qu'ils la trouvaient trop généreuse pour le Québec. Les deux solitudes se sont finalement rejointes à leurs extrémités les plus opposées. Les électeurs du comté de Bourget dépassent la moyenne provinciale et votent pour le non dans une proportion de 60 %. Voilà qui est de bon augure pour Camille Laurin et les prochaines élections générales.

CHAPITRE 24

« He's back »

L'échec référendaire porte un dur coup à Robert Bourassa, dont le gouvernement, facilement réélu en 1989, entreprend alors la quatrième année de son deuxième mandat. Par ailleurs, et bien que personne ne le sache encore, le premier ministre est un homme gravement malade, déjà en traitement pour un cancer de la peau, qui finira par l'emporter quelques années plus tard. En janvier 1994, il cède sa place à Daniel Johnson qui, après quelques mois à la direction du Québec, déclenche des élections générales le 24 juillet. Celles-ci auront lieu le 12 septembre suivant. Camille Laurin est candidat dans le comté de Bourget. Il a alors 72 ans.

« *He's back* », avait titré quelques années plus tôt le quotidien *The Gazette* au moment d'annoncer son retour à la vie politique. Un titre qui coiffait alors une photo où Laurin, l'air vieux et grimaçant, a toutes les allures du méchant tortionnaire qui revient hanter la communauté anglophone de Montréal. « *Keep your kids indoors* » (gardez vos enfants à la maison), avait alors blagué Laurin, en acceptant de tenir le rôle du vilain et en reconnaissant qu'il comprenait très bien que les anglophones puissent toujours le détester, même quinze ans après l'adoption de la loi 101. « Ils se sentent comme quelqu'un dont on a réduit le salaire annuel

de 100 000 dollars à 5 000 dollars[1] », avait-il affirmé en toute can-
deur et sans se sentir nullement coupable. Comme s'il s'agissait
une fois de plus d'une catharsis absolument normale et prévisible.

Même s'ils aiment bien le démoniser, les médias anglophones ne se trompent cependant pas sur les motifs de son
retour à la vie publique. Camille Laurin est revenu essentiellement pour préserver les acquis de la Charte de la langue française, favoriser la domination économique des francophones
dans la société québécoise et promouvoir leur accession à la
pleine souveraineté politique. La nature de son engagement n'a
pas changé d'un iota depuis trente ans.

La campagne électorale n'est pas facile. Laurin a été absent
de Bourget pendant près de dix ans et le comté est maintenant
représenté par une libérale très énergique et très présente dans
son milieu, Mme Huguette Boucher-Bacon. Depuis son élection
en 1989, celle-ci parcourt sans arrêt toutes les rues de sa circonscription, distribue les subventions à droite et à gauche et participe systématiquement à tous les bingos et à toutes les veillées de
l'âge d'or.

Laurin, dont le style plus réservé le fait paraître bien fade à
côté de son adversaire, passe toute la campagne à sillonner son
comté et à renouer avec des électeurs qui ne l'ont pas vu depuis
fort longtemps. Si Parizeau ne vient pas l'aider, sa femme,
Lisette Lapointe, passe toute une journée dans Bourget à faire
du porte à porte avec le bon docteur. Celui-ci mène cette lutte
électorale comme toutes les précédentes, c'est-à-dire en se laissant guider docilement par ses organisateurs et en misant sur le
contact direct et chaleureux avec les citoyens.

Profitant de la vague de désenchantement à l'endroit du gouvernement libéral sortant et comptant sur le vieux fond péquiste
du comté, il l'emporte finalement par une mince majorité de
moins de 1 000 voix sur son opposante libérale. Camille Laurin
est de nouveau député. Le Parti québécois remporte 77 circonscriptions et Jacques Parizeau deviendra premier ministre dans
quelques jours. Laurin est alors persuadé que son vieil allié va lui
confier un poste-clé dans le nouveau gouvernement. Il est resté
proche de Parizeau tout au long des dernières années, l'aidant et

le soutenant à de multiples occasions, y compris au moment où sa femme Alice a appris avec stupeur qu'elle était atteinte du cancer et où il a accepté de la rencontrer longuement pour la réconforter. Aussi, il se sent presque devenu un ami de la famille et n'imagine pas un seul instant qu'il puisse être écarté du nouveau cabinet.

Trop vieux

Une semaine après le scrutin, Parizeau le convoque à sa ferme de Fulford, en Estrie, une petite municipalité maintenant rattachée à celle de Lac-Brome, où il s'est retranché pour former son Conseil des ministres. « Camille était l'un des premiers à être appelés, rappellera Francine. On était persuadé qu'il allait se faire offrir un poste très intéressant. La veille, on avait fêté la nouvelle au champagne et j'avais même magasiné une robe en prévision de la cérémonie d'assermentation des membres du nouveau Conseil des ministres[2]. » Laurin arrive chez Parizeau au milieu de l'après-midi. La conversation, plutôt pénible, dure environ une demi-heure. La robe de Francine devra attendre, l'homme ne sera pas ministre. Son chef lui propose plutôt le poste de délégué régional de Montréal, une sorte de super-adjoint parlementaire et de parrain politique appelé à rapprocher les régions du pouvoir central et à préparer le référendum à venir.

Le psychiatre n'en croit pas ses oreilles et refuse carrément les explications qu'on lui propose. Il se sent humilié et trahi. Alors qu'il se voyait propulsé aux premiers rangs des banquettes ministérielles et affecté à un poste essentiel au sein du nouveau gouvernement, le voilà relégué à l'arrière-scène, dans un rôle mal défini et pratiquement sans pouvoirs réels. Il rejette sur-le-champ la proposition de Parizeau et rentre chez lui, à Dorion. Complètement démonté, il raconte à Francine ce qui vient de se produire. Une fois la stupeur passée, il décide de ne pas en rester là et de se battre pour obtenir ce qu'il croit mériter. La rage au cœur, il s'installe à la table de la cuisine et écrit une longue lettre à son patron.

En début de soirée, il retourne en Estrie, sa lettre à la main. Cette fois-ci, Parizeau ne l'attend pas et est plutôt en train de souper bien tranquillement avec sa femme. Il se souviendra, les larmes aux yeux, que les choses se sont alors passées de la manière suivante : « Ça cogne à la porte, je me lève et je vais ouvrir. C'est Laurin qui entre en coup de vent en brandissant un papier. Il s'assied à table, droit devant nous, et, en me regardant dans les yeux, il me lance : "En quoi ai-je tant démérité ?" J'étais complètement bouleversé, incapable de répondre. J'ai eu une sorte de *black-out*, je ne savais plus quoi dire ni que faire. J'avais juste le goût de le prendre dans mes bras et de le consoler[3]. »

Dix ans plus tard, Jacques Parizeau reconnaîtra avoir profondément blessé son vieux camarade, mais il expliquera qu'il n'avait pas pu agir autrement. « Je voulais un cabinet léger et relativement jeune et j'avais un mal de chien à y parvenir. Je voulais également nommer le plus grand nombre de femmes possible. Alors, je n'avais pas de place pour Camille. Il a été tout simplement victime de son âge. Cette décision a été l'une des plus difficiles de ma vie. J'espère que je n'aurai plus jamais à faire une chose comme celle-là[4] », dira-t-il.

Même si la démarche de son collègue l'émeut et lui fait de la peine, Parizeau ne change rien à sa décision. Tout au plus indique-t-il qu'il va se donner quelques heures de réflexion. Laurin rentre chez lui un peu remonté. Le lendemain matin, son chef l'appelle pour lui annoncer que Louis Bernard, qui a repris du service auprès du nouveau gouvernement, et Jean Royer, son fidèle chef de cabinet, vont aller le rencontrer. L'entretien se déroule le soir même à Dorion. Les deux émissaires passent quelques heures à expliquer à Laurin la structure que vont former les délégués régionaux ainsi que l'importance de son rôle à cet égard. « Laurin était trop identifié à la vieille garde. Il ne pouvait pas être nommé ministre. On a tenté de le convaincre que les délégués régionaux auraient beaucoup d'importance dans la stratégie référendaire[5] », de rappeler Bernard, obligé à regret de sacrifier son complice des belles années de l'opposition aux impératifs du premier ministre élu.

Mais tous ces palabres sont bien inutiles. Laurin ne croit pas un mot de ce qu'on lui dit et il continue d'estimer qu'il mérite rien de moins qu'un poste de ministre. Cependant, il a acquis suffisamment d'expérience politique pour savoir que Parizeau ne changera plus d'idée et que le poste de délégué régional est le seul qu'il peut espérer obtenir. Autrement dit, c'est ça ou rien du tout. Il demande à son tour douze heures de réflexion. Ces quelques heures lui permettent d'améliorer un peu son sort. Il sera délégué régional, mais il réussit à soutirer quelques attributs ministériels dont un sous-ministre, un petit cabinet et une voiture de fonction avec chauffeur.

Cette affaire laisse cependant des traces, et ses rapports avec Parizeau, même s'ils demeureront courtois et cordiaux, ne seront plus jamais les mêmes par la suite. Bernard Landry, qui reçoit les confidences de Laurin à cette époque, se souviendra que son ami a été « blessé à mort » par cette décision. « La déception a été beaucoup plus profonde que lors de la démission de 1984. Camille n'acceptait pas qu'un homme de ses capacités et de son expérience puisse être écarté du Conseil des ministres, alors qu'il se sentait en pleine possession de ses moyens[6] », confiera-t-il.

Quelques mois plus tard, Laurin essuie une autre rebuffade. Lorsque Marie Malavoy, la députée de Sherbrooke, doit démissionner de son poste de ministre des Affaires culturelles, Laurin, qui n'a pas cessé d'espérer se joindre au Conseil des ministres à la première occasion, croit à nouveau en ses chances. Peine perdue : il saute encore une fois son tour et comprend, cette fois-ci, qu'il ne sera probablement plus jamais ministre. Il n'a pas d'autre choix que de ravaler sa déception et rentrer dans le rang, profondément désillusionné et amer. « Tout ça l'a un peu découragé de la politique, commentera Francine. À partir de 1994, on a pris les choses un peu moins au sérieux. Camille n'acceptait pas de faire la plante verte sur les banquettes arrière alors que des collègues moins talentueux étaient ministres[7]. »

Monsieur le délégué

Sur le coup, Laurin accepte toutefois de donner le change et de se comporter de nouveau en bon soldat. De son côté, le premier ministre décide d'élargir ses responsabilités en le nommant président d'un « comité d'initiative et d'action » pour l'ensemble de la région de Montréal. Outre le ministre des Finances, Jean Campeau, et le ministre du Développement régional, Guy Chevrette, ce comité comprend également les délégués régionaux de Laval et de la Montérégie. Le rôle et l'influence du député de Bourget, bien que sans aucune commune mesure avec ceux d'un ministre, sont tout de même plus importants que ceux qui sont dévolus à la douzaine d'autres délégués régionaux répartis un peu partout sur le territoire. Sans rien laisser transparaître de son amertume, Laurin rencontre les journalistes le jour même de sa nomination et affirme qu'il est tout à fait heureux d'affronter ce nouveau défi. « Je suis prêt à cette bataille car c'en sera une de redresser Montréal en démarrant tous les projets économiques et sociaux[8] », dit-il.

Alors que tous s'attendaient à une réception négative, sa nomination est plutôt bien accueillie dans les milieux anglophones de la métropole, où le président d'Alliance-Québec, Michael Hamelin, estime que le ressentiment envers le « méchant Camille » est maintenant disparu et qu'il faut donner sa chance au coureur. Réaction à peu près similaire à la Chambre de commerce de Montréal, dont le président, Marco Genoni, croit que sa vaste expérience politique va permettre à Laurin d'établir des ponts avec le milieu des affaires[9].

En revanche, ses deux bonnes vieilles « amies » éditorialistes des années de la réforme scolaire, Lise Bissonnette et Lysiane Gagnon, l'ont toujours dans leur mire et dénoncent violemment son retour aux affaires. À les lire, on a l'impression que le ciel vient de tomber sur la tête de Montréal et de ses habitants. « Cette nomination fera l'effet d'une provocation à la fois dans les milieux économiques, les milieux artistiques, la population anglophone et les milieux culturels. M. Laurin est peut-être un ami de M. Parizeau […] mais il n'est d'aucune façon en prise sur les dynamismes montréalais, qu'il lui est même arrivé de dédaigner ouvertement[10] », écrit Lise Bissonnette, devenue entretemps directrice du *Devoir*.

Quant à Lysiane Gagnon, elle soutient, dans *La Presse*, que l'arrivée de Laurin « sera, à bon droit, ressentie comme une insulte doublée d'une menace par la communauté anglophone ». Selon elle, le nouveau délégué régional « n'a pas de crédibilité auprès de 40 % de la population montréalaise et ce choix ignore l'intérêt des Montréalais qui avaient besoin d'un rassembleur et non pas de voir revenir l'apôtre de l'unilinguisme[11] ».

Comme à l'accoutumée, Camille Laurin, qui a la couenne dure et que les commentaires journalistiques négatifs ont toujours laissé plutôt indifférent, n'accorde aucune importance à ces critiques et fonce tête baissée dans son nouveau travail. Sa première tâche est de recruter un sous-ministre, une personne en qui il aura toute confiance et qui sera chargée de le piloter à travers toutes les structures administratives montréalaises, dont il ne connaît à peu près rien. Son choix se porte immédiatement sur Gaetan Desrosiers, un de ses anciens attachés politiques du comté de Bourget.

À l'époque, Desrosiers est le chef de cabinet adjoint du maire Jean Doré. Pas pour longtemps cependant, puisque la ville de Montréal est alors en pleine campagne électorale et que Doré va se faire battre par Pierre Bourque. Il accepte la proposition de son ancien patron, même si Louis Bernard est défavorable à cette nomination et qu'il tente de convaincre Parizeau que ce n'est pas une très bonne idée de confier ce poste à un membre de l'équipe municipale défaite aux élections. Cette tentative de Bernard fait cependant long feu parce que le premier ministre n'a surtout pas envie de déplaire une nouvelle fois à son ami.

Parallèlement, Laurin se lance immédiatement dans une série de déclarations publiques visant à montrer qu'il est dorénavant le grand patron politique de la région et qu'il a bien l'intention de s'occuper directement de son développement. Un jour, il affirme qu'il va relancer Montréal à coups de millions. Le lendemain, il promet que la réforme de la fiscalité municipale va entraîner une baisse des taxes municipales dès 1995, et quelques jours plus tard il plaide pour une décentralisation des pouvoirs en faveur de la métropole[12].

Pendant que son patron s'active sur la place publique, Desrosiers organise les différents comités qui vont mener à une meilleure concertation régionale et à une plus grande efficacité dans le processus de prise de décisions. Ces comités n'auront cependant pas le loisir de se réunir très souvent ni très longtemps. D'abord, l'élection de Pierre Bourque à Montréal bouleverse toute la carte politique locale et fait surgir de nouveaux acteurs inconnus du sérail péquiste. Ensuite, la structure même des délégués régionaux apparaît rapidement problématique, puisque plus personne ne sait très bien qui, du délégué régional ou du ministre sectoriel, détient le véritable pouvoir de décision. Enfin, l'imminence du référendum sur la souveraineté fait en sorte que tout l'appareil politique québécois est rapidement mobilisé pour des tâches hautement plus urgentes.

Tant et si bien que personne n'est capable d'attribuer à Camille Laurin une quelconque réalisation d'importance durant l'année où il est délégué régional de Montréal. « Nous n'avons pas eu le temps d'avoir vraiment des projets majeurs[13] », reconnaîtra tout bonnement Gaetan Desrosiers. Par contre, Laurin réussit, à l'échelle de son comté, à obtenir les fonds nécessaires pour aménager les rives du fleuve et lancer une navette fluviale entre les îles de Boucherville et le port de Montréal.

Une nouvelle chance ratée

Lorsqu'il assume le pouvoir, Jacques Parizeau est déterminé à ne pas répéter l'erreur de René Lévesque et à ne pas attendre à la dernière minute, lorsque le gouvernement a le dos au mur, pour tenir un nouveau référendum sur la souveraineté. Il envisage donc d'organiser celui-ci dans les douze premiers mois qui suivent l'élection. Par ailleurs, il n'est pas homme à lésiner sur les moyens pour arriver à ses fins. Aussi, il mobilise immédiatement toute la structure politique ainsi que les militants de son parti en vue de l'objectif à atteindre.

Dès décembre 1994, seulement trois mois après son accession au pouvoir, il dépose à l'Assemblée nationale un avant-projet de loi proclamant la souveraineté du Québec et autorisant ses dirigeants à proposer une entente de partenariat avec le reste du Canada. Il est évidemment entendu que cette loi n'entrera en

vigueur que si la population l'accepte au moment du référendum. De plus, il crée quinze commissions régionales qui vont
sillonner le Québec durant tout le printemps 1995 pour consulter les citoyens sur cet avant-projet de loi et entretenir la flamme
souverainiste.

Pendant ce temps, les proches conseillers du premier
ministre, dont Jean-François Lisée, un ex-journaliste que ses
charges à l'encontre de Robert Bourassa ont rendu très populaire auprès de l'intelligentsia péquiste, se démènent en coulisses
pour obtenir l'adhésion de Mario Dumont, le jeune chef de l'Action démocratique du Québec (ADQ). Lucien Bouchard, le leader du Bloc québécois, participe également aux discussions.

Dumont a quitté le Parti libéral quelques années auparavant
à la suite d'un désaccord sur la position constitutionnelle du parti
et il a entraîné avec lui plusieurs centaines de militants libéraux,
en particulier des jeunes, déçus de la mollesse de Bourassa. Aux
élections générales de 1994, sa formation politique a recueilli un
peu plus de 6 % des voix. Comme le Parti québécois en a obtenu
près de 45 %, Lisée et Bouchard n'ont pas besoin d'un diplôme
de comptable pour faire l'addition. Avec l'apport de l'ADQ, la
possibilité d'aller chercher plus de 50 % des votes au référendum
devient à portée de la main.

L'accord, connu sous le nom d'« entente tripartite », est scellé
au début de juin. Il reprend l'essentiel de l'avant-projet de loi
déposé en décembre précédent, en étant toutefois assorti d'une
nuance très importante : le gouvernement qui aura reçu le mandat de réaliser la souveraineté à la suite d'un référendum sera
désormais formellement tenu de proposer une entente de partenariat au Canada anglais, plutôt que d'être simplement autorisé
à le faire[14]. Parizeau n'a jamais été très entiché de cette idée de
partenariat, qu'il a toujours perçue comme une épée de Damo-
clès entre les mains des fédéralistes, mais il se rallie dans l'espoir
que l'adhésion des adéquistes au camp du OUI va lui permettre
de gagner le référendum. Le premier ministre a maintenant tout
ce qu'il lui faut pour lancer la campagne référendaire. Le 7 septembre, il dépose la question à l'Assemblée nationale et fixe le
scrutin au 30 octobre suivant. C'est parti pour une seconde fois.

Camille Laurin est assez absent de toutes ces manœuvres préréférendaires. Certes, il lui arrive, ne serait-ce qu'au caucus des députés, de participer aux discussions et de donner quelques conseils. Mais il semble que sa participation s'arrête là. Aucun des principaux acteurs de l'époque ne se souviendra qu'il ait joué un rôle important et la presse ne fait aucune mention de sa présence à quelque activité d'envergure.

Le 14 septembre, il prononce à l'Assemblée nationale un discours dans lequel il présente une nouvelle fois sa vision de l'histoire du Québec. À partir de la signature de l'acte confédératif, lorsque les Québécois ont naïvement cru à un pacte entre deux peuples fondateurs, jusqu'à l'attitude dominatrice et centralisatrice des gouvernements Trudeau et Chrétien, qui favorise systématiquement l'Ontario, Laurin dénonce l'appartenance du Québec au Canada et soutient que les Québécois sortiront gagnants de leur accession à la pleine souveraineté politique. « Le Québec mettra fin ainsi une fois pour toutes à des luttes et à des chicanes stériles et sans issue, où il gaspille son temps, son énergie et ses ressources, au détriment d'autres travaux combien plus importants et urgents. La totalité des pouvoirs et revenus qu'il réclame depuis toujours lui sont nécessaires pour assurer son identité linguistique et son développement culturel, social et économique[15] », affirme-t-il.

Le député passe l'essentiel de la campagne référendaire dans le comté de Bourget. Son organisation a bien repéré les électeurs indécis et il multiplie le porte à porte auprès d'eux en expliquant patiemment les bienfaits de la souveraineté. Il ne sort qu'à deux ou trois reprises de sa circonscription pour aller prêcher la bonne parole dans l'ouest de la ville, dans des comtés qui ne sont pas représentés par des collègues péquistes.

La tornade Bouchard

Cette campagne référendaire est beaucoup plus excitante que celle de 1980, notamment à cause de l'entrée en scène de Lucien Bouchard, qui galvanise littéralement les troupes souverainistes. Passant devant Parizeau, qui accepte de s'écarter pour les besoins de la cause, Bouchard redonne vie à une campagne jusque-là plutôt amorphe et difficile.

L'homme au visage sombre et à l'œil ténébreux est un nationaliste passionné. Lorsqu'il parle du Québec, c'est avec la main sur le cœur et le feu dans la voix. Ses discours, prononcés sur un ton grandiloquent, sont considérés par les journalistes comme un savant mélange de colère et d'exaltation où il déteste autant qu'il aime, où il supplie autant qu'il commande. Moins d'un an auparavant, Bouchard a survécu contre toute attente à une attaque foudroyante de la bactérie mangeuse de chair. Pendant presque une semaine, tout le Québec était demeuré suspendu aux bulletins de santé émanant de l'hôpital où il était alité. On a dû lui amputer une jambe, mais il a miraculeusement évité la mort. Plus tard, lorsqu'il monte péniblement à quelque tribune, en boitant et en s'appuyant sur sa canne, l'auditoire a l'impression d'être en présence d'un demi-dieu qui a terrassé les démons de l'enfer.

Les derniers sondages publiés avant la fin de la campagne référendaire donnent le OUI et le NON à égalité. Pris de panique, les fédéralistes, alors gonflés à bloc par le chef conservateur Jean Charest et le ministre libéral Brian Tobin, surnommé « capitaine Canada » en raison de ses interventions spectaculaires dans le dossier des pêches, organisent un vaste rassemblement de Canadiens à Montréal. Ne reculant devant aucune dépense et bénéficiant de l'aide financière de plusieurs grandes sociétés canadiennes, ils nolisent autobus et avions pour faire venir quinze mille personnes des autres provinces du Canada et leur faire hurler leur amour du Québec. Pour plusieurs, qui n'ont jamais mis les pieds dans la métropole et qui n'y reviendront ensuite probablement jamais, voilà une belle occasion de faire du tourisme aux frais de la princesse.

Nul ne pourra jamais mesurer la véritable incidence de cette manifestation sur le résultat du vote. Le camp fédéraliste sera par la suite accusé d'avoir contrevenu aux lois québécoises en dépensant, sans la moindre autorisation, des millions de dollars pour l'organisation de l'événement. Ses porte-parole répliqueront, non sans un certain cynisme, qu'Ottawa n'est pas assujetti aux lois du Québec.

Le soir du 30 octobre, le NON l'emporte par un mince petit point : 50,5 %, contre 49,5 % pour le OUI. Même s'ils sont passés bien près de gagner, Jacques Parizeau et Lucien Bouchard n'en ont pas moins perdu la partie, tout comme René Lévesque quinze ans plus tôt. Ils ont à leur tour échoué dans leur tentative de réaliser la souveraineté du Québec.

Camille Laurin prend d'abord connaissance des résultats à partir du comté de Bourget, où le OUI l'a emporté avec 53 % des voix, ce qui représente cependant une proportion beaucoup moins élevée que dans les comtés voisins de Sainte-Marie-Saint-Jacques et d'Hochelaga-Maisonneuve, où les électeurs ont appuyé l'option souverainiste dans des proportions allant jusqu'à 65 %. Même s'il estime avoir bien travaillé, Laurin espérait davantage d'un comté où plus de 80 % de l'électorat est francophone. Il est également très déçu de constater que plusieurs circonscriptions francophones, notamment dans la région de Québec, ont basculé dans le camp du NON. Et il est bien conscient qu'une telle division des francophones empêchera à nouveau de faire contrepoids au vote anglophone et allophone qui, de son côté, s'est exprimé à plus de 90 % en faveur du maintien du lien fédéral.

Assuré de la défaite assez tôt en soirée, il se rend alors au Palais des congrès pour réconforter Jacques Parizeau. Celui-ci arpente nerveusement la suite qui lui a été réservée, parlant à peine à tous ceux qui l'entourent. Il n'a besoin de personne pour comprendre ce qui est en voie de se produire. Il se rend compte que Camille Laurin est là, mais il ne fait aucun effort particulier pour aller lui parler. « J'ai eu l'impression qu'on s'était invités, se souviendra Francine Castonguay. Lorsqu'on est arrivés, on n'avait pas l'air de nous attendre. Personne ne nous a offert de sièges pour nous asseoir et on ne nous a pas proposé quelque chose à boire. À ce que je sache, Camille et Parizeau ne se sont pas parlé du tout, se contentant de suivre à la télévision, chacun de leur côté, l'évolution des résultats[16]. »

Dès que ceux-ci sont définitifs, le premier ministre, accompagné de sa femme, quitte la suite et va rejoindre les militants à l'étage inférieur. C'est alors que Parizeau prononce son célèbre discours dans lequel il explique sa défaite par l'influence « de l'argent et des votes ethniques ». Dès le lendemain, il annonce sa démission, en expliquant notamment qu'il n'a jamais eu l'ambition de gérer un gros Nouveau-Brunswick. Il sera remplacé quelques mois plus tard par Lucien Bouchard, que les péquistes couronneront littéralement à la tête de leur parti.

Sitôt arrivé à la tête du PQ, au début de l'année 1996, Bouchard forme un nouveau cabinet et abolit la structure bancale que forment les délégués régionaux. À l'instar de Parizeau, il ne confie aucune responsabilité ministérielle à Camille Laurin. Celui-ci terminera alors sa carrière politique comme simple député d'arrière-banc. Il continuera de travailler au sein de différents comités mis sur pied par le gouvernement, de participer activement aux débats parlementaires et de jouer les vieux sages et les vénérables personnages au sein du caucus péquiste, mais ce ne sera plus jamais pareil. Les belles années où il occupait le devant de la scène sont maintenant derrière lui. Et pour toujours.

Encore la langue

La perte du référendum n'a en rien refroidi l'ardeur des militants péquistes au sujet de la question linguistique. Au contraire, Lucien Bouchard vient à peine d'entrer en fonction qu'ils le pressent de rétablir les grands équilibres de la loi 101, notamment en matière d'affichage, où, selon eux, les libéraux ont fait preuve de pusillanimité.

En 1993, le ministre libéral Claude Ryan avait fait adopter la loi 86, qui a assoupli à maints égards la Charte de la langue française, a intégré les décisions prises par les tribunaux au cours des années antérieures en ce qui a trait à la langue officielle et à la langue d'enseignement et a consacré la prédominance du français, plutôt que son exclusivité, en matière d'affichage.

Cette question de l'affichage, qui a pourtant fait l'objet d'une décision de la Cour suprême, devient la cible des radicaux du

PQ, qui aimeraient bien venger l'échec référendaire. Ceux-ci réclament que leur gouvernement rétablisse les dispositions originelles de la loi et oblige, quitte à recourir à la clause nonobstant, les entreprises à afficher exclusivement en français. Ils veulent également que s'appliquent aux cégeps les restrictions relatives à la langue d'enseignement. L'un de leurs principaux porte-parole est Yves Michaud, ex-député libéral et compagnon de route de René Lévesque. Michaud est outré de la présence de l'anglais dans les affiches commerciales de Montréal. « Tous les jours, je me sens humilié, offensé dans ce qui reste de la deuxième ville française du monde, balafrée, défigurée... Je me sens un exilé de l'intérieur, un apatride dans ma patrie[17] », soutient-il.

Dès le départ, le premier ministre Bouchard se montre carrément hostile à la proposition. Il a plusieurs problèmes économiques et sociaux sur les bras et il n'a pas du tout envie d'ouvrir la boîte de Pandore linguistique. Aussi, il multiplie les appels à la prudence et à la modération. « Soyons fermes sans être fermés », lance-t-il aux militants à l'occasion de l'ouverture du congrès du Parti québécois, en novembre 1996. Selon lui, le gouvernement doit définir un *modus vivendi* avec les anglophones et respecter les droits autant individuels que collectifs. « Nous sommes le gouvernement de tous les Québécois, nous n'allons pas tourner le dos à aucun citoyen[18] », affirme-t-il.

Camille Laurin est attendu de pied ferme à ce congrès. Le père de la Charte de la langue française va-t-il reculer ou monter aux barricades pour défendre son projet originel ? Laurin ne met pas de temps à répondre à la question : autant en atelier qu'en séance plénière, il joue la carte du premier ministre. Il invite les péquistes à se montrer réservés, estimant que la loi 101 a déjà produit l'essentiel de ses effets.

Cette intervention, surprenante pour plusieurs, lui vaut les huées d'un certain nombre de militants qui se sentent trahis par leur gourou. D'autres, comme Hélène Pelletier-Baillargeon, préféreront plutôt croire que Laurin a tout simplement vieilli et qu'il est épuisé. « Il s'est cramponné à la politique pour être dans les bonnes grâces de Bouchard[19] », affirmera-t-elle non sans un certain dépit. De son côté, Francine Castonguay estimera plutôt que son mari avait évolué et qu'il a alors tout simplement reconnu que la société québécoise avait changé. « La politique, il faut "dealer" avec ça et s'ajuster au fur et à mesure de l'évolution[20] », dira-t-elle pour justifier l'attitude de son homme.

Quoi qu'il en soit, le point de vue de Laurin influence grandement les délégués péquistes qui adoptent en définitive la position gouvernementale et prennent fait et cause pour de légers aménagements linguistiques, peu susceptibles de provoquer des remous importants dans la société. Ces aménagements sont effectués en 1997, au moment de l'adoption du projet de loi 40, proposé par la ministre responsable de l'application de la Charte de la langue française, Louise Beaudoin. Ce projet de loi n'a rien de révolutionnaire. Bien qu'il rétablisse la Commission de protection de la langue française, abolie dans le cadre du projet de loi 86, il confirme pour le reste le *statu quo* en matière linguistique, ainsi que l'avait souhaité Lucien Bouchard.

Camille Laurin prend la parole lors de l'adoption de ce projet de loi. Il déplore les retards et les insuffisances dans l'application de la Charte de la langue française, mais il ne propose aucune mesure concrète pour améliorer la situation, à l'exception du retour de la Commission de protection de la langue française, qui devra faire des recherches et émettre des recommandations. Au contraire, il pratique une sorte de fuite en avant et se réfugie commodément dans l'accession du Québec à la souveraineté politique. « Prenons patience, affirme-t-il. La souveraineté nous délivrera bientôt de ce dernier joug colonialiste. Constituant un dernier amendement à la Charte de la langue française, cette souveraineté redonnera à celle-ci tout son sens, son ampleur, en même temps qu'elle donnera à notre peuple pour toujours sa liberté, sa dignité et les conditions de son épanouissement[21]. »

Cette intervention de Camille Laurin est capitale. Elle permet au gouvernement de résoudre la crise avec les militants de son parti et de rétablir une partie de la loi 101 tout en paraissant modéré. Pour sa part, la ministre Louise Beaudoin est bien reconnaissante envers son collègue de Bourget. « Laurin m'a appuyée dans tout le processus de révision de la loi, affirmera-t-elle six ans plus tard. Il croyait que la situation avait évolué et que la coercition législative avait atteint ses limites. Il m'a rassurée et m'a indiqué que j'étais sur la bonne voie. Il m'a beaucoup aidée au caucus du parti. Sans son appui, ni moi ni le gouvernement ne serions passés au travers[22]. »

En juin 1998, à l'occasion du vingtième anniversaire du Conseil de la langue française, Camille Laurin publie son dernier texte sur la loi 101. Il se félicite à nouveau de cette législation, dont il dit qu'elle a renversé la tendance séculaire des Québécois à être économiquement et politiquement dominés par la minorité anglophone. Quant aux luttes à venir, il estime que la maturité de la société francophone lui permettra dorénavant d'affronter avec sérénité les nouveaux défis que posent l'informatique et l'univers du multimédia. « Nous pouvons les considérer comme des enjeux, des défis que nous sommes maintenant en mesure de comprendre, relever et régler, à partir de l'expérience, de la maturité, de la force et de la fierté désormais acquises[23] », affirme-t-il.

Bref, à la fin de sa vie, Camille Laurin est devenu plus optimiste. Il ne voit plus le Québec tout en noir et il estime que la Charte de la langue française a eu des effets extrêmement positifs sur l'ensemble de la société en donnant aux francophones l'estime de soi et la confiance nécessaires pour faire face à l'avenir. « Cette loi a atteint son objectif de libérer les Québécois. On ne pourra plus jamais revenir aux conditions qui existaient avant 1976. Il n'y aura plus jamais de retour en arrière. Les francophones ont pris goût à la liberté et ont appris à assumer le pouvoir politique et économique. C'était là l'essentiel de la Charte de la langue française[24] », affirme-t-il.

Vingt-cinq ans après l'adoption de la loi, Guy Rocher partage lui aussi ce sentiment. « La loi 101 a révolutionné le Québec, estimera-t-il. Même si elle a connu certains revers devant les tribunaux, elle a complètement modifié la structure même de la société en francisant les immigrants et en remettant le pouvoir économique entre les mains des francophones. Cette loi a des effets aussi importants que tout ce qui s'est produit durant la Révolution tranquille[25]. »

Pour sa part, le journaliste Peter Cowan, qui vit depuis trente ans au sein de la communauté anglophone de Montréal et qui a toujours eu la réputation d'être un homme modéré, reconnaît que la loi 101 a été bénéfique pour l'ensemble de la société québécoise. « Elle a créé un cadre dans lequel les gens se sont sentis à l'aise et sécurisés. Les anglophones qui ne pouvaient pas l'accepter sont partis mais les autres sont restés parce qu'ils aiment vivre dans une ville ethniquement pluraliste et à majorité francophone. Le climat est bien meilleur et plus personne ne se sent menacé. Laurin a été une sorte de visionnaire[26] », dira-t-il.

Même certains de ses adversaires libéraux de l'époque admettent aujourd'hui que le père de la Charte de la langue française a eu raison d'agir comme il l'a fait. « Merci à Camille Laurin pour le Québec français. La situation ne serait pas du tout ce qu'elle est maintenant, n'eût été de ce qu'il a fait en matière de langue d'enseignement. Les obligations imposées aux immigrants ont sauvé le caractère français du Québec[27] », de dire Jean-Claude Rivest, maintenant sénateur à Ottawa.

CHAPITRE 25

Un sacré beau voyage

L'année 1998 s'ouvre sur un fond d'odeur électorale. Premier ministre depuis déjà deux ans, Lucien Bouchard n'a toujours pas reçu un mandat direct de la population. Il brûle d'envie d'en appeler aux urnes et il n'attend que le moment propice pour déclencher des élections générales. En dépit de son âge avancé — il aura bientôt 76 ans — et de l'attitude réservée sinon carrément hostile de son entourage, Camille Laurin décide d'être à nouveau sur les rangs. Le 24 mai 1998, les militants du comté de Bourget le désignent candidat péquiste en vue du scrutin qui est alors envisagé pour l'automne suivant.

Comme tous les autres, Francine n'approuve pas sa candidature. Elle estime que son mari se fait vieux, qu'il n'a évidemment plus aucune chance de devenir ministre et que le temps est venu de passer la main. Mais elle n'ose pas s'opposer ouvertement à sa volonté. « Camille niait son âge et sa vieillesse. La seule idée de prendre sa retraite l'horripilait. Comme les comédiens qui rêvent de mourir sur les planches, il désirait terminer ses jours comme député[1] », expliquera-t-elle. Mais il y a davantage. Un peu à l'image de son père qu'il a vu travailler jusqu'aux derniers moments pour joindre les deux bouts, Laurin souffre d'insécurité financière. Il croit qu'il a encore besoin de son salaire de député pour faire face à ses obligations, notamment à l'endroit de Marie-Pascale, à qui il continue d'envoyer régulièrement d'importantes sommes.

Même s'il a travaillé toute sa vie et qu'il a touché des revenus passablement élevés, Camille Laurin n'a jamais été un homme riche. Sans être pauvre, il n'a jamais joui d'une fortune personnelle qui lui aurait permis de dépenser sans se soucier du lendemain. Bien que substantielles, les sommes qu'il a héritées de la famille de Rollande se sont rapidement envolées dans l'entretien de la maison de la rue Pagnuelo, dans les goûts luxueux de sa première femme et de ses deux filles ainsi que dans tous ses voyages à l'étranger. Aussi, non seulement se sent-il tout à fait apte à remplir un autre mandat de député, mais la rémunération régulière qu'il en retire le rassure et le persuade qu'il est toujours capable de gagner sa vie et celle de sa famille.

Au printemps 1998, quoiqu'il ne le sache pas encore, Laurin est cependant déjà gravement atteint par la maladie. Bien qu'il se plaigne depuis des mois de douleurs un peu partout dans le corps, il minimise la gravité des symptômes et attribue son mauvais état de santé tantôt à une vilaine grippe, tantôt à des problèmes digestifs. Et il endort son mal en se bourrant d'analgésiques qu'il traîne continuellement sur lui. « Il y avait des bouteilles de pilules partout dans son bureau, rappellera sa secrétaire de comté, Johanne Jobin. Même s'il refusait cette réalité, il était évident pour tous ceux qui l'entouraient qu'il était malade[2]. »

Au début de l'été, alors que les douleurs s'amplifient, Francine et le personnel de son comté finissent par le convaincre d'aller consulter un médecin. Il est alors hospitalisé à l'hôpital Sacré-Cœur, où il subit une batterie d'examens. Le diagnostic est sévère : Camille Laurin est atteint d'un cancer du système lymphatique. Même s'il est profondément ébranlé par cette mauvaise nouvelle, Laurin ne change en rien ses intentions. Il va se soumettre aux traitements de chimiothérapie qui lui sont prescrits et il demeure persuadé de pouvoir être candidat du Parti québécois aux élections générales prévues à l'automne.

Une fête dans son comté

Probablement plus lucide, son entourage prend alors prétexte de ses quinze années de vie parlementaire pour lui organiser une grande fête dans sa circonscription. La célébration a lieu le 12 septembre. Elle réunit près de quatre cents personnes, dont Lucien Bouchard, Jacques Parizeau, Bernard Landry et Pauline Marois. Plusieurs artistes, dont Gilles Pelletier et Claude Dubois, sont également présents. Les témoignages et les hommages se succèdent tout au long de la soirée. Si sa sœur aînée Éliane rappelle des souvenirs d'enfance, ses compagnons de route politiques soulignent en chœur l'apport de Laurin au développement de la société québécoise, en particulier bien sûr en ce qui a trait à la question linguistique. Corinne Côté, la veuve de René Lévesque, vient pour sa part réaffirmer l'attachement de l'ancien premier ministre à l'endroit de Camille Laurin et la profonde amitié qu'il lui a toujours conservée en dépit de leur désaccord idéologique des dernières années. L'assistance, qui est composée en très grande partie des plus farouches militants du comté de Bourget, est ravie. Manifestement, ceux-ci aiment l'homme doux et affable qui les a représentés si dignement depuis tant d'années.

En revanche, personne n'est dupe des véritables motifs de cette soirée et, d'un convive à l'autre, on chuchote sur l'état de santé du député et on suppute les chances qu'il livre la bataille électorale qui s'annonce. Lorsque Laurin monte à son tour sur l'estrade pour les remerciements d'usage, les pires craintes se confirment. C'est un homme amaigri et fatigué qui s'adresse à l'assistance. À l'évidence, il n'a plus l'allure de quelqu'un qui est en pleine possession de ses moyens. Son débit est plus lent et sa voix est plus éteinte. Lui-même semble d'ailleurs passablement moins certain de pouvoir continuer et, après avoir remercié tout le monde, il fait allusion à ses propres forces qui commencent à l'abandonner, se disant moins énergique qu'il l'a déjà été[3].

Les sondages lui étant redevenus favorables, Lucien Bouchard déclenche des élections générales à la fin du mois d'octobre. Celles-ci auront lieu le 30 novembre. Pour l'heure, Camille

Laurin est toujours candidat dans le comté de Bourget. Pas pour longtemps, cependant, puisqu'il vient d'apprendre, à la suite de nouveaux examens, que les traitements de chimiothérapie n'ont rien donné et que son cancer, loin de se résorber, s'étend maintenant au foie. Bref, les fonctions vitales sont maintenant atteintes et il est condamné. Complètement atterré, il s'empresse le jour même de rencontrer Bouchard pour l'informer qu'il doit se retirer de la course. Le lendemain, il se présente à son bureau de comté en compagnie de Francine pour annoncer la mauvaise nouvelle aux travailleurs d'élection. « Dès que j'ai vu leurs têtes, j'ai tout de suite compris que c'était grave, se souviendra Johanne Jobin. Le docteur nous a réunis dans un coin et nous a simplement dit : "Je suis malade, je vais être obligé de vous lâcher"[4]. »

Le 27 octobre 1998, Camille Laurin annonce officiellement qu'il se retire de la vie publique pour « des raisons personnelles et contraignantes ». Des sanglots dans la voix, il explique, sans donner de détails, que son état de santé ne lui permet plus de poursuivre la campagne entreprise et qu'il doit donc laisser sa place[5]. Ce retrait soudain met l'organisation péquiste de Bourget dans le plus grand embarras. La campagne électorale est en marche depuis quelques jours et le PQ n'a plus de candidat. Tout avait été conçu en fonction de Laurin ; les affiches et les dépliants électoraux étaient déjà prêts, l'horaire de la campagne était tout réglé et les diverses apparitions publiques du député étaient planifiées. Voilà qu'on doit tout jeter à la poubelle et recommencer à zéro.

C'est à ce moment que survient la candidature de Diane Lemieux, alors présidente du Conseil du statut de la femme. Mme Lemieux et le PQ se courtisent depuis déjà un certain temps. Le parti lui a déjà offert un comté de la Rive-Sud, mais elle a refusé, ne s'y sentant pas à l'aise. Par contre, Bourget l'intéresse. Elle n'est toutefois pas seule sur les rangs. La direction du PQ approche d'abord Pierre Paquette, qui vient de quitter le secrétariat de la CSN, et Gyslaine Desrosiers, la présidente de la Fédération des infirmières du Québec. Tous deux déclinent l'invitation, si bien que Diane Lemieux a la voie libre. Louise Harel, elle-même députée d'un comté voisin, la convainc finalement de se porter candidate. La jeune femme accepte, mais elle veut d'abord obtenir l'aval de Camille Laurin, qu'elle rencontre pendant deux heures chez les responsables de l'organisation du comté. « Je n'étais qu'une petite "poupoune" à l'époque, expliquera-t-elle. J'avais absolument besoin que Laurin m'accorde son appui, me parle de son comté et me donne accès à tout un bout de l'histoire du Québec que je n'avais pas connu. Cette rencontre a été absolument fascinante[6]. »

L'entretien porte des fruits et Laurin accepte de parrainer cette candidature auprès du comité exécutif du comté. Le 8 novembre, Diane Lemieux devient officiellement la candidate péquiste dans le comté de Bourget, lors d'une assemblée à laquelle participent Lucien Bouchard et Camille Laurin. Celui-ci assiste par la suite à quelques réunions de stratégie électorale, mais il ne prend pas davantage part à la campagne. Ses traitements médicaux requièrent toute son énergie. Diane Lemieux est finalement élue députée de Bourget et sera réélue aux élections d'avril 2003.

Les derniers mois

Laurin se soumet à des traitements intensifs tout au long de l'automne 1998. Il suit une chimiothérapie à l'hôpital Sacré-Cœur, sous la supervision du médecin oncologue Jacques Laplante, et il accepte en plus de prendre un médicament expérimental que lui propose le Dr Gérald Batist, de l'Hôpital juif de Montréal. L'homme refuse l'idée de mourir et il a bien l'intention de combattre par tous les moyens la maladie qui l'assaille.

Le médicament en question s'appelle Néo-vasta. C'est un mélange de cartilage de requin et de jus de poisson. Même si Laurin a toujours détesté l'odeur du poisson et que cette potion sent le diable, il accepte d'en boire religieusement trois fois par jour. « Camille avalait ça comme s'il s'agissait du sang du Christ. Il n'avait aucune idée de mourir et était déterminé à mettre toutes les chances de son côté[7] », se souviendra Francine. Mais tous ces traitements se révèlent être passablement inutiles et ne servent au fond qu'à prolonger sa vie de quelques mois. Dans les faits, ils ne guérissent en rien le cancer qui le ronge et qui gagne progressivement tout son corps.

Au début de décembre, alors que ses forces déclinent à vue d'œil, sa ville natale de Charlemagne lui organise une soirée d'adieu à laquelle sont conviés les membres de sa famille et ses amis d'enfance. Le fidèle Bernard Landry, alors ministre des Finances et vice-premier ministre du Québec, est également présent et rend à nouveau hommage à son vieux compagnon. Cette soirée sera la dernière apparition publique de Camille Laurin. En présence de tous les siens, il évoque longuement les souvenirs qu'il a gardés de ses parents et de son enfance passée dans les rues poussiéreuses de cette petite municipalité. Rappelant les valeurs d'amour et de loyauté que lui ont léguées son père et sa mère, il affirme qu'il a tout au long de sa vie tenté de leur faire honneur et de les rendre fiers de leur fils. « Je peux dire que je n'ai jamais dévié. Les impressions reçues au cours de mon enfance, les choix qui se sont faits ont été tellement forts qu'ils m'ont soulevé, qu'ils m'ont imposé cette règle de droiture, d'intégrité, de ténacité et de détermination dans l'accomplissement de ce rêve, de ce projet qui me venait de bien loin[8] », dit-il.

Ces retrouvailles permettent également à Camille Laurin de revoir une dernière fois quelques vieux amis, dont son cousin David Quintal et le Dr Roger Lemieux, qui mourra lui-même du cancer moins d'un an plus tard. Lorsqu'il rentre à Dorion en compagnie de Francine, Laurin est conscient d'être allé à Charlemagne pour la dernière fois de sa vie. Sa maladie progresse et il sent bien qu'il n'en a plus pour très longtemps.

L'homme se prépare alors à mourir. Il devient plus renfermé, plus méditatif et il se plonge dans des lectures spirituelles qui ravivent la foi de son adolescence. Ses livres préférés sont *Je serai l'amour, trajets avec Thérèse de Lisieux* du Québécois Fernand Ouellette, ainsi qu'une autobiographie du jésuite François Varillon intitulée *Beauté du monde et souffrance des hommes*, un ouvrage que sa sœur Laurette lui a prêté.

Tout juste avant Noël, il écrit une lettre extrêmement touchante à sa « Francine chérie », où il la remercie pour tout l'amour qu'elle lui prodigue en ces moments difficiles. « L'amour est éternel. Les formes, les circonstances, les modes peuvent varier. Mais comptent d'abord et seulement les liens qui unissent les âmes. Les nôtres sont solides, pleins de paix et de bonheur, et ils dureront à jamais », écrit-il. Cette lettre, reproduite intégralement à l'annexe 5, fait également état du mysticisme qui ne l'a jamais quitté : « Jésus (Dieu qui sauve) a toujours été présent en moi, bien que caché sous le voile de la foi. J'ai toujours aspiré ardemment à comprendre ses mystères, joyeux, douloureux, glorieux. Mais malgré leur soif d'absolu et d'infini, les fils d'Adam ne peuvent y arriver. Alors que maintenant, j'ai la joie de penser que je serai bientôt en contact direct avec le Père, le Fils et l'Esprit et qu'au-delà de la foi, j'aurai la réponse à mes questions et baignerai dans la joie éternelle de la Lumière, de la Vérité et de l'Amour[9]. »

Les événements se précipitent tout de suite après les Fêtes. Le lendemain du jour de l'An, Laurin a des malaises terribles à l'abdomen et doit entrer d'urgence à l'hôpital. On lui explique alors qu'une métastase au foie a éclaté et on lui prescrit une forte dose de morphine pour apaiser la douleur. Dans les premiers jours de février, le Dr Laplante lui annonce que les traitements de chimiothérapie ne servent plus à rien et que le temps lui est définitivement compté. Sans être encore alité, il est alors très faible et ne s'alimente pratiquement plus. Suprême privation, il ne peut plus boire de vin, dont le goût, allié à tous ses médicaments, lui est devenu insupportable. Il en est réduit à ingurgiter du Coca-Cola ou du Seven-Up.

Francine songe alors qu'un petit changement d'air pourrait lui faire du bien et l'invite à passer quelques jours au chalet des Éboulements qu'elle a acquis quelques années auparavant, lorsque le couple, un peu las de tous ses voyages en Europe, est tombé amoureux de la région de Charlevoix. Même en hiver, l'endroit est magnifique, et le chalet, situé sur les hauteurs de Baie-Saint-Paul, offre une vue sublime sur le fleuve Saint-Laurent et l'île aux Coudres, juste en face. Ils y restent deux jours, le temps de fêter la Saint-Valentin. Francine écrit une carte à son mari où elle souhaite que l'hiver se prolonge indéfiniment et qu'il guérisse avant l'arrivée du printemps. Elle se souviendra que le malade a changé d'attitude après avoir lu cette carte et qu'il a alors compris qu'elle savait qu'il allait mourir. Laurin est trop faible pour demeurer plus longtemps là-bas et il rentre à Dorion, où il est plus près de ses médecins et des traitements qu'on peut encore lui prodiguer. Ses forces l'abandonnent de jour en jour et il passe de plus en plus de temps au lit à méditer et à prier.

Pressentant que la fin est proche, Francine organise alors un repas de famille dominical, qui sera le dernier avant le décès. Tout le monde est là, à l'exception de Marie-Pascale. L'homme quitte sa chambre et va s'asseoir quelques minutes à la table de la salle à manger. Il est faible et terriblement amaigri. Il parle peu mais prend le temps de regarder longuement sa fille Maryse, ses belles-filles Catherine et Dominique ainsi que ses petits-enfants. Alors que l'atmosphère est lourde et que tout le monde a les yeux rougis par le chagrin, il demande à sa famille de ne pas être triste et de se dire plutôt qu'il a fait une très belle vie, qu'il a connu exactement le type d'existence qu'il avait souhaité.

Seule l'absence de Marie-Pascale le chagrine profondément. Celle-ci a téléphoné d'Europe au début de janvier pour lui souhaiter la bonne année, mais Laurin, qui se sentait trop faible, a préféré ne pas lui parler. Francine a alors tenté de faire comprendre à la jeune femme que son père était très malade et qu'elle devait rentrer à la maison si elle voulait le revoir vivant. Sur le coup, Marie-Pascale a assuré qu'elle viendrait, mais elle ne s'est jamais présentée. Durant tout le mois de janvier, son père a guetté à la fenêtre les automobiles qui se rendaient chez lui, dans l'espoir de voir arriver sa fille aînée. Peine perdue, Marie-Pascale n'est jamais venue. Il mourra sans la serrer une dernière fois dans ses bras.

Laurin doit se rendre à l'hôpital le lendemain de cette fête de famille, mais il n'a plus la force de sortir de chez lui. Le Dr Batist vient alors à la maison pour l'examiner une dernière fois et lui prescrire à nouveau de la morphine pour apaiser ses douleurs à l'abdomen. Il lui offre de l'hospitaliser mais le malade refuse. Il tient à mourir dans son lit.

Le décès

Le matin du jeudi 11 mars 1999, Camille Laurin est au plus mal. Ses douleurs sont plus vives que jamais et il transpire à grosses gouttes. Son cousin Jean-Pierre, prêtre à Dorion, vient à la maison et les deux époux se donnent mutuellement la communion en se regardant amoureusement droit dans les yeux. Le Dr Jérôme Caron, le médecin de la famille, se présente également un peu plus tard pour examiner son patient et lui prescrire des doses supplémentaires de morphine.

Francine, qui est débordée par toutes les courses qu'elle doit faire à la pharmacie, demande alors à Maryse de venir s'occuper de son père. Celle-ci arrive en fin de matinée et tiendra compagnie au malade jusqu'à la fin. « Papa souffrait beaucoup et se tortillait dans son lit. Je l'ai aidé à se lever et à s'asseoir dans sa chaise, rappellera-t-elle. Il allait de plus en plus mal. Il avait les yeux à l'envers et ne pouvait plus parler. Il cherchait son souffle. Je me sentais totalement impuissante. Je lui ai tenu la main durant toute la dernière heure[10]. »

Au milieu de l'après-midi, Francine revient de toutes ses commissions. Maryse l'appelle aussitôt en lui disant que son père est en voie de mourir. Francine entre dans la chambre au moment même où Camille Laurin pousse un dernier soupir. L'homme est mort. Quelques mois plus tard, il aurait eu 77 ans. Sa femme se penche alors sur lui, le serre par le cou, l'embrasse et lui dit : « Je te remets entre les mains de ta mère. Tu peux maintenant dormir en paix[11]. »

Quelques minutes plus tard, le téléphone sonne. C'est Bernard Landry qui appelle de New York pour prendre des nouvelles de son vieil ami et lui parler. Plus tôt en matinée, on l'a informé que Laurin n'allait pas bien du tout et qu'il ne passerait peut-être pas la journée. C'est Maryse qui répond. Des sanglots dans la voix, elle dit au ministre qu'il est trop tard, que son père vient de mourir et qu'il ne parlera plus jamais à personne.

Bernard Landry est profondément attristé par ce décès. De tous les vétérans des premières luttes politiques, c'est lui qui est resté le plus proche de Laurin. Dans les défaites comme dans les victoires, ils se sont soutenus, aidés, compris. Au cours des dernières années, ils se sont vus fréquemment, tantôt chez l'un, tantôt chez l'autre, tantôt dans des restaurants du centre-ville, pour discuter sur le sens de la vie, la portée de l'action politique et l'avenir du Québec. Mais même s'il se sent triste, Landry reste serein et se répète, comme pour se consoler, les dernières paroles que lui a laissées son ami, une semaine auparavant, lorsqu'il lui a rendu une ultime visite à Dorion : « Bernard, mon voyage achève, m'a-t-il dit, mais il ne faut pas être amer parce que ça a été un sacré beau voyage[12]. »

Des hommages de partout

Le décès de Camille Laurin, que personne, sauf ses proches, n'avait vraiment vu venir, provoque une véritable commotion. Dès le lendemain, tous les journaux, autant anglophones que francophones, en font leurs manchettes et publient à la fois des résumés de sa carrière et des témoignages sur l'importance historique du défunt. Subitement, les médias, qui lui avaient pratiquement tourné le dos depuis une bonne dizaine d'années, redécouvrent le père de la Charte de la langue française et sentent le besoin de lui rendre hommage. Les morts étant toujours plus grands que les vivants, on souligne à grands traits son intelligence, sa ténacité, ses diverses qualités de cœur et d'esprit, ainsi que le bond énorme qu'il a fait faire au Québec.

Du côté francophone, l'éloge est pratiquement unanime. À l'exception du libéral Pierre-Étienne Laporte, qui estime que la loi 101 a eu des « conséquences déplorables » pour la société québécoise, autant les politiciens, les syndicalistes que les éditorialistes s'entendent pour affirmer que l'œuvre politique de Laurin a été indispensable. « Le docteur Laurin a permis au peuple du Québec de remporter l'une de ses plus belles victoires, celle de l'affirmation de soi, de sa culture, de son identité et de sa langue », de dire le premier ministre Lucien Bouchard, tandis que Jacques Parizeau soutient que l'homme a changé radicalement le visage du Québec, et que Bernard Landry souligne le courage, l'humanisme et l'esprit profondément réformateur du défunt. Les syndicalistes Gérald Larose, Fernand Daoust et Lorraine Pagé abondent dans le même sens. « La loi 101 est la plus importante qu'un gouvernement du PQ ait pu voter [...]. Camille Laurin est un des plus grands hommes politiques que le Québec ait connus[13] », d'affirmer Daoust, alors secrétaire général de la Fédération des travailleurs du Québec.

Ce point de vue est repris par le directeur du *Devoir*, Bernard Descôteaux, qui affirme en éditorial que, « plus que bien d'autres, Laurin contribua à définir le Québec contemporain et à le changer. De toutes les réformes et de toutes les politiques mises en place par le gouvernement Lévesque, poursuit-il, aucune autre n'eut un tel impact sur la société québécoise mais aussi sur la société canadienne que l'adoption de la loi 101. Au point qu'elle est aujourd'hui encore le symbole le plus puissant de l'affirmation du Québec[14]. » La chroniqueuse Lysiane Gagnon soutient, dans *La Presse,* que la Charte de la langue française « aura finalement fait du Québec francophone une société non seulement plus française mais plus ouverte sur le monde », mais elle avance également l'hypothèse que la Charte ait pu sécuriser les Québécois jusqu'à leur faire rejeter l'idée de la souveraineté[15].

Même le ministre fédéral Stéphane Dion salue la mémoire de Camille Laurin et estime à son tour que la loi 101, une fois expurgée de ses éléments les plus radicaux, a eu des effets très positifs sur la société québécoise et qu'elle peut même être considérée comme une « grande loi canadienne ».

Du côté anglophone, les réactions sont évidemment plus négatives. Keith Henderson, le président du Parti égalité, qui a toujours combattu farouchement la loi 101, dénonce à nouveau les « obsessions linguistiques » du défunt et estime que son héritage politique est fait « de restriction, de coercition et de réduction des droits ». Quant au président d'Alliance-Québec, William Johnson, il se dit attristé par le départ de Laurin mais ajoute qu'il n'était pas nécessaire de faire disparaître le bilinguisme pour protéger la majorité francophone du Québec.

Pour sa part, Don MacPherson, chroniqueur politique au

quotidien *The Gazette,* se montre plutôt sympathique à l'endroit de Camille Laurin et reprend lui aussi la thèse selon laquelle la loi 101 aurait sécurisé les Québécois au point de rendre moins nécessaire l'accession à la souveraineté. « Cette loi, écrit-il, a fait la démonstration que la survie et la promotion du français pouvaient se faire en dehors de la souveraineté. Lorsqu'on examinera à long terme la survie du Canada, les historiens devront peut-être se pencher sur le rôle du père de la Charte de la langue française[16] » (traduction libre de l'auteur).

Il est évidemment impossible de trancher cette question et de savoir quelle a été l'incidence véritable de la loi 101 sur le résultat négatif des référendums de 1980 et de 1995. Alors que plusieurs fédéralistes soutiennent que cette loi a permis aux Québécois de se rendre compte qu'ils pouvaient protéger leur langue et leur culture à l'intérieur du Canada, autant d'indépendantistes prétendent au contraire que la Charte a offert un puissant avant-goût de la souveraineté et qu'elle a illustré ce que le Québec pourrait faire s'il était pleinement autonome.

Quant à Camille Laurin, il ne s'est jamais laissé entraîner dans ce genre de débat. Pas plus que son gouvernement, il ne lui est jamais venu à l'esprit de laisser pourrir la situation du français pour accroître les chances de gagner un futur référendum. Il a toujours cru fermement que la loi 101 pourrait imprimer une formidable poussée vers la souveraineté et il n'a jamais sérieusement envisagé l'hypothèse inverse. En toutes choses, il a d'abord et avant tout pensé à ce qu'il pouvait faire dans l'immédiat pour le Québec et ses compatriotes francophones. L'étiquette posthume de sauveur du Canada ne lui convient absolument pas.

Des funérailles d'État

Aussitôt informé du décès de Camille Laurin, le premier ministre Bouchard décrète qu'il aura droit à des funérailles d'État. Initialement, la famille souhaite que celles-ci aient lieu à l'église paroissiale de Dorion, mais il apparaît rapidement que l'endroit est trop exigu et que la cérémonie, fixée au mardi 16 mars, devra donc se tenir à la basilique Notre-Dame, en plein cœur de Montréal. En signe de deuil, l'Assemblée nationale ne siégera pas cette journée-là et le drapeau du Québec sera mis en berne.

La dépouille de Laurin est exposée durant toute la fin de semaine à la maison Trestler, un joyau de l'architecture québécoise qui est situé à Dorion et qui appartient au gouvernement du Québec, où celui-ci a d'ailleurs reçu plus de dix ans auparavant l'ex-premier ministre français Raymond Barre. Plus d'un millier de personnes, en provenance de tous les horizons, défilent devant le cercueil de Laurin à qui ils viennent rendre un dernier hommage.

Les cheveux tout aussi noirs qu'au premier jour et les mains jointes sur le chapelet de son enfance, l'homme donne l'impression de se reposer. La souffrance a disparu de son visage, qui affiche un air plutôt serein, l'air de celui qui est fier de sa vie et de ce qu'il a accompli.

Les funérailles sont impressionnantes. Plus de mille cinq cents personnes envahissent la basilique Notre-Dame. On ne dénombre plus les hommes politiques, les syndicalistes et les nationalistes venus participer à l'événement. Bouchard, alors à Paris pour présider l'ouverture du Printemps du Québec en France, assiste, en compagnie de quelques dignitaires français et québécois, dont Jacques Parizeau, à une messe spéciale célébrée en l'honneur de Laurin. On y note également la présence du grand psychanalyste français et ami du défunt, le Dr Jean-Louis Laplanche.

Plusieurs personnes prennent la parole à la cérémonie de Montréal, de sa belle-fille Dominique, qui souligne que son « papa Camille lui a permis de vivre dans un univers de beauté, d'idées, de raffinement et de simplicité », au Dr Arthur Amyot qui qualifie Laurin de « père de la psychiatrie moderne du Québec ». Les moments les plus émouvants surviennent toutefois lorsque le comédien Serge Turgeon lit intégralement la dernière lettre écrite à Francine et que Dan Bigras interprète, de sa voix rauque et puissante, l'une de ses compositions, *Ange Animal,* une chanson à caractère religieux qui évoque le Christ et sa présence active parmi les hommes.

Cette chanson, qui résume toute la foi de Camille Laurin en un Dieu aimant et sauveur de l'humanité, se termine ainsi :

> C'est avec toi que j'marche encore
> Du sud au nord jusqu'à l'aurore
> T'es ma boussole, t'es ma survie
> Ange Animal, ange mon ami[17].

Remerciements

C e livre n'aurait pas été possible sans la précieuse collaboration des dizaines de personnes qui ont généreusement accepté de me parler de Camille Laurin et qui m'ont donné accès à leurs archives personnelles. Un merci tout particulier à Francine Castonguay, à Maryse Laurin et à tous les membres de la famille Laurin qui m'ont confié leurs souvenirs et parfois même leurs secrets.

Je tiens également à remercier les personnes suivantes qui ont été d'un secours indispensable au moment d'effectuer les recherches documentaires : Christine Ruest, de la salle Argus du pavillon Jean-Charles Bonenfant de l'Université Laval, Lucie Deschênes, Marie-Claude Cayer et Denis Patry, des services documentaires du Parti québécois, Danielle Venne et Caroline Sauvageau, du Centre régional d'archives de Lanaudière, Carole Ritchot, des Archives nationales du Québec, Jocelyne Dion-Courty, de la bibliothèque de l'Institut Albert-Prévost, Gaston Deschênes, responsable du service de recherche à l'Assemblée nationale, et Nicole René, présidente et directrice générale de l'Office québécois de la langue française, qui m'a permis d'accéder à toute la documentation pertinente aux antécédents de la loi 101 ainsi qu'à son évolution au cours des vingt-cinq dernières années.

Merci en outre à mon ami Bernard Descôteaux, directeur du *Devoir*, dont le carnet d'adresses téléphoniques atteint des profondeurs abyssales, et au Dr Arthur Amyot, psychiatre, psychanalyste et directeur de l'enseignement à l'Institut Albert-Prévost, qui a lu les parties du manuscrit relatives à la carrière médicale de Camille Laurin.

Je tiens également à remercier la direction de l'Université Laval et, en particulier, Line Ross, jusqu'à tout récemment directrice du département d'Information et de Communication, et Jacques Mathieu, doyen de la faculté des Lettres, qui ont facilité la réalisation de ce livre.

Mille mercis enfin à Pascal Assathiany, à Jean Bernier et à toute l'équipe du Boréal pour leur accueil, leur chaleur et leur professionnalisme. Ce fut un honneur et un privilège que de travailler en leur compagnie.

La maladie mentale :
un défi à notre conscience collective

Il s'agit de la postface du livre Les fous crient au secours *(Montréal, Éditions du Jour, 1961), un témoignage de Jean-Charles Pagé, un ex-patient de l'hôpital Saint-Jean-de-Dieu.*

Postface

La maladie mentale : un défi à notre conscience collective
Dr *Camille Laurin, psychiatre*

Le témoignage des ex-patients peut jouer un rôle important dans l'évolution des structures de l'assistance psychiatrique. Au début du siècle, les écrits d'un Clifford Beers, disséminés par les associations d'hygiène mentale dont ils suscitèrent la création, firent plus pour améliorer l'organisation des hôpitaux psychiatriques américains que l'effort conjugué de tous les corps professionnels. Il est de même certain qu'un livre comme *La Fosse aux serpents,* qui fut ultérieurement porté à l'écran, s'est avéré un plaidoyer mille fois plus efficace que les recommandations des spécialistes. Les pages que l'on vient de lire sont écrites d'une encre encore plus énergique. Il a fallu beaucoup de courage à l'auteur pour les signer de son nom, pour afficher publiquement sa qualité d'ex-malade mental, pour s'exposer aux réactions hostiles que peuvent lui valoir ses prises de position. Ce courage parle grandement en sa faveur et il faut lui souhaiter qu'en retour la société l'aide à sortir définitivement de son cauchemar.

On peut certes objecter à ces témoignages quantité d'arguments : ils sont partiels et partiaux, dénoncent plus qu'ils n'expliquent, ne font pas la part des circonstances atténuantes, s'intéressent au passif plus qu'aux réalisations, cèdent facilement aux généralisations et font montre surtout d'une vue limitée des problèmes. Il reste cependant qu'on ne peut les balayer d'un revers de main. Si l'on admet qu'un patient psychiatrique n'appartient pas à une espèce humaine inférieure, qu'il peut guérir et parler de ses expériences d'une façon rationnelle, qu'il s'exprime au nom de milliers de camarades d'infortune, qu'il aborde le problème de l'internement du point de vue qu'il est le seul à bien connaître, celui de l'usager, que son témoignage, marqué du sceau sacré de la souffrance humaine, n'a jamais pu jusqu'ici nous parvenir, il importe de faire silence et de l'écouter, de vérifier la vérité de son récit et d'en tirer les conclusions qui s'imposent pour l'avenir.

Cette prise de conscience est d'ailleurs on ne peut plus opportune. En novembre 1959, le directeur de l'Institut supérieur d'administration hospitalière de l'Université de Montréal, le docteur Gérald Lasalle, soulignait qu'au cours de l'année 1958, on avait enregistré 23 millions de jours d'hospitalisation dans les hôpitaux généraux et 24 millions de jours dans les hôpitaux psychiatriques. Par ailleurs, le docteur Bundock, du ministère fédéral de la Santé, déclarait alors à la télévision qu'une famille canadienne sur cinq compte parmi ses membres un malade mental et qu'une personne sur douze était susceptible d'être admise au cours de sa vie dans une institution psychiatrique. Les 203 hôpitaux généraux de la province de Québec comptent environ 24 000 lits, mais nos 17 hôpitaux mentaux en contiennent presque autant, soit un peu plus de 20 000. Au 1er octobre 1960, sur les 2 636 spécialistes enregistrés au Collège des Médecins et Chirurgiens de la province, on ne compte que 200 psychiatres, dont 60 de langue anglaise. Le prix de journée d'un lit de salle dans un hôpital général s'établit entre 9 \$ et 23 \$ alors qu'il n'est que de 2,75 \$ dans un hôpital mental. Dans le cas d'un malade hospitalisé depuis 20 ou 30 ans, il faut ajouter aux dépenses encourues pour la prise en charge, la perte que constitue pour le trésor provincial et la communauté l'inexistence de l'apport à la vie économique.

Mais que sont les incidences pratiques de ce drame en regard de ses aspects sociaux et personnels. Combien de Mozart assassinés parmi ces débiles mentaux au regard vide. Combien d'astres éteints parmi ces schizophrènes occupés à des besognes serviles. Combien de foyers désunis, de familles dispersées aux quatre vents en raison d'un internement qui se prolonge. Pour chacun de ces malades qu'un mur infranchissable sépare désormais de la société, combien de parents qui n'oublient pas et luttent chaque jour contre la honte et la douleur.

On dira peut-être que tout cela est bien regrettable mais que la psychiatrie n'a plus rien à offrir à ces malheureux. Or rien n'est plus faux. Durant les cinquante dernières années, nous avons déjà plus appris sur la nature, les causes et le traitement des maladies mentales que durant tous les siècles précédents. Au troisième Congrès mondial de psychiatrie, qui réunissait récemment à Montréal près de 4 000 psychiatres de tous les pays, on a pu entendre plus de 500 communications scientifiques. Les équipes de recherche et de traitement groupent des représentants de toutes les disciplines : psychiatres, internistes, biochimistes, psychologues et sociologues. Cette approche permet d'étudier et d'articuler toutes les dimensions du problème, de réviser les anciens concepts, d'expérimenter des solutions nouvelles et de pousser notre connaissance dans toutes les directions. Il reste beaucoup à faire mais le mouvement ne s'arrêtera plus. Forte des succès déjà remportés, de ses effectifs croissants et de son savoir constamment renouvelé, la psychiatrie peut désormais espérer réduire, sinon arrêter, ce fléau des temps modernes que constitue la maladie mentale.

Les mots qui reviennent le plus souvent dans les écrits de ceux qui se préoccupent d'assistance sont ceux de précocité, continuité, dislocation et restauration sociale. Que l'on souhaite une détection précoce du désordre psychique et l'institution rapide du traitement approprié, cela va sans dire. Mais ce traitement doit également se continuer à travers toutes les phases de la maladie, depuis le déclenchement de celle-ci jusqu'à sa disparition. Pour que le traitement produise le maximum d'effets dans le minimum de temps, il faut éviter de disloquer l'univers social du malade, hospitaliser celui-ci le plus près possible du lieu de sa résidence, l'arracher le moins possible et le moins longtemps possible à son milieu familial et à son activité professionnelle. On doit enfin viser à une restauration sociale complète et pour cela mobiliser dès le début toutes les ressources du malade et préparer l'entourage à son retour.

La détection précoce est maintenant rendue possible par l'emploi de procédés aussi nombreux que variés : épreuves de laboratoires, examens radiologiques, tracés électro-encéphalographiques, évaluations psychométriques, tests de personnalité, histoire sociale et entrevues de diagnostic. Quant au traitement, il est à la fois somatique et psychologique, individuel et collectif, symptomatique et causal. Les divers hypnotiques, sédatifs et tranquillisants apaisent l'anxiété, réduisent les délires, calment l'agitation, tonifient l'humeur, redonnent le sommeil et l'appétit. Par une analyse bien conduite de la personnalité du malade, on amène celui-ci à prendre une meilleure conscience de lui-même, à lever les obstacles qui ont freiné ou gauchi son évolution, à mieux exploiter ses talents et réaliser ses possibilités. La psychothérapie de groupe permet à chacun de se rendre compte des problèmes et des besoins de l'autre, de découvrir ce qu'il a avec lui de semblable et de distinct, de s'adapter plus aisément et adéquatement à ses multiples rôles sociaux. L'occupation thérapeutique facilite elle aussi cette resocialisation, en ce qu'elle permet aux tendances inconscientes de s'exprimer en des œuvres artistiques ou utiles qui valorisent le patient à ses propres yeux et lui ouvrent de nouvelles avenues. Toutes ces interventions thérapeutiques contribuent déjà la réhabilitation. Mais celle-ci exigera en plus que le travailleur social aide le malade à régler ses difficultés financières, incite l'employeur à lui donner un emploi conforme à ses aptitudes, explique à la famille les attitudes à prendre et les erreurs à éviter pour que la réintégration au sein du foyer soit rapide et durable. Ce triple travail de diagnostic, de traitement et de réhabilitation exige donc une équipe nombreuse et hautement spécialisée, une unité de pensée et d'action, une coordination de tous les efforts, de vastes locaux et un appareillage coûteux. Mais lorsque ces conditions se trouvent réunies, on arrive à guérir ou améliorer notablement la plupart des accès névrotiques et psychotiques dans un temps relativement court.

Bien qu'elles soient encore trop peu nombreuses et n'existent que dans les grands centres urbains, les unités psychiatriques d'hôpitaux généraux et les cliniques psychiatriques dispensent actuellement ce type d'assistance. On aura une idée de leur efficacité si l'on songe qu'elles ne possèdent que 1 % de l'ensemble des lits psychiatriques au Canada mais qu'elles reçoivent 40 % de toutes les admissions psychiatriques annuelles et que la durée de l'hospitalisation s'y établit aux environs de trente jours.

Ce qui est possible dans ces petits services l'est cependant beaucoup moins dans les hôpitaux psychiatriques de 1 000 ou de 5 000 lits. Les raisons en sont multiples. La première a trait à la composition de la population hospitalisée. L'hôpital admet lui aussi directement des psychotiques en phase aiguë, mais on lui réfère également des malades qui ne peuvent être actuellement traités en milieu ouvert (psychoses organiques chroniques, psychoses séniles, idiots et imbéciles, paranoïaques et psychopathes) ou qui ne se sont pas suffisamment améliorés après quelques mois d'hospitalisation dans un service libre pour reprendre leur place au sein de la société. Le traitement de ces cas est évidemment plus long et plus difficile, même s'il est mené avec énergie et selon toutes les règles de l'art. L'hôpital reçoit aussi à l'heure actuelle plusieurs malades âgés, invalides et plus ou moins confus, que leur famille avait placés dans des institutions qui ne peuvent plus maintenant les garder en vertu des règlements de l'assurance-hospitalisation. Tous ces malades viennent s'ajouter aux milliers qui s'y trouvent déjà parfois depuis 10, 20 ou même

30 ans, et pour qui les mots de guérison ou de réhabilitation ne viennent même plus à l'esprit.

Autre lacune à déplorer: la pénurie de personnel qualifié. Alors que dans les services libres, la proportion est d'environ un psychiatre par 10 malades, elle est de un psychiatre par 600 ou 700 malades à l'hôpital mental. La proportion serait encore plus élevée si l'on excluait de ces calculs les psychiatres qui s'occupent exclusivement de problèmes administratifs. Fait plus étonnant encore, il est même quelques hôpitaux où l'on cherche en vain le nom d'un psychiatre sur la liste du personnel médical. La situation est tout aussi tragique en ce qui concerne le nombre des psychologues, travailleurs sociaux, thérapeutes d'occupation et infirmières psychiatriques. La plupart des hôpitaux n'en possèdent aucun et pour les autres, c'est la disette presque complète. Dans ces conditions, l'équipe thérapeutique, si elle existe, ne peut traiter adéquatement qu'un petit nombre de malades et abandonner les autres à leur triste sort.

Cette pénurie n'est pas sans avoir quelque rapport avec le prix de journée qui est actuellement versé aux hôpitaux psychiatriques. Cette allocation a été récemment haussée à 2,75 $ par patient, ce qui fait un total de 1 003,75 $ pour l'année. On dira que c'est bien peu. Mais il semble qu'en maintenant au niveau actuel le personnel professionnel et les services thérapeutiques, qu'en faisant accomplir aux malades une bonne partie des tâches qu'exige l'entretien de l'institution, il soit encore possible de boucler l'année avec un profit. On peut se demander pourtant si ce prodige d'économie mérite autant d'éloges sur le plan médical que sur le plan administratif. Certaines unités psychiatriques reçoivent actuellement 25 $ par jour par malade. On demande aux hôpitaux mentaux d'accomplir un travail encore plus difficile avec une somme huit fois moindre. C'est évidemment là une exigence impossible. Mais si malgré tout on peut montrer un surplus, ce ne peut être qu'en limitant à l'extrême les crédits affectés à l'organisation thérapeutique, au risque de condamner celle-ci à l'inertie ou même à l'impuissance.

Une dernière raison résume toutes les autres en même temps qu'elle les explique : l'incapacité pour la société de reconnaître vraiment pour sien le malade mental. Celui-ci a toujours été l'aliéné (du latin *alienus*, autre, étranger, différent), qui s'est évadé des cadres familiers pour accéder à un univers mystérieux et lointain, qui inspire tout à la fois une pitié condescendante, un malaise indéfinissable, un respect sacré, un mépris orgueilleux, une violente hostilité, de la crainte ou de la terreur. Aux premiers âges de l'humanité, on a d'abord vu en lui l'objet de la colère des dieux, puis le Moyen Âge en a fait un pécheur, un hérétique, un sorcier, un suppôt du démon qu'il a livré au feu purificateur. Durant les siècles qui suivirent, ne sachant trop que faire de lui, on le laissa errer le long des routes ou croupir dans les prisons. À partir du moment où la médecine s'intéresse à son sort, on construit pour lui, en rase campagne, de vastes casernes confortables où il mènera jusqu'à la fin de ses jours une existence de reclus. Encore aujourd'hui, l'accès psychotique irrite, scandalise ou effraie l'entourage. On y voit l'effet d'un propos délibéré ou d'une volonté mauvaise plutôt qu'une manifestation pathologique. Si le malade est hospitalisé, on lui offre d'abord sympathie et support mais si l'absence se prolonge, les visites s'espacent puis cessent tout à fait. Si le malade revenait alors à son foyer, on ne voudrait même plus croire à sa guérison et il n'y trouverait d'ailleurs plus sa place.

C'est parce qu'ils sentaient confusément pouvoir compter sur cette complicité que les gouvernements du siècle dernier ont fait passer la protection de la société avant la dignité du malade. C'est à eux que l'on doit ces législations rigoureuses qui régissent l'internement et la curatelle des biens des aliénés. C'est à eux que l'on doit la construction de ces gigantesques geôles où le malade est réduit à l'état de numéro. C'est à eux que l'on doit l'habitude de se décharger de l'administration de ces institutions sur des communautés religieuses ou des corporations indépendantes à qui l'on se contente, une fois par année, de distribuer une maigre pitance, tout juste nécessaire à maintenir les malades en vie. Les gouvernements actuels peuvent certes décliner toute responsabilité en ce domaine, mais tant qu'ils n'auront pas élaboré une nouvelle politique, ils devront poursuivre et appliquer celle de leurs devanciers.

Passons maintenant à l'institution psychiatrique elle-même. Si les familles et l'État pensent à se protéger de l'aliéné plus qu'à le traiter, il n'en peut être autrement des administrateurs qui les représentent. Le malade devient alors un évadé en puissance dont il faut prévoir les mouvements et qu'il faut empêcher de sauter le mur. C'est la raison des portes massives, verrouillées à double tour, des grilles, des barreaux, des policiers à l'entrée de l'institution, du décompte quotidien des pensionnaires. C'est pourquoi on compte également tant de gardiens. S'il est dangereux pour la société, l'aliéné peut aussi être dangereux pour le personnel, pour les autres pensionnaires et aussi pour lui-même. Il peut lui arriver de s'agiter, de crier, de frapper. Comme on ne peut faire appel à sa raison, il ne faut pas discuter avec lui mais le menacer, le contraindre ou le punir. D'où la camisole de force, l'emploi des drogues sédatives, l'intervention des gardiens, la mise au cachot, l'isolement, les privations de nourriture. S'il se trouve un gardien sadique pour abuser de sa force, il peut toujours plaider légitime défense et d'ailleurs la parole d'un salarié vaut plus que celle d'un aliéné. Il est d'ailleurs préférable que de tels incidents ne se produisent pas et pour cela d'instituer un ordre strict et prévenir les pensionnaires de ce qui les attend s'ils ne s'y conforment pas. Comme on a de plus affaire à des êtres diminués, dépossédés de leurs droits civils, on peut les faire marcher à la baguette, comme des enfants, les vêtir à la bonne franquette sans se soucier de leur fierté, leur imposer des loisirs que l'on sait bons pour eux. Étant donné que leur dérangement mental n'altère en rien leurs forces physiques, il n'est que normal de diminuer les frais de gestion en les occupant aux cuisines ou aux champs ou ailleurs selon les besoins, sans qu'il paraisse nécessaire de s'enquérir de leurs goûts, de demander leur permission ou de les rétribuer.

C'est la logique du système. Il dépasse les individus. La charité peut l'adoucir mais ne peut en changer l'orientation.

Poussons maintenant ces prémisses jusqu'à leurs conclusions. Si l'aliéné est un pensionnaire avant d'être un malade, le psychiatre doit subordonner son optique à celle de l'administration. Tout médecin qu'il est, le surintendant est d'abord l'officier gouvernemental chargé de l'observance de la loi. C'est le seul domaine où il possède une autorité absolue. Quant aux sommes distribuées par l'État, elles deviennent la propriété de l'administration qui en dispose à sa guise. Le surintendant médical n'a pas droit de regard sur le budget. On peut ne pas le consulter sur la détermination des crédits affectés à l'organisation des soins : rémunération du personnel, augmentation des cadres, aménagement de nouveaux locaux, expansion des services, etc. Si son pouvoir est aussi limité dans le domaine médical, il l'est encore plus dans tous les autres : nursing, gardes, nourriture, occupation des malades, dont l'importance pour le climat thérapeutique d'un hôpital est pourtant évidente. Au niveau des salles, la ligne de partage des pouvoirs est identique. La salle est une société stable dont l'officière a le contrôle. C'est elle qui commande à l'infirmière, aux gardiens, qui règle l'horaire des activités quotidiennes, qui demande à tel ou tel malade d'astiquer les parquets, de nettoyer les carreaux, de repriser les vêtements ou de faire ses courses, qui est appelée à trancher en cas de conflit ou de querelle, qui organise les loisirs, etc. Le psychiatre est un visiteur. Il ne pourrait d'ailleurs connaître les 500 ou 600 malades qui vivent dans les salles qui lui sont assignées. Il est reçu dans la salle mais ne peut s'y intégrer. On ne lui communique que ce que l'on croit utile. Malgré toute la déférence qu'on a pour lui, on s'opposera, souvent avec succès, à ce qu'il transfère un « travaillant » dont l'état mental s'améliore. Il est rare de trouver un malade lent, confus ou régressé au travail alors que c'est probablement lui qui en aurait le plus besoin. Si un malade s'agite, on « dérange » rarement le médecin et l'officière « prescrit » elle-même le sédatif approprié. Les schèmes de référence du psychiatre et de l'officière sont d'ailleurs très différents. L'officière pense et agit en fonction de l'ordre, de la sécurité et du code moral. Le psychiatre vise pour sa part à comprendre son malade et à le réhabiliter. L'officière dira par exemple « c'est une bonne malade » là où le médecin pensera « c'est une débile mentale » ; ou encore elle dira « elle est calme » là où le médecin pensera « c'est une catatonique ». Mais la logique du système veut que ce soit l'optique de l'officière qui l'emporte.

Le psychiatre n'a d'ailleurs qu'à battre lui-même sa coulpe. C'est lui qui au XIXe siècle a conclu au caractère héréditaire et dégénératif de la maladie mentale, qui a affirmé son incurabilité, qui a sanctionné de son autorité le défaitisme et le nihilisme thérapeutique, qui a inspiré les lois d'internement et de curatelle, qui a poussé à la construction de ces villes fermées auxquelles on a donné le nom d'asiles pour bien montrer que la médecine n'y avait plus droit de cité. Nous savons maintenant que c'était là une erreur, mais cette erreur s'est incarnée dans des lois, des structures physiques, des attitudes et un système qu'il sera bien difficile de transformer. Il ne suffit pas pour cela de donner le nom plus noble d'hôpital psychiatrique à l'ancien asile. Il faut qu'à ce nouveau nom corresponde une réalité nouvelle, qui permette à la science psychiatrique de produire tous ses fruits.

Cette entreprise de rénovation est déjà commencée dans plusieurs pays. Revues scientifiques, congrès, conférences de recherche nous en rapportent régulièrement les progrès. Il est maintenant prouvé que la structure asilaire reflète une conception archaïque et dépassée de l'assistance. À l'hôpital mental aussi bien qu'à la clinique, le traitement du malade est efficace pour peu que l'on s'y consacre, pour peu que l'on mette en œuvre toutes les ressources offertes par les techniques médicales et psychiatriques. L'introduction dans le service d'un esprit curateur et d'une activité médicale rationnelle ont à eux seuls permis d'accroître le nombre des guérisons, d'accélérer le mouvement des sorties et d'abréger la durée d'hospitalisation des malades.

Les maladies chroniques ne sont pas, elles non plus, fatalement incurables. Aux symptômes spécifiques de la maladie, qui peuvent d'ailleurs s'être atténués à l'insu du personnel de garde, s'ajoutent ceux de la déshumanisation qu'amène forcément la prolongation d'une existence aussi morne que désespérée. Lorsqu'on les traite avec respect et qu'ils bénéficient de traitements appropriés, beaucoup de ces malades peuvent être rendus à leur milieu social et familial, même après une longue évolution des troubles.

Les diverses étiologies des cas de déficience mentale doivent être mises en lumière si l'on veut travailler efficacement à leur prévention et à leur traitement. Tous les arriérés doivent développer au maximum les potentialités qui leur restent afin de trouver le degré de bonheur qui leur est accessible et ne pas devenir un passif pour la nation. Dans ce but, on construit déjà un plus grand nombre d'hôpitaux-écoles, on recrute et on forme un personnel spécialisé plus nombreux, on recherche des techniques éducatives plus appropriées. On recommande de même des hôpitaux spéciaux pour les psychopathes et des unités psychogériatriques attrayantes pour les malades âgés.

Les nouveaux hôpitaux seront des hôpitaux régionaux de pas plus de 300 lits, qui dispenseront leurs services à proximité de la résidence du malade et assureront ainsi la continuité du traitement. Dans les régions rurales, cet hôpital deviendra le centre médical sur lequel viendront se greffer cliniques de dépistage, services externes, foyers nourriciers, résidences pour vieillards, etc. Dans les régions urbaines, il constituera un des maillons indispensables d'un système hiérarchisé, comprenant agences sociales, psychiatres praticiens, cliniques spécialisées, centres de rééducation et de réhabilitation, unités psychiatriques d'hôpitaux généraux.

C'est dans le même esprit que l'on propose de diviser opérationnellement le grand hôpital mental actuel en trois ou quatre hôpitaux plus petits, possédant chacun leur service de traitement actif et leur service de traitement à long terme.

Ces innovations exigeront, bien entendu, un personnel médical et auxiliaire accru. Il importera donc de stimuler et d'appuyer par tous les moyens possibles, les universités et hôpitaux qui se consacrent à la formation du personnel spécialisé.

L'exemple de la Grande-Bretagne, où ces réformes sont maintenant appliquées systématiquement et où la législation vient d'être changée pour s'adapter aux besoins nouveaux, a prouvé d'une façon incontestable que cette politique est en même temps la plus humaine et la plus rentable. Lors du IIIe Congrès mondial de psychiatrie, le Dr Maclay, directeur national des services psychiatriques, a annoncé qu'en 1959 il y avait 8 000 patients de moins dans les hôpitaux mentaux qu'en 1954, et que si la tendance actuelle se maintient le pays aura besoin en 1976 de trois fois moins de lits psychiatriques qu'il n'en possède à l'heure présente. Le remède à l'encombrement n'est donc pas l'augmentation du nombre des lits, qui ne ferait que perpétuer et aggraver les maux que l'on déplore. La véritable solution réside dans l'instauration d'un système nouveau, qui redonne au malade sa dignité et la chance d'être traité comme il se doit.

Peut-être est-il opportun de méditer en conclusion l'exhortation qu'adressait récemment S. Exc. le cardinal Paul-Émile Léger au Comité des hôpitaux du Québec : « Si l'hôpital garde encore son caractère privé quant à la propriété, il est devenu un problème d'ordre social... Au seuil de cette ère nouvelle, il est impossible de renverser la vapeur: il faut sortir de l'ornière des habitudes acquises et des idées préconçues... Qu'un accident arrive dans un hôpital, qu'un malade y soit mal reçu, tout de suite le pays le saura. L'hôpital n'a plus le droit de se tromper et s'il se trompe, il sera jugé par l'opinion publique. Les hôpitaux catholiques sont une richesse, mais il ne faut pas croire que cet aspect spirituel et surnaturel puisse nous dispenser d'un effort de réflexion et d'une étude attentive des problèmes★ ». Ce sont là paroles graves, qui s'appliquent on ne peut mieux à la situation présente. Puissent-elles inspirer les actes qui s'imposent !

Camille LAURIN, M.D.
Professeur agrégé et directeur du département
de psychiatrie à l'Université de Montréal

★ *La Presse*, 29 janvier 1961.

Discours de deuxième lecture prononcé par Camille Laurin

à l'Assemblée nationale le 19 juillet 1977 à l'occasion de l'adoption du projet de loi 101

Projet de loi n° 101
Charte de la langue française
Deuxième lecture
Monsieur Camille Laurin

La construction du Québec français, dont cette loi annonce la naissance officielle au monde, a été une œuvre de patience, de courage, de fierté qui témoigne de la force de l'esprit humain et des qualités de l'homme québécois.

C'est en ce sens qu'elle a suscité l'étonnement et l'admiration de tous les spécialistes en sciences humaines qui en ont fait l'objet de leur étude. Ils comprennent difficilement comment ce peuple qui forme une enclave minuscule dans le grand tout anglophone nord-américain a pu survivre, se maintenir et encore plus se développer et s'épanouir envers et contre toutes les lois politiques, économiques, démographiques et sociologiques. Ils ont parlé d'anachronisme, d'accident de l'histoire, de hasard, de chance et même de miracle, parce que ce peuple était voué, logiquement, à la disparition, qu'il l'a frôlée à plusieurs reprises, et qu'en un sens il y aurait trouvé autant de profit que ces millions d'immigrants qui ont troqué leur identité pour une nouvelle appartenance qui a comblé leur rêve de richesse et de puissance.

Mais le peuple québécois a refusé ce choix et il a utilisé ses dynamismes internes autant que les éléments de la conjoncture historique pour imposer sa volonté de rester lui-même à ses maîtres ou adversaires successifs. Déjà, avant 1760, il renâclait contre la tutelle de Paris et réclamait une plus grande marge d'économie. Amputé de ses élites en 1763, il réussit quand même à obtenir de Londres, en 1774, en retour de l'appui dont il l'assurait dans sa lutte contre ses colonies américaines en instance de révolte, la consécration définitive du caractère français du Québec et le droit d'y vivre selon ses lois et coutumes.

Il est vrai que, dès ce moment, il abandonne au conquérant britannique une hégémonie économique et commerciale qui ne fera que s'amplifier. Mais il se replie pour un temps dans des secteurs et un espace qu'il peut développer dans la ligne de son génie propre.

En 1791, il accède à un pouvoir politique limité et envoie ses premiers représentants à l'Assemblée législative. Dès 1832, il réclame la totale responsabilité du Parlement face à l'autocratisme du gouverneur qui représente et défend les intérêts de la minorité anglophone. Demande prématurée qu'il n'a pas la force de soutenir et qui est écrasée par les armes. C'est à ce moment que Durham décrit la situation en ces termes : « Two nations warring in a single state » et qu'il préconise l'union du Bas-Canada et du Upper-Canada, convaincu que le second ne peut qu'assimiler le premier. Et pourtant le calcul est déjoué.

En s'appuyant sur la volonté populaire, les hommes d'État francophones jouent d'habileté et réussissent à conserver au Bas-Canada son identité et son administration. L'Église catholique crée, à la même époque, un réseau d'institutions scolaires et sociales exclusivement francophones dont elle s'assure la maîtrise.

En 1864, il est devenu évident que l'Acte d'Union n'a pas atteint son but. Mais les anglophones canadiens sont devenus entre-temps majoritaires. Ils rêvent de développer le pays d'un océan à l'autre, à leur profit exclusif, au nom d'un capitalisme industriel qui en est à la ferveur de ses débuts. le Bas-Canada, auquel ils sont constitutionnellement et politiquement liés, constitue désormais un boulet, une entrave dont il faut se débarrasser. Pour avoir les mains libres, on consent aux quelques sacrifices qui s'imposent. Le Québec devient une province qui gardera la maîtrise de son administration locale et son identité française.

On n'impose cependant qu'au seul Québec l'obligation du bilinguisme législatif et judiciaire ainsi que celle du maintien d'un système scolaire pour les protestants. Le nouveau gouvernement central s'attribue, pour sa part, les seuls pouvoirs qui comptent pour le développement économique et industriel ainsi que le pouvoir de dépenser et les pouvoirs résiduaires.

Le nouveau régime produit rapidement ses effets. Grâce à un afflux considérable d'immigrants qui grossissent la majorité anglophone, de nouvelles provinces se créent, que relient de l'Atlantique au Pacifique deux grandes lignes ferroviaires. On écrase partout les minorités francophones. L'Ontario contrôle le nouveau gouvernement central à son profit. Durant ce temps, le Québec a terminé son peuplement des zones agricoles. Il déverse son trop-plein dans les provinces voisines et dans les États américains limitrophes.

Il s'urbanise pour la même raison et, parce qu'il ne contrôle rien ou presque sur le plan de l'économie, il ne peut que fournir, aux nouveaux établissements industriels et commerciaux, la main-d'œuvre non qualifiée et bon marché dont ils ont besoin. La pauvreté relative des francophones ne fait que s'accroître. Ils courent maintenant un risque nouveau, celui de s'aliéner et de s'assimiler dans un milieu de travail où l'anglais est omniprésent, dominant et prestigieux.

Les deux guerres mondiales ne font que favoriser l'essor industriel canadien et l'hégémonie économique anglophone. À la faveur de la dernière, Ottawa s'approprie l'impôt sur le revenu des provinces, s'arroge le droit d'élaborer les grandes politiques sociales, puis scientifiques, puis culturelles que la Constitution avait pourtant réservées aux provinces.

Cette évolution dynamique et rapide a signifié richesse et prospérité pour tous les Canadiens. Le Québec, à l'instar de toutes les autres provinces, aurait, selon les anglophones, dû le comprendre, s'en féliciter et peut-être même commencer à se fondre dans le creuset de ce merveilleux Canada en devenir.

Il s'est trouvé, effectivement, quelques francophones pour entonner ce péan et renoncer plus ou moins à leur identité. Mais, pour la majorité, les réticences, réserves, objections sont toujours demeurées plus importantes que le consentement. La fidélité et la résistance se sont maintenues.

Pour contrer l'influence anglicisante du milieu du travail, du commerce, des affaires, des médias de communication et de l'affichage, la classe ouvrière a recréé à la ville ses paroisses et ses quartiers, maintenu pour l'essentiel ses habitudes, coutumes, genres de vie, liens familiaux et institutionnels ainsi que ses modes de pensée et ses systèmes de valeurs.

Elle y était encouragée ainsi que tous les francophones par le leadership longtemps incontesté d'un clergé pour qui la langue française demeurait la gardienne de la foi. Les hommes politiques, de leur côté, ne cessaient de parler d'autonomie et d'exalter le particularisme québécois. Avec l'augmentation du niveau de vie et de l'instruction et par suite d'une conscience toujours plus aiguë des problèmes sociaux et des carences économiques du milieu, on vit se créer et grandir rapidement, sous l'impulsion d'hommes d'Église, d'économistes, de professionnels et de nouvelles élites populaires, un mouvement syndical, des coopératives de crédit, de production agricole, des entreprises familiales, des mouvements de jeunesse et des corps organisés qui portaient la marque distinctive de la culture francophone.

Pendant que la majorité faisait ainsi ses classes sur le plan économique, la minorité anglophone progressait à pas de géant grâce au mouvement acquis, à sa position de force, à ses capitaux, à l'appui fédéral, aux multinationales américaines et à l'afflux des immigrants qu'elle parvenait à intégrer ou à assimiler presque totalement.

Mais, à force de se faire répéter que cet écart était dû à leurs propres déficiences et ne pourrait que se creuser aussi longtemps que le Québec continuerait à vivre dans le Moyen Âge, « in backward and priest-ridden province », avec un système scolaire désuet où l'instruction n'était disponible qu'aux élites, les francophones finirent par se laisser convaincre.

Ce fut la révolution tranquille. À coups de milliards, l'État modernisa le système d'éducation à tous les niveaux et le rendit accessible à tous. Il fit de même pour les hôpitaux et les services sociaux. Il nationalisa avec succès les entreprises hydroélectriques et créa plusieurs sociétés d'État dans les secteurs primaires et secondaires de l'économie.

Le développement économique, social et culturel de la collectivité francophone s'accéléra en flèche, mais dans le secteur privé le milieu de travail n'en resta pas moins anglophone, avec toutes les inégalités culturelles et sociales d'antan, les mêmes barrières linguistiques en ce qui concerne l'accession aux postes supérieurs, les mêmes écarts de revenus entre les anglophones unilingues, au sommet, et les francophones, au dernier rang, après toutes les catégories d'immigrants.

Obligé, malgré tout, de constater qu'il avait atteint la limite de son pouvoir et de ses ressources, le Québec n'en continuait pas moins d'affirmer avec énergie qu'il voulait être maître chez lui. Il lui fallait, pour cela, obtenir d'Ottawa les pouvoirs et les ressources que celui-ci s'était arrogés et possédait en surabondance.

Il n'a jamais cessé depuis de les réclamer, d'une façon plus ou moins gourmande, avec toutes sortes de formules et de techniques, ouvertement ou en cachette, tantôt en lion, tantôt comme un tigre de papier, tantôt comme un chien couchant, mais toujours en vain et devant même céder du terrain depuis l'avènement de Pierre Elliot Trudeau.

De ce raccourci historique, il faut tirer deux conclusions majeures qui indiquent au Québec la voie qu'il lui faut suivre.

La première conclusion est la suivante. La nation canadienne s'étend désormais « coast to coast », à la satisfaction profonde des anglophones qui y trouvent profit et fierté. Cet exploit a été réussi par un pouvoir central qui n'a cessé de gagner en force.

Pour les anglophones canadiens, y compris ceux du Québec, il est essentiel que cette force soit maintenue.

Le gouvernement fédéral doit donc demeurer le « senior government » devant lequel s'inclinent tout naturellement les gouvernements provinciaux qui en constituent une sorte de succursale ou de subdivision administrative. L'allégeance « Canadian » passe avant celle de « Westerner », d'« Ontarian » ou de « Quebecer », surtout en période de danger ou de crise. On se sent chez soi partout entre ces deux océans et on s'y déplace avec aisance, avec un sens très sûr de l'orientation, selon ses goûts ou ses besoins, pour le temps qu'il faut. Ceci n'empêche aucunement le « Manitoban » ou le « Quebecer », surtout quand le ciel est au beau fixe, de nourrir une prédilection particulière pour le morceau de maison qu'il habite et qu'il a décoré ou meublé à sa convenance. Il faut préserver à tout prix cet équilibre merveilleux, le transmettre à ses enfants, et surtout le protéger contre toute menace autonomiste qui pourrait l'altérer ou le rompre.

La deuxième conclusion est non moins évidente. Le peuple francophone aurait pu trouver sa place et son profit en ce monde idyllique s'il avait consenti à renoncer à son identité et à adopter, à plus ou moins long terme, celle du peuple « Canadian ». C'est ce que font d'ailleurs en nombre croissant les francophones hors du Québec, sauf peut-être et encore ceux du Nouveau-Brunswick et de quelques coins de l'Ontario. Tout y est à ce point massivement anglais qu'il leur paraît impossible et inutile de mener un combat où ils ont tellement plus à perdre qu'à gagner pour eux-mêmes et surtout leurs enfants sur le plan économique et social.

Mais il n'en va pas de même pour les francophones du Québec. Il fut un temps où le Canada tout entier ou presque et une partie de l'Amérique leur appartenaient et ils en gardent une fierté nostalgique qui fait partie de leur âme collective. Dépossédés de la terre qu'ils avaient explorée et du nom qu'ils lui avaient donné, ils gardent cependant leur base de départ où, après plus de 300 ans d'épreuves et de luttes, ils constituent encore la très forte majorité.

De fait, il ne leur reste plus que le Québec. Qu'ils aient tort ou raison, il semble bien qu'ils aient décidé de le maintenir et de le développer dans la ligne de leur histoire, de leur culture et de leur génie propre, quels que soient le prix et les sacrifices dont il faudra payer ce goût, cette fidélité et cette volonté. C'est là un fait, un fait encore plus têtu que toutes les théories fonctionnelles par lesquelles on veut leur prouver qu'ils auraient pourtant tout intérêt à opter pour un fédéralisme moderne, rentable, raisonnablement décentralisé, à la mesure des grands ensembles aussi bien américains qu'européens. Leur instinct leur dit qu'il n'y a là que miroir aux alouettes, bloc enfariné, quadrature du cercle, et ils continuent inlassablement, confusément, maladroitement parfois, d'exiger une portion toujours plus grande de souveraineté.

Aux provinces anglophones qui demandent : What does Quebec want ? les francophones du Québec répondent maintenant : Une patrie ! De par ces amputations successives, cette patrie qui a toujours existé se limite maintenant au Québec. Le Québec est une nation à plus de titres que bien d'autres nations, y compris le Canada, parce qu'il en possède depuis longtemps tous les attributs : un territoire, une langue, une culture, des institutions, une histoire et surtout un vouloir vivre et un projet collectif. Le Québécois francophone est attaché à cette nation par toutes les fibres de son être ; il était Canadien alors que le Canada se limitait au territoire du Québec ou se situait dans son prolongement. Depuis qu'il en a été dépossédé et éliminé, il est d'abord Québécois, et puis, un peu ensuite, vaguement Canadien par un reste de conditionnement.

Le gouvernement dont il se sent le plus proche, c'est le gouvernement québécois. Dans les conflits qui peuvent opposer le gouvernement fédéral au gouvernement québécois, il prend toujours partie d'instinct pour celui-ci, quelles que soient ses allégeances partisanes et l'admiration qu'il peut nourrir, par ailleurs, pour les Laurier, Saint-Laurent et Trudeau. S'il s'est comporté en Québécois tout au long de son histoire, il ne le fera que davantage encore dans l'avenir, car il est de plus en plus fier de son pays, de la langue qu'il parle et qui est celle d'une des plus grandes civilisations du monde, de sa culture dont la vitalité et le dynamisme éclatent enfin dans plusieurs domaines.

Les institutions qu'il s'est données et qui portent sa marque, le rythme uniformément accéléré de son évolution, de son humanisme et de son ouverture au monde, l'estime qu'il a de lui-même, sa confiance en soi et son espoir ne cessent de grandir, ce qui ne l'empêche pas de reconnaître, par ailleurs, ses faiblesses, ses lacunes et surtout tout ce qui le sépare encore de l'objectif qu'il s'est fixé. Le sort en est donc jeté. Le Québec veut rester lui-même. Il ne deviendra jamais le « junior government » d'un gouvernement fédéral qui sera toujours trop niveleur et centralisateur à son goût. Il ne pourra pas s'empêcher d'être le greffon qui nuit à la santé et menace même la vie du régime constitutionnel canadien.

Autant alors en tirer les conséquences et poser les gestes rationnels qu'exige la situation. Le Québec se doit de parachever, sur tous les plans, la nation qu'ils constitue, de se donner les pouvoirs et les ressources qui lui sont nécessaires à cet effet et de rechercher avec la nation voisine, sur la base de l'intérêt et de l'amitié, les meilleurs relations et accords possible. C'est dans cette perspective que se situe la politique linguistique du gouvernement. C'était le premier geste à poser, car la langue est le fondement même d'un peuple, ce par quoi il se reconnaît et il est reconnu, qui s'enracine dans son être et lui permet d'exprimer son identité.

Il le fallait aussi parce que cette langue est menacée dans sa qualité par suite de la dévalorisation qu'a entraînée la situation coloniale du peuple québécois et parce qu'il faut aussi rétablir dans leurs droits ceux des francophones qui ont été l'objet de discrimination ou d'injustice du fait qu'ils parlaient la langue de leur pays. Il nous faut rejeter ici les attitudes, suggestions et solutions fédérales. Les efforts d'Ottawa n'ont pas empêché l'anglicisation massive des francophones hors du Québec. Nous avons payé des centaines de millions pour augmenter le nombre des francophones dans la fonction publique fédérale où ils sont encore largement minoritaires. Par la faute d'un pouvoir central impuissant ou complice, les gens de l'air ne peuvent pas parler français entre eux au Québec et les employés francophones d'Air Canada, du Canadien national, des Ports nationaux, etc., sont trop souvent obligés de travailler encore en anglais dans leur propre pays. Ottawa a même tenté de bilinguiser tous les coins du Québec qui comptaient 10 % d'anglophones. Il a même voulu faire du Québec tout entier un district bilingue. Nous dénonçons et rejetons toutes ces politiques, ainsi que le libre choix de la langue d'enseignement que M. Trudeau cherche maintenant à nous imposer par tous les moyens.

Nous rejetons également la philosophie de la loi 22 qui poursuivait, à la fois, deux objectifs opposés et inconciliables en voulant faire du français la langue officielle de l'État national du Québec, pour ensuite bilinguiser celui-ci sur tous les plans en le considérant comme la succursale provinciale d'un régime fédéral centralisé et unitaire. Il nous faut choisir enfin. Pour nous, le choix est clair. Malgré les minorités qu'il a pu s'adjoindre au fil des siècles, minorités qu'il respecte et dont il recherche les apports, le Québec est depuis toujours et entend demeurer essentiellement français. Il s'est d'abord appelé Nouvelle-France. Le conquérant britannique a reconnu ensuite le Québec comme héritier de la tradition de la Nouvelle-France et, à ce titre, comme un pays distinct, avec statut particulier au sein de l'Empire.

L'entrée au Québec d'immigrants de diverses origines n'a jamais brisé la continuité historique de ce pays distinct, ni son unité juridique et politique. La langue du peuple québécois, pris globalement comme un être collectif, c'est le français depuis les origines, ce qui n'exclut pas l'existence ou le maintien de langues maternelles multiples, comme langues d'usage dans la vie privée et dans les activités de groupes ethniques particuliers. Les Amérindiens et les Inuits sont les seuls qui puissent, à certains égards, se considérer comme des peuples distincts de la totalité québécoise et exiger en conséquence un traitement juridique particulier.

Tous les autres groupes sont les héritiers d'immigrants de plein droit et de plein devoir et donc les cohéritiers de la tradition juridico-politique et socioculturelle commune à l'ensemble du peuple québécois. Pour le Québec, il ne peut donc plus être question de bilinguisme sur le plan officiel et institutionnel. Parce qu'il est dominé économiquement chez lui et politiquement à Ottawa par le pouvoir anglophone, sans parler de la pression culturelle qu'exerce sur lui un continent massivement anglophone, une bilinguisation progressive ne pourrait l'entraîner, à plus ou moins long terme, que vers la dislocation culturelle et l'anglicisation.

Par ailleurs, il a droit à sa langue nationale et il est normal qu'il l'utilise pour s'exprimer et s'affirmer dans toutes les sphères de sa vie collective, comme le font depuis longtemps tous les autres pays, y compris le Canada anglais.

Il a aussi besoin d'une langue commune pour assurer la cohésion de la communauté québécoise et le fonctionnement normal, harmonieux et efficace de ses institutions.

Dans un pays à forte majorité francophone, cette langue commune ne peut être que le français. Pour assurer enfin la participation démocratique de tous les Québécois à la vie économique et politique du Québec, l'État doit s'assurer que cette vie économique et politique se réalise pour l'essentiel dans la langue de la majorité et, d'autre part, assurer le meilleur apprentissage possible de cette langue à tous les Québécois, sans exception.

Ce sont tous ces gens que connote l'emploi des mots « langue officielle » et qui rendent nécessaire, sur le plan institutionnel l'emploi du français comme langue de l'État et de la loi, langue normale et habituelle du travail, de l'enseignement et des communications.

En commission parlementaire, à Ottawa et dans certains éditoriaux, on nous a objecté que c'était là porter atteinte au caractère biculturel du Québec et aux droits acquis de l'importante communauté anglophone du Québec.

Il serait facile de démontrer en citant, par exemple, les discours de Pitt, Burke et autres parlementaires britanniques à la Chambre des communes de Londres en 1774 que le conquérant britannique lui-même n'a jamais accordé de droits distincts aux anglophones du Québec et qu'il leur a imposé tout au contraire de se soumettre aux lois du pays français où ils avaient choisi de s'installer. Il est donc évident que sur les plans constitutionnel et juridique, les Anglo-Québécois n'ont pas de droits distincts comme communauté distincte du peuple québécois.

Par ailleurs, il n'y a pas que deux communautés au Québec. Que l'on se base sur le critère de l'appartenance religieuse, de l'origine ethnique, de la langue maternelle ou de la langue d'usage, il existe des communautés nombreuses et diverses.

On parle enfin des 18 % ou 20 % d'anglophones du Québec, mais aucune donnée des derniers recensements ne nous permet d'arriver à l'un ou l'autre de ces chiffres. Si l'anglophone se définit selon le critère de la langue maternelle, il y avait, en 1971, 13 % d'anglophones au Québec. S'il se définit selon le critère de la langue d'usage courant au foyer, il y avait 14,7 % d'anglophones.

Remarquons aussi que si l'on met ensemble ceux dont la langue maternelle et la langue d'usage sont autres que le français et l'anglais, on obtient 6,5 % de la population totale. À Montréal, près de 40 % des élèves des niveaux élémentaire et secondaire sont inscrits à l'école anglaise, mais plus de la moitié appartiennent à des groupes ethniques divers que l'on ne peut assimiler purement et simplement aux anglophones.

Si on ne reconnaissait comme anglophones que les personnes qui savent s'exprimer en anglais, mais non en français, il n'y aurait alors que 10,5 % d'anglophones, mais si on ajoute à ceux dont l'anglais est la langue maternelle ou d'usage, ceux qui ayant une autre langue maternelle ou d'usage, savent cependant s'exprimer en anglais, mais non pas en français, on obtient 17,1 % de la population totale du Québec.

Ceci témoigne certes de la force d'attraction d'une minorité qui profite de son hégémonie économique, mais ceci ne permet pas à celle-ci de tronquer les faits, de les interpréter à son avantage et de s'en servir en porte-à-faux comme instrument de revendication.

Pour nous, la minorité anglaise est importante, mais elle n'est pas la seule et unique minorité. Au nom des droits de la personne et d'un universalisme fraternel, on nous reproche également notre ethnocentrisme. Il est assez ironique de constater que MM. Trudeau et Lalonde dénoncent au Québec ce qu'ils pratiquent eux-

mêmes généreusement au Canada. Ils imposent, par exemple, à
Radio-Canada et autres organismes culturels qu'ils alimentent à
coup de centaines de millions, de promouvoir l'unité canadienne.
Ils tamisent les investissements américains au Canada. Ils font la
vie dure aux périodiques américains de grand prestige et tout cela
au nom de la sécurité culturelle canadienne.

Ils ne manquent aucune occasion de fouetter le nationalisme
canadien et de nous mettre en garde contre une américanisation
envahissante. Mais cette illustration d'un travers humain, dont
parle déjà l'Évangile dans l'apologie de la paille et de la poutre et
le grand fabuliste La Fontaine, dans *Les Animaux malades de la
peste*, n'a plus de quoi nous surprendre.

Comme le disent Jean Proulx et Yves Mongeau dans le *Jour*
du 1ᵉʳ juillet, « ce qui est vice chez le colonisé est vertu chez le
colonisateur. » Ce qui est ethnocentrisme au Québec devient
affirmation culturelle au Canada.

Dans le *Jour* du 8 juillet, Garon-Audy et Vandicke affirment
de leur côté qu'il n'y a pas de valeur morale supérieure au discours universaliste.

Celui-ci favorise le pouvoir en place, les coutumes des
patrons, la cooptation des élites, la monopolisation des statuts
sociaux, supérieurs, le réseau institutionnel bien fourni et les
canaux existants de communication et d'information.

C'est toujours le groupe dominant qui profite du laisser-faire
de l'État. L'universel, c'est la langue du dominant dans les
affaires, la technologie, la science, etc. Il en a toujours été ainsi.
L'humanisme abstrait ne peut servir que les intérêts du groupe
dominant. Il ne veut s'en tenir qu'aux droits formels et prétend
ignorer les déterminants sociaux, les rapports concrets de forces
qui en règlent et conditionnent l'exercice.

Les privilèges de la minorité anglo-québécoise sont ainsi le
fruit d'un rapport de force historique et accidentel, mais celle-
ci tente de masquer ce fait incontestable et elle cherche surtout
à le perpétuer en le présentant comme l'expression d'un droit
formel qu'il faut maintenir au nom des intérêts supérieurs de
l'humanité.

Cette idéologie prend racine dans les thèses de Stuart Mill, de Hume, des encyclopédistes français et de tous leurs disciples. Or, il est devenu clair que le respect des droits individuels, entendus au sens de cette idéologie libérale, devient un mensonge et une hypocrisie si on ne tient pas compte des inégalités sociales qui en limitent l'exercice. Dans la défense de ses droits, le riche est mieux armé que le pauvre, le patron que l'employé et, ici au Québec, l'anglophone que le francophone.

Le respect purement formel des droits individuels risque ainsi d'être un moyen de protéger les privilèges d'une minorité mieux nantie aux dépens d'une majorité des citoyens qui ne peuvent bénéficier des mêmes droits parce qu'ils n'ont pas les mêmes ressources économiques. En ce sens, il est vrai de dire que c'est la liberté qui opprime et la loi qui libère, car seul l'État possède la responsabilité, le droit et surtout le pouvoir d'atténuer, de corriger et d'éliminer ces inégalités qui constituent, pour plusieurs, une entrave à l'exercice de leurs droits individuels.

C'est le moment de dire qu'en légiférant sur les droits du français au Québec le gouvernement n'entend nullement placer en situation de supériorité, fût-ce au nom de la majorité, le groupe culturel francophone. La culture francophone n'est ni supérieure ni inférieure aux autres. On l'a dit et redit dans le livre blanc et ailleurs. C'est à partir de la situation inférieure de la langue française dans le contexte canadien et américain, à partir de la situation de sujétion économique de ceux qui la parlent que la loi, travail de la justice, doit en renforcer le statut.

Bien loin de nier l'égalité de droits des diverses cultures, la loi en l'occurrence veut contribuer quelque peu à la rétablir. Ce faisant, elle s'inspire de la manière la plus concrète des principes mêmes qui sont à la source des droits de l'homme. S'il fallait, en effet, que la loi consacre, sous prétexte d'égalité, les situations existantes, elle consacrerait du même coup toutes les inégalités. Le droit ne se profile pas dans un univers d'entités abstraites, il est, dans un monde concret, tentative sans cesse reprise pour instaurer la justice et l'égalité.

Revenons maintenant à la loi. Après avoir conféré au français le statut de langue officielle, elle poursuit par une déclaration des droits linguistiques fondamentaux. Sur le plan des droits

collectifs, cette charte linguistique complète la Charte des droits
et libertés de la personne.

Pour bien montrer qu'il ne s'agit pas là de vaines déclarations
de principe, les sept chapitres suivants constituent une charte
des devoirs linguistiques où chacun de ces principes est développé en l'assortissant des obligations appropriées.

C'est d'abord sur l'État que retombe la première de ces obligations. C'est à lui qu'il revient, au premier chef, de traduire en
termes concrets les intentions de la charte, de donner l'exemple,
d'entraîner à sa suite tout l'appareil gouvernemental et administratif et de peser d'un poids décisif sur les actes, comportements
et habitudes de l'ensemble de la société. C'est là un des axes
majeurs de la loi et une condition essentielle de son efficacité.
Car l'action de l'État s'étend depuis les ministères jusqu'aux
municipalités et commissions scolaires qui en sont les composantes démocratiques, régionales ou locales, en passant par les
corporations publiques, commissions, offices et régies qui relèvent du gouvernement.

Par ailleurs, les lois, les règlements, les décisions, les directives
administratives touchent tous les secteurs d'activité et règlent de
plus en plus la vie de tous les citoyens. S'il ne peut y avoir qu'une
seule langue officielle qui est celle de la majorité, c'est d'abord à
ce niveau, et partout à ce niveau que cette officialité doit se manifester. La langue de l'État et de l'administration deviendra vite
alors, pour tous, la langue commune, indispensable et donc rentable, ce qui incitera et obligera tous les citoyens à la connaître et
à l'utiliser.

C'est bien pour cette raison fondamentale que le français
deviendra, par cette charte, la langue de la législation et de la justice, la langue des textes et documents qui émanent de l'administration, la langue des contrats, ainsi que la langue des communications internes et externes au sein de l'appareil gouvernemental
et administratif. Cette règle souffrira cependant certaines exceptions au bénéfice des individus et des organismes qui ne possèdent pas encore une connaissance suffisante de la langue officielle mais qui ont besoin des services de l'administration.

C'est à leur intention qu'une version anglaise des lois et

des règlements sera publiée. Les citoyens pourront également s'adresser à l'État et en recevoir une réponse dans leur langue. Les organismes scolaires anglophones pourront utiliser l'anglais comme langue de communication interne. L'administration pourra, dans certains cas, afficher en français et en anglais, dans les municipalités anglophones. Ces municipalités, ainsi que les organismes scolaires anglophones, auront enfin jusqu'en 1983 pour compléter le programme de francisation que prévoit la loi. Ces exceptions constituent une preuve marquée de la souplesse du gouvernement, du respect et du souci de justice dont il témoigne à l'égard de sa minorité anglophone.

Les ordres professionnels ont pour mission première de protéger et de servir le public. Ils exercent à cet effet les pouvoirs que leur délègue l'administration. Il convient donc qu'ils soient soumis aux mêmes règles et que leurs membres possèdent une connaissance appropriée de la langue officielle. C'est à eux qu'il incombera également de délivrer les permis restrictifs que l'État convient d'accorder aux professionnels étrangers dont les entreprises ont besoin, et qui n'auront pas à se soumettre aux examens linguistiques qu'administrent ces ordres.

Les hôpitaux et services sociaux constituent pour leur part des organismes parapublics, en ce sens qu'ils émargent au budget de l'État, qui doit par ailleurs régir leurs activités et les services qu'ils dispensent en fonction de l'intérêt public et du bien commun. Plusieurs sont anglophones et leurs clients anglophones ont évidemment le droit d'obtenir leurs services en cette langue, mais cette clientèle peut aussi être francophone et il arrive qu'elle soit considérable. Ces usagers possèdent évidemment le droit, eux aussi, de recevoir les services appropriés dans la langue officielle. Les employés francophones de ces institutions peuvent aussi être nombreux et chacun d'eux possède le droit de travailler dans sa langue. C'est pour ces raisons qu'il paraît justifié et nécessaire de soumettre les services sociaux et hospitaliers anglophones à des programmes de francisation, même s'ils doivent fonctionner en anglais pour le bénéfice de leur clientèle anglophone.

Le chapitre sur la langue du travail est lié à l'objectif global de la francisation sur lequel nous reviendrons. Cependant, nous avons jugé bon d'établir certaines dispositions impératives qui s'appliquent à l'ensemble des travailleurs. Si le droit du travailleur à exercer ses activités en français signifie quelque chose, il doit recevoir dans la langue officielle les communications que lui adresse son employeur. Le document essentiel que constitue pour lui sa convention collective doit être rédigé en français ainsi que toutes les sentences arbitrales, décisions et jugements rendus en vertu du Code du travail. Surtout, son droit au travail et à l'avancement ne doit plus être bafoué, comme c'est encore trop souvent le cas, par les exigences abusives et injustifiées de bilinguisme que peut lui imposer son employeur. Si celui-ci exige la connaissance de l'anglais par simple caprice, habitude, préjugé ou parti pris, que ce soit pour fins de congédiement, de rétrogradation, d'embauche ou de promotion, il aura à faire face à forte partie et il en supportera enfin lui-même les conséquences.

S'il y a un domaine où l'État doit intervenir en faveur du plus faible au nom du droit et de la justice, c'est d'abord celui-là. Il était temps qu'il assume enfin toute sa responsabilité.

De même, toutes ces dispositions devront faire partie de la convention collective, car le droit à la dignité, à l'usage de sa langue n'est pas négociable et ne saurait plus jamais constituer l'enjeu d'une grève. Cet article évitera, enfin, à l'employé de recourir aux tribunaux et d'assumer lui-même le fardeau financier de la preuve, puisqu'il pourra faire respecter son droit par la voie de simple grief.

Dans le secteur du commerce et des affaires, il faut penser davantage au client et il arrive que ce client soit anglophone, qu'il s'agisse d'un client québécois ou étranger. Il importe également de tenir compte des lois du marché, des modes de production de l'entreprise qui dessert le Québec et des économies d'échelle. Mais il importe avant tout de tenir compte du droit des consommateurs francophones, fortement majoritaires au Québec, d'être informés et servis en français. La présente loi respecte ces diverses exigences. Le client francophone trouvera toujours du français, soit exclusivement, soit en bonne place dans les inscriptions ou documents suivants : étiquettes, menus, catalogues, brochures, dépliants, modes d'emploi, garanties, contrats imprimés, formulaires de demande d'emploi, bons de commande, factures, reçus, quittances, ce qui était loin d'être le cas jusqu'à aujourd'hui.

Mais l'effort de francisation portera surtout sur l'affichage, la publicité commerciale et les raisons sociales. C'est là un autre axe majeur de la loi. S'il est un domaine où un vigoureux coup de barre s'impose, c'est bien celui-là. Depuis le temps lointain où le pouvoir anglophone s'est emparé du monde de l'entreprise financière, industrielle et commerciale, il y a imposé sa langue et les francophones ne s'y sont pas seulement ralliés, mais ils ont eux-mêmes poussé à la roue en payant à leur maître le tribut de l'imitation.

Déjà en 1830, Alexis de Tocqueville remarquait qu'à Montréal et Québec, et jusque dans les villages exclusivement francophones, toutes les affiches et enseignes commerciales étaient anglaises. Nous avons certes progressé depuis lors, mais le visage de Montréal et de plusieurs autres coins du Québec demeure beaucoup plus que de raison unilingue anglais ou bilingue. Or, il est anormal et aliénant pour un peuple que son pays lui renvoie une autre image que ce qu'il est, qu'il ne se retrouve pas dans le paysage physique qui le prolonge et fait partie de lui-même. En ce sens, l'âme québécoise n'a pas vraiment réussi à s'inscrire dans un paysage culturel aux traits qui lui correspondent, un peu comme une âme en exil qui compose avec les objets et les institutions qu'elle n'a pas produits.

Du point de vue qualitatif, il ne peut y avoir alors que danger pour la cohérence et l'originalité d'une culture qui devient hybride et dont l'identité se trouve occultée sous de multiples emprunts.

Il importe donc que cette société essentiellement française inscrive enfin son âme dans le paysage, dans les grandes structures et institutions de sa vie collective, non pas pour maquiller la réalité, non pas contre qui que ce soit, mais pour qu'elle se déploie d'une manière complète et visible, pour qu'elle se reconnaisse dans les signes extérieurs de son identité, et aussi pour hâter et préparer l'avènement du jour où le français deviendra effectivement et fondamentalement, au Québec, la langue de la vie économique.

Les particularismes culturels des minorités n'en seront pas moins respectés, de même que les habitudes des petites communautés ethniques de quartier. C'est pourquoi la loi a prévu à cet effet les exceptions appropriées. C'est le même effort systématique et vigoureux de francisation qui s'effectuera au niveau de l'entreprise. Et c'est là le troisième acte majeur de la loi. C'est dans ce secteur que se manifeste, en effet, au plus haut point et depuis le plus longtemps l'hégémonie du pouvoir économique anglophone. Cette hégémonie ne pouvait que produire, tout naturellement, les effets que nous connaissons : absence plus ou moins complète des francophones aux niveaux supérieurs de l'entreprise où se prennent les décisions qui affectent l'économie du pays ; nécessité pour les francophones, mais non pour les anglophones, d'allier à la compétence technique la connaissance d'une autre langue pour accéder aux postes intermédiaires de direction, aux emplois professionnels et même de bureau ; écart considérable de revenu entre les anglophones unilingues au sommet et les francophones unilingues au bas de l'échelle.

Anglicisation d'un milieu de travail où les communications horizontales ne se font qu'en anglais au sommet, où les communications verticales se font souvent en anglais entre la base et les niveaux intermédiaires ; obligation pour les francophones de se référer, pour leur travail, à des manuels anglais et d'utiliser une terminologie anglaise.

La somme de ces facteurs ne peut entraîner qu'une accumulation d'inégalités économiques, sociales et culturelles toutes aussi injustes et scandaleuses les unes que les autres pour les francophones. Bien que fondateurs du pays et fortement majoritaires, ils deviennent ou se perçoivent comme des minoritaires, locataires, étrangers, humiliés en instance de dépossession et aliénation progressives avec la tentation constante de passer avec armes et bagages du côté du plus fort. C'est au redressement énergique et rapide d'une telle situation que l'État doit prioritairement s'employer avec tous les moyens dont il dispose.

Le but visé est la francisation complète du milieu du travail.

L'objectif est clair. L'échéance est précise. Avant 1983, toutes les entreprises d'au moins 50 employés devront posséder un certificat de francisation qui atteste qu'elles ont élaboré et commencé d'appliquer, avec la participation de leurs employés, un programme défini de francisation. Ce programme vise à faire du français la langue normale et habituelle du travail à tous les niveaux de l'entreprise, chez les dirigeants et le personnel professionnel, dans la terminologie et la publicité, dans les communications internes et externes. Pour rester souple et respectueux des contraintes humaines, économiques et culturelles, des exceptions sont toutefois prévues pour certains employés anglophones, les entreprises culturelles anglophones, les sièges sociaux et les relations de l'entreprise avec l'étranger.

Comme pour toute autre loi, ces dispositions législatives sont assorties de sanctions légales appropriées. Il s'agit donc ici d'un changement social majeur et planifié. Si la formule incitative n'a pas été retenue, c'est qu'elle est trop lente en regard des actions urgentes qui s'imposent. Elle comporte aussi des risques d'incohérence et d'incoordination du fait qu'elle laisserait à chacune des entreprises le choix de planifier à son rythme et à sa manière au gré de ses résistances, oppositions ou fantaisies éventuelles. Mais le caractère obligatoire de la loi ne la rend pas nécessairement coercitive.

Toutes les entreprises nous ont dit qu'elles admettent l'objectif de la francisation et qu'elles entendent collaborer avec le gouvernement pour y atteindre dans les plus brefs délais. Le travail s'effectuera donc dans une perspective de concertation et d'harmonie. C'est au sein de l'entreprise que s'élaborera le programme de francisation selon un modèle, des objectifs et des échéances proposés par le comité de francisation de l'entreprise en fonction des contraintes particulières et des ressources humaines et matérielles qui sont les siennes.

Le premier rôle de l'Office de la langue française est de conseiller, d'assister ces comités d'entreprises, puis de mesurer l'adéquation des programmes proposés aux balises et objectifs établis par la loi. L'office est par ailleurs doté d'une direction collégiale et diversifiée, ce qui diminue les risques d'arbitraire et assure une représentation adéquate des divers intérêts sectoriels. Les règlements sont soumis pour avis au Conseil de la langue où siègent de nombreux représentants des divers milieux socioéconomiques. Les procédures d'émission, de refus ou d'annulation des certificats de francisation feront l'objet de règlements sur lesquels les entreprises pourront faire valoir leurs représentations avant qu'ils ne soient adoptés. Il y aura d'ailleurs appel des décisions de l'office en cette matière. Les entreprises pourront de même présenter au Conseil de la langue toutes observations pertinentes sur les difficultés éventuelles de l'application de la loi.

Quant à la Commission de surveillance, elle verra certes à faire respecter la loi, mais en laissant aux contrevenants le temps nécessaire pour prendre les mesures correctives appropriées.

Les fonctions de chacun des organismes sont ainsi clairement délimitées. Elles s'équilibrent, se coordonnent, visent la souplesse et l'assistance. On est ainsi bien loin de ce monstre autocratique et bureaucratique étouffant dont certains milieux ont essayé de faire un épouvantail pour mieux cacher leur opposition.

Ajoutons enfin que l'échéance de 1983 ne vaut que pour l'obtention des certificats de francisation et la mise en marche des programmes. Pour certaines entreprises où les contraintes sont particulièrement nombreuses et exigeantes, il est bien évident que le processus de francisation ne pourra être complété qu'à une date ultérieure établie conjointement par l'office et l'entreprise concernée.

Si elle n'est pas la seule ni même la plus importante facette de la politique linguistique, la question de la langue d'enseignement en est peut-être la plus délicate, d'abord parce qu'elle touche les parents dans ce qu'ils ont de plus cher, c'est-à-dire les rêves et projets d'avenir qu'ils forment pour leurs enfants, puis en raison des débats passionnés qui n'ont cessé d'avoir recours à ce sujet depuis quelques années. Le problème de la langue d'enseignement sera certes en bonne voie de solution lorsque l'administration, le monde des affaires et de l'entreprise se seront complètement francisés. Par l'effet d'entraînement normal de cette francisation accélérée sur tous les autres secteurs de la vie collective, il deviendra alors évident pour tous les citoyens, parents et enfants de tous âges que la connaissance du français s'impose comme gage de succès et de réussite, comme condition de participation à la vie collective et d'intégration à une société vivante, comme instrument d'épanouissement et de mieux-être individuel.

Mais ce temps n'est pas encore venu et c'est la situation présente qu'il nous faut aménager. La question fondamentale devient donc de déterminer selon quels critères sera réglementé l'accès à l'enseignement anglophone. Depuis que nous connaissons les effets catastrophiques de la loi 63, il n'est plus aucun parti politique au Québec qui accepte le critère du libre choix, malgré les pressions dont ils sont l'objet de la part des milieux anglophones qui y voient, pour leur groupe, la garantie d'une expansion maximale et indéfinie.

La loi 63 a permis l'intégration et l'assimilation à la minorité anglophone économique dominante de la presque totalité des immigrants, d'une grande partie de la population allophone québécoise et d'un nombre croissant et inquiétant de francophones. Y revenir serait donc masochiste et suicidaire pour la majorité francophone.

La loi 22, pour contrer un peu les effets de la loi 63, a introduit le critère de la connaissance de l'anglais. Il en a résulté une diminution des effectifs scolaires anglophones mais les tests linguistiques qu'il a fallu établir pour contrôler l'application du critère ont été jugés, à bon droit, odieux, et condamnés à jamais par tous les partis politiques, sauf peut-être par le député de L'Acadie, qui promettait, en novembre dernier, lors de la campagne électorale, de les réaménager.

Certains organismes et éditorialistes préconisent le critère de la langue maternelle. Ce critère est théoriquement plus acceptable mais il est d'application difficile, pour ne pas dire impossible, car il ne peut être assorti, pour sa détermination, de méthodes objectives, fiables, identiques et justes pour tous, simples et complètes. Il nous ramène, de plus, infailliblement à des mesures de contrôle qui seraient tout aussi tracassières, tatillonnes, et peut-être plus odieuses encore que les tests linguistiques.

Quant au critère de l'appartenance au milieu anglophone

que retient maintenant le Parti libéral, il serait encore plus difficile à déterminer, tout autant, d'ailleurs, que la durée de la phase
de transition à l'école anglaise pour les allophones et les moyens
probablement inqualifiables auxquels il faudrait recourir pour
ramener ensuite ces derniers à l'école française, une fois terminée la période de transition.

Après une étude fouillée de tous les aspects de la question, le
gouvernement a retenu, de son côté, comme le moins imparfait
des critères, celui de la fréquentation scolaire des parents. Il se
rapproche du critère de la langue maternelle, en ce sens que
l'école anglaise est maintenue pour les enfants dont les familles
ont opté, par naissance ou par choix, pour la culture anglophone,
ainsi qu'en atteste le fait que l'un ou l'autre des parents a fait ses
études primaires en anglais. Ce critère a l'avantage d'être objectif, ce qui élimine les tests. Il est vérifiable, dans la grande majorité des cas, à partir des registres scolaires qui existent et qui sont
accessibles. Il revient aux parents et non aux enfants d'accomplir
les formalités requises, ce qui est plus humain et normal.

L'école anglaise n'est toutefois maintenue que pour les
enfants des parents qui ont fait au Québec leurs études primaires
en anglais. Ce que reconnaît en effet le gouvernement, c'est
l'existence historique de la communauté anglo-québécoise et du
système scolaire qu'elle s'est donné. Il reconnaît donc le droit
individuel des Anglo-Québécois de fréquenter un système scolaire dont ils sont les héritiers ou qu'ils choisissent parce que assimilés désormais à la culture anglaise.

Ce n'est donc pas à la communauté anglaise, pour canadienne, nord-américaine, britannique ou universelle, en tant que
telle, dont l'antenne québécoise est un des rameaux, que le gouvernement reconnaît ainsi des droits distincts, mais à ses propres
et seuls résidents. S'il est juste qu'il le fasse, la justice ne l'oblige
pas à faire davantage.

Par exemple, rien ne l'oblige à permettre au système scolaire
anglo-québécois de se maintenir ou de s'accroître artificiellement
à partir des apports extérieurs. D'autant plus que la majorité
francophone ne bénéficie que bien peu de tels apports et ne
cesse de perdre du terrain sur le plan démographique.

Or, les deux tiers des nouveaux arrivants nous viennent du Canada et le tiers seulement des autres pays. Ce qui laisse prévoir pour l'avenir une augmentation encore plus considérable et disproportionnée des apports anglophones. C'est donc au nom de l'intérêt bien compris du Québec qu'il devient important d'orienter les uns comme les autres vers l'école française. Est-ce là se comporter comme un État séparé avant la lettre ? Nous ne le croyons pas, car en vertu même de la constitution fédérale qui nous régit, le Québec est déjà souverain en matière d'éducation. Il peut donc appliquer des solutions particulières à ses problèmes particuliers.

À quoi donc rimerait l'autonomie si on devait aboutir, dans chaque province, à l'établissement de systèmes scolaires parallèles et identiques pour les anglophones et les francophones ? S'il est vrai que les État provinciaux ont droit à leurs caractéristiques culturelles — et ceci vaut particulièrement pour le Québec —, pourquoi penser qu'on peut changer de province sans avoir à tenir compte de ces caractéristiques ? Dans le régime fédéral de la Suisse, comme d'ailleurs en Belgique, un citoyen qui va s'établir dans un canton ou une région francophone accepte tout naturellement d'envoyer son enfant à l'école française du canton ou de la région.

D'ailleurs, si la position québécoise est perçue comme séparatiste, n'est-il pas vrai que les autres provinces qui ont aboli ou n'offrent que peu ou pas l'enseignement français sont depuis longtemps séparatistes ? De même, un Ontarien ne s'attend pas à être jugé au Québec selon le « Common Law ». Donc, sans préjuger de son indépendance éventuelle, le Québec a parfaitement le droit de légiférer dans le sens de ses intérêts en matière d'éducation. C'est à celui qui choisit de venir au Québec qu'il appartient de savoir au préalable que ce coin de terre n'est pas une copie conforme de son pays d'origine et qu'il est la patrie d'un peuple qui l'a façonnée à son image. Est-il enfin possible que ce nouveau régime menace de faire disparaître la communauté anglo-québécoise et son système scolaire ? Nous ne le croyons pas non plus car, en dépit de ses restrictions nécessaires, le régime reste généreux. Ont droit à l'école anglaise tous les enfants des familles qui ont déjà un enfant aux écoles primaires et secondaires anglophones.

Nous aurions bien pu soutenir, à l'instigation de plusieurs groupes en commission parlementaire, que l'unification des familles doit se faire à l'école française.

Ont droit aussi à l'école anglaise tous les anglophones de souche récente, à condition qu'ils résident au Québec au moment de l'adoption de la loi. De plus, le fait qu'il soit suffisant qu'un seul des deux parents ait reçu son enseignement primaire en anglais pour transmettre à tous ses enfants le droit à l'école anglaise crée, génération après génération, une tendance à la hausse constante du pourcentage des ayants droit, ce qui veut dire qu'à condition de maintenir un taux raisonnable de fertilité et de ne pas quitter le Québec les anglophones peuvent augmenter la population scolaire de leurs écoles.

Le danger de disparition n'est d'ailleurs pas statistiquement prouvé et il faut rappeler de surplus que la minorité anglophone gardera pour longtemps son hégémonie économique, que la loi n'interdit à personne la fréquentation des collèges et universités anglophones, que les Anglo-Québécois jouissent d'un réseau très développé d'institutions sociales et culturelles et qu'ils bénéficient au plus haut point de leurs liens de toutes sortes avec leurs voisins canadiens et américains.

Il reste enfin la possibilité de négocier avec certaines provinces des accords de réciprocité qui avantageraient respectivement les francophones hors Québec et le système scolaire anglo-québécois.

Au terme de cette analyse, il nous plaît de dire que la politique linguistique du gouvernement a été préparée avec la participation constante du public. Nous avons d'abord présenté un livre blanc que les journaux ont reproduit et qui a été abondamment commenté.

J'ai pu, ensuite, dialoguer, avec des centaines d'individus et de groupes. Chacun des 265 mémoires qu'a reçus la commission parlementaire a été lu et analysé. Des amendements nombreux et substantiels ont été apportés, ce qui veut dire que cet exercice démocratique aura porté tous ses fruits.

Il nous aura permis, toutefois, de faire la triste constatation qu'un fossé profond sépare la minorité anglaise de la majorité francophone. L'élection du 15 novembre n'a pas créé cette division, mais elle l'a actualisée, aiguisée et portée à l'effervescence. Peut-être parce que ce gouvernement, contre qui elle a voté, où elle n'est pas représentée, sur lequel elle n'a aucune prise, lui demeure totalement étranger. Mais, au lieu de chercher à le comprendre, ainsi que le peuple québécois que ce gouvernement représente, elle semble se rebiffer, dénoncer, refuser, combattre et même chercher l'affrontement.

Ses leaders, en tout cas, font flèche de tout bois. Ils mettent de l'avant le libre choix des parents et des immigrants, alors qu'ils défendent en fait un statu quo qui leur est éminemment profitable.

Ils se posent en défenseurs des libertés individuelles, alors même que la Charte des droits et libertés de la personne continue de prévaloir sur toute autre loi. Ils tentent de nous faire croire qu'ils deviendront des citoyens de seconde zone, alors que cette même charte leur garantit tous leurs droits fondamentaux et que la loi 101 leur accorde un traitement respectueux et généreux qu'avaliseraient sûrement les instances juridiques internationales.

Ils vantent notre dynamisme et nos progrès culturels comme si les francophones ne savaient pas mieux qu'eux ce que ces progrès cachent d'insuffisances, d'inégalités et de sous-développement auxquels il importe de remédier au plus tôt.

Ils minimisent leurs forces mêmes afin que nous n'y voyions plus une menace. Parce que la francisation systématique du Québec nous apparaît normale, réaliste et urgente et ils y voient une régression et une déchéance morale dont nous devrions nous sentir coupables et honteux. Quand ils ont épuisé tous ces arguments, ils brandissent l'arme économique qu'ils savent posséder et ils évoquent le spectre de l'exode des capitaux, des sièges sociaux et des entreprises, quand ce n'est pas celui de la déstabilisation et des représailles économiques. Alors qu'il conviendrait plutôt de se percevoir comme une minorité et non comme l'aile québécoise de la majorité anglo-canadienne. Alors qu'il faudrait plutôt réagir d'une façon adulte et dynamique à la perte nécessaire de privilèges qu'aucune société normale et vigoureuse ne saurait accepter de maintenir C'est précisément pour cette raison inverse que la majorité francophone, à l'exception des quelques notables qui ont perdu contact avec elle dans leur trop longue fréquentation du pouvoir anglophone, accorde son appui total à une politique libératrice qu'elle attend avec un espoir secret depuis deux siècles. Cette loi lui paraît juste aussi bien pour elle que pour les diverses minorités. Elle arrive à point nommé pour lui donner la fierté, la confiance en soi, la dignité, la maturité, le progrès dont elle a besoin et qu'elle mérite. Elle lui donnera le goût d'aller plus loin et d'assumer bientôt la maîtrise de son destin, après qu'elle lui aura prouvé que cela est possible et qu'elle en est capable. Elle espère évidemment qu'elle pourra associer à ce grand dessein les diverses minorités et en particulier une minorité anglaise qui la reconnaîtra enfin et l'appréciera pour ce qu'elle est.

Le Québec, que cette loi prépare et annonce, sera un pays français, instruit, moderne, qui prendra sa place à côté des pays de même taille et qui ont déjà fait leur marque sur le plan mondial. Il sera lui aussi capable d'atteindre à l'universel, mais par et à travers sa spécificité culturelle. Il assumera de cette façon l'obligation morale qui est la sienne d'apporter sa contribution particulière à la communauté internationale.

Lettre de démission

de Camille Laurin adressée
à René Lévesque en date du 22 novembre 1984

Monsieur René Lévesque
Premier ministre
Gouvernement du Québec
Conseil exécutif
Québec

Monsieur le Premier Ministre,

Pour la première fois, après un cheminement commun de seize ans, je ne puis souscrire aux orientations et à l'option que vous proposez au Gouvernement, au Parti québécois et au Québec.

Dans votre déclaration du 19 novembre, vous vous exprimez en tant que chef du Gouvernement et Premier ministre. À ce titre, vous avez le droit d'exiger, et vous le faites, que vos ministres mettent fin dans les tout prochains jours à un débat devenu intolérable et adoptent officiellement votre point de vue, s'ils veulent continuer à diriger le ministère que vous leur avez confié. Mon engagement passé et ma conscience m'interdisent de me plier à cette exigence et j'ai donc décidé de quitter le Conseil des ministres.

Dans votre déclaration du 19 novembre, vous vous exprimez également comme chef du Parti québécois. À ce titre, vos opinions sont d'abord celles d'un militant et j'ai le droit de m'y opposer, ce que j'ai bien l'intention de faire.

Car je continue de croire en la nécessité du Québec souverain, associé à ses voisins dans le cadre d'une association économique qu'il doit négocier avec eux. Nous avons beaucoup progressé depuis huit ans. Mais les ressources et pouvoirs que nous avons comme état provincial nous empêchent de donner au peuple québécois ce dont il a besoin dans les domaines du plein emploi, du développement économique et de la promotion sociale. Cela, il faut le dire et le traduire en engagements concrets dès la prochaine élection, poursuivant ainsi activement notre marche vers cette plénitude de la souveraineté qui demeure, pour notre Parti comme pour notre peuple, l'objectif suprême aussi bien qu'essentiel. Ceci ne veut pas dire que la prochaine élection doit être référendaire. J'ai dit qu'elle ne le pouvait pas et ne le devait pas et qu'il fallait même amender en ce sens l'article 1 de notre programme. Mais j'ai aussi dit qu'il fallait demander à la population un mandat pour régler des problèmes urgents, tels le plein emploi, la sécurité du revenu, etc., dont la solution véritable comporte des éléments de souveraineté.

Notre Parti doit demeurer l'instrument de la prise en charge du Québec par les Québécois, mais cela tous les jours, dans le gouvernement qu'il anime comme dans ses activités propres. Cette prise en charge des Québécois par eux-mêmes s'appelle responsabilité. Pour les individus comme pour les peuples, elle se forme à l'usage, par l'exercice. Nourrie de liberté, se forgeant dans le risque et l'expérience, attentive aux conséquences de ses choix et capable de les ajuster, elle mène vers la maturité, l'assurance et l'épanouissement. C'est là le plus grand mérite de l'option souverainiste et le gage de sa réussite.

Or, ce n'est pas ce que dit votre texte. La souveraineté y

demeure présente comme objectif, mais comme un objectif de plus en plus lointain. Pour la prochaine élection, et peut-être pour les autres, il faut le mettre en veilleuse, ne pas y travailler, attendant passivement que le peuple québécois s'y dirige de lui-même, sous la double poussée de son évolution hypothétique et de ses frustrations ou désillusions. Il y a même pire : la souveraineté s'y trouve réduite à une police d'assurance, que l'on retire en cas d'accident ou de désastre, peut-être mortel. Et ce n'est pas le but, l'objectif auquel il faut tendre et travailler de toutes ses forces, avec imagination et créativité, mais une simple mesure de protection, un paratonnerre, dont l'efficacité reste d'ailleurs à démontrer. Cette police d'assurance, à l'échéance incertaine, ne sera guère prise au sérieux par des adversaires, aussi assurés de leur force que de notre faiblesse, et qui la trouveront plutôt dérisoire.

J'ai aussi noté, dans votre texte, un glissement qui m'attriste. La souveraineté et l'association y apparaissent désormais entre guillemets, comme si leur réalité avait fondu, disparu, sur le plan politique et constitutionnel. Il ne convient plus d'en parler dans cette dimension haute et riche, pourtant à l'origine de notre Parti et inspiratrice de son programme. Quand on en parle désormais sans guillemets, ce ne peut être qu'au niveau de l'homme et de la femme, des créateurs et des entreprises, au plan individuel et non plus au plan collectif.

D'ailleurs, votre texte me donne l'impression que vous avez même cessé de croire à une souveraineté possible pour le Québec. Vous vous demandez quelle forme sera appelé à prendre cet État-nation et vous répondez immédiatement que vous ne le savez pas. Et pourtant, le chapitre premier de notre programme définit clairement et complètement la forme et les attributs de cet État-nation que doit devenir le Québec. Vous vous situez ainsi en deçà du programme du parti que vous dirigez. Est-ce à dire que vous recommandez d'éliminer ce chapitre lors du prochain congrès ou vous raviserez-vous d'ici là ? Si vous optez pour la première hypothèse, ce parti n'aura plus rien de souverainiste et devra se dissoudre.

Comme alternative, vous nous proposez la confiance en nous-mêmes, ce qui est la chose du monde la mieux partagée entre tous les partis politiques. Et si cette confiance contribue à la croissance et à l'évolution du peuple québécois, vous prédisez que les structures du régime fédéral devront s'y adapter au risque de disparaître. Je crois pour ma part, à la lumière d'un passé récent et lointain, que les structures fédérales sont autrement plus résistantes, fortes, rigides que vous le croyez. Le Québec a certes gagné en force et il se renforcera encore. Mais les contraintes que le pouvoir fédéral lui impose n'ont cessé elles aussi d'augmenter en nombre et efficacité. Ses victoires ne se comptent plus, y compris celles du Canada bill. Il évolue, malgré le Québec, vers un type d'État centralisé et unitaire, que la logique même du système l'obligera toujours à maintenir et renforcer.

C'est bien pourquoi la dimension constitutionnelle de la question nationale ne me paraît pas se présenter sous des dehors aussi prometteurs que vous le dites. Après novembre 1981, on court ainsi à une autre désillusion. La politique de la main tendue aux Blakeney et consorts s'est alors retournée contre nous. Leurs intérêts diffèrent profondément et fondamentalement de ceux du Québec. Alliés d'un moment, ils ont par la suite, dès que leur propre intérêt le leur a commandé, pactisé dans notre dos et isolé le Québec.

Pourquoi alors recommencer avec Mulroney ? Il a eu besoin de nous pour se faire élire et il s'est alors engagé à traiter avec le Québec dans l'honneur et la dignité. Mais il est devenu le Premier ministre du Canada, c'est-à-dire d'un pays où le Québec est plus que jamais en minorité, malgré ses cinquante-sept députés. Et déjà, nous voyons la main se refermer. Le ministre des Finances, Michael Wilson, n'a que bien peu d'argent à donner aux provinces, donc au Québec. Le Premier ministre, Brian Mulroney, vient pour sa part d'annoncer qu'il n'entreprendra aucune négociation constitutionnelle avec le Québec avant la prochaine élection, donnant ainsi leur véritable portée aux travaux d'approche et tractations qui ont cours actuellement entre émissaires fédéraux et québécois. Un autre marché de dupes en perspective ! Combien d'autres dernières chances faudra-t-il, combien d'autres désillusions et humiliations faudra-t-il avant que notre peuple et notre parti comprennent qu'il n'est de salut, dans ce domaine comme dans les autres, que dans la prise en charge par nous-mêmes de notre propre destin.

En mon âme et conscience, par fidélité jamais démentie au programme du Parti québécois, je ne saurais me satisfaire de l'option édulcorée et impuissante que vous nous proposez comme enjeu de la prochaine élection.

C'est pourquoi, Monsieur le Premier Ministre, j'ai le regret de vous présenter ma démission en tant que Vice-premier ministre et ministre des Affaires sociales.

En vous remerciant bien sincèrement de l'occasion que vous m'avez donnée de travailler avec cœur et détermination à l'avancement du peuple québécois, je vous prie d'accepter l'expression de mon respect et de mon amitié.

CAMILLE LAURIN, M. D.
vice-premier ministre et ministre des Affaires sociales

Lettre de René Lévesque
à Camille Laurin

en date du 4 décembre 1984

Monsieur Camille Laurin
Député de Bourget
Assemblée nationale
Hôtel du Gouvernement
Québec

Monsieur le Député et cher ami,

Ai-je besoin de vous dire que je regrette ce qui vient de se produire entre nous, à l'occasion du plus récent débat au sein de notre parti, à propos de la portée à donner à l'élection générale à venir ? Ce débat, il n'est ni le premier certes ni sans doute le dernier. Il n'est pas non plus le moindre car il touche véritablement à l'essentiel : le devenir du projet souverainiste au Québec. Ce qui concerne toute notre société ; ce qui interroge toute notre histoire, celle du passé, comme surtout celle qui vient.

Aujourd'hui, alors que s'apaise un peu le vacarme qui a accompagné comme une mauvaise musique d'atmosphère votre démission du Conseil des ministres et celle de quelques autres de nos collègues, je dois à la vérité, au respect que je vous conserve pour votre franchise et votre courage, de saluer le rôle éminent que vous avez rempli avec une si belle et féconde ténacité : de chef parlementaire de 1970 à 1973, de militant infatigable de 1973 à 1976, de ministre assidu jusqu'au dernier jour de la semaine dernière.

La seule fois où vraiment il m'a été impossible d'être d'accord avec vous, c'est celle-ci. Ce qui ne signifie nullement que je ne comprenne pas votre opposition à la thèse que j'ai exposée le 19 novembre devant l'Exécutif du parti et qui a reçu son adhésion. Mais j'estime que votre attitude n'aurait pu — si elle avait continué d'être celle d'un des membres les plus éminents du Conseil des ministres — qu'entretenir l'insupportable ambiguïté qui risquait de paralyser à terme toute notre action politique, en nous invitant à jouer sur les mots, dans un clair-obscur carrément inadmissible pour nos concitoyens et nos concitoyennes.

On me dit que vous serez présent et protestant à notre congrès du 19 janvier prochain. Fort bien. J'y serai aussi, pour témoigner quant à moi d'un certain nombre de choses fort simples et tout aussi fondamentales aujourd'hui qu'elles l'étaient il y a 16 ans, lors de la fondation de notre formation politique et du début de notre action. Je me contenterai pour l'instant d'en évoquer quelques unes, pour vous-même bien sûr mais aussi pour tous ceux et toutes celles qui sont en train d'y perdre leur latin à force de fausses subtilités, de sophismes et de mises au point pour le moins tortueuses autour et alentour de ce concept toujours présent d'élections-référendaires.

Ce qui est en cause, et à toutes fins utiles le seul et unique objet de notre discussion, c'est l'article UN de notre programme, tel que retenu — notamment — lors du Congrès de juin dernier. Un article qui porte uniquement sur la stratégie électorale, des mois avant que les électeurs ne soient conviés aux urnes. Ce qui est remis en question, aussi, c'est que notre programme politique n'ait cessé ces dernières années de tendre à intégrer ainsi la stratégie électorale et à la couler dans le béton d'un mécanisme tout à fait inadapté à ce genre de décision.

Évolution récente due à un manque de confiance envers les instances du parti habilitées à fixer la ligne de conduite électorale ? Ou à l'exaspération née des années difficiles qui ont suivi notre réélection de 1981 ? Ou encore à l'illusion de pouvoir stimuler l'ardeur souverainiste de nos concitoyens et de nos concitoyennes en menaçant de nous faire hara-kiri, avec tout ce que nos représentons, à bien d'autres égards aussi, s'ils ne nous écoutent pas ? Nos réalisations depuis 1976, nos intentions immédiates en maints domaines de notre vie collective ne seraient donc que support et soutien — sinon objets de marchandage — par rapport à cet objectif suprême de la souveraineté qu'on prétendrait par ailleurs si pur qu'il n'accepterait plus jamais aucun de ces délais que l'évolution politique, dès qu'elle est vraiment démocratique, a le don et pas toujours à tort de multiplier.

Voilà quelle attitude de méfiance, quelle tentation de manipulation je ne puis, en mon âme et conscience, ni accepter ni défendre de quelque façon que ce soit.

Oui, nous sommes souverainistes. Et ce nous, qui désigne tous les membres et chacun des militants de notre parti, m'inclut sans détour et sans réserve. La proposition d'amendement à notre programme, que j'ai soumise à l'Exécutif et que je défendrai au prochain congrès, exprime cette affirmation simple et déterminante en la plaçant où elle doit être : à l'article UN qui, au lieu de traiter d'une élection parmi d'autres, doit exprimer plutôt notre raison d'être durable. Car si les scrutins se succèdent et passent, notre idée-force demeure.

Mais pour quiconque a des yeux pour voir, ce qu'il faut bien envisager, c'est encore pas mal d'évolution, une évolution dans laquelle nous sommes carrément déjà engagés comme peuple — et même depuis quelques années avant nous, oserais-je ajouter !

Voilà ce que nous disions dès 1970. Ce que nous avons soutenu en 1976. Ce que le référendum de mai 1980 impliquait nécessairement, en misant sur le processus de négociation avec le Canada et en contenant l'engagement explicite que tout changement de statut politique pouvant en résulter serait soumis à nouveau à la consultation populaire pour approbation préalable. Eh bien, voilà ce qu'il nous faut affirmer clairement à nouveau, aujourd'hui, en refusant de mêler dans une même soupe électorale le jugement auquel nous devons nous soumettre, le programme de gouvernement des quelques années qui viennent et la question de la souveraineté qui n'aura pas de longtemps fini de se poser.

À vouloir bousculer tout cela ensemble et tenter de précipiter notre peuple malgré lui, nous risquerions de bloquer pour bien des années et même hélas de rendre suspect son légitime appétit de liberté collective pour le seul plaisir de faire le décompte des « votes pour la souveraineté ». Sans pouvoir nous défendre contre tous ceux qui, chez nous comme à l'extérieur, contesteraient le résultat de notre arithmétique en misant avec succès sur l'ambiguïté de telles exégèses. Comme il serait irréaliste, l'espoir que cette ambiguïté puisse jamais servir de base à un troisième mandat, avec la tentation de s'adonner — chacun son tour ! — à un quelconque « coup de force » aussi triste que l'autre…, même s'il devait être réparateur.

Est-ce, d'autre part, avec toute cette « obscure clarté » à nouveau renouvelée que nous serions suffisamment forts et crédibles pour contrer ce que vous désignez vous-même comme une formidable et machiavélique machine centralisatrice ? Pour qui serait-il alors ce marché de dupes dont vous redoutez la perspective ?

Nous n'aurions rien à attendre de cette exigence d'une mutation trop brusque imposée au Canada, sinon un refus systématique, improductif, nécessairement appelé à être de plus en plus brutal, car il commandera un retour aux attitudes intransigeantes des 17 dernières années auxquelles il vient justement d'être mis un terme. Par les Québécois eux-mêmes, entre autres…

Je crois sincèrement que nous sommes en marche vers un degré d'autonomie accrue, qui prendra la forme que commandera la réalité vécue. Comme parti politique, souhaitons-nous vraiment être les compagnons de route de notre peuple tout au long de ce cheminement ? Acceptons-nous d'ouvrir la voie avec lui ou bien décidons-nous plutôt de nous rembarquer dans l'oiseuse fuite en avant d'une pseudo-avant-garde, illusoirement plus brillante que tout le monde, déçue de ne pas être suivie assez vite par le plus grand nombre ?

Cette souveraineté express, qui ne parvient pas à se débarrasser de sa triste aura de cassure, les Québécois n'en veulent pas. Notre souveraineté à moyen terme ? Peut-être. Probablement. Nous le souhaitons et, chaque fois que nous favorisons concrètement quelque progrès que ce soit, nous y travaillons.

Et sans avoir la présomption d'en fixer la date ni encore moins les contours précis, nous — nous ce peuple — parviendrons sûrement au terme de cette longue transition à troquer le statut « provincial » contre un authentique statut national. Pour peu — et surtout — qu'on ait eu l'aptitude, chez tous ceux qui continuent d'y croire, de démontrer aux Québécois preuves à l'appui qu'elle se fera par eux et qu'elle se vivra par eux et non pas pour le plaisir quasi abstrait de leurs ministres, de leurs députés, de leurs technocrates et de leurs politicologues. Car à trop parler de la souveraineté de l'État, on en vient à faire oublier que c'est celle du peuple qui doit s'exprimer et se définir; que c'est de tous et chacun de nous, individuellement, autant que collectivement, dont il est question.

Inutile de vous répéter, en terminant, que je ressens moi aussi de la tristesse, de la reconnaissance également et très grande pour tout ce que vous nous avez permis de si bien « bucher » ensemble et, bien sûr, que je m'honorerai toujours de votre amitié. Croyez bien à la mienne que rien ne saurait entamer.

Cordialement vôtre,
René Lévesque

Lettre de Camille à Francine

en date du 22 décembre 1998

À LIRE PLUS TARD

Francine chérie,

Depuis ce coup de tonnerre du mois d'octobre, qui m'annonce, à plus ou moins brève échéance, la fin de mon pèlerinage terrestre, mes pensées ont pris un tour plus amoureux et plus éternel.

Jésus (Dieu qui sauve) a toujours été présent en moi, bien que caché sous le voile de la foi. J'ai toujours aspiré ardemment à comprendre ses mystères, joyeux, douloureux et glorieux. Mais malgré leur soif d'absolu et d'infini, les fils d'Adam ne peuvent y arriver. Alors que maintenant j'ai la joie de penser que je serai bientôt en contact direct avec le Père, le Fils et l'Esprit et qu'au-delà de la foi, j'aurai la réponse à mes questions et baignerai dans la joie éternelle de la lumière, de la vérité et de l'Amour.

En attendant, devant notre crucifix, que j'ai sans cesse devant les yeux, je remercie sans cesse Jésus et son Père pour la création du monde, la création de l'homme et de la femme, l'amour infini qui a présidé à l'Incarnation qui a fait de Jésus notre frère humain et de tous les humains les fils et filles de Dieu.

Je remercie aussi Jésus pour ma naissance, mon baptême, mes parents, ma famille, ma Francine chérie et pour toutes les grâces qu'il n'a cessé de me dispenser.

Je le remercie pour son enseignement qui m'a guidé, protégé et orienté vers l'amour de Dieu et de tous les humains, particulièrement les malades, les malheureux et ceux et celles qui ont soif de justice.

Je le remercie tout spécialement pour son Eucharistie, qui lui permet d'être toujours présent en nous, de nous dire qu'il nous aime plus que nous l'aimons, de nous prêter sa force, son soutien et sa lumière.

Comment ne pas le remercier enfin pour la Rédemption, qui l'a amené à souffrir pour nous le martyre de la flagellation et du couronnement d'épines, porter sa Croix, subir la Crucifixion et donner sa vie pour nous laver de tous nos péchés (Agnus Dei), ressusciter d'entre les morts, pour nous ouvrir les portes du Royaume éternel où tout est joie et plénitude de l'Amour?

C'est bien pourquoi, en cette heure douloureuse, je m'unis à Lui sur la Croix, pour bien marquer toutes mes souffrances, mes peines, mes soucis, mes peurs, mes pensées et mes actes. C'est bien peu à côté de ce qu'IL a souffert. Mais je veux ainsi participer à la Rédemption, ma rédemption et celle de tous ceux que j'aime, la rédemption de tous les humains et particulièrement celle de ceux qui n'ont pas voulu ou ne veulent pas reconnaître Son amour. Comme disait saint Paul, je veux ainsi compléter en ma chair ce qui manque à la Passion du Christ. Cette participation contribue également à me purifier et à ouvrir mon âme plus grande à la Joie et à l'Amour.

Ce coup de tonnerre m'a aussi rapproché et me rapproche chaque jour un peu plus de toi. J'ai douloureusement ressenti le bouleversement cataclysmique qu'il a provoqué chez toi, la coupure radicale qu'il a amenée dans ton existence, le trouble, l'obscurité et même la perte temporaire de sens qui en ont résulté. J'y ai vu une preuve absolue de notre unité, de notre amour profond, mais cela ne m'a pas empêché de partager à chaque minute ton désarroi. Terrible épreuve que celle-là !

Mais ton amour est en train de reprendre lentement le dessus. Cet amour, je le ressens intensément tous les jours par mille signes : la douceur et la tendresse de ta voix, tes attentions toujours plus délicates, le soin infini et constant que tu prends de moi, les petits plaisirs que tu t'ingénies à me procurer, ton support, tes encouragements, des projets communs, etc. Notre amour vit, rayonne plus que jamais et rien ne saurait davantage me combler. Je t'en remercie plus que jamais.

L'amour est éternel. Les formes, les circonstances, les modes peuvent varier. Mais comptent d'abord et seulement les liens qui unissent les âmes. Les nôtres sont solides, pleins de paix et de bonheur, et ils dureront à jamais !

Ton Camille

Notes

CHAPITRE PREMIER • CE CHER POUCE

1. Entrevue avec Camille Laurin, mai 1998.
2. Pierre Godin, *René Lévesque. Un enfant du siècle,* Montréal, Boréal, 1994, p. 20.
3. Souvenirs tirés du récit de Mary Morin dans *Au vieux château,* Charlemagne, Charlemenoises, 1982, p. 98-99, et d'une lettre à Camille Laurin datée du 25 avril 1956, archives de Camille Laurin.
4. Entrevue avec Éliane Laurin, mars 1999.
5. Entrevue avec Camille Laurin, mai 1998.
6. Récit de Mary Morin dans *Au vieux château,* Charlemagne, Charlemenoises, 1982, p. 74.
7. Lettre de Mary Morin à Éloi Laurin dans *Fiancés de jadis,* Charlemagne, Charlemenoises, 1978, p. 48 et 49.
8. Entrevue avec Camille Laurin, mai 1998.
9. Lettre d'Éloi Laurin à Mary Morin dans *Fiancés de jadis,* Charlemagne, Charlemenoises, 1978, p. 72.
10. Les notes sur l'histoire de Charlemagne s'inspirent d'une monographie intitulée *Charlemagne et son histoire,* publiée à Lachenaie en 1986 par le Comité des fêtes du 75ᵉ anniversaire de la municipalité.
11. Entrevue avec Camille Laurin, mai 1998.
12. Dernier discours public prononcé par Camille Laurin à l'occasion d'une soirée organisée en son honneur à Charlemagne, le 11 décembre 1998.
13. Entrevue avec Camille Laurin, mai 1998.
14. Les notes sur l'état du Québec du début du XXᵉ siècle s'inspirent de Linteau, Durocher et Robert, *Histoire du Québec contemporain,* t. I, Montréal, Boréal, 1989.

15. Les notes sur l'état du Canada au début du xxᵉ siècle s'inspirent de Francis, Jones et Smith, *Destinies. Canadian History since Confederation,* Toronto, Harcourt Canada, 2000.

16. Les notes sur l'état du monde au début du xxᵉ siècle s'inspirent de Berstein et Milza, *Histoire du xxᵉ siècle,* t. I, Paris, Hatier, 1996.

17. Entrevue avec Camille Laurin, mai 1998.

18. Entrevue avec Éliane Laurin, mars 1999.

19. Entrevue avec Camille Laurin, mai 1998.

20. Témoignage de Camille Laurin dans une vidéo familiale réalisée en 1992 par Dominique Castonguay.

21. Entrevue avec Camille Laurin, mai 1998.

22. *Ibid.*

23. Témoignage de Camille Laurin dans une vidéo familiale réalisée en 1992 par Dominique Castonguay.

24. Entrevue avec Éliane Laurin, mars 1999.

25. Lettre de Mary Morin à Camille Laurin, 2 février 1956, archives de Camille Laurin.

26. Entrevue avec Renée Laurin, mai 2002.

27. Entrevue avec Camille Laurin, mai 1998.

28. Entrevue avec Gabrielle Laurin, août 2000.

29. Témoignage de Gabrielle Laurin dans une vidéo familiale réalisée en 1992 par Dominique Castonguay.

30. Entrevue avec Camille Laurin, mai 1998.

31. *Ibid.*

32. Entrevue avec Éliane Laurin, mars 1999.

CHAPITRE 2 • DIS À TA MÈRE DE FAIRE TES VALISES

1. Entrevue avec Camille Laurin, juin 1998.

2. Entrevue avec Éliane Laurin, mars 1999.

3. Ce dialogue s'inspire des souvenirs de Mᵐᵉ Marcelle Quintal, fille de M. Ernest Quintal, racontés dans *Marcelle à l'écoute,* Montréal, Maxime, 1999, p. 240-241.

4. Entrevue avec Pierre Mercier-Gouin, mai 2002.

5. Entrevue avec Camille Laurin, juin 1998.

6. La description du Collège de l'Assomption au début des années 1930 s'inspire d'un entretien avec l'abbé Robert Laliberté, secrétaire de la corporation du collège et dernier prêtre à y séjourner. Cet entretien a eu lieu en mars 2001.

7. Annuaire du Collège de l'Assomption 1940-1941, p. 4, Centre régional d'archives de Lanaudière, L'Assomption.

8. Entrevue avec Guy Rocher, mars 2001.

9. *Ibid.*

10. Relevé des notes obtenues au Collège de l'Assomption, de 1934 à 1942, archives de Camille Laurin.

11. Entrevue avec Camille Laurin, juin 1998.

12. L'entretien avec Mᵍʳ Benjamin Tremblay et MM. Marcel Lafortune et Jacques-Yves Langlois a eu lieu en novembre 1999.

13. Entrevue avec Camille Laurin, juin 1998.

14. *Ibid.*
15. *Ibid.*
16. Annuaire du Collège de l'Assomption 1940-1941, p. 92, Centre régional d'archives de Lanaudière, L'Assomption.
17. Entrevue avec Camille Laurin, juin 1998.
18. *Ibid.*
19. Entrevue avec Mgr Benjamin Tremblay, novembre 1999.
20. Entrevue avec Guy Rocher, mars 2001.
21. Annuaire du Collège de l'Assomption 1940-1941, p. 89, Centre régional d'archives de Lanaudière, L'Assomption.
22. Archives de Laurette Laurin.

CHAPITRE 3 • L'APPEL DE DIEU

1. Entrevue avec Camille Laurin, juin 1998.
2. *Ibid.*
3. Lettre de Camille Laurin à sa mère, 8 décembre 1938, archives de Camille Laurin.
4. Entrevue avec Camille Laurin, juin 1998.
5. Lettre de Camille Laurin à ses parents, 31 mai 1940, archives de Camille Laurin.
6. Journal de Camille Laurin, septembre 1940, archives de Camille Laurin.
7. Entrevue avec Camille Laurin, juin 1998.
8. *Ibid.*
9. *Ibid.*
10. Entrevue avec Gabrielle Laurin, août 2000.
11. Entrevue avec Camille Laurin, juin 1998.
12. *Ibid.*
13. Lettre de Camille Laurin à sa mère, 24 septembre 1941, archives de Camille Laurin.
14. Lettre de Mary Morin à Camille Laurin, 1er avril 1942, archives de Camille Laurin.
15. Lettre de Camille Laurin à sa mère, 27 avril 1942, archives de Camille Laurin.
16. Lettre de Camille Laurin à sa mère, 22 mai 1942, archives de Camille Laurin.
17. Discours d'adieu de Camille Laurin au Collège de l'Assomption, juin 1942, archives de Camille Laurin.
18. Mosaïque de la 102e promotion du Collège de l'Assomption, Centre régional d'archives de Lanaudière, L'Asssomption.
19. Entrevue avec Mgr Paul-Émile Charbonneau, août 2000.
20. Entrevue avec Camille Laurin, juin 1998.
21. Entrevue avec Mgr Paul-Émile Charbonneau, août 2000.
22. Journal de Camille Laurin, 13 septembre 1942, archives de Camille Laurin.
23. Lettre de Camille Laurin à son père, 5 octobre 1942, archives de Camille Laurin.
24. Lettre de Camille Laurin à sa mère, 13 novembre 1942, archives de Camille Laurin.
25. Entrevue avec Camille Laurin, juin 1998.
26. Entrevue avec Gabrielle Laurin, août 2000.
27. Lettre de Camille Laurin à son père, 11 avril 1943, archives de Camille Laurin.
28. Entrevue avec Laurette Laurin, mai 2002.

CHAPITRE 4 • VIVEMENT LA VIE !

1. Entrevue avec Camille Laurin, octobre 1998.
2. Journal personnel de Camille Laurin, archives de Camille Laurin.
3. Notes officielles de Camille Laurin, Université de Montréal, 26 mai 1953, archives de Camille Laurin.
4. Entrevue avec Camille Laurin, octobre 1998.
5. Entrevue avec Pierre Lefebvre, juin 1999.
6. Entrevue avec Roger Lemieux, mars 1999.
7. Texte publié dans le *Quartier latin* le 3 novembre 1944, sous le titre « Conférence Laënnec », vol. XXVII, n° 5.
8. Entrevue avec Jacques Hébert, novembre 1999.
9. Texte publié dans le *Quartier latin* le 6 décembre 1946, sous le titre « Amour existes-tu ? », vol. XXIX, n° 19
10. Texte publié dans le *Quartier latin* le 14 février 1947, sous le titre « Cette fameuse élite », vol. XXIX, n° 30.
11. Plusieurs ouvrages fort bien documentés ont été écrits sur cette période. Je signale, entre autres, *L'Histoire du Bloc populaire*, de Paul-André Comeau, *La Crise de la conscription*, d'André Laurendeau, et *L'Affaire Bernonville*, d'Yves Lavertu.
12. Voir à ce sujet les éditions de décembre 1946 et de janvier 1947 du *Devoir*.
13. Texte publié dans le *Quartier latin* le 24 janvier 1947, sous le titre « Franco », vol. XXIX, n° 24.
14. Entrevue téléphonique avec Jean-Marc Léger, septembre 2002.
15. Entrevue avec Camille Laurin, octobre 1998.
16. Texte de Camille Laurin intitulé *Autres lieux, autres êtres,* archives de Camille Laurin.
17. Journal de Camille Laurin 1944-1949, archives de Camille Laurin.
18. Anecdote racontée par Pierre Mercier-Gouin. L'entrevue avec M. Mercier-Gouin s'est déroulée en mai 2002.
19. Lettre de Camille Laurin à Gérard Pelletier, 20 août 1948, archives de Camille Laurin.
20. Texte de Camille Laurin intitulé « Impressions of Germany », archives de Camille Laurin.
21. Lettre de Camille Laurin à Gérard Pelletier, 20 août 1948, archives de Camille Laurin.
22. Entrevue avec Jean-Marc Léger, mars 2000.
23. Entrevue avec Camille Laurin, octobre 1998.
24. Texte de Camille Laurin intitulé « La démocratie », rédigé à l'occasion de la publication d'un numéro spécial de la revue *University,* archives de Camille Laurin.
25. Lettre de Camille Laurin à Emmanuel Mounier, 28 mars 1949, archives de Camille Laurin.
26. Texte de Camille Laurin intitulé « Jeunesses chrétiennes et communistes », publié dans *Les Cahiers de l'Équipe de recherches sociales,* vol. I, n° 2, Université de Montréal, juin 1949.

CHAPITRE 5 • MONSIEUR LE DIRECTEUR

1. Texte de Camille Laurin publié dans le *Quartier latin* le 4 mars 1947, sous le titre « On critique », vol. XXIX, n° 35.
2. Texte de Camille Laurin paru dans le *Quartier latin* le 25 novembre 1947, sous le titre « La gang du *Quartier latin* », vol. XXX, n° 16, archives de Pierre Lefebvre.
3. Entrevue avec Jean-Marc Léger, mars 2000.
4. Entrevue téléphonique avec Raymond David, mars 2000.
5. Texte de Pierre Lefebvre publié dans le *Quartier latin* le 7 novembre 1947, sous le titre « Camille Laurin », vol. XXX, n° 11, archives de Pierre Lefebvre.
6. Éditorial de Camille Laurin publié dans le *Quartier latin* le 21 octobre 1947, sous le titre « Ça ne doit plus durer », vol. XXX, n° 6, archives de Pierre Lefebvre.
7. Texte de Camille Laurin paru dans le *Quartier latin* le 25 novembre 1947, sous le titre « La gang du *Quartier latin* », vol. XXX, n° 16, archives de Pierre Lefebvre.
8. Entrevue avec Camille Laurin, octobre 1998.
9. Texte de Camille Laurin et D'Iberville Fortier publié dans le *Quartier latin* le 12 décembre 1947, sous le titre « Un point tournant : trois issues », vol. XXX, n° 21, archives de Pierre Lefebvre.
10. Texte de Camille Laurin publié dans le *Quartier latin* le 12 décembre 1947, sous le titre « Néo-nationalisme », vol. XXX, n° 21, archives de Pierre Lefebvre.
11. Texte de Camille Laurin publié dans le *Quartier latin* le 24 octobre 1947, sous le titre « Éloi de Grandmont », vol. XXX, n° 7, archives de Pierre Lefebvre.
12. Entrevue avec Claude Ryan, juin 1999.
13. Camille Laurin, « Évolution du Canada depuis le début du siècle en regard de l'idéal chrétien », 1950, p. 23.
14. Lettre de Camille Laurin à Jean Saucier, 20 novembre 1949, archives de Camille Laurin.
15. Entrevue avec Roger Lemieux, mars 1999.
16. Entrevue avec Camille Laurin, octobre 1998.
17. Entrevue avec Jeanne Lemieux, juillet 1999.
18. *Ibid.*
19. Entrevue avec Camille Laurin, octobre 1998.
20. Entrevue avec Pierre Lefebvre, juin 1999.
21. Entrevue avec Camille Laurin, octobre 1998.
22. Entrevue avec Pierre Lefebvre, juin 1999.
23. Lettre de Mary Laurin à Camille Laurin, 25 avril 1950, archives de Camille Laurin.
24. Entrevue avec Denise Laurin, novembre 2001.
25. Entrevue avec Pierre Lefebvre, juin 1999.

CHAPITRE 6 • SUR LA PISTE DE FREUD

1. Entrevue avec Camille Laurin, octobre 1998.
2. Entrevue avec Hubert-Antoine Wallot, mai 2002.
3. Lettre de Camille Laurin au Dr Wilbrod Bonin, 27 février 1951, archives de Camille Laurin.
4. Entrevue avec Camille Laurin, octobre 1998.

5. *Ibid.*
6. Lettre de Camille Laurin au Dr Fernand Côté, 15 janvier 1952, archives de Camille Laurin.
7. Entrevue avec Camille Laurin, octobre 1998.
8. Lettre de Camille Laurin au Dr Fernand Côté, 13 janvier 1953, archives de Camille Laurin.
9. Lettre de Camille Laurin au Dr Wilbrod Bonin, 23 mars 1953, archives de Camille Laurin.
10. Entrevue avec Camille Laurin, octobre 1998.
11. Lettre du Dr Wilbrod Bonin à Camille Laurin, 26 novembre 1953, archives de Camille Laurin. Denis de Rougemont est un essayiste d'origine suisse qui a vécu à la même époque que Laurin.
12. Lettre de Camille Laurin au Dr Wilbrod Bonin, 23 mars 1953, archives de Camille Laurin.
13. Entrevue avec Camille Laurin, octobre 1998.
14. Lettre de Camille Laurin au Dr Wilbrod Bonin, 30 avril 1953, archives de Camille Laurin.
15. Entrevue avec Pierre Lefebvre, juin 1999.
16. Entrevue avec Camille Laurin, octobre 1998.
17. Lettre de Camille Laurin au Dr Wilbrod Bonin, 28 octobre 1953, archives de Camille Laurin.
18. Lettre du Dr Fernand Côté au Dr W. E. Gallie, 31 mai 1956, archives de Camille Laurin.
19. Entrevue avec Pierre Lefebvre, juin 1999.
20. Les lettres au professeur Kourislky se trouvent dans les archives de Camille Laurin.
21. Lettre de Camille Laurin au Dr Roma Amyot, rédacteur en chef de *L'Union médicale,* 31 mai 1956, archives de Camille Laurin.
22. Lettre de Camille Laurin au Dr Wilbrod Bonin, 11 mai 1956, archives de Camille Laurin.
23. Lettre de Camille Laurin au Dr Wilbrod Bonin, 25 septembre 1956, archives de Camille Laurin.
24. Lettre de Camille Laurin au Dr Wilbrod Bonin, 12 février 1957, archives de Camille Laurin.
25. *Ibid.*

CHAPITRE 7 • LES DEMOISELLES DE PRÉVOST

1. Les notes sur l'état du Québec à la fin des années 1950 s'inspirent de Linteau, Durocher, Robert, Ricard, *Histoire du Québec contemporain,* t. II, Montréal, Boréal, 1989.
2. Entrevue avec Camille Laurin, décembre 1998.
3. Les notes sur l'histoire de l'Institut Albert-Prévost s'inspirent du *Rapport de la Commission d'étude des hôpitaux psychiatriques,* Québec, Gouvernement du Québec, 1962, p. 87 et suiv.
4. Roger R. Lemieux, *Accueillir la folie,* Piedmont, Noir sur blanc, 1995, p. 166.
5. *Ibid.,* p. 162.

6. *Ibid.*, p. 167 et 168.
7. Entrevue avec Camille Laurin, décembre 1998.
8. *Ibid.*
9. Entrevue avec Denis Lazure, mars 2001.
10. Camille Laurin, « L'enseignement de la psychologie médicale à l'Université de Montréal », *The Canadian Medical Association Journal,* avril 1962.
11. Entrevue avec Hubert-Antoine Wallot, mai 2002.
12. Entrevue avec Arthur Amyot, juillet 1999.
13. Camille Laurin et Roger Lemieux, « L'enseignement psychiatrique », *Revue médicale de l'Université de Montréal,* vol. 6, n° 3, décembre 1954.
14. Entrevue avec Camille Laurin, décembre 1998.
15. Texte de Camille Laurin cité dans l'ouvrage de Roger Lemieux, *Accueillir la folie,* Piedmont, Noir sur blanc, 1995, p. 171.
16. Roger R. Lemieux, *Accueillir la folie,* Piedmont, Noir sur blanc, 1995, p. 170.
17. Lettre de Charlotte Tassé à Camille Laurin, 18 juillet 1958, archives de Camille Laurin.
18. Entrevue avec Camille Laurin, décembre 1998.
19. *Ibid.*

CHAPITRE 8 • AU SECOURS DES FOUS

1. Jacques Hébert, *Scandale à Bordeaux,* Montréal, Éditions de l'Homme, 1959, p. 87-88.
2. Entrevue avec Jacques Hébert, novembre 1999.
3. *Ibid.*
4. Entrevue avec Camille Laurin, décembre 1998.
5. « Nos hôpitaux pour malades mentaux ont été conçus pour un autre âge », *La Presse,* 21 avril 1961.
6. Les notes sur l'état des hôpitaux psychiatriques québécois au tournant des années 1960 s'inspirent de l'ouvrage de Françoise Boudreau, *De l'asile à la santé mentale,* publié à Montréal en 1984 aux Éditions Saint-Martin, et de l'ouvrage d'Hubert-Antoine Wallot, *La Danse autour du fou,* publié à Beauport en 1994 aux Éditions MNH.
7. Entrevue avec Camille Laurin, décembre 1998.
8. Entrevues avec Pierre Lefebvre, juin 1999, et Roger Lemieux, mai 1999.
9. Entrevue avec Camille Laurin, décembre 1998.
10. *Ibid.*
11. Camille Laurin, postface des *Fous crient au secours,* de Jean-Charles Pagé, Montréal, Éditions du Jour, 1961, p. 154.
12. *Ibid.,* p. 156.
13. *Ibid.*
14. Hubert-Antoine Wallot, *La Danse autour du fou,* Beauport, Éditions MNH, p. 189.
15. André Laurendeau, « Les fous crient au secours », *Le Devoir,* 21 août 1961.
16. Gérard Pelletier, « Il est temps d'avoir honte », *La Presse,* 26 août 1961.
17. Entrevue avec Jacques Pigeon, février 2002.
18. Voir à ce sujet les éditions des mois d'août et de septembre 1961 de *La Presse.*

19. Mario Cardinal, « Saint-Jean-de-Dieu aurait réalisé un profit d'un million en 1959 ! », *Le Devoir*, 23 août 1961.

20. Paul Dumas, « À propos d'une campagne injustifiée contre nos hôpitaux psychiatriques », *L'Union médicale du Canada*, t. XC, décembre 1961.

21. Claire Dutrisac, « Saint-Jean-de-Dieu brise son silence », *La Presse*, 15 septembre 1961.

22. Entrevue avec Camille Laurin, décembre 1998.

23. Entrevue avec Dominique Bédard, octobre 1999.

24. Dominique Bédard, *Rapport de la Commission d'étude des hôpitaux psychiatriques*, Québec, Gouvernement du Québec, 1962, p. 21.

25. *Ibid.*, p. 131.

26. Entrevue avec Camille Laurin, décembre 1998.

27. Gérard Pelletier, « Est-ce la fin du cauchemar ? », *La Presse*, 31 mars 1962.

28. Pierre Charbonneau, « Une question de justice », *Le Nouveau Journal*, 31 mars 1962.

29. André Laurendeau, « Un cri d'alarme », *Le Devoir*, 4 avril 1962.

30. Marcel Berthiaume, « Discussion du rapport de la commission d'étude sur les hôpitaux psychiatriques », *L'Information médicale*, vol. XIV, n° 15, 19 juin 1962.

31. Déclaration d'Alphonse Couturier citée dans *De l'asile à la santé mentale*, de Françoise Boudreau, Montréal, Éditions Saint-Martin, 1984, p. 82.

32. Entrevue avec Denis Lazure, mars 2001.

33. Entrevue avec Camille Laurin, décembre 1998.

34. Camille Laurin, *Projet d'hôpital psychiatrique à sécurité maximale*, Québec, Gouvernement du Québec, 1963, p. 9.

35. Entrevue avec Camille Laurin, décembre 1998.

36. *Ibid.*

CHAPITRE 9 • UN SERPENT DANS MON SEIN

1. André Régnier, *Rapport de la Commission d'enquête sur l'administration de l'Institut Albert-Prévost*, Gouvernement du Québec, 1964, témoignage de Mme Charlotte Tassé, p. 15-16.

2. Entrevue avec Camille Laurin, décembre 1998.

3. Lettre d'Élizabeth Caillé à Wilbrod Bonin, 26 janvier 1962, archives de Camille Laurin.

4. Lettre de Wilbrod Bonin à Charlotte Tassé, 7 février 1962, archives de Camille Laurin.

5. Lettre des médecins résidents de l'Institut Albert-Prévost à Wilbrod Bonin, 7 février 1962, archives de Camille Laurin.

6. Entrevue avec Arthur Amyot, juillet 1999.

7. Lettre de Gérard Lasalle, registraire du Collège des médecins, à Mme Élizabeth Caillé, 20 février 1962, archives de Camille Laurin.

8. Entrevue avec Camille Laurin, décembre 1998.

9. Entrevue téléphonique avec Marc Lalonde, mars 2000.

10. Lettre de Wilbrod Bonin à Alphonse Couturier, 29 mars 1962, archives de Camille Laurin.

11. Entrevue avec Camille Laurin, décembre 1998.

12. Gérard Pelletier, « Est-ce la peur de faire peur ? », *La Presse*, 15 mai 1962.

13. André Laurendeau, « Le courage d'intervenir à temps », *Le Devoir*, 17 mai 1962.

14. Entrevue avec Dominique Bédard, octobre 1999.

15. André Régnier, *Rapport de la Commission d'enquête sur l'administration de l'Institut Albert-Prévost*, Québec, Gouvernement du Québec, 1964, p. 31.

16. « Double démission », *La Presse*, 19 juin 1963.

17. André Régnier, *op. cit.*, p. 73.

18. Claude Ryan, « Le rapport Régnier, un document sans ombre », *Le Devoir*, 6 juin 1964.

19. Entrevue téléphonique avec Marc Lalonde, mars 2000.

20. *Ibid.*

21. Entrevue avec Denis Lazure, mars 2001.

22. Entrevue avec Jacques Pigeon, février 2002.

23. André Régnier, *op. cit.*, p. 101-102.

24. Entrevue avec Dominique Bédard, octobre 1999.

25. Entrevue avec Camille Laurin, décembre 1998.

CHAPITRE 10 • ENFIN DES ENFANTS !

1. Entrevue avec Gabrielle Laurin, août 2000.

2. Entrevue avec Louise Laurin, août 1999.

3. Entrevue avec Murielle Boucher, mai 2002.

4. Entrevue téléphonique avec sœur Rose Deshaies, octobre 2002.

5. Entrevue avec Camille Laurin, décembre 1998.

6. *Ibid.*

7. Entrevue téléphonique avec Marie-Pascale Laurin, février 2002.

8. *Ibid.*

9. Entrevue avec Camille Laurin, décembre 1998.

10. *Ibid.*

11. Entrevue avec Maryse Laurin, mai 2002.

12. *Ibid.*

13. Camille Laurin, « Que la vérité incarnée soit présente dans le cœur de chaque homme », *La Presse*, 29 septembre 1962.

14. Entrevue avec Rosalyne Houde, novembre 2002.

15. Entrevue avec Camille Laurin, décembre 1998.

16. Entrevue avec Gilles Pelletier, avril 2002.

17. Entrevue avec Camille Laurin, décembre 1998.

18. Entrevue avec Me Guy Bertrand, octobre 1999.

19. *Ibid.*

20. Entrevue avec Camille Laurin, décembre 1998.

21. *Ibid.*

22. Témoignage de Camille Laurin cité dans le mémoire soumis par Me Guy Bertrand au Gouverneur général en conseil, 13 octobre 1965, archives de Guy Bertrand.

23. Entrevue avec Me Paul Sabourin, mars 2002.

CHAPITRE 11 • CHOISIR LE QUÉBEC

1. Entrevue téléphonique avec le Dr Claude Saint-Laurent, octobre 2002.
2. Entrevue téléphonique avec Pierre O'Neill, avril 2002.
3. Entrevue avec Camille Laurin, décembre 1998.
4. Lettre de Camille Laurin à Jean Lesage, 19 novembre 1962, archives de Camille Laurin.
5. Entrevue avec Camille Laurin, décembre 1998.
6. *Ibid.*
7. Les textes les plus importants ont été regroupés dans *Ma traversée du Québec*, publié à Montréal en 1970 aux Éditions du Jour.
8. Camille Laurin, « Le séparatisme est-il une maladie ? », dans *Ma traversée du Québec*, Montréal, Éditions du Jour, 1970, p. 73.
9. Camille Laurin, *Pourquoi je suis souverainiste ?*, Montréal, Éditions du Parti québécois, 1972, p. 54.
10. Entrevue avec Camille Laurin, décembre 1998.
11. *Ibid.*
12. Entrevue avec Louise Harel, novembre 2002.
13. Entrevue avec Martine Tremblay, février 2002.
14. Entrevue avec Jacques Parizeau, mai 2002.
15. Camille Laurin, *Pourquoi je suis souverainiste ?*, Montréal, Éditions du Parti québécois, 1972, p. 56.
16. René Lévesque, préface de *Ma traversée du Québec*, Montréal, Éditions du Jour, 1970, p. 9 et 10.
17. Entrevue avec Camille Laurin, décembre 1998.
18. Notes manuscrites rédigées par Camille Laurin à l'occasion d'une allocution prononcée à Nicolet le 31 mai 1969, archives de Camille Laurin.
19. Les quelques notes sur le conflit linguistique de Saint-Léonard s'inspirent de l'excellent chapitre qu'y a consacré Pierre Godin dans le t. II de la biographie de René Lévesque publié en 1994 chez Boréal, p. 410 à 424.
20. Intervention de Camille Laurin à *Télé-Métropole*, le 23 novembre 1969, archives de Camille Laurin.

CHAPITRE 12 • CAMOMILLE

1. Entrevue avec Serge Guérin, novembre 2002.
2. Entrevue avec Camille Laurin, décembre 1998.
3. Entrevue avec Serge Guérin, novembre 2002.
4. *Ibid.*
5. Jean-Claude Trait, « Vingt-six candidats vivent un suspense toujours grandissant », *La Presse*, 18 avril 1970.
6. Entrevue avec Camille Laurin, décembre 1998.
7. *Ibid.*
8. Entrevue avec Jacques-Yvan Morin, août 2002.
9. Entrevue avec Robert Burns, novembre 2002.
10. *Journal des débats de l'Assemblée nationale*, 29e législature, 1re session, 17 juin 1970, p. 257.

11. Entrevue avec Louis Bernard, mars 2001.
12. *Ibid.*
13. Entrevue avec Camille Laurin, décembre 1998.
14. Entrevue avec Claude Charron, mars 2001.
15. Entrevue avec Denyse Malouin, janvier 2001.
16. Entrevue avec Martine Tremblay, février 2002.
17. Entrevue avec Claude Plante, mai 2002.
18. Entrevue avec Robert Burns, novembre 2002.
19. Entrevue avec Denyse Malouin, janvier 2001.
20. Entrevue avec Robert Burns, novembre 2002.
21. Entrevue avec Claude Charrron, mars 2001.
22. Entrevue avec Camille Laurin, décembre 1998.
23. Entrevue téléphonique avec Jean-Claude Rivest, février 2002.
24. Entrevue avec Louis Bernard, mars 2001.
25. Entrevue téléphonique avec Claude Castonguay, février 2002.
26. Entrevue avec Claude Charron, mars 2001.
27. Entrevue avec Denyse Malouin, novembre 2002.
28. Entrevue avec Robert Burns, novembre 2002.
29. Entrevue avec Pierre Lefebvre, novembre 2002.
30. Entrevue avec Denyse Malouin, janvier 2001.
31. Entrevue avec Camille Laurin, décembre 1998.
32. Cette anecdote a été racontée par Claude Charron au cours d'une entrevue accordée en mars 2001.
33. Entrevue avec Serge Guérin, novembre 2002.
34. *Journal des débats de l'Assemblée nationale,* 29e législature, 1re session, 12 novembre 1970, p. 1528.
35. *Ibid.,* p. 1531.
36. *Journal des débats de l'Assemblée nationale,* 29e législature, 3e session, 22 novembre 1972, p. 2690.
37. *Ibid.,* p. 2693 à 2695.

CHAPITRE 13 • LE REPLI

1. Entrevue avec Robert Burns, novembre 2002.
2. Camille Laurin, « Au-delà de l'événement », *Maintenant,* n° 131, décembre 1973, p. 11.
3. Entrevue avec Arthur Amyot, juillet 1999.
4. Entrevue avec Denyse Malouin, janvier 2001.
5. Entrevue avec Jacques-Yvan Morin, août 2002.
6. Entrevue avec Camille Laurin, décembre 1998.
7. *Point de mire sur René Lévesque,* Société Radio-Canada, printemps 2002.
8. Pierre Godin, *René Lévesque. Héros malgré lui,* Montréal, Boréal, p. 637.
9. Entrevue avec Robert Burns, novembre 2002.
10. Pierre Godin, *op. cit.,* p. 677.
11. Entrevue avec Bernard Landry, mars 2002.
12. René Lévesque, « Une fraude qui ne peut qu'empirer les choses », *Le Devoir,* 23 mai 1974.

13. « Le Parti québécois et la langue », *Le Devoir,* 21 juin 1974.
14. Entrevue avec Francine Castonguay, juin 1999.
15. *Ibid.*
16. Entrevue avec Camille Laurin, décembre 1998.
17. Entrevue avec Laurette Laurin, mai 2002.
18. Entrevue avec Francine Castonguay, juin 1999.
19. André Bernard, « Plus d'une cinquantaine de circonscriptions pourront changer de parti à l'élection de novembre prochain », *La Presse,* 28 octobre 1976.
20. Pierre Saint-Germain, « Un duel Boudreault-Laurin », *La Presse,* 5 novembre 1976.
21. Entrevue avec Francine Castonguay, juin 1999.
22. Pierre Godin, *René Lévesque. L'espoir et le chagrin,* Montréal, Boréal, 2001, p. 77.

CHAPITRE 14 • DOCTEUR, VOUS ALLEZ ME CORRIGER ÇA

1. Entrevue avec Camille Laurin, décembre 1998.
2. *Ibid.*
3. *Ibid.*
4. Mémoire des délibérations du conseil exécutif, séance du 15 décembre 1976.
5. Bernard Descôteaux, « L'école anglaise sera fermée aux immigrants », *Le Devoir,* 16 décembre 1976.
6. Entrevue avec Henri Laberge, octobre 2001.
7. Entrevue avec Camille Laurin, décembre 1998.
8. Entrevue avec Michael MacAndrew, mai 2002.
9. Entrevue avec Camille Laurin, décembre 1998.
10. Entrevue avec Guy Rocher, mars 2001.
11. Camille Laurin, « Voyage autour de ma chambre », *Ma traversée du Québec,* Montréal, Éditions du Jour, 1970, p. 83-84.
12. Entrevue avec Camille Laurin, décembre 1998.
13. *Ibid.*
14. *Ibid.*
15. Entrevue avec Michael MacAndrew, mai 2002.
16. *Ibid.*
17. Entrevue avec David Payne, avril 2002.
18. Propos rapportés par David Payne, avril 2002.
19. Entrevue avec Pierre Laurin, février 2002.
20. Entrevue avec Camille Laurin, décembre 1998.
21. Entrevue avec Guy Rocher, mars 2001.

CHAPITRE 15 • JE NE VOUS EN DEMANDAIS PAS TANT

1. Sauf indication contraire, cette affirmation de René Lévesque ainsi que les renseignements et les citations qui suivent sont tirés des mémoires des délibérations du conseil exécutif, séances des 16 et 17 février 1977.
2. Entrevue avec Jacques Parizeau, mai 2002.
3. Entrevue avec Claude Morin, décembre 2001.

4. *Ibid.*
5. Entrevue téléphonique avec Louis Bernard, janvier 2003.
6. *Point de mire sur René Lévesque,* Société Radio-Canada, printemps 2002.
7. Mémoire des délibérations du conseil exécutif, séance du 17 février 1977.
8. Entrevue avec Louis Bernard, mars 2001.
9. Entrevue avec Henri Laberge, octobre 2001.
10. *Journal des débats,* 2ᵉ session, 31ᵉ législature, 8 mars 1977, p. 5.
11. Entrevue avec Denyse Malouin, janvier 2001.
12. Entrevue téléphonique avec Robert Normand, mars 2002.
13. Entrevue avec Camille Laurin, décembre 1998.
14. Entrevue avec Louis O'Neill, décembre 2001.
15. Entrevue avec Claude Charron, mars 2001.
16. Entrevue avec Denis de Belleval, janvier 2003.
17. Entrevue avec Henri Laberge, octobre 2001.
18. Entrevue avec Denyse Malouin, janvier 2001.
19. Lettre de Camille Laurin à René Lévesque, 13 mars 1977, fonds Camille Laurin, Archives nationales du Québec.
20. Entrevue avec Camille Laurin, décembre 1998.
21. Entrevue avec Guy Rocher, novembre 2002.
22. Mémoire des délibérations du conseil exécutif, séance du 23 mars 1977.
23. *Ibid.*
24. *Ibid.*
25. Entrevue avec Denis de Belleval, janvier 2003.
26. Mémoire des délibérations du conseil exécutif, séance du 23 mars 1977.

CHAPITRE 16 • UN QUÉBEC FRANÇAIS

1. Louis Falardeau et Lysiane Gagnon, « La charte de la langue : une francisation massive », *La Presse,* 2 avril 1977.
2. Gouvernement du Québec, *La Politique québécoise de la langue française,* Québec, Éditeur officiel, 1977, p. 34-35.
3. *Ibid.,* p. 67.
4. Entrevue avec Camille Laurin, décembre 1998.
5. Entrevue avec Michael MacAndrew, mai 2002.
6. Bernard Descôteaux, « La mise en œuvre sera délicate et difficile (Laurin) », *Le Devoir,* 4 avril 1977.
7. Pierre Allard, « Hull est une des villes les plus vulnérables », *Le Droit,* 5 avril 1977.
8. Claude Savary, « Empêcher la minorité de trop s'engraisser », *Le Nouvelliste,* 6 avril 1977.
9. « Laurin : rassurant mais inflexible », *La Tribune,* 8 avril 1977.
10. Andrew Philipps, « French lack wont'cost jobs : Laurin », *The Gazette,* 18 avril 1977.
11. Entrevue avec Camille Laurin, décembre 1998.
12. Entrevue avec Michel Simard, janvier 2003.
13. Rodolphe Morrissette, « La CSN et la FTQ sont satisfaites du Livre blanc », *Le Devoir,* 6 avril 1977.
14. « Laurin s'en prend aux rois-nègres du patronat », *Le Devoir,* 9 avril 1977.

15. Chambre de commerce de Montréal, « Dans le Livre blanc, un ethnocentrisme latent », *Le Devoir,* 26 avril 1977.
16. Michel Nadeau, « La Charte brimerait des libertés », *Le Devoir,* 19 avril 1977.
17. Lise Bissonnette, « Le Livre blanc ramène à la grande noirceur », *Le Devoir,* 6 avril 1977.
18. Pierre O'Neill, « Godin le juge trop radical », *Le Devoir,* 6 avril 1977.
19. « The PQ's attack on basic liberties », *The Montreal Star,* 5 avril 1977.
20. « A PQ manifesto of intolerance », *The Gazette,* 2 avril 1977.
21. « The PQ's language gamble », *The Globe and Mail,* 4 avril 1977.
22. Marcel Adam, « La nouvelle politique de la langue », *La Presse,* 2 avril 1977.
23. Claude Beauchamp, « Les craintes et les droits légitimes des anglophones », *Le Soleil,* 6 avril 1977.
24. Johannes Martin-Godbout, « La charte du français », *Le Droit,* 2 avril 1977.
25. Sylvio Saint-Amand, « Un document clair et net », *Le Nouvelliste,* 4 avril 1977.
26. Jean Vigneault, « La charte linguistique », *La Tribune,* 2 avril 1977.
27. Claude Ryan, « Le Livre blanc sur la langue », *Le Devoir,* 2 avril 1977.
28. Entrevue avec Claude Ryan, novembre 2002.
29. *Ibid.*
30. Entrevue avec Michael MacAndrew, mai 2002.
31. René Lévesque, *Attendez que je me rappelle…,* Montréal, Québec-Amérique, 1986, p. 389.

CHAPITRE 17 • UN ÉTÉ D'ENFER

1. Entrevue avec Guy Rocher, mars 2001.
2. Conférence de presse de Camille Laurin, 27 avril 1977, archives de Camille Laurin.
3. Entrevue avec Fernand Lalonde, janvier 2003.
4. Entrevue avec Robert Burns, novembre 2002.
5. Don MacPherson, « Anglophones will disappear MCSC predicts », *The Gazette,* 28 avril 1977.
6. « Bill one endangers thousand of jobs », *The Gazette,* 29 avril 1977.
7. Bernard Descôteaux, « Lévesque : le projet de loi 1 est une étape humiliante mais nécessaire », *Le Devoir,* 29 avril 1977.
8. Rodolphe Morrissette, « Le débat s'engage autour du projet de loi numéro 1 », *Le Devoir,* 29 avril 1977.
9. Raymond Giroux, « Laurin a fait plusieurs changements mineurs », *Le Soleil,* 13 juillet 1977.
10. Camille Laurin, *Le Français, langue du Québec,* Montréal, Éditions du Jour, 1977, p. 20-22.
11. François Barbeau, « Camille Laurin semonce son auditoire anglophone », *Le Devoir,* 3 mai 1977.
12. « Laurin fustige l'attitude de l'establishment inféodé », *Le Devoir,* 6 juin 1977.
13. Entrevue avec Camille Laurin, décembre 1998.
14. Entrevue avec Pierre Laurin, février 2002.
15. *Ibid.*
16. Michel Vastel, « Les sièges sociaux », *Le Devoir,* 7 juin 1977.

17. Michel Roy, « Pour les sièges sociaux, l'incitation agirait mieux que la coercition », *Le Devoir*, 28 juin 1977.
18. Entrevue avec Pierre Laurin, février 2002.
19. Bernard Descôteaux, « 65 % des francophones appuieraient le projet nº 1 », *Le Devoir*, 28 mai 1977.
20. François Barbeau, « 50 % des francophones satisfaits du PQ », *Le Devoir*, 4 juin 1977.
21. « Déclaration d'appui au projet de loi nº 1 sur la langue », *Le Devoir*, 6 juin 1977.
22. *Journal des débats de l'Assemblée nationale*, 2ᵉ session, 31ᵉ législature, Commission permanente de l'Éducation, des Affaires culturelles et des Communications, 7 juin 1977, p. CLF-54 et CLF-63.
23. *Ibid.*, p. CLF-57.
24. Bernard Descôteaux, « Les anglophones du Richelieu réclament le retour au libre choix », *Le Devoir*, 9 juin 1977.
25. « Les anglophones véritables de toute provenance doivent avoir accès à l'enseignement dans leur langue », *Le Devoir*, 14 juin 1977.
26. Hilda Kearns, « Protestant boards defy PQ order », *The Montreal Star*, 30 juin 1977.
27. Bernard Descôteaux, « Les privilèges laissés aux anglophones doivent être temporaires (la SSJB-M) », *Le Devoir*, 17 juin 1977.
28. Réjean Lachapelle, « L'application intégrale du Livre blanc entraînera la disparition du groupe anglophone », *Le Devoir*, 25 avril 1977.
29. Claude Ryan, « Le choix du gouvernement », *Le Devoir*, 26 avril 1977.
30. Entrevue téléphonique avec Robert Maheu, février 2003.
31. *Journal des débats de l'Assemblée nationale*, 2ᵉ session, 31ᵉ législature, Commission permanente de l'Éducation, des Affaires culturelles et des Communications, 16 juin 1977, p. CLF-347.
32. *Journal des débats de l'Assemblée nationale*, 2ᵉ session, 31ᵉ législature, 12 juillet 1977, p. 1967.
33. Lysiane Gagnon, « Aucun recul sur les principes mais quelques concessions », *La Presse*, 13 juillet 1977.
34. *Journal des débats de l'Assemblée nationale*, 2ᵉ session, 31ᵉ législature, 19 juillet 1977, p. 2193.
35. Entrevue avec Camille Laurin, décembre 1998.
36. *Journal des débats de l'Assemblée nationale*, 2ᵉ session, 31ᵉ législature, 19 juillet 1977, p. 2194 à 2203.
37. Entrevue avec Denis Vaugeois, avril 2002.
38. Entrevue avec Fernand Lalonde, janvier 2003.
39. *Journal des débats de l'Assemblée nationale*, 2ᵉ session, 31ᵉ législature, 26 août 1977, p. 3443 à 3448.
40. *Ibid.*, p. 3475.
41. Entrevue avec Michael MacAndrew, mai 2002.
42. *L'Information nationale, Journal de la Société Saint-Jean-Baptiste de Montréal*, vol. XXVI, nº 6, décembre 1977.
43. Entrevue avec Robert Filion, mars 2002.
44. Entrevue avec Camille Laurin, décembre 1998.

CHAPITRE 18 • L'HOMME GLOBAL

1. Entrevue avec Camille Laurin, décembre 1998.
2. Entrevue avec Guy Rocher, mars 2001.
3. Entrevue avec Bernard Landry, mars 2002.
4. Entrevue avec Camille Laurin, décembre 1998.
5. Gouvernement du Québec, *La Politique québécoise de développement culturel*, t. I et II, Québec, Éditeur officiel, 1978.
6. *Ibid.*, t. I, p. 4.
7. Jean-Claude Picard, « Le Livre blanc ou l'aboutissement d'une vie », *Le Devoir*, 7 juin 1978.
8. Lysiane Gagnon, « Un pas de plus vers la souveraineté politique ? », *La Presse*, 10 juin 1978.
9. « Ryan derides PQ's cultural pipe dreams », *The Montreal Star*, 9 juin 1978.
10. Alex Radmanovich, « Laurin may be under our bed tomorrow », *The Montreal Star*, 7 juin 1978.
11. Michel Roy, « Le Livre blanc sur la culture », *Le Devoir*, 9 juin 1978.
12. Gouvernement du Québec, *La Politique québécoise de développement culturel*, t. II, Québec, Éditeur officiel, 1978, p. 327.
13. Gouvernement du Québec, *La Juste Part des créateurs*, Québec, Éditeur officiel, 1980, p. VII.
14. Entrevue avec Camille Laurin, décembre 1998.
15. *Ibid.*
16. Gouvernement du Québec, *La Basse-Côte-Nord, perspectives de développement*, Québec, novembre 1979, p. ii.
17. *Ibid.*, p. 120.
18. Entrevue avec David Payne, avril 2002.
19. Guy Bertrand, *Québec souverain, avons-nous les moyens ?*, p. 8.
20. *Destin tordu : Guy Bertrand*, émission diffusée à Télé-Québec, mars 2002.
21. Bernard Descôteaux, « Une loi d'urgence déposée à l'Assemblée nationale », *Le Devoir*, 14 décembre 1979.
22. *Journal des débats de l'Assemblée nationale*, 4e session, 31e législature, 13 décembre 1979, p. 4465 et 4468.
23. *Ibid.*, p. 4477.
24. Les informations et les citations relatives aux activités de Camille Laurin dans son comté sont tirées d'entrevues réalisées en mai 2002 auprès de Murielle Boucher, de Gaetan Desrosiers et de Johanne Jobin.
25. Entrevue avec Michel Simard, janvier 2003.
26. Entrevue avec Camille Laurin, décembre 1998.
27. Entrevue avec Monik Grenier, novembre 2002.
28. Entrevue avec Francine Castonguay, juin 1999.
29. Entrevue avec Maryse Laurin, mai 2002.
30. Entrevue avec Denise Laurin, novembre 2001.

CHAPITRE 19 • LE PRINTEMPS DE TOUS LES MALHEURS

1. Entrevue avec Maryse Laurin, mai 2002.
2. Entrevue avec Camille Laurin, décembre 1998.
3. Entrevue avec Maryse Laurin, mai 2002.
4. Entrevue avec Michel Simard, janvier 2003.
5. Rapport et verdict du coroner Maurice Laniel sur le décès de Rollande Lefebvre, 7 février 1980, Archives nationales du Québec.
6. Entrevue téléphonique avec le Dr André Lauzon, octobre 2002.
7. Entrevue avec Guy Rocher, novembre 2002.
8. Entrevue avec Camille Laurin, décembre 1998.
9. *Ibid.*
10. Entrevue avec Laurette Laurin, mai 2002.
11. Entrevue avec Camille Laurin, décembre 1998.
12. Entrevue téléphonique avec Marie-Pascale Laurin, février 2002.
13. Entrevue avec David Payne, avril 2002.
14. Entrevue avec Yvon Leclerc, janvier 2002.
15. Entrevue avec Jacques Parizeau, mai 2002.
16. *Journal des débats de l'Assemblée nationale*, 4e session, 31e législature, 13 mars 1980, p. 5239.
17. Entrevue avec Camille Laurin, décembre 1998.
18. Entrevue avec Claude Charron, mars 2001.
19. Entrevue avec Bernard Landry, mars 2002.
20. Entrevue avec Murielle Boucher, mai 2002.
21. Entrevue avec Camille Laurin, décembre 1998.
22. Entrevue avec Laurette Laurin, mai 2002.
23. Entrevue avec Camille Laurin, décembre 1998.
24. Entrevue avec Robert Filion, mars 2002.
25. Entrevue avec Jacques Girard, février 2002.

CHAPITRE 20 • L'ÉCOLE D'ABORD

1. Entrevue avec Camille Laurin, décembre 1998.
2. Entrevue avec Yvon Leclerc, janvier 2002.
3. Entrevue avec Camille Laurin, décembre 1998.
4. *Ibid.*
5. Entrevue avec Jacques Girard, février 2002.
6. *Ibid.*
7. Entrevue avec Micheline Paradis, mars 2003.
8. Entrevue avec Pierre Lucier, mars 2003.
9. Entrevue avec Jacques-Yvan Morin, août 2002.
10. Entrevue avec Bernard Landry, mars 2002.
11. Entrevue avec Louis Bernard, mars 2001.
12. Entrevue avec Martine Tremblay, février 2001.
13. Note de René Lévesque à Camille Laurin, automne 1981, fonds Camille Laurin, Archives nationales du Québec.
14. Entrevue téléphonique avec Jacques Girard, janvier 2003.

15. Entrevue avec Pierre Lucier, mars 2003.
16. Entrevue téléphonique avec Yvon Leclerc, mars 2003.
17. Entrevue avec Hélène Pelletier-Baillargeon, novembre 2002.
18. Entrevue avec Camille Laurin, décembre 1998.
19. Entrevue avec Hélène Pelletier-Baillargeon, novembre 2002.
20. Denise Robillard, « Les évêques acceptent l'idée de la non-confessionnalité », *Le Devoir*, 19 mars 1982.
21. Entrevue avec Camille Laurin, décembre 1998.
22. Note de Jean-Roch Boivin à René Lévesque, 10 juin 1982, archives de Martine Tremblay.
23. Allocution de Camille Laurin, le 21 juin 1982, archives de Camille Laurin.
24. Damien Gagnon, « Les commissions scolaires refusent la perte de pouvoir », *Le Soleil*, 28 juin 1982.
25. Entrevue avec Jacques Chagnon, décembre 2002.
26. Robert Lefebvre, « L'école est plus que le prolongement de la famille », *Le Devoir*, 28 juin 1982.
27. Entrevue avec Claude Ryan, novembre 2002.
28. Entrevue avec Francine Castonguay, juin 1999.
29. Entrevue avec Diane Cloutier, janvier 2003.
30. Entrevue avec Michel Simard, janvier 2003.
31. Entrevue avec Francine Castonguay, juin 1999.
32. Entrevue avec Camille Laurin, décembre 1998.
33. Entrevue avec Francine Castonguay, juin 1999.
34. Entrevue avec Micheline Paradis, mars 2003.
35. Entrevue avec Yvon Leclerc, janvier 2002.
36. Entrevue avec Micheline Paradis, mars 2003.

CHAPITRE 21 • TOUT S'ÉCROULE

1. Ces informations ainsi que celles qui suivent concernant la situation économique du Québec en 1982-1983 et ses conséquences sur les finances publiques sont tirées des journaux de l'époque.
2. Entrevue avec Camille Laurin, décembre 1998.
3. Paule Des Rivières, « Plus de 9 000 enseignants viennent dire non à la loi », *Le Devoir*, 11 novembre 1982.
4. Entrevue avec Jacques Chagnon, décembre 2002.
5. *Ibid.*
6. Notes pour l'allocution de Camille Laurin, 9 décembre 1982, archives de Camille Laurin.
7. Normand Girard, « Enseignants : Laurin présente une offre ultime et finale », *Le Journal de Québec*, 10 février 1982.
8. Entrevue avec Robert Bisaillon, mars 2003.
9. *Ibid.*
10. *Ibid.*
11. Entrevue avec Micheline Paradis, mars 2003.
12. Gouvernement du Québec, *As-tu 12 minutes ?*, mars 1983, archives de Micheline Paradis.

13. Entrevue avec Daniel Auclair, novembre 2002.
14. Entrevue avec Camille Laurin, décembre 1998.
15. Andrée Roy, « Coupables faciles à identifier », *Le Soleil,* 7 mars 1983.
16. Entrevue téléphonique avec Pierre Voisard, janvier 2003.
17. Entrevue avec Robert Bisaillon, mars 2003.
18. *Ibid.*
19. Gilles Lesage, « Laurin : la Cour ramène le Québec à la loi 63 », *Le Devoir,* 9 septembre 1982.
20. Bernard Descôteaux, « Loi 101 : des assouplissements seulement », *Le Devoir,* 1er octobre 1983.
21. Entrevue avec Camille Laurin, décembre 1998.
22. Entrevue avec Jacques Girard, février 2002.
23. Note de Martine Tremblay à René Lévesque, 7 juin 1983, archives de Martine Tremblay.
24. *Journal des débats de l'Assemblée nationale,* Commission permanente de l'éducation, 10 janvier 1984, p. B-12296-12297.
25. *Ibid.,* p. B-12312.
26. *Journal des débats de l'Assemblée nationale,* Commission permanente de l'éducation, 11 janvier 1984, p. B-12375.
27. *Journal des débats de l'Assemblée nationale,* Commission permanente de l'éducation, 12 janvier 1984, p. B-12479.
28. *Journal des débats de l'Assemblée nationale,* Commission permanente de l'éducation, 17 janvier 1984, p. B-12641.
29. Lise Bissonnette, « Les restrictions menteuses », *Le Devoir,* 11 janvier 1984.
30. Lysiane Gagnon, « Un projet malvenu », *La Presse,* 21 janvier 1984.
31. Entrevue avec Micheline Paradis, mars 2003.
32. Entrevue avec Yvon Leclerc, janvier 2002.
33. Entrevue avec Jacques Girard, février 2002.
34. Entrevue avec Yvon Leclerc, janvier 2002.
35. Entrevue avec Jacques Girard, février 2002.
36. Entrevue avec Camille Laurin, décembre 1998.
37. Entrevue avec Martine Tremblay, février 2001.
38. « Réalisations et contributions de Camille Laurin à titre de ministre de l'Éducation », mars 1984, archives de Micheline Paradis.
39. Entrevue avec Camille Laurin, décembre 1998.

CHAPITRE 22 • LA DÉCHIRURE

1. Ces renseignements sont tirés de plusieurs sondages d'opinion publiés dans les différents journaux de l'époque.
2. Louis Falardeau, « L'indépendance est plus nécessaire que jamais », *La Presse,* 19 novembre 1983.
3. Robert Lefebvre, « L'option souverainiste au prochain scrutin : Lévesque rallie tous ses ministres », *Le Devoir,* 6 février 1984.
4. Entrevue avec Camille Laurin, décembre 1998.
5. Entrevue avec Dominique Castonguay, mai 2002.

6. Pierre O'Neill, « Le cabinet Lévesque sort divisé du débat sur la souveraineté au 9ᵉ congrès du PQ », *Le Devoir*, 11 juin 1984.

7. Entrevue avec Jean-Claude Deschênes, décembre 2002.

8. Entrevue avec Claude Charron, mars 2001.

9. Entrevue avec Camille Laurin, décembre 1998.

10. Entrevue avec Bernard Landry, mars 2002.

11. Entrevue avec Jacques Parizeau, mai 2002.

12. Entrevue avec Yvon Leclerc, janvier 2002.

13. Robert Lefebvre, « Négocier avec le gouvernement Mulroney constitue un beau risque, dit Lévesque », *Le Devoir*, 24 septembre 1984.

14. Entrevue avec Camille Laurin, décembre 1998.

15. Gilles Lesage, « Johnson : Il ne faut pas que les Québécois s'infligent un autre non », *Le Devoir*, 27 octobre 1984.

16. Entrevue avec Camille Laurin, décembre 1998.

17. Entrevue avec Martine Tremblay, février 2002.

18. Entrevue avec Louise Harel, novembre 2002.

19. « Cette nécessaire souveraineté du Québec », *Le Soleil*, 10 novembre 1984.

20. Camille Laurin, « La croisée des chemins », 15 novembre 1984, archives de Camille Laurin.

21. *Ibid.*, p. 6.

22. Entrevue avec Louis Bernard, mars 2001.

23. Déclaration de René Lévesque, 19 novembre 1984, archives de Camille Laurin.

24. *Ibid.*

25. *Point de mire sur René Lévesque*, Société Radio-Canada, printemps 2002.

26. Entrevue avec Louis Bernard, mars 2001.

27. *Ibid.*

28. Entrevue avec Bernard Landry, mars 2002.

29. Pierre Duchesne, *Jacques Parizeau. Le Baron*, Montréal, Québec-Amérique, 2002, p. 498.

30. Entrevue avec Jacques Parizeau, mai 2002.

31. Entrevue avec Martine Tremblay, février 2002.

32. Entrevue téléphonique avec Marc-André Bédard, juillet 2003.

33. Entrevue avec Camille Laurin, décembre 1998.

34. *Ibid.*

35. *Ibid.*

36. *Ibid.*

37. Entrevue avec Yvon Leclerc, janvier 2002.

38. Entrevue avec Micheline Paradis, mars 2003.

39. Entrevue avec Jean-Claude Deschênes, décembre 2002.

40. Entrevue avec Louis Bernard, mars 2001.

41. Entrevue avec Martine Tremblay, février 2002.

42. Lettre de Camille Laurin à René Lévesque, 22 novembre 1984, archives de Camille Laurin.

43. *Ibid.*

44. Lettre de René Lévesque à Camille Laurin, 4 décembre 1984, archives de Camille Laurin.

45. Lettre de Camille Laurin à René Lévesque, 12 décembre 1984, archives de Camille Laurin.

46. À l'automne 1984, les employés de l'hôpital psychiatrique de Saint-Ferdinand d'Halifax ont fait une grève illégale de plus de trente jours. Avec l'appui de Camille Laurin, la direction de l'hôpital a pris des mesures disciplinaires contre les grévistes, allant jusqu'au congédiement pour les dirigeants syndicaux. Le conflit s'est finalement réglé au-dessus de la tête du ministre, entre Jean-Roch Boivin, mandaté par le bureau de René Lévesque, et le président de la CSN, Gérald Larose. Il n'y a eu aucun congédiement.

47. Camille Laurin, *Pour les familles québécoises*, Gouvernement du Québec, 1984, p. 4.

48. Entrevue avec Yvon Leclerc, janvier 2002.

49. Lettre aux présidentes et aux présidents de comté, 3 décembre 1984, archives de Camille Laurin.

50. Lettre aux délégués du congrès spécial du Parti québécois, 10 janvier 1985, archives de Camille Laurin.

CHAPITRE 23 • LE REPOS DU GUERRIER

1. Camille Laurin, Lettre de démission, 25 janvier 1985, archives de Camille Laurin.

2. Michel-C. Auger, « Le français recule partout au Canada sauf au Québec », *La Presse*, 26 janvier 1985.

3. Entrevue avec Arthur Amyot, juillet 1999.

4. Pierre O'Neill, « Définir des voies nouvelles pour bâtir un pays maître de son avenir », *Le Devoir*, 21 mars 1985.

5. Michel David, « Laurin se dit prêt à faire battre le PQ », *Le Soleil*, 16 mars 1985.

6. Entrevue avec Camille Laurin, décembre 1998.

7. Entrevue avec Francine Castonguay, mars 2003.

8. *Ibid.*

9. *Ibid.*

10. Entrevue avec Dominique Castonguay, mai 2002.

11. Entrevue avec Francine Castonguay, mars 2003.

12. Entrevue avec Dominique Castonguay, mai 2002.

13. Entrevue téléphonique avec Mme France Ferland-Barbeau, février 2002.

14. Entrevue avec Camille Laurin, décembre 1998.

15. Entrevue avec Dan Bigras, avril 2003.

16. Entrevue avec Camille Laurin, décembre 1998.

17. Entrevue avec Dan Bigras, avril 2003.

18. Lettre de Camille Laurin à Guy Saint-Onge, 23 mars 1987, archives de Camille Laurin.

19. Camille Laurin, « La réforme de la santé : leurres et atttape-nigauds », *La Presse*, juin 1991.

20. Camille Laurin, notes de cours, avril 1992, archives de Camille Laurin.

21. Camille Laurin, discours de bienvenue aux participants au congrès d'épidémiologie psychiatrique, Montréal, juin 1990, archives de Camille Laurin.

22. Camille Laurin, allocution prononcée à l'occasion du dixième anniversaire de la Charte de la langue française, 26 août 1987, archives de Camille Laurin.

23. *Ibid.*
24. Entrevue avec Camille Laurin, décembre 1998.
25. Camille Laurin, « Rassembleur de son peuple », *Le Devoir,* 3 novembre 1987.
26. Camille Laurin, « Il demeure plus que jamais vivant ! », *La Presse,* 13 août 1988.
27. Entrevue avec Serge Guérin, novembre 2002.
28. Entrevue avec Francine Castonguay, juin 1999.
29. Camille Laurin, allocution à l'occasion de l'assemblée d'investiture dans le comté de Bourget, février 1992, archives de Camille Laurin.
30. Jean Dion, « Le père de la loi 101 voit son œuvre passer au hachoir de la nouvelle clause Canada », *Le Devoir,* 27 août 1992.

CHAPITRE 24 • « HE'S BACK »

1. Ingrid Peritz, « Keep your kids indoors, Dr Laurin jokes », *The Gazette,* 9 novembre 1991.
2. Entrevue avec Francine Castonguay, juin 1999.
3. Entrevue avec Jacques Parizeau, mai 2002.
4. *Ibid.*
5. Entrevue avec Louis Bernard, mars 2001.
6. Entrevue avec Bernard Landry, mars 2002.
7. Entrevue avec Francine Castonguay, juin 1999.
8. Denis Lessard, « Une attention particulière à Montréal, promet Parizeau », *La Presse,* 27 septembre 1994.
9. Sylvain Blanchard, « Pas de tollé contre le méchant Camille », *Le Devoir,* 28 septembre 1994.
10. Lise Bissonnette, « La relève au pouvoir », *Le Devoir,* 27 septembre 1994.
11. Lysiane Gagnon, « Nouveau régime », *La Presse,* 27 septembre 1994.
12. Ces déclarations et ces promesses peuvent être retrouvées dans les journaux de l'époque.
13. Entrevue avec Gaetan Desrosiers, mai 2002.
14. « L'entente tripartite du 12 juin », *Le Devoir,* 13 juin 1995.
15. Camille Laurin, allocution à l'Assemblée nationale dans le cadre du débat sur l'avenir du Québec, 14 septembre 1995, archives de Camille Laurin.
16. Entrevue avec Francine Castonguay, mars 2003.
17. Vincent Marissal, « Les délégués ont le choix : adoucir la loi 86 ou revenir à la loi 101 », *Le Soleil,* 24 novembre 1996.
18. Denis Lessard, « Soyons fermes sans être fermés », *La Presse,* 23 novembre 1996.
19. Entrevue avec Hélène Pelletier-Baillargeon, novembre 2002.
20. Entrevue avec Francine Castonguay, juin 1999.
21. *Journal des débats de l'Assemblée nationale,* 2e session, 35e législature, 13 mars 1997, p. 5221.
22. Entrevue avec Louise Beaudoin, février 2003.
23. *Bulletin du Conseil de la langue française,* juin 1998.
24. Entrevue avec Camille Laurin, décembre 1998.
25. Entrevue avec Guy Rocher, mars 2001.
26. Entrevue avec Peter Cowan, janvier 2003.
27. Entrevue téléphonique avec Jean-Claude Rivest, février 2002.

CHAPITRE 25 • UN SACRÉ BEAU VOYAGE

1. Entrevue avec Francine Castonguay, juin 1999.
2. Entrevue avec Johanne Jobin, mai 2002.
3. Richard Caron, « Camille Laurin est fêté pour ses quinze ans de vie parlementaire », *Le Flambeau de l'Est,* 22 septembre 1998.
4. Entrevue avec Johanne Jobin, mai 2002.
5. Richard Caron, « Des problèmes de santé obligent Camille Laurin à se retirer », *Le Flambeau de l'Est,* 27 octobre 1998.
6. Entrevue avec Diane Lemieux, janvier 2003.
7. Entrevue avec Francine Castonguay, mars 2003.
8. Camille Laurin, discours prononcé à Charlemagne, 11 décembre 1998, archives de Camille Laurin.
9. Lettre de Camille Laurin à Francine Castonguay, 22 décembre 1998, archives de Francine Castonguay.
10. Entrevue avec Maryse Laurin, mai 2002.
11. Entrevue avec Francine Castonguay, mars 2003.
12. Entrevue avec Bernard Landry, mars 2002.
13. Sauf indication contraire, les divers commentaires qui ont suivi le décès de Camille Laurin sont tirés des journaux des 12 et 13 mars 1999.
14. Bernard Descôteaux, « Camille Laurin, l'homme, le politicien », *Le Devoir,* 13 mars 1999.
15. Lysiane Gagnon, « Laurin ou la force tranquille », *La Presse,* 16 mars 1999.
16. Don MacPherson, « A Great Canadian ? », *The Gazette,* 13 mars 1999.
17. Dan Bigras, *Ange Animal,* chanson interprétée lors des funérailles de Camille Laurin, 16 mars 1999.

Bibliographie

AMYOT, Arthur, « L'histoire de l'enseignement au département de psychiatrie de l'Université de Montréal », *Info-psy*, janvier 1992.

BÉDARD, Dominique, Denis Lazure et Charles A. Roberts, *Rapport de la commission d'étude des hôpitaux psychiatriques*, Québec, Gouvernement du Québec, 1962, 157 p.

BERSTEIN, Serge et Pierre Milza, *Histoire du XXe siècle*, t. I : *La Fin du monde européen*, Paris, Hatier, coll. « Initial », 1996, 501 p.

—, *Histoire du XXe siècle*, t. II : *Le Monde entre guerre et paix*, Paris, Hatier, coll. « Initital », 1996, 497 p.

BERTRAND, Guy, *Québec souverain, en avons-nous les moyens ?*, 1969, p. 4-9.

BOUDREAU, Françoise, *De l'asile à la santé mentale*, Montréal, Éditions Saint-Martin, 1984, 274 p.

COLLÈGE DE L'ASSOMPTION, *Annuaires*, 1934-1942.

COMITÉ des Fêtes du 75e anniversaire de Charlemagne, *Charlemagne et son histoire*, Lachenaie, 1986, 505 p.

DION, Léo-Paul, *Le monstre que nous avons créé*, Montréal, Les Éditions La Presse, 1972.

DUCHESNE, Pierre, *Jacques Parizeau*, t. I : *Le Croisé*, Montréal, Québec-Amérique, 2001, 623 p.

—, *Jacques Parizeau*, t. II : *Le Baron*, Montréal, Québec-Amérique, 2002, 535 p.

FRANCIS, R. Douglas, Richard Jones et Donald B. Smith, *Destinies, Canadien History Since Confederation*, Toronto, Hartcourt Canada, 2000, 597 p.

FRASER, Graham, *Le Parti québécois*, Montréal, Libre Expression, 1984, 432 p.

GODIN, Pierre, *René Lévesque*, t. I : *Un enfant du siècle*, Montréal, Boréal, 1994, 476 p.

—, *René Lévesque*, t. II : *Héros malgré lui*, Montréal, Boréal, 1997, 736 p.

—, *René Lévesque*, t. III : *L'Espoir et le Chagrin*, Montréal, Boréal, 2001, 631 p.

GOUVERNEMENT DU QUÉBEC, *La Politique linguistique de la langue française*, Éditeur officiel, 1977, 67 p.

—, *La Politique québécoise de développement culturel*, t. I et II, Éditeur officiel, 1978, 144 p. et 466 p.

—, *Pour une politique québécoise de la recherche scientifique*, Éditeur officiel, 1979, 221 p.

—, *La Basse-Côte-Nord. Perspectives de développement*, 1979, 166 p.

—, *La Juste Part des créateurs*, Éditeur officiel, 1980, 88 p.

—, *L'École québécoise : une école communautaire et responsable*, ministère de l'Éducation, 1982, 99 p.

—, *Pour les familles québécoises*, Comité ministériel permanent du développement social, 1984, 114 p.

HÉBERT, Jacques, *Scandale à Bordeaux*, Montréal, Les Éditions de l'Homme, 1959, 157 p.

LAURIN, Camille, « Jeunesses chrétiennes et communistes », Université de Montréal, *Cahiers de l'équipe de recherches sociales*, vol. 1, n° 2, 1949.

—, *Évolution du Canada depuis le début du siècle en regard de l'idéal chrétien*, 1950, 23 p.

—, « L'enseignement de la psychologie médicale à l'Université de Montréal », *The Canadian Medical Association Journal*, avril 1962.

—, *Ma traversée du Québec*, Montréal, Éditions du Jour, 1970, 170 p.

—, *Le Français, langue du Québec*, Montréal, Les Éditions du Jour, 1977, 214 p.

LAURIN Camille et Roger Lemieux, « L'enseignement psychiatrique », *Revue médicale de l'Université de Montréal*, vol. 6, n° 3, décembre 1954.

LAURIN, Éloi et Mary Morin, *Fiancés de jadis*, Charlemagne, Les Éditions Charlemenoises, 1978, 119 p.

—, *Au Vieux Château*, Charlemagne, Les Éditions Charlemenoises, 1982, 227 p.

LAVERTU, Yves, *L'Affaire Bernonville, le Québec face à Pétain et à la collaboration*, Montréal, VLB éditeur, 1994, 217 p.

LAZURE, Denis, *Médecin et citoyen*, Montréal, Boréal, 2002, 402 p.

LEMIEUX, Roger R., *Accueillir la folie*, Piedmont, Éditions Noir sur Blanc, 1995, p. 161-188.

LÉVESQUE, René, *Attendez que je me rappelle...*, Montréal, Québec-Amérique, 1986, 525 p.

LE QUARTIER LATIN, journal des étudiants de l'Université de Montréal, tous les numéros de 1944 à 1947.

LINTEAU Paul-André, René Durocher et Jean-Claude Robert, *Histoire du Québec contemporain*, t. I : *De de la Confédération à la crise (1867-1929)*, Montréal, Boréal, coll. « Boréal compact », 1989, 758 p.

LINTEAU Paul-André, René Durocher, Jean-Claude Robert et François Ricard, *Histoire du Québec contemporain*, t. II : *Le Québec depuis 1930*, Montréal, Boréal, coll. « Boréal compact », 1989, 834 p.

PAGÉ, Jean-Charles, *Les fous crient au secours*, Montréal, Éditions du Jour, 1961, 156 p.

PLOURDE Michel, *La Politique lingusitique du Québec, 1977-1987*, Québec, Institut québécois de recherche sur la culture, 1988, 142 p.

QUINTAL-HAMEL, Marcelle, *Marcelle à l'écoute*, Montréal, Les Éditions Maxime, 1999, 251 p.

RÉGNIER, André, *Rapport de la commission d'enquête sur l'administration de l'Institut Albert-Prévost*, Québec, Gouvernement du Québec, 1964, 126 p.

VASTEL, Michel, *Landry, le grand dérangeant*, Montréal, Les Éditions de l'Homme, 2001, 444 p.

WALLOT, Hubert A., *La Danse autour du fou*, t. I : *La Chorégraphie globale*, Beauport, Publications MNH, 1998, 456 p.

Index onomastique

Table des matières

MISE EN PAGES ET TYPOGRAPHIE :
LES ÉDITIONS DU BORÉAL

ACHEVÉ D'IMPRIMER EN OCTOBRE 2003
SUR LES PRESSES DE TRANSCONTINENTAL IMPRESSION
IMPRIMERIE GAGNÉ, À LOUISEVILLE (QUÉBEC).